"十二五"国家重点图书出版规划项目

中国森林生态网络体系建设出版工程

江西现代林业发展战略

Modern Forestry Development Strategy for Jiangxi

彭镇华 等著

Peng Zhenhua etc.

中国林业出版社

China Forestry Publishing House

图书在版编目（CIP）数据

江西现代林业发展战略 / 彭镇华等著 . —北京：
中国林业出版社，2014.6
"十二五"国家重点图书出版规划项目
中国森林生态网络体系建设出版工程
ISBN 978-7-5038-7225-9

Ⅰ.①江…　Ⅱ.①彭…　Ⅲ.①林业经济–经济发展
战略–研究–江西省　Ⅳ.①F326.275.6

中国版本图书馆 CIP 数据核字（2013）第 233016 号

出版人：金旻
中国森林生态网络体系建设出版工程
选题策划　刘先银　策划编辑　徐小英　李　伟

江西现代林业发展战略
统　　筹　刘国华　邱尔发
责任编辑　刘先银　李　伟

出版发行　中国林业出版社
地　　址　北京西城区刘海胡同 7 号
邮　　编　100009
E - mail　896049158@qq.com
电　　话　（010）83225108
制　　作　北京大汉方圆文化发展中心
印　　刷　北京中科印刷有限公司
版　　次　2014 年 6 月第 1 版
印　　次　2014 年 6 月第 1 次
开　　本　889mm×1194mm　1/16
字　　数　870 千字
印　　张　30.5
彩　　插　28
定　　价　179.00 元

序 一

FOREWORD ONE

当今世界，森林问题已经成为国际社会共同关注的热点。作为最大的发展中国家，我国在保护森林和发展林业上取得了举世瞩目的成绩，为全球生态保护和应对气候变化作出了积极贡献。2009年，中央提出了到2020年实现森林面积和蓄积的"双增"目标，对我国现代林业建设提出了新的更高的要求。江西作为我国的林业大省，在实现这一目标中肩负着重要的责任和使命。在新形势下，加快江西省现代林业建设，对于推进区域社会经济可持续发展，促进人与自然和谐，建设生态文明社会具有重大的战略意义。

改革开放以来，江西省委、省政府高度重视林业工作，采取了一系列重大举措，林业建设取得了巨大成就。特别是江西省率先在全国开展集体林权制度改革，探索现代林业发展的科学机制，为全国集体林权制度改革树立了一面旗帜；实施荒山绿化、"一大四小"等工程的建设，大力发展资源培育、林产加工、生态旅游等林业产业，使森林资源持续增长，生态环境明显改善，林业产业实力不断增强，林业在促进江西经济社会可持续发展中的作用日益提高，为江西现代林业发展奠定了坚实的基础。

为了充分利用江西省得天独厚的优势，全面推进江西现代林业建设，2007年4月，成立了以江泽慧教授为组长的项目领导小组和以中国林业科学研究院首席科学家彭镇华教授为组长的专家组，由中国林业科学研究院牵头，北京林业大学、上海师范大学、江西省林业科学研究院、江西财经大学等单位的近50名专家参加开展江西现代林业发展战略研究与规划。

项目启动后，在项目领导小组组长江泽慧教授的领导下，项目专家组组长彭镇华教授带领项目组的专家们，多次深入江西，踏遍千山万水，广泛听取江西各有关方面的意见与建议，收集第一手资料，开展多层次、全方位的深入调查研究，召开跨专业、多领域专家参加的专家会议，精心谋划，协作攻关。在项目研究与规划报告基本形成后，彭镇华教授亲自带领项目组专家到江西，听取了江西方面的意见与建议，使这一研究成果的理念更加领先，定位更加准确，指标更切实际，布局更加完善，重点更加突出，内容更加丰富，措施更加有力。

本战略研究与规划遵循国家和江西省相关政策、法律法规，以江西省有关林业、生态、水利等相关方面的规划为依据，以 2011 年到 2020 年为规划期，重点明确江西现代林业发展的指导思想、发展理念、建设原则、总体布局、发展目标、重点工程、基础设施建设及政策保障。

江西现代林业发展战略研究与规划是一项惠及当代、利在千秋的宏伟事业，研究建立的现代林业发展理论体系和提出的战略措施，对于保障江西生态安全和经济社会可持续发展，都具有重要的理论和现实意义。本书的出版，必将进一步为江西现代林业发展提供指导。借此机会再次感谢为江西林业发展提供大力支持的国家林业局、中国林业科学研究院等单位，感谢为此付出辛勤劳动的所有同志。

胡幼桃

二零一一年十月

序　二
FOREWORD TWO

目前，我国现代化建设已经进入了加快推进的重要时期。党中央、国务院高度重视林业和生态建设。2009 年 9 月，胡锦涛主席在联合国气候变化峰会上作出了"大力增加森林碳汇，争取到 2020 年森林面积比 2005 年增加 4000 万公顷，森林蓄积量比 2005 年增加 13 亿立方米"的"双增"承诺。2009 年，温家宝总理在中央林业工作会议上明确指出：林业在贯彻可持续发展战略中具有重要地位，在生态建设中具有首要地位，在西部大开发中具有基础地位，在应对气候变化中具有特殊地位。回良玉副总理明确指出：实现科学发展必须把发展林业作为重大举措，建设生态文明必须把发展林业作为首要任务，应对气候变化必须把发展林业作为战略选择，解决"三农"问题必须把发展林业作为重要途径。确立林业"四个地位"、履行林业"四大使命"，实现林业"双增"目标，林业建设任重而道远。

多年来，江西省委、省政府高度重视林业建设，始终把林业作为生态建设的主体。全省全面推进造林绿化"一大四小"工程建设，三年造林 960 多万亩，成为全国生态建设的一大亮点。江西省森林覆盖率高达 63.1%，居全国第二位。2004 年江西在全国率先推开集体林权制度改革，实现了"山定权、树定根、人定心"，改革取得了显著成效，得到中央领导的高度肯定和社会各界的普遍赞誉，为全国创造了经验、树立了样板。油茶、毛竹、速丰林等产业快速发展。2010 年，全省林业产业总产值达 1050 亿元，首次突破千亿元大关，居全国第六位，林业在全省经济社会发展中的作用越来越明显。

江西省在实施以生态建设为主的林业发展战略中，尤其重视林业科技发展，省政府与中国林业科学研究院签订了全面科技合作协议，并启动了"江西现代林业发展战略研究与规划"项目，全面规划江西现代林业建设。项目在深入研究的基础上，提出了江西现代林业发展理念、总体布局、关键技术和若干重大对策，强调要通过江西现代林业建设，落实《鄱阳湖生态经济区规划》，使江西的山更青、水更秀、森林资源更丰富、湿地资源更优质、山川更秀美、生态环境更良好，构筑起坚实的森林和湿地生态屏障，切实保护好鄱阳湖"一湖清水"，维护全省及长江中下游的生态安全，为实现江西经济社会可持续发展奠定牢固的生态基础，为中部地区绿色崛起构建坚实的生态屏障。提出了"一湖清水、生态家园、绿色崛起"的江西现代林业发展核心理念，规划了"一湖一区二带四片多点"的江西现代林业建设的空间格局，特别提出了推进鄱阳湖生态经济区建设、集体林权制度改革、森林经营工程建设、特色生物资源培育开发、城市森林建设和湿地保护等工作，将为江西现代林业提供重要的决策依据。

"江西现代林业发展战略研究与规划"不仅取得了一系列重大的研究成果，而且是一项科研与生产实际、与政府需求紧密结合的研究项目。本论著是彭镇华教授等数十位专家共同研究的成果，同时也得到江西省人民政府、江西省林业厅、中国林业科学研究院等方面领导的大力支持，是集体智慧的结晶。希望本著作的出版有助于促进和推动我国现代林业发展。

江泽慧

二零一一年十月

前 言
PREFACE

　　党的十八大把生态文明建设纳入中国特色社会主义现代化建设五位一体总体布局，明确提出大力推进生态文明建设，努力建设美丽中国。新一届中央领导集体高度重视生态文明建设。习近平总书记明确指出，良好的生态环境是人和社会持续发展的根本基础，是最公平的公共产品，是最普惠的民生福祉，多次强调保护生态环境就是保护生产力，改善生态环境就是发展生产力。绿色是美丽中国的主色调，林业是生态建设的主战场。

　　森林具有涵养水源、保育土壤、调节气候、净化空气等多种功能，经专家评估，江西的森林生态效益达 8233.11 亿元，居全国首位，这对江西的生态建设具有重要意义。

　　近年来，江西省委、省政府高度重视林业生态建设，江西的森林覆盖率高达 63.1%，生态环境质量位居全国第四位，树立了江西"青山绿水"生态品牌。最近，省委、省政府决定在原有造林绿化"一大四小"工程建设的基础上，再用 5 年时间，省财政每年再拿 3 个亿，大力推进"森林城乡、绿色通道"建设，具体就是实施好"森林城市创建、森林乡村创建、通道绿化提升、绿道建设、绿色富民产业和森林资源保护"六大工程，这将成为江西省林业改善生态的一个重要载体。

　　在"森林城乡、绿色通道"建设中坚持规划先行，做到在城乡一体化总体布局下绿化优先，既搞好成片的植树造林，更注重造林绿化的均衡性，因地制宜，统筹兼顾，集成资金，使造林绿化与农民致富更好结合起来。坚持整体推进，系统协调推进"森林城乡、绿色通道"六大工程建设，真正做到山上山下双轮驱动，提质扩量全面推进，建设保护齐头并进，生态经济效益共显。坚持改革创新，着力解决好制约林业发展的体制机制问题，创新投入、管护和参与机制，不断增强"森林城乡、绿色通道"建设的动力和活力。坚持科技兴林，着眼于加快林业发展方式转变，把科技兴林贯穿"森林城乡、绿色通道"建设的全过程，不断提高林地产出率、资源利用率和劳动生产率，提升绿色生态发展水平。

　　为了充分利用江西得天独厚的优势，全面推进江西现代林业建设，2007 年 4 月，成立了以江泽慧教授为组长的项目领导小组和以中国林业科学研究院首席科学家彭镇华教授为组长的专家组，开展了江西现代林业发展战略研究与规划。

　　本论著是彭镇华教授等数十位专家共同研究的成果。本著作的出版，有助于促进和推动我国现代林业发展和研究。

目　录
CONTENTS

江西现代林业发展理念

指 标 专 题

江西现代林业发展布局与工程规划

江西现代林业发展关键技术

江西现代林业发展保障体系研究

第一章　江西省现代林业发展条件分析

一、江西省自然经济社会状况

（一）自然地理环境条件

江西省，简称赣。因公元 733 年唐玄宗设江南西道而得省名，又因为江西省最大河流为赣江而得简称。全省面积 16.69 万平方公里，总人口 4339 万，辖 11 个设区市、99 个县（市、区）。境内除北部较为平坦外，东西南部三面环山，中部丘陵起伏，成为一个整体向鄱阳湖倾斜而往北开口的巨大盆地。全境有大小河流 2400 余条，赣江、抚河、信江、修河和饶河为江西五大河流。江西处北回归线附近，全省气候温暖，雨量充沛，年均降水量 1341 毫米到 1940 毫米；无霜期长，为亚热带湿润气候。

江西省地处中国东南偏中部长江中下游南岸，古称"吴头楚尾，粤户闽庭"，乃"形胜之区"，东邻浙江、福建，南连广东，西靠湖南，北毗湖北、安徽而共接长江。江西为长江三角洲、珠江三角洲和闽南三角地区的腹地，与上海、广州、厦门、南京、武汉、长沙、合肥等各重镇、港口的直线距离，大多在 600~700 公里之内。境内高速公路达 2206 公里，出省主要通道全部高速化。京九线、浙赣线纵横贯穿全境。航空和水运便捷。

全省有 1 处世界文化遗产（庐山）、2 处世界地质公园（庐山、龙虎山）；11 个国家级风景名胜区，25 个省级风景名胜区；8 个国家级自然保护区，22 个省级自然保护区；39 个国家级森林公园，60 个省级森林公园，6 个国家湿地公园。有全国最大的淡水湖鄱阳湖和风景如画的柘林湖、浓淡相宜的仙女湖等。全省森林覆盖率 60.05%，居全国前列。江西矿产资源丰富，已发现的矿产有 171 种，已探明储量的有 111 种，保有储量居全国首位的有 12 种，居前十位的有 66 种。

江西物产丰厚、品种多样。全省种子植物约有 4000 余种，蕨类植物约有 470 种，苔藓类植物约有 100 种以上。低等植物中的大型真菌可达五百余种，有标本依据的就有 300 余种，其中可食用者有 100 多种。植物系统演化中各个阶段的代表植物江西均有分布，同时发现不少原始性状的古老植物，还有"活化石"银杏等。这些丰富的植物资源充分表明，包括江西省在内的中国亚热带地区是近代植物区系的起源中心之一。由于得天独厚的水热条件，许多特有植物在江西省分布。全国 198 个特有属中 64 属为木本植物，江西省有 19 属，其中 11 属为单种属。江西共有木本植物 119 科，其中占 47.1% 的 56 科是向北延伸到赣地为止的热带性科。全省已被直接利用和可能被直接利用有开发前景的、有代表性的主要资源植物可分为 12 大类。

湿地资源和生物多样性异常丰富。江西省丰富的水热资源和特殊的气候地理孕育了丰富的生物多样性，成为同纬度地区极少数森林和湿地生态系统保存完好的区域之一。全省各类湿地共 365.17 万公顷，占国土面积 21.87%，其中水域面积 164.74 万公顷，占国土面积 9.8%；天然湿地面积为 116.61 万公顷，占国土面积 6.9%。按国际《湿地公约》的分类系统，江西有 23 种类型的湿地，包括了除咸水湖和荒原湿地外的内陆湿地的所有类型。其中天然湿地 14 种，人工湿地 9 种。全省有湿地高等植物 705 种，其中属《国家重点保护植物名录（第一批）》的有 12 种，如中华水韭、普通野生稻等；湿地脊椎动物 636 种，其中哺乳类 17 种，湿地鸟类 332 种，两栖类 40 种，爬行动物 44 种，淡水鱼类 203 种。湿地动物中属国家重点保护动物有 66 种，其中Ⅰ级 13 种，Ⅱ级 53 种。据统计，在鄱阳湖越冬的白鹤数量达到全球越冬白鹤总数的 95% 以上。东方白鹳数量超过国际鸟类组织统计的总数。这些在鄱阳湖越冬的珍禽种群数量都超过该种珍禽全球数量的一半以上，是名副其实的"候鸟王国"。江西鄱阳湖国家级自然保护区是我国最早列入国际重要湿地名录的 7 块国际重要湿地之一。

（二）经济社会发展水平

江西省国民经济发展取得了巨大成绩。2009 年全省国民生产总值 7589.2 亿元，比 2008 年增长 13.1%。三次产业结构调整得到进一步强化和巩固。多种经济成分共同发展的格局基本形成，非公有制经济产值占 GDP 的比重超过 50%。

农业在国民经济发展中的基础地位进一步得到强化，发展内涵更加丰富。江西农业在全国占有重要地位，是新中国成立以来全国两个从未间断向国家贡献粮食的省份之一。生态农业前景可喜，绿色农产品正成为重要增长点，全省绿色食品数量居全国前列；有机食品数量居全国第一位。

工业发展势头良好。进入新世纪以来，江西大力实施以新型工业化为核心的发展战略，汽车、航空及精密制造、特色冶金和金属制品、中成药和生物制药、电子信息和现代家电产业、食品工业、精细化工及新型建材六大支柱产业有了较好的基础。近年来，光电、高精铜材、优特钢材、特种车船、精密机械、生物医药、特色化工、绿色食品、度假旅游、新型服务等产业呈现了良好的发展势头。

地方财政状况得到明显改善，社会事业发展取得巨大成就。2009 年全省财政总收入达 664.6 亿元，比上年增长 28.2%，同比加快 6.4 个百分点。其中，地方财政收入 389.6 亿元，增长 27.5%，同比加快 6.7 个百分点。县级财力显著增强。所有县（市、区）财政收入均超亿元，财政收入超 10 亿元的县（市、区）总数达到 12 个，南昌县进入全国百强县。财政收入快速增长为进一步加强和改善宏观调控、大力实施"民生工程"等提供了强大的财力支持。仅 2007 年，全年地方财政支出 902.6 亿元，增长 29.6%，同比加快 6.1 个百分点。其中，医疗卫生、教育、科学技术等领域快速增长，分别达 87.9%、54.9%、51.3%。

人民生活水平不断提高，城乡居民收入快速增长。2009 年农民人均纯收入 4098 元，比上年增长 14.3%；城镇居民人均可支配收入 11222 元，增长 17.5%。城镇在岗职工平均工资 18400 元，增长 18.0%。年末城镇居民人均住房建筑面积 34.72 平方米，农村居民人均住房面积 36.78 平方米，比上年末分别增加 0.34 平方米和 0.87 平方米。

文化底蕴深厚。在中华文明的历史长河中，江西人才辈出，陶渊明、欧阳修、曾巩、王安石、朱熹、文天祥、宋应星、汤显祖、詹天佑等文学家、政治家、科学家宛若群星灿烂，光耀史册。江西红色文化闻名中外。井冈山是中国革命的摇篮，南昌是中国人民解放军的诞生地，瑞金是苏维埃中央政府成立的地方，安源是中国工人运动的策源地。景德镇的瓷器源远流长，以"白如玉、明如镜、薄如纸、声如磬"的特色闻名中外，中国的英文名"CHINA"就来源于国外对中国瓷器的认识。特色产品驰名海内外。樟树的四特酒，周恩来总理赞誉为"清、香、醇、纯"，四特酒由此而得名。遂川狗牯脑茶叶，曾获巴拿马国际食品博览会金奖。南丰蜜橘，历史上是皇室贡品。此外，还有庐山云雾茶、中华猕猴桃、赣南脐橙、南安板鸭、泰和乌鸡、江铃汽车、凤凰相机等，列入中国驰名商标的品种有 9 件。

二、江西省林业发展现状

（一）森林资源状况

据第七次全国森林资源清查数据，江西省土地总面积 1669.5 万公顷，林业用地面积 1054.92 万公顷，占 63.19%，排全国第 11 位；森林面积为 973.63 万公顷，排全国第 7 位，森林覆盖率为 60.05%，排全国第 2 位，森林蓄积量 39529.64 万立方米，活立木蓄积量为 45045.51 万立方米，排全国第 9 位。

天然林面积 681.76 万公顷，排全国第 6 位，天然林蓄积量 28794.82 万立方米，排全国第 10 位；人工林面积 291.87 万公顷，人工林蓄积量为 10734.82 万立方米，排全国第 7 位；乔木林单位面积蓄积量 51.46 立方米 / 公顷，排全国第 17 位。江西省属于我国南方重要集体林区，大约 70% 的森林面积和蓄积属于集体林。

（二）林业生态建设

20 世纪 80 年代，江西提出了"消灭荒山""在山上再造一个江西"和"跨世纪绿色工程"等林业发展战略，极大推进和有效带动了森林资源培育和生态环境的改善。从 20 世纪 90 年代开始，江西省实施了一系列林业生态建设重点工程。林业发展战略和林业生态工程的实施有效缓解了江西省严峻的生态环境形势，有力地推动了江西省林业的发展和生态状况的明显改善。林业在维护生态安全、调整农业和农村经济结构、扩大城乡就业、增加农民收入等方面发挥越来越重要的作用。江西省实施的林业生态重点工程主要是：长（珠）防林一期、二期工程，林业血防工程，野生动植物保护工程，退耕还林工程和造林绿化"一大四小工程"。

1990 年，江西省启动实施长（珠）防林一期、二期工程建设项目。据统计，1990~2008 年，江西承担长防林工程建设任务的 75 个项目累计完成长防林工程营造林面积 1673.79 万亩，其中：人工荒山造林 505.29 万亩，火烧迹地人工更新造林 1.26 万亩，低效林改造 304.33 万亩，封山育林 862.91 万亩。承担珠防林工程建设任务的 5 个项目县累计完成珠防林工程营造林面积 15 万亩，其中：人工荒山造林 1.81 万亩，低效林改造 4.69 万亩，封山育林 8.5 万亩。工程实施取得良好的生态和社会效益。

2006 年江西省启动实施林业血防工程，2006~2008 年完成国家下达工程建设任务合计 40.39 万亩，完成工程建设资金 2.13 亿元，其中中央资金 0.63 亿元、地方配套和建设单位自筹资金达 1.5 亿元，工程建设涉及进贤、南昌县、鄱阳、余干等 17 个县（市、区）。

江西省从 1999 年开始实施野生动植物保护工程，拯救了一大批国家和江西重点保护野生动植物，建立布局合理、功能完备的野生动植物就地保护、迁地保护网络和建设运转高效、保护有力、管理规范的保护管理体系，提高科学研究、监测与技术服务水平，形成以规模化繁育基地、综合加工利用基地和生态旅游为主的产业框架结构，最终实现野生动植物资源可持续利用和发展。通过多年来实施保护工程，切实保障了江西省野生动植物种群及其栖息地的恢复与发展。截至 2009 年底，全省已建林业自然保护区 184 个。其中国家级 8 处、省级 18 处、市县级 158 处，总面积 111.74 万公顷，占全省国土面积比达 6.7%。

2001 年，江西省被列为全国退耕还林试点省份，2002 年退耕还林工程全面铺开。工程建设任务 320 万亩，分布在全省 11 个设区市的 84 个县（市、区）。到 2009 年底，国家已下达江西省 540 万亩的退耕还林计划。该工程投资补助（含粮食补助）仅此一项平均每年可给每个参与退耕还林的农户增收 200 元左右。

2001 年，中央财政在全国 11 个省（自治区）实施森林生态效益补偿基金试点，补偿标准为 5

元/（亩·年）。江西省作为首批试点省份，有1900万亩生态公益林纳入中央财政森林生态效益补偿范围。2006年，江西省又新增中央财政森林生态效益补偿面积1162.47万亩（按照事权统称为"国家级公益林"）。2006年和2007年，江西省按照中央财政补偿标准，分两年实施了地方生态公益林省级补偿面积2037.53万亩（按照事权统称为"省级公益林"）。到2007年，江西省生态公益林总面积为5100万亩，占全省林业用地总面积的32%。经事权调整后，国家级公益林面积为3237.3万亩，省级公益林面积为1862.7万亩。2007年以来，江西省不断提高生态公益林补偿标准，省财政每年增加1亿多元，将全省公益林补偿标准年平均提高2元；到2009年，全省公益林补偿标准统一提高到10.5元/（亩·年），年补偿资金总量达5.36亿元，在补偿规模和补偿标准上都排在了全国的前列。惠及全省330多万户林农，户均年收益达120元左右。根据省委、省政府的精神，今后还将逐年提高全省生态公益林的补偿标准。

2008年江西省启动了造林绿化"一大四小工程"。"一大"指抓好宜林荒山造林，确保2010年全省森林覆盖率达到63%。"四小"即，抓好县城和政府所在地的绿化；抓好乡镇政府所在地的绿化；抓好农村自然村的绿化；抓好基础设施、工业园区和矿山裸露地绿化。全省造林绿化"一大四小"工程建设总任务约为100万公顷，其中山上造林绿化52万公顷，山下造林绿化48万公顷。工程建设总投资120.91亿元。预计工程建设完成后，全省可增加森林蓄积量4300万立方米，全省3200万农民人均年收入增加195元。

（三）林业产业发展

林业产业发展战略目标明确，重点突出。为了做优做强林业产业，建设资源永续利用的绿色产业体系，推进江西省由林业资源大省向林业强省的转变，江西省于2005年制定《江西省林业产业发展规划》，明确了"十一五"规划期间林业产业大发展战略和发展重点。

江西林业产业大发展战略的主要目标：一是实施林业产业带和产业集群建设战略。根据区位比较优势、产业基础及市场需求，促进形成一批以资源培育为主导、集约经营的产业带和以精深加工为重点、专业协作配套的产业集群，以加工龙头企业带动中小企业，实现产业聚集效应和区域经济规模效益。二是实施林板、林纸一体化发展战略。以人造板、木竹浆造纸的大发展，带动资源培育定向化、集约化，实现森林资源培育、林产加工和服务业发展一体化，做大做强林产工业，打造一批林业产业"航母"，锻造一批优秀名牌产品。三是实施科教兴林战略。促进科技进步，培育高素质人才队伍，不断提高林业产业发展的科技含量。促进林业经济结构由资源主导型向资金与科技主导型转变，经济增长方式由粗放型向集约型转变。四是实施对外开放战略。通过"引进来"和"走出去"，充分利用国内、国外两个市场、两种资源，广泛吸引外部生产要素，引进先进管理经验和技术，积极适应全球化背景下的现代林业产业和市场运作模式。

江西省"十一五"林业产业发展的支柱产业为：商品林培植业、竹产业、油茶产业、苗木花卉业、森林旅游业、木材精深加工业六大林业产业。

江西林业产业发展态势良好，结构调整和发展方式转变成效显著。经过近5年的努力，江西林业产业发展取得了显著成就，为后续发展奠定了比较好的基础。以2008年为例，林业产业总产值达到760亿元，位居全国第7强。"十一五"期间，江西省仅林产工业和工业原料林基地建设项目的引资额就达150多亿元，林业产业发展水平显著提升。宜春罗宾、抚州大亚、德兴绿野、吉安绿洲、信丰绿源、赣州华劲、婺源百源、遂川金星等一大批大型林产加工企业相继落户江西，形成了一批新的骨干企业。中（高）密度纤维板、细木工板、竹地板、竹胶板、木雕、活性炭、茶油等产品的生产工艺和水平在全国已居领先地位。

（四）生态文化建设

将生态文化建设纳入推进现代林业建设体系，是江西省生态文明建设的重要组成部分。江西省作为生态大省，不仅拥有丰富的生态资源，同时还积累了丰厚的生态文化底蕴，森林文化、花文化、竹文化、茶文化、湿地文化、野生动物文化等，都具有良好的挖掘与发展潜力。为此，江西省一方面加强生态知识普及——提议将生态文化知识列入中小学教材，作为基础教育课程；编制相关的宣传册，免费发放给林区群众、中小学生等。另一方面，随着人们生活水平的不断提高，各种生态休闲旅游方兴未艾，努力引导人们在旅游中感受生态文化的魅力，让观光休闲游上升成为一种知性旅游，也将成为江西省生态文化建设的重要组成部分。

江西省大力加强林业生态文化建设，提升林业地位。一是广泛开展森林城市和湿地公园创建活动，并纳入造林绿化"一大四小"工程建设考核内容，力争用2~3年时间，使全省50%的设区市、30%的县（市、区）达到创建标准，实现身边增绿，提升城市品位。二是全面开展森林生态效益评估，量化林业生态建设成果。三是大力创作林业生态文化作品，组织名人名家开展生态采风活动，创作了《踏界》《青山遮不住》《为了百姓好》等林业影视、歌曲、文学作品。四是加强林业生态文化基础设施建设，建设了一批森林博物馆、湿地博物馆，建设了林业生态文化展示厅，开通了中国林业生态文化网站，举办了中小学生绿色生态系列征文活动，与省广播电台联合打造了"惠农直播室"，受到广大林农普遍欢迎。

（五）集体林权制度改革

自2004年9月以来，江西省委、省政府以科学发展观为统领，认真贯彻落实《中共中央 国务院关于加快林业发展的决定》，在全省组织开展了以"明晰产权、减轻税费、放活经营、规范流转、综合配套"为主要内容的集体林权制度改革。

江西省开展集体林权制度主体阶段改革取得了明显成效，从根本上理顺了林业生产关系，解放了林业生产力，极大地调动了农民经营林业的积极性，实现了"农民得实惠、生态受保护"的目标。概括起来，主要有以下5个方面：

一是有效地激活了生产要素，加快了造林育林进程。林权制度改革后，经营山林的利润空间明显加大，农民造林育林的积极性和社会投资林业的热情空前高涨，各种生产要素迅速向林业聚集。

二是显著地增加了农民收入，搭建了百姓创业平台。林权制度改革实现了"山定权、树定根、人定心"，为广大山区农民增收致富开辟了有效途径。通过减免税费、政策性让利和发展林业产业，加上改革拉动木竹价格上涨和林地林木升值，使得农民来自林业的收入大幅度增加。

三是有力地促进了森林保护，强化了生态建设。分山到户后，农民对山林资源十分珍惜，看作是建在山上的"绿色银行"，保护的意识普遍增强。

四是极大地维护了林区稳定，促进了农村社会和谐。江西的林权制度改革始终坚持把学法用法和政策宣传放在首位，充分尊重群众，保障农民的知情权、参与权、决策权和监督权，整个改革过程体现了民意，体现了民主，有力地推动了农村的民主法制建设，促进了村民自治水平的提高，促进了社会主义新农村和和谐社会建设。

五是适时地理顺了管理体制，加快了政府职能转变。通过改革，各级政府及其相关部门的执政理念和服务方式发生了深刻变化，职责进一步廓清，履行职责的方法进一步优化，执法、管理、服务三大职能进一步加强。林业管理体制得到理顺，全省林业行政事业经费全部纳入了财政预算，彻底结束了林业部门长期靠规费供养的历史，各级林业部门开始把工作重点和履职方式转到加强管理和提供服务上来。

当前，江西省抓住贯彻落实中央林业工作会议精神的重大机遇，全面深化林权制度配套改革，用抓主体改革的决心抓配套改革，努力继续为全国摸索路子。中央林业工作会议后，江西省委、省政府及时召开全省林业工作会议，提出了《关于深化林业产权制度改革的若干意见》，主要进行了7个方面的探索：

一是在巩固主体改革成果上进行了积极探索。开展了主体改革"回头看"活动，成功调处一批长期影响林区稳定的"老大难"问题。加强林权监督管理，着手建立全省林权管理地理信息系统和电子档案，实现网上办证和林权动态化管理。

二是在完善林权交易平台上进行了积极探索。采取会员制形式，对所有县级林权交易机构进行整合，组建了南方林业产权交易所，构建了全省统一管理的林业产权交易网络体系。

三是在规范林权交易服务收费上进行了积极探索。统一了全省产权交易、资产评估、林地勘查等林业中介服务收费项目和收费标准，解决了多年来林权交易收费无依据、标准不统一的问题。

四是在做大林业融资平台上进行了积极探索。组建了江西省林业投资公司，建立了江西林业产业投资基金，首期募集资金2亿元。成立了江西省鄱阳湖绿色家园公益基金会。

五是在全面推进森林保险上进行了积极探索。全省5100万亩生态公益林火灾保险实行了统保，商品林林木火灾保险和综合保险积极推进，全省纳入保险的林地总面积达到5773.6万亩，保险保障金额近300亿元。

六是在加快林业立法步伐上进行了积极探索。近5年来，江西抓住林改的机遇，颁布了《江西省森林条例》等6部法规，去年又颁布《江西省生态公益林管理办法》等2部规章，2010年还将出台《江西省森林公园管理条例》，林业法制建设取得重大进展。

七是在深化林木采伐管理改革上进行了积极探索。开展了采伐管理改革试点，全面推行两类林分类管理，推行林木采伐指标按林龄排序，推行小片皆伐，启动森林经营方案编制，森林资源管理更加规范有序。

三、江西省现代林业建设的必要性

（一）落实科学发展观、推进生态文明建设的需要

党的十七大报告提出："建设生态文明，基本形成节约能源和保护生态环境的产业结构、增长方式、消费方式"，这是党建设和谐社会理念在生态和经济发展方面的升华，是全面建设小康社会的新目标，是贯彻落实科学发展观的新要求。中共中央、国务院在《关于加快林业发展的决定》中指出："必须把林业发展放在更加突出的位置，在贯彻可持续发展中，要赋予林业以重要地位，在生态建设中，要赋予林业以首要地位。"中央林业工作会议提出，在应对气候变化中要赋予林业以特殊地位。2004年2月中共江西省委、江西省人民政府在《关于加快林业发展的决定》中指出"在江西生态建设中，要赋予林业以首要地位"。这为江西省现代林业发展指明了方向，既要促进国民经济又好又快发展，又要切实保护好生态环境，着力推进生态文明建设，这是历史赋予江西现代林业发展的重任。

良好的生态状况是社会文明进步的重要标志，最大限度地发挥林业在改善生态中的主体作用，已成为经济社会发展对林业的首要需求。现代生态文明建设的主要任务就是通过保护自然资源、节约自然资源、科学利用自然资源，维护自然生态系统的动态平衡;生态文明为建设和谐社会创造条件。

江西省国土面积的80%为丘陵、山地，生态系统较为脆弱，水土流失等自然灾害极易发生，森林植被主要分布在五大流域的源头和周边地区，承担着保持水土、涵养水源的国土防护和流域水资源安全保障的重大功能。因此，在江西省生态建设的进程中，林业始终承担着无可替代的历史重任。在现代生态文明建设新阶段，江西林业被赋予了新的历史使命，发展现代林业正是实现

这一历史使命的必然选择。

（二）实施鄱阳湖生态经济区重大发展战略的需要

2008 年春，中共江西省委、省政府作出了建设鄱阳湖生态经济区的重大战略决策，2009 年 12 月 12 日，《鄱阳湖生态经济区规划》获国务院批准，上升为国家发展战略。《规划》明确，鄱阳湖生态经济区包括南昌、景德镇、鹰潭 3 市，以及九江、新余、抚州、宜春、上饶、吉安市的部分县（市、区），共 38 个县（市、区），国土面积为 5.12 万平方公里。

鄱阳湖生态经济区功能定位为全国大湖流域综合开发示范区、长江中下游水生态安全保障区、加快中部崛起重要带动区和国际生态经济合作重要平台。为了实现鄱阳湖生态经济区总体定位，江西将按照统筹规划、分步实施的原则，分阶段推进鄱阳湖生态经济区建设：2009~2015 年为先行先试、强基固本阶段，主要任务是创新体制机制，夯实发展基础，壮大生态经济实力，初步形成生态与经济协调发展新模式；2016~2020 年为深入推进、全面发展阶段，主要任务是构建保障有力的生态安全体系，形成先进高效的生态产业集群，建设生态宜居的新型城市群，为到本世纪中叶基本实现现代化打下良好基础。

为了实现鄱阳湖生态建设目标，《规划》提出了加快生态建设和环境保护，发展环境友好型产业，实施重大基础设施建设，建设构建生态文明，促进区域协调发展、深化改革开放以及健全保障机制 7 项重大措施，着力构建"四大支撑体系"、重点打造"十大产业基地"。

鄱阳湖生态经济区建设的特色是生态，核心是发展，关键是转变发展方式，目标是走出一条科学发展、绿色崛起之路。鄱阳湖生态经济区将生态建设和环境保护放在首要位置，将"坚持生态优先，促进绿色发展"作为首要原则，将"森林覆盖率和森林质量不断提高，水土流失面积持续减少""城镇公共绿地面积不断扩大""创建生态城镇、绿色乡村取得明显成效，生态文明建设处于全国领先水平"作为主要目标，大力实施"绿色屏障建设"工程，围绕全省森林覆盖率达到63% 的目标，加强林、草业生态体系建设，形成密布城乡、点线面结合的绿色屏障，进一步增强生态系统功能。同时把"发展生态经济，努力构建以生态农业、新型工业和现代服务业为支撑的环境友好型产业体系"作为产业发展新目标。

林业是城乡生态建设的主体，林业产业是生态经济的重要形态，生态文化是社会进步的重要标志，鄱阳湖生态经济区建设为江西林业大发展提供了千载难逢的历史机遇，构建完备的流域森林生态屏障、城镇绿色屏障、发达的林业产业体系以及先进的生态文化体系成为江西现代林业建设的重要内容，大力发展江西现代林业是鄱阳湖生态经济区建设的必要要求。

（三）建设社会主义新农村的需要

林业、林区、林农是社会主义新农村建设的重要组成部分。江西省 2/3 国土面积是山区，2/3 人口在山区农村，2/3 的县是重点林业县，林业是广大农村人口重要的经济来源，林业关系着山区"三农"的发展。长期以来，广大山区、林区经济社会发展严重滞后，林业在农村经济社会发展中的巨大潜力和优势远未发挥出来。历史已经证明，林业在建设江西农村生态屏障、保障国家粮食安全、改善人居环境、培育森林资源、发展特色林业产业等方面的作用和潜力巨大，在有效缓解山区农村贫困、维护农村社会稳定和促进经济发展等方面发挥着十分重要的作用。发展江西现代林业，就是进一步将林业作为社会主义新农村建设的重要内容，不断挖掘林业潜力，使之在社会主义新农村建设中发挥更大的作用，这也是新时期江西现代林业发展的重大历史使命。

（四）提升人民生活品质的需要

江西省提出了构建生态宜居的新型城市群的发展目标，这为江西城市林业的大发展指明了方向，也提出了全新的要求。城市森林是城市生态文明建设的重要内容。森林是现代化城市不可或缺的有生命的基础设施，是城市生态文明的重要标志，发展城市森林是提升城市居民生活品质的有效途径。国际上，评定城市生活品质的指标，主要包括居民长寿者比例、森林覆盖率以及文化、医疗条件等。城市森林巨大的生态功能像保健品一样，呵护着城市居民的身心健康。森林具有吸附粉尘、净化空气、消减噪音、阻挡光辐射、吸收二氧化碳等功能，还具有释放负氧离子、杀菌以及赏心悦目等保健功能。在生活节奏越来越快、工作压力越来越大的今天，发展城市森林已经成为缓解压力、调节心情、促进健康的有效手段。国内外的实践证明，一个城市只有具备良好的森林生态系统，使森林和城市融为一体，人与自然和谐相处，才能称得上是发达的文明的现代化城市。我国许多城市将发展城市森林作为生态文明建设的重要内容，通过构建良好的森林生态系统，提升了城市的生态功能，促进了人与自然和谐。

随着江西社会经济的快速发展，努力建设"一流的空气、一流的水质、一流的生态环境、一流的人居环境，实现绿色江西、生态江西、富裕江西、和谐江西"已经成为人民的迫切需求。城市林业是"一流人居环境"建设和现代生活品质形成过程中不可或缺的内容，最近实施的造林绿化"一大四小"工程有力地推动了江西城镇林业的大发展，大大改善了城镇人居环境，提升了人民的生活品质。因此，将发展城市林业、提升人民生活品质作为江西现代林业建设的重要目标，是历史赋予江西林业的新任务，也是江西现代林业建设中的一项重大工程。

（五）深化集体林权制度改革的需要

机制和体制创新是现代林业发展的重要动力，在一定程度上说，现代林业发展过程也是林业制度不断创新的过程，现代林业的大发展将有力地推动林业制度的不断完善，而制度完善和创新又能为现代林业发展提供不竭动力。

2003 年，中共中央、国务院颁发的《关于加快林业发展的决定》，对集体林权制度改革原则和主要措施给出了总体安排。2008 年，中共中央、国务院《关于全面推进集体林权制度改革的意见》，明确了集体林权制度改革的政策内容和目标。要求在保持集体林地所有权不变的前提下，将林地经营权交给农民，使农民不仅具有经营的主体地位，而且享有对林木的所有权、处置权、收益权，通过"明晰产权、减轻税费、放活经营、规范流转"等措施，建立一个适应社会主义市场经济要求，既能够兴林又能够富民的林业经营体制和林业发展的自组织机制，从而带动林业的大发展和农民收入的快速增长。

2004 年，中共江西省委、江西省人民政府颁布《关于深化林业产权制度改革的意见》，江西省在全国率先开始了集体林权制度改革，创造了许多符合江西实际的改革模式和政策制度，保证了主体改革的顺利完成，大大激活了林业发展的活力，并为成功转入深化配套改革阶段奠定了良好的基础。实践证明，江西集体林权制度改革在"资源增长、农民增收、生态良好、林区和谐"等方面取得巨大成效。集体林权制度改革为江西现代林业发展创造了良好的政策环境。

当前，江西林业正处于推进集体林权配套改革的攻坚阶段，建立和完善符合江西省情、林情，有利于集体林业资源可持续经营、生态保护和林农增收三者相互统一的政策机制，是江西现代林业建设的一项重要工程，也是一个长期的任务。将现代林业体制和机制创新纳入江西现代林业发展战略，是江西林业自身持续发展的需要，也是打造绿色生态江西的必然要求。

四、江西省现代林业发展的 SWOT 分析

（一）优势分析（Strengths）

1. 江西省区域发展优势

区位优势。江西虽位于我国中部，地处沿海腹地，内陆前沿，属中部欠发达地区，是典型的

浅内陆省份。但随着时间的推移，江西的区位优势愈来愈凸显出来，主要体现在两个方面：一是江西紧邻长江三角洲、珠江三角洲与海峡西岸经济圈这三个当代经济最发达、最具活力、最有发展前景的经济区域，是惟一能同时接受这三大经济区直接辐射的省份；二是江西早已纳入全国重点开发的沿长江经济带和京九经济带之内，尤其南昌是京九线经过的惟一省会城市，同时，东部通往西南惟一的铁路直通线——上海至贵州、重庆线经过江西，这些都大大强化了江西在全国经济发展梯度推进或沿海产业梯度转移中承东启西、联南络北的战略地位。

发展成本优势。江西的低成本优势主要体现在土地、劳动力等生产要素的低成本，水、电等公共能源的低价格上，为承接境外暨沿海产业梯度转移、加快经济发展创造了极为有利的条件。

生态环境优势。江西地理构造是一个相对独立的水陆生态大系统，天然地阻断了外来污染，鄱阳湖为我国惟一没有多少污染的大湖。尤为值得骄傲的是，全省森林覆盖率位居全国前列，拥有良好的生态环境。

自然资源优势。一是水资源优势。江西拥有令人羡慕的水资源。全省境内共有大小河流 2400 多条，共有水面 2500 万亩，约占全国淡水面积的 10%。二是电能充足的优势。我国未来电力供应偏紧形势已成定局，可江西电能每年可节余 200 多万千瓦时。三是矿产资源优势。江西铜、银、铀、钽等 12 种稀有资源储量名列全国之最。四是旅游资源优势。江西旅游资源在全国是最丰富省份之一，尤其在"红"色、"绿"色、"古"色旅游资源方面最具特色。

发展政策优势。21 世纪的江西经济处于一个重要的发展阶段。鄱阳湖生态经济区建设国家战略的实施，为江西快速发展提供巨大的政策优势。即将推行的国家政策主要有：一是加大国家支持力度。加大财税政策支持。健全财政转移支付办法，加大对生态建设和环境保护；加大中央财政性建设资金投入，重点安排区域内重大基础设施、生态环境保护等项目建设。二是加强金融政策支持。支持设立鄱阳湖生态经济区股权（产业）投资基金、区域生态环境保护基金和行业性的创业投资基金；加大对政策性险种财税支持力度；鼓励保险公司开设农业保险、环境保险和科技保险等专业保险品种。三是给予重大项目支持。将鄱阳湖流域纳入国家重点流域治理范围，支持区域内重大环保设施和生态工程建设。四是探索建立绿色国民经济核算考评机制。研究绿色国民经济核算方法，开展环境污染、生态破坏成本以及水、湿地、森林等资源价值等方面的核算，探索将发展过程中的资源消耗、环境损失和生态效益纳入经济发展水平的评价体系，为环境税费、生态补偿、自然资源管理、产业结构调整、产业污染控制政策制定以及公众环境权益维护等提供科学依据。五是建立体现科学发展的政绩考评机制，将提升经济发展质量、保护生态环境作为领导干部考核的重要内容。六是建立健全生态环保长效机制。七是积极推进相关改革试点。积极推进生态合作、产业共建、财政支援、异地开发、生态资源交易等多种方式的生态补偿试点，探索开展鄱阳湖流域湿地生态补偿试点；成立南方林业产权交易中心。

由此可见，江西具有"定位"优势，而且从某个角度来看，"定位优势"甚至比"区位优势"等其他优势更为重要，因为只有通过"定位优势"，才能使"区位优势"等其他优势发挥得淋漓尽致。

2. 林业发展优势

林业区位优势。江西省属国家规划的南方用材林区，具有明显的区位优势。随着经济社会的快速发展，江西省的交通基础设施建设步伐加快，四通八达、方便快捷的交通网络已经形成，通往上海、浙江、福建、广东等沿海地区的时间大为缩短，过去严重制约产业发展的交通"瓶颈"问题得到很大改善。同时，江西省作为国家规划的重点用材林区，随着国家的重点支持和相关政策的调整，必将极大调动广大林农、社会各主体和内外资投入商品林经营的积极性，林业产业的基础——商品林必将有一个大的发展，从而进一步促进整个现代林业的发展。江西省山区县绝大多数散布在省内边缘地区。东南西北分别与浙江、福建、广东、湖南、湖北接壤，这些地区经济发达，旅游需求旺，群众旅游意识强，有很强的旅游购买力；地缘人缘都与相邻的浙江省山区有着千丝万缕的关系。如安远与特区深圳共饮一江水，发展森林旅游业潜力巨大。江西省地处亚热带，气候温和，土壤肥沃，雨量充沛，林木生长期长、生长快，主要用材树种杉木、马尾松的林木蓄积量平均生长率达 10.65%，具有发展速生丰产林和工业原料林的良好自然条件。

森林资源优势。江西是森林资源大省，全省山地丘陵面积占总面积的 78%，森林覆盖率达 60.05%，列全国第二位，城市建成区绿化覆盖率 39.05%（2007 年），列全国第三位。江西生物资源丰富，有高等植物 5115 种，占全国总数的 17%；有脊椎动物 845 种，占全国总数的 13.5%；江西省孕育着丰富的竹类资源，竹类资源总量居全国第二位。毛竹是江西省分布面积最广的竹种，已遍布 95% 县（市、区），竹林经营技术成熟，毛竹增产潜力巨大；油茶林总面积达 1120 多万亩，全省常年产油量 5 万多吨，面积和产量均居全国前列，2008 年油茶产业总产值突破 30 亿元。毛竹和油茶资源是江西省发展现代林业产业的两大优势。

林业产业优势。林业产业化初具规模，形成了门类齐全的林业产业化基础，且林业产业发展迅速，结构不断优化。近年来，江西省林业产业发展的开放格局初步形成，产业发展总量快速增加。2008 年，全省林业产业总产值达 760 亿元，比 2007 年增加 150 亿元，增加额创历史新高。其中，林业一、二、三产业产值分别达 353 亿元、267.8 亿元、139.2 亿元，分别比 2007 年增长 26.25%、19.89%、29.67%。2009 年全省林业总产值达到 930 亿元，比上年增长 22%。

从林业产业增长结构分析，第一产业不断发展壮大，第二产业发展保持平稳增长，特别是竹产业发达，竹加工技术成熟，产业基础条件较好，全省竹材人造板、装饰板、竹浆造纸、竹工艺品等已初步形成了规模和系列化生产。竹材加工部分产品加工技术已接近或达到国际领先水平。

第三产业发展后劲增强，特别是以森林旅游为主的旅游服务业持续增长，2008 年全省森林旅游业产值达 96.8 亿元，比 2007 年增长 64.4%。截至 2008 年，省级以上森林公园总数已达 100 个，面积为 44.72 万公顷，其中，国家级森林公园 39 个，面积为 30.07 万公顷，省级森林公园 61 个，面积为 9.67 万公顷。国家级森林公园总数居全国第一。据统计，2007 年共接待游客 1103.69 万人次，直接旅游收入 83254.38 万元。截至 2008 年，江西省已建立林业自然保护区 165 处，其中国家级自然保护区 8 处，省级 18 处，市县级 139 处，总面积 106.95 万公顷，占全省国土面积比达 6.4%。林业自然保护区的数量、面积分别占全省自然保护区 96%、95%。保存有全省各种森林生态系统类型和近 90% 的野生动植物物种，保护了全省大部分的天然林和主要江河、水库源区的水源涵养林，为发展森林旅游业提供了良好的物质基础。

婺源的森林生态游，三爪仑、梅岭、柘林等森林公园的水上漂流、水上运动，三叠泉国家森林公园的"山水游""徒步登山游"，鄱阳湖国家级自然保护区、鄱阳湖南矶湿地国家级自然保护区、东鄱阳湖国家湿地公园和象山森林公园的"'候鸟观赏'游"等，都已成为省内外知名的旅游品牌。经过近几年的努力，江西林业产值总量以及所占江西省比重都表现出强劲的增长态势，为推动整个江西省林业经济的发展起到了关键作用。

林业政策优势。2004 年中共江西省委、江西省人民政府发布《关于加快林业发展的决定》，提出：坚持"一个提高，两个调整，三个搞活"。即：坚定不移地把林业工作的着力点放在提高森林资源的质量上，下大力气调整林分结构和林业产业结构，千方百计搞活用工制度、搞活森林资源、搞活经营机制，为江西现代林业发展指明了方向。2009 年鄱阳湖生态经济区上升为国家战略，为江西现代林业发展创造了更为宽松的政策环境。按照鄱阳湖生态经济区建设规划要求，江西现代林业发展将以调整林业战略布局为重点，围绕鄱阳湖流域生态安全、产业发展和自然保护目标，整合林业重点工程，优化工程布局，实施重点工程带动战略，带动全省现代林业大发展。集体林权制度改革各项配套政策的实施，为江西现代林业发展提供了政策保障。

为了推动现代林业的发展，江西省还出台了产业发展重点领域的促进政策，这些具体政策主要有：一是油茶产业发展相关政策。2007 年利用省级林业发展专项资金，投资 500 万元用于油茶特色产业项目建设，重点扶持渝水区、石城县、丰城市、袁州区、上饶县 5 个县（市、区）的油茶发展。2008 年中央财政设立了现代农业生产发展专项资金，支持各地粮油等优势特色产业发展。二是杨树产业发展政策。2009 年 6 月江西省林业厅颁布《关于扶持杨树产业发展的意见》，大力支持杨树产业发展。三是制定《江西省林业产业发展规划》。2005 年江西省林业厅发布《江西省林业产业发展规划》，规划大力扶持发展以工业原料林等速生丰产用材林基地为重点的商品林培植业，以毛竹为主的竹产业，以油茶为主的名特优新经济林业，苗木花卉业，森林旅游业和以木材精深加工为主的林产工业等六大林业支柱产业。四是生态公益林政策。2008 年江西省颁布《江西省生态公益林管理办法》，规定对省级生态公益林实行森林生态效益补偿制度。按照事权划分的原则，森林生态效益补偿资金由各级人民政府共同分担。五是《关于加快发展野生动物驯养繁殖和利用产业的指导意见》和《关于加快推进野生植物繁育和经营加工产业发展的指导意见》，制定了野生动植物产业扶持政策，加大了对野生动植物产业发展的扶持力度。

（二）劣势分析（Weaknesses）

现代林业是有强大竞争力的林业，一个区域的林业是否具有竞争力主要是由生产要素、需求状况、相关和支持产业的状况、企业战略、结构和竞争等四个主要因素以及政府和机会两个次要因素共同决定。从经济学理论上看，所有这些因素都可归纳为两类：比较优势和竞争优势。在林业竞争力大小方面，从区域分工角度看，比较优势具有决定性作用；从竞争角度看，竞争优势则又起决定性作用，比较优势和要素禀赋只是形成区域竞争力的必要条件而非充分条件。江西是林业资源大省，但还不是林业强省，打造林业强省是江西现代林业发展的主要目标。从当前江西林业发展的实际情况来看，影响和制约现代林业发展的各种劣势因素依然存在，主要表现如下几个方面：

1. 森林资源对现代林业发展的支撑力不强

一是森林生产力不高，人工林经营粗放。林分年龄结构呈现低龄化趋势，中幼林比例大，近、成熟林面积很少，可采林木资源少，经济利用可及程度低，人工林分生产力水平低下，89% 以上的人工用材林处于粗放经营状态，树种结构以松树和杉木为主，中幼林比例过大，抚育措施严重不足，有的人工林分处于"半荒"状态，而且相当一部分面积的人工林没有做到适地适树，形成低质低效的"小老头林"。

二是森林生态系统功能不够强，森林结构矛盾依然突出。江西省森林资源总量丰富，森林覆盖率高，构成江西省和鄱阳湖流域生态基础资源。但是，林种结构不尽合理、林分质量不高、区域分布不均等问题的存在，严重削弱了本身的水土流失控制机能。江西省森林资源主要分布于赣江流域，流域地区土壤侵蚀、水土流失普遍存在，以赣江、抚河和信江流域最为严重；防护林面积主要分布于赣江流域的赣州、吉安地区以及信江流域的上饶地区，抚河流域防护林面积较少。此外，特色经济林占经济林总面积的比例偏低。

三是人工林发展还不足以支撑林业产业发展。虽然人工林发展速度较快，但由于人工林树种相对单一，集约化经营水平不高，森林质量相对较低，难以满足社会经济和人民生活发展对木材的需求。近年来森林资源虽然有了恢复性增长，但仍不能适应林业产业快速发展的需要，林产工业发展与木竹等资源供应上的结构性矛盾仍然很突出。

2. 林业产业素质不高，尚不能形成强劲的产业竞争力

加工产业素质不高主要表现：一是企业规模小，缺乏大的龙头企业。分散落后的小作坊式生产占有相当比重。二是粗加工多，深加工精加工少，没有形成产业链，资源利用率低。深加工能力明显不足，功能性产品缺乏，加工方法单一，产品趋同化严重，全省原竹或半成品销售出省比例过高。三是林产工业产品整体档次不高，附加值低，缺乏知名品牌和市场竞争力。四是利用两种资源、两个市场能力低，企业经济效益不高。到目前，江西省木竹资源出省仍然大大高于进省，利用国外木材仅限于木浆造纸，且利用量十分有限，利用国外进口原木极少，出口林产工业产品除林产香料、松香、活性炭、木竹工艺品和少量竹地板外，几乎无大宗的人造板、家具出口。

第三产业发展滞后，森林旅游业尚未形成规模。由于受传统观念、体制等因素的影响，加上林区基础设施建设落后，林业第三产业没有得到应有的发展。主要表现为：森林旅游业规模小效益偏低；林产品交易市场建设滞后，流通服务体系有待完善，森林认证、森林资源资产评估、质量检验、林业工程咨询、科技和信息服务等工作有待加强。

3. 科技创新不足，科技成果转化率低

林木培育实用技术开发研究不够，能够做到适地适树、大面积造林、速生丰产的树种不多，有的经营技术模式尚不成熟，难以适应商品林大发展的要求；林业科技推广成效不大，林业科技成果难以转化为现实生产力；林业产业从业人员的素质偏低，高素质人才进不来，留不住；产、学、研缺乏良性互动，企业技术创新能力弱，对新技术、新工艺、新设备的利用程度差。新兴产品和高新技术研究开发能力与国内发达省份和国际水平有很大差距。

4. 思想观念仍趋保守，创新和竞争意识不够强

长期以来，由于江西省林产工业发展水平低，经济开放程度低，步伐不快，加上江西良好的自然生存环境以及丰富的森林资源，结果形成了封闭保守、不思进取、易于满足、无所作为的自我循环、部门发展的习惯和意识。缺乏大市场眼光，尤其缺乏世界眼光。市场竞争意识弱，"走出去、请进来"的开放意识弱，缺乏开拓创新、敢为人先的精神和思想意识。在林产工业发展中满足于小规模、小产品、小市场、小富即安。企业大多数是产品走不出县域、省域的"讲当地话"的企业，而在全国大市场竞争"讲普通话"的企业少，能参与国际市场竞争的"讲国际话"的企业更是稀缺。

江西省林产工业的区域产业结构和工业布局，还是企业内部生产结构，常常有一种自给自足、自成体系、自我满足的意识。结果形成了小而全、大而全的生产格局。低水平重复建设，产业结构趋同，资产分散，企业规模小，盈利能力低，产业集中度低，形不成合理的省内、国内分工协作体系。造成森林资源使用效率低，技术创新无力突破和低水平恶性竞争，使各地区都难以发挥自身的比较优势，形成林产工业特色，也形不成企业经营特色。而且制约区域经济整体素质提高，难以形成区域横向经济联系和国内统一市场。这与经济全球化和国际分工协作程度越来越高的发展趋势不相适应，与现代工业发展规律不相适应。

现代工业经济发展最根本和最短缺的资源就是掌握知识的人才。江西林产工业振兴中最稀缺的资源是敢于开拓、善于经营的企业家。江西省林产工业发展不仅要靠投资、靠技术、靠市场，更重要的是靠人才，核心是靠企业家。掌握了人才就掌握了未来，拥有更多的企业家，林产工业发展就有了创新的灵魂和前进的火车头。企业家是市场经济中最重要的具有经济价值的人才。

在经济较落后的条件下，人们常常比较重视物质资源、资金的投入，忽视知识和人才资源的拥有，结果往往造成人才流失与经济落后的恶性循环。在这种情况下，又常常产生选人、用人上的官本位观念。一方面把能否为"官"作为评价个人价值大小的标准；另一方面，重商、亲商、

依靠企业家、扶助企业家的氛围和观念比较淡薄。

5. 行政管理体制还不能适应现代林业的发展要求

由于我国目前仍然处于由高度集中的计划经济体制逐步向社会主义市场经济体制过渡的历史转型阶段，因此，我国地方各级行政管理制度仍将带有转型期经济体制的烙印，林业行政管理部门也不可避免。一是与商品林经营市场化经营体制相适应的经济管理制度和措施还没有完善，有的甚至还没有建立起来。对林业经营企业仍然有较多的控制和干预，致使企业作为市场主体的角色不能充分发挥，在林业经济政策实质上缺乏鼓励非公有制林业经济的发展，或者没有重大突破性政策鼓励，也没有为林业个私企业的生存创造适宜的环境，造成林业所有制结构不合理，整个林业经济缺乏活力。二是建立廉洁高效、务实勤政政府的目标已经形成共识，但与之相匹配的林业行政管理组织及其制度还存在明显差距。林业行政机构职能重叠、人浮于事的状况仍然存在，行政效能低下；地方林业行政管理中设置过多的行政许可和前置审批未得到明显控制，市场主体参与商品林经济活动的成本仍然不低；林业行政部门政务公开不够，林业行政管理政策措施仍然缺乏透明度。三是政府对林业宏观干预不足、不到位，微观干预过多、管得过死，难免出现干预失灵。

（三）机遇分析（Opportunities）

1. 市场机遇

随着经济发展和社会进步，人们对森林资源和林产品的需求不断增长。2010年我国木材需求量在2亿立方米左右。随着生态环境、园林绿化、休闲旅游、生活美化、绿色食品等日益受到重视，社会对包括花卉苗木在内的森林资源的需求增长势头强劲。据不完全统计，2008年，全国花卉产值达666.9亿元。2010年，我国商品材消耗达2.4亿立方米，比2000年增加9900万立方米，增长70%，人造板产量将达5500万立方米，比2000年增加3498万立方米，增长1.75倍，国产木浆造纸由目前的6%提高到15%，总量达720万吨，木竹家具产值由2003年的237.8亿元增加到530亿元，增长1.2倍，森林旅游接待旅游总人数由2003年的1.16亿人次增加到4亿人次，增长2.45倍，苗木花卉、园林工程等产业亦将快速增长。社会需求的不断增长，为江西现代林业发展创造了潜在的机遇。

2. 政策机遇

2007年6月，国务院发布实施了《中国应对气候变化国家方案》，把林业纳入我国减缓和适应气候变化的重点领域，同时提出了要通过建立和完善相关政策，形成有利于减缓温室气体排放的体制机制。2009年6月召开的中央林业工作会议指出：在应对气候变化中林业具有特殊地位，并强调"应对气候变化，必须把发展林业作为战略选择"。2009年9月，胡锦涛主席在联合国气候变化峰会上向全世界庄严承诺：中国要大力增加森林资源，增加森林碳汇，争取到2020年我国森林面积比2005年增加4000万公顷，森林蓄积量比2005年增加13亿立方米。2009年11月，国家林业局发布《应对气候变化林业行动计划》，提出中国坚持林业发展目标和国家应对气候变化战略相结合的原则。这些政策的出台，为江西现代林业发展提供了广阔的舞台。

2004年，江西省委、省政府作出了《关于加快林业发展的决定》和《关于深化林业产权制度改革的意见》，省人大常委会审议通过了《江西省森林资源转让条例》，推出了一系列加快和规范林业产业发展的重大政策措施，2004年江西省顺利推进集体林权制度改革重大措施，为江西现代林业大发展奠定了良好的制度基础，2008年江西省实施造林绿化"一大四小"工程、2009年鄱阳湖生态经济区建设上升为国家战略，对江西省林业工作提出了新要求，为江西现代林业发展创造了巨大的机遇。

（四）挑战分析（Threats）

1. 繁重的建设任务与社会参与程度不高之间的矛盾日益突出

江西省鄱阳湖流域生态保护和建设工程任务异常繁重，从历史经验来看，单靠林业部门一家独自承担现代林业发展重任，难以取得最大的效果。当前，林业已经成为江西流域生态安全的主体，但是生态保护是涉及江西乃至更大区域范围的公益事业，需要各方面的支持和有效参与。显然，当前存在的部门单一主体的参与格局，难以适应现代林业发展的要求。

2. 林业生态建设大量的资金需求与财政投入不足之间的矛盾日益突出

近些年，国家和江西省地方政府投入大量资金用于林业生态建设，实施了一系列重大林业工程，取得了显著的生态效益，但是，随着林业生态建设的深入开展，资金缺口将越来越大。江西省仍是一个经济欠发达的中部省份，财力十分有限，需要做的事情、要解决的问题非常多，长期大规模地将财力投入到林业生态建设不太现实，需要国家和全社会多种形式的积极投入。

3. 生态文明建设的高要求与生态文化建设薄弱之间的矛盾日益突出

鄱阳湖生态经济区建设的特色是生态，核心是产业发展。江西省正处于工业化初期到工业化中期的快速推进阶段，经济总量过小，财政收入不足，人民生活水平相对不高，发展经济是当前江西经济社会发展的首要任务。在这一形势下，唯经济增长的思想观念还相当程度地存在，生态意识比较淡薄，协调经济发展和生态保护的能力不强，方法不多，个别地方政府和干部破坏生态求得一时政绩，个别地区乱砍滥伐、乱捕滥猎、破坏植被现象还比较突出。这些现象的存在，将会在相当程度上增加现代林业发展的难度，给江西林业发展提出了严峻挑战。

第二章　国内外现代林业实践的比较借鉴

一、当代世界林业发展形势分析与借鉴

（一）生态环境保护成为世界林业发展的主题

随着经济社会的快速发展、人口的迅速增长、人类活动的不断加剧，生态保护与经济社会发展的矛盾日益突出。地球上30%的珍稀野生动物濒临灭绝；24个生态系统中的15个正在持续恶化。大约60%的人类赖以生存的生态服务行业退化或以非理性方式开发，无法进行可持续性生产，前景每况愈下。森林和湿地的消失以及荒漠化加剧等问题引起了一系列全球性生态问题，使环境问题越来越得到国际社会的关注，成为国际政治的热点领域。生态保护成为各国政府首脑所关注的大事，各国投入大量的经费来改善生态环境，并努力通过各种外交活动，发挥各自在推动可持续发展中的影响地位。森林是陆地最大的生态系统，对于改善生态环境具有重要作用，世界各国普遍把保护森林、发展林业作为从根本上改善生态环境、减少各种自然灾害、控制温室效应、应对气候变暖的一个重要措施。

林业在应对全球气候变化中扮演主角。森林作为碳的"储存器"或"吸碳物"，有潜力将预计全球碳排放量的大约1/10吸收到其生物量、土壤和产品中，并在原则上永远储存起来，同时森林生物量作为能源替代化石燃料，可以减少温室气体的排放。森林问题在气候变化谈判中一直备受关注，特别是近年来森林在关于气候变化问题的讨论中得到了更多重视，2001年《波恩政治协议》和《马拉喀什协定》已同意将造林、再造林项目作为第一承诺期合格的清洁发展机制（CDM）项目，这意味着发达国家可以通过在发展中国家实施林业碳汇项目抵消其部分温室气体排放量。由于开展CDM碳汇项目对于发达国家和发展中国家有着各自的吸引力，因此CDM碳汇试点项目已经全面开展起来。随着国际气候变化谈判的深入，国际社会应对气候变化的行动对林业提出了更高的要求，从清洁发展机制下的造林与再造林活动，逐步扩展到关注发展中国家的毁林排放（REDD），减少森林退化导致的排放，以及森林保护、可持续经营和森林存量增加（简称为REDD+），以及林业部门之外的导致毁林和森林退化的活动（REDD++）。发展中国家和发达国家都希望在后京都时代充分发挥林业在应对气候变化中的作用，并希望将林业减缓气候变化纳入应对气候变化的国际进程，以促进解决林业发展中面临的突出问题、或是以更多的土地与林业活动来帮助完成减排任务以便减轻工业、能源领域的减排压力。

保护生物多样性是林业管理的重要内容。生物多样性保护可以影响一个国家、一个地区乃至全球的发展和促进经济的繁荣，因此它引起了国际社会性关注，成为全球环境问题的热点。1992年联合国在内罗毕最终谈判会议上通过《生物多样性公约》。公约的核心内容就是要求各缔约国采取一切可能的措施保护日益严峻的生物多样性，包括提高意识、加强包括研究和培训在内的能力建设、合理分享遗传资源和相关技术、制定国家保护战略、促进国际合作等。《湿地公约》《濒危野生动植物种国际贸易公约》《国际热带木材协定》以及有关森林的各种进程都将生物多样性保护

作为重要内容。《生物多样性公约》中对外来生物入侵、转基因生物安全管理、生物遗传资源惠益分享问题作出了原则性的规定。美国、日本及欧盟等发达地区对转基因生物实施安全评价,对产品的生产、流转和销售均有明确的规定;许多生物遗传资源丰富的国家相继制定了生物遗传资源惠益分享管理制度,对本国的生物遗传资源加强了保护和管理。

防治荒漠化成为林业部门的重要工作。荒漠化是世界上最令人忧虑的环境恶化问题之一,它影响了世界上约 2/3 的国家、地球表面 1/3 以上的土地(超过 40 亿公顷)和 10 多亿居民的生活,会给人类生计和粮食安全带来潜在的灾难性后果。森林植被在防治土地退化中发挥着重要的作用,常年植被可保证土壤得到有效的和持久的保护。森林采伐会加快土地沙化的过程,而荒地造林和更新造林,作为一种合适的土地恢复方式,是应对荒漠化的最有效手段之一。《联合国防治荒漠化公约》的全球化机制确定了林业应发挥重要作用。为遏制荒漠化而进行融资可能是低森林覆盖率国家所面临的最大难题。世界银行、区域开发银行、联合国组织和机构将林业部门作为其防治荒漠化工作的重点部门,全球环境基金将林业作为解决荒漠化问题的重要的资金投向。

营造人工林成为缓解全球生态压力的重要手段。随着全球经济的迅速成长,一方面国际市场对林产品需求攀升,另一方面天然林保护的呼声高涨,天然林供材压力加大,使得人们的目光更多地转向了人工林。近年来各国工业人工林培育迅速发展,木材资源供应来源正在逐渐从天然林转向人工林。一些国际组织和许多国家的政府,都对发展人工林以弥补天然林供材缺口表示出了较大的热情。1995 年在芬兰召开的第二十届国际林联大会,1997 年在土耳其召开的第十一届世界林业大会,不论是科学家还是政府官员,都对人工林的发展现状和前景表示了极大的关注。1999 年 5 月联合国粮农组织(FAO)公布的全球最新森林状况报告,亦用专门章节讨论了人工林问题。近 20 年来,世界人工林面积仍在不断增加,FAO 报告认为,这一趋势将持续到下世纪。许多国家都制定了长期的造林计划,主要有阿根廷、巴西、中国、智利、越南、印度、印度尼西亚、摩洛哥、泰国和乌拉圭等国家。大力营造人工林,尤其是集约经营、定向培育的工业原料林,已成为世界林业发展的新特点。

森林认证成为生态环境保护的重要方法。全球森林的破坏和退化问题引起了人们的普遍关注。保护环境、保护森林已成为人类的共识。国际社会包括各国政府和非政府组织为此采取了一系列的对策和行动。森林认证是由非政府环保组织在认识到一些国家在改善森林经营中出现政策失误,国际政府间组织解决森林问题不力,以及林产品贸易不能证明其产品来自何种森林以后,作为促进森林可持续经营的一种市场机制,于 20 世纪 90 年代初逐渐兴起和发展起来的。森林认证为消费者证明林产品来自经营良好的森林提供了独立的担保,通过对森林经营活动进行独立的评估,将"绿色消费"与寻求提高森林经营水平和扩大市场份额,以求获得更高收益的森林经营企业联系在一起。森林认证的独特之处在于它以市场为基础,并依靠贸易和国际市场来运作。森林认证在 10 多年的时间中取得了飞速发展。到目前为止,世界上共有两大国际体系森林管理委员会(FSC)和森林认证认可计划体系(PEFC)在运作,还有很多国家发展了国家森林认证体系,这些国家体系正在积极寻求与国际体系的合作与认可。至 2009 年 5 月,全球已有约 60 多个国家的 3.26 亿多公顷森林通过了各种森林认证体系的认证,约占全球森林面积的 8.3%。我国也正在发展适合我国国情的森林认证体系,而随着国际市场的压力和需求,我国已有 19 个森林经营单位的 134 万公顷的森林通过了 FSC 认证,还有近 1000 家企业通过了监管链认证。

(二)促进经济社会的和谐发展成为世界林业的重要任务

森林具有经济社会多种效益,世界上有近 4% 的森林主要用来实现社会服务功能,如游憩、教育、旅游等。欧洲似乎更关注森林提供的社会服务,作为多种被认定的功能之一,欧洲几乎

72% 的森林面积都具有社会服务功能。世界经济发展需要森林作为支撑，森林产品是世界商品的重要组成部分，对于改善人民福利，提高经济活力具有重要作用，森林产出木材和非木材林产品，提供森林旅游服务。森林是木材工业和造纸工业原材料的来源；特别是对于能源和粮油安全的作用更不能小觑，是森林所有者的收入来源；森林能够提供工作机会，尤其是在偏远贫穷乡村的地区；森林提供的美好景观和生态环境为居民提供了欣赏娱乐的空间，同时成为艺术的素材，它在人们的业余娱乐过程中起着重要的作用。缓解山区贫困，增加就业，满足文化休闲等方面也需要林业来解决。

林业生物质能源为解决全球能源危机提供希望。煤炭、石油、天然气等化石能源支持了近200 年来人类文明进步和社会经济发展，已使人类面临资源枯竭的压力，同时更感到了环境问题的严重威胁。而森林所产生的生物质能源则利用前景广大，对解决能源危机提供了新的增长点；加大生物质能源开发利用和发展能源林，是解决全球能源问题、维护能源安全、调整能源结构、缓解能源资源矛盾的战略举措。2003 年，可再生能源占世界全部初级能源供应量的 13.3%；生物燃料将近占可再生能源总量的 80%。生物燃料提供的能源要多于核能源，大约是水力发电、风能、太阳能和地热能源总和的 4 倍。约 75% 的生物燃料来自于薪材、木炭和黑色水木浆（一种纸浆和造纸的副产品）。在非洲、亚洲和拉丁美洲，绝大部分生物质燃料主要用于居民做饭和取暖。例如，非洲几乎 90% 的采伐木材被用作燃料。在奥地利、芬兰、德国和瑞典等经济合作与发展组织（OECD）成员国中，生物质燃料则越来越多地被用于电力生产，木材能源工业吸引了巨额投资。这对可作为能源原材料的林副产品来说，是一个不断扩大的市场；锯木厂和纸浆、造纸企业也可通过成为能源生产者而受益。2005 年北京第二届国际可再生能源大会通过了《可持续发展可再生能源北京宣言》。2008 年华盛顿第三次国际可再生能源大会形成了只有利用可再生清洁能源才能实现经济可持续发展的共识。

木本粮油的发展对保障粮油安全起到重要作用。长期以来，粮食安全一直是国际社会的一个热点话题，世界粮食生产发展步伐逐步放慢，粮食产量增长趋缓，粮食生产面临耕地、淡水资源制约日益严重，粮食生产发展还有许多不确定因素。木本粮油是人类最初的食物来源，一直是人类粮油食品的重要组成部分。许多发展中国家认识到木本粮油产业的重要性及巨大的潜力。木本粮油产业发展潜力巨大，木本粮油指采摘树木的果实或其他营养器官进行加工生产的食品，可以替代大田作物生产加工的粮食和食用油。板栗、柿树、枣树等的果实是优良的食品；油桐、油茶、油橄榄、胡桃等可榨取优良食用油。发展木本粮油产业，可逐步缓解粮油供求的形势。各国政府在提供制度和财政支持的时候应当给予木本粮油生产部门与农业同等的地位。制定发展规划，建立健全发展机制。国际组织和许多国家也非常重视保护和开发利用木本粮油林。20 世纪 90 年代初，联合国粮农组织公布的《1961~1991 年森林资源报告》首次将非木材林产品问题纳入了报告，随后又召开了多次有关非木材林产品的会议。1995 年联合国粮农组织根据环发大会文件的要求，在总结过去 40 年的经验基础上，制定了一项《关于非木材林产品资源开发与利用的未来行动计划》。许多国家也都在制定非木材林产品的发展计划，由于木本粮油林在社会、经济及生态环境方面也有着非常重要的作用，特别是在山区农民脱贫致富、保护生态环境和促进林业可持续发展方面起着特殊重要的作用，各个国家都在努力推进木本粮油产业发展，使全球木本粮油呈现迅速发展的趋势。

林业是缓解山区贫困的重要产业。山区占地球陆地面积的 1/4，是 7 亿多人口的生活地；生活在山区的人们大多数都很贫穷，与世隔绝且被边缘化。解决贫困问题仍然是最难的事情。山区人民仍是世界上最贫穷的群体之一，而且地处偏远通常是发展和分享全球经济收益的障碍。通信与信息技术的快速发展正有助于克服山区社区所面临的自然因素制约问题。由于森林往往分布于偏远的地区，那里的贫困人口相对集中，森林在促进农民增收就业、提高人民生活质量等方面发挥巨大而独特的作用。林业在当地社会发展和文明进步中的地位和作用也越来越突出。作为森林解决贫困问题的国家森林计划，以其跨部门和参与性的特点，成为利用广泛的渠道收集和共享有关国家议题、优先发展重点以及林业部门内外行动的理想机制，对于解决贫困具有重要的推动作用。2005 年在与纳米比亚、尼日尔、尼日利亚、苏丹、突尼斯、乌干达、坦桑尼亚和赞比亚的政府当局和非政府组织的会谈中，探讨了国家森林计划及其他部门的进程与减少贫困战略或类似战略框架间的联系程度；在吸取了林业和农业、能源、健康和教育等其他部门的经验和教训的基础上，明确了建立有效联系的最佳方式、约束条件和时机。联合国森林行动纲领（PROFOR）通过与世界自然保护联盟、海外开发协会、国际林业研究中心（CIFOR）和温洛克国际中心合作，正试图展现可持续森林管理是如何提高农村生计水平、保护生物多样性和帮助实现《千年发展目标》的。按照该伙伴关系，在几内亚、洪都拉斯、印度、印度尼西亚、老挝、墨西哥、尼泊尔和坦桑尼亚进行了个案研究。此外，一个贫困—森林联系的网上工具箱被开发出来，以增加人们对森林改善生计的认识。

打击非法木材成为世界经济贸易发展中的热点问题。非法采伐及相关贸易问题的提出始于 20 世纪 90 年代中后期，伴随着世界环保理念的日益深入人心，非法采伐及相关贸易问题之所以受到国际社会的普遍关注，主要是因为它违反了资源国有关森林和贸易法规、侵占当地政府和社区财政收入、加剧地区贫困和利益冲突、损害合法经营者利益、扭曲了国际林产品贸易，导致森林资源破坏，诱发气候变化，危害森林的生态服务功能，严重影响了生态、经济、社会的可持续发展。世界银行估计，发展中国家每年因非法采伐及相关贸易导致的经济损失达 150 亿美元，占全球贸易总额的 1/10。1998 年八国集团会议首次把非法采伐作为重要的国际问题提出来，并正式讨论通过了打击非法采伐的《森林行动计划》。进入 21 世纪，打击木材非法采伐及相关贸易行动已被各国政府列为重点议程，已成为国际社会、各国政府、环保组织、林业工作者及社会公众共同关注的热点问题。欧盟 2003 年开始实施森林执法、施政与贸易行动计划（FLEGT），目的是通过与生产国自愿签订合作伙伴关系（VPA）协议，将非法采伐木材拒之门外，并支持生产国强化这一对策，这是欧盟针对全球非法采伐和相关木质林产品贸易问题的回应。美国于 2008 年 5 月出台了以禁止非法采伐木材及其制品进口为目的的《雷斯法案》修正案。

森林旅游和城市森林提升人类生活品质。随着人们生活水平的提高，参与森林游憩活动已成为现代生活方式的一个重要特征。森林旅游是以良好的森林景观和生态环境为主要旅游资源，利用森林及其环境的多种功能开展的旅游活动，如观光、度假、避暑、保健疗养、登山、漫步健身、森林浴、露营、烧烤、探奇等，森林旅游业与林业产业体系一、二、三产业之间具有较强的聚合能力。能与林业科技试验、示范区联系起来，能与社会生态公益林结合，能与森林城建设、公益林的材木培育这一辅导产业结合，森林旅游业成为林业 21 世纪的主导产业的未来趋向，许多国家都把森林旅游经济培育为新的经济增长点。森林对于保障让城市居民喝上干净的水，呼吸上清洁的空气，吃上放心的食物，住在舒适的环境，建设和谐城市，具有不可替代的作用，与城市居民的健康福祉密切相关，城市森林建设将成为改善人居环境的的重要因素，大力发展城市森林，将会取信于民，公众将会对城市森林给予一种文化层面的赞誉。城市林业最早源于北美洲，主要是加拿大和美国。北美洲城市林业的兴起与发展影响并带动了其他国家和地区。城市林业面临挑战的问题越来越多地受到国际社会的关注，例如，2005 年的国际林业研究组织联盟世界大会；2005 年的第八届和 2006 年的第九届欧洲城市林业论坛；2004 年的第二届和 2006 年的第三届世界城市论坛，以及举行了三届的亚欧城市森林论坛，会上肯定了城市森林成功改善了城市生计和生活质量，并且分析了城市绿化规划、管理和利用方面的成功做法。城市林业在全球范围呈迅猛发展的趋势，表现为：城市林业逐步成为人居生态环境建设的重要组成部分，并纳入城市和区域发展规划；由城市绿化、美化走向城市生态化，更加强调城市森林生态系统的服务功能。

（三）森林可持续经营成为现代林业发展的指导思想

1992 年联合国环境与发展大会，提出了林业的可持续发展和森林可持续经营问题，之后有关国际组织召开了一系列国际会议，对森林可持续经营问题进行了讨论。森林可持续经营是指对森林、林地进行经营和利用时，以某种方式，一定的速度，在现在和将来保持生物多样性、生产力、更新能力、活力、实现自我恢复的能力，在地区、国家和全球水平上保持森林的生态、经济和社会功能，同时又不损害其他生态系统。森林可持续经营的宗旨是保证森林连续有效地满足当代人的物质生活、文化精神生活和无形的利益需求，而且有利于长期的经济与社会发展。联合国框架内提出的可持续发展理论和森林可持续经营理论将是 21 世纪林业可持续发展的重要政策和理论技术支撑前提，成为世界各国林业发展战略的共同指导思想和原则。

森林可持续经营是全球可持续发展的重要组成部分。为推动 1992 年环发大会形成的《21 世纪议程》的执行，联合国成立了"联合国可持续发展委员会"（UNCSD），并随着森林问题的不断发展，相继又成立了"政府间森林工作组"（IPF）和"政府间森林论坛"（IFF），之后，联合国经济及社会理事会下专门成立一个独立的机构"联合国森林论坛"（UNFF），纳入联合国预算体制。这一论坛是联合国处理有关环境与发展问题的唯一常设机构。至此，全球所有有关森林领域的问题，都在联合国的森林论坛的主体框架下进行讨论，在更高级别上进一步推动了以森林保护与可持续经营为核心的国际森林问题的广泛讨论。林业作为与自然资源、人类生存环境和森林生态系统密切相关的领域，森林是环境保护的主导，森林是各部门经济发展和维持所有生物必不可少的资源，森林可持续经营目标是在对人类有意义的时空尺度上，不产生空间和时间上的外部不经济性的林业，或者在特定区域内不危害或者削弱当代人和后代人满足对森林生态系统及其产品和服务需求的林业。包括森林资源的可持续性、森林物产的可持续性、森林环境产出的可持续性和森林社会功能的可持续性。可持续发展的林业，在系统上具有开放性、整合性、可控性的属性；在产业上具有高分异性、高投入性、高保护性的属性；在实践上具有公平性、协同性、高效性的属性，是全球可持续发展的重要组成部分。

森林可持续经营的国际进程得到广泛参与。全球与森林可持续经营有关的进程共有 9 个，除了赫尔辛基进程、蒙特利尔进程、热带天然林保护进程外，还有由联合国粮农组织和联合国环境规划署倡议的干旱非洲进程、亚马逊合作组织倡议的亚马逊进程、联合国粮农组织倡议的近东进程、联合国粮农组织倡议的加勒比进程以及中国也参与的由联合国粮农组织等牵头的干旱亚洲进程，这 9 个进程共有 150 多个国家正式参与。鉴于各进程的相互联系与交叉，联合国粮农组织与国际热带木材组织多次努力，共同组织协调全球森林可持续经营行动的专家会议，确定由联合国粮农组织负责对全球森林的可持续经营进行协调，以形成全球性的标准与指标框架。联合国粮农组织和国际热带木材组织于 1995 年 2 月在罗马联合召开的国际森林可持续经营标准指标进程协调会，总结了世界各个进程，比较分析了各个进程的发展，提出标准与指标应当具有明确性、弹性、方便性和应用性等重要指标。1995 年 3 月，联合国粮农组织林业委员会在罗马召开了规模较大的第十二次会议，会议强调了联合国粮农组织在推动森林可持续经营标准指标进程中的作用，随后的林业部长会议发表了《罗马林业声明》，肯定了通过国家林业计划、活动和国际合作等方式在各个层次上的进展，号召加快森林可持续经营标准指标进程的国际合作与协调进程。

　　森林可持续经营的标准和指标体系建设取得一定成效。森林可持续经营标准与指标是建立林业可持续发展评价系统的基础，是评价和判断林业各类经济活动可持续性的依据和标准。标准与指标的制定遵循既适应国际林业可持续发展的要求，又适合国家具体情况的原则。1993 年 6 月在芬兰赫尔辛基召开的欧洲林业部长会议，通过了欧洲森林可持续性管理的行动框架，并在后续会议上形成了有关欧洲森林可持续管理的标准与指标体系。该进程共分 6 个标准 27 个指标。1993 年 9 月在加拿大蒙特利尔召开了"温带与北方森林可持续发展会议"，提出了初步的森林可持续经营的标准与指标，并组建了"标准与指标工作组"。1995 年 2 月，在智利的圣地亚哥通过了"圣地亚哥宣言"，形成了温带和北方森林保护和可持续经营的标准和指标框架。该进程共分 7 个标准 67 个指标。蒙特利尔进程的 12 个成员国，代表了全球 90% 的世界温带和北方森林。国际热带木材组织（ITTO）既发表了热带天然林可持续经营的原则，又陆续发表了热带人工林、生物多样性、森林火灾等方面的原则，1998 年正式形成国际热带木材组织热带森林可持续经营的标准和指标体系，共分为 7 个标准 66 个指标。

　　森林可持续经营强调多种功能的持续发展。赫尔辛基进程的会议上提出了"森林可持续经营是指以一定的方式和速率管理并利用森林和林地，保护森林的生物多样性、维持森林的生产力；保持其更新能力、维持森林生态系统的健康和活力，确保在当地、国家和全球尺度上满足人类当代和未来世代对森林的生态、经济和社会功能的需要的潜力，并且不对森林生态系统造成任何损害"。联合国粮农组织对森林可持续经营的定义是：森林可持续经营是一种包括行政、经济、法律、社会、技术以及科技等手段的行为，涉及天然林和人工林。它是有计划的各种人为干预措施，目的是保护和维护森林生态系统及其各种功能。1992 年联合国环境与发展大会通过的《关于森林问题的原则声明》文件中，明确提出森林可持续经营概念和思想，该文件共有 15 条原则、要点，它不具有法律约束力，主要是促进各类森林的经营、保护和可持续发展，并使它们具有多种多样和互相配合的功能和用途，并且尊重各国利用其森林资源的主权。声明指出，"森林与所有的环境与发展问题和机会有关，承认各国在可持续的基础上发展社会经济的权利"，"森林资源和林地应以可持续的方式管理，以满足当代人和子孙后代在社会、经济、生态、文化和精神方面的需要，这些需要包括森林产品和服务功能。如木材和木材产品、水、食物、饲料、药材、燃料、住所、就业、游憩、野生动物生境、景观多样性、碳的汇和库以及其他森林产品"。林业的各种功能的可持续发挥作为森林可持续经验的重要特征。

　　多功能林业成为森林可持续经营的方向。片面强调森林的单一功能是不能达到林业的可持续发展，日本、澳大利亚、新西兰等国的森林经营思想在由单一功能经营向森林三大效益全面利用过渡。国际上，林业的多功能特性已被人们广泛认知和接受，并开展了多功能林业理论研究和相关实践活动。近年来，林业发达国家对发展多功能林业非常重视，如欧盟和日本已通过林业立法倡导多功能林业，在不同尺度和规模上开展了多功能林业研究和实践。德国通过立法确立了森林多功能经营的国家政策，并通过设立"未来导向的林业基础研究计划"来推进多功能近自然林业基础理论和应用技术研究。奥地利坚持用可持续发展理论指导林业建设，从森林多功能利用出发，多样化布局，多目标发展，确保满足社会对林业的多功能需求。第二次世界大战后在德国成立"适应自然林业协会"，1989 年在斯洛文尼亚有 10 个欧洲国家的林业代表集会并建立了全欧洲的森林近自然经营联合会 ProSilva。目前，近自然林业的理论和实践在德国和奥地利、瑞士、法国等许多国家得到了广泛的接受和应用。美国林业提出生态系统经营模式，其标志是 1989 年由福兰克林提出的"新林业"（New Forestry）思想，表现在公共参与机制及科研与实践结合两方面的进步，提出了注重观察、评价、研究和利用的"适应性经营（Adaptive Management）"。北欧林业国家规定采伐必须符合森林经营方案，并及时实现采伐迹地更新造林。这种由科学的森林经营方案规范和指导下的生态林业经营模式是值得我们深入研究和学习的。多功能林业就是能够保证一定区域内的森林同时发挥多种功能的一种森林经营方式。它是在一定空间尺度内的森林经营问题，同时与分类经营并不绝对矛盾。多功能林业代表着当今世界林业发展的最新方向，是林业发展理念的又一次升华，林业先进国家多已步入多功能林业发展时代。

（四）世界现代林业发展对江西林业发展的启示

江西省作为我国林业发展的先导，在林业改革、造林绿化及各项工作中取得了重大成绩，但是也存在一些问题，主要表现为林业对社会经济的贡献还有待提高，林业对全面满足人民生态文化需求还有差距，林业产业特别是林产品加工业还不发达，对山区人民脱贫致富的支撑力度不足，森林质量尚待提升。面对国外林业发展的新形势，结合江西的林业状况及需求态势，江西林业应从以下几个方面切入，以森林可持续经营为指导思想，大力提升森林经营水平，促进林业的快速发展。

1. 促进森林可持续经营、发挥森林多功能

大力推进森林可持续经营，借鉴国外发达国家经验，运用近自然林业经营手段，划定多功能森林区域，要基于国情、林情制定全国多功能林业发展规划，形成利于发展多功能林业的政策、制度及科技环境。考虑区域特点和林业发展限制，分区制定林业发展规划，确定林业发展的方向、规模、重点、途径和利用限制，形成区域性发展政策和实用技术。加强森林经营抚育，重点提升森林质量。

2. 发展碳汇林业，应对气候变化

积极面对全球应对气候变化的形势和要求，加强森林管理，减少森林非法采伐，加强森林经营，恢复和修复退化了的森林景观，营造人工林，注重抓良种培育，制定科学的抚育方案，严格按森林经营方案定向培育，积极引进高新技术用于营造林。在森林管理上要不断提高森林可持续经营水平，促进城市森林的健康，减少城市的总的碳排放，树立低碳城市典型。对于枯死木要及时清理再造，定期检查树木健康状况，提高森林的碳汇功能。

3. 发展林业产业，促进山区脱贫

发挥好林业产业的功能也不容忽视。在分类经营条件下，选择适宜地区形成产业经济区和经济带，对商品性人工林采取集约经营的方式，创造适宜宽松务实灵活的政策环境，增加科技和物质投入，延长产业链，优化三次产业的结构，提高产出率和经济效益，增强产品在国际国内市场的竞争力，满足社会对木材等林产品的需求。在这方面，新西兰等国家有较为成功的经验值得借鉴。产业重点放在附加值高的木材林产品加工、生物质能源和木本粮油的加工方面。发展低碳排放的加工工艺和产品，促进山区经济结构调整，有效提高农民收入。

4. 发展城市林业，改善人居环境

在规划城市森林时，从文化和健康福利考虑，要在居民密集区适当建设公共绿地空间，增加城市森林的空间可接近性，同时要照顾到不同群体的福利，建设广泛参与的城市林业。提倡企业单位营造城市森林，市民参与义务奉献造林，在投入上，建立多渠道的投入机制，可采取捐助、认养等形式广泛发动群众，鼓励从居民消费资金和企业资本盈余中提供更多资金为城市林业作贡献；在活动设计上，广泛开展城市森林活动，以多种文化娱乐活动提高居民福利，发展林网、水网、路网有机结合，连接城市、城郊与乡村的广域城乡一体化的森林生态网络体系，构建自然景观、人工景观和人文资源相协调的城乡人居生态环境；强化城市森林的文化功能，促进城市文化和城市生态文明建设。

5. 推进森林认证，打击非法木材

应进一步加强认证的宣传，提高各方对认证的认识；发展和扩大森林与贸易网络，推动国内大型家居企业和林产品龙头企业优先采购和销售认证产品，以及认证产品在绿色建筑中的应用；加强认证木材与产品的采购商与供应商的联系；国家应加强投入和政策支持，制定针对认证林产品的绿色采购政策和信贷政策，并根据国际标准和可持续经营的要求，对相关政策和制度上作一些调整；建立木材跟踪体系，对木材合法性做严格监督，对森林经营企业开展能力建设，提高其森林经营水平和认证的能力。

6. 发展森林旅游，提升生活品质

在森林公园建设上，要立足现实，统筹兼顾。正确处理好森林培育保护与开发利用的关系，把林业生产与森林公园建设有机融合。重点结合风景林改造，进一步提高森林景观质量，优化森林环境。将旅游服务与安置国有林场职工就业结合起来，要将旅游的开发与农民的脱贫致富和经济发展有机地结合起来。在森林旅游产品的开发上，要发挥优势，注重特色。红色旅游和自然景观是江西森林旅游的优势，在森林旅游产品开发过程中，要把历史人物、先进典型展现给游人；强化森林旅游的教育功能，向全社会普及生态知识和革命知识，培养人们热爱自然、保护自然、热爱祖国的意识。

二、世界典型国家林业发展模式与借鉴

（一）德国近自然林经营

"近自然林业"是当今世界普遍接受的林业先进理论。德国近自然林业经营的理念、技术与方法对世界林业的发展产生着积极作用和重要影响，目前的近自然林业经营水平一直是世界各国争先学习的典范。

1. 近自然林业经营理念

近自然林业经营是指充分利用森林生态系统内部的自然生长发育规律，从森林自然更新到稳定的顶极群落这样一个完整森林生命过程的时间跨度来计划和设计各种经营活动。近自然森林经营的核心理念：以一种理解和尊重自然的态度来经营森林，使其达到接近自然的状态，其目标是培育"近自然林"。

近自然林业是模仿自然、接近自然的一种森林经营模式。它并不是回归到天然的森林类型，而是尽可能使林分抚育、采伐的方式同"潜在的自然植被"的关系相接近。要使林分能进行接近生态的自发生产，达到森林生物群落的动态平衡，并在人工辅助下使天然物质得到复苏。近自然林业阐明了这样一个基本思想：人工营造森林和经营森林必须遵循与立地相适应的自然选择下的森林林分结构。林分结构越接近自然就越稳定，森林就越健康、越安全。只有保证了森林自身的健康和安全，森林才能得到持续经营，其多种功能才能得到持续最大化的发挥。因此，不论是哪种形式的森林，包括天然林、天然次生林、人工林，其经营形式必须遵照生态学的原理来恢复和管理。只有保证其树种结构和树龄结构合理时，森林才能稳定和持续地发展。

2. 近自然林业经营管理的主要措施

（1）建立健全森林经营的法规与方针政策体系。德国联邦政府与州政府均制定有森林法，在森林法的指导下，联邦与州分别编制了森林计划。森林法与森林计划明确体现了森林经营的思想、方针和目标，并为各级林业机构的官员和技术人员所掌握。为了支持计划实施，国家制定的相关政策中都与之配套的政策，如林地管理、政府资助等。在法律及相关政策中，对一些技术问题也

进行了明确的规定，如林木引种、采伐方式等。法规健全，方针明确，政策配套，联邦到基层诸方面形成较为完善的体系，保证了森林培育与经营按照既定方针与目标实施。

（2）政府的大力资助。政府通过对保护和发展森林资源方面给予的资助形式，引导各级森林经营者合理经营森林，最终达到近自然林的目的。主要资助的方式和方法有：①将其他土地改变为森林时，第一次植树造林给予援助；②私有森林将单一性针叶林改造成混交林时给予资助；③小的私有林者形成联合体时给予资助；④林业上有自然亏损时给予资助；⑤森林区开展生态、环保、自然保护等活动给予资助；⑥森林防火给予资助等。

（3）重视近自然度评价。对林地经营体系中的基本单元进行自然度评价是人工林近自然化的前提。近自然度评价主要是根据具体地段上的不同植物群落的空间位置、物种组成、立地条件、演替阶段、地被指示植物和潜在原生林分等因素综合评定。依据评定结果按不同的类型确定经营的目标林相关设计调整林分结构的经营措施。一般在空间上将占据一定空间的植物群落作为计划和设计的基本空间单元进行营林设计；在时间上以森林完整的生命周期为计划的时间单元，参照不同森林演替阶段的特征制定经营的具体措施。

（4）重视森林资源监测。德国早在第二次世界大战后就开始了国家森林资源监测工作，用的是资源与环境监测一体化的监测体系，主要包括全国森林资源清查、全国森林健康调查和全国森林土壤与树木营养调查等三个方面。这种监测体系不仅对同一区域形成了全面综合的监测数据，其监测成果也综合反映了全国的森林资源数量、质量、生态状况及森林环境状况。全面丰富的监测指标为德国的近自然森林的经营与发展提供了翔实的基础数据。

（5）重视森林经营的远景规划。德国对森林的培育目标和方向普遍强调森林的自然化，希望用自然的方法培育出混合型的、多层次的、多样性的森林。为此，区域森林管理局对管辖范围内的每一块林地都建立了林地立地类型远景规划图，并通过政府资助引导各级林业经营者实施政府提出的远景规划。

（6）重视森林生态的公众教育。德国历来重视林业的社会教育工作，政府要求各级林业机构、相关协会及生物圈保护区等都要积极参与森林生态公众教育。主要的方式方法有：让青少年参与植树活动，建立"学生森林"；"森林教育"列为林业协会的主要任务；建立森林博物馆，通过陈列展览，让公众了解森林，认识森林，从而保护森林等。

（二）美国生态系统经营

生态系统经营是由美国林学界于20世纪90年代提出，是基于生态学原理的一种森林经营理论。

1. 生态系统经营的理念

生态系统经营是按照生态学原理经营森林，重视森林的全部价值，在协调人与森林的关系过程中，注重规范人的行为，其核心是生态系统的长期维持与保护，其本质特征是自然和人工森林生态系统的生态平衡，是森林可持续经营的一条生态途径，也是森林可持续经营技术保障体系的核心。生态系统经营作为森林经营理论和实践的重大转变，对森林经营技术、政策法规支撑和全社会的参与、支持提出了更高的要求。

生态系统经营是一种在景观水平上维持森林全部价值和功能的战略和思想。一般说来，生态需求是不易变的，而技术变化及公众期望的变化影响着经济需求的变化，社会需求也与经济需求的变化有关。生态系统经营是一个复杂的、动态的森林经营体系，这个体系考虑到了公众的利益，具有长期的、交叉学科的、大范围的计划特征，把人类的经营活动与自然的结构和过程结合起来，但不是简单地模仿自然，强调集约经营与粗放经营之间的动态平衡。这个体系标志着美国林业离开了传统的欧洲林业思想的影响而对适应于自身特征的森林经营模式的探索。

2. 森林生态系统经营的实施策略

通过森林生态系统经营实现国家森林的长期健康和生产力，需要有新的策略，包括相互联系的三方面的策略：即森林资源的经营策略；发展新知识研究的策略，特别是关于整个系统的知识以及学科的综合与整合，并将研究扩展到更大规模；以及教育的策略，包括专业教育、继续教育和公众教育等。通过这三方面的策略，形成"经营—研究—教育"的伙伴关系。森林资源的经营策略主要体现为生态系统经营计划策略和方法，不同于实现永续利用的策略计划。生态系统经营的计划策略和方法包括以下方面：

（1）评价经营效果。从生态系统经营角度，森林经营方案编制需要更好地体现基本的生态过程和期望的森林状况，以能够评价对物种和生态功能的经营效果。

（2）在经营方案中反映自然干扰。

（3）为对整个生态系统开展经营，需要发展涉及不同所有者的计划及合作方法。

（4）在经营方案中纳入适应性管理，以克服不确定性，促进新技术的发展和应用。

（5）改进调查方法，要求更详细的调查。

（6）应用营林措施，有助于实现一些重要的生态系统经营目标。

3. 森林生态系统经营的成效与局限性

1992 年，美国林务局宣布采用生态系统经营作为美国国有林森林经营的基本方针，它所实践的生态系统经营，是指在不同等级水平上巧妙、综合地应用生态知识，以产生期望的资源价值、产品、服务和状况，并维持生态系统的多样性和生产力，并在美国俄勒冈州和北卡罗来纳州等国有林区进行实践。采用生态系统经营后的采伐迹地与以前的皆伐施业完全不同，地下植被多了，除保留木外，还保留了倒伏木和枯立木。美国森林经营从林分水平提高到景观水平，在景观水平基础上长期保持森林健康和生产力，这是生态系统经营有别于永续收获经营的又一重要特征。

尽管经过了 20 多年历程，美国在生态系统经营概念指导下的大范围森林经营实例至今还是缺乏的。因此，导致的一个主要问题是，在对经营的结果和相关影响缺乏充分认识的情况下，要在大范围内按生态系统经营的概念来设计和实施森林经营计划，就要充分考虑"适应性经营"的问题，如何在一个共同的土地基础上，以一种综合、协调的方式提供森林产品和服务。生态系统经营的另一个存在问题是缺乏具体有效的林学技术措施来落实其美好的理想。与近自然林业经营相比，生态系统经营在计划的逻辑程序、森林培育、木材生产和投入产出经济分析等方面的具体技术都还是缺乏的。

（三）日本治山林业

日本是世界上林业最发达的国家之一，日本森林覆盖率高，在发达国家中仅次于芬兰和瑞典。目前，日本林业已基本建成了资源丰富、体系完善、机制健全、技术先进的森林可持续经营框架。日本是一个多山的国家，占国土面积 47% 的偏远山区经营管理着全国 61% 的森林。因此，在日本林业发展中，治山是一项主要任务。

1. 高度重视林业治山

日本山高坡陡，河流湍急，山脉基岩松脆，多暴雨、台风，加上火山爆发和地震频繁，历史上就是个多灾的国家。日本历史上发生了许多毁林诱发滑坡、崩塌、泥石流的惨痛教训。日本政府一直把森林治山治水列为基本国策，早在几百年前，日本便形成了治山防灾的理论，"能治山者方能治国"也早已成为举国上下的共识。日本治山治水事业始于 1897 年，1911~1935 年实施了"第一期森林治水事业"，标志着采用现代工程技术，有计划进行治山事业的开始。1960 年，颁布了《治山治水紧急措施法》，治山事业纳入了法制的轨道。法律规定，治山由林野厅负责，制定并实施《治山事业五年计划》。在国有林特别会计中建立了治山专项资金。为了保护和经营好这些森林，促进山区经济的发展，日本颁布有《山村振兴法》，将林地面积占 75% 以上的偏远山区指定为"振兴村"，作为国家重点扶持的对象，给予山区补助，以稳定山区居民。

2. 明晰的林业治山管理体系

日本林业治山分为国有林治山、民有林直辖治山和民有林补助治山。国有林治山由林野厅负责管理，由国有林下属的各级机构具体实施，林野厅建有完整的国有林治山系统，在基层设有治山事务所。民有林直辖治山是以民有林为对象，针对民有林中治理规模大，要求技术程度高，利害关系涉及到 2 个以上都道府县的区域，而且认为对国土保安具有重要作用的治理对象地，由农林水产大臣听取有关都道府县知事的意见后，由国家代替都道府县实施的治山事业，包括治山和防止滑坡两项内容。民有林补助治山是都道府县在所辖范围内由其下设的林业事务所实施的治山。林业治山的费用，由国家和地方共同负担，总体上国家负担 2/3，地方负担 1/3。国有林治山事业由国家全额投资。另外，日本还推行山林流域管理。将全国划分为 158 个流域，再将每个流域划分为几个地带，分区施策，持之以恒地进行治理，效果十分明显。

3. 林业治山的主要内容及成效

传统的治山主要是造林，治理荒废山坡，以防止灾害发生。如今，改善环境、保护水资源等都与治山联系在一起，使治山的内容越来越丰富。20 世纪六七十年代，治理水源涵养林，提高森林的水源涵养机能，防止洪水，缓解水荒等水资源开发、水源涵养成为林业治山的一个主要内容。20 世纪 70 年代后，国土开发导致居住区附近的森林减少，生活环境恶化，同时随着国民生活水平的提高，人们强烈要求保护和改善生活环境。于是，生活环境保护林建设、山村保护综合治山也列为治山事业的内容之一。1983 年制定的第六期《治山事业五年计划》确立的治山基本方针是，提高国土保安机能、扩充强化水源涵养机能、保护和改善生活环境。1994 年自然环境保护也列为治山的内容，建立了自然环境保护林经营管理事业。进入 21 世纪，日本现代林业治山的主要内容可概括为：防灾治灾、涵养水源、保护和改善生活环境与自然环境。另外，建立和发展保安林是林业治山体系的重要组成部分，也是实现林业治山目标的重要手段。日本保安林按防护机能划分为 17 种，其中前 3 种为水源涵养林、水土保持林和土沙崩塌防护林，是保安林的主要林种，合计约占保安林总面积的 96%。根据科学调查测定，通过实行各种治山措施，森林明显减少了暴雨毁坏面积和山体崩塌，林业治山取得了显著效果。

4. 完备的林业法律和政策体系

完善的法律体系和健全的政策法规，使日本的森林经营管理和林业生产有法可依，从而能够保证持续稳定的发展。林业的基本法律有《森林法》《林业基本法》《森林组合法》等，还包括《国有林经营管理法》《自然环境保护法》《造林临时措施法》《治山治水紧急措施法》等，这些法律为林业发展奠定了坚实基础。同时，日本还有完备的林业政策体系，包括以财政补贴、信贷支持、税制优惠为核心的经济扶持政策，以森林保险、森林灾害抵御等为主的山区振兴政策，对森林组合的扶持政策，国土保安政策以及林地开发政策等，为日本林业发展提供了有效的保障体系。

（四）芬兰林纸一体化经营

芬兰不仅是先进的工业国，而且是世界闻名的"森林之国"。拥有极其丰富的森林资源，是世界上林业发达国家之一，同时也是私有林大国，林业在其国民经济和社会发展中占有重要地位。芬兰的林纸结合之路更是世界林产一体化经营的典范。

1. 以私有林为主体的森林经营形式

芬兰森林所有权形式主要有 4 种：私有林、国有林、公司林和其他所有制。根据 2004~2006

年的森林资源清查结果，私有林、国有林、公司林和其他所有制林地分别占森林总面积52%、35%、8% 和 5%；按蓄积量分，私有林占 64%、国有林占 21%。因此，芬兰形成了以私有林为经营主体的国家林业基本产权结构体系，私有林无论在森林面积、林木蓄积量、采伐量上都占有绝对优势，对林业发展具有举足轻重的影响。芬兰以私有制为主的林业产权体系长期不变，安全稳定。林地所有权可继承并受到国家法律保护和财政扶持，充分调动了林地所有者经营森林的积极性。清晰的森林权属关系，明确的经营主体，以私有林为主的长期稳定的产权体系也促成了芬兰林业的高度发达。

由于私有林大多地处芬兰南部和中部，生长条件好，林木蓄积量高，因此，芬兰木材生产主要来源于私有林。全国共有私有林主 44 万多个，私有林主平均拥有林地约 35 公顷，其中拥有 50 公顷以下林地的私有林主约占 80%。这些私有林主中农民占 42%，工薪阶层占 24%，退休人员占 29%，企业主占 5%。私有林主管理体系由全国农林产品业主协会林业理事会、地区林主协会和地方森林经营协会三级机构组成。全国约有 158 个林业经营协会，其 1000 名协会会员向林主提供从林木培育到木材销售的各种服务。

芬兰林业建立是在小规模家庭林场基础上。芬兰 20% 的家庭拥有森林，普通家庭和个人拥有芬兰森林的 2/3。全国约有 44 万块 2 公顷以上的森林地产，其中 20 公顷以下的占 60%，超过 100 公顷的仅占 9%。个人和家庭占有的林地面积普遍较小，而且很多情况下为几个林主共同拥有一块森林，这就是林主数量高于森林地产数量的原因。芬兰森林是家庭农场的最重要的组成部分。林业的自动化程度很高，95% 的森林采伐工作是机械作业完成的。芬兰的林业机械化、信息化程度在几十年时间内得到迅速发展提高，在采伐、运输、加工等环节信息化技术得到广泛应用。

2. 林纸一体化经营模式

芬兰是世界林业发达国家，虽然其森林面积不到世界总量的 1%，木材产量也仅占世界总产量的 1.5%。但由于大力提倡造纸企业林、浆、纸一体化发展，森林覆盖率一直高达 70% 左右，森林工业总值、林业出口总值、纸和纸板的出口分别约占世界总量的 5%、10% 和 15%。2008 年芬兰森林工业总产值为 200 亿欧元，纸和纸板产量为 1310 万吨。

造纸业是芬兰最具竞争力的产业之一，发展理念与技术水平居世界领先地位。2008 年，芬兰国内有制材厂 170 家，纸和纸板加工厂 42 家，这些工厂大部分集中在森林资源丰富的南部地区。同时，芬兰拥有斯道拉·恩索、芬欧汇川两家世界纸业巨头企业，在造纸的品种、造纸的环保技术以及林浆纸一体化理念与实施等方面居世界领先水平。芬兰不但是纸和纸板的制造商，也是出口商，其出口量占世界贸易总量的约 15%，是加拿大之后的第二大纸和纸板出口国。在欧洲，芬兰是在德国之后的第二大纸张生产国和的欧洲最大的纸浆生产国。芬兰的纸和纸板产量的绝对值与人均消费值都很高，由于芬兰只有 500 多万人口，纸的消费量不到总产量的 10%，纸和纸板以出口为主，出口量占产量的 90% 以上。

林纸一体化是林纸结合的一种有效方式。从芬兰纸业的历史、现状以及发展趋势来看，虽然它在各阶段与林业形成了不同的关系，但由于纸业与林业之间存在无法分割的联系，相互促进和共同发展成为彼此的必然选择。其中，林纸一体化作为涉及造纸企业、政府及其相关职能部门、森林主以及投资者等多个主体的纵向一体化经营方式，对林业与造纸企业的可持续发展具有非常积极的促进作用。由于环境和资源条件等因素的制约，芬兰在不同的发展阶段采用了不同的林纸一体化实施模式。由于市场竞争与企业成长的需要，合作、联合以及兼并与重组已逐渐成为芬兰造纸企业发展的一种常规模式。

（五）新西兰人工林业

新西兰是林业发达国家，也是发展和经营人工林最成功的国家之一。近50多年来，新西兰在人工林育种、经营管理、加工利用等方面已达到世界领先水平，人工林经营基本进入了可持续发展阶段。

1. 人工林经营模式的选择

新西兰的人工林经营管理水平比较高，除了特殊的地理气候环境外，与其经营指导思想有很大关系。新西兰在森林培育中，一是注重抓良种培育，辐射松造林采用良种，良种经过多代选育，生长快、抗逆性强、材质好、经济价值高。二是制定科学的施肥方案，具有很强的针对性。三是抚育间伐，严格按作业方案定向培育。在长期的人工林经营管理中，不断探索出可持续的人工林经营技术和经营模式。

选择经营模式决定于造林树种、立地条件和目的材种，通常是多种经营模式融于一体。新西兰人工林具体经营模式主要有纸浆林经营、发展薪炭林、开展林牧结合等。所有的经营模式并不是单一的，而是多种模式融为一体。

新西兰在人工林的培育经营中，十分重视树种的遗传改良，在辐射松人工控制授粉和无性系繁殖技术方面居世界林木育种领先水平，扦插、组织培养等无性繁殖手段已完全成熟且普遍用于生产，辐射松造林100%采用无性系苗木。另外，新西兰对人工林特别是辐射松种子园的经营管理已摸索出一套行之有效的技术模式：一是促进开花结实和花粉管理；二是结实母树的控制；三是高度集约化经营技术，如施肥、松土、灌溉、除草和病虫害防治等；四是在生产操作上基本实现了机械化，自动化程度也相当高。

2. 鼓励发展私有人工林

新西兰历史上有3次人工林发展热潮。第一次是20世纪30年代，因天然林锐减，可采资源作业困难；第二次是20世纪80年代，新西兰政府通过《造林鼓励法》，鼓励小私有林主和公司企业投资造林；1983年以后，政府的造林补助和优惠税制改为从纳税的收入中扣除造林成本，鼓励了更多的人从事造林的积极性；同时，林木遗传改良也使人工林生长速度提高，特别是对辐射松的遗传改良，生长量提高了30%以上；第三次是20世纪90年代，政府推行人工林全面私营化计划，人工林发展增幅比以往任何一次都大，目前已经有90%以上的人工林私营化。

制定和实施激励政策是新西兰私有人工林可持续发展的动力。为了鼓励发展私有人工林业，减缓林产品需求对天然林和生态环境造成的压力，新西兰相继制定和实施了一系列推动私有人工林可持续发展的激励政策。为实现人工林可持续发展和环境保护的双赢目标，新西兰制定了《人工林良好管理的环境认证国家标准》和《新西兰人工林操作环境规程》。

新西兰是世界上成功发展私有人工林的典范。新西兰之所以能比较彻底地实施林业私有化，并取得一定的成功，其原因主要是：①实行分类经营。新西兰实行分类经营由来已久，这是因为新西兰近代所存的天然林多生长在边远山区，不但生态脆弱，更新很差，而且采伐困难，成本很高；而引进的人工林树种，特别是辐射松，生长快，轮伐周期性短，采伐方便。并且集约经营的方式使其采伐成本较低，投资回报非常高。②政策的连续性。新西兰林业私有化的成功执行得益于其政策的连续性。政府在1984年决心进行私有化改革时，对政治体制、经济体制等方面作出了很大的改变和调整，很大程度上确保了私有化进程的顺利进行。③依靠市场机制。在私有化改革中，新西兰逐渐从高度监管的经济过渡到市场经济，运用市场手段解决人工林经营的各类问题，政府主管部门只履行制定政策和服务的职能。但对于天然林的保护及人工林可持续经营等方面，新西兰政府则采取了积极的应对措施。如在饱受土地侵蚀之苦的东海岸地区，政府通过东海岸林业项目提供资金支持，在发展商业人工林的同时也致力保护当地脆弱的生态环境，并在未利用土地上营建人工林。

3. 不断提升木材加工利用水平

新西兰的木材加工业比较发达，制材过程高度机械化，采用激光或计算机进行控制。目前，新西兰的所有木材加工厂从分类、分级、制材、干燥到防腐处理实现了一条龙。在刨花板、层积板、碎料板、中密度纤维板和木制家具等方面有很高的生产水平和加工能力，在木浆方面也有较强的竞争力。另外，辐射松小径级原木处理技术，会大大提高加工后产品的价格；大径级原木加工成板方材后的价格也有很大提高，充分体现了木材加工产生的高附加值。

由于市场需求增加的拉动，使新西兰人工林从育苗、培育、加工、销售均实现了系列化、私有化的商业运作。随着消费者对辐射松材及产品的认可和加工、木材处理技术的日渐成熟，其产品在国际贸易中赢得了地位，拓展了市场空间，产品销往澳大利亚、日本、韩国、美国和中国等100多个国家和地区，大大提升了新西兰年创汇水平。

新西兰通过长期坚持发展人工林产业解决了一系列问题，一是有效保护了天然林资源，保护了生态环境；二是推进了林业的集约经营，提高了林地的开发利用比较效益；三是提高了林业的经营效益，成为国家经济的支柱产业。大力发展人工林产业已成为新西兰产品贸易、经济发展和生态保护的国家战略。

（六）典型国家对江西林业发展的借鉴启示

1. 以林业治山为抓手，推动江西生态建设

江西是一个多山的省份，2/3 的国土面积是山区，2/3 的人口在山区农村，同时也是一个自然灾害多发区，因此，应该借鉴日本治山林业的经验，推动山区生态建设。日本已经在林业治山的过程中形成了一套较完备的体系，出台了有针对性的法律《治山治水紧急措施法》，并制定实施《治山事业五年计划》，同时为山区经济发展制定了各种扶持政策，给予山区财政补助，推动山区经济社会的可持续发展。日本在林业治山中还推行了山林流域管理，将全国划分为 158 个流域，再将每个流域划分为几个地带。这些做法都很值得江西借鉴，可以将江西的山林分成几个流域，然后根据流域的特点和水土流失的情况等划分地带，分门别类，统筹规划，分区管理，制定相关扶持政策，这对推动江西山区生态建设具有重要价值。例如，划分鄱阳湖流域区，针对鄱阳湖生态区，制定有效的扶持政策以及流域治理、管理办法，推动鄱阳湖流域生态及现代林业建设。

日本在发展治山林业中，非常重视生态保护。近些年来，日本又进一步强调了林业的社会公益性，并加大了对生态公益林的扶持力度，大大提高了国有生态公益林的比重。对生态价值重要的林区，积极鼓励其转化为公益林，并在政策、资金上给予最大限度的支持。江西也应在分类经营的基础上，进一步推动生态公益林建设，不断完善公益林的生态效益补偿机制，在地方财政的有力支持下，进一步增加对山区生态公益林的补偿标准，全面推进江西山区林业生态建设。

2. 强化生态系统经营，提高天然林经营质量

在森林经营特别是天然林资源经营中，应借鉴美国生态系统经营的理念来指导森林经营活动。贯彻这一理念，必须转变传统的林业和森林资源经营管理思想，将森林生态系统作为一个有机联系的整体，坚持以始终维持森林生态系统的生产力为目标，允许可持续的产品生产，将生态系统的可能产出最优化。根据天然林的动态变化规律，对不同发育阶段的森林进行不同的保育措施。根据森林生态系统经营理论，在微观上要考虑森林状态，它包括林木的层次，林分的年龄，动植物的种类，林木的生长、更新、演替及自适应机制等；在宏观上要重视生态系统的过程，保持森林生态系统和持久的土地生产力。针对受到不同破坏程度的天然林生态系统，要强调恢复与重建退化的天然林。

江西也是天然林资源较丰富的地区，但经营质量不高。对于江西天然林资源，要在严格保护的基础上建设和培育稳定的森林生态系统，使森林资源得以休养生息和恢复发展。依据天然林分布的自然地理规律和不同森林系统在空间上的差异性，因林施育，对天然林进一步实施分类经营，分区管理。这种分类经营是针对不同经营目的采取不同经营方式，如培育大径级材。随着对大径级木材产品需求的增长，大径级材资源已成为重要的战略资源。江西省应在逐步扩大天然林保育实施区域，继续加强对天然资源管护的基础上，加快培育大径级材，全面提高天然林的经营质量。

3. 提倡近自然林经营，提升人工林经营水平

近自然林业的关键是在尊重自然的思想指导下，设计造林和经营技术。德国的近自然林经营是充分运用自然生产力和森林的自我恢复能力，尽量减少非自然因素和人为对森林生长的干扰。德国的造林目前主要为林中空地造林和迹地更新造林，在这方面，由于抓好了树种选择、苗木质量等环节，造林质量普遍较好。而造林后，他们更加重视林地管理和森林培育工作，按照树种的自然成熟年龄设计抚育采伐措施，不仅可以获得较高的木材蓄积量，还可以凭高大深厚的林冠产生强大的防护功能，形成良好的森林环境，保持了森林生产力整体达到较高的水平。德国林业不主张皆伐，而是采用择伐和疏伐。采伐要根据林木的年生长量确定年采伐量，并要求采伐总量要小于或不大于年生长量。同时，对于已有纯林进行间伐，按照"近自然林业"方法进行混林改造。

江西森林经营中的一个重要问题是重视造林环节，但对营林有所忽视，导致成林率低，森林质量不高，低效林在森林资源中占有较高的比重。因此，改造低效林是江西森林经营培育的重点，近自然经营的方法值得借鉴。必须要加强对现有针叶纯林进行改造，以杉木林为主要对象，增加混交林改造，提高森林经营的整体水平。同时，要强调集约化经营方式，大力开展中幼林抚育，正确处理集约化经营与林改后分山、分散经营的关系，研究制定中幼林抚育、低效林改造的扶持政策，全面提升江西人工林经营水平。

4. 提高木材加工利用水平，推动江西林产一体化

林产工业是以森林资源为基础的产业部门，林业产业发展对林业特别是商品林发展有着十分重要的促进作用。芬兰的木材加工、造纸既是林业的支柱产业，也是是国家的龙头产业。芬兰林产工业所创造的巨大财富，不仅为林产工业的发展带来了活力，而且通过法律的形式将一定量的资金用于森林更新，使森林工业所创造的财富为营林业的发展提供了足够的资金保障，有力支持了营林业的发展。芬兰是世界上对木材加工利用率最高的国家之一，利用率几乎达到100%。树木采伐后，较粗的部分运往工厂，生产锯木材和胶合板；较细的部分和树梢、枝丫等运往造纸厂制浆造纸或作为能源材送到燃烧工厂为当地居民供暖；树根也用机械挖出来进行利用。制浆后的树皮、浆渣还可燃烧，大约有95%用于造纸的能源；木材加工及胶合板生产的废料木屑则作为浆厂的原料。最大限度地利用木材，不但提高了企业的经济效益，而且最大程度地减少了森林资源的消耗。同时，芬兰的林纸一体化经营，更是世界林业产业化经营的典范。

江西林产工业与芬兰等林业发达国家相比差距悬殊，但发展潜力巨大。人造板是江西省林业的主导产业，在全国具有重要地位，尤其是竹地板占全国产量的22%以上，竹胶板、中纤板、细木工板等产品的产量排在全国前列。应借鉴芬兰以林产工业高速发展有力带动林业整体发展水平提高的成功经验，积极发展林产加工业，切实提高木材利用水平，积极推进竹木加工业的转型升级。同时，积极引进各类社会资本和先进技术，重点培育一批辐射面广、带动力强、具有市场优势和核心竞争力的林业龙头企业，推进林产品加工园区建设，延长产业链条，推进精深加工，提高附加值，带动加工业转型升级，促进产业集群化，推动江西林产一体化发展。

5. 大力发展森林旅游，强化林业多功能经营

很多林业发达国家都非常重视发展森林的休闲游乐功能，强调对森林的多功能利用，体现森林在经济、社会、生态和文化上的价值。从国外的发展来看，美国、芬兰等林业发达国家都有大量的国家森林公园，供人们休闲娱乐。芬兰的国家森林公园基本保持了林地的自然状态，禁止人工进行改造；对于私有林地，政府规定"人人享有"，游人可以自由出入，但不得进行砍伐或者纵火等可能引起破坏的活动。每年参与休闲运动、徒步、采摘野果野菌和狩猎的森林休闲游人数达数百万人次，其中采摘野果、野菌以及狩猎方面所获得的经济效益也十分显著。这充分证明了，芬兰不仅是木材和林产品生产的重要国家，同时也非常重视森林的多功能利用。

江西省应充分借鉴国外在发展森林旅游、强调森林多功能经营方面的经验。发挥森林公园、湿地公园等在森林旅游产业中的主导作用，创建特色精品景区，提升森林旅游档次。将旅游的开发与农民的脱贫致富有机地结合起来，鼓励林农利用承包林地兴办森林游憩业，充分开发森林的生态文化、游憩疗养功能，增加林农收入。重点结合风景林改造，进一步提高森林景观质量，优化森林环境。在森林旅游产品的开发上，要发挥地区优势，注重地方特色。红色旅游和自然景观是江西森林旅游的优势，在森林旅游产品开发过程中，要注重将革命根据地发展与生态景观结合，向游人展示江西生态旅游的历史文化特色。强化森林旅游的教育功能，向全社会普及生态知识和革命知识，提高社会公众特别是青少年热爱自然、保护自然的思想意识。

6. 健全地方性立法体系，推进江西依法治林

林业发达国家普遍重视林业法律法规体系建设。芬兰是最早进行森林立法的国家。1886年9月，芬兰颁布了第一部《森林法》，这是世界上最早的森林法规。该森林法对私有林的管理和经营作出了明确规定，特别强调了森林的天然更新和保护幼林。1927年，芬兰颁布了《私有林法》，明确了私有林管理体制，规定了森林采伐的标准；为鼓励林主提高森林经营强度，1928年又颁布了《森林改造法》，国家通过预算拨款资助森林改造工程。德国林业经营管理的法律法规健全，联邦政府和各州都有森林法，基层各级林业部门都有较为完善的法律法规体系，保证了森林培育与经营按照既定方针与目标实施。美国的森林发展史实际上是国家森林系统管理制度产生与发展的历史，在森林经营方面是依法管理的典范。《国家森林管理法》《荒野法》《国家环境政策法》《濒危生物法》《森林草地及可更新资源计划法》等，都是美国森林管理法律制度体系中的一部分，成为约束森林管理行为的法律规范。日本的林业法律体系也较为完备。《森林法》《林业基本法》《森林组合法》是其林业基本法律，此外，还有《防护林整治临时措施法》《治山治水紧急措施法》《鸟兽保护法和狩猎法》等一系列配套和辅助性法令。这些法律使造林绿化、森林培育、资源保护等都有法可依，为林业发展奠定了坚实基础。

国外完备的林业法律法规建设为江西省进一步完善林业立法执法体系，特别是地方性林业法规建设提供了重要参考。可以借鉴德国林业的立法体系，制定出类似于德国州级森林法的江西省林业基本法，为指导江西现代林业建设提供基本的地方性法律基础。另外，还应有针对性地制定和完善与森林生态保护、产业发展、野生动植物保护、湿地保护、森林文化等相关的地方性法规和标准，不断促进江西依法治绿。

7. 完善各种扶持政策，激发现代林业发展活力

美国有一套完备的林业财政、金融扶持政策体系。为鼓励营造私有林，美国设立了一项林业奖励项目基金，各州统一实行造林奖励政策，该基金对造林费用补贴的最高幅度可达65%。美国对私有林经营管理有很强的政策扶持，主要体现在减免税收、财政补贴、技术扶持等方面。制定和实施激励政策是新西兰私有人工林可持续发展的动力。在20世纪80年代中期实行林业改革以前，

新西兰政府通过《造林鼓励法》，鼓励小私有林主和公司企业投资造林。政府的造林补助和优惠税制改为从纳税的收入中扣除造林成本，鼓励了更多的人从事造林的积极性。日本林业之所以能够得到长期稳定的发展，是与多年来实行的各种扶持政策分不开的。日本政府一贯坚持的林业政策包括：以财政补贴、信贷支持、税制优惠为核心的经济扶持政策，以森林保险、森林灾害抵御等为主的山区振兴政策，对森林组合的扶持政策，国土保安政策以及林地开发政策等。这些政策最终体现的是政府对林业的扶持与保护，以发展林业、保护国土、改善生活环境和造福人民为出发点。

江西省在发展现代林业中，应进一步完善各种林业扶持政策，加强对林业的财政、金融支持。不断完善生态效益补偿机制，激发推进生态建设的积极性。针对集体林权制度改革，不断完善林权抵押贷款政策，规范抵押贷款行为；完善林业贷款财政贴息政策，合理确定各级财政补贴比例，增加贴息规模，发挥财政金融扶持在现代林业建设中的杠杆作用。加快制定促进毛竹、油茶等优势林业产业的扶持政策。加快建立政策性森林保险制度，提高经营管理者抵御自然灾害的能力。各种林业扶持政策的不断完善，必将激发江西现代林业建设的积极性和发展动力。

三、中国现代林业发展实践与启示

早在改革开放初期，有学者就提出了建设现代林业的理念。20 世纪 90 年代以来，我国不少学者针对中国现代林业问题进行了深入系统研究，陆续出版了一系列著作。代表性的有张建国、吴静和的《现代林业论》（1995 年），江泽慧等的《中国现代林业》等。进入 21 世纪以来，我国不少省（自治区、直辖市）根据本地实际积极探索现代林业发展道路，取得了丰富的实践经验，创造了宝贵的实践模式，例如浙江、江苏、湖南、福建、北京等地加快推进现代林业建设，为江西省现代林业发展提供了难得了经验借鉴。

（一）浙江"绿色浙江，生态家园"现代林业建设实践

浙江省地处中国东南沿海、长江三角洲南翼，是全国经济活力最强、发展水平最高的省份之一，同时也是典型的林业强省。2002 年，浙江省率先在全省层面由省委、省政府出台了全面推进林业现代化建设的意见。2003 年，国家林业局将浙江列为林业现代化试点省份，其目的是通过浙江省现代林业的试点，探索在经济发达地区建设林业现代化的路子，促进和带动全国林业走出一条快速、稳定、和谐、可持续的发展道路。同时，浙江省在全省林业工作会议上提出，"实施五大工程、打造五大基地、深化五项改革、构建五大体系""2010 年，林业行业产值达到 1200 亿元，到 2020 年，建成比较完备的森林生态体系和比较发达的林业产业体系，森林覆盖率稳定在 62% 以上，林业产值达到 2000 亿元，在全国率先实现林业现代化"。由此，拉开全省全面推进林业现代化建设的序幕。其中，到 2010 年林业产值达到 1200 亿元的目标，已在 2006 年提前完成，而 2009 年的林业产值已经达到了 1434 亿元。

为了全面推进浙江林业现代化建设，2004 年 9 月，浙江省开展了林业现代化发展战略研究，在林业现代化理念、发展指标、总体布局、工程规划、关键技术、保障体系等方面深入研究的基础上，提出了"绿色浙江，生态家园"的发展理念。其核心是"发展生态林业，保障国土生态安全；发展富民林业，推动绿色经济增长；发展人文林业，弘扬江南森林文化"；创新性地提出了"生态林业、富民林业、人文林业"统筹兼顾的"三林"建设思路。浙江林业现代化建设也提出了明确的战略目标：到 2020 年，在全省建成资源丰富、布局合理、功能完备、优质高效、管理先进、内涵丰富的现代林业体系，以增强森林生态功能、提升林业经济实力、提高林业管理水平、繁荣森林文化氛围，基本满足浙江建设山川秀美、人与自然和谐、经济社会可持续发展的生态省的需求。同时，浙江林业现代化发展战略研究中，首次将城市林业发展水平、绿量、碳密度、生态建设投

人等指标纳入林业现代化评价体系，构建了由 23 个核心指标、5 个特色指标两大板块组成的林业现代化评价指标体系。浙江林业现代化发展战略已成为我国现代林业建设的典范。

（二）江苏"三绿色"现代林业建设实践

20 世纪 90 年代中期，江苏省率先提出在经济较为发达的苏州、无锡、常州地区建设城乡一体现代林业的战略构想。2003 年初，江苏省政府决定实施森林资源倍增计划，打造绿色江苏，并把"到 2010 年全省森林覆盖率达到 20%、城市绿化覆盖率达到 40%"确定为"两个率先"的重要指标，成为江苏全面建成小康社会指标体系的内容之一，"绿色江苏"作为最大的生态建设工程全面启动。

2003 年，江苏省委、省政府编制了绿色江苏现代林业总体规划。《绿色江苏现代林业发展研究》中提出了构筑绿色屏障、发展绿色产业、建设绿色文化的"三绿色"发展理念及与城市群发展相结合的新型城市林业建设模式，明确了以促进经济与生态协调发展、促进林业与农业合理配置、促进城市与乡村统筹发展、促进人与自然和谐共处为现代林业的基本定位，促进江苏林业在全国林业发展和生态建设中发挥"生态示范、产业带动、科技先导"的作用。

《绿色江苏现代林业发展研究》首次在省级层面上，从区域景观背景出发，运用点、线、面相结合的森林生态网络体系建设理论和系统生态学与规划学原理，提出了"二群三网四片一带多点"的绿色江苏现代林业工程建设布局；开展了林业生态和产业工程关键技术和保障措施的研究，形成了一套从资源培育到加工利用的技术支撑体系和科技、政策、资金等保障体系；并应用"3S"技术构建了全省数字林业建设技术框架。该项研究是一项宏观与微观相结合的多学科交叉、综合性项研究项目，在现代林业建设理论与实践的结合方面有创新、有发展，成为以省域为单元进行现代林业工程总体规划的范例。

（三）湖南"新林业，新家园"现代林业建设实践

2005 年，湖南省委、省政府启动了《湖南现代林业发展战略研究与规划》项目。该项目针对湖南的实际和特色，开展了湖南现代林业理念、发展指标、总体布局、工程规划、关键技术、保障体系等方面的研究。以"建设和谐湖南新林业，打造绿色幸福新家园"为湖南现代林业发展核心理念为指导，提出湖南现代林业发展的战略目标。同时，在构建评价与发展指标体系框架的基础上，筛选了包括生态、产业、文化三项内容的 14 个核心指标。采取多种方法对指标进行了量化研究，首次构建了生态文化建设指标，确定了不同时期的阶段性发展目标。

湖南现代林业发展战略研究中，根据湖南的地形地貌、森林资源分布格局、未来林业建设重点与发展趋势，提出"一湖三群五片多点"为一体的湖南现代林业发展空间布局。针对林权制度改革和现代林业的新要求，从政策制度、科技保障、投入、组织、人力资源等五个方面进行了系统研究。提出了推进林权改革的具体政策和配套措施；明确了"一校二院二园"为核心的林业科技源头创新体系建设；强调了加大各级财政对林业的支持力度，提高省级林业支出占财政支出的比例；提出了加强湖南特色生物资源的培育和产业开发力度，加大对农民、龙头企业的扶持。

该项研究以现代林业为主题，按照"和谐湖南"的总体要求，在充分借鉴国际林业发展经验的基础上，结合湖南经济社会和林业发展的实际以及经济社会发展对林业的需求，提出了湖南现代林业发展核心理念，指明了其发展途径，布置了建设格局，较好地回答了湖南经济社会可持续发展中如何全面推进现代林业建设的问题，不仅为湖南的现代林业建设奠定了良好的基础，也为全国现代林业建设提供了重要的发展理念和实践经验。

（四）福建"和谐绿色海西，高效持续林业"现代林业建设实践

福建是我国南方重点林区，林业作为海峡西岸经济区建设的重要内容，对于推进区域社会经济可持续发展，促进人与自然和谐，建设生态文明社会，具有重大的战略意义。福建省率先在全国开展集体林权制度改革，探索现代林业发展的科学机制，为全国集体林权制度改革树立了一面旗帜；实施荒山绿化、沿海防护林体系、绿色通道等工程的建设，大力发展资源培育、林产加工、生态旅游等林业产业，使森林资源持续增长，生态环境明显改善，林业产业实力不断增强，林业在促进福建经济社会可持续发展中的作用日益提高，为福建现代林业发展奠定了坚实的基础。林业已经成为福建经济社会发展的重要支撑和保证，特别是通过推进集体林权制度改革，解放和发展了林业生产力，充分展示了福建发展现代林业的巨大优势和潜力，同时也为全国现代林业的理论和实践提供了新的经验和示范。

2005 年 7 月，福建省开展了海峡西岸现代林业发展战略研究与规划，该项研究运用中国现代林业研究成果，结合海峡西岸经济社会发展对林业的需求，开展了海峡西岸现代林业理念、发展指标、总体布局、工程规划、关键技术、保障体系等方面的研究。《海峡西岸现代林业发展战略研究与规划》提出了"和谐绿色海西，高效持续林业"的发展理念，明确指出了建设生态文明的总体思路，通过建设完备的林业生态体系、发达的林业产业体系和发达的森林文化体系来推动现代林业的发展。在构建评价与发展指标体系框架的基础上，筛选了包括生态、产业、文化、保障 4 项内容的 18 个核心指标，采取多种方法对指标进行了量化研究，并提出了具有福建特色的发展指标，确定了不同时期的阶段性发展目标。

2009 年 2 月，福建省林业工作会议上又提出按照"建设海西现代林业、推动海西生态文明、促进海西科学发展"的总体要求，推进海西山区林业、沿海林业、城市林业协调发展，推进海西林业生态体系、林业产业体系、林业生态文化体系齐头并进，把海西现代林业全面推向科学发展的新阶段。

（五）北京"绿色北京，生态城市"现代林业建设实践

北京是我国的首都，也是国际化大都市，有着特殊的历史地位。在 2008 年，举办北京奥运会，也为北京的现代林业发展提供了前所未有的机遇。北京现代林业建设是以"建设绿色北京，构筑生态城市"为基本理念。北京现代林业提出的战略目标是：到 2020 年，建成功能完备的山区、平原、城市绿化隔离地区三道绿色生态屏障，形成城市青山环抱、市区森林环绕、郊区绿海田园的生态景观，实现强化森林系统功能，健全森林安全保障，提升林业产业效益，弘扬古都绿色文明的总体目标，为建设山川秀美、人与自然和谐、经济社会可持续发展的生态城市奠定基础。

在奥运绿化重点工程的带动下，北京的城乡绿化建设水平明显提升，特别是包括城市森林、京东南生态保障带建设、林果产业、森林旅游、花卉林木种苗等为核心的绿色奥运工程以及为配合绿色奥运的建设，围绕建立完善的林业生态体系、发达的林业产业体系、健全的森林安全体系的目标，加强了平原防护林与风沙治理、山区森林保育、湿地恢复与自然保护区建设、新城与村镇绿化、森林资源综合利用等工程。以百年奥运成功举办为标志，北京的现代林业建设进入了新的发展阶段。到 2009 年，北京的林木绿化率达到了 52.6%，森林覆盖率达到 36.7%，人均绿地达到 49.5 平方米。奥运会成功举办之后，特别是在北京林业机构重组的大背景下，北京现代林业又在"大园林、大绿化、大产业"发展理念的基础上，加快了建设"生态园林、科技园林、人文园林"发展战略的步伐，同时又提出了：把握"世界眼光、国际标准、国内一流、首都特色"四大取向，构建高标准生态、高水平安全、高效益产业、高品位文化和高效率服务五大体系，努力形成与世界城市建设相适应的人与自然和谐发展、城乡一体统筹推进、全民参与共建共享、管理服务优质高效的发展格局。

（六）对江西现代林业建设的启示

1. 党政高度重视，确立林业在生态建设中的首要地位

自 2003 年中共中央、国务院作出《关于加快林业发展的决定》以来，中国林业建设得到了国家前所未有的重视和支持。从 2008 年 7 月《中共中央 国务院关于全面推进集体林权制度改革的意见》正式发布，到 2009 年 6 月召开的中央林业工作会议等一系列中央重要决议，特别是温家宝总理在中央林业工作会议上进一步明确了林业的定位，即"林业在贯彻可持续发展战略中具有重要地位，在生态建设中具有首要地位，在西部大开发中具有基础地位，在应对气候变化中具有特殊地位"，这些都足以说明林业备受国家政府的高度关注，中国现代林业正处于良好的发展机遇期。

从地方政府现代林业建设的实践来看，政府的高度重视和高位推动是浙江、江苏、湖南、福建、北京等省份现代林业建设全面推进的重要保障。以浙江省为例，2001 年，浙江省响应全国生态环境建设规划的总体要求，出台了《浙江省生态环境建设规划》，根据浙江的自然、社会和经济条件，将全省生态环境建设划分为 6 个区域类型，并确定了生态环境建设的重点工程。2003 年，为了保证生态省建设的顺利推进，出台了《浙江生态省建设规划纲要》。2004 年，浙江省省委又率先在全省层面由省委、省政府出台了《全面推进林业现代化建设的意见》，确立了浙江林业现代化建设的主要目标，强调抓好林业五大工程，加快森林生态体系建设。这一系列有关生态建设的重要规划和管理意见的出台，充分证明了浙江省委、省政府及林业部门对发展现代林业的高度重视。江苏、福建、湖南、北京等省份的政府部门也同样针对加快林业发展出台了一些重要政策和管理办法，对指导当地现代林业建设起到了重要作用。因此，江西发展现代林业，也需要省委、省政府和林业部门的高度重视、高位推动，为全面推进江西现代林业建设提供有力的组织保障。

2. 创新发展理念，明晰现代林业建设思路

中国现代林业的发展理念是以可持续发展理论为指导，坚持以生态建设为主的林业发展战略，全面落实科学发展观，最终实现人与自然和谐的生态文明社会。各地区发展现代林业都是在此发展理念的基础上，根据地区经济、社会和林业发展的实际，不断创新现代林业建设的具体发展理念和思路，制定区域现代林业建设的目标和任务。在现代林业建设开展较好的浙江、江苏、湖南、福建、北京等省份，都对发展现代林业有明确的发展理念和目标（表 2-1），这对全面推进现代林业建设具有重要的指导意义。因此，江西现代林业建设也必须创新发展理念，明晰现代林业建设的思路。

表 2-1　主要地区现代林业建设的发展思路

地区	现代林业的发展思路和发展布局
浙江	以建设"绿色浙江，生态家园"为理念；提出"一掌五指三群多点"为一体的浙江林业现代化建设空间格局框架。
江苏	以构筑绿色屏障，发展绿色产业，建设绿色文化，即"三绿色"为发展理念；提出"二群三网四片一带多点"的江苏现代林业建设的总体布局框架。
湖南	以"建设和谐湖南新林业，打造绿色幸福新家园"为湖南现代林业发展核心理念；提出"一湖三群五片多点"为一体的湖南现代林业发展空间布局。
福建	以"和谐绿色海西，高效持续林业"的发展理念，明确指出了建设生态文明的总体思路；提出了"一带三区三群多点"为一体的福建现代林业发展空间格局。
北京	以"建设绿色北京，构筑生态城市"为基本理念；提出"一城、两带、三网、多点"为一体的森林生态网络体系发展布局。

3. 加大资金投入，建立和完善林业发展的长效机制

从近年来浙江、江苏、北京等省份对林业的资金投入中，可以看出政府对林业发展的支持力度。"十五""十一五"期间，浙江省各级财政对林业建设持续大幅度投入，特别是省级财政几乎是翻番的年增长幅度，体现了政府致力于现代化林业建设的坚定决心。2009年，浙江省共到位林业建设资金40.51亿元，同比增长50.1%。从资金投向来看，国家预算内资金主要用于重点防护林工程建设、林业基础设施建设、林业专项补助等。在林业专项补助资金中，生态效益补偿基金达4.8亿元。同时，金融机构也积极探索参与浙江林业建设的有效途径，在木竹加工贷款、林业多种经营贷款、林权抵押贷款等方面给予了大力支持，中国农业发展银行浙江省分行2008~2012年间将为林业提供50亿元贷款注入，2009年浙江省又与省信用联社签署了为期3年、总额50亿元的贷款支持合作协议。此外，来自民间的资金投入一直保持着增长态势。这些都是浙江现代林业发展的坚强保障。近些年，北京在发展林业上的资金投入力度也是非常大的，特别是在筹备奥运会期间，各级政府给予了城市园林绿化巨大的财力支持，2006~2008年的总计投入为104.8亿元。尤其是2008年，北京市政府固定资产投资中用于生态建设的资金达到39亿元，占当年全部投资的14.7%。另外，北京市各级政府广泛动员社会力量参与城市绿化建设，2006~2008年开展绿地认建认养的总面积达1115公顷，获得社会投入资金达1.78亿元。

与浙江、江苏、北京等经济发达地区相比，江西省的经济发展水平还有一定差距，因此，也必然影响地方财政对林业发展的资金支持力度。在这种情况下，要加大财政对江西林业发展更大的支持，必须把林业放在江西经济和社会发展的全局来考虑，突出发展江西现代林业在经济和生活发展中的重要地位，争取国家和江西省政府财政投入的基础上，逐步探索和完善森林生态效益的社会补偿机制，进一步完善金融、社会投资等多种融资渠道，建立和完善林业发展的长效机制，使江西现代林业建设的投融资体系更加稳定、有效。在江西如火如荼的集体林权制度改革中，进一步完善林权抵押贷款政策，加强与银行等金融机构的合作，为林农开展森林经营提供有效的融资环境。

4. 坚持生态优先，注重发挥林业的多种效益

现代林业必须是在生态功能优先的前提下，充分挖掘和高效发挥森林资源的多种功能。在全面推进现代林业建设过程中，必须牢牢把握以生态建设为中心的发展方向，这也是各个地区现代林业建设的根本任务。近年来,北京市针对首都生态环境的薄弱环节,采取了绿化美化等多种措施,全方位加强了生态建设。同时，北京的现代林业建设更加注重生态、景观、游憩、文化等多元功能的综合体现,并且提出了"三个兼顾"的发展方向:兼顾服务功能,提高生态工程的景观、游憩、文化等功能;兼顾城镇建设,搞好城镇绿化、环境整治;兼顾产业发展,因地制宜的发展果树、速生林、牧草等绿色产业,促进农村经济发展,增加农民收入。北京的林业生态建设在改善首都生态环境的同时,也提升了城市的服务功能、促进了区域经济社会的发展。因此，江西的现代林业建设也必须以生态建设为中心，充分发挥森林资源的生态、经济、社会功能，正确处理好生态建设与林业产业发展、生态文化建设的关系，高效发挥森林资源的多种功能和多重价值。

5. 立足当地实际，确立有鲜明地方特色的现代林业发展道路

自然条件、经济社会发展的差异性决定了各地区现代林业发展必须具有鲜明的地方特色。浙江省为推进商品林的集约经营和专业化生产，提高林业基地建设质量和效益，培植区域支柱产业，出台了《浙江省林业特色基地建设实施意见（试行）》，通过产加销、贸工林一体化经营，使林业特色基地成为商品林经营技术、水平和效益的示范窗口，推动了浙江省商品林的集约经营，加快了山区经济发展和林业现代化建设的步伐。湖南现代林业非常注重林业产业特色，逐步形成了以

油茶、毛竹为代表的经济林产业、速生丰产林培育业、种苗花卉产业等优势产业。近些年，湖南林业龙头企业也不断发展壮大，到 2009 年年底，省级林业产业龙头企业总数达 193 家，省级龙头企业完成产值 159 亿元，占 2009 年全部林产工业产值的 38%。泰格林纸集团、金浩茶油、恒盾竹业、开福家具、创兴人造板等都是湖南林业的名牌企业，特别是泰格林纸集团，2009 年生产纸及纸浆 123.83 万吨，产值达 61.3 亿元。福建现代林业建设也具有鲜明的地方特色。福建是最早开展集体林权制度改革的地区,福建的实践为全国探索了一条成功的林改之路。福建在主体改革到位后，又率先推进了集体林权配套改革，并取得了重点突破，不断完善了林权抵押贷款等相关政策。另外，由于福建处于海峡西岸的战略地位，也进一步激发了林业在海峡西岸经济区建设的重要作用，推动了海西现代林业的发展。

江西省是我国南方的一个重点林业省。江西省也是集体林权制度改革的先行省份，集体山林占全省林地面积 85%，在林改过程中也逐步形成了"江西模式"。由于江西 2/3 的国土面积是山区，2/3 的人口在山区农村，2/3 的县是重点林业县，因此，江西现代林业建设承担着推进社会主义新农村建设的重要任务。长期以来，林业既是江西生态建设的主体，又是重要的基础产业，为经济社会发展作出了重要贡献。特别是随着鄱阳湖生态经济区建设国家战略的开展，林业在江西经济社会发展中的作用更加突出。因此，江西现代林业建设必须与江西经济、社会和林业的发展实际相结合，逐步确立有鲜明地方特色的现代林业发展道路。

第三章　江西省现代林业的战略定位

2003 年 6 月,中共中央、国务院作出《关于加快林业发展的决定》,确立了林业新战略定位:"在贯彻可持续发展战略中,要赋予林业以重要地位;在生态建设中,要赋予林业以首要地位;在西部大开发中,要赋予林业以基础地位。"《决定》的发布,标志着我国林业结束了以木材生产为主的时代,进入了以生态建设为主的时代。林业由木材生产为主转向生态建设为主,但是我国生态环境"整体恶化"的趋势尚未得到根本扭转,生态问题日渐突出,社会经济发展对森林的需求发生根本变化的必然要求;是经济增长模式由以牺牲资源、牺牲环境换来经济增长,转向可持续发展经济增长的必然选择;是世界林业发展的大趋势和中国林业实现可持续发展的必由之路;是政府和社会公众对林业认识产生飞跃的必然结果。

我国林业以木材生产为主转向以生态建设为主的新定位,说明对林业在社会经济可持续发展中的地位和作用有了新的、更为深刻的认识,林业建设的宏观环境发生了质的变化。林业定位是对林业在维护国土生态安全和生物多样性等方面的生态定位,在发展国民经济和安排社会就业等方面的社会经济定位,全社会经济可持续发展中的综合定位。科学的林业定位为制定林业政策与制度,确定生产力布局和林业发展方向,制定发展规划与目标提供明确的思路,是宏观把握林业可持续发展的前提与保证。在新的形势下江西林业如何定位,是迫切需要解决的重要问题。

江西省自然条件优越,生态环境优美,山绿水清,在全国林业生产力布局中,被划定为南方重点速生丰产林区。因此,江西林业定位有其区域特性。在国家把林业定位于生态环境建设为主的基础上,结合江西省情林情、绿色崛起的宏伟目标,以林业发展历史为鉴,从生态、社会、经济可持续发展等多角度、全方位对林业定位。

一、江西生态建设之首位

江西历届省委、省政府都高度重视林业生态建设,先后组织实施了"造林灭荒""山江湖工程""山上再造"等一系列生态保护工程,先后提出了"既要金山银山、更要绿水青山""绿水青山就是金山银山""山上办绿色银行""建设绿色生态江西"等科学理念,作出了"生态立省、绿色发展"战略,始终强调宁可经济发展慢一些,也要保护好来之不易的生态建设成果。通过近 20 年的艰苦努力,使全省森林覆盖率从原来的 36% 提高到现在的 60.05%。

江西是一个以山地丘陵为主的省份,山地丘陵面积占全省国土总面积的 80%,林业用地占全省国土面积的 63.19%,林业在江西生态建设中发挥着重要的作用。江西省人民政府省长吴新雄同志指出,良好的生态环境是江西最大的品牌、最大的优势、最大的财富、最大的潜力、最大的后劲,保护青山绿水是各级政府的重要责任。中共江西省委书记苏荣同志强调:江西良好的生态环境是多少代人艰苦努力换来的,要像爱护眼睛一样爱护青山绿水,要像珍惜生命一样珍惜青山绿水。江西的优势在林业,特色在林、水,而林业处在生态建设的首要位置,是整个江西生态的根基,离开林业江西就失去了可持续发展的基础。

（一）林业是生态建设的主体

从历史上看，林业始终是生态建设的主体。

1989 年，为从根本上改变当时全省森林覆盖率低、森林质量差、生态环境相当脆弱的现状，江西省作出了《关于动员全省人民搞好造林绿化的决定》，提出"用 7 年时间将 3200 万亩宜林荒山都栽上树，到 20 世纪末基本绿化江西大地"的宏伟目标。经过全省人民的艰苦努力，到 1994 年，江西基本消灭了宜林荒山，全省有林地面积由 1989 年的 1 亿亩上升到 1.27 亿亩，森林覆盖率由 41% 上升到 52%，活立木蓄积量由 2.3 亿立方米上升到 2.47 亿立方米，水土流失面积由 4.62 万平方公里（约占国土面积 27.65%）下降到 3.52 万平方公里（约占国土面积 21.1%），全省森林资源状况有了明显的改善，实现了森林面积和森林蓄积量双增长的历史性突破。1995 年，党中央、国务院授予江西省"实现荒山造林绿化规划省"光荣称号。

1983 年，江西省政府组织 600 多名专家对鄱阳湖及赣江流域进行多学科综合考察后，提出把三面环山、一面临江、覆盖全省辖区面积 97% 的鄱阳湖流域视为整体，系统治理的理论，同时创造性地提出："治湖必须治江、治江必须治山、治山必须治穷"的治理理念，即山江湖工程。从 1985 年到 1996 年，全省 400 万贫困人口脱贫；水土流失面积从 330 万公顷下降到 130 万公顷；全省城镇植树造林 230 万公顷，基本上消灭了宜林荒山，森林覆盖率由 31.5% 以上升到 59.7%，泥沙入湖量大大减少。

1992 年，时任江西省委书记吴官正同志提出："把所有的山地都科学地经营起来，在山上再造一个江西。"这个重大决策的提出，顺应自然规律和经济规律，完全符合江西的实际，它正确地指明了发展高效林业、发展山区经济乃至整个农村经济的方向和途径，具有重要的战略意义。"在山上再造一个江西"是振兴江西省农村经济的希望所在、潜力所在，是实现农村奔小康的需要。1996 年全省实现山地产值已达 1441356 万元，占当年粮食作物总产值（2241440 万元）的 64.3%，已形成三分天下有其二的格局。1996 年全省有 23 个县域山地产值超过粮食作物产值水平，这证明了林业经济在山区县域经济中的重要地位及山上再造的现实意义。

2008 年 5 月 8 日，中共江西省委书记苏荣同志在泰豪论坛上指出，保护好江西的生态，一要植树，二要护水，提出了造林绿化"一大四小"工程建设的构想。10 月 6 日，造林绿化"一大四小"工程拉开序幕。"一大四小"工程建设把通道绿化和城市绿化作为主战场和突破口：用景观绿化的理念开展通道绿化，用森林城市的理念开展城市绿化，不少地方结合地方特色打造"十里桂花长廊""十里香樟长廊""百里生态旅游风光带""万亩高产油茶示范基地"等精品绿化工程。一年来，全省完成高速公路绿化 2000 多公里，国省道绿化 7600 多公里，县乡村公路绿化 2.5 万多公里，累计完成通道绿化 3.5 万多公里。把杨树、泡桐、光皮树、油茶、红心杉、湿地松作为造林绿化"一大四小"工程建设的主推树种，不仅提高了绿化率，而且增加了农民的收入。

2008 年 3 月，江西省委、省政府提出了建立鄱阳湖生态经济区的战略构想，明确提出"立足鄱阳湖，面向全流域，保护一湖清水，建设和谐家园，治山治水治湖治贫统筹兼顾，力争到 2020 年，把鄱阳湖生态经济区建设成为世界大湖流域开发的示范区、长江中下游水生态安全的保障区"。并将鄱阳湖流域的生态环境保护作为鄱阳湖生态经济区建设的首要任务，提出了生态建设的具体要求与目标。2009 年 12 月 12 日，《鄱阳湖生态经济区规划》获国务院批准，上升为国家发展战略。

从上可以看出，林业始终是江西生态建设的主体，在江西生态建设中起着不可替代的作用。

（二）林业是生态安全的基础

生态安全是指生态系统的健康和完整情况。是人类在生产、生活和健康等方面不受生态破坏与环境污染等影响的保障程度，包括饮用水与食物安全、空气质量与绿色环境等基本要素。健康的生态系统是稳定的和可持续的，在时间上能够维持它的组织结构和自治，以及保持对胁迫的恢复力。反之，不健康的生态系统，是功能不完全或不正常的生态系统，其安全状况则处于受威胁之中。

江西省地处我国中亚热带湿润气候区，属中部地区经济欠发达的农业省份，自然条件优越，生态环境优美，当属我国的"生态安全"地区之一。然而，近些年来，经济快速发展一定程度上给全省生态环境带来诸多不利影响，如不尽早引起注意并采取有效对策和措施，势必造成"经济与生态发展不协调"，更严重的可能出现因经济发展而造成"生态破坏""生态恶化"，甚至出现"生态安全"面临威胁的不利局面。江西生态安全面临的突出问题主要有：生态资源锐减，生态破坏严重，水土流失，土地沙化，环境污染，灾害频发，生物多样性降低，食品安全、疾病等诸多问题。

森林植被是生态系统的重要组成部分，对优化生态环境，维护生态安全具有不可替代的作用和功能。目前，江西森林覆盖率已达 60.05%，在全国名列第 2 位。为进一步改善江西生态环境，保障生态安全，应在切实保护现有森林植被的基础上，逐年提高森林覆盖率，加快林业发展。

1. 加快林业建设，防止水土流失

江西地处长江中下游南岸的红壤丘陵水力侵蚀区，是我国南方水土流失严重的省份之一。全省水土流失面积高达 3.35 万平方公里，在南方红壤区 8 省份（江西、福建、浙江、广东、海南、湖南、湖北、安徽）中，仅次于湖北、湖南居第 3 位；水土流失面积占全省国土面积的 20.1%，占山地面积的 33.3%，在南方红壤区 8 省中，仅次于湖北居第 2 位；强度及强度以上的水土流失面积为 1.08 万平方公里，在南方红壤区 8 省中居第 1 位。江西省水土流失主要有以下特点：

① 流失范围广、面积大。20 世纪 80 年代末，江西全省水土流失面积高达 4.62 万平方公里，占全省土地总面积的 27.7%，占山地面积的 46%。据 2000 年遥感调查，全省水土流失面积仍有 3.35 万平方公里，占土地总面积的 20.1%，占山地总面积的 33.3%。其中：轻度流失面积为 1.23 万平方公里，占流失总面积的 36.7%；中度流失面积为 1.04 万平方公里，占流失总面积的 31%；强度及其以上流失面积为 1.08 万平方公里，占流失总面积的 32.3%。全省 99 个县（市、区）中，水土流失面积在 50 万亩以上的县、市有 42 个，其中 100 万亩以上县、市有 12 个。

② 侵蚀程度重，治理难度大。江西全省强度以上侵蚀面积占到水土流失总面积的 32.3%，年土壤流失量达 1.65 亿吨。全省现有崩岗 4.8 万多处，侵蚀面积 2.1 万公顷。崩岗侵蚀区地表支离破碎、沟壑纵横、侵蚀量惊人。水土流失治理的难度很大。

③ "远看青山在，近看水土流"的现象普遍。江西森林覆盖率虽然高达 60.05%，但现状植被林相单一，林分结构不合理，以针叶林为主，针叶林面积占全省森林面积的 64.7%。这种林分不仅易发生病虫害和难以保持水土，而且纯针叶林的凋落物使土壤进一步酸化，更不利于林下灌木和草的生长，不能形成乔木、灌木和草配套的水土保持植被条件，致使江西远看满目青山，但水土流失、河床泥沙淤积却甚为严重。

④ 人为水土流失现象还比较严重。由于人为不合理甚至是掠夺式的开发利用，如乱砍滥伐、毁林开荒、顺坡耕作，以及修路、开矿、采石、工业园区、城市新区等生产建设活动中不重视水土保持等。近几年来，江西开发建设活动造成的水土流失仍然存在，有的还相当严重，每年人为因素造成的水土流失面积达 80 万 ~130 万亩。

而森林是土地的"保护神"，具有防止土壤侵蚀的功能：森林植被可以改变降水的性质，可以有效地拦截相当数量的降水量，可以减弱暴雨强度和延长其降落时间，林木的枝叶可以减弱雨水对土壤的直接冲击力，缓解对地表的直接冲刷，保护土壤免受雨水的机械破坏；森林土壤具有很强的渗透能力和持水能力，森林的存在，可促进土壤团粒结构的形成，提高降水在土壤中的渗透性;森林的庞大根系,能改善土壤结构和机械固土,森林的存在可以减弱土壤冻结深度,延缓融雪,增加地下水贮藏;森林的生物小循环对土壤的理化性质、抗水蚀风蚀能力,起到改良作用。

2. 加快林业建设,防治土地荒漠化

据第三次沙化土地监测资料显示,江西沙化土地面积为 7 万余公顷（105 万余亩）,约占全国沙化土地总面积的 0.0436%。虽然从全国来看,江西沙化土地面积不大。但其分布零散,涉及范围大,危害面较广且较严重,特别是鄱阳湖周边沙地（山）,素有"江南沙漠"之称,其形成原因主要是河湖冲积泥沙砾堆积,实质就是由于盲目垦荒、乱樵采、过度砍伐森林、不合理开矿、水资源的不合理利用、河流改道等人为活动和地理环境因素导致水蚀和风蚀而产生的。

土地荒漠化被称为地球的癌症,而森林则具有很强的防风固沙作用。通过阻碍、引导、转向和过滤,森林可以控制风向和降低风速,有效地制止风起沙扬,使风沙流中沙粒下沉堆积,阻挡流沙的移动。一个疏透结构的防护林带,在其迎风面和背面,可产生一个无风区和风速减弱区,还可通过林冠庇护表层沙粒,来避免风的直接作用。

3. 加快林业建设,保护生物多样性

由于江西省森林的过度利用和湿地的开发,导致野生生物栖息地的破坏,物种丰富的天然常绿阔叶林被人工针叶林所替代,目前,75% 以上森林为针叶林,且大多为人工针叶林。物种单一,群落结构简单,生物多样性保育功能越来越差。

生物多样性是地球的免疫系统,在维护地球生态平衡中起着决定性作用。森林是地球的"资源库",是自然界生物的庇护所和基因库,是生物多样性表达最完整的系统之一。地球上有一半以上的物种在森林中栖息和繁衍。随着许多物种的濒危和消失,森林的生物多样性意义将显得越来越重要。加强林业建设,维护生物多样性,维护我们的生态平衡。

4. 加快林业建设,调节气候环境

森林是气候的"调节器",被称为"地球之肺",是陆地最大的储碳库和最经济的吸碳器,它可以吸收二氧化碳,制造氧气,不仅可以净化空气,还可以把大气中的二氧化碳吸收和固定在植被和土壤中。资料显示,每公顷森林每年可吸收二氧化碳 20~40 吨。这是森林的"碳汇"功能。据联合国政府间气候变化专门委员会估算,全球陆地生态系统中约储存了 2.48 万亿吨碳,其中 1.15 万亿吨碳储存在森林生态系统中。森林具有的维持碳平衡、调节全球气候的作用,由此可见一斑。正因为如此,营造和培育森林,加速森林生长,充分发挥其固碳功能,被公认为目前世界上成本最低、最现实、最有效的控制和维持碳平衡的最有效措施。森林是空气的"净化器"。树木可以截降和吸附粉尘,吸收有害气体,杀灭病菌,降低噪声,从而净化空气。森林是人类的"长寿剂"。树木和森林通过调节气候、制造氧气、净化空气、美化环境,维系和改善了人类基本的生存条件,愉悦了人们的身心,促进了人类的健康长寿。

5. 加快林业建设,提高水源涵养

森林具有极强的涵养水源的作用。它凭借着庞大的林冠层,林下的活地被物层、深厚的枯枝落叶层和发达的根系系统,截持、吸收大气降水,增加生态系统中的有效水,起到良好的蓄水、净水作用,能够调节径流、消洪补枯,减少洪水和干旱的发生。假如地球上没有森林,其后果将使陆地 70% 的淡水白白流入大海,人类将出现淡水危机。

6. 加快林业建设,打造宜居环境

随着城市化的浪潮越来越高涨,城市的数量和规模也在不断地增长和扩大,工业规模与产值不断增大,居民的生活水平也在显著地提高。但是,城市化、工业化的迅速发展给社会经济带来繁荣的同时,也导致了环境破坏、环境污染等一系列严峻的生态与环境问题。如何解决这些问题,

一是城市环境保护和环境污染的综合治理，通过控制生产、生活的废物排放，并采取相应的措施来治理环境的污染，从而提高环境质量；二是通过增强城市生态系统的自净能力，降低城市环境的污染，改善城市的生态环境质量。而这两方面的建设都离不开林业。

加快林业建设不仅可以降低污染治理成本，还可以促进城市森林生态系统的建设，改善城市生态环境，为人们提供一个良好的生活、工作环境。

7. 加强林业建设，维护人民健康

由于区域内外生态环境的持续变化和全球气候变暖，鄱阳湖水位变化异常，连续多年出现历史罕见低水位，鄱阳湖水体污染呈日益加重趋势，保护"一湖清水"的压力不断增大，直接威胁鄱阳湖的生态功能，同时，低水位一定程度上助长了血吸虫孳生繁殖，威胁着湖区群众身体健康和经济社会发展。大力推进抑螺血防林建设，维护人民健康已刻不容缓。

（三）林业是生态文明的载体

生态文明，是指人类遵循人、自然、社会和谐发展这一客观规律而取得的物质与精神成果的总和；是指人与自然、人与人、人与社会和谐共生、良性循环、全面发展、持续繁荣为基本宗旨的文化伦理形态。

党的十七大报告指出："建设生态文明，基本形成节约能源资源和保护生态环境的产业结构、增长方式、消费模式。"林业部门应把握生态文明的深刻内涵，发挥林业自身的优势，推进生态文明建设。生态文明必须以良好的生态环境为基础，因为生态环境是人类赖以生存和发展的基本条件，也是人类文明不断延续的主要载体。

1. 林业是生态文化的主要源泉和重要阵地

林业是生态文化的主要源泉和重要阵地，在树立和落实生态文明观中发挥着重要作用。生态文化作为一种以崇尚自然、亲近自然、回归自然、人与自然和谐共处为主题的文化，反映了生态文明的基本要求，体现了先进文化的前进方向。森林文化是人类最初创造的文化形式，是生态文化的主要组成部分。建设森林文化，实际上是人们对森林的反思和寻根，是生态文明更为直观的体现与传播。林业不仅创造了大量的生态成果和物质成果，还创造了丰富的生态文化成果，在传播人与自然和谐相处的价值观，牢固树立生态文明观，推动生态文明建设方面具有不可替代的作用。

2. 林业是生态文明建设的物质基础

林业以森林资源为主要经营管理对象，是规模巨大的循环经济体，为建设生态文明提供物质保障。通过对森林资源的科学经营和合理开发，进行多功能、多效益的循环高效利用，可以满足人们对林产品和生态产品的需求，为建设生态文明提供物质基础。

3. 林业是生态文明建设的社会基础

通过发展森林文化、湿地文化、生态旅游文化、绿色消费文化等生态文化，弘扬人与自然和谐相处的核心价值观，形成尊重自然、热爱自然、善待自然、与自然和谐共处的良好氛围，达到全社会对生态文明的认知认同，为生态文明建设提供强大的精神动力和厚重的文化支撑。

因此，建设生态文明必须高度重视林业的基础地位，发挥林业特有的巨大功能。

二、鄱阳湖生态经济区建设之关键

2008年3月，江西省委、省政府提出了建立鄱阳湖生态经济区的战略构想，明确提出"立足鄱阳湖，面向全流域，保护一湖清水，建设和谐家园，治山治水治湖治贫统筹兼顾，力争到2020年，把鄱阳湖生态经济区建设成为世界大湖流域开发的示范区、长江中下游水生态安全的保障区"。并将鄱阳湖流域的生态环境保护作为鄱阳湖生态经济区建设的首要任务，提出了生态

建设的具体要求与目标。

（一）构筑生态屏障，维护生态安全

鄱阳湖生态经济区规划要求围绕全省森林覆盖率达到 63% 的目标，加强林、草业生态体系建设，推进植树造林，建设环湖防护林，形成密布城乡、点线面结合的绿色屏障，开展水土流失综合治理，减少泥沙入湖，进一步增强生态系统功能。森林与湿地生态系统是建设鄱阳湖生态经济区的重要生态基础。发展生态林业，保护森林与湿地生态系统，构建鄱阳湖流域生态格局、建立发达的林业生态产业体系，是鄱阳湖生态经济区建设的重要内容。在 1994 年基本"消灭"宜林荒山的基础上，江西省通过退耕还林、长（珠）江防护林体系建设、野生动植物保护及自然保护区建设、生态公益林保护、防沙治沙、绿色通道建设、平原林业等一系列工程的实施，已经构建了较为完善的林业生态体系，提高了森林生态系统涵养水源、保持水土、保护生物多样性、防风固沙等生态服务功能，为鄱阳湖生态经济区生态安全提供了保障。

（二）扩大森林资源，提高森林效益

鄱阳湖生态经济区规划要求加强植树造林。重点加强"五河"及一、二级支流源头保护区的水源涵养林、水土保持林以及森林公园建设，积极实施造林绿化工程，加大造林补植、低效林改造、阔叶树补植力度，努力提高森林绿化面积。加快建设油茶林，因地制宜发展工业原料林、能源原料林、药用林等经济林，努力提高森林经济效益。加强森林防火和病虫害防治，在生态比较脆弱、水土流失比较严重的区域和森林公园等地区实行封山育林、禁伐天然阔叶林。大力推进水土保持生态修复工程，加大封育保护力度，促进水土流失轻微地区植被恢复。大力加强生态建设和环境保护，切实维护生态功能和生物多样性，着力提高调洪蓄水能力，努力创造一流水质、一流空气、一流生态、一流人居环境，构筑区域生态安全体系。

（三）绿化美化环境，营造宜居生态

鄱阳湖生态经济区规划要求围绕江西省森林覆盖率达到 63% 这一总体目标，实施市县、乡镇、村庄所在地以及基础设施和工业园区等四个重点区域的绿化。严格保护自然保护区、自然文化遗产、风景名胜区、森林公园、地质公园以及饮用水源地、水源涵养区，积极建设沿河、沿湖、沿路生态廊道和城市公共绿地。尊崇城镇自然风貌，突出历史文化传承，提升城镇功能品位，打造富有特色魅力、宜居宜业宜游的生态城镇。加强绿地建设，依托城镇公园、广场、社区、道路、湖泊、湿地，实施绿化净化美化工程，提高城镇绿化率，扩大城镇绿地空间。坚持宜林则林、宜草则草原则，积极建设沿湖、沿河、沿路生态保护带。在滨湖控制开发带建设鄱阳湖防护林，在"五河"沿岸积极开展绿化带建设，大力实施交通沿线绿色通道工程，推进实施农田林网工程，合理布局城镇和产业密集区周边的开敞式绿色生态空间。

（四）发展林业产业，促进城乡协调

鄱阳湖生态经济区规划要求大力推进社会主义新农村建设，改善农村生产生活条件，提高公共服务水平，促进农村经济社会全面进步，建设富裕文明、安宁祥和的美好家园，缩小城乡之间的差距，共创和谐的城乡一体化社会。以保障和改善民生为重点，大力发展各项社会事业，让生态文明建设的成果惠及广大人民群众，促进社会和谐进步。

三、破解"三农"问题之基础

（一）发展林业保障粮食安全

林业工程，作为江西生态建设的主力，一方面在改善自然环境，维持生态平衡方面发挥了重要作用，另一方面为推进江西粮食的稳产高产，维护江西的粮食安全作出了重要贡献。

发展林业有利于保障农业稳产高产。森林具有调节气候、涵养水源、保持水土、防风固沙等功能，在改善农村生产环境等方面发挥着独特效能。据实地观测，平均每公顷防护林能保护农田 10.80 公顷，增产粮食 9360 公斤。三是发展林业有利于保证粮食安全。通过实施以山补田战略，开辟大粮食生产的新途径，大力发展木本粮油、果品、菌类、山野菜等各种替代粮食，丰富人们的米袋子、菜篮子、果盘子，减轻基本农产品的生产压力。

通过发展林业，大力营造农田防护林等措施，可以大幅度地提高江西现有 4300 万亩耕地的粮食产量；通过充分挖掘江西现有林业用地和可利用沙地的潜力，大力发展干果、油茶等经济林和实施林下多种经营等措施，可以极大提高江西"木本粮食""木本食用油""菌物粮食"和"代粮木本饲料"等非耕地生态粮食的产量。这不仅将对江西的粮食安全作出重大贡献，还将对更新传统的粮食观念、改善江西人民的食物结构、增进人民健康发挥重要作用。

（二）发展林业推进新农村建设

林业是一项重要的公益事业和基础产业。《中共中央国务院关于加快林业发展的决定》指出："林业为国家经济建设和生态状况改善作出了重要贡献，对促进新阶段农业和农村经济的发展，扩大城乡就业，增加农民收入，发挥着越来越重要的作用。"在建设社会主义新农村这一新的重大历史任务面前，我们要进一步认清林业所肩负的历史使命和作用，积极推进社会主义新农村建设。

1. 发展林业加快农村生产发展

农村生产发展是社会主义新农村建设的首要目标，实现这一目标，必须依靠农林牧副渔全面发展，发展林业是农村生产发展的重要内容。林业是农村经济的重要组成部分。农村是林业的主战场，农民是林业的主力军，通过发展林业，利用好林地这一非耕地资源，可以拓展农村经济的发展空间。

2. 发展林业促进乡风文明、实现村容整洁

乡村文明整洁，是农村社会发展向现代化迈进的一种显著标志。发展林业，一是提高农民生态道德意识。通过乡村绿化建设，促进人与自然和谐相处，提高自身修养，形成良好的生态道德意识，有助于农民改变传统的生活观念和生活方式。二是绿化美化农村生态环境和人居环境。农村生态环境是农民生活质量提高的必要条件，通过构筑农田林网、增加村庄和农户院落的林草覆盖，发展庭院林业，能使农民的家居环境、村庄环境、自然环境和谐优美。

3. 发展林业推动农村管理民主

管理民主是通过民主决策和民主监督，使农民获得参与农村经济、政治、文化和社会事务的权利。集体林权制度改革是当前广大集体林区发展林业的重要途径，土地是农民的命根子，林地和林木的所有权、经营权、处置权和收益权，是广大农民群众在从事林业生产过程中最关心、最直接、最现实的利益问题。集体林地占全国林地的一半以上，由农民自己管理好和经营好这一重要的生产资料，不仅能落实农民各项合法权益，还能提高农民群众的法律意识、民主意识和参政议政能力，是推进农村民主管理的重要途径。福建、江西等南方重点集体林权制度改革实践证明，这项改革是集体林区经济社会发展的一项重大变革，随着这项改革在全国的全面推开，势必极大地促进我国广大农村和林区的民主管理进程。

（三）发展林业促进农民增收致富

农民增收，是农村生活宽裕的前提条件。林业在促进农民增收方面能够发挥独特的作用。一是资源充裕。发展林业，有着广阔的林地、巨大的市场、充足的劳动力、丰富的物种等资源条件。二是林业产业的经济效益日益显著。果品、木本粮油、桑蚕业、竹产业等传统林业产业，森林旅游、

森林食品、花卉、药材等新兴林业产业的不断发展，已经成为拉动农民收入增长的重要因素。三是林业重点工程直接增加农民收入。国家林业重点工程的范围涉及我国 97% 的县，基本覆盖了我国农村地区，农民通过参加退耕还林、风沙源治理等工程获得的钱粮补助，已经成为农民收入的重要组成部分。退耕还林工程实施 7 年来，已使 1.2 亿农民直接受益，监测显示，1999~2004年，退耕农户每年纯收入中来自退耕的补贴在 930~1150 元之间，占农户年均总收入的比例达 9%~12%。

林业产业为山区经济发展和农民增收发挥了重要作用：全省 2/3 的国土面积是山区，2/3 的人口在山区农村，2/3 的县（市、区）是重点林业县，全省每个农业人口平均拥有林地 5 亩。丰富的森林资源是江西山区农村发展、农民增收的希望所在。2007 年，江西农民人均纯收入 4098 元，比 2006 年增长 14.3%，其中农民人均林业纯收入 594.7 元，比 2006 年增长 20.3%，林业对农民收入增长的贡献愈来愈大。

四、全国林业改革发展之先行

长期以来，江西省委、省政府高度重视林业建设和林业工作，将林业放在全省经济社会发展的优先地位，放在省委、省政府工作的重要议事日程，森林资源不断增长、林业经济不断强大、生态状况不断改善。特别是集体林权制度改革全面推开，配套改革政策走在全国前列，为其他省份提供了宝贵经验。

2004 年 8 月，江西省委、江西省人民政府下发了《关于深化林业产权制度改革的意见》，启动了以"明晰产权、减轻税费、放活经营、规范流转、综合配套"为主要内容的林业产权制度改革。截至 2009 年，主体改革基本完成，共明晰了 1.48 亿亩林地的产权，林权证发证率 97.7%。集体林地确权面积 1.27 亿亩，其中落实到户的自留山 2312 万亩，家庭承包山 8083 万亩，集体林分山到户率 81.6%。配套改革深入推进。全省有 38 个县（市）建立了林业产权交易中心，22 个县（市、区）正在建设中；交易山林 3598 宗、面积 65.29 万亩，交易金额 11.1 亿元。这次改革取得了显著的成效，

经过近几年的林改，江西林业在全国的影响力明显增强，"生态看江西，林改学江西"已成共识。温家宝同志在视察江西时提出，要宣传江西、宣传武宁，要像宣传当年的安徽小岗村一样。在全国范围内学习江西推行林改的热潮已经形成。全国林改经验交流会在江西井冈山召开；2007 年 5 月，国家林业局局长贾治邦同志亲自带队，由中央 6 部委组成的国家集体林权制度改革调研组，深入武宁、铜鼓、德兴、崇义 4 县（市），对江西省林改工作进行了课题调研，在调研时他曾这样讲道："江西林改工作走在全国前列，起到了'排头兵'的作用，我们将总结、宣传江西林改的经验，使其在全国进一步起示范和借鉴作用。"

（一）创新林改发展模式

江西省委、省政府高度重视，始终把林改作为农村和农业发展与改革的一件大事来抓，主要领导亲自部署、亲自推动，多次就林改工作作出重要批示，并亲自带队深入乡村进行林改专题调研，还成立了以省委副书记为组长的省林改领导小组，对全省的林改工作进行统筹、协调和指导。林改第一线的县、乡、村，都成立了以县委书记、乡镇书记、村支部书记为组长的三级林改领导机构，亲自动员部署，协调解决林改中的困难和问题。同时，各地把林改工作与地方组织换届、干部任用考核、财政转移支付、部门形象测评等挂起钩来。通过"五级书记抓林改"，形成了党委政府统一领导、林业部门督促指导、村组两级具体操作、一级抓一级、层层抓落实的工作机制，确保了林改工作的有序推进。

为确保林农在林改中享有充分的决策权，获得充分的山林经营权和处置权，让林农真正作林改的主人。一是坚持以村民小组为单位实施林改，把决策权交给村民大会或村民代表会议，做到"四签名"，即会议通知签收、召开会议签到、投票表决签名、通过方案签字，充分体现绝大多数群众的意愿，凡未经村民大会或村民代表会议 2/3 以上多数同意的，一律推倒重来。二是提出了明晰产权的多种形式，实际操作主要以分山到户为主，林业"三定"时已经分到户的山林稳定不变，没有分到户的山林这次原则上都要分到户，要求集体山林分山到户率不得低于 80%；对林改前已经流转的集体山林进行全面清理，凡程序合法、群众满意的，原则上保持承包关系稳定。据省里材料介绍，全省集体山林分山到户率达到 82.7%，群众满意率达到 95% 以上。三是木竹采伐指标分配实行"前置审批、两榜公示、双线运行、确保到户"的办法，县乡村组层层公示，采伐许可证由林农直接申请，符合条件的即申即批。同时，取消了所有限制林农自主经营和流转的"土政策"，允许林农自主销售木竹，自主以出租、转让、入股、抵押等方式流转山林。林改后，全省通过各种方式流转的山林达 150 多万亩，吸引了大批外商投资兴林。

（二）林改成为惠民工程

党中央提出了按照"生产发展、生活宽裕、乡风文明、村容整洁、管理民主"的要求，扎实推进社会主义新农村建设，为林业建设提出了新的要求。江西是南方重点林业省份，全省林业用地面积 1.59 亿亩，占国土总面积的 63.5%。全省 2/3 的国土面积是山区，2/3 的人口在山区农村，2/3 的县（市、区）是重点林业县，林业、林区、林农这"三林"问题是江西农村的重要组成部分，是推进社会主义新农村建设重要内容。从 2004 年起，江西启动了以"明晰产权、减轻税费、放活经营、规范流转"为主要内容的林业产权制度改革，全面理顺了林业经营机制和管理体制，进一步解放和发展林业生产力，有力地促进了山区经济社会发展，拉开了江西社会主义新农村建设的序幕。林权改革，已经成为当前全省社会主义新农村建设的主要抓手。

通过林改，拉动了江西林地林木全面升值，林农收入大幅度增加。一是通过落实林改让利政策，全省政策性让利达 7.52 亿元。其中，取消木竹农业特产税 1.64 亿元，取消市县乡村收费 2.3 亿元，调整育林基金基价让利 1.57 亿元，规范增值税、所得税让利 2.01 亿元。全省农民人均从林改政策性让利中直接增收 23.5 元。二是木竹价格大幅度上涨。过去林农销售一根毛竹只能得到 4~5 元，林改后可实得 9~10 元，翻了一倍多；销售 1 立方米杉木，过去只能得到 200~280 元，林改后可实得 350~420 元。三是林木林地流转价格上涨增收。据调查，全省荒山流转价格由林改前的平均每亩 50 元提高到 120 多元，平均升值 140%。杉木流转价格由林改前平均每亩 600 元上升到 1300 多元，高的达 3000 多元。毛竹林租赁年租金由林改前每亩 15 元上升到 80 多元。据测算，全省林改前的林木林地经济总价值为 1367.48 亿元，林改后升至 2032.56 亿元，增值 48.6%。

通过林改，广大林农造林、管林、护林的意识明显增强，把山林作为绿色银行来经营的新理念逐步深入人心，造林致富成为山区农民的新选择。许多外出务工人员也纷纷返乡投入林业开发。据统计，林改后全省有 40 万外出务工人员返乡经营林业。此外，随着林业产权的明晰，林业税费的降低，木材价格大幅上涨，有效地激发了社会各界投资林业的热情，企业、个人造林育林的积极性空前高涨。2005 年，全省共完成人工造林 329 万亩，是近 10 年来江西人工造林最多的一年，其中个体私营造林和企业投资造林就达 213 万亩，占 64.7%。按照每亩投资 200 元的标准计算，全省投入造林的社会资金就达 4.26 亿元。2006 年全省完成造林 333 万亩，仅企业造林就达 273 万亩，占 82%，吸引社会资金投入造林达 5 亿多元。林改充分调动了全民创业的积极性，林业成为山区农村经济的主要增长点。

　　江西林改坚持把爱农、惠农，让利于民、还利于民作为改革的出发点和落脚点。通过还利于民，让广大林农在林改中普遍受益，激发他们参与林改和林业建设的积极性。围绕还利于民，江西提出并实施了一系列"减、让、放、分"的具体措施。"减"就是实行"两取消，两调整，一规范"，最大限度地减轻林农的税费负担，取消木竹农业特产税和省以下出台的各种涉林收费项目，调整育林基金计费基价和省市县的分成比例，规范增值税、所得税征收范围，对从事木竹生产的单位和个人自产自销的原木、原竹依法免征增值税，暂免征收所得税。"让"就是对林改前已经流转给林场、企业或承包大户的山林，采取补签合同、提高租金或分成比例等方式，将林改减免的税费 70% 以上让给林农。"放"就是打破垄断，放活经营，建立价格竞争机制，定期向林农发布木材价格信息，在林区设立木材交易市场，方便林农直接进入市场交易，使原来被严重扭曲了的木竹价格恢复到正常水平。"分"就是分股、分利，凡是群众同意暂不分到户的山林都必须落实经营主体，并把股权按人口均分到户，经营收入 70% 以上按股分配。

　　温家宝同志说：集体林权制度改革是来自农民和基层的经验，它同土地家庭承包经营有着同等重大的历史意义。从一些地方的实践看，通过集体林权制度改革，"山定权，树定根，人定心"，大大激发了农民的生产积极性，促进了农民发展林业，拓展了农业生产的潜力和空间，对于农业和农村经济的发展，对于农民增收致富，对于改善生态环境都产生了积极的作用。

（三）强有力的政策支持

　　为了保证林改的顺利进行，江西组织实施工作做得非常细致。抓调研制定方案，抓宣传营造氛围。层层深入，宣讲政策。为了把工作做好，做到位，避免事后"反弹"，注意依法办事，注意公平公正公开。根据《中华人民共和国森林法》《中华人民共和国森林法实施条例》《中华人民共和国土地承包法》《林木和林地权属登记管理办法》《森林资源规划设计调查主要技术规定》等法律法规、技术规范，以及江西省委、省政府《关于深化林业产权制度改革的意见》，专门制定了《林业产权制度改革确权发证操作规范》，对确权发证的范围和对象、发证机构的组建、林权勘察的步骤、发证资料的建档、工作质量的检查、发证的后续管理等，都进行了详尽的规定，各地从实际出发，制定了一系列的改革工作制度和业务管理制度。按照这些规范和制度进行具体操作，保证了林改的有序推进。从林改试点开始，省、市、县林业部门共抽调 2300 多名干部，组成 1128 个督查组，深入林改第一线督促、指导林改工作，举办各种形式的林改培训班 800 多期，受训人数达 5 万多人次，派出 3700 多名技术人员上山勘界勾图。为了确保林改秩序稳定和森林资源安全，全省连续组织了声势浩大的"绿色旋风"一、二号行动和"绿剑"一、二号行动，前后持续两年多时间，严厉打击各种破坏森林资源的违法犯罪活动，从而使林改工作进行得相当平稳。在调处山林纠纷方面，坚持属地管理、分级调处的原则，积极引导各地充分发挥林改理事会和"三老会"的作用，尽量不走司法程序，不搞行政裁决，大量山林纠纷都通过民间协商加以解决。

　　江西不是仅就山林到户单兵突进，而是就税费改革、条件保障等问题一并考虑，统筹安排，保证了林改作用的充分释放和林改工作的不断深化。特别是利用这次机会，一揽子解决了与林农关系密切的林业部门长期积累的一系列"老大难"问题。通过林改，全省林业行政事业人员经费全部纳入了同级财政预算，强化了全省森林公安的职能；乡镇林业工作站管理体制得到了理顺；同时，各级林业部门主动转变职能，组建了一批森林资产评估、作业设计、木材检量等中介服务机构，剥离了部分职能，林业管理体制进一步优化。林业产权制度改革结束了林业部门长期以来依靠规费供养的历史，管理职能也从过去那种审批收费式的管理转变到执法和服务上来，彻底改变了"林业工作站就是收费站""木材检查站就是罚款站"的不良形象。

　　江西省省委书记苏荣同志强调，长期以来，国家林业局对江西林业支持巨大，特别是在推进集体林权制度改革方面予以了高度重视。林业在江西省经济社会发展中具有举足轻重的作用，江西省委、省政府对加强林业工作、加强林业机构的决心不会改变，对加强林业地位、加强林业投入的决心不会改变，对深化林业改革、巩固集体林权制度改革成果的决心不会改变，要通过灾后重建努力使江西林业更上一个新的台阶。

第四章 江西现代林业发展理念与实现途径

理论来自于实践，同时又对实践具有指导作用。面对新形势新任务，研究确立江西省现代林业的发展理念，对于指导全省现代林业发展具有重要意义。"理念"一词，由"理"和"念"二字构成。"理"是指事物的纹理、条理、道理、理论、理性、理想；"念"是指念头、意念、概念、观念、信念。因此，理念即理性概念、理论观念、理想信念。所谓江西现代林业发展理念，是指我们从江西省现代林业发展的实际和需要出发总结概括出的，并对今后发展有指导作用的理性概念、理论观念和理想信念。

基于江西省林业发展的现状水平和地位作用的分析，面向未来的江西林业发展将以"一湖清水、绿色崛起、生态家园"为核心理念。实现这一发展理念，要从生态、产业、文化、管理等方面加强建设。

一、"一湖清水、生态家园、绿色崛起"发展理念

确立江西现代林业发展理念，无疑要以现代林业理论为指导。现代林业是科学发展的林业，以人为本、全面协调可持续发展的林业，体现现代社会主要特征，具有较高生产力发展水平，能够最大限度拓展林业多种功能，满足社会多样化需求的林业（贾治邦，2007）。发展现代林业的总体要求是，用现代发展理念引领林业，用多目标经营做大林业，用现代科学技术提升林业，用现代物质条件装备林业，用现代信息手段管理林业，用现代市场机制发展林业，用现代法律制度保障林业，用扩大对外开放拓展林业，用培育新型务林人推进林业，努力提高林业科学化、机械化和信息化水平，提高林地产出率、资源利用率和劳动生产率，提高林业发展的质量、素质和效益。江西省的现代林业，就是按照科学发展观的要求，坚持以人为本，实现江西省山区、湖区、城市地区的全面协调可持续发展的林业。

课题组在深入系统地分析江西省的省情林情，党和国家新时期现代化发展战略，以生态建设为主的现代林业发展战略，并借鉴国际国内林业发展的经验等各方面情况的基础上，最终研究确立了"一湖清水、生态家园、绿色崛起"的核心发展理念。

（一）一湖清水

"一湖清水"是指通过江西现代林业建设，落实好《鄱阳湖生态经济区规划》，使江西的山更青、水更秀、森林资源更丰富、湿地资源更优质、山川更秀美、生态环境更良好，构筑起坚实的森林和湿地生态屏障，切实保护好鄱阳湖"一湖清水"，维护全省的生态安全，为实现江西省经济社会的可持续发展奠定牢固的基础。

江西省在历史上，长期以来一直是个山青水秀、物华天宝的地方。正如王勃在《滕王阁序》中所描述的那样："落霞与孤鹜齐飞，秋水共长天一色。"然而，由于受人类长期活动的干扰，江西生态环境已变得极其脆弱，水土流失严重、洪水灾害频发、生物多样性锐减、人居环境恶化等生态问题日益突出。随着城镇化和工业化的发展，人口增长和资源开发利用对生态环境的压力越

来越大，生态安全面临更加严重的威胁，必须采取有效措施，努力维护区域生态安全。

保护和建设好江西的青山绿水，不仅是全体江西人的梦想，也是中央领导和全国人民的期盼。为了解除生态环境对经济社会发展的制约，江西省委、省政府提出了"既要金山银山，更要绿水青山"的发展理念，作出"生态立省、绿色发展"的战略决策。2007 年 4 月。温家宝总理到江西考察时在充分肯定江西改革发展成绩的同时，无比感慨这里的山水之美，指出像江西这么好的生态环境在全国已经不多了，要好好保护。希望江西坚持科学发展、和谐发展，坚持改革开放，在中部崛起中有更大的作为，走出一条新路子。不久，温总理又专门对江西生态保护工作作出重要批示，要求"保护鄱阳湖的生态环境，使鄱阳湖永远成为'一湖清水'"。2009 年 12 月 12 日国务院正式批复《鄱阳湖生态经济区规划》，建设鄱阳湖生态经济区上升为国家战略。

保护好"一湖清水"，其实质是维护江西的生态安全。在新形势下，生态安全是国家安全的一项新内容。生态安全是人类在生产、生活和健康等方面不受生态破坏与环境污染等影响的保障程度，包括饮用水与食物安全、空气质量与绿色环境等基本要素。健康的生态系统是稳定的和可持续的，在时间上能够维持它的组织结构和自治，以及保持对胁迫的恢复力。反之，不健康的生态系统，是功能不完全或不正常的生态系统，其安全状况则处于受威胁之中。

生态安全是生态文明的基石，维护生态安全是建设生态文明的根本要求。党的十七大首次把"生态文明"写入党代会报告，将生态文明作为全面建设小康社会的奋斗目标之一，提出到 2020 年使生态环境质量明显改善。这为江西现代林业的改革和发展指明了前进方向。生态文明是指人们在改造客观世界的同时，不断克服改造过程中的负面效应，积极改善和优化人与自然、人与人的关系，建设有序的生态运行机制和良好的生态环境所取得的物质、精神、制度方面成果的总和。它包括生态环境、生态经济、生态意识和生态制度。从人与自然的关系来看，自然界是人类生存和发展的基础。在构成生态文明的四大要素中，生态安全的良好自然环境是经济、社会和文化得以持续发展的基础。没有良好的生态环境，人类的生存就会出现危机，发展就更无从谈起。加强生态建设，维护生态安全，实现生态良好，是江西省建设生态文明的本质要求和重要任务。

现代林业在维护生态安全中发挥着不可替代的重要作用。森林孕育了人类，并为人类文明的进步作出了重要贡献。在森林不断遭受破坏、自然界受人类干扰日益加重的今天，作为人类文明进步底线的生态安全受到严重威胁。20 世纪 90 年代以来，随着全球生态危机日益加剧，人们对森林生态功能的认识越来越深刻。森林被誉为大自然的总调节器，维持着全球的生态平衡。森林在调节生物圈、大气圈、水圈、土壤圈的动态平衡中起着基础性、关键性作用；在生物世界和非生物世界的能量和物质交换中扮演着主要角色，对保持全球生态系统的整体功能起着中枢和杠杆作用。现代林业是维护生态安全的主要力量，现代林业与气候安全、水资源安全、土地安全、生物安全、以及人类自身的安全都有着十分密切的关系，发挥着不可替代的独特作用。

推进生态建设、维护生态安全、建设生态文明，是国家现代林业发展战略的核心所在。进入21 世纪，在国务院领导下开展的"中国可持续发展林业战略研究"，提出了"确立以生态建设为主的了林业可持续发展道路，建立以森林植被为主体、林草结合的国土生态安全体系，建设山川秀美的生态文明社会"的林业发展战略指导思想，被学界称为"三生态"思想。2003 年 6 月，党中央、国务院在《关于加快林业发展的决定》中，吸收林业战略研究成果，确立了"三生态"林业发展战略，并给林业以"三地位"的新战略定位，即"在贯彻可持续发展战略中，要赋予林业以重要地位；在生态建设中，要赋予林业以首要地位；在西部大开发中，要赋予林业以基础地位。"在中央林业工作会议上，又新加了"在应对气候变化中，要赋予林业以特殊地位。"由此可见，实现好林业的生态功能是江西现代林业建设的首要任务。

在江西建设现代林业，就是要实现梁希先生（1951年）在《新中国的林业》一文中，为祖国山河描绘的一幅动人远景："无山不绿，有水皆青，四时花香，万壑鸟鸣，替河山装成绵绣，把国土绘成丹青，新中国的林人，同时也是新中国的艺人。"具体地说，健全的生态安全体系主要包括两方面内容：

（1）茂林修竹，青山常在。即建设丰富优质高效的森林资源。其中包括三层含义：一是保证充足的森林资源。无论是山地、内地、农村，还是平原、湖区、城市，都要通过植树造林、绿化荒山荒地、森林资源保育等措施，尽可能地增加森林资源，让绿色覆盖整个江西，处处绿树成荫，四季花香鸟鸣。二是保持合理的森林结构。在森林的空间布局方面，要根据江西山区、湖区和城市三类地区的自然经济社会条件进行合理布局。对防护林、用材林、经济林、薪炭林及特殊用途林等林种要实现合理搭配，对公益林、商品林进行科学规划和合理分类经营。二是提高森林资源的质量。在人工林的树种配置方面，要选用乡土树种，尽可能地进行针阔叶树种混交和健康经营，提高森林资源的质量。

（2）碧波荡漾，绿水常流。即建设充足优质完善的湿地资源。同样包括三层含义：一是保证充足的湿地资源。根据江西省湿地资源的实际情况，加强科学规划和保护，使湿地资源保持在合理稳定的数量水平。二是保持合理的湿地空间结构。湿地资源在空间上有不同的类型、相互之间又存在一定的联系，现代林业要使河流、湖泊、沼泽等不同湿地类型保持合理的分布格局，发挥出较理想的整体功能。三是提高湿地资源的质量。防止污染、水土流失等对湿地资源的破坏，提高水质，改善水生动植物的生存环境，使湿地生态系统保持健康良好的生命活力。

青山和绿水共同构成现代林业的生态体系，它可发挥调节气候、固碳释氧、水土保持、生物多样性保护、改善城乡人居环境、提供生态服务等多种生态功能。江西现代林业发展的目标和任务，是不断提高森林湿地生态系统的功能和效益。通过现代林业建设，实现江西大地的绿化、美化、香化、生态化、园林化，使山川如锦绣一般更加秀美。

（二）生态家园

"生态家园"就是按照科学发展观的要求，通过江西现代林业建设，精心打造"红色摇篮、绿色园野、金色福地、银色水乡、蓝色生境"的精品产业和"生态山水庄园"示范名牌。从根本上改善人与自然的关系，促进人与自然、人与人、人与社会、人身与心的和谐发展，建设和谐美好家园。

建设生态家园，也就是建设和谐美好的社会。强调人与自然和谐发展，是中国传统文化的精髓所在。强调人与自然和谐发展，是中国传统文化的精髓所在。"天人合一""和实生物""和而不同""和为贵"等中国传统生态文化的核心观点，都强调人与自然、人与人、人与社会和谐的重要性。

促进人与自然和谐发展，是科学发展观的一个重要观点。根据科学发展观，统筹人与自然和谐发展，就要高度重视资源和生态环境问题，处理好经济建设、人口增长与资源利用、生态环境保护的关系，增强可持续发展的能力，推动整个社会走上生产发展、生活富裕、生态良好的文明发展道路。2004年3月10日，胡锦涛同志在中央人口资源环境工作座谈会上指出："要牢固树立人与自然相和谐的观念。自然界是包括人类在内的一切生物的摇篮，是人类赖以生存和发展的基本条件。保护自然就是保护人类，建设自然就是造福人类。"2006年4月1日，胡锦涛同志在北京奥林匹克森林公园参加首都义务植树活动时说："各级党委、政府要从全面落实科学发展观的高度，持之以恒地抓好生态环境保护和建设工作，着力解决生态环境保护和建设方面存在的突出问题，切实为人民群众创造良好的生产生活环境。要通过全社会长期不懈的努力，使我们的祖国天更蓝、地更绿、水更清、空气更洁净，人与自然的关系更和谐。"

用人与自然和谐发展的理念指导林业，应该树立以下观念：一是将林业放在促进人与自然和谐发展的关键位置。促进人与自然和谐发展是生态文明的核心价值观。要高度重视森林与湿地资源和生态环境问题，把林业放在经济社会发展更加重要的位置。处理好经济建设、人口增长、资源利用与林业建设的关系。保护和发展好全省森林、湿地等自然生态系统，使城市、乡村等自然经济社会生态系统的结构和功能得到优化，增强可持续发展的能力。不仅实现人和社会的发展，还要实现自然界的发展，使两者协调共生、相互促进、共同进步和繁荣。二是统筹城市与乡村林业的和谐发展。从目前情况看，江西的城市经济发达，但生态环境问题相对突出；而乡村则是经济相对落后，生态环境相对良好。在生态和经济方面，城乡发展不够协调。我们的发展理念是，通过现代林业建设，完善生态补偿机制，提高公益林业的发展能力，发展城市林业，使城市和乡村的生态环境更加良好，经济发展前景更加广阔。三是统筹山区与湖区林业的和谐发展。在江西，山区和湖区的关系，不仅是上游与下游的关系，在一定程度上也是乡村与城市的关系，生态保护与经济发展的关系。这要求在现代林业发展中，对林种的布局，三次产业的布局，生态文化的布局，政策的制定都要统筹兼顾，作到分类指导，分区施策。四是统筹省内外林业的和谐发展。为了加强江西省与其他省（自治区、直辖市）、国外的林业经济文化合作交流，借鉴其他省（自治区、直辖市）、国外的林业发展经验，加强与外部的生态文化交流是一条重要途径。同时，尤其是要借鉴长三角、珠三角、京津环渤海等国内其他地区的发展经验，以及国外林业发展的经验，加强相互间林业经济文化的合作与交流，促进区域协调发展。

建设生态家园，具体地说就是建设绿色园野，提升银色水乡，丰富生态文化。

（1）建设绿色园野。绿色象征生命、希望、健康与环保。绿色是江西中部崛起的形象设计与自然特色，也是江西独有的生态名片、资源优势和发展环境。江西生物多样性极为丰富，常绿阔叶林遍布全境，尤以盛产珍贵树木与林果特产享有盛誉。全省森林覆盖率为60.05%，位居全国第二。境内拥有8个国家级自然保护区，41个国家级森林公园，22个省级自然保护区；39个国家级森林公园，60个省级森林公园。在此基础上，要大力建设人与自然和谐的绿色城乡，打造四野皆绿、满目葱笼的效果。

（2）提升银色水乡。银色象征高尚、尊贵、纯洁与永恒。银色的鄱阳湖是我国最大的淡水湖泊，国际重要湿地、全球重要生态区和我国唯一进入世界生命湖泊网成员，也是闻名遐迩的"白鹤世界""珍禽王国""鱼米之乡"。它承纳赣江、抚河、信江、饶河、修河五大河，由湖口注入长江，每年流入长江的水量超过黄、淮、海三河水量的总和。鄱阳湖水系流域面积16.22万平方公里，约占江西省流域面积的97%。鄱阳湖生态经济区约占全省经济总量60%。千百年来，鄱阳·湖银色的清水，养育了勤劳智慧的江西人民，不仅积淀了渔鼓、渔歌、渔舞、渔号等原生态渔耕文化，而且正在孕育现代生态经济区与历史文化遗产交相辉映的生态文明新家园。

（3）丰富生态文化。要充分利用江西的自然和人文优势，建设丰富繁荣的生态文化。江西是中国革命的摇篮和圣地。这里曾开创了中国革命斗争史上的诸多第一。如中国共产党领导的革命武装向国民党反动派打响第一枪的英雄城——南昌，第一次农民武装暴动秋收起义发祥地——铜鼓，第一个红色革命根据地——井冈山，第一个苏维埃红色革命政权所在地——瑞金，第一次工人革命武装——安源煤矿大罢工……至今在革命烈士纪念堂保留着25万余名为革命壮烈牺牲的烈士英名录。在艰苦卓绝的井冈山斗争中，铸就了"坚定信念、艰苦奋斗，实事求是、敢闯新路，依靠群众、勇于胜利"的井冈山精神。江西名人辈出、文化璀璨。素有"才子之乡、福祉之地"的美誉。江西作为儒家传承地，留下了著名"江西学派"及"程朱理学"等极为丰富的历史文化遗迹。在"四大书院"中，尤以"天下第一书院"——白鹿洞书院备受青睐。江西是道家和释家的重要发祥地。拥有 5 处洞天，12 处福地；禅宗的五宗七家大多直接或间接根植于江西。这里春有遍野菜花，夏有千顷麦浪、秋有稻谷金黄，映衬于远近森林与田园之间，风光无限，美不胜收。通过现代林业建设，要让江西省风光更秀丽，人文更灿烂。

（三）绿色崛起

"绿色崛起"就是通过江西现代林业建设，使江西的经济发展方式得到优化转型，绿色 GDP 得到显著增长，低碳经济、循环经济、生态经济不断地得到壮大，可持续发展能力急剧提升，生态兴省、绿色发展不再是梦想，真正走上生产发展、生活富裕、生态良好的文明发展道路，通过现代林业建设让广大人民享受更多的实惠，生活得更美好。

绿色是生命的基本颜色，它代表着生命。生命是大自然的特征，是大自然的品德。对生命的呼唤和赞美一直是中国传统思想的主题。我国传统的天人合一哲学观认为："日新之谓盛德，生生之谓易""天地之大德曰生"。老子说："道生一，一生二，二生三，三生万物。"人类应该按照自然之道对待万物，要"生之蓄之，长之育之"。孔子也说："天何言哉？四时行焉，百物生焉，天何言哉？"对天生万物之德表示赞美。人类要向自然界学习，人类的生产生活都应该参赞天地、辅助万物，在满足自我发展的同时又不危害自然界、不危害子孙后代的发展能力。

绿色发展是生态文明社会的强大支柱。正是由于生态文明社会的发展方式所具有的资源节约、环境友好、可持续等绿色特征，因此生态文明又被称之为"绿色文明"。而相应的以往的农业文明、工业文明则称为"黄色文明""黑色文明"。

生态文明社会的经济形态，从根本上属于生态经济（Ecological Economy），或称为循环经济（Cyclic Economy）。这一概念最早是由美国经济学家肯尼思·鲍尔丁 1966 年提出的。他在《一门科学——生态经济学》中形象化地提出"宇宙飞船理论"，认为如果不合理开发资源、不注重保护环境，地球就会像耗尽燃料的宇宙飞船那样走向毁灭。因此，要改变传统的"消耗型经济"，使经济系统被和谐地纳入到自然生态系统循环中，建立一种新的经济形态——生态经济。生态经济即模拟自然生态系统的运行方式和规律，实现能源资源的可持续利用的经济。以资源的高效利用和循环利用为核心，以坚持"减量化（Reduce）、再利用（Reuse）、再循环（Recycle）"为原则（简称"3R"原则），以低消耗、低排放、高效率为基本特征。人类经济的发展模式对应于农业、工业、生态三大文明阶段，分别是自然经济、线性经济（又称单程式经济）和生态经济（循环经济）。建设生态文明，必须合理利用能源资源和生态环境容量，在物质不断循环利用的基础上又好又快地发展经济，促进经济系统和谐地融入到自然生态系统的物质循环过程中，建立资源环境低负荷的社会消费体系，走生态经济道路。

随着生态文明时代的到来，人们的发展观、价值观正在发生显著变化。即用 GDP 作为衡量经济发展标准的价值观，转变为用"绿色 GDP"衡量。绿色 GDP，是指从 GDP 中扣除自然资源耗减价值与环境污染损失价值后剩余的国内生产总值。又称可持续发展国内生产总值。它是 20 世纪 90 年代形成的新的国民经济核算概念。1993 年联合国经济和社会事务部在修订的《国民经济核算体系》中提出。绿色 GDP 能够反映经济增长水平，体现经济增长与自然环境和谐统一的程度，实质上代表了国民经济增长的净正效应。绿色 GDP 占 GDP 比重越高，表明国民经济增长对自然的负面效应越低，经济增长与自然环境和谐度越高。

若用绿色 GDP 的发展观和价值观来衡量现代经济发展和林业发展，就会发现林业经济在整个江西省绿色经济发展中的比重巨大，而且大力发展现代林业是江西实现绿色经济增长的必然途径。相反，在农业文明、工业文明时代，也就是在传统经济发展和传统林业发展中，人们习惯于仅仅或者主要地将林业作为经济发展的一个部门来看待。这种情况下，随着农业经济、工业经济的发展，作为生产木材和其他林副产品的林业在经济发展中所占的比重越来越小。

现代林业是推动绿色经济发展的重要力量。现代林业可以生产许多森林产品，在许多方面发挥直接的现实的生态经济效益。现代林业既保障粮食生产的生态条件，又直接提供木本粮油、森林食品和牲畜用饲料；发展林业生物质能源具有巨大的潜力；可以有效保障木材需求；同时又能为生物医药、生物材料等生物经济发展提供原料；推动生态旅游经济发展，满足人们日益增长的生态消费需求。在人类即将开启的生态文明社会的生态经济大系统当中，现代林业既是极其重要、日益壮大、承担主力的组成部分，又是必不可少、十分关键、无法替代的运行环节。由于森林和湿地资源都是绿色的可再生资源，在科学经营、合理利用的前提下，可以有效促进经济排放的减量化、经济产品的再利用、各种废弃物的资源化，进而促进整个经济走上生态友好、循环发展的轨道。

（1）低碳发展，节能减排。现代林业不仅自身要做低碳经济发展的典范，而且要推动整个经济朝低碳式发展方式转变。一是林业本身是生态经济体，森林生长不仅固碳释氧，而且林业产业可以实现木（竹）材的全面利用。现代林业要通过加强森林资源的培育、科学经营，提高森林碳汇功能，抵消其他产业部门的碳排放，减缓全球气候变化；林业产业要提高资源的利用效率，减少生产环节碳的排放，及其他对环境有害的废弃物的排放。二是森林吸收其他经济部门排放的废弃物，使生态环境得到保护。发挥森林对水资源的涵养、调节气候等功能，为水电、水利、旅游等事业发展创造条件，实现森林和水资源的高效循环利用，减少和预防自然灾害，以及加快生态农业、生态旅游等事业的发展。倡导林区多样化生态经济模式，林草模式、林药模式、林牧模式、林菌模式、林禽模式等。森林对其他产业排出的废气、废水、废弃物具有吸附、净化和降解作用，是天然的过滤器，削减有害物质的危害程度。三是林业促进其他部门减量化排放。木材与钢材、水泥和塑料并称四大材料，木材的可降解性减少了对环境的破坏。森林是一种可再生资源，可以持续性地提供木材，木材的加工利用能耗小，环境污染较轻，是理想的绿色材料。森林是一种十分重要的生物质能源，增加森林能源比重，可以有效替代化石能源。现代林业在促进能源节约中可发挥显著作用，如森林和湿地由于能够降低城市热岛效应，从而能够减少城市在夏季由于空调而产生的电力消耗。

（2）环境友好，循环利用。现代林业不仅自身要做循环经济发展的典范，而且要推动整个经济朝循环式发展方式转变。一是森林资源本身的再利用。森林是物质循环和能量交换系统，森林可以持续地提供生态服务。森林通过合理地经营，能够源源不断地提供木质和非木质产品，林业生产的循环过程为"培育—经营—利用—再培育"，林地资源通过合理的抚育措施，可以持续地保持生产力。森林的旅游效益也可以持续发挥，而且由于森林的林龄增加，旅游价值也持续增加，所蕴涵的森林文化也在不断积淀的基础上更新发展，使森林资源成为一个从物质到文化、从生态到经济均可以持续再利用的生态产品。二是林产品的再利用。森林资源生产的产品都易于回收和循环利用，大多数林产品是可以持续利用的。而且与许多工业产品难以降解、对环境有害不同，森林产品即使经过废弃回到环境中后，也易于被微生物降解，成为土壤的有机肥料，被生态系统所利用。三是林业促进其他产品的再利用。森林和湿地促进了其他资源的重复利用。森林具有净化水质的作用，水经过森林的过滤可以再被利用，森林具有净化空气的作用，空气经过净化可以重复变成新鲜空气，森林还具有保持水土的功能，对林地、农田进行有效保护，使之保持生产力，对矿山、河流、道路等也同时存在保护作用，使这些资源能够持续利用。湿地具有强大的降解污染功能，维持着96%的可用淡水资源。以其复杂而微妙的物理、化学和生物方式发挥着自然净化器的作用。

（3）资源节约，变废为宝。现代林业不仅自身要做资源节约型经济发展的典范，而且要推动整个经济朝资源节约型发展方式转变。一是森林资源废弃物的资源化。以森林、湿地为依托的林业已经成为重要的生态经济产业，森林内的林木器官的功能不断被发现，开发出日用品、工业品、饮料、食品、油料、药品等，森林湿地旅游开发使之前未被开发的旅游资源得到利用，国家和各地区以森林公园为依托，开发了许多旅游景点，发现了森林本身的旅游价值，使之前就存在的风光得到有效利用，创造出巨大的经济效益。林业生物质能源的发展将原来的废弃物变成可利用的资源。随着生物能源技术的发展，原有的废弃物将被利用，数十种乔灌木树种适宜做燃料，用于生物发电；有些树种适宜开发生物柴油。木本粮油产业使森林中的粮油资源得到充分利用。板栗、柿树、枣树等的果实是优良的食品；油茶、油橄榄、胡桃等可提供优良食用油。木本粮油产业的发展使原来废弃在深山的果实利用起来。二是林产品加工业废弃物的资源化。木材的资源化可以使木材几乎全部被利用，使原来的废料变成资源。经过特殊的工艺，以前认为是边角废料的木材现在可以用来生产新产品。林业企业内部实行清洁生产机制，产业集群促进林产品原料利用链，将实现木材的综合利用。通过综合利用，深度加工，产值成倍提高。当前进一步推进了一次性木制品的回收利用，可以最大限度减少对自然物质的消耗。三是林业促进其他产业废弃物的资源化。林业促进其他产业的废弃物再利用。如其他产业排放的 CO_2，林木将其有效利用，固定成为木材，其他产业造成的废弃场所，如煤炭企业采矿后形成的废弃土地，经过林业修复可以形成良好的景观，同时改造这些土地，使土地功能得以利用。另外还有一些污水、垃圾经过处理后可以用来作为林木的肥料。

（4）以人为本，普惠民生。以人为本，是科学发展观的核心。"坚持以人为本"，是中国共产党十六届三中全会提出的一个新要求。它是指以人为价值的核心和社会的本位，把人的生存与发展作为最高的价值目标，一切为了人，一切服务于人。胡锦涛同志说，坚持以人为本，就是要以实现人的全面发展为目标，从人民群众的根本利益出发谋发展、促发展，不断满足人民群众日益增长的物质文化需要，切实保障人民群众的经济、政治和文化权益，让发展的成果惠及全体人民。

全面推进集体林权制度改革是实现兴林惠民的重大举措。进一步完善主体改革，依法将林地使用权和林木所有权落实到户，明晰山林权属，落实经营主体，放活林业经营，落实处置权、保障收益权，重新确定集体林地的生产关系，实行以家庭承包经营为主、多种经营形式并存的集体林管理体制，充分调动农民经营林业的积极性，进一步解放和发展林业生产力。在完成主体承包经营政策的地方，要积极探索采伐管理、减轻税费、生态补偿、专业合作等配套政策改革。切实建立起一个适应社会主义市场经济要求，既能够兴林又能够富民的林业经营体制，建立生态受保护、农民得实惠的长效机制，形成林业发展的自组织机制，带动林业的大发展和农民收入的大幅度提高。

通过江西现代林业建设，极大地提高林业生产力，发挥森林生产生态产品、物质产品和生态文化产品的功能，显著提高林业的生态、经济、社会和文化效益，实现林业综合产出的高效益。实现林业的全面高效发展，要求我们改变传统的以木材生产、以强调经济效益为主的森林价值观念，转变为以增加森林生态系统的绿色 GDP 为核心的森林价值观念，调整林业发展的评价标准体系。建设好林业生态、产业和文化三大体系，并处理好三者之间的关系。坚持以生态建设为主的林业发展战略，构建完善的生态体系，维护生态安全，实现生态良好，为产业体系和生态文化体系建设提供坚实的物质基础；构建发达的林业产业体系，充分发挥林业的经济功能，更好地推动生态体系和生态文化体系建设；构建繁荣的生态文化体系，使全社会牢固树立生态文明观念，保障生态体系和产业体系持续发展。林业三大体系建设互为补充、相互促进，我们必须坚持统筹兼顾，推动林业三大体系全面协调可持续发展，促进林业整体效益的不断优化，让林业建设的成果为人民共享。

为人民提供生态效益，增进人民健康。建设完善的林业生态体系，发挥林业巨大的生态效益。把握以生态建设为主的发展方向，这是现代林业建设的根本任务。通过培育和发展森林资源，着力保护和建设好森林生态系统、湿地生态系统，在农村和城市可持续发展中充分发挥林业的基础性作用，努力构建布局科学、结构合理、功能协调、效益显著的林业生态体系。

为人民提供经济效益，促进人民增收。建设发达的林业产业体系，发挥林业巨大的经济效益。发达的林业产业体系，事关江西经济可持续发展和新农村建设。研究优化林业产业发展方向和结构布局，实现一二三产业协调发展，全面提升林业对现代化建设的经济贡献率。切实加强第一产业，全面提升第二产业，大力发展第三产业，不断培育林业生物产业、生态旅游业等新的增长点，积极转变增长方式，努力构建门类齐全、优质高效、竞争有序、充满活力的林业产业体系。

为人民提供社会效益，促进人民就业和满足生态文化需求。建设繁荣的生态文化体系，发挥林业巨大的社会文化效益。林业要做发展生态文化的先锋，尽可能多地创造出丰富的文化成果，努力推进人与自然和谐重要价值观的树立和传播，为现代文明发展作出自己独特的贡献。普及生态知识，宣传生态典型，增强生态意识，繁荣生态文化，树立生态道德，弘扬生态文明，倡导人与自然和谐的重要价值观，努力构建主题突出、内容丰富、贴近生活、富有感染力的生态文化体系。

为子孙后代的发展提供广阔空间。可持续发展理论，是人类在20世纪90年代所提出的带有革命性的全新发展理念。其核心是强调一种既能满足当代人的需求而又不对满足后代人需求的能力构成危害的发展模式。用可持续发展理论为指导，在林业上就是通过森林、湿地资源的可持续经营，实现林业的可持续发展。进而林业为经济社会的可持续发展作出重要贡献。通过江西现代林业建设，要建成经济、社会、环境和资源相互协调的、既能满足当代人的需求而又不对满足后代人需求的能力构成危害的，保持林地、森林和林业生产力持续发挥的林业。为实现林业发展的可持续性，需要不断探索和发展近自然的林业经营管理；推行多维度、多功能的林业发展模式；努力促进林业科学技术的创新和应用；进一步深化完善林业管理体制的改革创新。

二、实现发展理念的基本途径

具体地说，实现"森林江西，惠民林业"的发展理念，就是按照科学发展观的要求，坚持以人为本原则，努力开展好四个方面的工作，也可以说是发展理念的进一步深化，即：建设山青水秀的生态体系；发展循环高效的林业产业；提升繁荣进步的生态文化；强化现代林业改革与管理。

（一）建设山青水秀的生态体系

加强生态建设，维护生态安全，建设生态文明，是21世纪人类面临的共同主题，同样也是江西经济社会可持续发展的重要内容。党的十七大报告提出了建设生态文明的新要求。生态文明与物质文明、精神文明和政治文明相辅相成。生态文明的提出是基于人类在追求物质财富的进程中，对经济与生态两者关系的深层领悟，是人类正确把握客观事物规律的进步表现。倡导生态文明就是要转变粗放式的数量盲目增长型的发展模式，走出一条资源节约、环境友好、可持续发展的新型工业化之路。

森林、湿地是江西省生态系统的主体。为了保障江西的生态安全就必须强化林业生态体系建设，不断提高森林生态系统的数量、质量和效益。把握以生态建设为主的发展方向，是现代林业建设的根本任务。生态产品已成为我国最短缺、最急需大力发展的产品，成为我国与发达国家的主要差距。在江西，要加强培育和发展森林资源，保护和建设森林生态系统、湿地生态系统，充分发挥林业在农田生态系统、城市生态系统发展中的基础性作用，构建布局科学、结构合理、功能协调、效益显著的完备的林业生态体系。

加强完备的林业生态体系建设，主要是指构筑点、线、面、体相结合功能齐备的森林生态网络体系，并在基础上逐渐提高森林生态系统的质量和效益。包括以森林公园、野生动植物与湿地自然保护区、城市森林、城镇及乡村人居森林为重点，构建森林生态网络体系的"点"；以江湖防护林带、公路铁路防护林带以及农田林网为重点，构建森林生态网络体系的"线"；以生态公益林、速生丰产林基地为重点，构建森林生态网络体系的"面"；以森林科学经营、提高森林质量为重点，构建森林生态网络体系的"体"。从而形成资源丰富、布局合理、结构稳定、功能完备、优质高效的现代林业生态网络体系。森林生态网络体系具有整体性、多功能性、高效性和可操作性的特点，有利于长期发挥森林多目标、多功能、多效益的整体作用。

1. 构筑山地丘陵地区生态屏障

江西地貌以山地和丘陵为主。其中山地9015.2万亩，占全省土地总面积的36.0%；丘陵10517.6万亩，占42.0%，两者共占78.0%。可见，做好这一地区的林业工作，搞好生态公益林建设，对于水土保持、涵养水源、实现生物多样性、促进生态旅游尤为重要。

山区林业应处理好商品林业与生态林业的关系。随着现代林业的不断推进，按照分类经营原则，山区林业在整体上分为公益林业和商品林业，分别采取不同的经营机制和政策措施。山区是江河的源头，现在普遍存在着不同程度的水土流失，并且已成为生态环境建设的重点。山区林业的发展，不仅可为名特产品加工业提供充足的原料，为生态服务业创造条件，且将对经济社会的可持续发展起着重要的不可替代的生态保护作用。山区林业应将生态公益林建设放在重要位置。立足于公益林多功能多效益的发挥，加大退耕还林、封山管护、科学经营等森林经营管理力度，增强公益林的生态功能。加大对人工纯林的改造力度，促进形成混交林、近自然林；积极采用珍贵阔叶用材树种造林，采取补植、除密等特殊经营措施，实行定向培育。建设一批森林的保护管理与经营示范点，不断探索优化林分结构的最佳模式，提高全省森林保护及经营管理水平。

健全森林生态效益补偿制度。2001年，江西被列入全国11个森林生态效益补助资金试点省份之一，试点面积1900万亩。目前，全省纳入中央和省级财政补偿范围内的生态公益林面积达5100万亩，其中重点公益林3062.47万亩，省级公益林2037.53万亩，补偿标准提高到8元/亩。此外，部分市、县也启动了生态公益林补偿机制。为了加强生态公益林建设，今后应从增加数量、提高质量两方面努力。一方面，为了促进数量的增长，应该制定科学的公益林发展规划。随着经济社会的不断发展、社会生态需求的进一步提高，公益林的规模应该不断增加。另一方面，为了提高公益林的质量，应该从增加投入、科学经营、规范管理等方面加强做好工作。要进一步完善森林生态效益补偿机制，调动务林人的生产积极性。加大政策倾斜，在森林生态效益补偿制度的基础上，提高补偿标准，规范补偿办法，并建立使林农直接受益的多种补偿渠道，使为保护生态而受到经济损失的农民得到相应的经济补偿，真正调动他们参与生态建设的积极性，巩固林业生态建设的成果。

提高生态公益林的经营管理水平。江西省山区的生态公益林包括野生动植物自然保护区、森林公园、水土保持林、水源涵养林、风景林、名胜古迹林、特种用途林，以及散布各地的古树名木等。至2008年年底，江西省共有自然保护区26个，其中国家级5个，分别是江西鄱阳湖、井冈山、桃红岭梅花鹿、武夷山、九连山国家级自然保护区，省级21个。在这些保护区中大部分是以森林为主题。主要包括：保存极为罕见的亚热带高山原始状态天然阔叶林和针阔混交林呈垂直地带性分布，号称"华东屋脊"的武夷山国家级自然保护区；有以保护亚热带低海拔常绿阔叶林自然生态系统而闻名，被誉为古今植物避难所的九连山国家级自然保护区；有被誉为"赣西北绿色宝库"的官山保护区。此外，还有庐山、三清山、龙虎山、井冈山等国家级自然保护区。江西省有众多的古树名木资源。据江西省绿化委员会 2004 年调查，境内共有古树名木 98160 株，其中古树群 67309 株，散生 30851 株，涉及物种 246 种（尚未包括森林公园及自然保护区内古树）。最大树龄在 1500~2000 年的古树有银杏、罗汉松、柏木、垂柏等；最大树龄在 2000 年以上的古树有樟树、枫香、槐等。各地保存成片的古树群如婺源县晓起村百年以上的古樟有 77 株，文公山尚存朱熹亲手种植的 16 株古巨杉；吉安、乐安流坑的古樟群等。管护好全省山区的生态公益林，加强自然保护区建设，对于维护生态安全，促进经济社会可持续发展具有重要意义。根据国际国内经验，建设"近自然、健康、可持续森林"应作为生态公益林经营管理的方向和目标。根据山区的实际情况，尤其是在高海拔、坡度大的地方，划定适当比例的生态公益林，加强水土保持林、水源涵养林、自然保护区建设十分必要。生态公益林建设要严格保护、科学经营管理。认真制定并落实生态公益林管理规定，严格控制生态公益林采伐。同时，要改变造林绿化中树种少、结构单一，人工痕迹较强，与自然不够和谐的现象，提高生态林的整体功能。增强林木管护和森林资源安全保障能力，特别是护林防火能力，确保森林资源安全。同时应该结合集体林权制度改革，制定和完善公益林管理相关条例，健全政策机制，调动各方面的积极性，为公益林建设提供有力的制度保障。

2. 提高鄱阳湖区生态质量

烟波浩渺的鄱阳湖是我国最大的淡水湖，是亚洲最大的候鸟越冬地，也是我国唯一加入国际生命湖泊网的湖泊，被誉为中国的"最后一湖清水"。湖盆南北长 173 公里，东西最宽处 74 公里，湖岸线长 1200 公里，纳赣、抚、信、饶、修 5 河水，经调蓄后由湖口注入长江。湖口水文站，最高水位 22.59 米（1998 年 7 月 31 日，吴淞高程系统，下同）时，湖面面积为 4500 平方公里；最低水位 5.9 米（1963 年 2 月 6 日）时，湖水面积仅 146 平方公里。应用 1987 年至 2008 年间历年多时相的遥感图像分析，自然水面的最大集成面积为 3134.5 平方公里。

鄱阳湖也是目前长江中下游仅存的两个大型通江湖泊之一。由湖入江的多年平均水量为 1427 亿立方米，入江水量超过黄河、淮河、海河三河水量的总和，占长江年径流量的 15.5%，在长江流域中发挥着巨大的调蓄洪水、保护水资源和生物多样性的特殊生态功能。不仅如此，鄱阳湖独特水情动态和特殊的环境条件，繁衍的极其丰富的生物多样性，是我国陆地淡水生态系统中最重要的物种基因库，也是一个具有全球意义的生态瑰宝。鄱阳湖湿地的保护不仅关系到湖区和江西省的生态安全，而且对维系长江中下游区域和国家生态安全具有极其重要作用。

多年来，江西省各级政府和有关部门对鄱阳湖湿地坚持了优先保护、加强管理、合理利用、持续发展的原则，开展了卓有成效的保护工作。以自然保护区建设为重点，加强湿地生态系统和生物多样性保护；实施项目和工程带动战略，加强湿地保护和生态建设力度；湿地保护法制建设取得明显进展；退田还湖促进湿地保护；加强宣传教育工作，提高社区和全民的湿地保护意识；以人为本，解决鄱阳湖生态保护与部分社区群众生产生活之间的矛盾；资源调查和科学研究取得许多成果。尽管湿地保护取得了显著成效，但也存在许多问题，主要是：管理体制不顺和监管能力薄弱；保护与发展的矛盾比较突出，污染负荷增加，湿地资源与环境面临破坏的潜在威胁；缺乏湿地保护的资金投入，生态补偿的机制尚未建立。

为了建设健康湿地、保护好鄱阳湖"一湖清水"，实现人与自然和谐及湖区可持续发展，今后要大力加强湿地保护与保护能力建设，实施退化湿地生态恢复，合理利用湿地资源，充分发挥鄱阳湖作为世界"生命湖泊""国际重要湿地"的品牌效应，协调生态环境保护与社会经济发展，使之成为建设中国鄱阳湖生态经济试验区的重要组成部分，有效保障试验区和长江中下游区域的生态安全，实现生态、社会与经济效益的统一。

（1）鄱阳湖湿地开发与保护功能区划。根据鄱阳湖不同区域生态环境和产业发展的特点、对湿地的影响程度和范围将鄱阳湖区域划分为优化开发、限制开发和禁止开发三类功能区，确定其功能定位，明确发展方向，管制开发强度，规范开发秩序，完善开发政策，促进产业发展和湿地保护相协调的空间开发格局。

（2）湿地生态保护工程。加强鄱阳湖作为生态敏感区和生态安全屏障区的整体保护。要通过加快建设污水、垃圾处理设施，防治环湖农村面源污染，合理安全处置医疗废弃物等污染控制措施，达到固体废弃物不出村，污水不入湖。使鄱阳湖水质持续保持在Ⅲ类水以上，切实保住"鄱阳湖这一湖清水"。根据鄱阳湖对长江中下游地区水量平衡与生态安全的屏障作用，申请国家对鄱阳湖生态环境保护给予专项支持，建立鄱阳湖湿地保护的长效机制。

加强湿地自然保护区体系建设。目前，鄱阳湖区已建立国家级自然保护区2个，省级自然保护区6个，县级自然保护区10个，保护面积2642平方公里，约占鄱阳湖天然湿地总面积的59%。除国家级自然保护区以外，省级以下保护区普遍存在基础设施薄弱，必要的管理设施缺乏，综合管理能力低下，没有专项经费投入等问题，有的保护区还存在许多体制不顺、权属不清，与社区矛盾较多等问题。健全自然保护区体系，首先要建立和完善自然保护的管理机构，修订和编制自然保护区的管理规划；要强化保护区的基础设施建设和管理人员培训；要进一步处理好保护区与当地群众、社区的关系，扩大社区参与；加大对湿地自然保护区的扶持力度，尽快建立政府和社会各界共同参与的多层次、多渠道的湿地保护投入机制。在保护区的实验区，进行资源的合理利用，既是以区养区，增加管护实力的客观要求，也是搞好社区共建的重要途径。对于现有的鄱阳湖和南矶湿地国家级自然保护区，可进一步扩大其保护管理范围。现有的鄱阳湖江豚自然保护区可申请由省级晋升为国家级。

珍稀濒危野生动物的救护与繁衍。鄱阳湖是白鹤、东方白鹳、鸿雁和小天鹅等珍稀水禽全球最大种群的越冬场所。保护区主要保护对象是鹤、鹳、雁、鸭、鹬、鸥等水禽及其栖息地。国家级保护动物多。但是，不少珍稀濒危水禽的生存都面临着来自人类及环境方面的威胁。建立珍稀濒危野生动物救助与繁衍中心，目的在于专门救助各种野生伤病水禽，并放归自然。在救护和科研的基础上，为广大市民特别是青少年进行科普教育。

（3）加快鄱阳湖湿地生态恢复。包括湿地生物物种栖息地的恢复、生态系统的恢复和生态功能的恢复，其目标是维持湿地生态系统结构的完整性和过程的协调，保持生态系统的健康。湿地恢复工程要在次生演替、自设计、生态位、边缘效应等理论指导下实施。次生演替理论认为，只要将受损湿地生态系统的生境条件恢复至受损前的状态，该系统的生物群落便可按照一定的演替轨迹自动向前发展，直至恢复到受损前的状态。对鄱阳湖而言，退化湿地的恢复主要是栖息地的恢复、湿地植被的恢复、采伐迹地和弃堰湿地的恢复等。

（4）合理利用湿地资源，发展生态产业。鄱阳湖湿地的合理利用主要在靠圩堤保护的大小圩区和库塘内实施，改变以往土地利用率和生产力低下，经营效益不高的局面，发展各种生态农业模式，水体立体养殖，湿地生态旅游等多种利用方式，选择具有明显区域特色的产品，进行优质化、品牌化开发利用，大力提高经营效益，实现生态、经济与社会效益的统一；也可在自然保护区的实验区内实施。

（5）提高鄱阳湖湿地保护能力。开展鄱阳湖湿地资源及其环境的详查，建设湿地生态监测与鸟类资源监测体系，湿地信息化网络体系，野生动物疫源疫病监测体系，湿地宣传教育培训体系。建立鄱阳湖湿地生态系统定位研究站。

（6）探索鄱阳湖湿地社区共管机制。湿地破坏大部分来自周边社区，周边社区的人口、生产生活方式和资源利用方式对湿地影响很大。由于一些地方为经济利益所驱动，普遍存在重开发轻保护的不良现象。目前，围堰堵河等侵占湿地，破坏湿地生态环境的现象还仍然存在。湿地保护离不开当地群众的参与和支持，保护区内各种资源都是当地群众赖以生存的物质基础。社区共管是协调湿地保护与社区发展矛盾的有效途径。如果不考虑社区的发展和参与，湿地保护将难以获得长期的和良好的效果。因此，与周边社区协调一致做好湿地保护工作、实现社区共管是一项十分重要的工作。

3. 改善城乡人居环境

拥有一定数量和质量的城市森林，是城市现代化与文明进步的重要标志。改革开放以来，江西省城市化进程明显加快，城市化水平由1978年的16.8%，发展到2000年的27.7%，又提高到2009年的42%。南昌市已发展成为城市人口规模超过200万人的特大城市，九江市城市人口规模超过50万人；20万~50万人口的中等城市由2000年的7个增至9个；10万~20万人口的小城市由2000年的10个增至20个。全省已经初步形成了以南昌为核心，以九江、赣州等中心城市为支柱，其他城市和县城为骨干的城镇体系框架。

在城市化进程中大气污染、水污染、土壤污染、光污染、噪音污染、热岛效应等环境问题相应而生，发展城市林业、改善生态环境的任务日益重要。城市森林是城市的天然水源，如果一座城市的区域30%被森林覆盖，那么雨水的流量将减少14%，有林地区比无林地区的空气湿度高15%~25%，夏天气温低3~5℃，冬季气温高2~3℃，会有效地缓解城市热岛效应。当城市的绿化覆盖率达到50%时，才能与人工环境达成较佳的协调效果，要想使整个城市保持CO_2与O_2的平衡，必须保证人均60平方米的绿地。城市森林在降低城市风速的同时，还是一道天然的隔音墙。据测定，70分贝的噪音通过40米宽的隔离带能降低10~15分贝，有绿化的街道比无绿化的街道噪音低8~10分贝，公园中的成片森林可降低噪音26~43分贝，为城市居民的生活、工作营造良好的环境。此外，城市森林在维持生物多样性，减弱光污染、净化城市地下水源等方面也发挥着重要的作用。国家规定的园林城市绿化标准为，对于我国南方地区，人均公共绿地7.5平方米，绿地率31%，绿化覆盖率36%。城市森林的建设标准为，南方城市林木覆盖率需达到30%以上，城市规划建成区绿地率需达到35%以上。江西作为亚热带宜林省份，为了将城市建设成宜居城市，应该加强城市林业建设。

从全面建设全面小康社会的要求看，不仅要在吃穿住用等方面达到小康水平，更重要的是城乡居民要有一个处处有草地树木、山青水秀、鸟语花香、街道整洁、空气清新、水体清洁的生活、出行和工作环境。特别是江西多数城市环境状况不尽如人意，其中城市森林和湿地保护与管理对于生态的改善起着举足轻重的作用。否则，虽然人均国民生产总值达到了小康社会水平，但是生态环境因单纯追求经济发展而恶化，显然不是全面建设小康社会的本意。

江西在城市绿化建设中取得显著成绩。据报道，2008年江西省投入260亿元，投资建设城市基础设施，并增强基础设施抵御自然灾害的能力。力争设区市城市建成区绿化覆盖率达到37.4%，绿地率33.1%。全省各地以创建森林城市、园林城市为抓手，将城市建设的重点向强化基础、完善功能、挖掘内涵、塑造特色上转移，建设了一大批功能性、公益性、生态性基础设施项目，掀起了城市建设的热潮。南昌、新余等6个设区城市和武宁、广丰等9个县城进入了省级园林城市行列。南昌、新余、宜春、景德镇市积极申报国家园林城市。不少城市加强了城市绿地管理措施。如，2006年3月，南昌市政府颁布了《南昌市城市绿线管理办法》（洪府厅发〔2006〕25号），并于2006年5月1日实施。

城市森林建设不仅十分必要，而且建设的条件也日益成熟。城市居民亲近大自然、回归森林的愿望十分强烈；政府对城市森林建设日益重视；较强的经济实力和技术支撑；公民有义务植树的法律保障；国内外城市林业发展拥有宝贵的历史经验等。这些因素都使得建设城市森林成为城市发展的必然要求。

为了构筑完善的生态体系、强化生态功能，城市的森林和生态建设，应该作好全面长期的科学规划，同时大力完善城市林业建设的相关政策制度。规划应以实现"林网化、水网化"为目标，致力于"林水相依"，进一步加大和提高森林湿地生态体系建设的力度和标准。实现林网化与水网化，要符合本省城市地区的特点，以林地、林网、散生木等多种方式，有效增加城市和郊区林木数量；恢复城市水体，改善水质，使森林与各种级别的河流、沟渠、塘坝、水库等连为一体；建立以核心林地为生态基地，以贯通性主干森林廊道为生态连接，以各种林带、林网为生态脉络，实现在整体上改善城市地区生态环境的林水一体化生态系统。做好各山体的生态植被建设，以及风景区、风景林地的保护，因地制宜合理选择树种，建立科学的绿化养护机制，改善绿化的生态效果和景观效果，形成具有当地特色的绿色生态体系。

建设绿色文明新村，改善乡村人居环境。党的十六届五中全会向全社会提出了新时期建设生产发展、生活宽裕、乡风文明、村容整洁、管理民主的社会主义新农村的战略任务。江西林业主要集中在山区，而山区又大多属于经济欠发达的农村地区，在新农村建设中林业可以大有作为。大力发展乡村林业，推动城郊的休闲观光林、庭院和围庄型生态经济林、道路林、水岸林、风水特用林建设，促进社会主义新农村建设，推进江西林业现代化，发挥林业富民、绿化美化和改善农村人居环境的作用。乡村林业不仅是建设社会主义新农村的必要保障，也是建设社会主义新农村的重要内容。

在江西农村，村容村貌整治可以与林业建设结合起来。2008 年以来，江西省实行了"以奖促治"集中整治危害严重的环境问题，实行"以奖代补"推进生态市（县）、环境优美乡镇、生态文明村的创建活动，鼓励开展生态示范创建，建设清洁家园。推进城镇所在地、村庄、农田和河渠以及公路沿线的造林绿化，进一步改善农村生态环境。到 2010 年，确保全省森林覆盖率达到 63%，县城建成区和乡镇所在地绿化覆盖率分别达到 35% 和 15%，大力建设新农村建设示范村，力求交通干线沿线可视范围内乡村全面绿化，已实施土地整理和园田化改造的农田全面完成林网建设，县乡公路绿化率达到 80%。然而，由于发展的不平衡性，在广大农村不少地方还存在着生态环境较差、村容村貌不够整洁的问题。村容整洁，是社会主义新农村建设的目标之一。在新农村建设中，结合村庄规划，建设与村庄、住宅房屋、墓地、道路等相配套的围庄林、庭院林、小型公园、行道树、水岸林、风水林等，不仅可以使村容村貌更加整洁，而且可以使生态环境更加良好。同时，乡村林业产业的发展可促进农民开拓致富门路，促进农民增收。由此可见，林业对增加社会就业、促进农村经济发展具有非常巨大的作用。

4. 提高森林资源的多功能经营利用水平

江西省森林资源的数量虽然已经达到了很高的水平，但资源的质量和效益却仍然较低，有很大的发展空间。森林经营是提高森林资源质量、增强森林多种功能和效益的重要措施。

实施森林近自然、多功能、可持续经营。德国等欧洲国家所实行的"近自然林业"理论，美国的"森林生态系统经营理论"，联合国以及我国许多专家所倡导的"森林可持续经营"理论，都强调森林的科学经营，以高效持续地发挥森林的多种功能和效益。

对于森林可持续经营的概念，由于人们对森林的功能、作用的认识，要受到特定社会经济发展水平、森林价值观的影响，有不同的解释。1992 年联合国环境与发展大会通过的《关于森林问题的原则声明》文件中，把森林可持续经营定义为："可持续森林经营意味着对森林、林地进行经营和利用时，以某种方式，一定的速度，在现在和将来保持生物多样性、生产力、更新能力、活力，实现自我恢复的能力，在地区、国家和全球水平上保持森林的生态、经济和社会功能，同时又不损害其他生态系统。"这一定义实际上已经综合了许多研究者的观点，由此，也被认为是一个具有普遍指导意义的概念。自林业可持续发展提出以来，国际社会就三个方面开展了森林可持续经营的国际性活动：一是森林可持续经营的标准与指标体系研制，二是有关的试验活动，三是可持续木材生产的认证制度的研讨和建立。三者都可有国际性的活动和国家性的活动两类。

近自然林业是在多功能森林经营目标指导下的一种顺应自然地计划和管理森林的模式，其体系包括立足于生态学和伦理学的善待自然、善待森林的认识论基础和思想财富，对原始森林的基础研究及促成森林反应能力的"抚育性经营"技术核心等方面。近自然林业的理论体系总体上包括了善待森林的认识论基础；从整体出发观察森林，视其为永续的、多种多样功能并存的、生气勃勃的生态系统的多功能经营思想；把生态与经济要求结合起来培育近自然森林的具体目标；尝试和促成森林反应能力的技术和抚育性森林经营利用的核心思想。为实现多功能可持续林业目标，近自然林业提出的基本技术原则可简要归纳为：确保所有林地在生态和经济方面的效益和持续的木材产量同时发挥，实用技术知识和科学探索兼顾地经营森林，保持森林健康、稳定和混交的状态，适地适树的选择树种并保护所有本土植物、动物和其他遗传变异种，除小块的特殊地区外不做清林而要让林木自然枯死和再生，保持土壤肥力并避免各类有害物质在土壤中高富集的可能性，在森林作业设计中应用可能的技术来保护土地、固定样地和自然环境，维持森林产出与人口增长水平的适应关系。

大力倡导实行森林认证管理。森林认证是森林可持续经营认证的简称，它是伴随着人们对消费产品进行"生态标签"应运而生的。它力图通过对森林经营活动进行独立的评估，以达到将"绿色消费者"与寻求提高森林经营水平和扩大市场份额以求获得更高收益的生产者相联系的目的。森林认证包括森林经营认证和产销监管链认证。森林认证是促进森林可持续经营的一种市场机制，这一点已经得到国际社会的普遍认可。

（二）发展循环高效的林业产业

现代林业产业的发展和壮大，不仅是广大林农致富的客观要求，也是森林资源扩增和生态建设的强大推动力。建设发达的林业产业体系是兴林富民的迫切要求。江西山区农民经济相对落后，发展经济、迅速致富是他们的迫切愿望和要求。壮大林业产业是强省富民的重要途径。只有走林业产业化发展道路，林业发展才有后劲，生态建设也才有动力。现代林业的发展，必须要走"以经济促生态，以生态促经济"的生态与经济良性互动、互惠双赢的发展道路。

循环经济即物质闭环流动型经济，是指在人、自然资源和科学技术的大系统内，在资源投入、企业生产、产品消费及其废弃的全过程中，把传统的依赖资源消耗的线形增长的经济，转变为依靠生态型资源循环来发展的经济。它要求运用生态学规律来指导人类社会的经济活动，其目的是通过资源高效和循环利用，实现污染的低排放甚至零排放，保护环境，实现社会、经济与环境的可持续发展。循环经济是把清洁生产和废弃物的综合利用融为一体的经济，本质上是一种生态经济。从长远来看，循环经济是可持续发展理念的具体体现和实现途径。它的目标是实现经济活动的生态化，建立与生态环境系统的结构和功能相协调的生态型社会经济系统。

从生态文明建设的角度来看，林业是规模巨大的循环经济体，必须为循环经济形成较大规模发挥重要作用。林业以森林资源为主要经营管理对象，是规模最大的循环经济体。大力加强对森林资源的科学经营和合理利用，进行多功能、多效益的循环高效利用，可以满足经济社会发展对林产品和生态产品的需求，扩大循环经济规模，促进循环经济发展。林业生物质能源是可再生、可降解的绿色能源，必须为显著提升可再生能源的比重发挥重要作用。生物质能源具有可再生、可降解的优势。大力开发研制林业生物质能源，可以提升可再生能源比重，保障我国能源安全，促进节能减排降耗。

集约化经营的本义是指农业上在同一面积投入较多的生产资料和劳动进行精耕细作，用提高单位面积产量的方法来增加产品总量的经营方式；现代意义的"集约化经营"的内涵，则是指在社会经济活动中，在同一经济范围内，通过经营要素质量的提高、要素含量的增加、要素投入的集中以及要素组合方式的调整来增进效益的经营方式。简言之，集约是相对粗放而言，集约化经营是以效益（社会效益和经济效益）为根本对经营诸要素重组，实现最小的成本获得最大的投资回报。集约化经营具有质量经营、集团规模经营、效益效率经营、高科技电子化经营、人才经营等特征。

1. 大力实施产业集群战略、名牌战略和龙头带动战略

发展现代林业产业带。"产业带"，是指在一个区域范围内，由原材料的生产、加工、贸易和各种服务行业共同组成的一种区域性产业群体，它包括第一、二、三产业，它由投资主体与社区居民共同参与。江西地区适宜发展林业产业带，开展商业造林，推进林业产业基地建设。加快以企业原料林基地建设为基础、龙头企业为核心、示范基地为榜样、专业经济合作组织为纽带、项目为载体的产业集群建设。

培育龙头企业和名牌产品。打造一批带动能力强、示范效应大的骨干企业。抓紧开展林业名牌产品、绿色产品和产业集群认定扶持工作。鼓励和引导龙头企业对其上下游企业、配套企业进行重组与合作，吸引更多相关企业集聚，通过集聚效应降低综合成本，提高龙头企业的竞争力。统筹区域发展，发挥江西森林资源优势，构建绿色产业带。积极发展林、果、竹、茶、菌等绿色产品和优势产业，形成规模经济，培育名牌林产品。

发挥对外开放省份优势，以国外的林业产业集群转移为契机，加大对外合作力度，积极吸引外向型项目，培育形成集基地、加工、贸易于一体的产业集群。发展林业新技术产业，推进新型林产品加工园区建设，突出抓好一批重大林产加工业项目，培育形成一批新兴林产业集群，发挥产业的示范引领作用。大力实施名牌战略，培植壮大技术含量与附加值高、有市场潜力的名牌产品，加大名牌推介力度，提升企业及产品在国内外的知名度、美誉度，打造一批国家级名牌产品，发挥名牌效应，开拓国内外市场，以名牌带动林业产业发展，促进产业升级。

2. 发展产业林资源

加快推进速生丰产林工程建设。在国家林业战略布局中，江西省属于南方商品用材林区域，我国重点木材和林产品供应战略基地，是林业产业发展最具活力的地区。同时，按照国务院批准的《林纸一体化工程规划》和原国家计委批复的《重点地区速生丰产用材林基地规划》，江西属于工业原料林产业带，以建设短周期短纤维浆纸原料林基地为主，培育工业原料林，兼顾周期较长的大径级用材林基地建设，适量发展周期较长的特有珍贵用材树种。

建设经济林与森林食品基地。充分发挥江西丰富的资源优势。江西森林药材树种资源也非常丰富，充分发挥经济树种资源丰富的巨大优势，挖掘潜力，培育产业，最大限度地提升林业效益。

打造野生经济动物驯养繁殖加工基地。在加强野生动物资源保护的前提下，科学合理地开发利用野生动物资源，培育成新的林业经济增长点，组建一批管理规范的驯养繁殖加工企业，形成产业链。

大力发展花卉、苗木产业。随着人民生活水平的提高，社会对江西省花卉、苗木的需求越来

越旺盛。在花卉、苗木生产方面，江西已有很好的基础。今后应加强基地建设，以更好地满足人民的绿化美化需求。加强林木种子种苗工程建设，应用新技术加快新品种的选育，收集整理和保存种质资源，引进驯化国外新品种，提高良种使用率和优质苗木的供应率。积极开发、合理利用江西省丰富的乡土树种及野生花卉资源，培育具有特色的国际竞争力的名特优新品种，全面提高产品的品质和生产水平。发展的重点是高档盆花及观叶植物和绿化种苗产业带。根据市场需要，稳妥发展，控制生产规模。同时保持药用花卉的生产优势，加快室内观叶植物和盆栽植物的发展，提高自给率。

3. 发展林产加工业

加快发展竹木加工业，满足经济建设对森林产品的需求。应在现有基础上不断提高竹木加工的科技含量，增强产品的市场竞争力。推进林纸（板）一体化，强化木质、竹藤家具、木竹地板及木制品加工业。

加快发展林业生物质能源和生物制剂产业，弥补社会对环境友好型能源产品的需求。未来经济是生物经济的时代。世界各国都在致力于生物经济技术的研究和开发。林业生物经济是生物经济的重要组成部分。江西作为森林资源大省，充分发挥资源和社会经济的优势发展林业生物经济，将大有潜力。积极开发生物质能源产业。目前世界各国，尤其是发达国家都致力于开发高效、无污染的生物质能源产业。要充分利用江西省光热条件好的自然优势，突出发展木本植物生物质能源林培育，以生物燃料油和气化发电为主线，建立有林业特色的新兴生物质能源产业。在近期，要利用现有的技术优势，研究、培育、开发速生高产的木本生物质能源林新品种，在条件允许的市县，建立能源林基地；加强生物质能源利用技术的研究和转化工作，突出生物柴油和燃料乙醇的开发利用，制定技术标准，形成可持续发展的生物质能源产业。加强技术监督和市场管理，规范市场行为，为生物质能源技术推广、开发创造良好的市场环境。

加强节材和森林资源综合利用。坚持节约优先，按照"减量化、再利用、资源化"的原则，加快开发资源节约代用和综合利用新技术、新工艺和新设备，发展环保、节能、高附加值产品，不断提高木（竹）材的综合利用水平和废纸、废旧木质产品的回收利用水平。建立健全全省废旧木质材料回收利用网络，成立废旧木质材料回收利用集散中心，制定鼓励废旧木质材料回收利用的经济政策。

4. 发展林业第三产业

江西省努力拓展森林旅游资源，做大森林旅游产业。以文化壮大产业，以产业支撑文化，已成为一种趋势。森林旅游是生态文化的龙头和主导产业。江西省森林旅游业起步虽晚，但发展速度较快。通过"森林旅游"，把森林文化与当地的民俗风情相结合，与不同区域的森林人文资源相结合，打造一种生态型旅游产品，传播森林生态文化，并带动当地乡村经济发展，增加林区群众收入。此外，森林生态文化产业还包括茶文化产业、竹文化产业、花卉文化产业等。

随着人民生活水平的提高，生态旅游、森林休闲已成为朝阳产业，表现出方兴未艾的强劲发展势头。发挥江西森林和湿地资源的优势，大力发展森林旅游、湿地旅游等生态旅游业。进一步完善江西省的森林和湿地生态旅游工程的建设，坚持沿城、沿路、沿水开发原则，发展集群经济的圈层结构。提升旅游文化品味。

各地应突出区域特色，挖掘潜力，依托载体，延长林业生态文化产业链，促进传统林业第一、第二产业向生态文化产业升级。既要在原有基础上做大做强山水文化、树文化、竹文化、茶文化、花文化、药文化等物质文化产业，也要充分开发生态文化资源，努力发展体现人与自然和谐共生这一核心价值的文艺、影视、音乐、书画等生态文化精品。同时，充分挖掘生态文化培训、咨询、网络、传媒等信息文化产业，打造森林氧吧、森林游憩和森林体验等特色品牌。有序开发森林、湿地自然景观与人文景观资源，大力发展以生态旅游为主的生态文化产业。鼓励社会投资者开发经营生态文化产业，提高生态文化产品规模化、专业化和市场化水平。

5. 改善林业产业政策和科技服务能力

为促进现代林业产业发展，在近期重点开展以下工作。

（1）改善宏观调控。明确发展重点和方向，积极采取市场化手段，促进形成区域优势明显的林业产业发展新格局。加强政府投入引导，继续调整林业税费政策，完善林业贷款和贴息政策，建立多元化投入渠道。优化林产品进出口管理，扩大高附加值产品出口，减少原料性产品出口，鼓励企业到海外办厂。加强各级林业部门产业行政管理机构建设。

（2）加强市场监管。完善行业标准和法律法规体系，强化监管措施。建立木材经营加工、野生动植物及其产品经营利用等行业市场准入制度。

（3）优化公共服务。加强产品和要素市场建设，以大流通促进大发展。理顺林业产业统计口径，为科学决策提供真实完整的信息。提高信息化、社会化服务效率和水平。依靠科技进步，提高森林资源培育、木材和经济林产品加工利用、林木种苗培育的科技含量。

（4）强化社会管理。积极发挥林业产业协会的作用，切实加强对各种林业经济合作等社团中介组织发展的指导、监督、管理和服务，不断提高林业产业发展的组织化程度。

（5）抓好山区综合开发。根据加强新农村建设的要求，在全面总结山区综合开发成功经验的基础上，抓好政策性文件的研究起草和实施方案的组织编制工作，推动山区综合开发深入开展。

（三）提升繁荣进步的生态文化

生态文化是现代林业的重要组成部分，也是推进现代林业发展的重大精神动力。江西林业要做发展生态文化的先锋，尽可能多地创造出丰富的文化成果，努力推进人与自然和谐重要价值观的树立和传播，为现代文明发展作出自己独特的贡献。普及生态知识，宣传生态典型，增强生态意识，繁荣生态文化，树立生态道德，弘扬生态文明，倡导人与自然和谐的重要价值观，努力构建主题突出、内容丰富、贴近生活、富有感染力的生态文化体系。江西拥有丰富的传统历史文化和生态文化，在建设江西现代林业中要认真继承和发扬优秀的传统生态文化，同时不断地充实其新的文化内涵，不断提高生态文化在江西历史文化和少数民族文化中的地位，促进建设"绿色江西"宏伟目标的更好实现。在江西，生态文化观念深入人心。在不少地方，保护森林蔚成风气。

在江西，生态文化建设走在了全国前列。为加快生态文化建设，2008年11月，经江西省机构编制委员会办公室正式批准，成立了全国首个独立的生态文化建设管理专门机构——江西省林业生态文化建设管理中心。2008年10月5日，江西省开通了中国首家林业生态文化网站——"中国林业生态文化网"（http://www.lystwh.com.cn），旨在展示林业生态文化成果、打造林业生态文化品牌。该网站由江西省林业生态文化建设管理中心主办，栏目涵盖新闻资讯、专题词典、学术争鸣、文化博览、森林世界、科普天地、绿海文学、林下养生、生态禅音等。近年来，江西建设了景德镇国家城市森林公园等国家生态文化教育基地。开展了"名人名家生态文化江西行"（2008年6月28日~7月2日）等活动。

1. 完善生态文化组织和管理制度

生态文化建设是一个涉及多个管理部门的整体工程，需要林业、环保、文化、教育、宣传、旅游、建设、财政、税收等多部门的协调与配合。森林文化是生态文化的主体，森林文化建设是生态文化体系建设的突破口和着力点，由林业部门在生态文化建设中承担主导作用。建议省委和省政府成立生态文化建设领导小组，协调各个部门在生态文化建设中的各种关系，确保生态文化体系建设"一盘棋"。

在林业部门内部将生态文化体系建设作为与林业生态体系建设、林业产业体系建设同等重要的任务来抓，加强领导，明确职责，建成强有力的组织体系和健全有效的工作机制，加快推进生态文化体系建设。

为使生态文化建设走上有序化、法制化、规范化轨道，必须尽快编制规划，完善政策法规，构建起生态文化建设的制度体系。首先，把生态文化体系建设纳入省和林业部门的《"十二五"发展规划》。在此基础上，进一步编制《生态文化体系建设"十二五"发展规划》，明确指导思想、目标任务、实施步骤、保障措施，指导全省的生态文化建设。建议选择在生态文化建设有基础的单位和地区作为试点，然后总结推广。其次，将生态文化体系建设纳入制度化轨道。要在现有林业法规的基础上，做好与生态文化建设相关法律法规的立法、修订和完善工作，使之做到有法可依、有法必依、执法必严、违法必究。在政策、财税制度方面给予倾斜和支持，鼓励支持生态文化理论和科学研究的立项，制定有利于生态文化建设的产业政策，鼓励扶持新型生态文化产业发展，尤其要鼓励生态旅游业等新兴文化产业的发展。第三，加快生态文化体系建设制度化进程。生态文化体系建设需要规范的制度作保障。建立和完善各级林业部门新闻发言人、新闻发布会、突发公共事件新闻报道制度，准确及时地公布全省生态状况，通报森林、湿地信息。建立生态文化宣传活动工作制度，及时发布生态文化建设的日常新闻和重要信息。建立生态文化建设的专项经费保障制度，生态文化基础设施建设投入纳入同级林业基本建设计划，争取在各级政府预算内基本建设投资中统筹安排解决等等。

2. 建设生态文化载体

江西省十分重视自然保护区建设。江西省重点投资建设了一批自然保护区、野生动物救护中心、野生动物园、湿地公园等。自然保护区对于约束人的行为，保护生物多样性、拯救濒于灭绝的生物物种、提高生态文明等都取得明显效果，构成森林生态文化建设最重要的物质载体。

建立以政府投入为主，全社会共同参与的多元化投入机制。在省林业厅的统一领导下，启动一批生态文化载体建设工程。对改造整合现有的生态文化基础设施，完善功能，丰富内涵。切实抓好自然保护区、森林公园、森林植物园、野生动物园、湿地公园、城市森林与园林等生态文化基础设施建设。充分利用现有的公共文化基础设施，积极融入生态文化内容，丰富和完善生态文化教育功能。广泛吸引社会投资，在有典型林区、湿地、城市，建设一批规模适当、独具特色的生态文化博物馆、文化馆、科技馆、标本馆、科普教育和生态文化教育示范基地，拓展生态文化展示宣传窗口。保护好旅游风景林、古树名木和各种纪念林，建设森林氧吧、生态休闲保健场所，充分发掘其美学价值、历史价值、游憩价值和教育价值，为人们了解森林、认识生态、探索自然、休闲保健提供场所和条件。

3. 创新生态文化科技

在森林生态文化的理论研究方面，江西省部分林业专家学者取得可贵的理论成果。

在江西进行生态文化建设，这是一个全新的时代课题，必须加强关于生态文化建设的理论研究。建议省林业厅组织相关专家学者，对生态科学、生态经济、生态政治、生态哲学、生态文化等知识学科进行系统研究，打牢指导和推进生态文化体系建设的理论和知识基础。当前，重点研究：生态文明与生态文化的关系、人与自然的关系、生态文化与和谐社会的关系、生态文化体系与林业产业体系和林业生态体系之间的关系、生态伦理与生态价值观等重大问题进行研究攻关。支持召开一些关于生态文化建设的研讨会，出版一批专著和学术期刊，宣传生态文化研究成果。在对生态文化体系建设情况进行专题调查研究和借鉴学习国外生态文化建设经验的基础上，构建生态文化建设的理论体系，形成比较系统的理论框架。加强生态文化学科建设、科技创新和教育培训，培养生态文化建设的科学研究人才、经营管理人才，打造一支专群结合、素质较高的生态文化体系建设队伍。

4. 繁荣生态文化产品

在森林生态文化的传播方面，江西省林业部门高度重视在自然保护区内建设博物馆、观鸟屋、宣教中心等，作为森林生态文化传播的重要平台。当前，全省林业系统已建成31个省级以上自然保护区，有25个自然保护区在开展科普教育活动。此外，还可通过环境纪念日、民间环保组织、专业渠道进行传播。

在采用报纸、杂志、广播、电视等传统传播媒介和手段的基础上，充分利用互联网、手机短信、博客等新兴媒体渠道，广泛传播生态文化；利用生态文化实体性渠道和平台，结合"世界地球日""植树节"等纪念日和"生态文化论坛"等平台，积极开展群众性生态文化传播活动。特别重视生态文化在青少年和儿童中的传播，做到生态文化教育进教材、进课堂、进校园文化、进户外实践。在林业系统内部，继续做好"国家森林城市""生态文化示范基地"的评选活动，使生态文化理念成为全社会的共识与行动，最终建立健全形式多样、覆盖广泛的生态文化传播体系。

（四）强化全面有效的林业保障

实现发展理念，在发展途径上除了建设三大体系，还必须构建包括林业政策、科技、投入和人才在内的综合保障与支撑平台。

1. 改革林业管理体制与机制，健全林业政策与法制

发展林业和生态环境建设，不仅需要依靠科学技术的进步，而且需要制定配套的政策和制度，需要政策和制度的不断创新。林业政策与制度问题，在林业发展中起着十分重要的作用。

（1）加快集体林权制度改革步伐，提高林农的生产积极性。加快集体林权制度改革步伐，提高林农的生产积极性。党中央、国务院《关于加快林业发展的决定》颁布后，福建、江西、辽宁等省首先拉开了集体林权制度改革第五个阶段的序幕，目前改革试点已取得阶段性成效。这次改革是对以林地权益为核心的森林资产权益关系进行重大调整的改革，是全面落实林业产权的综合性改革，以明晰产权入手，确立了农民的经营主体地位，真正实现了明晰产权、放活经营权、落实处置权、确保收益权，给予了林农真正意义上的物权。扶持发展替代产业，解决林区经济结构单一化问题。江西省政府要从制度上解决破坏生态的人既得利又不承担责任，而保护和发展生态的人既要承担造林管护成本支出，又不得利的经济制约机制。要将资源和环境包括森林资源与生态服务价值纳入国民经济核算体系，建立绿色GDP的核算体系，提高经济增长的质量。同时要逐步建立损害生态者承担责任的机制。要逐步形成使高收入、高资源消耗人群支付生态补偿费的制度。

（2）实施依法治林战略，提高公众的森林法律意识。按照突出重点、统筹兼顾的原则，加强对生态建设、生态安全和生态文明的立法，结合林业发展中急需解决的难点问题，把基本的、急需的、条件成熟的作为林业立法的重点，完善林业法律体系；坚持将林业法制宣传教育作为林业生产的第一道工序来抓，认真组织开展好林业普法依法治理工作，努力提高各级领导干部和人民群众的生态意识、法律意识和投身林业建设发展的积极性，为执法和林业改革发展创造良好的外部环境；以建立权责明确、行为规范、监督有效、保障有力的林业行政执法体制为目的，整合执法力量，理顺执法体制，稳步推进林业综合行政执法改革；建立健全各级法制工作机构建设，加强执法监督管理；改善执法条件和装备，保障工作经费，切实加大执法力度，树立林业执法权威。

（3）加强森林资源管理与森林防火工作，保障森林资源安全。强化森林公安和林业检、法建设。健全森林公安机构，科学配置警力，形成覆盖全省的森林公安机构和队伍；完善经费保障体系，

加强队伍正规化建设；建立健全森林公安警务督察体系；加强森林公安基础业务建设；不断加强森林公安机关技术装备和基础设施建设，加强基层派出所、监所和刑侦技术点建设，使全省85%的森林公安机关达到相关装备配备标准；建立现代化森林公安综合信息网络，不断提高森林公安机动作战、快速反应和侦查破案能力。

加强森林防火工作。加强森林消防队伍建设，消除森林火灾隐患，提高森林防扑火综合能力。建立和完善森林火险预测预报系统、林火信息管理系统、森林防火技术标准体系，依法治火，科学防火。继续实施和完成国家级重点火险区综合治理工程；逐步完善全省森林火险预测预报、林火信息指挥通讯系统；加强林火监测系统建设，建立现代化的组织指挥和远程视频探测系统，推广先进的扑火技术和手段；完善森林火灾预警系统，完备火险天气、火险等级的预测预报和林火监测体系；全省瞭望覆盖率达到95%；全面提升预防、扑救森林火灾的综合能力，遏制森林火灾的高发态势；控制森林火灾发生率、受害率。加强生物防火林带建设、扑火物资和装备建设，提高控制扑救大火的能力；建立森林防火标准化体系，加强防扑火应用技术开发和林火基础理论研究以及防火教育培训工作，积极推广先进技术和成果，切实提高森林防火的科学化水平。

做好森林病虫害防治。认真贯彻"预防为主、综合治理"的方针，不断提高森林病虫害的监测和防治水平，积极推进生物防治，严防危险性病虫害入侵，保障森林与生态安全。继续实施松材线虫、杨树天牛、松毛虫、竹类害虫、森林鼠害等危险性或大面积发生的病虫鼠害治理工程，有效遏制危险性病虫害的蔓延。建设森林有害生物监测预警体系。建设危险性森林有害生物鉴定与风险评估、监测预报中心，实现对森林有害生物的实时监测预警。开展对全省森林有害生物的检疫、测报和防治业务的技术培训，提高森林有害生物防治工作者的业务素质。建设森林有害生物检疫御灾体系。以重大危险性森林有害生物发生市、县（区）以及自然文化遗产、著名风景区等为重点，建设检疫除害处理设施。建立森林有害生物控制减灾体系。建立全省森林有害生物控制技术服务和行业技术培训系统。

完善森林资源林政管理体系。健全省、市、县各级森林资源林政管理机构，通过确定机构职责，规范机构设置，明确机构定位，形成森林资源林政行政管理网络体系；加强森林资源林政管理，实施依法治林，保障森林资源有序利用，杜绝乱砍滥伐；加大林政管理信息化建设力度，建立林木采伐及采伐限额管理、林地林权管理、木材运输和木材经营（加工）管理、林业行政执法、林政案件稽查等在内的森林资源林政信息管理系统，对森林资源保护管理实行全面监控。逐步实现森林资源林政管理的监管网络化、政务信息化、手段现代化、程序规范化，基本遏制住森林资源超限额采伐、林木非法流通和林地逆转的趋势。不断提高人员管理水平和业务素质，提高应变能力、间接信息获取能力、快速处理林政违法案件和相关公务的能力，使资源林政管理能力适应森林资源管理形势变化且与经济实力相称。

建立林业行政执法监管体系。要把政策制定职能与监督管理职能相对分开，监督管理职能与技术检验职能相对分开。建立健全林业行政执法监督机制，加强对行政执法的检查监督，促进依法行政，真正实现依法治林。

2. 实施科技兴林，增强林业科技自主创新能力

建设现代林业，要突出抓好科教兴林，全面提升林业建设的支撑保障能力。必须充分发挥科技的支撑、引领、突破和带动作用。要按照"一手抓创新，一手抓推广"的方针，认真落实全国林业科技大会确定的各项任务。深化林业科技体制改革，形成产学研相结合、分层次、有重点的林业科技创新体系，提高自主创新能力。实施科教兴林战略确保林业生态建设的质量和水平。紧紧围绕江西林业生态建设的目标和任务，加速推进林业新科技革命，不断提高科技进步水平和创新能力，源源不断地为林业生态建设提供强有力的科技支撑和动力，促使江西林业真正走上依靠科技创新的内涵式发展道路。

（1）加强林业科技创新体系建设。以应用技术研究领域为主体，兼顾应用基础研究，改善生态环境技术以及资源高效利用技术等领域，以及林木遗传育种技术研究，优良基因材料研究技术储备，加快江西省林木无性系育种技术重点实验室、南方纸浆林研究重点实验室、南方人工林木材工程技术研究中心等的建设。组织并推动森林文化领域的学术研究和交流。尽管当前江西森林文化领域取得了许多进展，但总起来看森林文化领域的研究工作是相对薄弱的，尚不能完全适应江西生态建设及人民群众对生态的需求。需要加强林业历史、森林哲学、生态伦理、生态价值、生态道德、森林文化、森林美学、生态文明等方面的研究和建设。森林文化与其他方面的文化也需要加强交流，协会与协会之间需要加强沟通和合作。

（2）进一步完善林业科技推广网络建设。进一步完善省、市、县、乡镇四级推广网络，形成覆盖全省的林业科技推广服务机构和队伍，健全服务网络，增强服务功能。要逐步改变传统的行政推广、无偿服务的推广模式，按照市场化运作、产业化经营的原则，实行有偿服务。鼓励林技推广机构内部采用股份制、股份合作制等形式创办、领办科技示范基地（企业），鼓励林技人员通过技术入股、技术承包、技术转让等多种形式，参与林技推广，开展有偿服务。加强对林业科技推广培训，提高队伍素质。市州林业科技推广中心站为重点的基础设施建设。加强林业科技示范体系建设。抓好国家、省部级科技兴林示范县为重点的科技示范园区建设。

（3）建立森林资源动态监测体系，是及时掌握生态建设动态、科学监测林业建设质量、客观评价建设成效、合理调整规划和制定政策的需要。针对当前监测内容单一、监测时效性差、监测手段落后等问题，要加快森林资源动态监测体系建设，从而拓宽监测范围，健全监测指标体系和多资源、多功能、多效益综合评价体系，增强监测的时效性，提高监测的科学水平。

（4）加快林业信息化服务体系建设。按照"数字江西"建设的总体要求，研究制定林业信息化建设规划。加快推进电子政务建设，实现林业政务网上发布、网上公示。同时，结合资源清查，认真做好森林资源动态监测的基础性工作。

（5）加快林业质量标准体系建设。建立标准的应用推广体系，加强检验检测体系建设，建立起以省级检验检测机构为中心，区域检验检测站（点）相配套的林业检验检测体系。

3. 加大对现代林业建设的投入，改善基础设施条件

现代林业建设，一靠政策、二靠科技、三靠投入。由于种种原因，以往对林业建设的投入严重不足，在现阶段要提高森林资源的多种效益、提高林业的生产力水平，就必须增加对林业建设的人、财、物等多种投入，实施好林业工程建设，改善基础设施，优化林业经营管理和增强科技创新等条件能力，推进林业又好又快发展。

（1）拓宽林业建设筹、融资渠道，提高林业投入水平。建立以公共财政为主的多渠道投资方式。根据林业的公益性特征，政府应加大对林业的支持力度，林业支出占财政支出的比例至少达到1%~3%。扩大公共财政的支出面，建立林业管理部门全额拨款制度，保证基层林业单位队伍的稳定和业务的正常开展。从江西生态省建设目标出发，应大幅度增加财政在生态方面的支出比重。应提高森林生态效益的补偿标准，至少达到生态公益林建设的经营管理成本，并尽可能地接近于机会成本，以调动森林经营者参与生态公益林建设的经济动力。不断拓展林业投资渠道，鼓励和吸引民营资本更多地投资林业，建立新型的林业发展基金（如森林火灾扑救基金），通过吸引企业或个人自愿捐赠、国际组织或机构资助等途径，吸引社会对林业的投入，创新义务植树机制，根据实际需要可选择由适龄公民出资委托林业业务部门进行造林的方式。

（2）加大对林业基础设施建设的投入。一是基层林业工作站和木材检查站建设。按照优化布局、分类指导、规范管理的要求，深化基层林业工作站改革，强化其执法监管的地位和作用；加强林业站设施建设，提高人员素质，强化"管理、组织、指导、服务"职能，建立比较完备的省、地、县、乡林业站管理体系，充分发挥林业站的基础作用，确保各项林业工作在基层的全面落实。二是森林资源与生态状况综合监测与评价体系建设。在国家森林资源连续清查、森林资源规划设计调查和作业设计的基础上，增加对森林健康、森林质量、生物多样性等监测和评价指标，实现对森林和湿地生态系统的综合监测。加快建立和完善森林、荒漠化、湿地等生态系统和生态状况监测与评价体系，以及林业九项重点工程生态监测体系，快速及时地提供预警预报，全面反映生态建设的成效。三是林业信息化与电子政务建设。充分运用"3S"技术、计算机及网络技术，加快全省林业信息化与电子政务步伐，基本实现林业行政管理的网络化、规范化与科学化。四是贫困国有林场基础设施建设。加大对贫困国有林场的扶持力度，改善国有林场职工的生存环境状况。

（3）建立健全资金安全运行和绩效评价机制。构建包括从发现警情、分析警兆、寻找警源、判断警度以及采取正确的预警方法将警情排除的全过程的预警机制，使决策部门对资金安全态势进行跟踪监测。建立健全资金运行的绩效评价机制，分别不同层次确定绩效评价的主体和客体，制定评价的方法、标准和指标体系，逐渐建立起政府组织评价与非政府组织评价相结合的机制，以确保绩效评价工作的有序进行。

4. 实施人才强林，强化人力资源建设

实现新阶段林业发展的战略目标，推进现代林业发展，必须坚持走人才强林的道路。各地区和各级林业部门要切实加强对林业科教和人才工作的领导，做到思想重视、认识到位，及时研究和解决实际问题。要统筹规划、协调推进，把推进科技、教育和培养人才贯穿于林业发展的全过程。要创新机制、激发活力，努力营造人才脱颖而出、奋发有为的良好环境。

（1）大力发展林业教育事业。林业教育对于普及和提高人们的林业科学知识、培养和造就各方面的林业建设人才具有重要作用。充分利用江西林业教育的资源优势，加大教育投入，提高教育质量和水平。以优先发展教育为基础，加强林业职业教育和林业高等教育，加大培训力度，培养各级各类人才，提高林业职工和林农素质。重视对青少年林业科普知识的教育。强化对林业从业人员的再教育，增强新任务和新技术条件下林业科技和管理人员经营管理林业的素质和能力。

（2）努力造就一大批林业人才队伍。全面推进现代林业建设，是一项长期而艰巨的历史任务，必须突出抓好队伍建设，全面提升林业方针政策的执行力。实施人才强林战略，造就一大批包括管理、科技、生产、经营等在内的林业人才队伍。以人才资源开发为关键举措，突出抓好科技人才和基层实用人才队伍建设。加强对林业科技人才的培养，优化整合教育培训资源，加大教育培训力度，加大对人才开发的投入，加强党政人才队伍建设。加强林业经营管理人才队伍建设。加强基层实用人才队伍建设。建立一支以技师、高级技师为重点，以林农实用人才为主体，工种岗位配套、业务技术精湛，具有较高素质的基层实用人才队伍。强化建设人才支撑保障体系。

第五章　江西现代林业的指导思想、基本原则与战略目标

一、指导思想

以邓小平理论和"三个代表"重要思想为指导，全面落实科学发展观，深入贯彻党中央、国务院对于林业建设的指导精神，江西林业以"一湖清水、生态家园、绿色崛起"为核心理念，以森林总效益最优为主旨，以坚持以人为本、提高人民群众生活品质为核心，以提高蓄积量、发挥森林多功能为重点，以改革创新为根本方法，实施林业标准化，确立林业在江西生态建设中的首要地位，在全省经济和社会可持续发展中的基础地位，在全国林业改革发展中的先行地位，着力建设功能完备的林业生态体系、发达的林业产业体系、繁荣的生态文化体系，在全国率先实现林业现代化，由林业大省变为林业强省，为全面建设江西省小康社会作出重大贡献。

二、基本原则

（一）坚持生态优先，保障生态安全

森林是陆地生态系统的主体，是经济社会可持续发展的重要物质基础和生态保障。坚持生态优先，推进生态建设是发挥森林生态、经济和社会功能，全面满足人民群众的物质、精神和生态文化需求的基础。江西现代林业建设的首要任务是为经济社会的持续、健康发展提供可靠的生态保障。要按照生态优先的原则，把提高森林蓄积量作为生态建设的首要任务，保持森林资源的数量与质量相协调，确立森林植被在国土生态安全体系中的主体地位，倡导森林资源节约与环境友好的低碳经济发展模式，构筑江西经济社会可持续发展的绿色屏障。

（二）转变发展方式，优化产业结构

林业产业是江西省国民经济的重要组成部分，不仅是农民增收、农业增效和农村经济发展的重要途径，也为建设完备的森林生态体系提供了内在动力。在江西现代林业建设中，要进一步转变发展方式，在注重生态优先的前提下，加快林业产业发展，为林业发展增添活力，实现林业生态建设与产业发展的良性协调发展，更好地满足社会对林业的多种需求。优化江西林业产业结构，促进林产品加工业升级，积极推动"走出去战略"，加强速生丰产林基地建设，加快竹产业、茶产业、油茶产业、花卉产业和其他非木质林产品产业发展，促进红色革命老区的绿色森林旅游业发展，提高森林旅游产品与服务质量，使林区的经济水平不断提高，农民的收入不断增加，成为区域经济的重要增长点。

（三）深化林权改革，实现兴林惠民

江西省全面推进现代林业建设的过程，就是不断深化林业改革，建立现代林业新型体制机制的过程。要不断深化林业分类经营管理体制改革，深化集体林权制度改革，做好与之相适应的配

套制度改革，加强政府管理思想创新，用现代理念和制度管理林业，切实解决林业存在的深层次矛盾和问题，进一步解放和发展林业生产力，真正做到还权于民，让利于民，实现兴林富民惠民。同时，要以全力抓好林业产权制度改革为重点，带动其他各项林业改革的不断深化，逐步形成符合现代林业发展要求的新型体制机制、产权制度、经营形式、市场主体、动力机制、行政方式、政策措施等，充分调动林业经营者的积极性，激发现代林业发展的内在活力。

（四）强化科技支撑，提升经营水平

科技创新与支撑能力是推进现代林业事业发展的决定性因素，是提升江西省林业管理和经营水平的的重要保证。在江西林业现代化建设中，必须强调科技兴林原则，按照建立创新型国家的总体要求，结合江西省林业的实际，切实落实林业科技创新和推广"两手抓"的精神。要以林业人才队伍的建设为基础，建立林业科技人才教育体系、林业科技创新体系和科技推广体系。鼓励林业科技成果上升为林业标准。通过加强林业科技原始创新、集成创新、引进消化吸收再创新，重点发挥其在新兴领域、重要方向上的引领作用，在林业发展全过程、全方位中的支撑作用，在核心技术、重点难题上的突破作用，在产业结构调整、新兴产业培育中的带动作用，全面提高江西林业建设的质量，提高林地生产力，提高林业自然资源的利用效率，提高林业的综合效益和整体功能，做到地尽其力，林尽其效。

（五）弘扬生态文化，培育文明意识

生态文化是建立新型的人与自然和谐统一关系的重要载体。在建设江西省现代林业的过程中，要吸取江西省特色的区域文化、历史文化和民族文化精华，大力弘扬和发展新时期具有江西特色的森林生态文化。要以提升人民森林环境保护意识为核心，着力抓好森林物种文化、森林产品文化、森林产业文化和森林管理文化，打造生态人文和谐江西。要丰富与森林相关的文化、艺术作品，送生态文化进入社区农村，使生态文化进入千家万户，让生态文化深入人心。要发挥森林文化的鼓舞、教育和娱乐功能，培养广大群众的生态保护意识、忧患意识、责任意识和参与意识，提升对林业的关注，提高全社会参与林业的积极性，促进森林文化产业发展，满足人们向往自然、回归自然的物质需求和精神文明需要。

（六）统筹城乡发展，改善人居环境

推动城镇化进程是小康社会建设和社会主义新农村建设的重要内容。江西省现代林业建设要立足统筹协调，坚持城乡一体的原则，综合考虑城乡生态、经济与社会的全面发展，正确处理林、水、城、乡的关系，不断改善城乡人居环境，提高生活质量。要按照林水相依的原则，通过林网化和水网化的理念开展森林建设，加快城市林业建设。同时又要积极发展乡村林业，有效解决"三农"问题，走生态化的城市与乡村协调发展的道路。江西省要以农村森林建设带动城市森林建设，以农村生态环境保障城市生态环境，以城市工业化带动农村的林产品加工业发展，以城市发展目标统一规划农村森林布局，构建起新时期城乡林业协同发展，共同促进的机制。

（七）坚持依靠群众，实现共建共享

加快现代林业建设，是一项复杂的系统工程，意义重大、任务艰巨。全民参与林业建设，是完成新时期江西现代林业建设任务的重要保证。因此，在江西现代林业建设中，应该将发挥政府的主导作用与积极动员全民广泛参与林业建设很好地结合起来。要根据江西现代林业发展的需要，强化林业行政管理体系，加强各级政府的林业行政机构建设，健全林业推广服务体系，认真落实造林绿化地方各级政府和部门负责制。同时，要加强宣传教育，增强全民生态意识，充分调动全社会参与造林绿化的积极性，坚持全民搞绿化，全社会办林业，使林业成为有义务、有责任、有活力、有利益的事业，努力把江西建成生态大省、经济大省和文化大省。

（八）推进依法治林，健全制度保障

依法治林是世界各国林业健康发展的成功经验，也是我国必须要长期坚持的一项重要原则。完善制度保障，加大立法、执法和普法力度，积极推进法制进程，是现代林业发展的重要保障。江西省现代林业建设要在加快造林绿化步伐同时，必须增强法制观念，强化造林与管护并重的意识，加强和改进森林资源保护管理工作，加大"三防"（森林防火、森林病虫害防治、乱砍滥伐林木防备）和治理"三乱"（乱占用林地、乱设卡收费、乱捕猎野生动物）的力度，巩固造林绿化成果。同时，江西省还应根据现代林业建设需要，加强地方性林业法规以及部门规章的修改和完善工作，使林业经营活动与发展走上规范化、制度化和法制化轨道。

三、战略目标

本战略规划基准年为 2010 年，近期规划水平年为 2015 年，中期规划水平年为 2020 年，远期规划水平年为 2050 年。规划重点放在前 5 年，即 2015 年。

到 2015 年，江西林业实现林业大省向林业强省转变。全省生态环境整体步入良性发展状态，林产品供需矛盾得到缓解，林业产业实力显著增强，实现森林资源的快速增长和林业产业的壮大。达到森林覆盖率 64%，森林蓄积量 5.0 亿立方米，城市人均绿地面积 12.45 平方米，林业产业总产值 2000 亿元；森林公园 180 个，面积 53.3 万公顷；自然保护区 213 个，面积 200 万公顷。初步建成完备的生态体系、发达的产业体系、繁荣的文化体系、高效的管理体系和科技创新与推广体系。初步建立"产权归属清晰、经营主体落实、责权划分明确、利益保障严格、流转顺畅规范、监管服务到位"的现代林业产权制度；建立以现代林业产权制度为核心的林业发展机制，建立林业标准体系，林业发展活力增强，林业产业结构优化，资源消耗降低，经济效益提高，森林文化繁荣，林业发展实现从量的扩张到质的提升。

到 2020 年，森林生态环境趋于良好，森林资源增长，林业产业布局更加合理，实力显著增强。达到森林覆盖率 65%，森林蓄积量 7.0 亿立方米，城市人均绿地面积 14.29 平方米，林业产业总产值 3200 亿元；森林公园 200 个，面积 66.7 万公顷；自然保护区 253 个，面积 250 万公顷。建成资源丰富、布局合理、功能完备、优质高效、管理先进、文化繁荣、科技进步现代林业体系，实现增强森林生态功能，提升林业经济实力，提高林业管理水平，繁荣森林文化氛围的总体目标，基本满足江西省建设林茂山清水秀、人与自然和谐、经济社会可持续发展的生态经济区的需求，率先迈入林业现代化。

到 2050 年，建成完备的森林生态体系、发达的林业产业体系和繁荣的生态文化体系，实现山川秀美，生态优良，资源增长，产业发达，文化繁荣，林农增收的发展目标。在稳定提高森林蓄积量的同时，把重点转移到森林可持续经营上来，不断提高森林健康，充分发挥森林的三大效益。进入林业可持续发展阶段，实现林业现代化，达到林业发达国家的发展水平。

第六章　发展指标研究的内涵与意义

现代林业发展指标，是反映现代林业发展进程与成果数量特征的概念或范畴；一系列有关现代林业特征指标的集合，构成现代林业指标体系。构建江西现代林业发展指标具有如下重要意义。

一、落实现代林业发展理念的需要

江西现代林业建设，必须树立现代林业的发展理念，突破林业产业发展的传统思维定势，拓宽新视野，开拓新思路，提出新理念。

二、制定现代林业发展规划目标的需要

现代林业的规划需要具体、科学、合理的指标来衡量和规划。

三、指导现代林业发展工程项目的需要

在现代林业发展工程项目的过程中要把林业项目和现代化林业发展理念相结合，指导项目的进行。

四、现代林业发展工作考核评价的需要

现代林业发展工作需要现代林业发展指标进行监督考核，公正的可评价和认定，以便对现代林业发展工作进行适宜性、充分性和有效性的评审。

第七章 国内外区域林业发展指标研究进展

由于林业发展受自然、社会、经济等多种因素的影响，因此，定量确定区域林业发展指标是一个十分复杂的问题。其中既涉及林业发展的需求指标，如防止土壤侵蚀的森林需求量、防治空气及水污染的森林需求量、涵养水源及减灾防灾的森林需求量等等，又涉及林业发展的潜力指标，如水资源承载力、土地资源承载力、光热资源、资金财力等的限制。

同样林业发展的结构指标诸如林种数量指标、林种质量指标（林龄构成、蓄积量、生物量、健康林面积、各林种低效林面积）、林种分区空间结构布局指标、平面布局指标（如城市各屏障带各林种面积、各小城镇林种面积、各保护区及旅游景点已有与新建林地面积、以乡镇为单位的各林种面积）、垂直布局指标（不同海拔分级高度带各林种面积）；林业发展的产业指标，如林业一产指标（经济林果、花卉种植业、种苗、蜂蚕产业）；林业二产指标（林果产品加工业）；林业三产指标（森林旅游等服务业、咨询业）；林业发展的基础设施指标：林木种苗生产、森林防火体系、森林病虫害防治体系、林业信息网络系统、林业生态环境监测体系等。也只有在结合林业发展需求、林业发展潜力分析的基础上，根据林业发展的自然规律和经济规律，才有可能加以确定。

目前国内外已经开展的研究主要是针对林业综合效益评价（在空间上可以是省级、县级）以及森林可持续经营管理指标的研究（主要是在森林经营单元或生态系统尺度上）。

一、国外林业发展指标概述

森林可持续发展的标准与指标是实现森林可持续发展的基础和手段，因此受到各国政府和组织的关注。在森林可持续经营管理指标方面，自从1992年联合国环境与发展大会后，对森林持续利用的标准与指标体系已展开了国际性广泛的研讨和协调行动，一些国家制定了国家级标准与指标，少数国家开展了示范区的实验性研究。目前世界上主要的森林经营指标与标准有：①蒙特利尔行动纲要（温带与北方森林保护与可持续经营标准与指标），提出了63个指标。②亚马逊行动（年米年 ironi 年 Process），分三个方面，即国家水平的41个指标，经营单位水平的23个指标，为全球服务水平的7个指标。③赫尔辛基行动，提出了28个指标。④国际热带木材组织（ITTO）指标，分两方面，即国际水平的指标27个，森林经营单位水平的指标23个。另外还有森林政府间工作组（IWCF）、森林管理委员会（FSC）、森林和可持续发展的世界委员会（WSFSD）、国际林业研究中心（CIFOR）在1994年12月开展了森林可持续经营的国际对话，有世界各国50余名代表参加，发表了相应文件，还组织了在加拿大、印度尼西亚、巴西和非洲的森林可持续经营标准与指标的实施示范。区域林业发展指标研究的方法主要是根据区域社会、经济、自然、地理、资源、环境、生态、人文方面的要求与可能，确定林业发展总体控制指标，其目的主要是为区域林业发展制定切实可行的目标，为林业总体规划制订提供宏观控制指标，引导林业与其他行业协调发展。

1992 年联合国环境与发展大会后，森林可持续发展进入了一个实质性的阶段。同年国际热带木材组织便制定了世界上第一个关于森林可持续发展的标准和指标体系。此后，对森林可持续发展的标准和指标体系的讨论和研究，在全世界范围内逐渐展开。目前，世界上共有 150 多个国家参加了 9 个有代表性的进程（个别国家参加了 2 个进程）。生态区域包括热带（ITTO 进程、塔拉波托倡议、非洲木材组织进程）、温带与北温带（赫尔辛基进程、蒙特利尔进程）、撒哈拉以南干旱地区（非洲干旱地区进程）、干旱地区（近东进程、亚洲干旱森林进程）等。在内容、目标和方法上，这些标准和指标都比较相似。一般都包括森林资源和全球碳循环、森林生态系统的健康和活力、森林生态系统的生物多样性、森林的生产功能、森林的保护功能、社会经济功能和条件、机构、政策和法律框架（St even E. Johnson，2001）。但各个进程侧重点有所不同。ITTO 进程重点在木材生产的可持续经营上，赫尔辛基进程强调的是资源管理，而蒙特利尔进程的标准与指标则是在生态系统的框架内，结合社会经济等方面的因素而制定的。这些进程所制定的标准与指标大多涉及国家水平，少数包含森林经营单位的标准和指标，有的还包含区域和全球水平的标准。如 ITTO 进程、塔拉波托倡议和中美洲进程的标准与指标就适用于森林经营单位水平。1995 年 2 月联合国粮农组织和热带木材组织在意大利罗马召开了旨在协调全球森林可持续经营行动的专家会议并建议全球在标准和指标的制定方面进行合作，以形成全球水平的森林可持续经营的核心标准。2000 年 11 月，FAO、ITTO、联合国环境规划署（UNEP）、世界林业研究中心（CIFOR）、IUFRO 又召开了一次专家会议，会议考虑到各进程在标准和许多指标之间的相似性，提出各进程要加强森林可持续经营的野外试验，并加强各进程标准与指标之间的兼容性和可比性。

但这些进程的标准与指标在执行中面临许多的困难。由于各国的森林面积、质量和类型以及所有制、社会和经济条件差异极大，因此有些指标只适应于一些特定的国家和区域，而不适应于其他国家和区域。除此之外，有些指标数据的收集和分析限于条件也存在许多困难。

在上述几个行动日趋完善的同时，世界上许多国家也在制定基于本国实际情况的森林可持续标准和指标体系，如新西兰、日本、加拿大、俄罗斯、美国、印度尼西亚等。

二、国内林业发展指标概述

我国森林可持续发展标准与指标体系包括国家水平、地区水平和森林经营单位水平三个层次。1995 年中国林业科学研究院建立了林业可持续发展研究中心，结合 UNDP 援华项目，在参照蒙特利尔进程，遵循统一性、实用性和可操作性的原则下，考虑中国特色，开始研制中国国家级的森林可持续发展标准与指标体系，并于 1997 年开始了地区级和森林经营单位级指标体系的制订和验证。这些研究工作是在东北国有林区、南方集体林区和西北干旱少林地区 3 个典型林区的 8 个森林可持续经营示范区（分别位于黑龙江、河北、甘肃、江西、浙江、广东等省份）内进行的。国家级森林可持续经营标准与指标体系共有 8 个标准和 80 个指标，地区级及森林经营单位级指标体系也有 8 个标准，其中东北国有林区共 77 个指标，南方集体林区共 60 个指标，西北干旱少林地区共 68 个指标。各指标的确定都充分考虑了各地区人口、社会经济发展和自然条件的差异，以及森林的类型、数量、质量与经营状况等特点（张守攻，2001）。尽管实施的标准与指标体系在我国已经初步形成，但要以此来准确评价森林是否可持续仍然需要较长的时间和精力来不断摸索。从近几年的实践来看，这些标准和指标体系还存在不少问题，如：一些指标缺乏足够的信息；社会经济和环境效益方面缺乏定量的数据；缺乏适当的方法来收集和处理数据等（祝列克，2001）。

　　国内有许多学者对区域森林资源可持续发展也进行了研究，对研制森林可持续经营、林业可持续发展的标准和指标体系在理论与实践方面做了不少的工作。江泽慧等从国家及区域的不同层次出发考虑问题，分别建立了我国国家层次及地区层次的现代林业发展综合评价指标体系。她们基于我国林业发展状况，考虑林业发展的各个领域，从林地资源、林木资源、生态环境、经济发展、社会效益和科技发展及贡献共 6 个方面，选择了 60 项和 102 项指标分别构成国家水平和地区水平林业发展的综合评价指标体系，并提出了软系统归纳集成法（SS m ll）作为评价指标体系建立的方法和软件支撑（江泽慧，2000）。朱永法等（1998）以可持续发展理论为指导，结合我国森林资源的特点和利用中存在的问题，论述了构建森林资源可持续发展指标体系的依据与原则，并从生态、经济和社会三个方面给出了相应的指标体系及其评价方法。李朝洪（2000，2002）在可持续发展理论基础上，探讨了我国森林资源综合评价的方法论和森林资源可持续发展状况的评估准则及方法。他把我国森林资源作为一个大系统，提出了兼顾森林资源系统多种效能的可持续发展指标体系，包括可持续发展描述指标体系和动态评价指标体系。他在文章中重点阐述了森林资源可持续发展描述指标体系的构建，并将指标体系分为可持续发展水平指标体系和可持续发展能力指标体系。可持续发展水平指标体系作为一个总目标系统，分解为生态效能可持续发展水平、经济效能可持续发展水平和社会效能可持续发展水平三个子系统；森林资源可持续发展能力指标体系分解为：资源承载能力、环境缓冲能力、森林生产能力、经济支撑能力、科技支撑能力和管理调控能力六个子系统。

　　潘存德（1994）系统探讨了林业可持续发展理论、区域可持续发展及其指标体系，并利用该指标体系衡量了新疆伊犁河流域社会发展的可持续性。孙玉军（1995）对江西金溪县和伊春林区 16 个林业局可持续发展能力进行了测定。谢金生（1996）从可持续发展和可持续林业的关系出发，构建了县级区域的林业可持续性发展评价指标体系，并对江西省安福县的林业可持续发展进行了定量评价。王燕（1996）研究了新疆天山中部林区森林可持续指标体系，提出用资源丰富度、环境耐度、经营强度和系统整合度在内的 11 个具体指标，评价森林的经营水平。李玉珍（1998）对乡一级林业发展的指标体系进行了研究，并以临安市临目乡为例对乡级可持续发展的可持续性进行了分析。孟宪宇等（1998）在评价东北林区国有企业局可持续发展能力时提出用资源承载力指数、环境承载指数、生态质量指数、经济发展水平指数、技术管理水平指数及社会发展水平指数共 6 个类指标和 16 个具体指标构成评价体系。黄选瑞（1998）通过构建县级可持续发展能力指标体系对县级可持续发展能力进行了评价分析。罗明灿等（1998）通过构建区域森林资源可持续发展综合评价的理论框架，对新疆维吾尔自治区伊犁地区天西区 9 个国营林场进行了评价。马阿滨（2000）根据资源、环境、经济、社会协调发展的原则，提出了黑龙江森工林区可持续发展评价指标体系。据此对森工林区的发展状况做出了分项和综合的评价，并从总体上讨论了提高黑龙江森工林区可持续发展能力的对策和措施。张万里等（2000）预测了大兴安岭新林林业局可持续发展能力。王洪波（2000）针对吉林省国有林区的特点，建立了由资源承载指标、环境承载力、生活质量、经济发展、技术管理和社会发展指标在内的 6 个二级指标和 15 个三级指标构成的国有林业局可持续林业评价指标体系，并对松江河林业局进行了验证。励龙昌（2001）探讨了区域发展理论，并分析了淳安县森林经营状况。张守攻（2001）对森林可持续发展的理论、标准及指标体系进行了系统的论述。李春静等（2001）以驻马店地区薄山林场为研究对象，提出了评价指标体系。并运用模糊数学的综合评价分析理论对该林场的可持续经营能力进行了评价。赵国华（2002）在构建由资源、环境、经济、社会指标构成的森林资源可持续发展指标体系基础上，运用层次分析法对浙江省森林资源的可持续发展进行了评价分析。郭正刚等（2003）在森林资源可持续发展理论指导下，以白龙江林区为例，构建了由经济发展指数、社会发展指数、资源丰富度指数、生态环境指数和技术管理指数 5 个策略层，20 个措施层组成的森林资源可持续发展力评价指标体系。并将森林资源可持续发展力分为可持续和非可持续两种。评价结果表明，白龙江林区森林资源可持续发展力虽然处于非可持续发展状态，但正朝可持续发展目标前进。

第八章　指标构件研究总体思路与确定原则

　　江西林业发展的指标体系，既要明确江西省林业的未来发展方向，也要反映江西林业的建设现状和成果。这些内容包括客观现状的评价、生态安全的保障、环境贡献的能力、可持续发展的基础等一系列的指标。以上这些内容的指标构成了指标体系的框架，在制定指标体系时，必须要有制定的原则以保证指标体系的科学准确、全面综合以及容易操作等，为制定科学的林业发展规划奠定坚实的基础。因此，要深入贯彻落实科学发展观，按照国家提出的全面建设小康社会的的要求，在充分借鉴国内外林业发展现代林业经验的基础上，结合江西发展定位、经济社会发展对林业的多种需求，根据江西社会经济、地理位置、气象气候、土壤植被、生态环境、人文历史等各方面的客观条件和江西林业经济体制创新发展的自身特点，以可持续发展理论、系统科学理论、景观生态学理论、生态经济学理论为指导，以系统层次性、前瞻性、科学性、可行性、综合性和针对性为原则，围绕江西林业发展总体目标，提出体现现代林业新理念的江西林业发展指标。

　　通过落实江西现代林业发展指标，巩固和提升现有林业改革发展的成果，全面实现林业生态、林业产业和生态文化稳步协调发展。这对指标构建的基本要求是要实现：①健全稳定的生态体系。②发达高效的林业产业体系。③繁荣文明的生态文化体系。④坚实创新的林业保障体系。具体是：

　　建设功能齐备的林业生态体系的指标：指标应能体现通过保护、培育和发展森林资源，构建了布局科学、结构合理、功能协调、效益显著的林业生态体系。林业生态指标体系中的地域格局子系统包括：森林生态系统、湿地生态系统、农田生态系统、城市生态系统；林业生态指标体系中的林业结构功能子系统包括：生态系统结构测度子系统，生态系统安全测度子系统，生态系统功能测度子系统。

　　建设优质高效的林业产业体系的指标：指标应能体现通过优化林业产业发展方向和结构布局，切实加强第一产业，全面提升第二产业，大力发展第三产业，一、二、三产业协调发展，构建门类齐全、优质高效、竞争有序、充满活力的可持续发展的林业产业体系，实现全面提升林业对现代化建设的经济贡献率。林业产业指标体系中的产业资源子系统包括：木产业子系统、竹产业子系统、珍稀植物产业子系统；产业指标体系中的结构功能子系统包括：林业产业基础指标子系统、林业产业资源容量指标子系统、林业产业结构指标子系统、林业产业生产力指标子系统、新兴林业产业指标子系统。

　　建设江西多样的生态文化体系的指标：指标应能体现通过继承和发扬传统的优秀的生态文化，构建出特色鲜明、内容丰富、贴近生活、富有感染力的生态文化体系。生态文化指标体系中包括：生态文化基础设施建设子系统、历史生态文化保护继承子系统、现代生态文化发展水平子系统、江西特色生态文化子系统。

　　建设江西现代林业发展保障体系的指标：指标应能体现通过林业管理体制的稳步扎实、卓有成效的改革，科技兴绿、人才强林、依法护林，构建出适应江西现代林业发展的、可靠的现代林业发展保障体系。

确定这些指标所遵循的原则是：

（1）科学性原则。林业的发展是一项长期的工作，生态环境的改善更是一项复杂的工程，任何不切实际的指标都会影响生态建设的步伐。指标的确定必须以科学为根本，突出科学性原则；保证指标的科学性的同时，就能达到超前性和新颖性。

（2）系统性原则。森林资源和森林资源管理具有明显系统特征。系统科学的发展和系统思想的运用从总体上直接影响森林经营的理论和模式。因而，指标体系的构建和指标的确定要遵循系统性原则。系统性原则是科学性原则的具体体现，保证了指标体系和指标的科学性。

（3）层次性原则。林业是复杂的巨系统，包含若干子系统，各子系统之间既相对独立，又相互关联，必须依据这种关联性的程度将其分门别类，划分层次，以便于分析研究。指标的选取与确定也必须分门别类按层次确定，同时，综合指标的确定也要遵循层次性原则。通过所设计的指标体系，把合理利用林业资源和保护环境有机结合起来，以反映江西林业发展的总体情况。

（4）稳定性原则。林业资源和林业建设以及林业的生态和环境贡献等是在较长的时间内和较大的空间内积累、实施和提供的，因而指标的选择确定一定要突出稳定性原则，保证指标既具有发展目标的稳定性又具有长期评价和时空比较的稳定性。由于指标是指导未来江西林业发展方向的，稳定性原则更是保证林业建设的关键。

（5）动态性原则。森林资源增长以及林业建设本身是一个动态的过程，为了保证指标的实时性和有效性，必须强调动态性原则。

（6）易测性原则。降低指标测定、评价的复杂性，减少测定成本、评价成本是现代林业发展的基本要求，指标的简便、快捷和低成本测定也是保证动态性原则的实施的基础，因而指标的选择一定要强调易测性原则。

（7）全面性与重要性相结合的原则。既能用不多的指标反映林业建设的发展目标，同时，这些有限的指标又能反映复杂的林业生态工程建设内容。因而，综合相关的标准，完善林业建设指标体系，突出综合性原则。

（8）同一性和区域性相结合的原则。对于江西省特殊的自然地理条件而言，强调指标的区域性特点具有实际的意义。同时，在现状复杂的条件下更要注意同一性。

（9）可比性与可接受性原则。指标的确定是为了总结林业建设经验、指导林业发展方向的重要依据。因而指标确定的一个重要原则就是使指标具有可比性，既与国家层面的指标保持一致又与兄弟省份的指标有互可参考的价值，同时必须保证本地特点保证指标在江西的可实施与可接受。

（10）基础数据的可靠性高与灵敏度强。指标确定的一项可执行原则就是，必须保证基础数据的可靠性高与灵敏度强，若基础数据条件不具备这些条件，这样的指标尽管理论上有意义也无法选择。

第九章　发展主要指标的选择

一、发展主要指标的选择依据与方法

江西现代林业发展主要指标的选择，以江西现代林业发展指导思想和发展理念研究成果为指导，遵循上述研究总体思路与确定原则，还应符合以下理论依据和江西的现实特点。

（一）理论依据

1. 可持续发展理论

可持续发展在全球的兴起与林业有密切的关系。美国学者最早提出了"可持续林业"定义为：既满足当代人需要又不对后代人满足需要能力构成危害的森林经营。加拿大"可持续林业"的概念是：确保任何森林资源的利用都是生物可持续的管理，并且这种管理将不损害生物多样性或目标的土地基础未来用于经营其他森林资源的利用。潘存德经研究给出可持续林业的定义：在对人类有意义的时空尺度上，不产生空间和时间上外部不经济的林业。可持续林业的研究基本上在森林可持续经营这个水平上展开，这是近年来可持续林业研究的主要趋势。在森林可持续经营水平上的研究热点主要是森林可持续发展的标准和指标问题，这是实现林业可持续发展的基础性工作。

现代社会对林业的需求包括：①自然保存、生物多样性保护、固土保肥、蓄水滤水、调节气候、遏制荒漠化、防污抗污和减尘减噪等。②森林游憩、人类文化遗产保护、卫生保健、科研教育及增加就业机会、消除贫困等。③用材、木质纤维、薪炭材、林化原料、干鲜果品、药材、饮料、饲料和野生经济动植物等。

按照森林在社会经济发展过程中的作用和预期目的，现阶段林业可持续发展的目标是由相互联系和相互制约的生态环境目标、社会目标、经济目标所构成①经济目标：建设优质高产的经济林基地，发展薪炭林，培育速生丰产林，营造饲料林。②环境目标：优化土地利用格局，提高森林覆盖率，扩大环境容量，增强现有森林生态系统的稳定性。③社会目标：增加就业机会，增加农民收入，消除贫困。

2. 系统科学理论

林业系统是一个复杂的生物生态系统，又是一个复杂的经济系统、资源系统。具有多目标、多功能、多制约的特性。现代林业的巨大发展，出现了许多大型、复杂的工程技术和社会经济问题，它们都以系统的面貌出现，都要求从整体上加以优化解决。系统科学从客观世界组分之间相互作用的过程出发，揭示出微观和宏观世界之间的联系和产生的特性，这为我们认识现代林业的森林资源和森林资源管理问题提供了很好的方法。高兆蔚对森林生态系统的开放性、非线性、耗散结构、混沌性、突变性、自组织与不可逆性等系统特征进行了阐述，强调林业工作整体思维和系统思考的重要性。国家林业局在总结多年来正反两个方面的经验和教训的基础上提出，把握新时期林业问题要从以下三方面入手：一是要认清林业所处的历史阶段，抓住林业的主要矛盾；二是要把林业放在国家经济社会发展的全局来考察；三是要把林业放在一个动态的过程来观察。并制定了以"大工程带动大发展"的新世纪林业跨越式发展战略思路。这是系统思想在林业决策实践中取得明显成效的一个典范。系统科学的发展和系统思想的运用从总体上直接影响现代林业经营的理论和模式。

3. 景观生态学理论

在景观生态学的发展过程中,围绕着生态学中空间关系和空间效应的核心领域,等级理论、空间种群理论、渗流理论和源—汇系统理论等新理论,为现代化林业的定量化格局、随机估算的检验,以及解决复杂性尺度提供了有效的方法。其基本理论有:

等级理论:等级(系统)理论是关于复杂系统结构、功能和动态的理论。等级系统中的每一层次都是由不同的亚系统或整体元(holon)所组成,每一级组成中元相对于低层次表现出整体特性,而对高层次则表现出从属性或受制约性。

空间种群理论:生物个体迁入并建立新的格局种群,以及局部种群的灭绝过程,但岛屿地理学更注重格局研究,它是从群落水平上研究物种变化规律,对物种多样性保护有意义。

渗透理论:由于景观连接度与通过景观的生态流(物质、能量、生物)有密切的联系,因而渗透理论应用于生态过程对空间格局的假设检验很有前景,它可以对景观中的生态过程进行理论估测,而这种随机估测与野外观测数据之间的统计差异反映了空间格局的待征。

源—汇系统理论:源—汇模型在景观生态学研究中可解释生物个体在景观生境斑块的各个部分具有分布特征的原因,并成为研究种群动态和稳定机制的基础。

4. 经济学理论

第一,森林生态效益价值的计量评价要以马克思主义的政治经济学原理为基础。具体地说,马克思主义的劳动价值论、级差地租理论和节约理论,是研究森林生态效益价值计量方法和计量模型的理论基础。

第二,森林生态效益价值评价应以最佳效能理论为基础,其主要内容是:当一种资源或生产成果有若干效能或效能组合时,应利用它对社会影响或国民建设作用最大的效能或效能组合;当几种资源或生产成果可以在社会发展或国民经济建设中发挥同样作用时,应利用劳动量消耗最小的资源或生产成果。据此,进行森林生态效益价值计量研究,不能就森林谈森林,而必须综合考虑与之有联系的各项生产活动及其经济指标。因此,森林生态效益价值的大小,不能由森林自身的价值来表示,而必须借助等效物,采用替换法来评价森林生态效益价值的大小。这是目前国内外研究中采用较多的计量评价方法。

第三,在市场经济条件下,森林生态效益价值人小取决于环境供求状况和森林生态效益要素使用者所获得的效用量两个方面。即森林生态效益价值的大小同森林多寡密切相关,因此,应根据森林生态效益要素使用者所获得的实际效用的数量与效用单位价格乘积作为森林生态效益价值大小。但有人认为效用是一种主观概念,在实际中难以准确计量。这种方法虽然在理论上完美无缺,但在实际操作中缺乏准确性。

第四,在森林生态效益评价中应抛弃人为主观因素的干扰,采用客观的价值通约"能值"进行综合评价。人类社会和自然界的一切资源财富皆遵循能量等级原理。太阳能是最原始和基本的能源形式,一切物质的能量均直接或间接地来自于太阳能。

(二)现实特点

江西省委、省政府高度重视林业工作,提出了把江西建成沿海发达地区"三个基地、一个后花园"和"实现江西在中部地区崛起"的战略目标,制定了《关于深化林业产权制度改革意见》,启动了林业产权制度,实施了大规模的林业重点工程建设,积极推进"山上办绿色银行",

森林资源出现了快速增长，生态环境得到了显著的改善，林业经济实现了持续增长。

1. 森林资源优势

江西处于南岭以北，长江以南，纬度偏低，而且距离海洋不远，属亚热带湿润季风气候，年平均温度为 16~20℃，气候温暖湿润，境内山岭蜿蜒，丘陵起伏，地形复杂，自然条件优越，生物资源丰富，珍稀树种和古树名木颇多，已知的木本植物约有 2000 多种，其中不少属于子遗植物、珍贵树木和特有种，如白豆杉、金钱松、水松、江西柏、连香树、鹅掌楸等。江西也是产竹省份之一。动物区系上，全省现有脊椎动物 600 余。其中鱼类 170 余种，约占全国的 21.4%（淡水鱼）；两栖类 40 余种，约占全国的 20.4%；爬行类 70 余种，约占全国的 23.5%；鸟类 270 余种，约占全国的 23.2%；兽类 50 多种，约占全国的 13.3%，还有许多特有的珍稀动物。丰富的森林资源、绚丽的森林景观与人文景观有机结合，形成了多种多样的森林风景资源。

2. 地域优势

在全国空间整体格局中江西处于明显的区位优势。江西一半左右的边界与经济发达地区接壤，南靠珠江三角洲、东南近台闽海峡区域、东临长江三角洲等全国三大经济活跃区，是贯通东西南北的重要交通要部和战略位置，是我国的腹心地带和国脉所系；广东、浙江、上海、深圳等沿海发达地区受地理位置和交通运输条件以及成本的影响，在农产品，能源和主要初级产品方面对内地依赖程度上还相当高，而江西省处于这些地区的最佳辐射位置，这些为江西省的经济发展提供了有利条件。

3. 人文优势

江西人杰地灵，人文景观丰富，古代是名人墨客出入之地，现代有著名的革命根据地，是革命成功的摇篮和发祥地，具有全国最大、结构最全的"红色历史"——"江西精神"，这为开发旅游资源和爱国主义教育基地创造了全国独一无二的比较优势，因此，江西具备了从我国中部地区迅速崛起的资源比较优势。

4. 发展特色

江西林改工作走在全国前列，起到了排头兵作用，得到了党中央、国务院领导的充分肯定；国家对江西林改工作的经验进行了总结、宣传，使其在全国进一步起示范和借鉴作用。另外，丰富的森林资源、绚丽的森林景观与高山峡谷、奇峰怪石等地质地貌景观、瀑布温泉湖泊水库等水文景观以及江西省深厚的历史文化积淀、红色旅游等人文景观有机结合，形成了多种多样的森林风景资源，为森林公园建设和森林旅游产业发展提供了巨大的发展空间。

根据上述依据，在深入分析江西省林业发展的现状、潜力以及对江西林业发展森林资源动态分析与评价的基础上，以建设江西现代林业为核心，参照国内外林业建设实践与建设标准，从森林生态环境、环境质量、林水结合度、生态安全等方面综合分析与考虑，按照系统层次性原则，构建江西省现代林业发展指标体系框架图。

（三）江西现代化林业发展主要指标的选择方法

1. 层次分析法

江西现代化林业发展指标涉及的内容广泛，生态环境的改善更是一项复杂的工程，涉及的内容和类别方方面面，指标多且繁，各个指标不能简单的堆放在一起，需要以一种特定的方式进行将其整合成一个整体。对指标进行分析分类，应用层次分析法将江西现代化林业发展指标分为三个层次：目标层、组分功能层、指标层。

2. 相关分析法和主成分分析法

在整个指标体系中，林业现代化要用较多的指标进行描述，如图 9-1。在大多数情况下，许

```
江西现代林业发展指标研究                          ┌─ 可持续发展理论
        │                                        │
        ▼                              ┌─ 理论依据 ─┼─ 系统科学理论
    指导思想 ──────────────────────────┤           ├─ 景观生态学理论
        │                              │           └─ 经济学理论
        │                              │
        │                              │           ┌─ 森林资源优势
        ▼                              └─ 现实特点 ─┼─ 地域优势
    选择基本指标                                    └─ 发展特色
        │
        │                              ┌─────────────────────────┐
        │                              │ 科学性原则              │
        │                              │ 系统性原则              │
        │                              │ 全面性与重要性相结合原则 │
        ▼                              │ 同一性与区域性相结合原则 │
   确定核心指标 ◄──── 依据原则 ◄───────│ 可比性与可接受性原则    │
        │                              │ 基础数据可靠性高与灵敏度强│
        │                              │ 稳定性                  │
        │                              │ 动态性原则              │
        │                              │ 易测性原则              │
        │                              │ 层次性原则              │
        │                              └─────────────────────────┘
        │                                        ┌─ 层次分析法
        ▼                              分析方法 ──┤
  指标值的研究与确定 ◄──────────────────          └─ 系统动力学方法
```

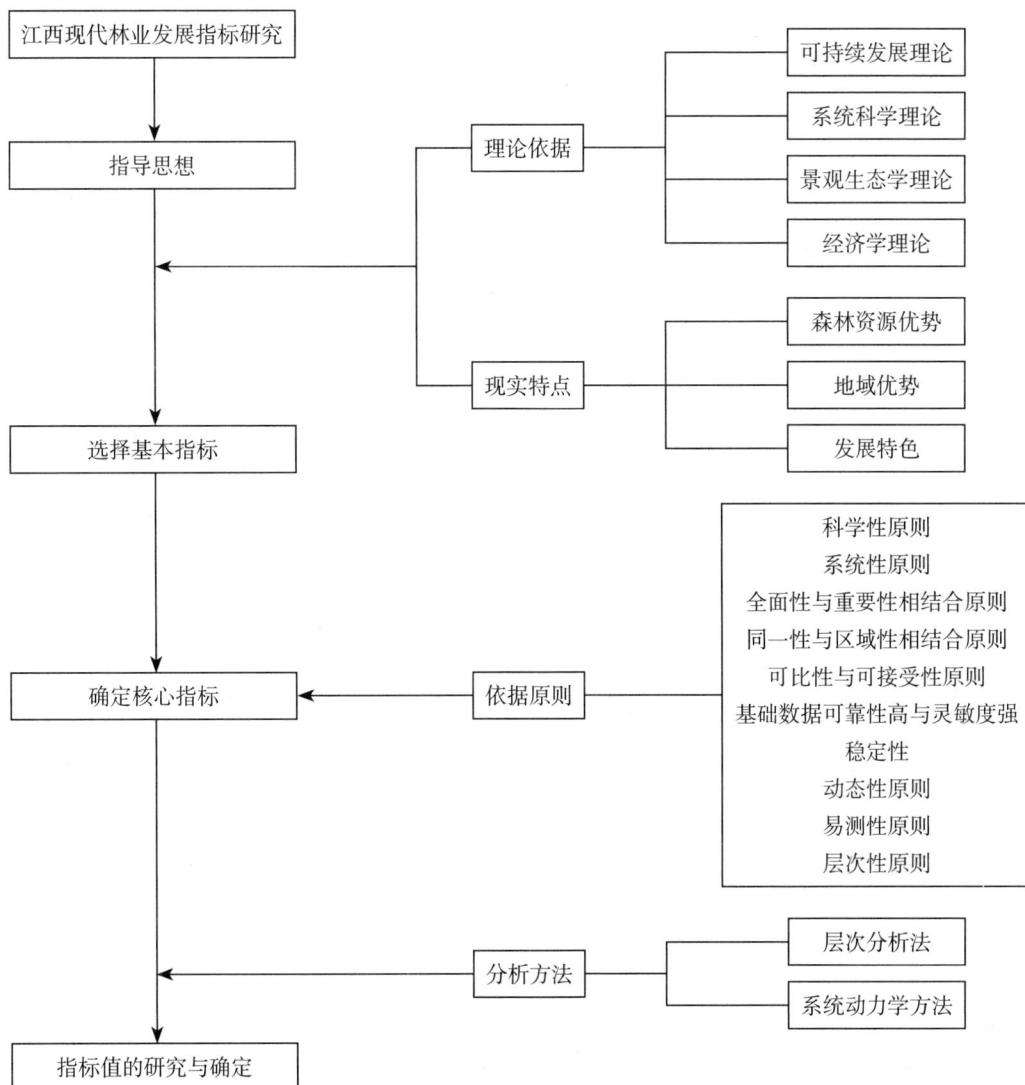

图 9-1　指标体系构建技术路线图

多变量存在一定的关系，主成分分析法可以从众多的观测变量中找出少数几个不能直接观测的综合因子来解释原始数据，它可达到满足指标分析的要求，又能减少评价指标个数的目的。具体步骤为指标数据标准化；相关关系矩阵计算；指标合成；权数确定；核心指标的确定。

3. 系统动力学动态模拟

无论所研究区域的大小或范围如何，其林业生态效益系统的长周期运转特性，决定了对系统进行整体性实体结构调控是非常困难的。建立总体动态仿真模型，在计算机上进行仿真试验，不但使不可能进行的试验变为可能，而且多方案试验能在短时间内完成，也提高了试验结果的实用价值。

林业生态效益总体系统模型——系统动力学模型突出的特点是以解决动态问题为目的，是一种源自反馈控制的系统动态仿真模型：由多变量、多方程互相联系组成，适宜于对非线性复杂大系统的模拟；能方便地进行能量、物质、信息多路循环，社会、经济、环境多因素多关系一体化运转的多方案总体动态仿真试验；不片面要求数据的精确性，适宜于对难以获得全部准确参数的系统进行模拟；通过近几年有关学者的努力研究，已形成了比较成熟的模拟技术。

　　SD 模型作为复杂系统的重要研究方法之一，能模拟系统随时间变化的过程，虽然具有预测效果，但不是预测的工具。建立模型的过程，就是将真实系统经过特定的抽象，在计算机上转换成可调节控制的人工系统的过程。由此看来，对林业生态效益进行总体分析与未来发展的预测，采用系统动力学模型分析方法是必要的，也是可行的。

二、江西现代林业发展主要指标

　　参照国际、国家，特别是江西省已有的现代林业发展指标，根据指标确立的原则，在广泛征求了各方意见的基础上，提出了江西现代林业发展指标体系，如图 9-2。

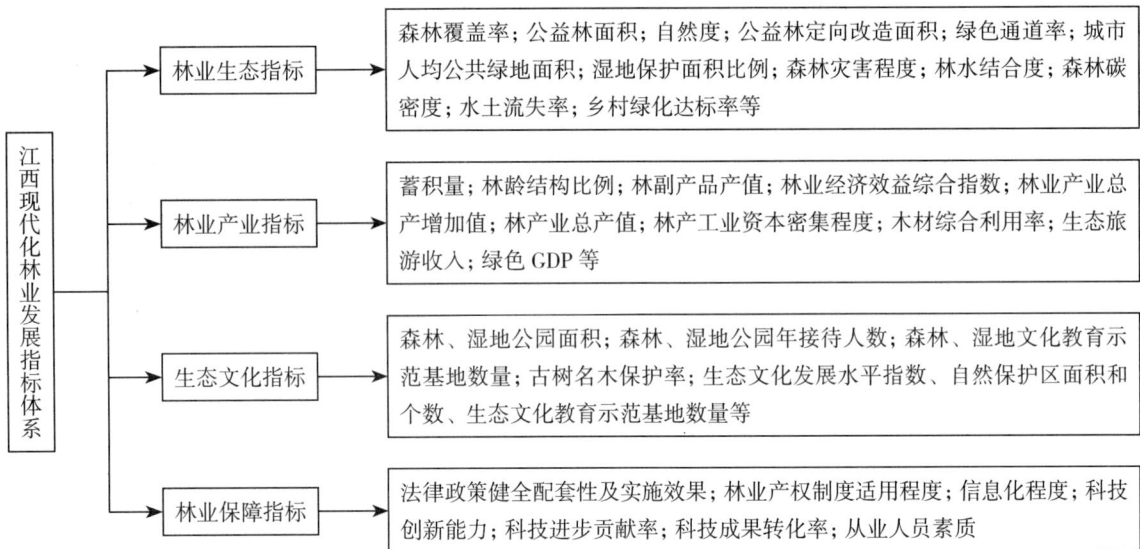

图 9-2　江西现代林业发展指标体系图

（一）江西现代林业发展生态主要指标（表 9-1）

　　能够反映林业发展对区域生态安全和区域生态保障方面的功能和需求。达到相应的发展指标，能够获得特定的森林生态功能和效益。

表 9-1　林业生态指标

序号	指标及其计算方法	指标作用
1	森林覆盖率 $\% = \dfrac{\text{有林地面积}}{\text{土地总面积}} \times 100\% + \dfrac{\text{灌木林地面积}}{\text{土地总面积}} \times 100\% + \dfrac{\text{四旁树占地面积}}{\text{土地总面积}} \times 100\%$	体现森林资源保护、造林绿化建设成就
2	生态公益林面积 = ∑国家规定公益林林种占地面积	生态公益林面积体现江西生态空间的大小
3	$N = \sum_{i=1}^{n} M_i \cdot Q_i \Big/ \sum_{i=1}^{n} M_i$ 式中：N 为区域森林自然度；M_i 为区域内自然度等级为 i 的森林资源面积；Q_i 为区域内自然度等级为 i 的森林资源权重	自然度是森林生产力的重要反映形式之一
4	公益林定向改造面积 = ∑定向改造公益林种	有利于推动对低质低效林的改造，提升公益林的生态功能
5	绿色通道率 = ∑县级以上交通线绿化长度 / 县级以上交通线里程	反映公路铁路沿线的绿化状况，体现对野生动物的保护力度和绿色屏障建设状况

（续）

序号	指标及其计算方法	指标作用
6	城市人均绿地面积 = ∑建成区各类绿地面积 / 建成区常住人口	直接反映城市居民享有生态服务的相对水平
7	湿地保护面积比例 = 湿地保护区面积 / 自然湿地面积 ×100%	湿地孕育着极为丰富的生物多样性，并在调节水文、净化水质中具有极其重要的作用
8	乡村绿化达标率（%）= ∑行政村绿色家园数 / 行政村总数目 ×100%	这是新农村建设的重要指标，直接体现村民生活的生态环境状况和乡村开展绿色观光休闲产业的条件
9	森林灾害程度（%）= 灾害（病虫害、火灾及其他灾害）发生面积 / 森林面积 ×100%	指森林发生病虫害、火灾及其他灾害的程度
10	林水结合度 = ∑（干流两岸 + 主要水库库岸 + 主要湖泊岸边 + 主要水塘岸边）绿化面积 / ∑（干流两岸 + 主要水库库岸 + 主要湖泊岸边 + 主要水塘岸边）应有绿化面积	反映森林网络体系健康的重要指标，是城市森林网络体系重要测度之一
11	森林碳密度 = 碳总储量 / 森林面积	森林碳密度是指单位森林面积中森林碳总储量，固碳是增加温室气体汇（吸收）、减缓气候变暖、保护人类生存环境的重要途径，对于我国的环境保护与履行国际公约将起到重要作用
12	水土流失率（%）= 水土流失总面积 / 国土面积 ×100%	作为最重要的陆地生态系统的森林，对水土保持起着不可代替的作用

（二）江西现代林业发展产业主要指标（表9-2）

林业产业体系反映了林业未来发展的潜力以及对区域经济的贡献份额，达到相应的发展指标，能够获得特定的森林经济功能和效益。

表9-2　林业产业指标

序号	指标及其计算方法	指标作用
13	森林蓄积量 = $\sum_{i=1}^{5}\sum_{j=1}^{n}(M_{ij}-P_{ij})\times(1+R_i)^j$ 其中，i 是龄级组数，j 代表从现在起未来计算蓄积量的年数，R_i 为第 i 龄级森林的生长率，M_{ij} 为第 i 龄级森林在第 j 年的现实蓄积量，P_{ij} 为第 i 龄级森林在第 j 年的消耗量。	森林蓄积量是衡量林业质量的一项重要指标，是林业产业发展的基础，同时间接反映森林生态效益的高低
14	林龄结构 = 幼龄林面积（蓄积）:中龄林面积（蓄积）:近熟林面积（蓄积）:成熟林面积（蓄积）:成过熟林面积（蓄积）	即林龄结构，指林地的面积或林木的蓄积按林龄的分配，反映森林结构是否合理
15	林副产品产值 = 林副产品单位面积产量 × 单价	除林木以外的山特产品和林特产品产值，反映林业生产水平、评价林业生产成果
16	林业经济效益综合指数 $Q=\sum_{i=1}^{7}(s_i\div z_i\times t_i)\div\sum_{i=1}^{7}t_i$ 其中：Q 为林业工业经济效益综合指数； 　　　s_i 为某项经济效益指标报告期数值； 　　　z_i 为某项指标标准值； 　　　t_i 为某项经济效益指标相应的权数	评价和考核林产工业经济效益总体水平

（续）

序号	指标及其计算方法	指标作用
17	林业总产值增加值 = 林业总产出 − 林业中间投入	反映一定时间内林业生产的总规模和总水平
18	林产业总产值 = 第一产业产值 + 第二产业产值 + 第三产业产值	林业全部产品的总价值，反映一定时期内林业生产的总规模和总成果
19	林产工业资本密集度 = 资本总额 / 企业从业人员总数	反映林产工业集约化程度的一个指标
20	木材综合利用率 = 原木加工成各种制品之后，各种制品的材积与原木材积的比率	反映合理有效地利用木材资源的程度，提高木材综合利用率是缓解国内木材供需矛盾，满足人们合理需求，保护森林，建设生态，实现人与自然和谐发展的需要
21	生态旅游收入	依赖森林资源，以森林景观为主体，以自然景观为依托，以人文景物为点缀，人们进行野游、观光、休闲、度假、野餐的游览活动产生的收入
22	绿色 GDP = 现行 GDP − 环境保护成本 − 环境退化成本	考虑自然资源与环境因素影响之后经济活动的最终成果

（三）江西现代林业发展文化主要指标（表 9-3）

林业生态文化指标反映生态文化的建设情况和地区生态文明的发展水平和发展方向。

表 9-3　生态文化指标

序号	指标及其计算方法	指标作用
23	森林公园面积	反映人们享受森林休闲游憩空间大小，是发展生态旅游的重要载体
24	森林公园年接待人数 = 国家级森林公园接待人数 + 省级森林公园接待人数	反映了森林公园的游客容纳量大小
25	森林文化教育示范基地 = 自然保护区数量 + 森林公园数量 + 森林博物馆数量 + 生态文明建设示范基地数量 + 林权改革试点数量	是森林文化教育宣传的茶馆场所，反映森林科普知识宣传程度和范围的指标
26	古树名木保护率	体现对绿色文明、生态历史文化的保护力度
27	生态文化发展水平指数 = Σ森林公园权值分 + 城镇绿地面积权值分 + 名胜古迹风景林权值分 + 森林文化产品权值分 + 古树名木权值分 + 森林主题活动权值分 + 四旁树权值分 + 林业科普基地权值分	反映继承和发扬传统的优秀的生态文化，普及生态知识，增强生态意识，繁荣生态文化等生态文化载体建设水平，体现当地人民通过绿色消费、增强生态意识和参与生态建设状况

（四）江西现代林业发展保障主要指标（表 9-4）

反映林业发展在法律、人员素质、资金等方面的支撑保障的力度和制约瓶颈，表示出应当进一步完善和加强的保障条件。

表 9-4　发展保障指标

序号	指标及其计算方法	指标作用
28	法律政策实施效果：问卷调查	反映法律政策的实施效果，保证森林法的实施效果
29	林业产权制度适用程度：问卷调查	反映产权制度改革适应生产力的程度，分析林业产权制度

（续）

序号	指标及其计算方法	指标作用
30	林业信息化程度	用基础设施建设、数据建设、系统建设和人才建设等来评价，是林业基础设施是林业现代化的基础条件
31	林业科技创新能力 = $\dfrac{\text{林业科技投入奖金}}{\text{林业 GDP}} \times 100\%$	国际上通用的反映科技发展的重要指标，用来衡量科技投入的强度
32	科技进步贡献率，指科技进步对经济增长的贡献份额	是衡量林业区域科技竞争实力和科技转化为现实生产力的综合性指标，反映林业技术进步在林业经济增长中的作用
33	从业人员素质 = $\dfrac{\text{系统内专业技术人员}}{\text{在册职工人数}}$	直接关系到林业生产中科技的开发和应用程度
34	林业科技成果转化率 = $\dfrac{\text{已转化的科技成果数}}{\text{科技成果数}}$	反应科技成果直接或间接的在生产实践中发挥的作用

三、江西现代林业发展核心指标的确立

核心指标是指在现代林业发展中更具优先发展的内容，在指标体系中处于重中之重的地位，对实现现代林业发展战略目标，发挥基础作用、关键作用、骨架作用、导向作用、支配作用的指标。

（一）核心指标的筛选方法

综合评议与层次分析计算相结合。

（二）筛选步骤

（1）分析指标体系中各指标之间的关系，建立体系的递阶层次结构，见表9-5。

（2）对同一层次的各指标关于上一层次中某一指标准则的重要性进行两两比较，构造两两比较判断矩阵。

（3）由判断矩阵计算被比较指标对于该准则的相对权重。

（4）计算各层指标对体系目标的合成权重，并进行排序。

（5）综合评议，提出核心指标数量，确定核心指标。

表9-5　指标体系递阶层次结构

目标层	准则层	方案层	
综合指标最佳年	生态指标 B1	森林覆盖率（%）	C1
		生态公益林面积（公顷）	C2
		自然度	C3
		公益林定向改造面积	C4
		绿色通道率（%）	C5
		城市人均绿地面积（平方公里）	C6
		湿地保护面积比例（%）	C7
		森林灾害程度（%）	C8
		林水结合度（%）	C9
		森林碳密度（吨/公顷）	C10
		水土流失率（%）	C11

（续）

目标层	准则层	方案层	
综合指标最佳年	产业指标 B2	蓄积量（亿立方米）	C12
		林龄结构比例	C13
		林副产品产值（亿元）	C14
		林业经济效益综合指数	C15
		林业产业总产增加值（亿元）	C16
		林产业总产值（亿元）	C17
		林产工业资本密集程度	C18
		木材综合利用率（%）	C19
		生态旅游收入（亿元）	C20
		绿色 GDP（亿元）	C21
	文化指标 B3	森林公园面积（公顷）	C22
		森林公园年接待人数（个）	C23
		生态文化教育示范基地数量（个）	C24
		名木古树保护率（%）	C25
		乡村绿化达标率（%）	C26
		生态文化发展水平指数	C27
		自然保护区个数与面积（个/万公顷）	C28
		湿地公园个数与面积（个/万公顷）	C29
	保障指标 B4	法律政策健全配套状况及实施效果（分）	C30
		林业产权制度适用程度（分）	C31
		信息化程度	C32
		科技创新能力	C33
		林业科技贡献率（%）	C34
		科技成果转化率（%）	C35
		从业人员素质	C36

（三）核心指标筛选结果（表 9-6）

表 9-6　核心指标

指标体系	序号	核心指标
生态指标	1	森林覆盖率（%）
	2	生态公益林面积（公顷）
	3	公益林定向改造面积（公顷）
	4	绿色通道率（%）
	5	城市人均绿地面积（平方公里）
	6	乡村绿化达标率（%）
	7	森林灾害程度（%）
	8	水土流失率（%）
	9	森林碳密度（吨/公顷）
	10	林水结合度（%）

（续）

指标体系	序号	核心指标
产业指标	11	蓄积量（亿立方米）
	12	林产业总产值（亿元）
	13	生态旅游收入（亿元）
文化指	14	森林公园个数与面积（个 / 公顷）
	15	生态文化教育示范基地数量（个）
	16	湿地公园个数与面积（个 / 公顷）
	17	自然保护区个数与面积（个 / 公顷）
	18	名木古树保护率（%）
保障指标	19	林业产权制度适用程度（分）
	20	林业科技贡献率（%）
	21	科技成果转化率（%）

第十章　主要指标值的研究与确定

一、江西现代林业发展生态核心指标

（一）森林覆盖率指标研究

1. 江西省土地利用概况

（1）土地利用现状与特点。土地利用类型齐全。根据全国土地利用现状调查的土地分类系统，在全国一级类 8 个、二级类 46 个土地类型中，除冰川及永久积雪这一个二级类外，其他地类江西都具备。这是由于江西地形复杂，具有多种多样的农业气候及丰富的生物资源，加上人们长期对土地的开发利用，从而形成类型齐全的土地利用现状。

林地多，耕地少，各地类面积悬殊大。由于江西是一个山地多、平地少，气候温暖湿润的地区，林业发展条件好，全省林业用地面积占土地总面积的 63.69%，其他 7 大地类面积合计占江西省土地利用构成 1/3 左右。

土地资源总量少，人均数量更少。江西省土地总面积为 16.69 万平方公里，只占全国陆地面积 960 万平方公里的 1.74%；人均土地资源更少，人均土地面积 0.387 公顷，不到全国人均量 1.32公顷的 1/3；全省耕地面积 209.81 万公顷，人均耕地面积只有 0.049 公顷，远低于全国 0.076 公顷的平均数。

土地面积分布与土地利用结构具有明显的地域差异。南昌、九江、赣州、宜春、上饶、吉安6 个城市，人口占全省总人口的 78.26%，而市域土地却只占全省市域土地总面积的 52.09%；地形以山地为主，有着丰富的林业资源，林业用地面积大。景德镇、萍乡、新余、鹰潭、抚州 5 个地市，人口占全省总人口的 21.74%，而土地却占市域土地总面积的 47.91%。

根据江西省土地利用现状图数据统计，江西省土地利用总面积中，林地占土地总面积的62.13%，耕地占 27.03%，居民点及工矿用地占 1.99%，水域占 4.21%（水域包括水面和水利水工用地），牧草地占 4.26%，未利用地占 0.38%。全省已利用土地 166327.6 公顷，土地利用率为99.62%

（2）土地利用存在的主要问题。人增耕地减，人地矛盾日趋突出。随着人口的增长和经济发展的需要，人均土地尤其是人均耕地越来越少，分别从 1951 年的 1.008 公顷和 0.17 公顷降为1996 年的 0.4065 公顷和 0.073 公顷，并仍呈减少的趋势。

农业用地未得到充分合理的开发利用。体现在：农业产业结构不合理，农业生产科技含量不高；优质耕地逐年减少，土壤肥力不佳。仅 1985~1992 年的 7 年间，耕地就被占用 17364.3 公顷，且占用的绝大多数都是优质良田；果园品种杂乱，管理粗放，科技推广率低。除柑橘外，其他果树的主栽品种在各地均不明显，区域化程度低，许多地方至今还沿用传统品种。全省科技对果树增产的贡献率不到 30%；茶园的茶类单调，良种面积小，高中档茶叶比重小，经济效益差；桑园未能形成连片种植，品种有待更新，建园和管理水平不高，丘陵山地及河滩涂地未得到充分利用；

林地生产力水平低，林种、树种和龄组结构不合理，全省森林面积平均蓄积量236.5立方米/公顷，只有全国平均水平的37.44%；草地的开发利用非常薄弱。江西天然草地资源分布广泛，但目前放牧利用的仅仅是邻近居民点的局部地段，大部分草地主要用作割草为薪。且人工草地和改良草地少，经济效益低；水产养殖资金不足，无力扩大经营规模和进行深度开发。这些都是规划期内需要努力解决的问题。

（3）非农建设用地缺乏科学、合理的土地利用总体规划作指导，浪费土地严重，利用效率不高。由于城镇规划布局不够合理，部分城镇规划框架设计偏大，占用耕地较多，人均用地偏高，达到104.8平方米；小城镇多建在大中城市周围，分布不均衡；农村居民点用地浪费现象严重，全省农村人均用地超标准，1996年农村居民点人均用地121.9平方米，超过国家的《村镇规划标准》；集镇发展的区域差异明显。在大中城市周围和沿主要铁路干线、部分平原地区，集镇发展较快，而在边远山区和老区，集镇分布稀疏，发展速度慢。交通用地处于相对落后状况。江西交通基础设施近几年虽有较大的改善，但仍存在着交通网络不够完善、基础设施相对比较落后的问题。

（4）水利设施老化，病险情况突出。已建水利工程标准偏低，病险水库仍存在。沿江滨湖的主要圩堤只有1000多公里达到原设计标准，只占37%左右。农田灌溉工程数量不够，配套不全，全省还有35.5%的农田未达到旱涝保收标准。

（5）土地利用的生态环境遭受破坏。由于盲目的围湖造田和毁林开荒，特别是对森林资源的乱砍滥伐，致使鄱阳湖面积缩小了1011.57平方公里，全省水土流失面积达到41035平方公里，洪涝和干旱灾害发生频繁。特别是水土流失导致大量泥沙下泄，带走大量土壤有机质和氮、磷、钾，使土壤肥力下降；抬高河床，影响行洪泄洪能力，给工农业生产带来严重威胁。工业企业排放的"三废"和化肥农药施用不当，造成对土地的污染不断加重。

（6）后备土地资源数量有限，开发利用难度大，耕地占补平衡任务艰巨。1996年江西省尽管有未利用土地（含滩涂、苇地）面积1330328.2公顷，但经过适宜性评价，未利用地中可开发为农、林、园等利用的总面积只有736930公顷，宜牧地21372公顷，特别是能作耕地开发的只有118400公顷（其中能开发为水田的只有41440公顷），且随着未利用地的不断开发，开发难度越来越大，后备土地资源将越来越少。特别是在经济发达地区，土地需求量大，开发利用后备土地资源的经济技术条件较好，但人地矛盾突出，后备土地资源紧缺，而在经济欠发达地区，土地资源数量大，后备土地资源数量多，形成地域反差。

2. 江西省土地利用多目标优化

土地利用规划就是根据社会生产的发展，国民经济建设的需要，以及土地本身的自然、经济特性；在时（间）空（间）上所进行的总体的、战略的，在一定区域内对土地资源进行配置和组织开发利用的最优化安排。土地利用规划的任务概括地说，是对土地利用进行控制、协调、组织和监督，为国民经济建设和满足人民的物质生活需要服务，也是为创造良好的土地生态环境服务。

（1）优化方法。土地是农业生产的主要生产资料，是农作物生长发育的重要场所。土地利用优化是保证农业长期稳定、社会安定和谐和地区生态平衡的前提和基础。多目标优化是一种先进的优化方法，和单目标优化相比，多目标优化能解决同时满足多个目标要求这一类的优化问题。土地利用涉及到方方面面的因素，如经济发展、自然环境等，优化目标也多种多样。因此，在进行土地优化时，要根据当地的自然、社会、经济条件，选择主要目标作为目标函数，采用多目标决策法，建立数学模型，形成合理、高效、集约的土地利用结构，增加有效耕地面积，提高土地利用效率，适应社会经济发展对土地的需求。

目标线性规划的基本思想：在充分利用各种资源和满足各种需求的前提下，尽可能地达到预期目标，使得各项规划目标的偏离变量值达到最小，并按照目标的优先级序依次实现每个目标。目标规划摒弃了单一目标规划只求目标最大（或最小）的缺陷，能够充分体现规划者的决策意图，极大地发挥人的主观能动性，更接近现实。

- 技术路线

多目标优化方法的技术路线：①优化目标的确定，包括经济目标、社会目标和环境目标；②确定有关土地利用的各个决策变量；③确定优化目标值，包括由预测得到的各业用地数量；④确定与决策变量有关的约束条件：如总土地面积约束、耕地动态平衡约束、专项约束以及非负约束等；⑤建立总目标函数，确定各个目标的优先级及其权重，加和形成总目标函数；⑥求一系列非劣解，得到多个方案，根据决策者的要求进行多方案比较，从中选定一个较满意的优化方案，形成最终的优化方案

- 多目标函数模型

多目标优化中目标函数模型主要由以下 5 个方面构成：①决策变量；②目标函数；③约束方程；④参变常量；⑤变量参数。

约束条件：$\sum 年_{ij}x_j=(\geqslant,\leqslant)b_j$（$i=1,2,\cdots,m;j=1,2,\cdots,n$）；且 $x_j\geqslant0$。

式中：x_j——各种类型土地面积（单位：公顷），决策变量；

年$_{ij}$——约束系数（单位依具体情况而定）；

b_j——约束常数（单位依具体情况而定）。

目标函数 $f(x)=\sum_{j=1}^{n}C_jx_j$　　　　（$j=1,2,\cdots,n$）

式中：x_j——各类型土地面积（公顷），决策变量；

C_j——利益系数（单位依具体情况而定）；

$f(x)$——利益，即目标函数（单位依具体情况而定）。

它的一组解称为最优解，即最优的土地利用结构。

建立模型时要尽可能全面考虑，并找出主要因素，使问题尽可能地简化。考虑多目标函数时，也应使目标函数尽可能少，约束条件可因问题的需要而设，不需要的则可去掉。

- 模型求解

多目标优化问题可用逐步法求解。逐步法是一种叠代法，在求解时，每进行一步，分析者把计算结果告诉决策者，决策者对计算结果作出评价。如果决策者认为满意，则叠代停止；否则分析者要根据决策者的意见进行修改和再计算，直至决策者认为结果满意为止。

设有 k 个目标的线性优化问题。$V-\underset{x\in R}{\text{Max}}Cx$

式中：$R=\{x|年\ x\leqslant b,x\geqslant0\}$，年为 $m\times n$ 矩阵。

C 为 $k\times n$ 矩阵，也可表示为

$$C=\begin{pmatrix}c^1\\\vdots\\c^k\end{pmatrix}=\begin{pmatrix}c_1^1&c_2^1&\cdots&c_n^1\\\cdots&\cdots&\cdots&\cdots\\c_1^k&c_2^k&\cdots&c_n^k\end{pmatrix}$$

求解的计算步骤为：

第一步：分别求 k 个单项目标线性优化问题的解。

$\underset{x\in R}{\text{Max}}C_j x$，$j=1$，$2$，$\cdots$，$k$

得到最优解 $x(j)$，$j=1$，2，$\cdots$，k 及其相应 $C_j x(j)$。

并作表 $Z=(Z_i^j)$，其中 $z_i^j=C_j x(j)$，$z_i^j=\underset{x\in R}{\text{Max}}C_j x=C_j x(j)=m_j$。

表 10-1　z 值列表

	z_1	z_2	z_3	z_4
$x^{(1)}$	z_1^1	z_2^1	$\cdots\cdots z_3^1\cdots\cdots$	z_k^1
$\vdots$	$\vdots$	$\vdots$	$\vdots$	$\vdots$
$x^{(i)}$	z_1^i	z_2^i	$\cdots\cdots z_3^i\cdots\cdots$	z_k^i
$\vdots$	$\vdots$	$\vdots$	$\vdots$	$\vdots$
$x^{(k)}$	z_1^k	z_2^k	$\cdots\cdots z_3^k\cdots\cdots$	z_k^k
M_j	z_1^1	z_2^2	z_3^i	z_k^k

（表中 M_j 为第 j 个目标的最优值，z 为总目标函数）

第二步：求权系数

从上表中得到，M_j 及 $M_j=\underset{1\leqslant i\leqslant k}{\min}z_i^j$，$j=1$，$2$，$\cdots$，$k$

为了找出目标值的相对偏差以及消除不同目标值的量纲不同的问题，进行如下处理：

当 $M_j\geqslant 0$，$\alpha_i=\dfrac{M_j-m_j}{M_j}\cdot-\dfrac{1}{\sqrt{\sum\limits_{i=1}^{n}(c_i^j)^2}}$

当 $M_j<0$，$\alpha_i=\dfrac{m_j-M_j}{M_j}\cdot-\dfrac{1}{\sqrt{\sum\limits_{i=1}^{n}(c_i^j)^2}}$

经归一化后，得权系数 $\pi_j=\dfrac{\alpha_j}{\sum\limits_{j=1}^{k}\alpha_j}$，$0\leqslant\pi_j\leqslant 1$，$\sum\pi_j=1$，$j=1$，$2$，$\cdots$，$k$。

第三步：构造以下线性优化问题，并求解。

假定求得的解为 $\bar{x}^{(1)}$，相应的 k 个目标值为 $c^1\bar{x}^{(1)}$，$c^2\bar{x}^{(1)}$，$\cdots$，$c^k\bar{x}^{(1)}$，若为 $x^{(1)}$ 决策者的理想解，其相应的 k 个目标值为 $c^1\bar{x}^{(1)}$，$c^2\bar{x}^{(1)}$，$\cdots$，$c^k\bar{x}^{(1)}$。这时决策者将 $\bar{x}^{(1)}$ 的目标值进行比较后，认为满意了可停止计算。如果相差太远，则进行适当修正。如考虑对 j 个目标宽容一下，减少或增加一个 Δ，并将约束集 R 改为

$$R_1:\begin{cases} c^j x\geqslant c_x^{-(1)}-\Delta c^j \\ c^i x\geqslant c_x^{i-(1)} \\ \qquad x\in R \qquad i\neq j \end{cases}$$

并令 j 个目标的权系数 $\pi_j=0$，这表示降低这个目标的要求。再求解以下线性优化问题

$$LP(2):\begin{cases} \text{Min}\lambda \\ \lambda\geqslant(M_i-c^i x)\pi_i \\ x\in R^1,\lambda\geqslant 0 \qquad i=1，2，\cdots，k，\quad i\neq j \end{cases}$$

若求得的解为 $\bar{x}^{(2)}$，再与决策者进行对话，如此反复，直到决策者认为满意为止。

（2）土地利用近期（2009~2015 年）优化研究。

● 变量设置

变量主要是根据现有土地利用类型来设置，本优化方案共设 8 个基本变量（表 10-2）。其意义如下：$X1$ 耕地面积；$X2$ 林地面积；$X3$ 园地；$X4$ 牧草地面积；$X6$ 城乡居民点及独立工矿面积；$X7$ 交通用地面积；$X8$ 未利用地面积。

表 10-2　土地利用类型决策变量设置　　　　　　　　　　（单位：公顷）

耕地	林地	园地	草地	水域	城乡工矿居民用地	交通用地	未利用地
$X1$	$X2$	$X3$	$X4$	$X5$	$X6$	$X7$	$X8$
3091522	10327739.3	149425.5	2844.04	1299221.54	551270.59	108029.4	1159381.49

（江西省土地利用动态变化研究）

● 土地约束分析

约束条件主要是根据各类土地资源的限制、城市发展需求以及某些发展战略来确定的。

耕地：国家要求江西基本农田稳定在 2800000 公顷。根据国家对耕地的保护政策，基本农田保护区经依法划定后，任何单位和个人不得改变或者占用。因此规划耕地面积要不小于 2800000 公顷。

考虑到建设用地、生态绿地的增加，未来耕地面积将有减少的趋势。结合现有耕地的条件和认真贯彻落实严格保护耕地政策，耕地面积减少率为 0.7%，耕地面积按年均最多减少 1.6% 且要大于基本农田保护面积，得到以下约束方程：$2800000 \leqslant X1 \leqslant 2963929.142$。

林地：林木具有防止水土流失、调节气候、涵养水源、防风固沙、减少污染、美化环境、改善生态等重要作用。江西林业在江西和谐发展中具有关键地位；在中部生态建设中具有基础地位；在实施以生态建设为主的全国林业发展中具有重要地位。

表 10-3　江西省与世界大都市的绿化建设情况比较

城市	城市人口（万）	城市公共绿地		统计年份
		总面积（公顷）	人均面积（平方米）	
伦敦	717	21828	30.4	1976
巴黎	232	2821	12.4	1984
莫斯科	890	15842	17.8	1990
东京	835	3150	3.77	1980
北京	512	3073	6	1990
江西	4311.24	5633.51	7.82	2005

（资料来源：李敏著．城市绿地系统与人居环境规划．中国建筑工业出版社，1999；江西省年度数据 2008 年）

通过对比分析，可知江西省现有绿地指标极低。虽然整个江西省的森林覆盖率为 60.05%。但大部分的森林集中在山区，对城市的作用小。因此，要改善城市的环境要在保护原有的林地面积的基础上，努力增加林地的面积有：$X2 \geqslant 10327739.29$。

园地：园地产出是农村土地农业产出的主要来源，园地面积应按市场需求、土地资源条件来确定。园地发展面积的制约因素除市场、资金、投入外，主要还受到果农技术力量、灌溉用水和土层较厚的土地面积的制约。平原地区除裸岩外，土层厚度基本满足园地要求。

在规划期间，为保证耕地保有量的落实，有部分园地将退园还田。因此，今后园地的发展要考虑从品种改良、技术进步方面提高果农收入，从"数量型"增长向"质量型"增长转变。水果年产量基本能够满足人们的需要。则有以下约束：$149425.5 \leqslant X3 \leqslant 214188.0494$。

草地：草地多为土层较薄、坡度较大的草灌坡，对于保持水土具有重要意义，因此，至少应保留现有牧草地面积。2003 年江西省年末实有耕牛、奶牛、猪、羊存栏量为 1824.9097 万头；2004 年年末为 1895.0318 万头；2005 年年末为 1962.4825 万头；平均年增长率为 3.7%。考虑到对奶、肉类产品的需求将会有大幅度增加，到 2015 年牧草地面积至少增加 5%，有 $X4 \geqslant 2986.242$。

水域用地：由于加入了人工湿地的建设，2015 年江西省水利水工用地面积有 $1299221.54 \leqslant X5 \leqslant 1551338.464$。

城乡居民点及独立工矿：据《江西省统计年鉴》，2000 年江西省人口 4148.5447 万人，2003 年人口 4254.2255 万人，2005 年人口为 4311.24 万人，2000~2005 年的人口增长曲线为 $y=13750x^2+42159x+4E+07$，按此曲线预计 2015 年常住人口可以达到 4419.4544 万人。按照 2009 年人均居民点及独立工矿用地面积 131.8937 公顷／万人计算，则到 2015 年最大居民点及独立工矿用地面积为 582898.193 公顷，则有 $551270.59 \leqslant X6 \leqslant 582898.193$。

交通运输用地：江西省以国道公路和赣江航道为主干线，形成上饶—南昌—萍乡的东西大通道和九江—南昌—赣州的南北大通道构成的"十"字形交通主骨架，"十"字形交通主骨架沿线是江西省客货流量最密集的产业带。约束方程为 $X7 \geqslant 108029.4$。

未利用地：考虑到土地资源的特殊性质要留有一定数量的后备土地资源，方程约束中未利用地要不小于 2009 年未利用地的 70%，约束为：$811567 \leqslant X8 \leqslant 1159381.49$。

土地总量不变约束：无论土地利用结构如何优化，土地总面积是保持不变的。

土地总面积保持不变方程如下：

$X1+X2+X3+X4+X5+X6+X7+X8=16689433.75$

约束方程见表 10-4：

表 10-4　约束方程

	X1	X2	X3	X4	X5	X6	X7	X8	约束	约束值
1	1								≤	2963929.1
2			1						≤	214188.05
3					1				≤	1551338.5
4						1			≤	582898.2
5								1	≤	1159381.5
6	1	1	1	1	1	1	1	1	=	16689434
7	1								≥	2800000
8		1							≥	10327739
9			1						≥	149425.5
10				1					≥	2986.242
11					1				≥	1299221.5
12						1			≥	551270.6
13							1		≥	108029.4
14								1	≥	811567

● 目标函数

目标的设定主要从生态目标、经济目标和社会目标三个方面来考虑。生态目标涉及的方面很多，本优化从土壤保持量、碳储量、绿量三个方面来考虑；经济目标可用产值最大化来设定；社会目标主要考虑就业价值。

优化系数值的设置基于以下三点考虑：①已有研究资料的收集、综合分析；②不同地区变动范围与平均值；③今后20年变化趋势。根据江西省土地利用优化的实际情况以及所能收集到的资料，拟采用以下三个目标函数。

（1）自然价值最大。生态环境恶化是当今世界面临的重大问题，其主要特征就是水土流失严重；水质恶化，形成水质性缺水；生物多样性锐减等。因此，计算土地的单位面积自然价值包括水土保持、水循环、净化污染、气候调节和生物多样性几个方面，结果见表10-5。

表10-5　江西省不同用地类型单位面积价值　　　　（单位：万元/公顷）

类型	耕地	林地	园地	居民点	工矿	交通	水域
水土保持	0.002	0.011	0.004				
水循环	-0.007			-1.76	-132.91		0.40
污染净化				-3.40	-0.78		
固碳释氧	1.37	1.74	1.54				
生物多样性		5.93					
自然价值	1.302	7.681	1.544	-5.16	-133.69		0.40

（整理自：杨志峰，等.生态城区环境规划理论与实践.北京：化学工业出版社，2004）

参照统计资料江西省单位土地面积自然价值拟采用以下数值：耕地1.302万元/公顷，林地7.681万元/公顷，园地1.544万元/公顷，草地按林地的2/3取5.121万元/公顷，其他农用地取水面的0.40万元/公顷，居民点及工矿总价值（-5.16×15806142）+（-133.69×1433903）/（15806142+1433903）=-15.85万元/公顷，交通用地按居民点取-5.16万元/公顷，水利水工用地取工矿的污染净化价值-0.78万元/公顷，未利用地0。

（2）经济价值最大（表10-6）。土地是人类赖以生存的最基本的自然资源。土地利用结构优化的主要标准就是使有限的土地生产出尽可能多的产品和服务，即让有限的投入生产出尽可能多的符合需要的产品和服务。

表10-6　江西省不同用地生态系统单位面积价值　　　　（单位：万元/公顷）

类型	耕地	园地	林地	居民点	工矿	交通	水域
农业价值	10.23						
林业价值			3.25				
水产价值							3.65
果业价值		1.42					
工业价值			50.38		262.93		
建筑价值					5.38		
运输价值							
电信价值				12.92		5.778	
商饮价值					34.01		
旅游价值			28.36				
总经济价值	10.23	1.42	81.99	12.92	302.32	5.778	3.65

（整理自：杨志峰，等.生态城区环境规划理论与实践.北京：化学工业出版社，2004）

江西省可利用的土地资源紧缺。因此,必须合理利用土地资源,鼓励集约用地,提高土地产出率,提高土地的经济效益。特别是随着社会经济的发展,人类对土地资源开发利用强度加大,导致了严重的水土流失,生态环境恶化,农林牧生产质量降低。土地利用现状及经济效益分析,对促进土地利用结构的调整与优化、保护土地、充分挖掘土地利用潜力以及国民经济持续发展具重要意义。

依据江西省经济情况,确定江西省单位面积价值量。耕地:10.23 万元 / 公顷;园地 1.42 万元 / 公顷;林地 81.99 万元 / 公顷;草地经济价值与林地一致,即 163.98 万元 / 公顷;其他农用地取 3.65 万元 / 公顷;居民点及工矿按总价值(12.92×15806142)+(302.32×1433903)/(15806142+1433903)= 36.99 万元 / 公顷;交通用地 5.778 万元 / 公顷;水利水工用地按工矿的建筑价值 5.38 万元 / 公顷计;未利用地取 0。

(3)社会价值最大。一个规划必须要考虑土地利用组成的要求和它们在位置形式上的要求,必须确定社会可以利用的种种手段。首先要对自然演替过程中固有的社会价值有所识别,这样才能最有效、最适当地利用土地,提高土地的社会价值。这里单位面积社会价值主要从居住价值、就业价值、文教价值、医疗价值、行政价值等方面进行计算(表10-7)。

表 10-7 江西省不同用地类型单位面积社会价值　　　　　(单位:万元 / 公顷)

类型	耕地	园地	林地	居民点	工矿	交通	水域
居住				6.33			
就业	0.02	0.035	0.125	0.084	0.42	0.162	0.01
文教				2.18			
医疗				1.54			
行政				1.39			
总社会价值	0.02	0.035	0.125	11.524	0.42	0.162	0.01

(整理自:杨志峰,等.生态城区环境规划理论与实践.北京:化学工业出版社,2004)

依据江西经济情况,江西省单位面积社会价值可以近似值定。即耕地:0.02 万元 / 公顷;园地 0.035 万元 / 公顷;林地 0.085 万元 / 公顷;草地社会价值取林地 2 倍,即 0.17 万元 / 公顷;其他农用地取 0.01 万元 / 公顷;居民点及工矿(11.524×15806142)+(0.42×1433903)/(15806142+1433903)=10.6 万元 / 公顷;交通用地 0.192 万元 / 公顷;水利水工用地按耕地就业价值即 0.01 万元 / 公顷计;未利用地取 0,见表 10-8。

表 10-8 目标函数及参变系数　　　　　(单位:万元 / 公顷)

地类	耕地	林地	园地	草地	水域	居民点及工矿用地	交通运输	未利用土地
变量	$X1$	$X2$	$X3$	$X4$	$X5$	$X6$	$X7$	$X8$
自然价值	1.302	7.681	1.544	5.121	0.4	−10.32	−5.16	0
经济价值	2.13	0.858	2.59	1.715	3.53	13.58	5.778	0
社会价值	0.01	0.065	0.025	0.13	0.01	20.524	0.162	0

● 求解

上述模型为多目标线性模型,利用逐步法求解该模型。先求单项目标,即分别按自然价值、经济价值、社会价值目标计算,结果见表10-9。

表 10-9　按单项目标优化土地利用情况（2015 年）　　　　（单位：万公顷）

	X1	X2	X3	X4	X5	X6	X7	X8
自然价值	280	1096.69	14.943	0.29862	129.922	55.127	10.803	81.157
经济价值	280	1032.77	14.943	0.29862	129.922	58.29	71.56	81.157
社会价值	280	1032.77	14.943	0.29862	129.922	58.29	71.56	81.157

求系数　①权系数；② α 系数；③ π 系数。

输入参变常量系数和约束方程，启动程序，会自动求出上述系数，结果见表 10-10。

表 10-10　参变常量系数表

	目标 1 函数值	目标 2 函数值	目标 3 函数值
目标 1 最优解	82401768.02	28462463.13	12089745.32
目标 2 最优解	74030669.71	31854059.88	12795748.4
目标 3 最优解	74030669.71	31854059.88	12795748.4
目标（1）权系数	目标（2）权系数	目标（3）权系数	
0.00680916	0.006799743	0.002688153	
目标（1）归一权系数	目标（2）归一权系数	目标（3）归一权系数	
0.417815328	0.417237493	0.164947179	

新构造的优化问题：新目标函数 $\text{Min}\lambda$：（X10），见表 10-11。

表 10-11　新约束方程（松弛变量、剩余变量、人工变量未列出）

X1	X2	X3	X4	X5	X6	X7		约束值 b
0.5439956	3.2092395	0.6451069	2.1396323	0.1671261	−4.311854	−2.1559	≥	34428722
0.8887159	0.3579898	1.0806451	0.7155623	1.4728484	5.6660852	2.4108	≥	13290708
0.0016495	0.0107216	0.0041237	0.0214431	0.0016495	3.3853759	0.02672	≥	2110622.6
1							≥	2963929.1
		1					≥	214188.05
				1			≥	1551338.5
					1		≥	582898.2
							≥	1159381.5
1	1	1	1	1	1	1	=	16689434
1							≥	2800000
	1						≥	10327739
		1					≥	149425.5
			1				≥	2986.242
				1			≥	1299221.5
					1		≥	551270.6
						1	≥	108029.4
							≥	811567

满意解见表 10-12：

表 10-12　2015 年土地利用多目标优化结果　　　　（单位：公顷）

耕地	林地	园地	草地	水域	城乡、工矿居民用地	交通用地	未利用地
X1	X2	X3	X4	X5	X6	X7	X8
2800000	10799239	149425.5	2986.242	1299221.5	582898.2	244096.84	811567

● 优化结果分析

（1）结构优化分析。土地利用优化是一个极为纷繁复杂的问题，采用常规的优化方法，人为因素很强，而且也难以综合处理多方面的关系。多目标优化通过协调经济效益、社会效益和生态效益的平衡关系，实现土地的综合效益最大化。

总的看来，多目标优化的结果，基本满足优化的原则，也满足了提高综合效益的目标，因此，优化方案是可行的。

（2）影子价格分析（表 10-13）。

表 10-13　影子价格分析

影子价格	（单位资源增量对目标贡献值）	影子价格	（单位资源增量对目标贡献值）
资源 1	0.28125	资源 10	0.359375
资源 2	0.71875	资源 11	0
资源 3	0	资源 12	0.1875
资源 4	0	资源 13	0.03125
资源 5	0	资源 14	0.03125
资源 6	0	资源 15	0
资源 7	1.757818165	资源 16	0
资源 8	0	资源 17	1.140625
资源 9	−1.140625		

影子价格是现代经济学中的重要参量，广泛应用于宏观经济分析和微观经营活动。它是企业适应市场变化，优化配置人、财、物等资源，正确作出经营管理决策的有力工具，它是指某种资源或劳务被用于一种用途、放弃另一种用途时的价值，是资源利用问题的数学优化中，对偶模型最优解。

影子价格是衡量生产资源达到最优配合的一种尺度。计算结果表明：资源 1、2、7、10、12、13、14、17 等所对应的影子价格为正，表明它们为限制性资源；资源 3、4、5、6、8、11、15、16 等所对应的影子价格为 0，说明它们不是限制性资源，能够满足国民经济发展的需要。

（3）灵敏度分析。灵敏度分析又称最优化后分析。是指系统或事物因周围条件发生变化而显示出来的敏感程度的分析，即要分析为决策所用的数据可在多大范围内变动，原最优方案继续有效。在求出线性优化的最优解后，如果市场、资源发生变化，以致目标函数的系数 C_j、约束条件的右端项 b_i 或左边的系数 m_{ij} 发生变化，那么会使最优解发生什么样的变化，又如何用最简单的办法求出新的最优解，此类问题就是线性优化最优解的灵敏度分析。

江西省土地利用结构优化的线性优化模型的灵敏度分析分为：①对约束条件右端常数（即约束条件 b_j）范围的分析：从应用的角度出发，仅对松弛变量取 0 值的约束条件右端常数进行灵敏度分析，这类约束条件对应的影子价格不为 0，见表 10-14。

表 10-14　对约束条件右端常数值变化范围

B 值	现有值	可减少值	可增加值	最低值	最高值
B（1）	34428722	3497573.2	1009344.9	30931149	35438067
B（2）	13290708	1009344.9	3497573.2	12281363	16788281
B（3）	2110622.6	无限制	960354.68	0	3070977.3
B（4）	2963929.1	163929.1	无限制	2800000	无限制
B（5）	214188.05	64762.55	无限制	149425.5	无限制
B（6）	1551338.5	252117	无限制	1299221.5	无限制
B（7）	582898.2	31627.6	78675.655	551270.6	661573.86
B（8）	1159381.5	347814.5	无限制	811567	无限制
B（9）	16689434	354000.86	843831.36	16335433	17533265
B（10）	2800000	2736429.5	163929.1	63570.482	2963929.1
B（11）	10327739	无限制	471499.72	0	10799239
B（12）	149425.5	149425.5	64762.55	0	214188.05
B（13）	2986.242	2986.242	583824.52	0	586810.76
B（14）	1299221.5	1299221.5	242807.71	0	1542029.2
B（15）	551270.6	无限制	31627.6	0	582898.2
B（16）	108029.4	无限制	136067.44	0	244096.84
B（17）	811567	811567	347814.5	0	1159381.5

（2）对目标函数系数（即利益系数 c_i）的范围分析：是对非基变量的目标函数系数的灵敏度分析，既要合乎数学模型，又要合乎实际，见表 10-15。

表 10-15　目标函数值变化范围

决策变量	现有系数值	可减少值	可增加值	最低值	最高值
x（1）	0	0.353708587	1E+14	−0.353708587	1E+14
x（2）	0	2.052808467	0.046281432	−2.052808467	0.046281432
x（3）	0	0.186911782	1E+14	−0.186911782	1E+14
x（4）	0	0.037377125	1E+14	−0.037377125	1E+14
x（5）	0	0.035518331	1E+14	−0.035518331	1E+14
x（6）	0	无限制	1.757818165	无限制	1.757818165
x（7）	0	1.016389365	0.063381253	−1.016389365	0.063381253
x（8）	0	1.147028501	1E+14	−1.147028501	1E+14
x（9）	1	1	8.71818E+13	0	8.71818E+13

（3）土地利用远期（2015~2020 年）优化研究。优化方法、计算步骤均与 2009~2015 年土地利用优化研究相同，只是约束条件有所变化，这里就不再一一详述，只将变动部分（约束条件）介绍如下。

耕地：以 2015 年优化的耕地面积为基础，退耕还林工程已基本结束，耕地面积按年均最多减少 0.02%，得到以下约束方程：$2800000 \leqslant X1 \leqslant 2890568$。

林地：不限制林地的发展，有：$X2 \geqslant 10799239$。

园地：按照 2015 年园地优化面积标准，今后按每年最大速率 0.1% 递减，则到 2020 年最多比 2015 年果园面积减少 4.5%，水果年产量基本能够满足人们的需要。则有以下约束：$148679.8653 \leqslant X3 \leqslant 149425.5$。

草地：草地要保持水土，又要满足畜牧业的发展。到 2020 年牧草地面积按照 2% 的速率递增，有：$X4 \geqslant 3297.052$。

水域用地：$1299221.54 \leqslant X5 \leqslant 1798426$。

城乡居民点及独立工矿：据《江西省统计年鉴》，2000 年江西省人口 4148.5447 万人，2003 年人口 4254.2255 万人，2005 年人口为 4311.24 万人，2000~2005 年的人口增长曲线为 $y=13750x2+42159x+4E+07$，按此曲线预计 2020 年常住人口可以达到 4694.9089 万人。按照 2009 年人均居民点及独立工矿用地面积 131.8937 公顷 / 万人计算，则到 2020 年最大居民点及独立工矿用地面积为 582898.193 公顷，则有 $582898.193 \leqslant X6 \leqslant 619225.6$。

交通用地：2004 年底，全省公路里程为 62806 公里，按 2020 年江西省高速公路里程要达到 4650 公里，人口密度为 0.97 公里 / 万人，2020 年规划人口与 2015 年增长比例计算规划交通面积，则有 $X7 \geqslant 244096.8375$。

未利用地：考虑到土地数量有限性以及优化要留有余地的原则，方程约束中未利用地要不小于 2015 年未利用地的 80%，约束为：$649253.6 \leqslant X8 \leqslant 811567$。

土地总量不变约束：无论土地利用结构如何优化，土地总面积是保持不变的。

土地总面积保持不变方程如下：

$$X1+X2+X3+X4+X5+X6+X7+X8=16689433.75$$

约束方程见表 10-16：

表 10-16　约束方程

	X1	X2	X3	X4	X5	X6	X7	X8	约束	约束值
1	1								≤	2890568
2			1						≤	149425.5
3					1				≤	1798426
4						1			≤	619225.6
5								1	≤	811567
6	1	1	1	1	1	1	1	1	=	16689434
7	1								≥	2800000
8		1							≥	10799239
9			1						≥	148679.87
10				1					≥	3297.052
11					1				≥	1299221.5
12						1			≥	582898.2
13							1		≥	244096.84
14								1	≥	649253.6

● 求解

表 10-17　2020 年土地利用类型决策变量设置　　　　（单位：公顷）

耕地	林地	园地	草地	水域	城乡、工矿居民用地	交通用地	未利用地
X1	X2	X3	X4	X5	X6	X7	X8
2800000	10920742	148679.87	3297.052	1299221.5	619225.6	249014.63	649253.6

● 优化结果

2015 年和 2020 年土地利用多目标优化结果见表 10-18。到 2015 年林业用地占总土地面积的 64.7%，比 2009 年的 61.88% 提高了 1.82 个百分点；到 2020 年林业用地占总土地面积的 65.43%，比 2009 年提高了 3.66 个百分点。

表 10-18　土地利用结构优化比较（2009~2020 年）　　　　（单位：公顷）

类型	2009 年		2015 年		2020 年	
	面积	%	面积	%	面积	%
耕地	3091521.89	18.52	2800000	16.67	2800000	16.67
林地	10327739.29	61.88	10799239	64.7	10920742	65.43
园地	149425.5	0.9	149425.5	0.89	148679.87	0.89
草地	2844.04	0.02	2986.242	0.0178	3297.052	0.019
水域	1299221.54	7.78	1299221.5	7.78	1299221.5	7.78
居民点及工矿用地	551270.59	3.3	582898.2	3.49	619225.6	3.71
交通用地	108029.41	0.65	244096.84	1.46	249014.63	1.49
未利用地	1159381.49	6.95	811567	4.86	649253.6	3.89

3. 江西省森林覆盖率指标的确定

根据江西省林业用地多目标规划的结果及江西省土地利用现状图，将农荒地、休闲地和草田轮作地及未利用地中的一部分纳入林地，故预测江西森林覆盖率见表 10-19。

表 10-19　江西省森林覆盖率

指标	现状值	2015 年	2020 年
森林覆盖率	63%	64%	65%

（二）生态公益林面积指标研究

1. 江西省林业用地现状与结构

全省林地面积 1062.7 万公顷，占全省总面积的 63.7%，其中有林地面积 871.7 万公顷，疏林地面积 13.87 万公顷，灌木林地面积 118.6 万公顷（国家特别规定的灌木林地面积 92.33 万公顷、其他灌木林地面积 26.24 万公顷），未成林造林地面积 31.7 万公顷，苗圃地面积 0.33 万公顷，无立木林地面积 13.63 万公顷，宜林地面积 12.77 万公顷，辅助生产林地面积 0.05 万公顷。森林覆盖率 57.7%；林木绿化率 60.05%。活立木蓄积量 3.54 亿立方米，其中国有 9798 万立方米，集体 20679 万立方米，民营 4525 万立方米，外资 208.4 万立方米，其他 145.9 万立方米。全省竹林面积 82.3 万公顷，立竹总株数 15 亿株，其中毛竹面积 80.9 万公顷，毛竹总株数 14.2 亿株。

全省经济林面积 74.92 万公顷。

根据江西省 2005 年的森林资源调查资料统计，江西省林地面积中，用材林地面积最大为 434.3 万公顷，占林地总面积的 49.82%，其余依次是防护林占 42.99%，经济林占 0.62%，特种用途林占 5.78%，薪炭林占 0.77%。全市公益林总面积为 507.5 万公顷，占林地总面积 47.76%，商品林面积为 555.1 万公顷，占林地总面积的 52.24%。

2. 江西林地利用的特点

（1）用材林和防护林面积占较大比例。全省林地中用材林的比例为总林地面积的 49.82%，防护林面积占林地总面积的 42.99%，用材林处于优先发展地位，同时随着生态环境要求的不断提高，防护林也成为主要的林业用地类型。体现了江西省确立在生态建设为主的林业可持续发展道路以后，继续推进生态建设的同时，加快林业产业发展的战略思想。

（2）森林和湿地生态体系建设带动林业用地变化。森林和湿地生态体系建设中的长江防护林、珠江防护林、退耕还林及防沙治沙等一批重点林业生态工程的实施带动了林业用地的变化。从"十五"到现在的 5 年来共营造生态公益林 1000 多亩，使江西省的林业发展方向向提高林业的生态质量方向发展。

3. 林地利用存在的主要问题

（1）林地利用结构不合理。主要表现在：树种结构不合理，针叶林面积大，阔叶林面积小，这种结构不利于维护一个良好的森林生态环境。

（2）林地利用成效不高。主要表现在：①森林单位面积蓄积量低。平均每公顷立木蓄积量为 42.1 立方米，低于全国平均水平。②林木生长率偏低。③树种单调，品质不高。目前，全省 7893174 公顷森林面积，其中杉木面积为 2499427 公顷，占 31.6%，马尾松面积为 2912739 公顷，占 36.9%，而其他树种合计只占 31.5%，而且普遍存在林木径级较小的问题，人工林还普遍存在品质差的问题。

（3）改变林地用途、非法征占用林地现象屡禁不止。长期以来，人们为追求经济利益不断毁林开垦，改变林地用途。据江西省国土部门调查结果显示，1995~2005 年，全省林业用地面积减少了 13886 公顷。近几年来，为保护林地，国务院、省政府及各级林业主管部门制定了一系列加强林地保护管理的文件，然而非法征占用林地现象仍屡禁不止。

（4）林地利用中重用轻护，林地质量下降，生态环境遭到破坏。长期以来，由于过度砍伐森林，炼山全垦造林，大量营造针叶林，出现了：①森林植被严重破坏，原生植被大量被砍伐，取而代之的是次生林和以松杉为主的人工林，森林的生态功能大为降低。全省现有人工林 2078526 公顷，天然次生林 5814648 公顷。在低产林改造和人工造林中，许多珍稀树种被当作杂灌砍掉。②林地肥力普遍下降。长期以来的掠夺式经营，林地中有机质含量、微生物数量及土层厚度锐减。③山体滑坡不断、水土流失加剧。

（5）林地流转经营数量小，行为不规范。林业"三定"时期，全省将集体山林分给千家万户的农民经营，作为农民的自留山。由于林地使用权的过度分散，农民为图眼前利益，出现只砍不造和难以管护的情况，使森林资源遭到破坏。近几年，抚州市虽然积极鼓励各地组建各种形式的股份制林场，并鼓励农村集体和农民通过拍卖、租赁、联营等形式加快林地使用权的流转，但由于种种原因，股份制林场建设的数量和成效还很不理想，林地流转经营数量也不大，流转行为也不规范，绝大部分未到林业主管部门进行登记。

4. 优化方法

同土地多目标规划。

5. 林地利用近期（2009~2015 年）优化研究

（1）变量设置。变量主要是根据现有林地利用类型来设置，本优化方案共设 5 个基本变量。其意义如下：$X1$ 为防护林面积；$X2$ 为特种用途林面积；$X3$ 为用材林面积；$X4$ 为薪炭林面积；$X5$ 为经济林面积，见表 10-20 和表 10-21。

表 10-20 林地利用类型决策变量设置 （单位：公顷）

生态公益林		商品林		
防护林	特种用途林	用材林	薪炭林	经济林
$X1$	$X2$	$X3$	$X4$	$X5$
4231020	550904	4412276	97999	749295

（江西省十五期间森林资源调查数据）

表 10-21 主要年份防护林面积 （单位：公顷）

年份	2000 年	2002 年	2003 年	2004 年
防护林	10201	121640	170600	33900
特种用途林	50	338	500	100
用材林	2279	20500	23400	19500
薪炭林		166	600	1000
经济林	2126	19632	24800	3600

（江西统计年鉴统计年报）

（2）林地约束分析。约束条件主要是根据各类林地资源的限制、生态环境建设发展需求以及某些发展战略来确定的。根据《江西省森林资源规划设计调查技术规定》中所列防护林是生态公益林的重要组成部分，以发挥生态防护功能为主要目的的森林、林木和灌木林。它包括水源涵养林、水土保持林、防风固沙林、农田牧场防护林、护岸林、护路林、其他防护林。

防护林面积的确定：随着生态环境建设水源涵养林、水土保持林、防风固沙林、农田牧场防护林的面积基本上保持不变或变化不大，而护路林随着城市建设的发展有所增加故定其最小面积为 4231020 公顷，2000~2004 年防护林增加面积比例为 17.5%，根据宜林荒山、宜林沙荒、其他宜林、封育火烧迹地技术林地和灌木林中的一部分会成为防护林，故其约束方程 $4231020 \leqslant X1 \leqslant 10625123$。

特种用途林：特种用途林以保存物种资源、保护生态环境，用于国防、森林旅游和科学试验等为主要经营目的的森林、林木和灌木林，它和防护林共同构成生态公益林。其国防林、试验林、母树林的面积变化不大，但随着生态环境的改善和提高，环境保护林、风景林和自然保护区林的面积将增加。根据江西省的"十一五"规划增加的自然保护区面积和特种用途林的发展趋势确定特种用途林有以下约束：$550904 \leqslant X2 \leqslant 644209$。

用材林：以生产木材为主要目的的森林，包括短轮伐期工业原料用材林，速生丰产用材林，一般用材林和天然用材林，根据江西省林业产业发展规划，规划新造集约型经营工业原料基地 1200 万亩，新增丰产竹林基地 900 万亩等，故定约束条件为 $4412276 \leqslant X3 \leqslant 5917345$。

薪炭林：以生产热能燃料为主要经营目的的乔木林和竹林、疏林、灌木林。江西省有丰富的煤炭资源，城市中加快煤气的普及，农村中大力发展天然气、沼气和太阳能，而薪炭林会在一定程度上产生水土流失，2003~2005 年间薪炭林的减少率为 29.2%。故定薪炭林的约束条件为：$X4 \leqslant 97999$。

经济林：以生产油料、干鲜果品为主要目的的乔木和灌木林。包括果树林、食用原料林、林化工业原料林、药用林、其他经济林。油茶丰产林基地 1153.75 万亩，茶、桑、果达到 361550 万亩、苗木花卉 50 万亩等。故经济林的约束条件为 $749295 \leqslant X5 \leqslant 2981086$。

林地总量约束：林地总面积按土地利用优化的结果进行计算。

有：$X1+X2+X3+X4+X5=10041494$。

约束方程见表 10-22。

表 10-22　约束方程

	X1	X2	X3	X4	X5	约束	约束值
1	1					$\leqslant$	10625123
2		1				$\leqslant$	644209
3			1			$\leqslant$	5917345
4				1		$\leqslant$	97999
5					1	$\leqslant$	2981086
6	1	1	1	1	1	=	10041494
7	1					$\geqslant$	4231020
8		1				$\geqslant$	550904
9			1			>=	4412276
10					1	$\geqslant$	749295

（3）目标函数。目标的设定主要从生态目标、经济目标两个方面来考虑。生态目标涉及的方面很多，本优化从固土保肥、固碳释氧、改良土壤、水源涵养四个方面来考虑；经济目标可用产值最大化来设定；社会目标主要考虑就业价值。

优化系数值的设置基于以下 3 点考虑：已有研究资料的收集、综合分析；不同地区变动范围与平均值；今后 20 年变化趋势。根据江西省林业用地优化的实际情况以及所能收集到的资料，拟采用以下两个目标函数。

① 生态价值最大。生态环境恶化是当今世界面临的重大问题，其主要特征就是水土流失严重；土壤结构严重破坏，土壤肥力下降；水源涵养能力锐减等。因此，计算土地的单位面积生态价值包括固土保肥、固碳释氧、改良土壤、水源涵养几个方面，结果见表 10-23。

表 10-23　江西省不同林地类型单位面积价值　　（单位：万元 / 公顷）

类型	防护林	特种用途林	用材林	薪炭林	经济林
固土保肥	0.89407	0.74506	0	0	0.149011
固碳释氧	1.21368	1.0114	0.5057	0.2028	0.20228
改良土壤	0.35985	0.29987	0	0	0.059975
水源涵养	1.07288	0.77124	0.447035	0.178814	0.128541
自然价值	3.54048	2.82757	0.952735	0.381614	0.539807

参照江西省森林公益效能经济评价和江西省森林资源调查的数据，江西省林地面积自然价值拟采用以下数值：防护林 3.54048 万元 / 公顷，特种用途林 2.82757 万元 / 公顷，用材林 0.952735 万元 / 公顷，薪炭林以灌木为主，则固碳释氧和水源涵养为防护林的 1/2，且薪炭林在这两方面有时会发生负面作用，将正负作用抵消故取值为 0.381614 万元 / 公顷，经济林按防护林的 1/5 来进行计算所以取值为 0.539807 万元 / 公顷。

② 经济价值最大。林业既是一项重要的公益事业，又是一项重要的基础产业。江西省林业经济在全省的经济中占有重要的比重。林业经济的发展涉及经济社会发展和人民生产生活的诸多方面，加快林业产业发展和加强生态建设具有同样重要的作用。在继续推进生态建设的同时，加快林业产业的发展，为林业发展增添更大的活力，从而实现林业生态建设与产业发展的良性和协调发展，更好地满足社会对林业的多种需求。

依据江西省林地单位面积经济价值量，确定经济价值的目标方程。防护林 1.627 万元 / 公顷；特种用途林 2.081 万元 / 公顷；用材林 4.88 万元 / 公顷；薪炭林的地位和作用将逐渐被新的能源所替代，故其在经济价值上的作用很小，此处忽略不计。经济林 4.15 万元 / 公顷，见表 10-24。

表 10-24　江西省林业用地单位面积经济价值　（单位：万元 / 公顷）

类型	防护林	特种用途林	用材林	薪炭林	经济林
农业价值	0.293				
水利价值	0.777	1.071			
林、茶、果价值					3.04
工业价值			3.66		
建筑价值			1.22		
商饮价值					1.11
旅游价值	0.56	1.01			
其他价值				0.01	
总经济价值	1.627	2.081	4.88	0.01	4.15

（4）求解。上述模型为多目标线性模型，利用逐步法求解该模型。先求单项目标，即分别按自然价值、经济价值目标计算，结果见表 10-25。

表 10-25　目标函数及参变系数　（万元 / 公顷）

目标项目	防护林 $X1$	特种用途林 $X2$	用材林 $X3$	薪炭林 $X4$	经济林 $X5$
自然价值	3.540484	2.82757	0.952735	0.381614	0.539807
经济价值	1.627	2.081	4.88	0.001	4.15

求系数：①权系数；②α 系数；③π 系数。

输入参变常量系数和约束方程，启动程序，会自动求出上述系数，结果见表 10-26。

表 10-26 参变常量系数表

	目标 1 函数值	目标 2 函数值
目标 1 最优解	2.14927E+11	3.28312E+11
目标 2 最优解	2.12391E+11	3.315E+11
目标（1）权系数	目标（2）权系数	
2.52278E-07	1.38783E-07	
目标（1）归一权系数	目标（2）归一权系数	
0.645112056	0.354887944	

新构造的优化问题：新目标函数：Minλ（X6），见表 10-27

表 10-27 新约束方程

X1	X2	X3	X4	X5	X6		约束值 b
22840.089	18240.995	6146.2083	2461.8379	3482.36	1	≥	1.387E+11
5774.0269	7385.2181	17318.532	35.488794	14727.85	1	≥	1.176E+11
1						≤	10625123
	1					≤	644209
		1				≤	5917345
			1			≤	97999
				1		≤	2981086
1	1	1	1	1		=	10041494
1						≥	4231020
	1					≥	550904
		1				≥	4412276
				1		≥	749295

满意解，见表 10-28。

表 10-28 2015 年林地多目标优化结果 （单位：公顷）

生态公益林		商品林		
防护林	特种用途林	用材林	薪炭林	经济林
X1	X2	X3	X4	X5
3119331	400669	4452340.257	0	749295

（5）优化结果分析。

①结构优化分析。林业用地优化是一个极为纷繁复杂的问题，采用常规的优化方法，人为因素很强，而且也难以综合处理多方面的关系。多目标优化通过协调经济效益和生态效益的平衡关系，实现林地的综合效益最大化。

总的看来，多目标优化的结果，基本满足优化的原则，也满足了提高综合效益的目标，因此，优化方案是可行的。

②影子价格分析（表10-29）。影子价格是现代经济学中的重要参量，广泛应用于宏观经济分析和微观经营活动。它是企业适应市场变化，优化配置人、财、物等资源，正确作出经营管理决策的有力工具。它是指某种资源或劳务被用于一种用途、放弃另一种用途时的价值。是资源利用问题的数学优化中，对偶模型的最优解。计算结果表明：资源1、2、10、12等所对应的影子价格为正，表明它们为限制性资源。资源3、4、5、6、7、9、11等所对应的影子价格为0，说明它们不是限制性资源，能够满足国民经济发展的需要。

表10-29　影子价格分析

影子价格	（单位资源增量对目标贡献值）	影子价格	（单位资源增量对目标贡献值）
资源1	0.40625	资源7	0
资源2	0.59375	资源8	−12751.03
资源3	0	资源9	0
资源4	0	资源10	927.71875
资源5	0	资源11	0
资源6	0	资源12	2620.5938

③灵敏度分析。灵敏度分析又称最优化后分析。是指系统或事物因周围条件发生变化而显示出来的敏感程度的分析，即要分析为决策所用的数据可在多大范围内变动，原最优方案继续有效。在求出线性优化的最优解后，如果市场、资源发生变化，以致目标函数的系数 C_j、约束条件的右端项 b_i 或左边的系数年 i_j 发生变化，那么会使最优解发生什么样的变化，又如何用最简单的办法求出新的最优解，此类问题就是线性优化最优解的灵敏度分析。

江西省土地利用结构优化的线性优化模型的灵敏度分析分为：对约束条件右端常数（即约束条件 b_i）范围的分析：从应用的角度出发，仅对松弛变量取0值的约束条件右端常数进行灵敏度分析，这类约束条件对应的影子价格不为0，见表10-30。

表10-30　对约束条件右端常数值变化范围

b 值	现有值	可减少值	可增加值	最低值	最高值
$b(1)$	1.387E+11	1.636E+09	1.131E+09	1.37E+11	1.398E+11
$b(2)$	1.176E+11	1.131E+09	1.636E+09	1.165E+11	1.193E+11
$b(3)$	10625123	6336168.3	无限制	4288954.7	无限制
$b(4)$	644209	93305	无限制	550904	无限制
$b(5)$	5917345	1465004.7	无限制	4452340.3	无限制
$b(6)$	97999	97999	无限制	0	无限制
$b(7)$	2981086	2231791	无限制	749295	无限制
$b(8)$	10041494	66292.383	52452.864	9975201.6	10093947
$b(9)$	4231020	无限制	57934.743	0	4288954.7
$b(10)$	550904	550904	74268.031	0	625172.03
$b(11)$	4412276	无限制	40064.257	0	4452340.3
$b(12)$	749295	255219.96	39960.718	494075.04	789255.72

对目标函数系数（即利益系数 c_j）的范围分析（表 10-31）：是对非基变量的目标函数系数的灵敏度分析，既要合乎数学模型，又要合乎实际。

表 10-31 目标函数值变化范围

决策变量	现有系数值	可减少值	可增加值	最低值	最高值
x（1）	0	11544.505	1189.2642	−11544.5	1189.2642
x（2）	0	927.71698	1E+14	−927.717	1E+14
x（3）	0	16693.881	2613.8216	−16693.88	2613.8216
x（4）	0	11723.591	无限制	−11723.59	无限制
x（5）	0	2620.5941	1E+14	−2620.594	1E+14
x（6）	1	1	3.816E+10	0	3.816E+10

6. 林地利用远期（2015~2020 年）优化研究

优化方法、计算步骤均与 2009~2015 年土地利用优化研究相同，只是约束条件有所变化，这里就不再一一详述，只将变动部分（约束条件）介绍如下：

（1）约束条件（表 10-32）。

表 10-32 约束方程

	$X1$	$X2$	$X3$	$X4$	$X5$	约束	约束值
1	1					<=	9208147
2		1				<=	694298
3			1			<=	8404012
4				1		<=	12244.95
5					1	<=	9589814
6	1	1	1	1	1	=	10041494
7	1					>=	4231020
8		1				>=	565324.33
9			1			>=	4412276
10					1	>=	733587.1

防护林：在 2015~2020 年间按宜林荒山、宜林沙荒、其他宜林、封育火烧迹地和灌木林中可转化为防护林的面积为 2009~2015 年的 70% 计算，故其约束方程 $3092081 \leqslant X1 \leqslant 9208147$。

特种用途林：根据生态公益林的总体面积控制和自然保护区发展的要求，定其约束条件为：$487971 \leqslant X2 \leqslant 694298$。

用材林：根据江西省木材的需求，按用材林加工工艺提高的水平，用材林的约束条件为 $4412276 \leqslant X3 \leqslant 8404012$。

薪炭林：根据近年天然气、沼气和煤气数量的增加，薪炭林的面积一直处于减少的情况，故定薪炭林的约束条件为：$X4 \leqslant 12244.95$。

经济林：根据江西省林业产业经济发展的要求，经济林的约束条件为 $733587.1 \leqslant X5 \leqslant 9589814$。

林地总量不变约束：无论土地利用结构如何优化，林地总面积是保持不变的。土地总面积保持不变，有：$X1+X2+X3+X4+X5=9605959$。

（2）求解（表10-33）。

表 10-33　2020 年林地多目标优化结果　　　（单位：公顷）

生态公益林		商品林		
防护林	特种用途林	用材林	薪炭林	经济林
X1	X2	X3	X4	X5
3092081	487971	4452928.697	0	733587.1

7. 公益林面积预测

生态公益林是指保护和改善人类生存环境、保存物种资源、维护生态平衡、开展科学试验、森林旅游以及国土保安等需要为主要经营目的的森林、林木和林地。生态公益林在整个江西省的生态建设和环境保护上发挥着巨大的作用。本次多目标规划旨在得出生态公益林在林地中的面积和比例进行预测，为更好经营生态林提供依据。2015 年和 2020 年林地利用多目标优化结果见表10-34。

表 10-34　生态公益林面积（2009~2020 年）　　　（单位：万公顷）

类型	现状	2015 年	2020 年
生态公益林	340	352	358

（三）生态公益林定向改造面积

1. 森林自然度的概念及必要性

严格地说，森林自然度是指特定地段的植被状况与处于同一演替阶段的原始群落植被状况的距离。但是，都是经过长期自然更替或（和）受人为（或自然）干扰后形成的群落，难以寻找处于不同演替阶段的原生群落，也无法找到完全免遭人类干扰的顶极群落。可将森林自然度定义为：特定地段的植被状况与所处区域顶极群落植被状况的距离。森林自然度是次生群落位于演替中不同阶段的综合表现，是森林在演替过程中的群落结构、组成、生产力以及综合服务功能状况的总体反应。

森林自然度指标对于江西省林业建设近自然林的发展目标是一个重要评价指数。在江西省大力建设生态公益林和天然次生林以及人工纯林改造的现状下，以森林自然度为指标衡量新时期的林业建设是非常必要的。

自然度是森林生产力的重要反映形式之一。在自然演替森林中，森林的生物生产力通常随着演替时间的延长，在长期种间、种内关系平衡过程中呈波动形式逐渐提高，当达到顶极阶段后，生产力趋于平稳。在这种长期变化过程中，植物种间关系从相互竞争、相互替代、互惠互益到相互和谐。

自然度是森林生态服务功能的体现方式之一。森林的生态效益与森林质量（如森林层次结构、生物多样性、环境健康性等）密切相关。现有研究结果表明，天然林的生态水文功能显著优于人工林，自然演替时间较长的天然林的生态水文功能显著优于受严重干扰的天然林。从亚热带次生林研究结果看，森林生产力与林分的生态功能指标（如土壤毛管持水量 $R^2=0.87$，土壤有机质含量 $R^2=0.97$，土壤总氮量 $R^2=0.88$）呈正相关关系（江波，2005）因此，在一定范围内，森林生产力越高，其生态服务功能越强。

自然度是森林社会服务功能的客观要求之一。对于森林来说，森林质量与其社会服务功能（如游憩功能、观赏功能、森林文化的体现等）密切相关。以风景林景观特征为例，发育良好的阔叶混交林和针阔混交林景观斑块相对较大、破碎化程度较低，因而有相对较高的观赏价值；但人工纯林则显示出景观高度破碎化特征，对森林总体尤其与观赏功能有较大影响。也就是说，自然度较高的多种混交林的景观效果明显优于自然度较低的单种纯林，自然演替程度较高的森林明显优于植被破坏较严重或人工干扰迹象更显著的森林。因此，森林自然度指数的高低可在一定程度上反映城市森林的社会服务功能的强弱。

2. 森林自然度指数的确定依据

总体上，构造森林自然度指数应该能够以某种形式反映森林的演替水平，应容易获得用于计算指标的各参数的数据，而且这些参数还较容易在生产实践中验证。因此，确定江西省森林自然度指数的依据为：

（1）体现森林演替阶段的总体差异。在自然演替过程中，森林必然向着顶极群落方向发展；而在现实林分中，由于人为活动的频繁干扰，森林由现状到顶极将有多条途径，而每条途径均有可能有多个发展阶段，每个发展阶段的群落特征均会发生相应的变化。如马尾松林演替系列由稀疏马尾松—灌木—草本群落发展为马尾松、阔叶树混交林有三个发展阶段：

第一阶段：稀疏马尾松—阳性、旱生灌木—阳性、旱生草本群落稀疏马尾松—（岗松、桃金娘）—（娱蛤草、鹧鸪草）群落。

第二阶段：稀疏马尾松—阳性、中生常绿阔叶树—阳性、中生灌木—阳性、中生草本群落稀疏马尾松—（三叉苦、山苍子、桃金娘、野牡丹）—（芒箕、纤毛鸭嘴草）群落。

第三阶段：稀疏马尾松—耐荫、中生常绿阔叶树—耐荫、中生灌木—耐荫草本群落稀疏马尾松—（鸭脚木、九节 Psychotria rubr a）—（乌毛蕨 Blechnum orientale）群落。

每个阶段的植被条件，无论是植物种组成还是生产力均相差较大，自然度指数必须以某种形式反映这些差异。

（2）体现森林生产力的具体差异。森林生产力是体现森林在不同演替过程中质量的重要因素，同时也是森林经营中最重要的目标之一，而且又是在森林经营与调查中最容易获得数据的因子。

通常，森林生产力与所处的演替阶段是相互对应的。在森林资源统计资料中，尽管有森林收获的较严重的人为干扰，森林的单位面积蓄积量或现实生产力仍随着龄级组的提高显著增加。高龄级组人工林的现实林分生产力较低，与当时树种的遗传改良特性、适地适树程度以及经营过程中的抚育、土壤养分等管理水平密切相关。人工林本身组成单一、生长时间相对较短，其近自然度自然低下。但是，商品人工林的追求目标主要是林分生产力，其生态服务功能和社会服务功能只是其间得的效益，林分质量优劣不能仅以自然度指标评价。

当林分年龄超过 210 年以后，森林现实生产力增长幅度很小，基本上趋于稳定（黄忠良，2000）。因此，可认为江西省的现实林分在无人为干扰的情况下，当林龄达到 200 年以后，生产力趋于稳定，亦即从生产力角度达到了顶极（实质上可能是亚顶极）。

（3）利用森林资源调查资料。森林演替阶段的调查是一项工程庞大的工作，也是生产实践中不可能全面推广的一项工作。所以，在自然度计算中应充分使用现有森林资源调查资料。其中，单位面积蓄积量是较为容易获得的变量，它既在一定程度上代表森林演替程度，又可以在很大程度上代表森林的质量。尽管该指标与森林总体初级生产力有一定差别，但是，随着森林年龄的提高，乔木层的生物量从无或小比例迅速转变为占据生物量的绝大多数，且随着森林的发展，其生态功能与生物量是成正比例的。因此，采用森林蓄积量计算自然度是可行的。

3. 区域森林自然度的确定

森林自然度是指森林群落类型现状与地带性顶级群落（或原生乡土植物群落）之间的距离。根据森林群落类型或种群结构特征位于次生演替中的阶段划分等级，按小（细）班的人为干扰强度、林分类型、树种组成、层次结构、年龄结构等把森林自然度划分为三个等级（表10-35）。

表 10-35　江西省森林自然度划分等级

等级	划分依据
I	原始或受人为影响很小而处于基本原始的植被
II	有明显人为干扰的天然植被或处于演替中期或后期的次生群落
III	人为干扰很大，演替逆行处于极为残次的次生植被阶段或天然植被几乎破坏殆尽，难以恢复的逆行演替后期

区域森林自然度则是对区域内森林资源接近地带性顶级群落（或原生乡土植物群落）的测度，可定义为：

$$自然度\ N = \sum_{i=1}^{n} M_i \cdot Q_i \Big/ \sum_{i=1}^{n} M_i \qquad (n = I，\ II，\ \cdots\cdots V)$$

式中：N 为区域森林自然度；M_i 为区域内自然度等级为 i 的森林资源面积；Q_i 为区域内自然度等级为 i 的森林资源权重。

表 10-36　江西省森林资源自然度现状值

自然度等级	面积（公顷）	权重	权值	区域自然度
I	596721	1	596721	
II	118677461	0.6	71206477	0.5986
III	1004678.47	0.2	200935.69	
合计	120278860		72004133	

说明：林地自然度等级 I～III，自然度权重 0~1，0 为非林地，这里忽略不计。自然度等级越低（即权重越大），森林自然程度越高，这里取 1 为最高。江西省森林自然度为 0.5986（权重），属于半自然状态，离自然状态还有一定的距离。

"十一五"期间，结合生态公益林和商品林改造，将原有 III 级森林的 2/3 进行改造，改造后的 1/5 在 5 年内自然度上升为 II 级；原有 II 级森林的 4/5 进行改造，改造后的 1/5 在 5 年内自然度上升为 I 级，到 2015 年底江西省域森林自然度可达到 0.662237，计算结果见表 10-37。

表 10-37　江西省森林资源自然度 2015 年规划值

自然度等级	现有面积（公顷）	规划改造结果（公顷）	权重	权值	区域自然度
I	596721	19585115	1	19585115	
II	118677461	99823024	0.6	59893815	0.662237
III	1004678.47	870721.3	0.2	174144.3	
合计	120278860	120278860		79653074	

相应地，2016~2020 年，在"十一五"林分改造的基础上，结合生态公益林和商品林改造，以及森林生态系统本身的演替，到 2020 年森林自然度将到达表 10-38 中的值。

表 10-38　江西省森林资源自然度 2020 年规划值

自然度等级	现有面积（公顷）	规划改造结果（公顷）	权重	权值	区域自然度
Ⅰ	19585115	35556799	1	35556799	
Ⅱ	99823024	83967434	0.6	50380460	
Ⅲ	870721.3	754625.2	0.2	150925	0.715738
合计	120278860	120278860		86088184	

4. 生态公益林定向改造面积的确定

采取多种形式的林分改造，发挥森林生态系统生产潜力，营造"结构合理、功能完善"的森林生态系统，针对不同地区生态环境特点与特定防护要求，确定低效公益林改造方向；根据森林旅游、森林游憩要求，确定森林公园建设与改造方向。在改造建设中采用近自然林业建设模式，创建高效稳定的森林生态系统网络。2010 年江西省低效公益林的面积是 1468057 公顷，到 2015年和 2020 年定向改造的面积见表 10-39。

表 10-39　江西省低效公益林定向改造面积　　　　　　　　（单位：公顷）

指标	2006 年	2015 年	2020 年
公益林定向改造面积	50465	495198	671730

（四）绿色通道率分析

1. 绿色通道模式

（1）高速公路及国道林带模式。

● 高速公路、国道景观生态型林带（10~30 米）

对于高速公路及国道的景观生态型林带，其模式应选择既有较好观赏效果，又有较高生态功能的植物组成。林带配置方式以行列式规则种植为主，局部景观节点也可进行自然式块状混交，并使植物配置体现南方地域植物特色和城市风格。

该林带模式靠近道路的 5~10 米以常绿树种为主，其余 5~20 米为彩叶树种和花灌木等。

● 高速公路、国道生态防护型林带模式（10~30 米）

对于高速公路及国道的生态防护型林带，其模式为近自然的人工森林群落型林带。一是选择具有较高生态效益的乡土树种为基调树种，二是结合较为适应当地环境、生长稳定的绿化树种。采取带状、块状或株间混交等配置方式，以高大乔木或喜光树种构成森林群落的上层乔木层，以耐荫中小乔木和灌木构成下木层，从而组成稳定的森林群落。

高速公路及国道两侧林带模式的技术思路是主干道路的林带为主体，形成贯通性生物廊道和通风廊道，加强省内各城市之间自然生态系统的生态连接，改善生态环境和保护生物多样性。

● 省道景观生态型林带模式（5~15 米）

该模式以行列式规则种植为林带的主要配置方式。靠近道路的 5 米以常绿树种、彩叶树种和花灌木为主，丰富道路两侧的景观，形成一定的景观序列；其余 5~10 米可选用速生用材树种如速生杨、刺槐等，以及生态经济树种。在体现道路森林景观效应的同时，还能产生一定的经济效益。

（2）城市快速路林带模式。

● 城市快速环路景观生态型林带模式（5~30 米）

对于南昌、九江、宜春等一些大中城市，其城市快速路林带模式是选择既有较好观赏效果，又有较高生态价值的植物，在保障通道绿化基本生态功能的基础上，增加景观效果。以观花观叶灌木为前景，以中小乔木和高大乔木构成中后景，形成景观空间层次。

采取行列式规则种植与自然式块状混交相结合的植物配置方式。一是以行列式规则种植形成简洁流畅的景观效果；二是通过乔灌草高低、远近、疏密的合理搭配，自然式块状混交，形成错落有致、富有韵律的林冠线和天际线，提高景观多样性和自然度。

此外，可根据道路特色的需要选择观叶观花观果等植物，形成不同的季相特色和景观序列，增强各路段的识别功能。

- 城市快速环路生态防护型林带模式（30 米）

对于城市快速环路的生态防护型林带，其模式应借鉴自然森林群落的层次结构和植物间的伴生习性，选择具有较高防护和生态效益的乡土树种，以及经引种驯化多年、较为适应当地环境的归化树种，构成人工近自然森林群落型林带。该林带模式以形成森林廊道为目标，突出林带的生态隔离、防护功能和维护城市生物多样性的作用，以多样化的森林群落，组成结构稳定的林带，提高景观异质性和增强林带的生态功能。

（3）铁路生态防护型林带模式（25 米）。

每侧林带植物配置可采用带状或行间混交方式，两边栽植灌木和中小乔木，中间栽植高大乔木的密林式，使林带横断面成"山"字型，以增强林带的抗风能力。距铁路路基12米以内及填方路基的边坡应种植紫穗槐等灌木，以便于养路施工；12米以外可开始栽植乔木。高大乔木可选用毛白杨、刺槐、槐树、白榆、泡桐等，中小乔木可选用桧柏、珊瑚树、大叶女贞、黄连木、合欢等。以速生乡土树种为主构成群落式林带，形成贯通性主干森林廊道。

2. 绿色通道率指标

（1）现状。江西省公路、水路交通运输网络，以省会南昌和各设区市为中心枢纽，以国省道公路和赣江航道为主干线，形成上饶—南昌—萍乡的东西大通道和九江—南昌—赣州的南北大通道构成的"十"字型交通主骨架，"十"字型交通主骨架沿线是江西省客货流量最密集的产业带。

公路交通：2008 年年底，全省公路总里程为 133815 公里，其中高速公路 2316 公里、一级公路 1199 公里、二级公路 8561 公里、三级公路 6641 公里、四级公路 58658 公里，二级以上公路占公路总里程比重为 9%，等级公路占公路总里程比重为 57.80%。昌九、昌樟、温厚、昌北机场、九景、胡傅、梨温、昌赣、昌金、京福、赣定高速公路、昌厦一级公路南城至瑞金段、南昌新八一大桥及南岸道路工程等一批重点工程项目的建成，标志着江西省公路建设进入了以高速公路和特大型桥梁为代表的现代化交通新纪元。目前，全省一斜两纵四横高速公路主骨架初具规模，100% 的乡镇和 97.65% 的行政村通了公路，一个以省会南昌为中心，以国、省道为主骨架，省、地市、县、乡相连接的公路网络初步形成并发挥整体效益，在国民经济和社会发展中发挥了重要作用。

铁路交通：新中国成立以来，特别是改革开放 30 年以来，在国家的大力支持下，江西铁路建设得到了较快发展，到 2007 年底，全省铁路干线运营里程 2424 公里，地方专用线 1000 公里以上，基本形成了东西与南北贯通、干线与支专线配套的"大十字"型铁路运输网。

水运交通：全省以赣江及鄱阳湖航线为水运主通道，联通抚、信、饶、修等 62 条通航河道，通航总里程为 5638 公里，其中四级航道 156 公里、五级航道 214 公里、六级航道 741 公里、七级航道 1160 公里，等级航道所占比重为 41.66%。

（2）规划目标。公路方面：江西省高速公路网形成由国家高速公路网"三纵四横"主骨架，五条环线、二条联络线和地方加密高速两部分组成，总规模约为 4650 公里，其中国家高速公路网江西省境内里程 3286 公里，地方加密高速公路里程 1358 公里。到 2020 年，江西省高速公路里程达到4650公里，面积密度为2.79公里/百平方公里，人口密度为0.97公里/万人，高速公路占全省公路网里程的4.35%，各地市连通度为2.79，县级连通度为0.97。相邻城市可以直通高速公路，100%县（市）连通高速公路，打通26个省际高速通道出口，基本形成全省网格状高速公路网络。

铁路方面：2012年江西省铁路网规模将达到约4000公里，2015年将达到约5000公里，2020年左右将达到约6000公里。届时，江西全省铁路将建成现代化客运体系，形成"五纵五横"路网骨架，覆盖江西超过90%的县级以上经济据点以及所有主要旅游景区、工矿重镇（园区）、物流中心和交通枢纽。形成19个出口，完成与三个经济带（珠三角、长三角、闽南三角）、六大城市群（珠三角城市群、长三角城市群、海峡西岸城市群、武汉都市圈、长株潭城市群和安徽皖江城市群）的对接。

（3）绿色通道率指标预测结果（表10-40）。

表10-40　绿色通道现状及预测表

类别	现有长度（公里）	规划长度（公里）	单侧林带宽度（米）	现有林带长度（公里）	规划林带总长度（公里）	现有绿色通道率	规划绿色通道率
公路	133815	149149.1		4340.84	8755.502	3.24%	5.87%
高速公路	2316	4650	100	627.03		27.07%	
一级公路	1199		100				
二级公路	8561		100				
三级公路	6641		100	3713.81		2.80%	
四级公路	58658		50				
等外公路	56440		50				
铁路	2424	6000	30	404	1206	16.67%	20.1%
水运	5638	5638	200	64.27	87.95	1.14%	1.56%
等级航道	2349		200				
等外级航道	2292		100				
合计						21.05%	27.53%

根据以上模式，确定江西省高速公路及三级以上公路，可以采用单侧林带宽度为100米公路景观林带模式；四级公路和等外公路采用单侧林带宽度为50米的省道景观林带模式；铁路沿线采用铁路景观林带模式来进行道路绿化。由于现有高速公路和一些等级公路的道路绿化工作还没有完成，因而在计算现有绿色通道率时，参考其他大城市的已有模式，按照理论值的60%进行了计算。

（五）城市人均绿地面积

江西省为加快城市建设，加大了城市绿地系统的建设力度，建立并严格实行城市绿化"绿线"管理制度，建设包括各类城市公园、城市广场、街头公共绿地、道路和沿河、沿江、沿湖绿化，居住区和单位绿化及城市防护绿化、城郊绿化组成的城市绿地系统，全省近、远期人均公共绿地将达到9~12平方米、12~15平方米。根据江西省2001~2005年的城市人均绿地面积增长率，考虑现有城市的绿地容量，确定增长率为3.8%，预测江西省城市人均绿地面积，见表10-41和表10-42。

10-41　江西省 2001~2005 年城市人均绿地面积　　　　（单位：平方米）

地区	2001 年	2002 年	2003 年	2004 年	2005 年
江西省	4.34	4.88	6.42	7.37	7.82
南昌市	3.94	4.86	6.53	7.17	7.30
景德镇市	5.42	5.64	5.56	7.03	9.50
鹰潭市	1.28	1.45	2.54	2.58	4.24
新余市	5.48	7.10	7.8	8.01	8.13
赣州市	3.82	6.16	7.01	8.42	8.74
九江市	8	7.84	7.8	10.1	10.05
抚州市	3.62	3.68	3.52	3.95	4.57
上饶市	2.62	2.6	7.04	7.11	7.14
萍乡市	2.3	2.35	8.5	8.49	8.60
吉安市	2.27	2.28	3.68	3.95	4.65
宜春市	7.38	7.60	8.14	9.23	12.85

表 10-42　江西省人均绿地面积　　　　（单位：平方米）

指标	2005 年	2015 年	2020 年
人均绿地面积	7.82	12.45	14.29

（六）乡村绿化达标率

村镇绿化是我国生态建设的重要内容。对构成生产发展、生活富裕、生态良好的小康社会有着重要意义。乡村绿化不仅能创造"绿色财富"，而且对改善农村生态环境和乡村面貌，促进乡村文明和农村经济发展，实现人与自然的和谐发展起着重要作用。用绿化改善乡村生态环境、扮美乡村家园，是改善农民生产生活条件、提升乡村文明、致富农民的需要，是实现"村容整洁"的有效途径，也是新农村建设可持续发展的客观要求。

乡村绿化是建设社会主义新农村的客观要求，在乡村的绿化工作中，必须注重生态效益、社会效益和经济效益的统一，让农民切身感受到绿化在改善生态、改善村庄面貌、提高生产生活条件、致富奔小康等方面的益处，让农民成为绿化的主导力量，保证乡村绿化健康、可持续发展。

江西省围绕社会主义新农村建设，大力开展村镇绿化、美化，改善农村居民的居住环境，提高生活质量。在乡镇所在地进行园林式绿化，结合街道和建筑物布局的特点，采用乔木、灌木、藤本、草坪、花卉进行立体式绿化美化。平原、半平原和部分平原县的自然村庄以绿化为主，在自然村的外围、农户房前屋后和庭院内，营造经济价值高、绿化效果好的乡土树种。山区自然村绿化建设要以建设生态村为目标，实行山、水、田、林、路综合治理。村镇绿化涉及全省 1435 个乡镇、199514 个村小组。到 2010 年，规划造林绿化折合面积 500 万亩。

江西省森林资源丰富，且多集中于农村，故有较高的乡村绿化程度。长期以来，农村聚居点的环境一直是环境监管和污染治理体系的死角，农村聚居点的环境基本处于"自治"状态。应按照"以城带乡，以乡促城，城乡联动，整体推进"的要求，以城镇、平原、通道和村庄为重点，大力开展城乡绿化一体化建设，推动城乡同步绿化和美化。结合江西省乡村绿化的现状和进度制定乡村绿化达标率（表 10-43）。

表 10-43　江西省乡村绿化达标率　　　　　　　　　　　　　单位：%

指标	2009 年	2015 年	2020 年
乡村绿化达标率	95	98	100

（七）森林灾害程度

森林是地球上最大的植物群体，是地球上最大的生态系统之一，也是经济社会实现可持续发展的生态屏障。森林面积的大小对森林资源存量有显著影响，森林经营水平越高，森林资源的范围越广泛，发挥其经济效果和对人类的支持发展作用也越大。对森林灾害进行研究，在有助于人们最大限度地获取生态、社会、经济效益的同时，更有助于帮助人类保护现有的森林资源和改善人类生存的环境。江西省的森林灾害主要是森林火灾和病虫害灾害。据森林病虫普查资料统计，江西省已鉴定的森林病害为 588 种，害虫为 868 种，发生面积大，其中危害严重的病虫有 50 多种。森林病虫害已成为江西省林业的头等自然灾害。其中马尾松毛虫是江西省发生面积最大、危害最严重的森林虫害，每年全省发生面积都在 1333 平方公里左右。2008 年 11 个市（区）普遍受到雪灾，99 个县（市、区）中，32 个县（市、区）受灾情况严重，涉及所有林木树种，特别是毛竹（受灾面积 73.33 万公顷，80% 以上被压垮、爆裂），湿地松（受灾面积 53.33 万公顷）受损严重（李新君，2008）。2009 年全省共发生森林火灾 394 起，过火面积 8183.63 公顷，受害森林面积 3299 公顷，火灾控制指标达到国家有关要求。根据相关统计火灾和森林灾害发生情况确定森林灾害程度指标见表 10-44。

表 10-44　森林灾害发生面积比率　　　　　　　　　　　　　单位：%

指标	现状值	2015 年	2020 年
森林灾害发生面积比率	0.401	0.282	0.192

（八）水土流失率

水土流失作为国土安全的重要指标对江西省森林生态安全也起着重要作用。江西是一个以山地丘陵为主的省份，是我国南方水土流失严重的省份之一，水土流失严重的历史已有 300 多年，一些地区被称为"江南沙漠"，有的地方一度呈现"山上无鸟叫，河里无鱼虾"的荒凉景象。林业在江西生态建设中发挥了重要作用。江西省通过以小流域为单元，山、水、田、林、路、草统一规划和系统开发，工程措施与生物措施并举，治沟和治坡相结合的治理方式，全省共综合治理小流域 900 多条，修筑各类水土保持防护工程 23 万多座，每年汛期可拦蓄地表径流 20 多亿立方米，直接经济效益 20 亿元。据江西省水利厅公布的遥感数据显示，江西全省水土流失面积 20 世纪 80 年代末为 4.62 万平方公里，1997 年为 3.52 万平方公里（黄国勤，2006），2004 年为 3.35 万平方公里，平均每年减少率为 2.26%，由于实施了长江流域防护林、珠江流域防护林、平原绿化等工程植树造林，据长防林一期工程调查，项目区森林植被得到迅速恢复，水土流失基本得到遏制，土壤侵蚀模数平均下降 1428 吨/（年·平方公里），每年减少土壤侵蚀量 3000 余万吨，河床泥沙淤积层厚平均下降 40~80 厘米。由于至 2015 年期间所实施的一系列江河源头及两岸、大中型水库、湖泊周围、水土流失严重区（吉泰盆地、赣州盆地、信丰盆地、瑞金盆地、弋阳盆地和坡度 36° 以上和土层瘠薄）植树造林工程，水土流失面积每年的减少率将大于 2.26%，见表 10-45。

表 10-45　江西省水土流失率　　　　　　　　　　　　　　　单位：%

指标	现状值	2015 年	2020 年
水土流失率	20	13.67	10.52

（九）森林碳密度

森林植物在全球碳平衡及潜在的碳储存中扮演着重要的角色，已成为与全球气候变化密切相关的重要有机体。森林生态系统是地球上除海洋之外最大的碳库，约占全球陆地总碳库46%，森林本身维持着巨大的碳库（约占全球植被碳库的86%以上），同时森林也维持着巨大的土壤碳库，因此森林生态系统在调节全球碳平衡、减缓大气中 CO_2 等温室气体浓度上升以及维护全球气候等方面具有不可替代的作用，同时对揭示陆地生态系统中 CO_2 的源和汇有重要意义。碳密度是指单位面积内的碳储量，是用来表征生态系统储碳能力的一个重要参数。江西省森林碳储量对整个生态系统有重要意义，根据系统动力学计算结果确定江西省森林碳密度见表10-46。

表 10-46　江西省森林碳密度　　　　　　　　　　　　　　　　单位：吨／公顷

指标	现状	2015 年	2020 年
森林碳密度	22.83	28.31	33.79

（十）林水结合度指标规划研究

1. 林水结合的理论与规划研究进展

"林网化"是指通过林带把以林木为主的各类绿地连接起来形成一个整体的森林网络，以达到"林阴气爽，鸟语花香"，"水网化"也不仅仅是指河流水系沿线的防护林建设，还包括连接城市范围内的各种水体，以利于水体之间的连接、进水排水的通畅和水质改善。因此，在生态环境建设过程中，"林网化—水网化"的建设理念逐渐被人们所广泛接受，成为我国林业建设的核心理念。

江西省自然地理条件优越，不仅森林动植物资源丰富，而且江河纵横、水网密布，尤其具备建立完善的林水结合的城市森林网络体系。受地质构造、地形的影响，全省有大小河流2400多条，总长约18400公里，大部分河流汇向鄱阳湖，再注入长江。主要河流有5条，即赣江、抚河、信江、修河、饶河。赣江全长751公里，为江西省第一大川，水量为长江第二大支流，它自南而北流贯全省，从赣州至湖口而入长江，通航里程600余公里。鄱阳湖是全国最大的淡水湖，它是江西最大的聚水盆，长江水量的巨大调节器，也是沟通省内外各地航道的中转站。基于这种特点，对江西省的赣江、抚河、信江、修河、饶河五大水系进行林水结合的研究具有重要意义。

林网与水网结合的形式主要有水源涵养林、水土保持林、护岸林，目前还出现了湿地林。将其机理与规划布局研究现状分别介绍如下：

（1）水源保护林。

世界范围内城市水源保护林建设与研究做得比较好的是德国巴伐利亚州首府慕尼黑市。自1880年，慕尼黑市制定了长远的地产政策，划定城市以南40公里处为取水区。自20世纪70年代以来，发达国家开始水源保护林可持续发展经营的系统研究。1990年日本国土厅水资源部发表《水资源白皮书》，就日本水资源供需现状、开发现状和今后亟待解决的有关水资源的各项课题进行了综合整理。该国当时的各类防护林占国土面积的20%，其中水源保护林占防护林的68.7%。原捷克斯洛伐克为了保护水渠和河流，用桤木、白蜡、杨树等3年生壮苗沿岸营造单行或多行防护林带，同时还用柳条修筑覆盖式或绿篱式简易护岸工程。水库固岸造林及其他固岸措施，已纳入农、林、水总计划。

我国水源保护林和水土保持林营造技术的研究也早已开始。在"七五""八五"期间，太行山生态林业工程项目已建成多处实验示范基地，营造示范试验林数万亩。由北京市林业局和北京林业大学共同承担的北京市科委科研项目"密云水库上游水源保护林工程综合效益及荒漠治理研究"，建立了密云水库水源保护林土门西沟试验示范区，对多树种水源保护林建设模式进行了探讨。国内进行水源保护林研究比较典型的城市还有山西省太原市。主要针对城市大型水源地的开发利用和保护问题,从"三水"的转化规律入手进行系统性、综合性多学科的研究。1991年路建国《浅谈三江流域水源林水保林体系及营造特点》,讨论了建立三江流域水源林水保林体系的原则和依据;1994年高鹏、王礼先等对密云水库上游水源涵养林效益进行了研究。

防护机理的研究:孙立达和朱金兆认为水源涵养是指森林生态系统对降水的拦截和滞蓄作用,它包括林冠截留、枯落物截留和土壤层的拦蓄截留三部分;水量平衡法是研究水源涵养林机理的基础。王永安认为森林水源涵养的能力取决于森林的多少、结构的密集程度、枯枝落叶的厚度和土壤非毛管孔隙度的大小和多少。水源涵养机能的评价还没有确定的方法,大体经历了从推算法到产流模型法的过程,其计量化的研究主要有基于回归模型的计量化、基于土壤贮水能模型的计量化和基于产流模型的计量化。

规划布局的研究:李谷景依据水体形状特征和它所处位置及其作用的差异,将水源涵养林划分为:护源防涸林带、护岸防蚀林带、护岸防淤林带和水源涵养林综合区。提出把水资源的永续利用与森林的生态效益结合起来,着眼综合效益;从整个水系着眼,以小流域为单元,把整个水路网基地都置于林木的庇护之下;根据水路网形状特征和性质,划分不同地域单元,配置不同类型结构,以发挥其主要防护效益三项规划原则。关于水源涵养林的覆盖率问题,有的学者认为不能低于50%,其中禁伐性水源涵养林不低于30%。也有的学者认为不能低于30%,但要分布合理。发达国家水源保护区森林覆盖率90%标准。原苏联在水源涵养区上游及其支流两岸均划出宽8~20公里的护岸林带,进行特殊经营。西伯利亚和中亚一些河流流域目前情况也是如此。1949年立法中规定,首先要绿化与苏联欧洲部分主要通行河流相连的侵蚀沟和沟谷。1985年安大略省禁止在水体周围122米范围内采伐树木。

综上所述,关于水源涵养林的研究主要是以水文学方法为主,对水源涵养林的合理覆盖率和空间配置的研究还没有提出得到普遍应用的模型,尤其是对较大流域的水源涵养林的机理探讨尤为缺乏,这将成为今后研究方向。

(2)水土保持林。

水土保持林是以减缓地表径流、减少土壤冲刷、防止水土流失,保持和恢复土地肥力为主要经营目的地森林和灌木林。其经营目的应该满足人们生产生活需求,即对控制水土流失的要求。

防护机理:莫依申科(1954)认为,水土保持林的主要因子是风与地表径流,其特性是要求削弱风势,减少风蚀,减轻或阻止水对土壤的侵蚀。实际上,土壤生成和流失是个客观动态,根据土壤侵蚀分类分级标准(中华人民共和国水利部,1997),地表土壤存在一个土壤容许流失量,即在长时期内能保持土壤的肥力和维持土壤生产力基本稳定的最大土壤流失量。可以认为,当森林能够将土壤流失量控制在当地土壤容许流失量以下时所具备的能力,减少土壤侵蚀是当地水土保持林的防护目标。

规划要遵循如下原则:①以生态效益为主,兼顾经济效益和社会效益,建成立体结构的生态经济型防护林体系,以发挥最大的防护效能。②根据地形地貌、土壤、气候的地段性差异,结合行政区划,进行总体规划,分段设计。③根据适地适树原则,选用地带性优质速生高效树种,实行乔灌结合,针阔叶并重,多林种多树种搭配,以提高防护作用和抗逆能力。

水土保持林有效覆盖率是水土保持林建设中的一个重要指标。该术语虽出现较早且已被逐渐采用,但由于缺乏严格的定义和统一确定标准。一般认为有效覆盖率为30%,也有人认为有效覆盖率为50%~70%。郭忠升通过对水土保持林系统的详细分析,认为水土保持林有效覆盖率为森林控制水土流失的功能（作用）满足人们对控制水土流失的需要或要求时的森林覆盖率（林地面积与总土地面积的比率），其计算公式为：$M=ae-bF=SLA$。

式中：F 为森林覆盖率；a 为植被覆盖率为 0 时的侵蚀模数（毫米）；b 为植被覆盖率为 100% 时的侵蚀模数（毫米）；M 为土壤流失量（或侵蚀模数）；SLA 为土壤允许流失量。

（3）护岸林。

护岸林是防护林的一种。运河两岸防护林距岸边的距离一般为 5~15 米，距离远近决定了运河的大小和两岸土地的使用情况。运河和大型干渠两岸的防护林宽度，每侧为 10~30 米。地下水位高和壅水地区防护林带要宽些，以 60~100 米为宜。

护岸林的机能：①树冠的遮蔽作用。河川生态系统中水温的变化，影响着生活在此的一切生物，特别是鱼类。护岸林、水源涵养林在抑制河川与溪流水温上有着重要的作用。在气温上升的季节，树冠遮蔽日光的效果最大，因而有林的河川和溪流域成了鱼类的重要繁衍生息场所。②枯枝落叶的供给。以落叶阔叶林为主体的护岸林、水源涵养林，秋季产生大量的枯枝落叶，这些枯枝落叶分解成水生昆虫的食料和巢料。③净化水质。在河川和溪畔域生长着的树木起着吸收各种营养和清除、过滤由上游农地利用对河流水质带来污染的作用。④生态走廊作用。沿河岸连续的护岸林的存在，将同一水系内的各流域有机联系起来，通过这些实现了动植物的移动和分散，有利于种群个体的维持和扩大。对于植物种类而言，溪畔域起着移动走廊或者避难所的作用，使植物种群的重新分布与扩大成为可能。⑤减小径流和侵蚀。林地上的枯枝落叶层能像林冠一样阻挡雨滴降落，减小雨滴动能，缓冲雨滴击溅，加速雨水入渗，减少径流产生。Naslas 等在 Tahoe 湖流域内的试验小区测得细沟侵蚀在无落叶覆盖条件下增加到 12 倍，还表明在这种条件下，侵蚀速率却大大提高。

规划研究：张玉坤等提出护岸林的营造要注意两点：一是合理利用乡土优势树种；二是引进优良速生树种和豆科牧草等。并提出林水结合可以利用滩涂水资源丰富，汛期可以引洪灌淤改良土壤。也可以进行小水面养鱼。张源润等提出黄河护岸林规划设计指导思想是统筹兼顾，因地制宜，因害设防；建设原则是坚持以带为主，带、片、网、点相结合；坚持因地制宜，因害设防；坚持科学营林，推广先进的科技成果；坚持绿化、美化相结合。罗传文等（2000）根据土地利用的整体规划计算护岸公益林的宽度。先确定划分护岸公益林的土地比例（护岸公益林占地率），再确定护岸公益林的宽度。设集水区面积为 M，集水区的河流长度为 L，护岸公益林宽度为 W，护岸公益林占地率为 P（%），则有如下关系

$$P=（L/100）\times W/M$$

其中 L、W 的单位为米，M 的单位为公顷，则每米护岸公益林占地面积为 $L/10000$ 公顷，每米护岸公益林占地率 $F=（L/100）/M\cdot P=F\times W$。

每米护岸公益林占地率表示河流在集水区中的密度，有了它，就可很方便地在护岸公益林宽度、护岸公益林占地率之间换算。

规划还可以针对不同的河段空间位置，分成不同的防护级别。在河流的源头及坡度较陡的地段应较高的防护级别。一般河段地处源头、坡度较陡、规划为一级保护、护岸公益林占地率为 20%；对于下一级河段护岸公益林占地率为 10%；其他河段护岸公益林宽度均为 100 米。

在规划设计中，要以"因地制宜、因害设防、合理布局、讲求实效"为指导思想；布局上以基干林带为主，做到点、线、片、网结合，发挥整体效益。树种安排上，坚持适地适树原则，多树种、多林种、乔灌林草结合。实施步骤上，坚持先易后难，先急后缓。

树种规划上讲究适地适树。依据立地条件、盐碱含量、造林目的不同，选择造林树种；还要

采用优质壮苗，造林苗木必须采用良种壮苗；加强管理，"三分造，七分管"，推广栽下一片树、留下一个人的做法。

（4）森林湿地。

湿地作为陆地系统与水域系统相互作用的过渡地带，是地球上最具生产力的生态系统之一。湿地为人类提供许多重要的服务，同时也是生态脆弱易于变化的生态系统。

湿地是自然界最富生物多样性的生态景观和人类最重要的生存环境之一。湿地与森林、海洋并称为全球三大生态系统。森林湿地是介于森林和湿地之间交叉型的独特生态系统。由于森林湿地地理位置特殊、类型独特、生物多样性丰富、功能多样，具有重要的水源、生态、动植物保护和社会效应等多重功能。万书成等在黑龙江绥阳的研究表明：森林与湿地交错带的环境特点是从沼泽到森林环境条件逐渐改善，立地含水量减少，土壤腐殖质增厚，植物种类增多，群落生物量呈现递增的趋势。一般来说，湿地森林地下水、地表水丰富，水生植物繁密，水质的净化能力强。湿地是自然界巨大的生物蓄水库，能保持土壤本身重量 3~9 倍或者更高的蓄水量。

江西省域水网纵横，河流密布，湿地资源非常丰富，是连接江西省整个省域生态系统的脉络。加强湿地保护与恢复，发挥湿地在调节城市气候、净化水质、保护生物多样性等方面的功能，建设林水一体的森林—湿地生态系统，对于改善江西省的生态环境具有重要作用。根据江西湿地分布特点和实际，湿地保护和恢复建设工程包括赣江、抚河、信江、修河、饶河五大水系地区湿地等建设区域。

由于江西省良好的生态环境和特殊的地理位置，使江西成为众多鸟类的重要繁殖栖息地、越冬场所和中途停歇地，尤其是鄱阳湖成为众多水鸟的重要越冬场所和中途停歇地。仅鄱阳湖国家级自然保护区就有鸟类 310 种，其中国家一级保护鸟类 10 种，二级保护鸟类 44 种，是白鹤、东方白鹳、鸿雁和小天鹅等珍稀水禽全球最大种群的越冬场所，被誉为"白鹤之乡""候鸟王国"。湿地资源特别是鸟类资源的保护管理和监测，对于确保江西省生态安全具有极其重要的意义。因此，加强江西省湿地的保护管理，对于保障江西经济区建设成果，显得尤其重要。

通过对湿地生态系统的保护与恢复，提升湿地的生态环境服务功能价值，使湿地具有维持江西省及周边地区的生态安全、支持与保护社会经济可持续发展等功能。

防护林的发展对江西省社会经济发展具有十分重要的意义。因此，要坚持"因地制宜、因害设防、合理布局、讲求实效"的原则，建立"带、网、片"有机结合，山、水、林、田、路综合治理，林种、树种结构合理的综合防御体系，创造一个抗灾能力强的生态屏障和经济效益高的林业生产基地，全面改善沿河地区生态环境，促进沿河地区经济发展。

2. 林水结合度定义

（1）线状林水结合度

定义：沿水岸线森林的总长度与水岸线总长度之比。

具体算法：

- 水岸线总长度 $= \sum_{j=1}^{3} \sum_{i=1}^{n_j}$ 河流两岸长度 $_{ij} + \sum_{k=1}^{n_{库}}$ 水库库岸长度 $_k + \sum_{l=1}^{n_{湖}}$ 湖岸长度 $_l$

式中：

河流两岸长度 i ——第 j 级第 i 条河流两岸的长度，单位米；

n_j ——第 j 级河流总数，江西省林水结合度计算 1~3 级河流；

$n_库$——水库总数；

$n_湖$——湖与水塘总数；

- 沿水岸线森林的总长度 $= \sum_{j=1}^{3} \sum_{i=1}^{n_j} 沿河渠两岸乔木林连接长度_{ij} + \sum_{k=1}^{n_库} 库岸林长度_k + \sum_{l=1}^{n_湖} 湖岸长度_l$

式中：森林连接长度——以成林树冠沿水岸线的投影长度计，幼林按该树种的成林计；其他同前。

（2）面状林水结合度

定义：沿水岸线森林的总面积与水岸线应有的森林总面积之比。

具体算法：

- 沿水岸线森林的总面积 $= \sum_{j=1}^{3} \sum_{i=1}^{n_j} 河流两岸林带面积_{ij} + \sum_{k=1}^{n_库} 水库库岸林带面积_k + \sum_{l=1}^{n_湖} 湖岸林带面积_l$

式中：

河流两岸林带面积——当实际林带带宽大于该级别河流应有林带带宽时，按该级别河流应有林带带宽计算该段河流两岸林带面积；当实际林带带宽小于该级别河流应有林带带宽时，按实际林带带宽计算该段河流两岸林带面积；河流两岸林带面积 = 该林带郁闭度 × 林地面积；若幼林达到合理密度（110 株 / 亩），则郁闭度按 1.0 计。

水库库岸林带面积——以流域为单元，以小班为计算单位，郁闭度大于 0.7，即认为该小班的土壤侵蚀小于允许土壤流失量，小班全部面积计入林带面积。否则，小班林带面积 =（郁闭度 /0.7）× 小班面积。若小班为幼林且达到合理密度，则小班全部面积计入林带面积。水库流域林带面积 = ∑ 小班林带面积

湖、水塘沿岸林带面积——山区湖、水塘沿岸林带面积的计算同水库库岸林带的计算。平原地区的环绕湖、水塘林带面积 = ∑ 林带郁闭度 × 沿岸小班林地面积；若幼林达到合理密度（110 株 / 亩），则郁闭度按 1.0 计。

- 沿水岸线应有的森林总面积 $= \sum_{j=1}^{3} \sum_{i=1}^{n_j} 河渠两岸应有林带面积_{ij} + \sum_{k=1}^{n_库} 水库库岸应有林带面积 + \sum_{l=1}^{n_湖} 湖岸应有林带面积$

式中：

河流两岸应有林带面积——我国护岸林、护堤防浪林的种植宽度一般为 80~320 米，其中陡峭河岸护岸林多为 80~320 米宽。长江大堤如安徽长江段可抵御大风 19 米 / 秒的防护林带宽度为 300~350 米。考虑到江西省的实际情况，一级河道沿岸林带宽取 100~300 米；二级河道沿岸林带宽取 80~250 米；三级河道沿岸林带宽取 60~200 米；四级河道沿岸林带宽取 40~150 米；五级河道沿岸林带宽取 20~100 米；其中若存在常年洪水期淹没的河漫滩，则河漫滩应全部计入应有林带面积。

水库库区应有林带面积——江西省水库的任务和作用，主要是拦蓄和提供一、二类地表水，因此水库库区的林带属于水源林，为保证水库的优良水质，除消除库区的点源污染以外，要求尽量减少面源污染，而面源污染又主要是以水土流失的形式体现出来，郁闭度大于 0.7 的林地，土壤侵蚀小于允许土壤流失量，因此，水库库区集水区应有林带面积 = 水库库区集水区面积。

湖岸应有林带面积——江西省湖泊总多，山区湖岸林带面积的计算同水库库岸应有林带面积的计算。对于平原地区的湖泊，当沿岸为缓坡（小于 10°），土壤侵蚀不大，林带宽度一般为 30~40 米；当沿岸坡度较大，土壤侵蚀严重，林带宽度应为 40~60 米；以防风、美化景观为主时，林带宽度一般为 100~120 米；湖边湿地宽度计入林带宽度。平原地区的环绕湖、水塘应有林带面积 = ∑沿岸应有林带宽度范围内地块面积。

3. 林水结合度计算方法与步骤

（1）线状林水结合度计算步骤。

①方法一：利用地形图和林业小班图计算线状林水结合度。

分图提取 1:5 万江西省土地利用线状图中的水系图。包括河流、湖泊、水库。

将分图水系图拼接为一幅图。

用拼接好的水系图根据不同的水系特征作各自相应的缓冲带，用缓冲带的区域范围来剪切原有土地利用线状图，形成所要研究的林水结合带。

将叠加图中有林地小班与河流、湖泊、水库不相连的图形去掉，形成林水相依的林地小班 - 水系图

提取 1:5 万水系图中的 1-5 级河流图、湖泊图和水库图。

利用 GIS（或 autoCAD）软件功能分别提取河流两岸长、湖泊周长、水库周长。

提取林地小班 - 水系图中的 1~5 级林地小班 - 河流图、林地小班 - 湖泊图、林地小班 - 水库图。

提取林地小班 - 河流图、林地小班 - 湖泊图、林地小班 - 水库图中小班边界与水岸边界重叠部分的林水线状图，确定图中林水连线长度。

利用已知的河流两岸、湖泊周长、水库周长和林水连线长度计算线状林水结合度。

将林水线状图与 1:5 万水系图叠加形成林水结合线状图——成果图。

②方法二：利用地形图和遥感图计算线状林水结合度。

水系图，河流两岸长、湖泊周长、水库周长的确定同上。

对遥感图判读，进行绿地分类，分出乔木林地和灌草地，生成绿地分布图。确定乔木林地覆盖率。

将绿地遥感图分布图与 1:5 万水系图叠加，生成绿地 - 水系图。

从绿地 - 水系图中提取绿地边界与河流水岸、绿地边界与湖岸、绿地边界与水库水岸重叠部分的林水结合线状图，确定图中林水连线长度。

利用已知的河流两岸、湖泊周长、水库周长和林水连线长度计算线状林水结合度。

③方法三：利用地形图、遥感图和林水结合现状图计算规划指标——林水结合度。

水系图，河流两岸长、湖泊周长、水库周长的确定同上。

从地形图、遥感图中提取与与河流水岸、绿地边界与湖岸、绿地边界与水库水岸重叠的建筑物、路面硬化的公路、裸岩地段，生成非绿地 - 水系图。分别计算这些地段的长度，即非绿地 - 水系长度。

规划林水结合度 =（计算水系总长度 - 非绿地 - 水系总长度）/ 计算水系总长度。

（2）面状林水结合度计算步骤。基本方法同线状林水结合度计算步骤。不同之处：河流两岸、平原湖与池塘的范围是应有林带宽度范围，水库和山区湖与池塘的范围是流域。

（3）空间林水结合度计算步骤。计算步骤同面状林水结合度。不同之处：应将面状林水分布图转换成生物量 - 水系分布图。

4. 江西水系林水结合度计算结果（表 10-47，表 10-48）

表 10-47　江西水系线状林水结合度汇总表

类别	现有林地长度（公里）	规划林地长度（公里）	应有林地长度（公里）	现状结合度	规划结合度
河流	4888.7904	5766.3567	11843	0.4128	0.4869
河流一级	151.9056	212.6103	2877	0.0528	0.0739
河流二级	4466.6376	4574.9556	8529	0.5237	0.5364
河流三级	5241.3618	5292.4400	6154	0.8517	0.86
河流四级	514.6044	738.5580	1164	0.4421	0.6345
河流五级	44.9939	48.1831	119	0.3781	0.4049
湖泊	485.3946	547.9727	870.3508	0.5577	0.6296
水库	81.6593	92.1870	146.4216	0.5577	0.6296
合计	10904.9000	11414.7200	19713.3500	0.5532	0.5791

表 10-48　江西面状林水结合度计算汇总表

类别	现有林地面积（万公顷）	规划林地面积（万公顷）	应有林地面积（万公顷）	现状结合度	规划结合度
河流	117.2033	123.6982	196.815	0.5955	0.6285
河流一级	2.3194	2.5010	31.86	0.0728	0.0785
河流二级	58.7108	62.2284	88.38	0.6643	0.7041
河流三级	50.5714	51.8792	62.28	0.8120	0.8330
河流四级	7.6595	8.6066	12.38	0.6187	0.6952
河流五级	1.0698	1.0951	1.93	0.5543	0.5674
湖泊	6.6146	6.9235	8.70	0.7603	0.7958
水库	111.3243	116.5223	146.4216	0.7603	0.7958
合计	126.9455	133.2338	205.5300	0.6176	0.6482

二、江西现代林业发展产业核心指标

（一）蓄积量

森林蓄积量亦称木材蓄积量或蓄积量，指一定面积森林中现存各种活立木的材积总量，以立方米为计量单位。"蓄积量"一词，只限于尚未采伐的森林，有继续生长和不断蓄积之意，通常包括有林地蓄积、疏林地蓄积、散生树木蓄积、"四旁"树蓄积等，一般多用于统计较大的地区范围各种活立木的材积总量。森林蓄积量是反映一个国家或地区森林资源总规模和水平的重要指标，随树种和立地条件等的不同而发生有规律的变化。

1. 江西省森林蓄积量指标体系框架

（1）建立的依据和原则。指标是可以定性描述或定量测定的变量，能反映总体现象的特定概念和具体数值，并可定期检测其变化趋势。所谓指标体系就是由一系列相互联系、相互制约的指标组成的科学的、完整的总体。

从理论上讲，指标体系的设置方法有分析法和综合法两种。综合法是指对已存在的一些指标群按一定的标准进行聚类，使之体系化的一种构造指标体系的方法。分析法是对指标度量对象和度量目标划分为若干个部分、侧面，并逐步细分直到用具体的统计指标来描述。自 20 世纪 80 年代以来，国内外学者所提出的建立指标体系的原则不尽相同，这充分反映了他们研究领域与具体评价对象的不同，但科学性和可行性却是普遍的共识。因此，借鉴前人的相关研究成果和研究经验，结合本项研究的实际情况，在建立江西省森林蓄积量指标体系时，应遵循以下基本原则：

① 真实性原则。所选指标应反映森林蓄积量的本质特征及其发生发展规律。

② 科学性原则。指标体系要建立在科学的基础上，并能反映对象的本质内涵。所选指标的物理及生物意义必须明确，测算方法标准，统计方法规范。

③ 系统性原则。指标体系是一个多属性、多层次、多变化的体系。所选指标要求全面、系统地反映森林蓄积量建设的各个方面，指标间应相互补充，充分体现森林蓄积量建设的一体性和协调性。

④ 独立性原则。在全面性的基础上，应力求简洁、实用，指标间应尽可能独立，尽量选择那些有代表性的综合指标和主要指标，辅之以一些次要指标。所选指标应相互独立。不应存在相互包含和交叉关系及大同小异现象。

⑤ 实用性原则。所选指标应具有可监测性，指标内容简单明了，概念明确，容易获取，其计算和测量方法简便，可操作性强，实现理论科学性和现实可行性的合理统一。

（2）指标体系的确立和指标筛选方法。在江西省森林蓄积量指标体系中，所选指标应吸收前人研究成果中的优良指标，应能够反映森林蓄积量建设的静态和动态特征，促进林业可持续发展，促进区域内社会、经济和生态环境的协调发展。

① 用 K. J 法制订供专家咨询用初始方案集合。K. J 法由日本东京工大教授川喜二郎提出，采用专家会议法审定研究构思的各种方案，参加人数每次 10~15 人，一小时左右，每人发言集中于评论意见上，记录要点结构通常为，年方案的年点不可行，因为 B。欲可行，需有 C 等。发言均不反驳或阐述，专家意见一般编成卡片，分门别类整理后，使之系统化为供广泛讨论的方案提纲，这种提纲包括战略选择模式的精练概括，部门用地结构调整顺位，人口、生产力水平、生产消费指标与用地需求、实现前提条件、实现后效益估计等部分，对定性描述也要尽量编码准确刻划。

② 专家咨询。主要是请选定的专家对各种备选方案或方案的各争议要素进行评论。评论方式两种，均可在表格上进行，一种是对各方案间或方案要素各种水平间的满意可行程度进行直接评价，量化值为 4，3，2，1 或 7，4，2，1，另一种则对各方案（或要素各种水平）之间两两比较，按 Satty 的 5 等 9 级法评价。

③ Delphi 法。这种专家匿名填写意见后，进行统计处理，再把结果反馈给咨询专家的多轮协调收集专家意见方法，是众所周知的。

④ 会内会外法。Delphi 法的过程繁琐，周期长，耗资多。大多数的咨询均用会内会外法快速灵活地集中专家意见。它的作法基本上同 Delphi 法，但将专家分作 2 组，一组与会，先讨论，再填表（注明参加过会议），另一组是未与会专家，只填表，2 组专家的咨询表格分开作统计处理，对处理结果如满意就结束，否则再重复一轮或由总课题组内部集中。

统计方法是：设会内组 N 人，会外组 M 人，第 i 项目重要程度的第 j 专家评分值 C_{ij}，于是第 i 项目的评分是

$C_i=IC \cdot a+OC_i (1-a)$。其中，$IC_i=\sum IC_{ij}/N$，$OC_i=\sum OC_{ij}/M$。

$a (0 \leq a \leq 1)$ 为协调系数，通常取为 2/3 或 3/4。

根据以上原则并指标筛选过程,最后确定为一级指标一个,二级指标 4 个,三级指标 10 个(具体见图 10-1)。

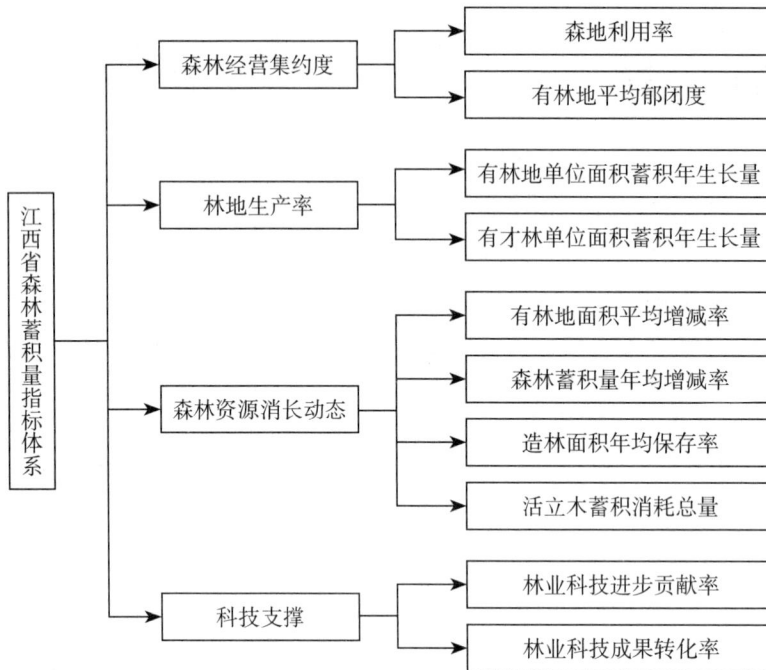

图 10-1　江西省森林蓄积量指标体系框架

(3)指标权重的确定方法。将所选指标按照层次分析法标度的含义对各指标的重要性赋值。通过两两比较构成矩阵,计算矩阵的标准化特征向量,并进行一致性检验,得到各指标的权重值(表 10-49)。

表 10-49　江西省森林蓄积量指标体系各指标的权重值

一级指标	二级指标	权重(F_j)	三级指标	权重(q_y)	现状值(C_{ix})	2015 年目标值	2020 年目标值
江西省森林蓄积量指标体系	经营集约度	0.1	林地利用率	0.6	80	90	95
			有林地平均郁闭度	0.4	0.5	0.6	0.7
	林地生产率	0.2	有林地单位面积蓄积年生长量	0.3	0.2	0.3	0.4
			用材林单位面积蓄积年生长量	0.7	0.4	0.6	0.7
	资源消长动态	0.4	有林地面积年均增减率	0.2	7	5	3
			森林蓄积量年均增减率	0.2	8	10	15
			活立木蓄积消耗总量增减率	0.3	10	10	10
			造林面积年均保存率	0.3	90	90	95
	科技支撑	0.3	林业科技进步贡献率	0.4	35	45	50
			林业科技成果转化率	0.6	8	9	10

层次分析法(the analytic hierarchy process,简称年 HP 法),是美国运筹学家 T. I. Seaty 于 20 世纪 70 年代中期提出的一种适用于多准则的决策方法。该方法首先将复杂问题层次化,根据问

题和要达到的目标，将问题分解为不同的组成因素，并按照因素间的相互关联及隶属关系将因素按不同层次聚集组合，形成一个层次的分析结构模型，根据系统的特点和基本原则，对各层的因素进行对比分析，引入1~9比率标度方法构造判断矩阵、求解判断矩阵最大特征值及其特征向量，并得到各因素的相对权重，其基本步骤如下：①通过系统分析，把复杂问题分解成有序的递阶层次结构；②构建判断矩阵，用九分法的相对重要性的比率标度，对指标进行两两比较判断；③经过层次单排序及一次性检验和层次总排序及一次性检验，将各指标的相对重要性数量化，并确定权重；④根据权重换算为相应的百分制评分标准。

（4）江西省森林蓄积量指标体系的计算方法。

权重值q_{ij}越大，说明该指标因子的重要性越大；反之q_{ij}值小，说明重要性差。为了便于计算，每个要素的F_j之和以及同一要素q_{jx}之和都等于1.0。其计算公式如下：

$$F=\sum_{j=1}^{n}F_j=1.0 \qquad\qquad Q_i=\sum_{j}^{n}q_{ij}=1.0$$

式中：F——江西省森林蓄积量总的权重值，F_j——j二级指标要素的权重值。

q——二级指标要素总的权重值，q_{ij}——二级指标要素三级指标因子权重值。

根据Delphi法，取得了不同级数指标的指标值，然后通过下列公式计算江西省森林蓄积量指标体系的系数：

$$M_{jx}=\sum_{i=1}^{n}c_{jx}q_{ij}=c_{1x}q_{1j}+\cdots+c_{nx}q_{nj}$$

式中：C_{ix}——为x二级指标要素i三级指标因子等级的指标值，q_{ix}——为j二级指标要素i三级指标因子权重值，M_{jx}——j二级指标要素总的指标值，M_{jx}评价系数是反映二级指标的各评价因子的综合作用，可作为二级指标之间对比分析的依据。

表10-50可看出，如果目标值能够实现，2009年江西省森林蓄积量将达到4.5亿立方米，2015年达到5亿立方米，而2020年将达到7亿立方米，江西省森林蓄积量将大幅提高。

表 10-50　江西省森林蓄积量发展指标　　　　　　（计量单位：亿立方米）

年度	2009 年	2015 年	2020 年
森林蓄积量	4.5	5	7

（二）林产业总产值

1. 江西省林业产业社会总产值指标体系框架（表 10-51）

林业是一个门类齐全的特殊行业。其内部拥有第一产业、第二产业和第三产业，而且不仅具有部门经济的特点，还具有区域经济的特点。因此，我们利用专家咨询法，选择部分最能反映林业产业特征的指标，以构建江西省林业产业社会总产值指标体系的框架。

表 10-51　江西省林业产业总产值发展指标　　　　　　（计量单位：亿元）

年度	2015 年	2020 年	年度	2015 年	2020 年
第一产业	840	1024	第三产业	300	640
第二产业	860	1536	总产值	2000	3200

2. 指标的意义及目标值

（1）第一产业指标。

- 人工用材林培育工程发展指标

速生丰产林工程发展指标：在国家林业局"东扩、西治、南用、北休"的战略布局中，江西省属于南方商品用材林区域，是我国重点木材和林产品供应战略基地，是林业产业发展最具活力的地区。按照国务院批准的《林纸一体化工程规划》和原国家计委批复的《重点地区速生丰产用材林基地规划》，江西省属于工业原料林产业带，工业原料林建设以发展短周期短纤维浆纸原料林基地为主，重点培育欧美杨和松类为主的工业原料林，兼顾建设周期较长的大径级用材林基地。

竹材培育工程发展指标：江西省山地资源十分丰富，林业用地面积占国土总面积的 63.69%，宜竹林地多面广，为竹林基地建设留下了拓展空间。

- 特种经济植物培育工程发展指标

森林药材：结合木本药材高产示范基地建设，加大木本药材产业的培育力度，以木本药材中心产区为核心，重点建设一批木本药材深加工的龙头企业，开发系列拳头产品。

生物质能源产业：生物质能源是新兴的可再生能源产业。目前世界各国，尤其是发达国家都致力于开发高效、无污染的生物质能源产业。要充分利用江西省光热条件好的自然优势，发展木本植物生物质能源林培育，以生物燃料油和木质煤发电为主线，建立有林业特色的新兴生物质能源产业。

利用江西省现有的林地、资源、人才技术优势，研究、培育、开发速生高产的木本生物质能源林新品种，在条件允许的市县发展能源林林场或合作组织，建立能源林基地；加强生物质能源利用技术的研究和转化工作，突出生物柴油、燃料乙醇和木质煤的开发利用，制定技术标准，形成可持续发展的生物质能源产业。加强技术监督和市场管理，规范市场行为，为生物质能源技术推广、开发创造良好的市场环境。

- 苗木和花卉工程发展指标

加强林木苗木工程建设，应用新技术加快新品种的选育，收集整理和保存种质资源，引进驯化国外新品种，提高良种使用率和优质苗木的供应率。根据不同的生态区域、不同的立地条件选择适生的造林树种，特别是加强对林业生态建设重点难点的石漠化地区、高海拔地区造林树种选育；充分利用江西省生物多样性和动植物资源丰富的优势，加快具有高能量能源树种的选育及转化为生物柴油、生物酒精、木质煤等技术的开发利用，为缓解我国能源需求压力、弥补化石燃料的不足开辟新的途径，加快生物质能源等特殊用途树种选择与选育。

积极开发、合理利用江西省丰富的乡土树种及野生兰花、红花檵木等花卉资源，培育具有特色的国际竞争力的名特优新品种，全面提高产品的品质和生产水平。发展的重点是高档盆花及观叶植物和绿化种苗产业带。

（2）第二产业发展指标。

- 林纸（板）一体化工程发展指标

依靠科技进步，引进和采用先进技术、设备、工艺，在注重发展规模的同时，更加注重提高产品质量，特别是提高生产工艺的环保标准，大力发展以人工速生材、小径材、低质材为原料的纸浆和人造板品种，适度发展以大径材为原料的人造板品种，推进林浆（板）一体化。针对目前小型民营企业居多的特点，引导和促进小企业的联合，逐步培植一批大型制浆、人造板骨干企业，使大中小企业协调发展。发展竹制品为主导的竹加工制造业，鼓励发展适合区域市场的竹制家具和竹制品产业。

- 竹材利用工程发展指标
- 家具及装饰材料利用工程发展指标

发展壮大木质、竹藤家具、木竹地板及木制品加工产业集群。注重技术含量与原创性，增强产品在国际市场的竞争力。发展竹制家具为主导的家具制造业，鼓励发展适合区域市场的木制家具、木竹地板和木制品产业。

- 森林食品发展指标

充分发挥江西丰富的油茶和竹林资源优势，以金浩植物油、株洲好恰绿色油业等龙头企业为载体，依靠科技进步，提高油茶精深加工利用水平，突出高级精炼茶油、天然护肤化妆品、茶皂素等系列产品开发，形成有特色的拳头产品，积极培育和开拓高档食用油消费市场，通过低产油茶林改造及加快良种化进程，建设油茶林基地，延伸产业链，大力发展茶油产品加工产业集群。集群内的各个企业要充分发挥各自特色，扩大规模，形成各具特色的油茶产业集群，提升油茶的附加值，带动全省绿色食品油茶产品的生产。

- 林产化工发展指标

主要发展松香、单宁酸、山苍子油和松节油等优势产品，提高精深加工水平和产品质量，增强产品的出口竞争力，巩固国际市场地位。进一步调整布局，实现适度规模经营，鼓励发展一批基地与产品系列加工一体化的林产化工骨干企业，积极发展氢化松香、松香、松脂、无色松香、五倍子单宁酸、山苍子油、松节油及其深加工产品，逐步提高产品的档次和质量。

（3）第三产业发展指标。

- 森林生态旅游工程发展指标

江西省森林生态旅游工程的建设，坚持沿城、沿路、沿水开发原则，坚持以生态旅游业龙头带动其他旅游景区、景点和吃、住、行、购物、娱乐、信息、金融、保险等相关联企业，发展集群经济的圈层结构。增强森林旅游产业核心集群，拓展森林生态旅游产业集群，精心打造完善精品旅游线路，积极推进以森林公园为主，以自然保护区实验区为辅的森林生态旅游业产业链的发展壮大。以重点生态旅游景区为主线，形成点线带结合的森林生态旅游产业。进一步完善现有的国家森林公园、国家级自然保护区实验区内基础设施，大力发展适应区域性需求的不同层次的森林公园、国家级自然保护区。

- 湿地生态旅游工程发展指标

江西省的湿地生态旅游工程的建设，坚持沿城、沿路、沿水开发原则，坚持以生态旅游业龙头带动其他旅游景区、景点和吃、住、行、购物、娱乐、信息、金融、保险等相关联企业，发展集群经济的圈层结构。筑牢湿地生态旅游产业核心集群，以重点生态旅游景区为主线，形成点线带结合的湿地生态旅游产业。

（三）生态旅游收入（表 10-52）

表 10-52　江西省生态旅游收入发展指标　　　　　　　　　（单位：亿元）

年度	2009 年	2015 年	2020 年
生态旅游收入	150	380	540

三、江西现代林业发展文化核心指标

（一）森林公园个数与面积（表 10-53）

表 10-53　江西森林公园个数面积预测表　　　　　　　　（单位：个 / 万公顷）

评价指标	现状	2015 年	2020 年
森林公园个数 / 面积	152/49.4	180/53.3	200/66.7

森林公园是以大面积森林为基础，生物资源丰富，自然景观、人文景观相对集中的具有一定规模的林区或郊野公园。它是以保护为前提，利用森林的多种功能为人们提供各种形式的旅游服务和可进行科学文化活动的经营管理区域。森林公园建设以生态学理论为指导，以合理利用森林资源、优化森林生态环境为目的。

森林文化与森林公园有着千丝万缕的内在联系。文化寓于森林公园的软、硬件之中，森林公园文化是森林公园发展的动力。

森林文化是建立新型人与自然和谐统一关系的重要载体。是代表先进文化前进方向的重要内容，森林文化是森林公园发展的强大动力。这种动力的作用主要表现在：一是先进的森林文化能够极大地促进人的思想道德和科学文化素质的提高，这必然要为森林公园发展带来强有力的精神动力。二是先进的森林文化可以为森林公园带来深厚的文化品味。一个没有文化底蕴的森林公园是一个不完整的森林公园。三是先进的森林文化是一种与时俱进，不断创新的文化，必然要给森林公园发展带来日新月异的生机与活力。

（二）生态文化教育示范基地数量（表 10-54）

表 10-54　生态文化教育示范基地数量预测表 （单位：个）

评价指标	现状	2015 年	2020 年
基地数量	3	10	18

（三）古树名木保护率（表 10-55）

表 10-55　古树名木保护率预测 （单位：%）

评价指标	现状	2015 年	2020 年
古树名木保护比率	80	85	95

古树名木是中华民族悠久历史与文化的象征之一，是绿色文物，活的化石，是自然界和前人留给我们的无价珍宝。因此它是森林文化的重要指标。主要考虑古树名木的保护比率因子。

古树名木的得分值按古树名木的保护比率来确定，根据全省对古树名木清查、登记、挂牌保护的古树名木占全省古树名木的比例。

（四）湿地公园个数与面积

截至 2010 年，江西全省共有湿地公园 29 个，其中国家级 6 个，省级 23 个，总面积 12.04×10^4 公顷。湿地公园建设纳入全省造林绿化"一大四小"工程建设以来，全省湿地公园的发展速度非常快，预计到 2020 年全省湿地公园数量达 100 多个，见表 10-56。

表 10-56　湿地公园个数与面积预测 （单位：个 / 万公顷）

时段	现状	2011~2015 年	2016~2020 年	时段	现状	2011~2015 年	2016~2020 年
湿地公园数（个）	29	71	102	国家级数量（个）	6	22	30
总面积（万公顷）	12	20.1	25.4	省级数量（个）	23	49	72

（五）自然保护区面积

自然保护区是大自然的一个缩影，它可以恢复和接近于自然界的本来面目。建立自然保护区有以下四方面的意义：①保护自然环境和自然资源，维护自然生态的动态平衡；在科学的管理下，保持本来的自然面貌，一方面维持有益于人类生存与发展的生态平衡，另一方面创造最佳人工群落模式和进行区域开发的自然参照系统;②保持物种的多样性,既保存动物、植物、微生物物种及其群体的天然基因库,又保护着珍稀物种和濒危物种,使其免遭灭绝;③维持生态系统和自然资源的永续发展和持续利用,保护种质资源的提供基地和经济建设的物质基础;④保护特殊有价值的自然人文地理环境,为考证历史、评估现状、预测未来提供研究基地。自然保护区保护的对象主要包括:有代表性的自然生态系统,濒危动植物的主要分布区,水源涵养区,有特殊意义地质构造、地质剖面和化石产地等。自然保护区不能有人为的直接干涉,任自然流程正常进行,包括特定时间内的一些自然作用,如自然火烧、群落自然演替、自然病虫害、风暴、地震等。目前江西省自然保护区中还存在一些问题:传统的经济活动方式和对自然资源不合理的开发利用,导致天然林迅速减少,动物栖息地和珍稀植物生长环境恶化,生态系统质量和多样性下降,化肥、农药的大量使用和"三废"的大量排放,造成环境污染,严重威胁着野生动植物的生存;对野生动物的乱捕滥猎和对野生植物的乱采滥挖,致使野生动植物种群数量迅速减少以致灭绝,越是珍稀且经济价值高的物种减少或灭绝的速度越快。

江西地处欧亚大陆湿润的亚热带中部,在动物地理上属东洋界华中区东部丘陵平原亚区。自然条件优越、森林资源丰富,加上保护管理工作不断加强,为野生动物的生存和种群发展提供了适宜的条件。据统计,全省野生脊椎动物有845种,占全国野生脊椎动物总种数的13.5%。其中哺乳类105种、鸟类420种、爬行类77种、两栖类40种、鱼类203种,分别占全国同类野生动物种数的21%、25%、33%、19%、5%。其中列为国家一级重点保护野生动物有19种,国家二级重点保护野生动物有68种,分别占全国同级重点保护野生动物物种数的22.4%和50%。省级重点保护野生动物有107种。列入《濒危野生动植物种国际贸易公约》附录Ⅰ和附录Ⅱ的野生动植物种类有98种。主要珍稀濒危野生动物有黄喉噪鹛、海南虎斑鳽、金钱豹、云豹、梅花鹿(南方亚种)、华南虎(历史分布)、穿山甲、水鹿、苏门羚、黑麂、黑熊、黄腹角雉、白颈长尾雉、白鹤、白枕鹤、白头鹤、东方白鹳、黑鹳、小天鹅、中华秋沙鸭、鸳鸯等。分布于婺源的黄喉噪鹛全国野外仅有210只,且仅分布于江西省婺源县,现调查繁殖地仅3处,越冬地还正在调查中;彭泽县桃红岭梅花鹿国家级自然保护区的是中国最大的野生梅花鹿(南方亚种)保护基地,种群量已达300余只;此外,分布于江西省南部的海南虎斑鳽是世界上公认的鸟类濒危物种,现在只在我国浙江、江西、海南等地的山区被发现过,据国内有相关专家分析,该鸟的濒危程度可能更甚于朱鹮。

境内的鄱阳湖是全国最大的淡水湖和国家重要湿地,是全世界最重要的候鸟越冬地。据多年鄱阳湖水鸟调查显示,鄱阳湖区每年越冬鸟类数量稳定在80万只以上,主要物种有白鹤、白头鹤、白枕鹤、灰鹤、东方白鹳、黑鹳、白琵鹭、小天鹅、斑嘴鹈鹕等珍稀鸟类100多种,白鹤数量稳定在3000只以上,还有数量庞大的雁、鸭、鸥等种群,且种群数量呈现出逐年增长的态势。

野生植物资源,全省已知的高等野生植物有5117种,占全国总数的17%,其中苔藓类563种,蕨类435种,裸子植物31种,被子植物4088种。其中国家一级保护野生植物有9种,二级保护有46种;原林业部公布的国家珍贵树种有26种,约占全国的20%。省一级保护野生植物有9种,二级有39种,三级有115种。

在地带性常绿阔叶林中,植物种属和个体数量较多的优势科为壳斗科、樟科、木兰科、山茶科、金缕梅科、杜英科、冬青科等。珍稀、濒危植物有南方红豆杉、白豆杉、观光木、半枫荷、香果树、伯乐树、金毛狗蕨、粗榧等。分布于宜春市的落叶木莲是江西省特有种,也是木莲属唯一落叶的植物;东乡野生稻为近代水稻的始祖,是我国分布最北的野生稻;萍乡的长红檵木母树,树龄有300多年,是世界仅存的长红檵木母树。此外，宜丰县的穗花杉群落、铅山县的南方铁杉天然林、德兴和玉山县的华东黄杉天然林均是国内罕见的珍稀植物群落。

将自然保护区内生长状况较好的森林、河流及陡坡上盖度较高的灌木林划为禁伐区，禁止一切采伐利用活动，运用高科技手段采取强制性措施保护好现有的野生动植物资源。同时切实加强对全省生物多样性的保护，要在建立保护区、加强对现有生物保护的同时，积极开展引种和育种等工作，进一步丰富生物多样性。

根据江西省的实际情况，从保证生态安全角度出发，自然保护区还应该在目前已有基础上加大自然保护区数量和面积（表10-57），制定自然保护区管理办法。

表10-57　江西省自然保护区的面积及预测

类别	2009 年	2009~2015 年	2015~2020 年
自然保护区数	184	213	253
总面积（公顷）	1114730.3	2003580	2504470
占国土面积比率（%）	6.7	12	15
国家级数量	8	12	15
省级数量	18	25	33
市级数量	158	176	205

同时，更多保护区的设立可以保证自然资源的合理利用达到有序的释放。对于科研和教学、科普教育、生态教育等都具有非常重要的作用。

四、江西现代林业发展保障核心指标

（一）林业产权制度适用程度（表10-58）

表10-58　林业产权适用程度　　　　（单位：%）

评价指标	现状	2015 年	2020 年
林业产权制度适用程度	80	85	90

（二）林业科技贡献率（表10-59）

表10-59　林业科技贡献率　　　　（单位：%）

评价指标	现状	2015 年	2020 年
林业科技贡献率	35	46	50

（三）科技成果转化率（表10-60）

表10-60　科技成果转化率　　　　（单位：%）

评价指标	现状	2015 年	2020 年
科技成果转化率	52	60	75

第十一章　发展指标系统动态模拟

一、系统模拟的构建

（一）系统的概念

系统是一个在文献中很常见的词，有关它的定义也很多。统计学家爱德华·戴明（Edward Deming）认为"系统是诸多相互依赖的因素为实现一定的目标而有机组合在一起的整体"；Russell Ackoff 则认为"系统就是不能被分解成多个不受约束的独立部分的一个整体，它不是多个部分的一个简单总和，而是它们之间相互作用的产物"。系统动力学专家 Gunther Ossimitz 认为系统的内涵有以下几个要点：

（1）系统包含有很多元素，这些元素之间存在着或多或少的相互联系。

（2）系统不仅仅是各元素的物理堆砌，还包括诸元素之间的内在相互关系。

（3）每个系统都有一个与"周围环境"区别的边界。边界并非一定是清晰可见的分界线，因为系统与环境存在着相互渗透。边界可以是物质的（如人体的皮肤），也可以是非物质的（如一个确定的社团组织的成员资格）。系统的边界非常重要，因为：①边界能确保（甚至是决定）系统的"身份"；②系统与周围环境的关系主要发生在边界——系统的输入输出都分别从这里进入或离开系统。

（4）系统通常都有随时间而变化的动态行为。这些行为一般跟系统的目标和结构有关。比如生产系统要在一定时间范围内生产出一定数量的产品。

（5）在某种意义上，系统的元素可能也是一个完整的系统，我们称它为子系统。如一个发动机是一辆汽车的一个元素，它同时也是一个子系统。

《苏联大百科全书》的定义则是："系统是彼此相关联的元素的集合，这个集合具有一定的完整性和共同性。"换句话说，系统是由相互联系、相互依赖、相互制约、相互作用的事物和过程组成的具有整体功能和综合行为的统一体。为了实现系统自身的稳定和功能，系统需要以一定方式取得、使用、保持和传递能量、物质和信息，也需要对系统的各个构成部分进行组织。系统内部的组织是协同的、有序的。

（二）系统动力学的概念

系统动力学（System Dynamics，缩写为 SD）是研究信息反馈系统动态行为的计算机仿真方法。它把信息反馈的控制原理与因果关系的逻辑分析结合起来，面对复杂的实际问题，从研究系统的微观结构入手，建立系统的仿真模型，并对模型实施各种不同的政策，通过计算机仿真展示系统的宏观行为，寻求解决问题的正确途径，其系统观主要是植根于系统科学的思想体系。

系统动力学的方法是美国麻省理工学院的 Jay W. Forrester 教授于 1956 年创立的。SD 用因果关系图（causal loop diagrams）和栈——流图（stock-and-flow diagrams）来描述互相关联的系统，并用仿真语言 Dynam 来定量仿真系统的动态变化特性。其中栈表示系统变量的状态，不同时间点变量的状态是不同的：流表示系统变量的活动。随着 *Industrial Dynamics*（Forrester，1961）、*Urban*

Dynamics（Forrester，1969），*World Dynamics*（Forrester，1971），*The Limit to Growth*（Meadows 等，1972）等专著的相继出版，SD 也逐渐完善并得到国际上的广泛关注。

SD 以鲜明的系统观面世之后，一直以系统方法论的基本原则考察研究客观世界，经数十年发展充实了系统方法论。故国际系统动力学界才以"系统思考"（System Thinking）一词来概括系统方法论的基本原则及其系统观。随着系统动力学的发展完善，系统思考逐渐形成了一系列重要的原理、原则，成为研究、处理解决社会经济复杂系统问题的有效工具。

至此，基于系统动力学的管理决策建模方法也逐渐成熟。在 SD 的基础上，不但综合了系统思考和学习型组织理论，而且融合了先进的计算机技术。这主要表现在：新的仿真软件具有友好的人机交互界面、灵活的输入输出形式、简单易懂的操作等优点；最重要的是新的仿真软件不需要使用者构造艰深的数学算法与方程式，也不需要编写大量复杂的仿真程序。所以基于系统动力学的管理决策建模方法受到了越来越多的关注。目前应用较广的仿真软件有 Powersim，STELLA/ithink，Vensim，Modus 等。

（三）系统动力学对系统的数学描述

SD 强调对系统（S）整体性和非线性特性的描述。为了清晰地描述系统，SD 一般是在尽量完整地描述系统内各组成部分之间相互作用的非线性关系、复杂的因果反馈关系和生克关系（R_k）的基础上，把系统划分成若干个相互关联的子系统（P），其描述关系式如下：

$$S=(P, R_k)$$
$$P=\{P_i | i \in I\}$$
$$R_k=\{r_k | j \in J, k \in K \text{ 且 } J+K=I\}$$

式中：S——整个系统；P——系统 S 中的子系统；R_k——关系矩阵，描述各子系统间的关系。接下来是对子系统 P 的进一步描述。一般 SD 将子系统划分为两类：良结构子系统和非良结构子系统。良结构子系统一般由一个或若干个基本单元一阶反馈回路组成。对它们的描述一般用状态变量、速率变量和辅助变量以及其他数学函数、逻辑函数、延迟函数以及常数等。比较规范的数学描述式：L——状态变量；R——速率变量；A——辅助变量向量；L——纯速率向量，通常为各速率向量 R 的组合；T——转移矩阵，为变系数或常值阵：W——关系矩阵，为变系数阵，反映变量 R 与 L 之间以及 A 在同一时刻上的各种非线性关系。

上面涉及的只是对实际系统中能定量描述的那一部分，但系统中一般还有一些不能用微分方程和其他数学函数精确地加以描述的结构，也就是非良结构。它们只能用半定量、半定性或定性的方法来处理。

总之，SD 模型一般包含对良结构和非良结构的描述说明两个部分，并且以定量描述为主辅以半定量、半定性或定性的描述。因此，可以说 SD 模型是一种定量模型与概念模型相结合而以前者为主体的模型。

（四）构建林业生态效益系统动态模型的目的

无论所研究区域的大小或范围如何，其林业生态效益系统的长周期运转特性，决定了对系统进行整体性实体结构调控是非常困难的。建立总体动态仿真模型，在计算机上进行仿真试验，不但使不可能进行的试验变为可能，而且多方案试验能在短时间内完成，也提高了试验结果的实用价值。

林业生态效益总体系统模型——系统动力学模型突出以下特点：以解决动态问题为目的，是一种源自反馈控制的系统动态仿真模型：由多变量、多方程互相联系组成，适宜于对非线性复杂大系统的模拟；能方便地进行能量、物质、信息多路循环，社会、经济、环境多因素多关系一体化运转的多方案总体动态仿真试验；不片面要求数据的精确性，适宜于对难以获得全部准确参数的系统进行模拟；通过近几年有关学者的努力研究，已形成了比较成熟的模拟技术。

SD 模型作为复杂系统的重要研究方法之一，能模拟系统随时间变化的过程，虽然具有预测效果，但不是预测的工具。建立模型的过程，就是将真实系统经过特定的抽象，在计算机上转换成可调节控制的人工系统的过程。由此看来，对林业生态效益进行总体分析与未来发展的预测，采用系统动力学模型分析方法是必要的，也是可行的。

（五）系统模型的构建

本文通过应用 Visual Basic 语言来完成动态系统仿真模型的构建。

1. 系统模型的数据

本模型构建及模拟过程中，基础数据信息来源于江西最新森林二类调查资料和 2000~2006 年林业发展统计资料，主要对 2006~2020 年间各种生态效益的变化趋势进行预测。

2. 系统模型主体方程

系统动力学仿真系统的动态仿真模型主体方程为差分方程：

$$S_i(t) = S_i(t-1) + \Delta S(t)$$
$$\Delta S(t) = f[S_{i-1}(t)] + f[S_i(t)]$$
$$M_i(t) = S_i(t) \times PM_i(t)$$
$$B_i(t) = S_i(t) \times PB_i(t)$$

式中：$S_i(t)$——第 i 龄级面积；

$\quad\quad M_i(t)$——第 i 龄级蓄积；

$\quad\quad PM_i(t)$——第 i 龄级单位面积蓄积量；

$\quad\quad B_i(t)$——第 i 龄级各效益值；

$\quad\quad PB_i(t)$——第 i 龄级单位面积各效益值。

对江西林业发展生态效益系统模型共选取 103 个变量，其中 32 个状态变量，29 个流速变量，42 个辅助变量；其系统流程如下图所示。由图 11-1~图 11-4 可知，将江西省林分共分为生态针叶林、生态阔叶林、用材针叶林、用材阔叶林、薪炭针叶林、薪炭阔叶林、经济林、生态疏林针叶林、生态疏林阔叶林、用材疏林针叶林、用材疏林阔叶林、生态竹林、用材竹林、生态灌木、薪炭灌木、经济灌木林 17 种林分。对每种林分地蓄积量、生物量、总面积、吸收 SO_2、XF 和固碳量进行仿真模拟。幼龄林依次生长成为中龄林、近熟林、成过熟林；成过熟林通过采伐利用变为荒山荒地；在林分成长的过程中，若遭受到各种灾害和人为活动的影响，这里我们用延迟函数表示：

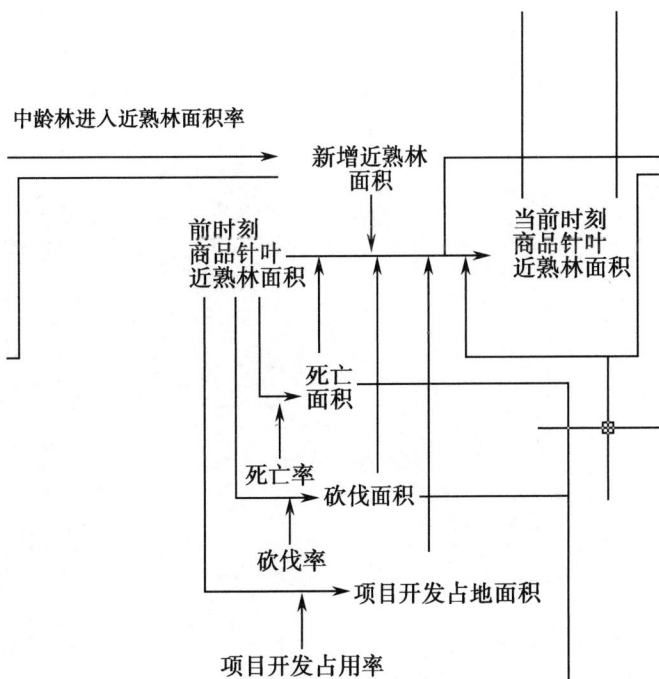

图 11-1　流程图细部

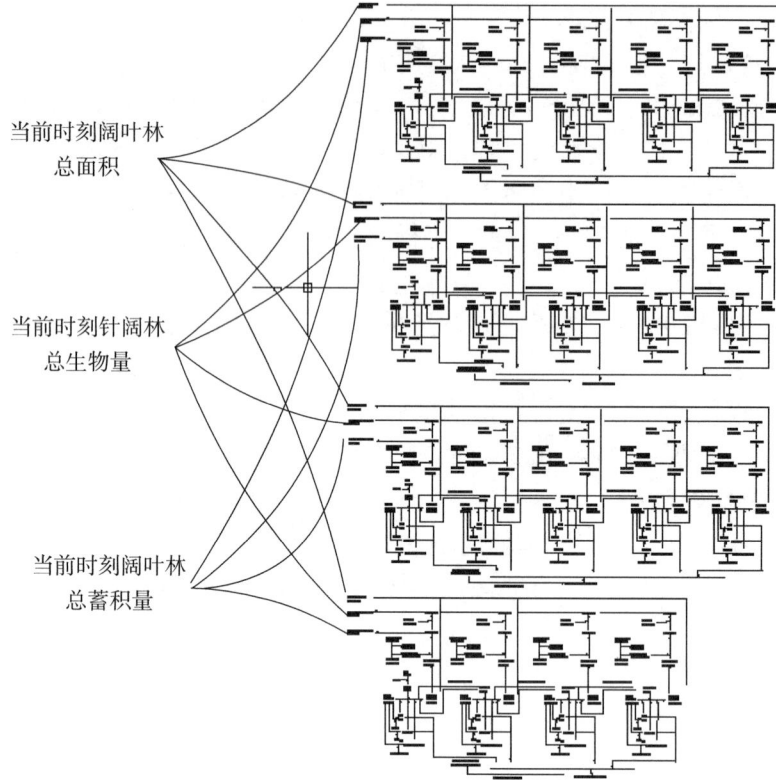

当前时刻阔叶林
总面积

当前时刻针阔林
总生物量

当前时刻阔叶林
总蓄积量

图 11-2　阔叶林流程

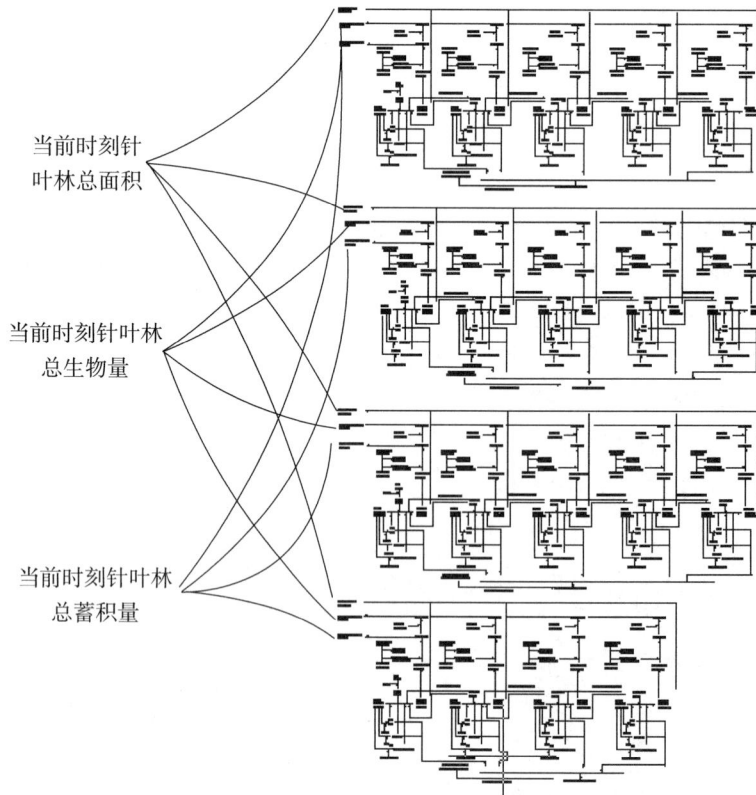

当前时刻针
叶林总面积

当前时刻针叶林
总生物量

当前时刻针叶林
总蓄积量

图 11-3　针叶林流程

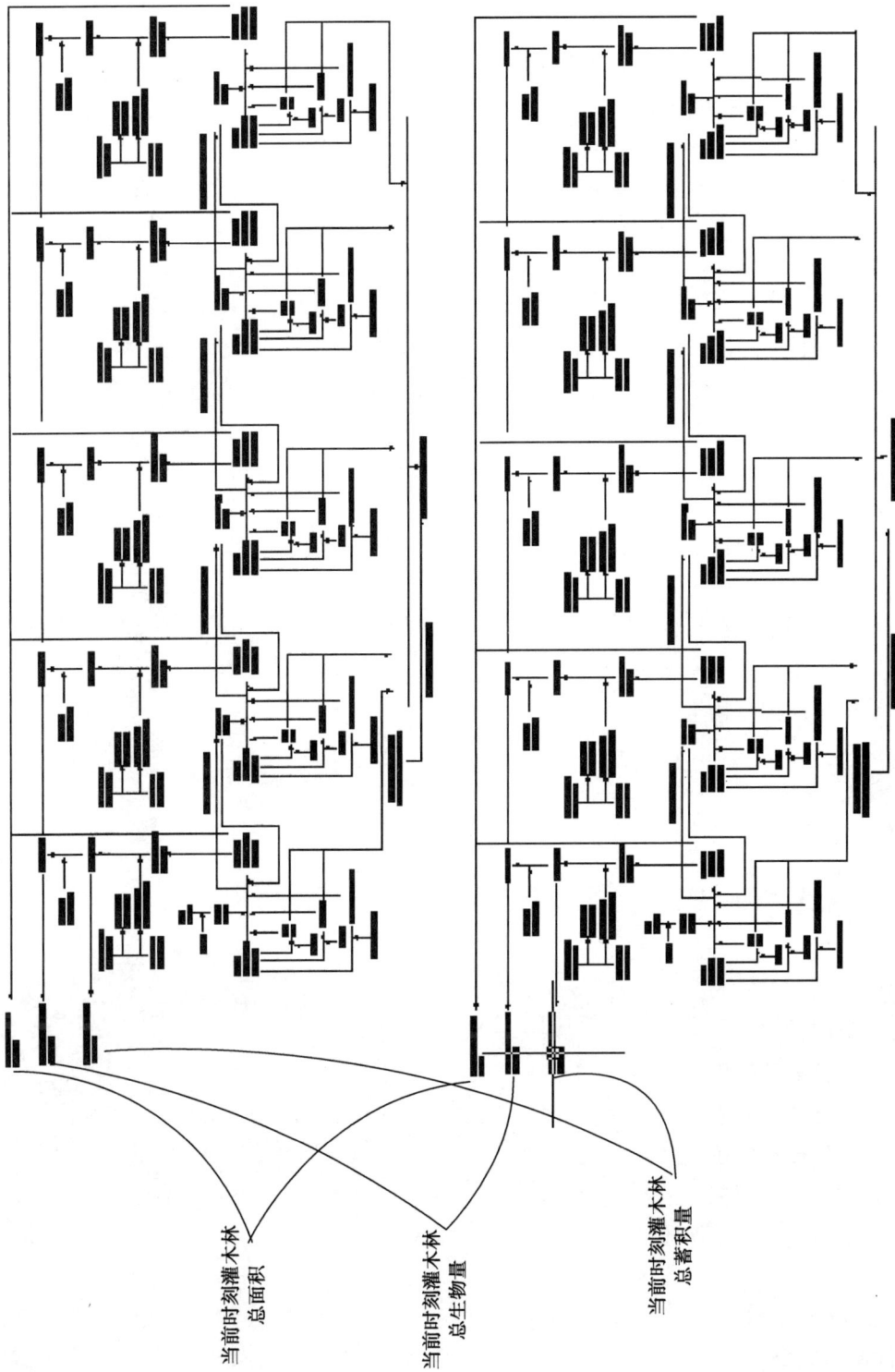

图 11-4 灌木林流程

当前时刻幼林面积＝前时刻幼林面积－死亡面积（死亡率）－砍伐面积（砍伐率）－项目开发占地面积（项目开发占用率）＋新增幼林面积（造林保存率），函数中的死亡率、砍伐率、项目开发占地率和造林保存率深受政策、人们观念和经济发展的影响，我们主要根据江西"十一五"规划中有关内容进行确定。通过各龄林活立木总蓄积。再由生长每立方米木材固碳量、吸收 SO_2、XF 的量可得总的固碳量、吸收 SO_2、XF 量。

3. 主要变量及约束条件的确定

森林面积受国家政策和自然因素的影响，处在不断的变化之中。有林地经采伐、灾害可变为采伐迹地、宜林荒山荒地；宜林荒山荒地经过荒山造林、封山育林，采伐迹地经过迹地更新可变为有林地，项目建设用地等使森林面积不断地发生变化。故江西林业发展综合效益仿真模型主要变量如下：

各林地面积

各林地面积小计

林地总面积

各林地面积比率

计算龄组

单位面积蓄积量

各龄组单位面积蓄积量（竹林百株生物量年增，灌木林单位面积生物量年增）

各林地蓄积量

各林地年增蓄积量

竹林单位面积生物量

灌木林地单位面积生物量

死亡面积

死亡面积率

更新面积

更新面积率

更新面积小计

自然更新面积

项目占地面积

项目占地面积率

造林及未成林造林面积

造林及未成林造林面积率

公益林未成林造林面积

商品林未成林造林面积

各种林未成林造林初始面积

新增可造林面积

可造林面积

项目占可造林面积

单位面积逐年吸收 SO_2 量

单位面积逐年吸收 XF 量

单位面积逐年固碳量

江西省林业发展综合效益仿真模型主要变量的约束方程如下：

生态疏林可造林面积=生态针叶林可造林面积+生态阔叶林可造林面积+生态竹林可造林面积

2006年末商品疏林可造林面积=用材针叶林可造林面积+用材阔叶林可造林面积+薪炭针叶林可造林面积+薪炭阔叶林可造林面积+经济林+用材竹林可造林面积

2006年末商品灌木可造林面积=薪炭灌木可造林面积+经济灌木可造林面积

生态迹地宜林地可造林面积=生态针叶林可造林面积+生态阔叶林可造林面积+生态竹林可造林面积

商品迹地宜林地可造林面积=商品针叶林可造林面积+商品阔叶林可造林面积+商品竹林可造林面积

2007年人工更新面积上新造林未成活面积+死亡面积=新可造林地

人工更新面积上新造林未成活面积+死亡面积新可造林未成活=新可造林地

2007年人工更新面积造林=更新面积造林小计×0.9=新造林

2007年末可造林面积=2004年末可造林面积−2007年项目占可造林面积

新可造林地=新可造林地（=死亡面积新可造林未成活+更新面积新可造林未成活）+已有新造林未成活

2007年末，可造林面积=2006年末可造林面积+2007年新可造林面积−2007年项目占可造林面积−2007年可造林面积上新造林

2007年末林地=2006年末林地−2007年项目占地−2007年人工更新−2007年死亡−2007年自然更新

2007年末新增未成林地=2006年末未成林地+2007年自然更新+2007新造林未成林地+2007年人工更新造林保存后

死亡面积=（现有林地面积−人工更新−自然更新）×死亡占地面积率

项目占林地=（现有林地面积−死亡−人工更新−自然更新）×项目占地面积率

可造林面积=可造林面积−项目占可造林面积=（可造林地面积−可造林地新造林）×项目占地面积率

可造林面积=可造林面积+死亡面积+人工更新造林未保存面积−可造林地新造林面积

现有林地修正=旧现有林地−项目占地−死亡−自然更新−人工更新

现有新造林地=可造林地新造林面积+自然更新面积+人工更新保存面积

4. 初值计算

通过运行模型，预测出江西森林2006~2020年生态效益。主要从蓄积量、固碳量、吸收SO_2量、吸收氟量等几个指标来反映。

二、动态模拟结果及分析

根据江西省森林资源二类调查，对江西省的森林资源与生态环境的动态变化进行了动态分析。

（一）单位面积蓄积量计算公式

森林资源的动态变化分析采用了4种计算公式，其中以S曲线公式和对数曲线公式为主。由SPSS统计分析软件计算分析得到公式中相关参数。

1. S曲线公式

$$V=e^{b_0+b_1/y}$$

式中：V——单位面积蓄积量；

　　b_0、b_1——系数，由 SPSS 统计分析软件计算分析得到；

　　y——林龄。

下同。

2. 对数曲线

$$V=b_0+b_1\ln y$$

3. 线形公式

$$V=b_0+b_1 y$$

4. Logistic 曲线

$$V=\frac{1}{1/\mu+b_0 e^y}$$

表 11-1　公益林计算公式系数表

优势树种	线性公式		对数曲线公式		S 曲线公式	
	b_0	b_1	b_0	b_1	b_0	b_1
柏木	−59.409	6.293	−545.360	209.302	6.428	−54.634
马尾松	−4.488	1.943	−79.572	45.187	4.192	−4.702
湿地松	−15.429	3.333	−61.343	42.741	3.945	−4.772
台湾松	−9.407	3.393	−236.324	101.853	5.326	−24.852
火炬松	8.509	3.060	−89.651	55.003	5.671	−26.287
其他松	−23.096	3.849	−180.007	83.433	4.997	−18.285
杉木	28.048	1.814	−83.207	54.237	4.457	−5.080
柳杉	−54.494	7.370	−577.995	230.206	6.109	−29.735
落羽杉	−8.705	8.705				
水杉	−76.576	11.464	−426.636	196.378	6.109	−24.664
池杉	143.260	−0.068	110.061	10.926	4.851	−0.948
樟树	43.876	0.353	−43.424	29.309	4.778	−26.531
楠木	132.321	−0.804	201.244	−27.906	4.266	8.383
栎类	−5.595	2.214	−84.952	48.745	4.258	−5.853
栲树	17.386	1.562	−59.181	41.337	4.421	−4.462
槠树	21.337	1.339	−51.546	37.570	4.445	−6.462
木荷	7.089	2.152	−82.694	51.364	4.394	−5.915
枫香	7.480	1.815	−92.321	50.791	4.723	−16.792
其他硬木	−1.595	2.042	−100.011	54.595	4.514	−6.810
檫木	33.667	0.877	−63.741	40.879	4.888	−17.234
桉树	6.828	1.852	−13.172	19.507	4.794	−16.202
杨树	12.269	2.542	−60.339	45.476	5.390	−23.591
桐树	23.375	1.338	−22.670	25.067	4.005	−5.394
泡桐	3.563	2.151	−42.791	31.017	4.437	−16.305
苦楝	3.512	1.686	−49.394	31.142	4.103	−16.142
拟赤杨	33.388	1.124	−6.722	21.854	4.314	−5.995

（续）

优势树种	线性公式		对数曲线公式		S 曲线公式	
	b_0	b_1	b_0	b_1	b_0	b_1
槠木	27.342	0.748	−20.453	22.120	4.929	−22.847
南酸枣	−41.484	7.950	−149.489	85.876	4.989	−12.544
杜英	−7.391	7.391				
蓝果树	−3.636	3.636				
鹅掌楸	−167.101	9.014	−737.491	247.214	7.503	−85.954
其他软木	15.390	2.035	−69.251	46.399	4.579	−9.478
针叶混	−41.061	3.998	−80.593	47.039	3.686	−5.042
针阔混	−2.799	2.210	−63.526	40.483	4.148	−5.872
阔叶混	8.255	1.776	−64.829	42.209	4.305	−5.395
毛竹	37.977	−0.023	37.763	−0.086	3.559	0.191
杂竹	175.608	−14.076	196.874	−69.696	2.791	3.302
柑橘	−0.141	0.099	−1.229	0.940	1.309	−11.614
梨桃类	−0.103	0.026	−0.301	0.220	−0.250	−16.253
板栗	−15.530	1.735	−55.098	26.632	3.563	−31.506
脐橙	−0.005	0.005				
其他果木	1.213	−0.014				
油茶	0.214	−0.002				
其他食用	−1.990	0.245	−1.059	2.637		
油桐	13.901	1.899	−13.341	21.009	3.694	−2.844
乌桕	0.936	0.582	−16.760	10.172	2.138	−0.361
栓皮栎	−0.100	1.432				
厚朴	−0.157	0.820	−11.936	9.050	2.440	−6.274
杜仲	9.787	−0.050	2.852	2.525	3.597	−26.240
银杏	−4.417	1.785				

表 11-2 一般用材林和薪炭林计算公式系数表

优势树种	线性公式		对数曲线公式		S 曲线公式		Logistic 曲线公式	
	b_0	b_1	b_0	b_0	b_1	b_1	b_0	b_1
柏木	−17.642	2.493	−83.309	39.760	5.215	−37.470		
马尾松	16.935	1.101	−37.910	29.161	4.042	−3.927		
湿地松	22.228	1.456	−23.487	28.199	3.992	−3.233		
台湾松	−15.514	3.216	−130.730	64.807	5.063	−23.670		
火炬松	12.836	2.984	−71.716	49.952	5.160	−16.013		
其他松	−4.107	3.008	−107.888	56.214	4.584	−13.728		
杉木	21.239	2.034	−49.313	42.322	4.383	−3.829		
柳杉	−37.502	6.531	−185.976	95.779	5.104	−12.464		

（续）

优势树种	线性公式		对数曲线公式		S 曲线公式		Logistic 曲线公式	
	b_0	b_1	b_0	b_0	b_1	b_1	b_0	b_1
水杉	74.970	2.512	28.549	32.466	4.805	−2.907		
池杉	−63.819	10.808	−341.741	164.337	6.324	−27.993		
樟树	16.641	1.522	−70.416	41.824	4.524	−12.407		
楠木	75.923	−0.197	37.232	10.197	4.567	−10.488		
栎类	19.399	1.360	−44.994	34.180	4.010	−4.985		
栲树	0.839	2.061	−72.470	45.345	4.393	−4.961		
楮树	11.876	1.595	−88.825	46.648	4.917	−20.459		
木荷	2.427	2.290	−79.890	47.278	4.638	−13.301		
枫香	17.640	1.326	−28.292	27.605	3.934	−3.359		
其他硬木	12.875	1.603	−64.632	42.122	4.336	−3.726		
檫木	13.091	2.909	−67.967	48.674	4.897	−13.272		
桉树	13.030	−0.220	8.610	2.431	3.465	−5.637		
杨树	−10.235	4.517	−32.506	34.814	3.959	−4.665		
桐树	−6.383	4.162	−76.632	51.391	4.463	−10.104		
泡桐	−13.732	5.035	−72.308	50.431	5.034	−14.706		
苦楝	−8.118	3.511	−54.137	37.505	3.884	−5.479		
拟赤杨	9.516	3.151	−66.488	49.156	5.323	−17.342		
桤木	0.146	2.374	−47.379	32.472	4.771	−17.566		
南酸枣	−19.023	5.530	−98.279	63.598	5.084	−14.697		
杜英	6.846	−0.079	2.263	2.171	2.036	−7.995		
蓝果树	1.29.259	−2.701	187.073	−36.308	4.136	5.242		
鹅掌楸	4.859	7.848	−184.549	114.889	6.278	−20.917		
其他软木	17.931	1.557	−43.503	33.464	4.991	−19.479		
针叶混	6.234	1.726	−19.555	22.473	3.646	−3.343		
针阔混	−5.335	2.568	−60.015	41.720	4.222	−4.622		
阔叶混	−5.643	2.382	−60.043	40.943	4.124	−3.573		
毛竹	38.136	−0.181	41.341	−2.704	3.311	0.311		
杂竹	185.453	−14.883	167.363	−46.540	3.374	0.980	0.006	1.271
梨桃类	−54.966	6.598	−133.186	62.626	10.622	−82.225		
板栗	3.800	0.742	−5.929	8.489	2.884	−2.871		
油桐	11.992	1.760	−18.856	22.004	−7.634	4.183		
漆树	11.992	1.760	−18.856	22.004	−7.634	4.183		
厚朴	−2.409	2.409						
杜仲	−2.409	2.409						

表 11-3　速生丰产林计算公式系数表

优势树种	线性公式		S 曲线公式		优势树种	线性公式		S 曲线公式	
	b_0	b_1	b_0	b_1		b_0	b_1	b_0	b_1
马尾松	13.869	1.457	−54.801	34.273	杨树	4.971	0.351	4.107	2.325
湿地松	−13.301	4.736	−93.810	58.565	泡桐	−6.084	3.042		
火炬松	2.406	4.746	−93.880	62.729	苦楝	4.230	2.127	−29.081	24.806
杉木	28.263	3.122	−76.893	59.010	拟赤杨	4.230	2.127	−29.081	24.806
水杉	−3.509	3.509			桤木	−4.719	2.921	−20.987	20.514
栲树	−26.584	5.740	−74.640	52.596	南酸枣	−42.271	8.414	−131.783	79.879
槠树	−1.259	1.259			其他软木	−11.667	1.667		
木荷	−40.745	6.518	−102.926	61.883	针叶混	−21.052	4.904	−79.537	47.312
枫香	−2.868	2.277	−0.256	8.993	针阔混	−37.296	8.809	−92.372	63.234
其他硬木	20.404	1.452	−55.158	36.036	阔叶混	−0.554	2.584	−77.452	44.847
檫木	−4.786	2.550	−4.740	14.423	杜仲	−11.667	1.667		
桉树	4.971	0.351	4.107	2.325					

表 11-4　短周期用材林计算公式系数表

优势树种	线性公式		S 曲线公式		优势树种	线性公式		S 曲线公式	
	b_0	b_1	b_0	b_1		b_0	b_1	b_0	b_1
马尾松	16.754	1.489	−40.651	30.709	枫香	−2.408	2.408		
湿地松	1.069	3.197	−74.122	47.452	其他硬木	−20.645	3.136	104.532	48.735
台湾松	−1.000	3.000	0.590	17.005	桉树	1.470	0.499	−1.469	5.184
火炬松	2.046	4.858	−70.620	54.385	杨树	31.728	−1.237	34.264	−5.762
其他松	−3.408	4.826	0.478	21.332	泡桐	−8.752	4.598	−9.961	14.695
杉木	55.514	1.453	−4.969	31.727	苦楝	−8.752	4.598	−9.961	14.695
樟树	−3.932	3.932	0.000	24.937	拟赤杨	31.735	−0.119	28.117	1.024
栎类	−2.629	2.629	0.000	17.270	桤木	31.735	−0.119	28.117	1.024
栲树	10.131	1.443	−48.575	30.757	南酸枣	−0.353	0.353	0.000	0.643
槠树	17.441	1.584	−35.279	29.149	其他软木	−21.398	9.667	−26.952	34.324
木荷	−2.408	2.408	0.000	13.599	针阔混	38.333	0.463	4.625	15.386

表 11-5　经济林计算公式系数表

优势树种	线性公式		S 曲线公式		优势树种	线性公式		S 曲线公式	
	b_0	b_1	b_0	b_1		b_0	b_1	b_0	b_1
樟树	−0.753	0.753			其他食用	−45.332	5.334	−125.103	59.810
梨桃类	−7.314	0.762	−16.235	8.367	油桐	−22.792	2.185	−61.725	28.160
板栗	−6.592	0.621	−22.509	10.619	栓皮栎	−4.890	2.393	−32.230	22.457
其他果木	−0.522	0.159	−2.570	1.630	厚朴	−7.946	1.739	−56.672	28.129
油茶	0.048	−0.001	0.092	−0.026	杜仲	−13.806	2.155	−33.010	18.087
茶叶	−0.039	0.039			银杏	−0.157	0.157		

（二）成熟林和过熟林更新系数

用于动态计算的成熟林和过熟林面积更新系数取值见表11-6。

表 11-6　成熟林和过熟林面积更新率表

林种	成熟林	过熟林	林种	成熟林	过熟林
公益林	0.050	0.100	速生丰产林	0.100	0.200
一般用材林	0.100	0.200	经济林	0.100	0.200

（三）宜林地、迹地造林（表11-7）

表 11-7　宜林地、迹地造林率

地类	造林面积率		地类	造林面积率	
	2006~2009 年	2010~2020 年		2006~2009 年	2010~2020 年
采伐迹地	0.05	0.1	宜林荒山	0.05	0.1
火烧迹地	0.05	0.1	宜林沙荒	0.05	0.1
其他无立木	0.05	0.1	其他宜林地	0.05	0.1

（四）科技与管理贡献（表11-8）

表 11-8　科技与管理贡献率

林种	贡献率		林种	贡献率	
	2006~2009 年	2010~2020 年		2006~2009 年	2010~2020 年
生态公益林	0.01	0.015	速生丰产林	0.015	0.02
短用林	0.015	0.02	薪炭林	0.015	0.02
一般用材林	0.015	0.02	经济林	0.01	0.015

（五）低效林改造

1. 低效林等级划分

低效林等级主要依据3个因子进行划分：肥力等级、水土流失强度、群落类型。划分见表11-9。

表 11-9　低效林等级划分

低效林等级	肥力等级	水土流失强度	群落类型	低效林等级	肥力等级	水土流失强度	群落类型
1	中等肥沃	无	完整	2	瘠薄	无	简单
1	中等肥沃	无	简单	2	瘠薄	轻度	完整
1	中等肥沃	轻度	完整	2	瘠薄	轻度	简单
1	中等肥沃	轻度	简单	3	瘠薄	中度	完整
1	中等肥沃	中度	完整	3	瘠薄	中度	简单
2	中等肥沃	中度	简单	3	瘠薄	强度	完整
2	中等肥沃	强度	完整	3	瘠薄	强度	简单
2	中等肥沃	强度	简单	3	瘠薄	剧烈	简单
2	瘠薄	无	完整	3	瘠薄	剧烈	简单

2. 低效林面积改造率（表11-10）

表 11-10　低效林面积年改造率

低效林等级	改造率
1	0.1
2	0.05
3	0.02

（六）生态环境影响参数

1. 森林固碳参数

树干密度取值0.52；林木总生物量与树干生物量比例：针叶林为2.40，阔叶林为1.56，针阔混交林为1.98；植物生物量含碳率为0.45。

2. 森林土壤蓄水量（表11-11）

表 11-11　森林土壤蓄水量表　　　　　单位：吨/公顷

林种	阔叶林	针叶林	针阔混交林
林地土壤蓄水量	621.875	313.5	462.25
比荒草地增加量	529.575	221.2	369.95

3. 森林吸收氧化硫参数（表11-12）

表 11-12　吸收氧化硫参数表　　　　　单位：公斤/（公顷·年）

林种	阔叶林	针叶林	针阔混交林
吸收 SO_x 能力	88.62	215.6	152.11

4. 森林吸收氟化物参数（表11-13）

表 11-13　吸收氟化物参数表　　　　　单位：公斤/（公顷·年）

林种	阔叶林	针叶林	针阔混交林
吸收氟化物能力	4.65	0.5	2.58

5. 森林滞尘能力参数（表11-14）

表 11-14　滞尘能力参数表　　　　　单位：公斤/（公顷·年）

林种	阔叶林	针叶林	针阔混交林
滞尘能力	10.11	33.2	21.66

6. 森林减少土壤流失参数

土石山地林地与荒草坡减少土壤侵蚀量按1毫米/（公顷·年）计。

（七）系统动力学模型计算

1. 系统动力学计算结构框图（图11-5）

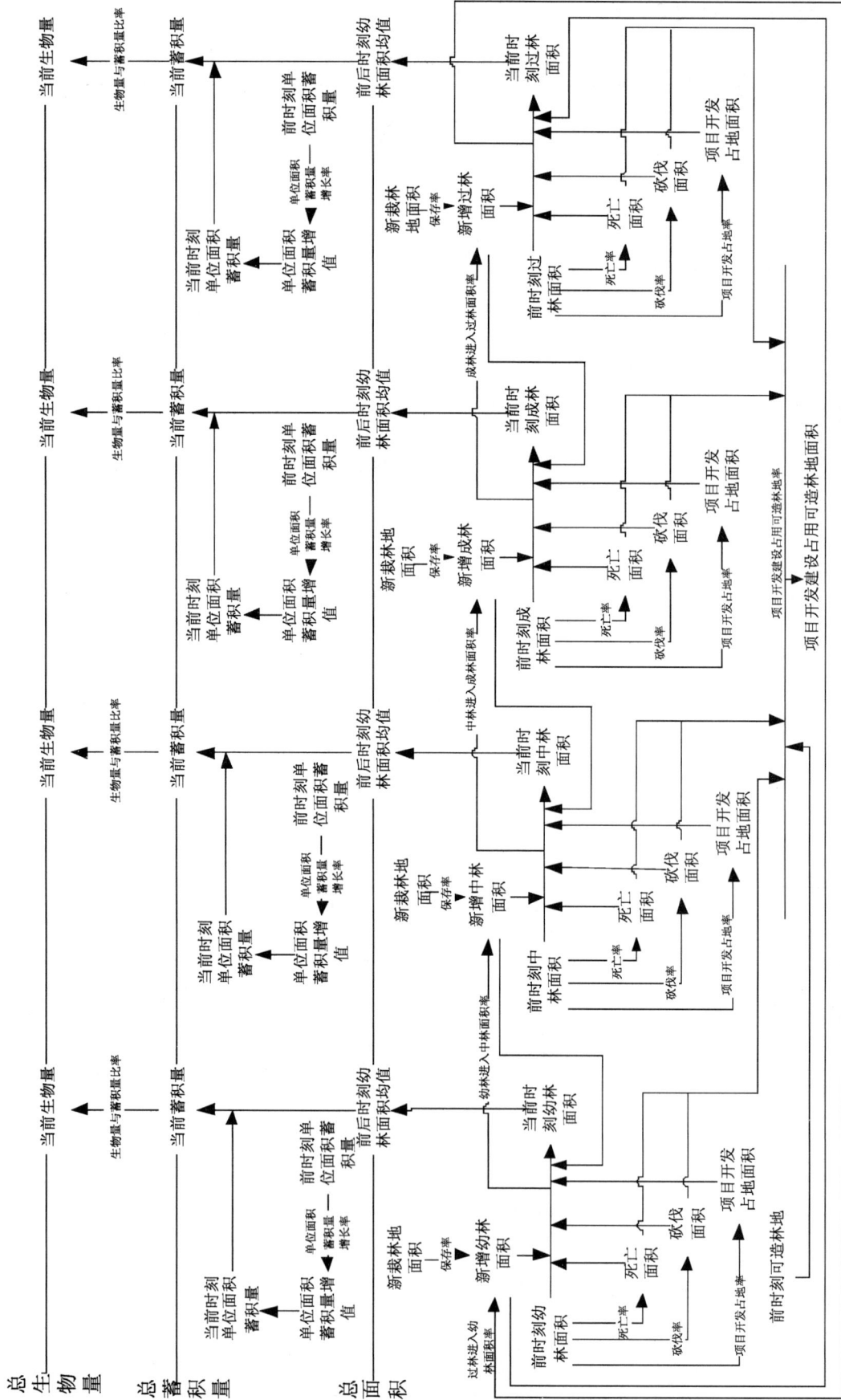

图 11-5 系统动力学计算结构框

2. 系统动力学计算结果

（1）森林面积、森林覆盖率、林木绿化率、活立木蓄积量等数据（表 11-15）。

表 11-15 江西省 2006~2020 年森林资源预测

年份	森林面积（公顷）	森林覆盖率（%）	林木绿化率（%）	活立木蓄积（立方米）	林分蓄积（立方米）	散生木蓄积（立方米）	四旁木蓄积（立方米）
2006	9538340	62.25	60.7314	364762666	343603087	15860975	5298604
2007	9525948	63.33	60.6512	380110684	358951040	15861040	5298604
2008	9571594	63.27	60.9278	396847679	375687931	15861144	5298604
2009	9648963	63.52	61.3993	414561972	393402142	15861226	5298604
2010	9639846	63.54	61.3389	432873574	411713645	15861325	5298604
2011	9681228	63.54	61.589	457423729	436263717	15861408	5298604
2012	9683142	63.52	61.5954	477927556	456767439	15861512	5298605
2013	9683384	64.49	61.5918	498334677	477174435	15861635	5298607
2014	9680437	64.49	61.5681	518821921	497661550	15861760	5298611
2015	9675353	64.58	61.5314	539481333	518320820	15861897	5298616
2016	9676384	64.53	61.5311	560021901	538861218	15862065	5298618
2017	9690006	64.48	61.6087	580923356	559762504	15862230	5298622
2018	9681858	65.43	61.5508	601839022	580677990	15862408	5298624
2019	9674456	62.25	61.498	622964022	601802817	15862577	5298628
2020	9665809	63.33	61.4378	644288297	623126884	15862781	5298632

（2）森林生态效益数据（表 11-16）。

表 11-16 江西省 2006~2020 年森林生态效益预测数据

年份	固碳量（吨）	吸收 Sox（公斤）	吸收氟（公斤）	滞尘（吨）	土壤蓄水（吨）	减少土壤侵蚀（吨）
2006	183890734.5	1595649587	14624355.04	238962271.2	3451204266	95449537.65
2007	192806611.7	1600793194	14686352.13	239718543.5	3463998508	95364190.74
2008	201547125.7	1604910191	14738239.01	240321734.4	3474493525	95848722.48
2009	210700982	1608425808	14783933.21	240835506.2	3483611310	96645049.1
2010	220068912.1	1611532191	14825224.07	241288608.1	3491770635	96571337.68
2011	232390755	1615915365	14889924.1	241921865.9	3504007001	97189790.12
2012	242777929	1619802083	14947487.6	242483217.2	3514878962	97234969.13
2013	253094412.5	1623284602	14999176.74	242986085.3	3524632875	97260307.75
2014	263446846.8	1626416659	15045696.14	243438317.1	3533408798	97251198.67
2015	273876520.2	1629241995	15087640.16	243846280.9	3541323080	97218654.09
2016	284236855.2	1631796638	15125510.84	244215209.6	3548472953	97245935.19
2017	294755365	1634111825	15159755.16	244549629.6	3554944034	97398424.68
2018	305294894.5	1636213739	15190752.82	244853330	3560808657	97330950.55
2019	315908389	1638125374	15218842.75	245129633.5	3566130955	97269959.77
2020	326625360.4	1639866808	15244324.28	245381437.9	3570967315	97195565.08

（3）成果图示（图 11-6~ 图 11-18）。

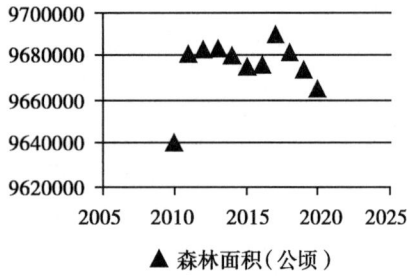

图 11-6　江西省林地面积动态变化

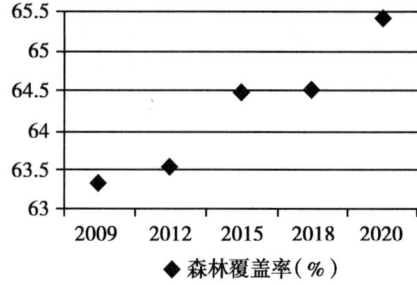

图 11-7　江西省森林覆盖率动态变化

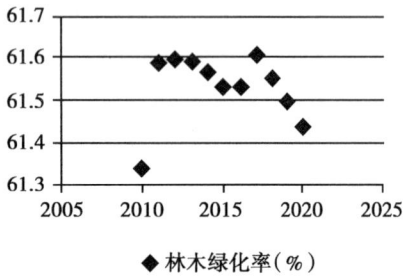

图 11-8　江西省林木绿化率蓄积量动态变化

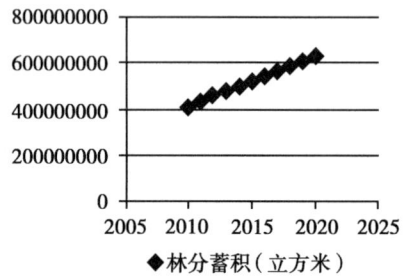

图 11-9　江西省林分蓄积量动态变化

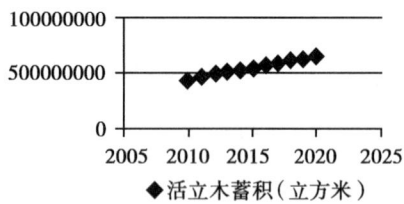

图 11-10　江西省活立木蓄积量动态变化

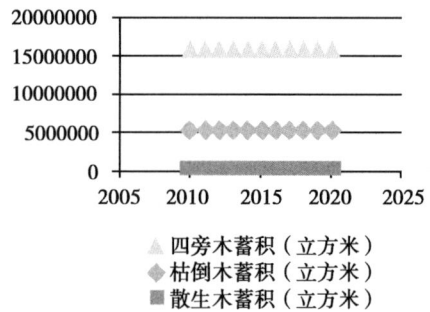

图 11-11　江西省四旁木、枯倒木、散生木蓄积变化

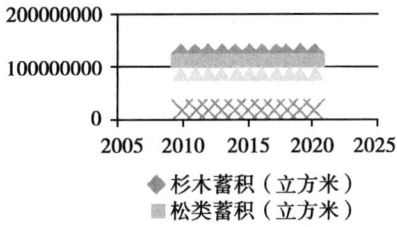

图 11-12　江西省杉木松硬软阔蓄积量动态变化

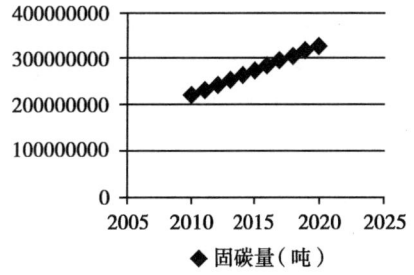

图 11-13　江西省森林固碳量动态变化

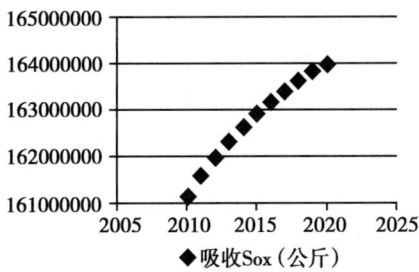

图 11-14　江西省森林吸收氧化硫量动态变化

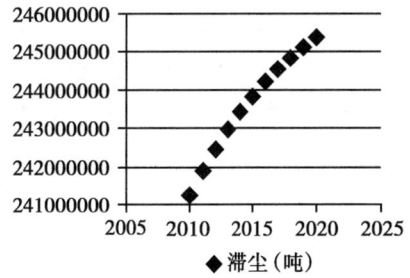

图 11-15　江西省森林吸收氟量动态变化

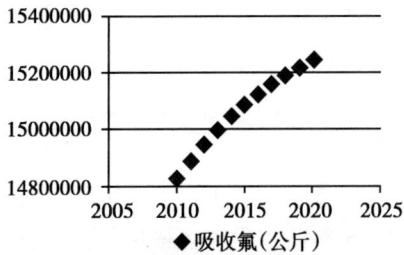

图 11-16　江西省森林滞尘量动态变化

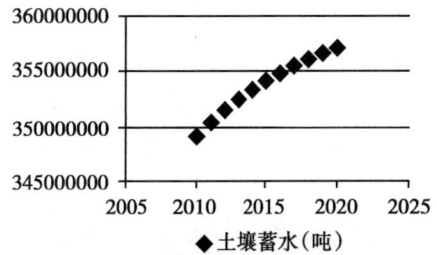

图 11-17　江西省森林土壤蓄水量动态变化

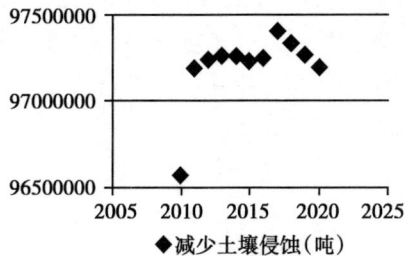

图 11-18　江西省森林减少土壤侵蚀动态变化

（四）成果分析

（1）基于森林资源二类调查资料的动态模拟分析表明，在现有林业用地范围内，江西省森林覆盖率上下虽然有波动，但波动不大，2006~2020 年森林覆盖率为 58.5%~59.56% 之间，森林面积 9525948~9683384 公顷之间。

（2）宜林地造林按每年造林占宜林地总面积 5%~10%，到 2015 年将有 1/4 的宜林地得到绿化，仍有 149877 公顷宜林地可造林，到 2020 年还有 70798 公顷宜林地可造林。

（3）生态低效林改造，每年低效林改造占低效林面积 2%~10%。2010 年有低效林面积 1468057 公顷，到 2020 年累计改造面积 671730 公顷，仍有 796327 公顷待改造。

（4）由于覆盖率不会有大幅度增加，在现有林地中幼林面积较大的状况下，随着中幼林的成长，江西省森林对生态环境的影响也将会提高，主要体现在固碳方面，2010 年达 22007 万吨，2015 年达 27387 万吨，2020 年达 32663 万吨。2020 年森林固碳量将是 2010 年的 1.48 倍，年均固碳增长率为 4%。转化吸收 CO_2 为：2015 年 100510 万吨；2020 年为 119764 万吨。

（5）模拟计算表明，林分蓄积量到 2015 年为 51832 万立方米；2020 年为 62313 立方米。测算还表明，加强现有林地抚育管护提高林分质量，增加单位面积蓄积量是重点。这里采用的各林种树种单位面积蓄积量计算公式，尽管绝大部分是较为合理的非线性计算公式，仍然只是各林地立地条件、多年来的气象条件、以及人工造林经营水平的综合反映，不是林地最大生产力，与国外林业发达国家相比有着较大的差距，这说明运用管理加科技手段，提高林地单位面积蓄积量有着广阔的空间。若按加大管护力度、加大科技投入与管理力度可获得的单位面积蓄积量增长率：生态林 1.5%，用材林 2%，速生用材林 2%，短周期用材林 2% 计，经测算，其效果到 2020 年森林蓄积量与保持现有的科技与管理水平不变的 42587 万吨，相比增加 46%。

（6）其他方面的生态环境影响，由于采用按面积计算影响效果，因此表现出这种影响将逐渐趋于稳定。由此，从另一侧面，反映出改善江西省生态环境，必须保有足够的森林覆盖率。以防治土壤侵蚀为例，山区水土流失地区没有一定的植被覆盖将无法阻止面蚀的发生，水土流失的问题得不到治理。一些研究表明，就林地而言，林草覆盖率达到 45%、坡面坡度小于 25° 是防治水土流失的起码条件，林草覆盖率达到 75%，才能使各类林地面蚀强度达到轻度或中度。根据动态计算：全江西省森林植被可吸收氧化硫，2015 年吸收硫化物为 162924 万公斤，2020 年达 163987 万公斤；可吸收空气中氟化物，2015 年吸收氟化物为 1509 万公斤，2020 年达 1524 万公斤；森林树木可滞尘，2015 年滞尘量为 24385 万吨，2020 年达 24538 万吨；森林土壤可蓄水，2015 年蓄水量为 354132 万立方米，2020 年达 357097 万立方米；林地可减少土壤侵蚀，2015 年减少可减少土壤侵蚀量为 9722 万立方米，2020 年达 9720 万立方米。

（7）森林对生态环境的影响是随着森林状况的改变而改变，是一个动态演变过程。分析这样的问题应该采用动态分析法。系统动力学方法可根据可能的社会经济技术情况，设定各种条件，模拟大中尺度林业建设的非线性动态变化，寻求动态变化的上下限。这里仅根据一般的情况和工程规划进行了条件设定，亦可看出江西省林业建设的总体发展趋势和对生态环境的影响，其中的敏感性因子是森林覆被率和林分蓄积量。

第十二章　核心指标值确定

江西林业核心指标值最终确定见表12-1。

表 12-1　江西林业发展指标汇总

指标体系	序号	核心指标	现状	2015 年	2020 年
生态指标	1	森林覆盖率（%）	63	64	65
	2	生态公益林面积（万公顷）	340	352	358
	3	公益林定向改造面积（万公顷）	5.05	49.52	67.17
	4	绿色通道率（%）	21.05	27.53	29.32
	5	城市人均绿地面积（平方米）	7.82	12.45	14.29
	6	乡村绿化达标率（%）	95	98	100
	7	森林灾害程度（%）	4.01	2.82	1.98
	8	水土流失率（%）	20	13.67	10.52
	9	森林碳密度（吨/公顷）	22.83	28.31	33.79
	10	线状林水结合度（%）	55.32	57.91	59.21
		面状林水结合度（%）	61.67	64.82	65.37
产业指标	11	蓄积量（亿立方米）	4.5	5.0	7.0
	12	林产业总产值（亿元）	918	2000	3200
	13	生态旅游收入（亿元）	150	380	540
文化指标	14	森林公园个数与面积（个/万公顷）	152/49.4	180/53.3	200/66.7
	15	湿地公园个数与面积（个/万公顷）	29/12	71/20.1	102/25.4
	16	自然保护区个数与面积（个/万公顷）	184/111.5	213/200	253/250
	17	生态文化教育示范基地数量（含湿地博物馆）（个）	3	10	18
	18	古树名木保护率（%）	80	85	95
保障指标	19	林业产权制度适用程度（分）	80	85	90
	20	林业科技贡献率（%）	35	46	50
	21	科技成果转化率（%）	52	60	75

第十三章 江西省现代林业发展的区域特征分析

一、江西省自然概况及现代林业分区

（一）江西省自然概况

1. 地理位置、地质、地貌

（1）地理位置。江西省位于长江中、下游交界处的南岸。省境北起长江之滨，与湖北、安徽两省隔江相望；南至南岭山脉的九连山、大庾岭，与广东接壤；东倚武夷山、怀玉山，与福建、浙江两省交界；西止罗霄山脉，与湖南省毗邻。其地理坐标东经 113°34′36″~118°28′58″，北纬 24°29′14″~30°04′41″之间。全省南北长约 620 公里，东西宽约 490 公里，土地总面积 16.69 万平方公里，约占全国土地总面积的 1.7%。

（2）地质。江西省北部为扬子区，中南部为华南褶皱系。分区界线西段大体沿九岭山南麓，东段大致以浙赣铁路为界。扬子区以广泛出露前震旦纪复理石浅变质岩系为特征，震旦系及下古生界发育齐全，多为海相砂、页岩及碳酸盐岩，上古生界发育不全，分布零星。华南褶皱系则以广泛出露前泥盆纪浅变质岩系为特点，上古生界及中生界发育良好，上古生界以含煤砂、页岩建造及碳酸盐岩建造为主，中生界则主要是陆相红色砂、砾岩建造。以花岗岩为主的多期侵入岩广泛分布于赣南，形成种类繁多的金属矿产，江西以"有色金属之乡"著称于世。现已发现各类矿产 136 种，其中储量居全国第一、二位的有铜、铯、钽、铊、金、银、铀、钨、硒、钛、锂、铷、碲等 14 种。铜、钽、稀土、铀、钨以储量多、品位高、开采条件好，被誉为江西的"五朵金花"。

（3）地貌。江西是我国江南丘陵的重要组成部分，省境东、南、西三面环山，中部丘陵、盆地相间，北部开阔，平原坦荡，河湖交织，整个地势南高北低，由周边向中心缓缓倾斜，形成一个向北开口的马蹄形盆地。江西地貌类型较齐全，其中山地（海拔 500~2000 米）占 36%，丘陵（海拔 100~500 米）占 42%，平原和岗地（海拔 100 米以下）占 12.0%，水面占 10%。根据全省山脉的空间分布和地势起伏特征，省区地貌大致可分为三个区：

边缘山地：遍布于省境周围，山体多由变质岩和花岗岩组成。境东北的怀玉山，呈东北—西南走向，海拔 1000 米左右，主峰玉京锋 1817 米；东部赣闽边境的武夷山，东北—西南走向，海拔在 1000~1500 米，最高峰黄岗山 2158 米，是全省第一高峰；南部赣粤边境的大庾岭和九连山，属南岭分支，走向零乱，山体破碎，海拔多在 1000 米左右，九连山是赣江与珠江水系的北江、东江流域的分水岭；西部赣湘边境的罗霄山脉，北北东—南南西走向，海拔多在 1000 米以上，驰名中外的井冈山，就位于罗霄山脉的中段；赣西北的幕阜山和九岭山，北东—南西走向，海拔在 1000~1500 米，幕阜山东延余脉庐山，襟江带湖，平地拔起，是著名的旅游胜地。

中南部丘陵：位于边缘山地内侧的广大地区，地形较复杂，低山、丘陵、岗阜与盆地交错分布，山丘海拔一般 200~600 米之间，丘陵区红色岩系遍布，故有"红色丘陵"之称，其中比较著名的盆地有吉泰盆地、赣州盆地、信丰盆地、兴国盆地、瑞金盆地、南丰盆地和弋阳盆地等，海拔 50~200 米。

鄱阳湖平原：位于省境北部，又称赣北平原或鄱阳湖盆地，为长江及鄱阳湖水系的赣、抚、信、饶、修等五河之水冲积、淤积而形成的湖滨平原。地跨 29 个县（市、区），面积达 3.8 万平方公里。

2. 河流、湖泊、水库

（1）河流。全省共有各类大小河流 2400 余条（长度大于 30 公里），总长度约 18400 公里。河流大部分都汇入鄱阳湖，形成独特的鄱阳湖水系，经鄱阳湖调蓄后，于北部的湖口县汇入长江。鄱阳湖水系由赣江、抚河、信江、饶河及修水等五大江河水系构成，其集水面积约占全省土地面积的 94%。

境内不属于鄱阳湖水系，直接注入长江或流向外省的主要河流有 15 条，集水面积约占全省国土面积的 6%。其中属于珠江流域的河流有分布在赣南的寻乌水、定南水等，直接流入长江的河流主要有太平河、横港河等。

（2）湖泊。全省湖泊众多，主要集中分布在"五河"尾闾地区，其中 310 个湖泊面积大于 8 公顷，119 个湖泊水面大于 100 公顷。位于赣北的鄱阳湖是中国最大的淡水湖，为亚洲第一大天然湿地，其水面面积 3841 平方公里，平均水深 5.1 米，每年来此越冬的珍稀候鸟达数十万。另外，其他较大的湖泊有军山湖、青岚湖、瑶湖、赛城湖、赤湖、太泊湖和芳湖等。

（3）水库。全省现有水库 9673 座，其中库容在 1 亿立方米以上的大型水库有 21 座；6 亿立方米以上的特大型水库有 8 座，如柘林湖库容达 79.20 亿立方米；1000 万至 1 亿立方米的中型水库有 205 座；小（一）型水库有 1332 座，小（二）型水库有 8115 座。

3. 土壤、气候、森林植被

（1）土壤。江西土壤类型比较丰富，主要有红壤、黄壤、山地黄棕壤、山地草甸土、紫色土、潮土、石灰土、水稻土等。土壤的种类和分布受地形及成土母岩影响，具有地带性和地域性规律。江西省土壤分布如下：

红壤：江西分布范围最广的地带性土壤，主要母质有泥质岩、砂质岩、第四纪红土等，从鄱阳湖滨直到海拔 600 米的低山高丘都有分布，面积约占全省总面积的 56%。

黄壤：主要分布于山地中上部海拔 700~1200 米。其母质以花岗岩、石英岩、泥质岩为主，自然肥力较高，分布面积约占全省总面积的 10%。

山地黄棕壤：主要分布于海拔 1000 米以上的山地。

山地草甸土：主要分布于海拔 1400 米以上的高山顶部，面积很小。

紫色土：是由紫色泥页岩或紫色砂岩发育的岩性土，主要分布于赣南、赣东和吉泰盆地，常与红壤交错分布，面积占全省的 3.3%。

潮土：主要分布于鄱阳湖、长江沿岸和"五河"河谷平原，其成土母质为河湖沉积物。

石灰土：分布面积不大，零星见于彭泽、德安等石灰岩地区，是发育在石灰岩或白云岩母质上的岩性土。

水稻土：是自然土壤耕垦后种植水稻而形成的人工土壤，是江西省最主要的耕作土壤，占全省耕地面积 80% 以上。

（2）气候。江西属中亚热带湿润季风气候区，冬夏季风交替显著，春雨、梅雨比较明显，夏秋晴热干燥，冬季阴冷，但霜冻期短，春、秋季短，夏、冬季长，四季分明。

全省平均气温为 16.2~19.7℃，基本上随纬度和地面高程的高低而有规则变化。冬季南北平均气温差别较大，以 1 月为例，九江市为 4.5~5.0℃，极端最低气温 -12~-14℃，而赣南盆地 8.0~8.7℃，

极端最低气温 -7~-8℃。夏季南北差异不大，略有北高南低现象。全省平均相对湿度 75%~83%，山区大于平原和河谷地带。

全省无霜期为 241~340 天。最长出现在赣西南的崇义县，最短出现在赣西北的武宁县。全省年日照时数为 1473~2078 小时，地区分布与年总辐射量基本一致，最多是都昌县，最少在崇义县。全省年太阳总辐射量为 405.7~479.9 千焦 / 平方厘米，以鄱阳湖湖畔的都昌县最多，赣西北山地的铜鼓县最少。全省 ≥10℃ 年积温为 5040~6340℃，≥10℃ 的持续天数为 235~275 天。

江西是我国多雨省区之一。年降水量为 1400~1900 毫米，总趋势是，省境四周山区大于中部盆地和长江南岸，赣东大于赣西。降水量最高值是武夷山主峰黄岗山西坡的西坑，为 2153.4 毫米；最低值是吉泰盆地的泰和县，为 1326.6 毫米。由于受季风气候影响，年内四季降水分配甚不均匀，夏季多，冬季少。

（3）森林植被。江西植物种类丰富。据统计，全省有苔藓植物 563 种，蕨类植物 49 科 114 属 435 种，裸子植物 8 科 31 种，被子植物 210 余科 1340 余属 4088 种。有国家珍贵树种 26 种，如南方红豆杉、华东黄杉、南方铁杉、白豆杉、金钱松、香果树、观光木、伯乐树、长柄双花木等。

江西自然条件复杂，植被类型多样，是亚洲东部热带、亚热带植物区系的起源中心之一。按《中国植被》的区划原则和单位，江西植被属于亚热带常绿阔叶林区域东部（湿润）常绿阔叶林区域、中亚热带常绿阔叶林地带。常绿阔叶林是江西的地带性植被，也是江西植物群落演替的顶极群落。江西植物分布南北差异很大，大体以北纬 27°00′~27°30′ 为界，分界线以南有较多的热带植物区系成分，分界线以北则掺杂有不少暖温带植物区系成分。同时，因海拔高差而异，形成了较典型的植被垂直带谱，相应出现了结构、外貌和功能各不相同的森林类型。

全省森林类型大体分为暖性针叶林、暖性针阔混交林、常绿阔叶林、常绿落叶阔叶混交林、落叶阔叶林、竹林、山顶矮林等 7 个基本类型。暖性针叶林主要分布在海拔 1000 米以下的低山和丘陵区，主要有马尾松和杉木林；暖性针阔混交林，主要分布在 1000 米以上的山地，其中针叶树种主要为杉木、马尾松、南方红豆杉、三尖杉和竹柏等，阔叶优势树种有甜槠、栲树、钩栲、青冈、苦槠、枫香、檫树等；常绿阔叶林主要分布在低山丘陵区，树种以壳斗科、樟科、山茶科的常绿树种成分为主；常绿落叶阔叶混交林主要分布在西部、西北部和东北部的低中山地带，以长叶石栎、楠木、栲树、冬青等为主；落叶阔叶林主要分布于赣北丘陵和中山地带，有小叶栎林，麻栎林、栓皮栎林等；竹林主要分布于海拔 100~800 米的低山和丘陵地区，其中单竹散生型以毛竹林为主，复轴混生型有苦竹、箭竹等，全轴丛生型有黄竹、藤竹等；山顶矮林一般分布在省境边界海拔 1200~1800 米以上的中山地带，主要类型有云锦杜鹃、吊钟花林、冷箭竹林等。

总体呈现出三方面特点：一是区位优势明显，江西地处承东启西的中部地区，随着交通基础建设步伐加快，通往上海、浙江、福建、广东等沿海开放城市的时间大为缩短。二是自然条件优越，山丘面积占国土面积的 78%，适合发展林业生产；以赣、抚、信、饶、修五河为主体的鄱阳湖流域，占全省总面积的 94%，流域的独立性强；全省地处亚热带，气候温和，土壤肥沃，雨量充沛，林木生长期长、生长快，主要用材树种杉木、马尾松林木蓄积量平均生长率达 10.65%，具有发展速生林和工业原料林的良好自然条件。森林资源丰富，全省林业用地面积 1062.7 万公顷，占国土面积的 63.7%，活立木总蓄积量 3.54 亿立方米，有高等野生植物 5117 种，占全国总数的 17%，野生脊椎动物 845 种，占全国总数的 13.5%，毛竹林、油茶林面积列全国第二位。三是森林景观资源独特，江西具有同纬度保存最好的中亚热带常绿阔叶林，亚洲最大湿地生态系统——鄱阳湖湿地及丰富独特的地貌景观、水文气候景观、森林植被景观、野生动物景观等，独特的森林旅游资源为森林旅游业的发展提供了良好条件。

（二）江西省现代林业分区

全省现代林业区划的主导因子是地貌—植被组合，地形坡度因素占决定性权重。所分六个区片的地形坡度分布（表13-1）。

表 13-1　全省土地坡度分布表

片名	0~5°	6°~15°	16°~25°	26°~30°	31°~45°	45°以上	0~25°	平均坡度（°）
赣东北片	28.2%	9.0%	24.7%	20.9%	17.0%	0.17%	61.9%	5.2
赣东南片	23.1%	5.4%	26.9%	23.9%	20.8%	0.04%	55.3%	13.6
赣西北片	32.2%	7.6%	25.3%	16.8%	18.0%	0.18%	65.0%	19.2
赣西南片	24.7%	7.9%	19.9%	21.4%	25.8%	0.39%	52.5%	17.8
赣中丘岗	42.0%	12.2%	20.1%	12.9%	12.6%	0.10%	74.4%	20.7
赣北环湖	73.9%	10.8%	9.0%	3.3%	2.8%	0.03%	93.8%	20.6
林场	49.7%	9.0%	11.5%	18.4%	11.2%	0.27%	70.1%	11.3
总计	39.0%	9.6%	20.7%	15.6%	15.0%	0.13%	69.3%	15.4

1. 赣东北山地

包括景德镇市（市区、浮梁县）、上饶市（市区、婺源、德兴、玉山、戈阳、横峰、上饶、广丰、铅山等县市），鹰潭市（贵溪县）和抚州市（资溪县）。面积1.9万平方公里，占全省面积的11.5%。

地貌上以山区县为主体，除2个半县为丘陵县外，其余均为山区县（山丘面积>60%，其中山地面积>40%），为黄山、天目山余脉向西南延展部分及武夷山北。>25°的陡坡地占近四成。

生态上，是长江一级支流饶河及信江的发源地，为水源涵养区，国家级武夷山自然保护区位于该区。

林产业，北部山地，天然阔叶林比重较大，保存较完好；非木材林业资源丰富，婺源绿茶、征兴红花油茶、景德镇的雨活茶赋有盛名；怀玉山与武夷山间丘陵是江西省主要油茶产区之一，南部的武夷山北，是江西省毛竹主要产区，竹产业发展较好。

发展方向：①在生态上，重视水源涵养林的保护与培育生物多样性丰富。②在林业上，该区以山地为主，气候条件优越、降水丰富，当地条件好，应大力发展大径木用材林；根据现有条件大力发展优化非木材名特优经济林——茶叶，油茶和毛竹。③森林文化资源丰富，区内有景德镇、婺源、三清山、龟峰、龙婺源等旅游区，以景德镇精湛的陶瓷艺术和婺源的陶瓷文化为依托，龙岩山作为道都天师道龙虎宗的发祥地，应将其建设成中国道教博览与研究中心和世界道教礼祖圣地，应将赣东北建设成道教与瓷文化旅游地。

2. 赣东南山地

包括抚州市（南城、黎川、南丰、广昌等县），赣州市（石城、瑞金、会昌、寻乌、安运、信丰、定南、全南等县市）。面积2.6万平方公里，占全省面积的15.4%。

地貌上，以山地为主，属武夷山区，北部有4个丘陵县（山丘面积>60%，其中丘陵面积>40%的县），其他均为山地县。>25°的陡坡地占四成半。

生态上，生态区位重要，既是抚河、赣江水源区，又是珠江水系东江水系水源区，九连山自然保护区和车八岭自然保护区位于该区西南角。

林产业，武夷山地适宜杉木、马尾松、木荷等乔木生长；西南九连山常绿阔叶林保存面积大，是保存最为完好的地区之一；果树经济林发展良好，是南丰蜜橘、脐橙主要产区。

林业发展方向：①大力发展以水源涵养林为主的生态公益林，加强自然保护区建设，保护区域典型生态群落，保护生物多样性。②大力发展生物质能源林、以桉树为主的工业原料林、一般用材林。③积极发展南丰蜜橘和脐橙果树经济。

3. 赣西北山丘

包括九江市（瑞昌、武宁、修水等县市）、宜春市（靖安、奉新、宜丰、铜鼓等县），南昌市（湾里区、安义县）。面积 1.7 万平方公里，占全省面积的 10.0%。

地貌上，山区县与丘陵县面积基本各半。区内有幕阜山和九岭山。>25° 的陡坡地占 1/3。

生态上，长江一级支流修水的发源地。

林产业，阔叶林稀少，以杉木、马尾松等次生针叶林为主，非木材资源较丰富，茶产业发展较好，修水县宁红茶享有"茶盖中华，价压天下"的盛誉，铜鼓县"银毫荣"和"春韵茶"获全省银质奖；奉新猕猴桃、椪柑、杨梅、花卉产业发展良好；毛竹产业是林业经济的主导产业。

林业发展方向：①重视水源涵养林保护与培育。②根据区内立地条件，发展杉木等为主的一般用材林，继续发展修水宁红茶和铜鼓银毫茶、春韵茶；积极发展猕猴桃、柑橘为主的果木林；南昌西部地区发展花卉产业；大力发展毛竹产业。③梅岭三爪仑风景名胜区，位于省会南昌外围，是南昌休闲娱乐的后花园。宜春禅宗文化资源深厚，应以佛教圣地为依托，推出寻根礼祖、福地探秘、文化考察等旅游活动，推动赣西禅宗文化旅游的发展。

4. 赣西南山地

该区包括吉安市的安福、芦溪、莲花、永新、井冈山、遂川、崇义、上犹、大余等县（市）。面积 1.6 平方公里，占全省面积的 9.7%。

地貌上，全为山地，包括罗霄山脉（武功山、万洋山、诸广山）及南岭的大庾山。>25° 的陡坡地近半数。

生态上，生态区位较重要，赣江一级支流章江发源于该区，有 2 个省级自然保护区，1 个国家级（井冈山）自然保护区，生物多样性丰富。

林产业，是陈山红心杉的主产区，是亚热带植物区系南北差异的过渡地带，林分质量为全省水平的 1.5 倍；杉木、毛竹、槠栲类阔叶树生长良好，花卉产业发展较好。

林业发民展方向：①保护好水源涵养林为主的生态公益林。②大力培养陈山红心杉为主的珍贵用材林，建立以杉木、毛竹和阔叶树为主的大径材林的培育；发展非木材林产品，包括冈翠绿茶、猕猴桃、井冈烟笋、井冈山杜鹃等。③森林旅游资源丰富，井冈山是"中国革命的摇篮"，发展"红、绿、古"三色游景区。

5. 赣中丘岗

范围包括：萍乡市（市区、上栗县），宜春市（袁州区、万载、七高、高安、樟树、丰城），新余市（市区、分宜县），抚州市（市区、东乡、金溪、崇仁、宜黄、乐安等县），鹰潭市（市区、余江、贵溪县北），吉安市（市区、峡江、吉水、永丰、吉安、泰和、万安等县），赣州市（市区、万安、宁都、兴国、南康、赣县、于都等县市）。面积 6.7 平方公里，占全省面积的 40.4%。

地貌上，以丘陵、岗地为主，处于河谷平原与山地的过渡地带。其中有小块山地，如雩山山脉。<25° 的陡坡地占 3/4。

生态上，是江西省水土流失最严重的地区，土壤侵蚀模数 2000~3000 吨 /（年·平方公里），水土流失面积占全省一半，其侵蚀量占全省 60%。

林产业，区域内森林，很大部分是 20 世纪 80 年代飞播的马尾松林，残次林面积较大，林分质量不高，平均林分公顷蓄积量远低于全省及全国水平。吉泰盆地，是江西湿地松种植面积最大、生产最好区域，松树培育与松脂加工发展已成规模；是江西重点油茶产区之一。

林业发展方向：重点发展湿地松为主的工业原料林；大力发展毛竹大径材、毛竹笋材两用林；大力发展脐橙为主的果树林；发展生物质能源林，建立试验基地 1~2 个。

6. 赣北环湖

包括南昌市（市区、新建、南昌、进贤等县）、九江市（市区、九江、德安、星子、永修、都昌、湖口、彭泽等县）、上饶市（市区、波阳、余干县）和鹰潭市的余江县。面积 21673 平方公里，占全省面积的 13.0%。

地貌上属鄱阳湖及周边平原，该区水网发达。<25° 的平原滩地约占 3/4。

生态上，是我国乃至世界上的重要湿地，生态区位重要。但也是全国洪涝灾害及血吸虫病重灾区，沙化面积逐年增长，是生态脆弱区。

林产业，是江西主要粮食产区，田多林少，人类活动频繁，缺乏森林植被保护，是江西省经济最发达和最具活力的地区。

林业发展方向：①大力营造血防林、农田防护林及防风固沙林。构建布局合理的鄱阳湖湿地生态系统，提高蓄水源涵养、水源保护、水土保持、水生生物多样性保护等多种服务功能。②在建造防护林体系的同时，发展杨树、湿地松、桤木等造纸工业林，提高林地的生产效益，为改善湖区农民经济收入作出应有贡献。③区内有 2 个风景名胜区，2 个国家级自然保护区，7 个国家级森林公园，依托庐山、鄱阳湖、云层山—拓林湖旅游区，以九江、南昌为集散中心，突出世界文化景观，将国际重要湿地、名山、名湖、名城融为一体，建设赣北山水文化区。

二、林业生态建设的区域特异性与需求分析

林业是生态建设的主体。《中共中央 国务院关于加快林业发展的决定》明确指出："森林是陆地生态系统的主体，林业是一项重要的公益事业和基础产业，承担着生态建设和林产品供给的重要任务"。深入贯彻落实科学发展观，加快林业发展，提高生态建设水平，保障林产品有效供给，直接关系到全省经济社会发展大局。

江西省森林覆盖率达 60.05%，居全国前列，但质量不高，生态服务功能不强，主要表现在：①森林资源总量不少，但低产林、稀疏残次林比重大，全省林分郁闭度不到 0.5，因此土壤保持功能较弱，"远看青山在，近看水土流"形象描述了高覆盖率和低功能之间的矛盾。据 2000 年遥感调查，江西现有水土流失面积占遥感调查总面积的 20.03%。②从树种结构来看，针叶林比重大（占 75.8%），阔叶林少（占 24.2%）；从龄组结构来看，幼中林多（87.7%），近、成、过熟林少（12.3%）。因树种，林龄结构不合理，极大地影响着森林生态服务功能的发挥。主要表现为森林的水源涵养功能不强，生物多样性保育功能差，森林病虫危害增加（近年来，每年森林的病虫害发生面积 20 万公顷左右，对生态安全构成了较大的威胁）。

（一）赣北鄱阳湖及滨湖区

1. 特点

该区地貌上包括鄱阳湖及海拔在 50 米以下的环湖平原。鄱阳湖是我国最大淡水湖，是长江水系重要组成部分和重要的水量调节器，鄱阳湖为国家、国际重要湿地，是中国最大的候鸟越冬栖息地，生态区位重要，被录入国家和世界湿地名录。湖滨平原是我国重要的粮食产区。

2. 问题

田多林地少；人类活动频繁，且缺少森林保护，森林生态保护功能大为削弱，干热风、病虫害、

冰雹和水旱等自然灾害频发；鄱阳湖周边的彭泽、湖口、星子和都昌4县，土地沙化灾害严重；血吸虫病灾害有卷土重来势头；生物多样性保护被提上议事日程。

3. 需求

大力营造农田防护林、防风固沙林，提高环境质量；营造血防林；构建鄱阳湖湿地自然保护区体系。以鄱阳湖国家级自然保护区为重点，通过扩建和新建8个湿地自然保护区，构建鄱阳湖湿地自然保护区体系。"五河"下游河湖湿地区，重点保护以水禽为主的鸟类栖息地，并增强河流湿地水文调节和污染净化能力。

（二）赣中、南丘陵区

1. 特点

该区地处江西省中南部，是赣江、抚河中游区，以河谷平原、岗地及丘陵地形为主。就省域而言，由于纬度偏低，热量资源充足。区内有库容达22.16亿立方米的赣江万安水库，有库容大于1亿立方米的中型水库——老营盘水库和白水水库，生态区位较重要。

2. 问题

人口密度高，人力活动频繁，低产林、稀疏残次林比重大，荒山荒坡多，森林质量总体水平偏低，森林覆盖率不高，因此水源涵养能力有待提高；水土流失现象较严重，特别是兴国县，于都县，赣县，南康市、章贡区，其侵蚀强度达2000~4000吨/（年·平方公里），该区成为省境综合整治的重点区域，赣南柑橘林的大发展更使水土流水雪上加霜。

3. 需求

加强植树造林，加大封山育林力度，坚持乔、灌、草相结合，通过择伐、封育、补阔，加快林分结构调整速度，提高林分质量，提高森林覆盖率，以提高水源涵养能力和水土保持能力。加强自然保护区基础设施建设，提高自然保护区的级别。

（三）赣东、南、西边缘山地

1. 特点

位于江西省东、南、西部边缘，地貌以山地、高丘为主，是省内"五河"及其一级支流和珠江的东江支流的发源地，全省70%的大中型水库分布其间，对全省水资源调节及防止水旱灾害起着至关重要的作用，是生态重要区。

赣东北山地丘陵：属黄山、天目山余尾及怀玉山。本区为长江一级支流信江和饶河发源地，境内有库容超过1亿立方米的大坳水库。

赣东南丘陵山地为：武夷山脉。长江一级支流抚河发源地及赣江一级支流梅江、绵水的源头，库容12亿立方米的大型水库洪门水库位于该区。

赣南南部山地丘陵，珠江一级支流东江发源地。现建有九连山国家级自然保护区，车八岭国家级自然保护区部分位于全南县境内，生态区位重要。

赣西南丘陵山地：为罗霄山脉及以东地区，含武功山、大洋山、诸广山及大庾山。是长江一级支流赣江的发源地及其支流章水上犹江、遂川江、禾水的源头，境内有库容8亿立方米的大型水库上犹水库，武功山有2个省级自然保护区。

赣西北丘陵山地：主要有幕阜山和九岭山。长江一级支流修水及赣江一级支流袁河、锦江位于该区，有特大型水库柘林水库。

2. 问题

一些地区，由于对生态防护涵养林的重要性认识不足，保护不力，生态公益林破坏较严重，如饶河源头水质安全形势就比较严重。

3. 需求

加强河源、水库湖泊周围的生态公益林（水源涵养林）的保护和建设，积极营造水源涵养林，使其更好地发挥水土保持、水质保护、生物多样性保护等多种服务功能，对深山里的贫困群众施行生态移民。加大资金投入，改善自然保护区的基础设施，提高其保护和研究野生动植物的能力，切实保护好常绿阔叶林。

三、林业产业发展的区域特色与需求分析

（一）赣北鄱阳湖及滨湖区

1. 特点

地势低，鄱阳湖是国家、国际重要湿地；以农田为主，天然植被少，植被以次生山地灌丛草丛和马尾松为主，森林质量较差。

2. 需求

在建设农田防护林、血防林的同时，利用平原耕地周边岗地发展平原林地，适当发展以杨树、松类纸浆林为主的工业原料林；建设南昌大型花卉交易市场。

（二）赣中、南丘陵区

1. 特点

地貌以河谷平原、岗地、丘陵为主；土壤主要为红壤、水稻土；森林植被以马尾松林、杉木林、湿地松和竹为主；经济林以柑橘（包括脐橙）、油茶为主，次为油桐、茶树和桑树。

该区人口密度大，开发历史悠久，森林植被受破坏较大，低效林、残次林面积大，森林覆盖率偏低，是全省水土流失最严重的地区。

2. 需求

一是在南康市、赣县、宁都县等地开发以脐橙、甜柚、柑橘、早梨、板栗等名优水果为主的果木经济林；二是在信丰、兴国、赣县、宁都等油茶分布较集中的地区及适宜油茶种植的山地丘陵，大力发展油茶丰产林基地；三是在安福、井冈山、崇义、资溪、宜黄等毛竹集中分布区建立毛竹林基地；四是在宁都、赣县、于都、兴国等地积极开展日本野漆树、桉树、杂交竹等工业原料林基地建设；五是在丘陵区域发展以湿地松、枫香、栲木、桉树、泡桐等速生树种为主的工业原料林。六是在于都县、赣县、瑞金、右城、会昌、兴国、宁都、吉安、吉水、永丰、峡江、新干、泰和、万安、乐安、宜黄、崇仁等县（市），开发生物质能源；七是依托赣中盆地各县市的现有苗圃和林场，发展杜鹃、香樟、红叶李、枫香等园林绿化苗木、观赏花卉、新鲜花卉。

（三）赣东、南、西边缘山地

1. 特点

赣东北丘陵山地区：地貌以山地、丘陵为主，土壤以红壤、黄棕壤为主，森林植被，三清山及婺源山地以天然阔叶林为主，丘陵区以杉木林、马尾松林、毛竹林为主。饶河中游威胁较大，部分地区水土流失较为严重。

赣东南山地丘陵区：地貌以丘陵、山地为主，土壤主要为红壤、水稻土。森林植被，山地以常绿阔叶林为主，丘陵以杉木、马尾松为主。

赣南丘陵山地区：地貌以山地和丘陵为主。土壤主要有红壤、山地黄壤。森林植被常以常绿阔叶林为主。

赣西南丘陵山地区：地貌以山地为主。土壤有红壤、山地、黄壤。森林植被，罗霄山脉中段大洋山是亚热带植物区系南北差异的过渡地带，区域生物多样性丰富，森林资源总量较高。

赣西北山地丘陵区:地貌以丘陵、山地为主,土壤以红壤、山地黄壤为主。森林植被以杉木林、马尾松林、竹林为主。

2. 需求

赣东北丘陵山地:①上饶、玉山县,是江西10个油茶资源培育基地重点县之一,今后需要通过"公司加农户""企业加农户"等多种经营模式,促进公司(企业)与广大农户逐步结成利益共同体,实现资源培育与资源加工利用一体化。②浮梁、婺源、德兴、广丰、上饶、铅山、弋阳等县(市)属江西毛竹30个最适宜县(市、区),应加大毛竹培育与加工力度。③在三清山、景德镇北部、德兴市重点发展以杉木、马尾松、木荷、栲树、青冈、苦槠为主要树种的大径木培育;四是依托传统产业优势,继续发展婺源、浮梁、上饶、德兴等县(市)的茶叶产业;五是大力发展三清山森林旅游业。

赣东南丘陵山地区:重点发展一般用材林,以杉木、湿地松、马尾松、木荷、枫香、苦楝为主要树种的速生丰产林。

赣南丘陵山地区:重点发展以脐橙为主的果树经济林;大力发展桉树为主要树种的工业原料林。

赣西南丘陵山地区:①井冈山区大力发展以杉木、阔叶树为主的大径材林。漳水源头低山丘陵区,发展以杉木、马尾松、木荷、枫香、苦楝为主要树种的大径材培育。②安福县、永新县北部、莲花县、芦溪县等地应大力发展以陈山红心杉为主的珍贵用材林。③上犹、崇义、大余县以现有特色产业花卉、竹笋、南酸枣等主产区为基地,发展特色产业。④重点围绕漳水源区的5个自然保护区和4个国家级森林公园,依托井冈山国家级风景名胜和永新三湾国家级森林公园,积极发展生态旅游。

赣西北山地丘陵区:①袁州区、丰城、上栗、渝水、分宜是江西省10个油茶资源重点培育基地县(区)中的5个,产业成规模,有丰富的栽培历史和经验,油茶业需大力扶持与发展,实现资源培育与资源加工利用一体化,建立,健全产品销售网络,不断开拓市场。②九岭山南麓是毛竹最适宜区,毛竹生产基础好,应加强毛竹丰产林基地建设。③幕阜山、九岭山影发展以湿地松、杨树为主的工业原料林,大力发展以纤维材为原料的人造板工业。④在修水、武宁、瑞昌3县(市)发展生物质能源基地。⑤修水县宁红茶、铜鼓县"银毫茶""春韵茶"久负盛名,应引导林农发展以茶叶为主的地方名优特产品,扩大经营面积,提高经营水平,建立营销网络。⑥梅岭三爪仑风景区位于南昌城区外围,交通便利,是南昌市休闲娱乐后花园,应发掘打造精品景区,加强生态文化建设。

四、生态文化发展的资源特色与需求分析

(一)生态文化资源特色

参照国家标准《旅游资源分类、调查与评价》(GB/T 18972—2003)将森林旅游资源分为8主类31亚类155基本类型,江西具有其中的8主类28亚类大部分基本类型。

1. 地文景观

在地文景观的5个亚类中,江西包括综合自然旅游地、沉积与构造、地质地貌过程形迹、自然变动遗迹和岛礁等全部5个亚类。其中以综合自然旅游地为主体,如已经开展森林旅游活动的庐山、三清山、龙虎山、井冈山国家级自然保护区、武夷山国家级自然保护区、九岭山森林公园、灵岩洞国家森林公园、翠微峰国家森林公园、鄱阳湖湖口国家森林公园等。江西自古多名山,其中以庐山最为著名,素享"匡庐奇秀甲天下"之誉;位于怀玉山脉中段的三清山,被誉为"揽胜遍五岳,绝景在三清";位于贵溪县境内的龙虎山,沿泸溪河两岸排列着数十座各不相连的红砂岩峰,

被誉为"又一漓江";现代史上著名的井冈山,险峰幽林,为省内又一名山。

2. 水域风光

在水域风光的 6 个亚类中,江西包括河段、天然湖泊与池沼、瀑布、泉等 4 个亚类,缺少河口与海面、冰雪地 2 个亚类。其中以天然湖泊与池沼和瀑布亚类为主体。具有代表性的景区景点有:中国第一大淡水湖——鄱阳湖、新余仙女湖、九江柘林湖、天柱峰国家森林公园中的九龙湖、庐山的三叠泉、明月山国家森林公园的云谷飞瀑、陡水湖国家森林公园、三百山国家森林公园的福鳌塘瀑布、三叠瑶池的三瀑三潭等。

3. 生物景观

在生物景观 4 个亚类中,江西拥有树木、草原与草地、花卉地、野生动物栖息地等全部 4 个亚类。生物景观是江西森林旅游的重点资源。

(1)树木。全省树木亚类中的林地、丛树、独树 3 个基本类型一应俱全。江西境内森林广布,茂竹修林,种类繁多,构成了广阔无际的绿色海洋。其中珍稀植物繁多,很多还是我国特有的子遗植物,构建了珍贵的以珍稀植物为建群种或优势树种的群落。如井冈山的福建柏林、武夷山的南方铁杉、柳杉林等,起源于白垩纪的银杏、南方红豆杉、竹柏、壳斗科、樟科、木兰科,出现于第三纪的山茶科、桃金娘科、枫香科、金缕梅科等古老树种在江西均有较广泛的分布。省一级保护野生植物有 9 种,二级有 39 种,三级有 115 种。珍稀、濒危植物有南方红豆杉、白豆杉、观光木、半枫荷、香果树、伯乐树、金毛狗蕨、粗榧等。东乡野生稻为近代水稻的始祖,是我国分布最北的野生稻;萍乡的长红檵木母树,树龄有 300 多年,是世界仅存的长红檵木母树。此外,宜丰县的穗花杉群落、铅山县的南方铁杉天然林、德兴市和玉山县的华东黄杉天然林均是国内罕见的珍稀植物群落。全省森林植被景观总的特点是:景观类型丰富,植物种属繁多、垂直分布差异明显,季相变化异彩纷呈。

根据植物群落的特征可以划分为以下几种:

暖性针叶林:主要分布在海拔 1000 米以下的低山和丘陵。代表性景点:枫树山森林公园中的"杉木参天"、婺源县文公山的古杉群等。

常绿阔叶林:全省低山丘陵均有分布。代表性景点有:井冈山国家级自然保护区"苦槠林海"、九连山国家级自然保护区"红钩栲林"、天柱峰国家森林公园的"龙门林涛"、阳岭国家森林公园的"沟谷雨林"等。

落叶阔叶林:代表性的景点有——三百山国家森林公园的"红枫迎秋"、灵岩洞国家森林公园中的"古枫林秋色"等。

常绿与落叶混交林:在江西主要分布在西部、西北部和东北部的低中山地带。代表性的景点有:广昌森林公园的"金障翠屏"等。

暖性针阔混交林:境内森林旅游区中多有分布。

竹林:代表性景点有——井冈翠竹、阳岭国家森林公园"十万亩竹海"、九岭山森林公园的"神雾竹海"以及三百山国家森林公园的"竹林弯月"、狮山森林公园的"茫茫竹海"等。

山地矮林:山地矮林多见于云雾线以上的山岭或孤峰,在省境边界海拔 1200~1800 米以上的中山地区多有分布,是天然的山顶绿色水库。代表性景点有:天柱峰国家森林公园的"沩山杜鹃"、井冈山的"十里杜鹃"等。

经济林:代表性的景点有——婺源金山生态茶叶观光园、遂川金谷湖生态茶园、均福山森林公园的"高山茶海"、南丰"橘海金波"、赣南"脐橙观光"等。

古树名木:古树经历了历史变迁的沧桑,生动地记录了大自然的变迁过程,揭示了植物种属兴衰演变的历史。

（2）草原与草地。江西省的草原与草地亚类的表现形式主要为山地草甸，包含了草地、疏林草地等全部 2 个基本类型。山地草甸多位于山顶或山脊处。代表性的景点有：武夷山国家级自然保护区和武功山国家森林公园的山地草甸等。

（3）花卉地。江西森林旅游资源的花卉地亚类既有草场花卉地基本类型又有林间花卉地基本类型，它们和树木、草原与草地相互交融，相互衬托，具有较高的观赏价值。代表性的景点有：鄱阳湖边的草场花卉地。

（4）野生动物栖息地。江西是我国生物多样性最为丰富的省份之一。列入《濒危野生动植物种国际贸易公约》附录一和附录二的野生动植物种类有 98 种（类）。省级保护的陆生野生动物有 107 种（类）。常年分布的珍稀濒危野生动物有金钱豹、云豹、梅花鹿（南方亚种）、水鹿、苏门羚、黑熊、黄腹角雉、白鹇、白颈长尾雉等。

4. 天象与气候景观

天象与气候景观划分为光现象、天气与气候现象 2 个亚类。江西森林旅游资源中比较突出的有该 2 个亚类中的日月星辰观察地、光环现象观察地、云雾多发区、避暑气候地、避寒气候地、物候景观等 6 个基本类型。代表性景区景点有：庐山含鄱口日出、枫树山森林公园的落日余辉等。

5. 遗址遗迹

遗址遗迹包括史前人类活动场所和社会经济文化活动遗址遗迹 2 个亚类。江西森林旅游资源中以社会经济文化活动遗址遗迹亚类为主。此类景观由于多种原因消逝在浩瀚历史长河之中，现在仅能依据史书和残留现场的断墙、基础来追忆。如天柱峰国家森林公园的丰田战斗遗址，上清国家森林公园的象山书院遗址等。

6. 建筑与设施

江西森林旅游资源包括了该主类的综合人文旅游地、单体活动场馆、景观建筑与附属型建筑、居住地与社区、归葬地、交通建筑、水工建筑全部 7 个亚类，以综合人文旅游地、景观建筑与附属型建筑、居住地与社区、归葬地等为主。如官山自然保护区是江西农业大学、江西师范大学有关专业的重要科研、实习基地之一；龙虎山的悬棺已经成为重要的旅游景点。

7. 旅游商品

旅游商品主类仅包含地方旅游商品 1 个亚类。江西森林旅游区大多已经进行了地方旅游商品的生产加工和销售活动，如香菇、木耳和竹笋等森林食品的培育、竹木工艺品加工、野生动物饲养等。

8. 人文活动

江西森林旅游资源涵括了人文活动主类中的人事记录、艺术、民间习俗、现代节庆等全部 4 个亚类。江西素有"人杰地灵"之称，名人故里、名市街都、革命胜迹、宗教祖地、亭台楼阁，现代建筑等亦极负盛名。

南昌是中国人民解放军诞生地,九江曾是三国时吴都督府,景德镇、萍乡、樟树早被人民誉为"瓷都""煤都""药都"。新近人们又将新余、鹰潭市誉为"钢都"和"铜都"。

全省还有 33 处革命胜迹被列为全国重点保护单位，45 处列为省级重点保护单位。

江西省历代涌现了许多历史名人，文学大师陶渊明、欧阳修、曾巩、朱熹、黄庭坚，著名的文相和改革家王安石，戏剧大师汤显祖，明代科学家宋应星，民族英雄文天祥等名人故里构成了人文景观的重要部分。

宗教祖地有道教正乙派发祥地龙虎山，佛教净土宗庐山东林寺，佛教曹洞宗发祥地宜春洞山、宜黄曹山。道、佛教徒修身养性之地——道观、寺庙，如九江能仁寺、永修真如寺、吉安净居寺、贵溪天师府等吸引了不少游客和海外来的顶礼膜拜者。

江南四大名楼之一——滕王阁和湖口石钟山院林建筑、庐山白鹿书院、吉安白鹭洲书院、铅山鹅湖书院以及许多古塔、亭、台是游览娱乐胜地。九江长江大桥、南昌美术馆、景德镇陶瓷馆、井冈山革命博物馆、省展览馆等现代建筑也有很高的观赏价值。

（二）生态文化发展的需求

随着我国经济社会的快速发展，城乡居民对生态文化建设产生了巨大的需求。江西省具有同纬度保存最为完好的中亚热带常绿阔叶林，亚洲最大湿地生态系统——鄱阳湖湿地及丰富独特的地貌景观、水温气候景观、森林植被景观、野生动物景观等，此外，生态人文景观也极其丰富，为生态文化事业发展提供了极为有利的先决条件。

一是要加强生态文化载体建设。加强森林公园、湿地公园、自然保护区、风景名胜区等建设，丰富其生态文化内涵。大力推进森林博物馆、标本馆、科普长廊等基础建设，打造了一批集保护、展示、教育于一体的生态文化平台。

二是开展国家森林城市和国家生态文明教育基地创建活动，结合"一大四小"工程的实施，在全省加快推进森林城市、森林城镇、森林乡村、森林学校建设，加快身边增绿步伐。

三是面向公众生产更多的生态科普文化作品。通过诗歌、绘画、摄影等多种形式创建有江西特色、百姓喜闻乐见的科普产品。

四是进一步挖掘整理具有江西特色的森林、湿地、野生动物等文化内涵。

五是通过公益广告、野生动物宣传月、爱鸟周等，举办森林、湿地、花卉等各类文化节庆活动，进一步扩大生态文化的影响力。

第十四章　江西省现代林业发展总体布局

一、规划依据

1.《中华人民共和国森林法》

2.《中华人民共和国土地管理法》

3.《中华人民共和国环境保护法》

4.《中华人民共和国城市规划法》

5.《中华人民共和国野生动物保护法》

6.《全国生态环境建设规划》

7.《中共中央国务院关于加快林业发展的决定》（2003年6月）

8.《江西省国民经济和社会发展第十一个五年规划纲要》（2006年）

9.《江西林业发展总体规划》（2006年）

10.《江西省土地利用总体规划（1997~2010）》

11.《江西省公路水路交通节能中长期规划（2008~2020年）》

12.《江西省环境状况公报（2008）》

13.《鄱阳湖流域生态林业发展规划（2008~2020）》

14.《江西省红色旅游发展纲要》

15.《江西省生态功能区划原理与分区体系》

16.《江西省森林旅游发展规划》

17. 江西省政府批复建设的有关生态、林业、水利等相关方面的规划

二、规划目标

加强山地森林资源保育，提高森林资源质量；科学保护鄱阳湖为核心的湿地资源，完善鄱阳湖区防护林体系，增强生态敏感地区的森林防护能力；加快城市林业、乡村林业的建设，改善城乡人居环境；依托山地、平原、湖区森林资源，发展以竹木加工、森林旅游、森林食品等为龙头的林业产业，提高林业富民能力。到2020年，建成功能完备的山地、河流、湖区、城市、农田一体的森林生态网络体系，形成山地茂林修竹、江湖水秀鱼跃、城市林荫气爽、田园果硕粮丰、乡村鸟语花香的生态景观，实现强化森林系统功能，提高林业产业效益，丰富生态文化内涵的总体目标，为建设山川秀美、人与自然和谐、经济社会可持续发展的生态江西奠定基础。

三、规划原则

1. 立足省域范围，突出区位优势

现代林业建设不仅是国土生态安全的重要保障，创造巨大财富的绿色产业，也是建设生态文

明社会的重要内容。江西南临广东，东靠浙江、福建，西邻湖南，北依鄱阳湖区与湖北、安徽相望，其未来发展的重点是做强环鄱阳湖城市群，建设京九城镇经济走廊，发展浙赣城镇经济带。因此，林业规划必须着眼省域范围进行整体布局，同时兼顾周边地区的需求，发挥资源优势，扬长避短，进行综合规划布局，并分区实施，从而实现区域生态建设一体化发展。

2. 统筹城乡规划，健全生态网络

江西地理形势大体呈现山地、乡村、城市、湖泊的空间格局，5河1湖构成了相对对立、区域一体的流域生态系统。全省林业规划要贯彻全省生态建设一体化的理念，以山丘森林、城市地带片林、森林公园，自然保护区为主体依托，结合主干水系以及道路绿化，完善道路、水系、农田、湖区防护林网，从而构筑"林城相依、林村相依、林水相依、林路相依、林田相依"的一体化森林生态网络格局，为江西生态安全提供长期稳定的保障。

3. 结合资源特色，发展富民林业

林业产业是实现林业富民的根本途径，也是生态林得以保护和维持的重要保障。江西不同区块森林资源的特点比较突出，目前依附于资源发展的林业产业已经初步形成了各具特色的区块发展格局。根据江西的地域特点、现有林业产业的发展状况，按照不同地区的比较优势及市场需求变化确定合理的产业林基地发展方向和规模。

4. 弘扬生态文化，建设绿色家园

江西有许多名胜古迹，古树名木众多，不仅弘扬历史文化，还要引导人们的生态道德观。在全面推进城市森林和乡村绿化建设中，必须与江西古老的园林文化相结合，与文化古迹保护相结合，与传播生态意识相结合，加强古树名木和各类名胜区森林的保护，大力发展以各类纪念林为代表的文化林建设，丰富生态文化内涵，弘扬绿色文明。

四、总体布局

（一）结构布局

1. 布局依据

（1）林业本身特点。林业是一项重要的公益事业和基础产业，承担着生态建设和林产品供给的重要任务。林业是一个既生产物质产品、精神产品，又生产生态产品的综合部门，具有生态、经济、社会"三大效益"。生态产品包括改善生态、净化空气、涵养水源、保持水土等为主的生态服务，是林业承担的首要任务；物质产品包括人们生产生活需要的木材、纸浆、家具、林果、花卉等，具有巨大的直接经济效益，也是长期以来社会赋予林业的主要任务；文化产品包括森林观光、森林休闲、森林文学、森林艺术等，发展的历史久远，也是近年来随着社会经济的发展日益受到人们关注的林业具有的特殊功能。物质产品和文化产品可以通过贸易和交流解决，而清新的空气、蔚蓝的天空、纯净的水质、优美的环境等生态产品只能就地解决，不可能到别国和别的地区引进或购买。林业的这三方面特性是林业进行结构布局的立足点。

（2）国家林业发展战略。2002年国家林业发展战略提出了"生态建设、生态安全、生态文明"的"三生态"思想，为今后我国林业发展确定了方向，这个战略在明确林业承担着保护国家生态安全、富民增收等生态、经济效益的同时，进一步明确了林业在建设生态文明社会当中的重要作用。因此，林业发展必须根据这个战略要求，在建设过程中兼顾生态、经济、文化三种效益，这是江西林业结构布局的基础。2007年全国林业厅局长会议又提出建设生态、产业、文化三大体系，进一步增强了林业提供生态、经济、精神文化产品的功能。

（3）江西林业发展理念。江西林业发展是以"绿色江西，惠民林业"为基本理念，并发展生

态林业以保障生态安全，发展富民林业以满足多种需求，发展人文林业以弘扬绿色文明。因此，基于这种指导思想，可以根据不同地带、不同类型森林在生态、经济、文化三方面主导功能的差异，进行相对的划分。

在林业发展的结构布局上，要首先满足保障江西省生态安全的需要，在森林资源空间布局方面，以生态公益林为骨架构建覆盖江西省的比较完备的生态林体系，在森林营造、培育、管理的各个环节都要把提高现有林的生态功能放在首位，在这个森林生态安全体系的框架之下，根据现实状况和市场需求发展具有江西特色和发挥本地资源优势的产业林体系，并与江西历史文化、环境科普教育等结合起来，加强森林旅游、城乡人居森林、各类纪念林等发展，建设以森林为载体的文化林体系。

2. 布局框架

根据上述江西林业发展理念和总体规划的基本原则，我们提出江西林业发展的"三林"体系结构布局：

——建立以山地森林、平原防护林、城区林地、水岸防护林为主，片、带、网相连接的生态林体系，为江西生态环境的改善提供长期稳定的保障，满足江西经济社会可持续发展的需要。

——形成以林产品加工、森林食品、森林旅游、种苗花卉等优势产业为主，速生丰产林、林农、林禽、林药等多种模式相配套的产业林体系，拓宽林业富民渠道，稳固生态林体系，促进江西林业的绿色产业发展。

——建设以城市森林、园林、村庄风水林、森林公园、名胜古迹林等为主，重点加快城市各类纪念林、森林生态环境教育基地建设，人文与森林景观相结合的文化林体系，增强人们的环境保护意识，传承江西的历史文化和红色旅游文化，实现人与自然协调发展，为和谐社会建设作贡献。

核心是：生态林体系，产业林体系，文化林体系

"三林"体系是根据森林具有生态、经济、社会"三大效益"和国家林业发展战略提出的"三生态"思想，结合江西林业的现状和发展趋势，按照森林的主导功能进行定位划分的，是一种相对的划分，他们共同构成江西森林资源的整体。生态林体系是基础，体现了现代社会对林业"生态优先"的主导需求，是产业林体系和文化林体系实现持续、健康发展的保障，而产业林体系和文化林体系是对生态林体系生态功能的有效补充，实现林业富民，满足人们的生态文化需求，避免或延缓生态林体系可能面临的破坏压力，发展绿色产业和弘扬绿色文明，为江西林业的发展带来了巨大的活力。具体内涵是：

（1）生态林体系：形成合理布局，保障生态安全。生态体系是指以生态公益林为主，包括各类自然保护区在内的森林、湿地资源，其主体应该是以地带性森林植被为主的生态公益林，发挥生态功能是第一位的。它对江西省的生态环境起着主要控制作用，是长期稳定的。主要以原有的山地森林资源为主，并针对城市周边地区、平原区、河谷、丘陵等地的防灾需要，以及生态敏感区维护、人居环境需要等设置，具有保护生物多样性，减轻水土流失，降低洪灾危害，净化河流水质，阻隔病虫害传播等多种生态功能。在这些生态公益林营造、改造过程中，要向近自然林的方向引导，并借鉴欧洲恒用林的经营理念，适当增加长寿命、高经济价值珍贵树种，使山地森林成为江西省森林生态系统健康稳定的基础，成为生物多样性保护的基地。

（2）产业林体系：提供林副产品，促进产业发展。产业林体系主要是指省域范围内以提供木（竹）材、绿色森林食品、苗木花卉、林副产品为主的经果林、竹林、苗圃等，是对生态林体系的补充，减轻了对其人为采伐利用的压力，对改善江西省的生态环境起着增强作用。产业林更主要受产业发展的经济效益左右，在一定的时期内是随市场波动的，但这部分森林资源用地面积、林种结构

等方面的波动不会对江西省的生态环境产生大的影响。因此，产业林体系建设要结合江西林业产业发展的区块特色，以服务江西林业产业发展为导向，满足全省乃至其他地区对江西林副产品消费需求，发挥比较优势，发展以竹产业、绿色森林食品、森林旅游为主、多种产业复合发展、具有江西特色的高效产业林体系。

（3）文化林体系：改善人居环境，传播生态文明。文化林是改善人居环境和具有丰富文化内涵的森林，是生态文化体系的重要组成部分，是江西林业的一大特色，也是江西经济社会发展到现实水平后向建设和谐社会目标迈进过程中，要继续加强的一项重要工作。建设和谐社会的关键问题是实现人与自然和谐，要处理好人与自然的关系，提高包括务林人在内全社会公民的生态意识，把爱护环境的意识体现在具体的行动中、日常的行为上。文化林体系是弘扬生态文明的重要载体。江西山川秀丽，名胜古迹众多，井冈山、瑞金等革命圣地享誉全国。针对江西的特点，主要包括江西的森林公园、名胜古迹林、墓地林和各类纪念林，在发挥改善环境功能的同时，更主要的是对城市历史文化的反映，具有传承历史文化的功能。从现实情况来看，我们在反映历史文化方面作了很多工作，也积累了丰富的经验，而对如何提高人们的环境保护意识，把科普宣传体现在具体的建设、活动当中则重视不够。因此，发展文化林，改善城乡人居环境，加强环境保护意识的培养，有助于增强人们的生态意识，丰富森林文化内涵，促进江西的和谐社会建设。

因此，江西林业发展的结构布局可以概括为：通过构筑布局合理、长期稳定的生态林体系，为江西生态环境的改善提供保障，满足江西经济社会可持续发展和改善人居环境的需要；通过发展经济效益好、具有市场弹性的产业林体系，稳固生态林体系，促进江西林业产业发展；通过加强古典园林、古树名木、名胜古迹林的保护，大力发展各类纪念林，实现人文与森林景观的完美结合，传承江西悠久的历史文化和光荣革命历史，并注重森林旅游、红色旅游、生态教育基地等项目中的科普功能建设；从而建立以生态公益林为主的、完备的生态林体系，以及依附于生态林体系之上的发达的产业林体系和丰富的文化林体系，为建设生态江西作贡献。

（二）空间布局

1. 布局依据

林业发展的总体布局要以满足社会对林业的主导需求为重要依据。迈入新世纪，江西进入了加快工业化、城市化、信息化、市场化和国际化，全面建设小康社会，实现中部崛起的新阶段。作为林业资源大省，全面发挥林业在生态、经济、社会等方面的多种效益，走生产发展、生活富裕、生态良好的文明发展道路，是江西经济社会发展对林业提出的迫切要求。

（1）森林资源现状与生态安全。江西的生态环境总体上比较优越，森林资源、水资源相对丰富，但随着社会发展对资源的消耗、环境破坏的不断加剧，森林资源质量下降，有林地涵养水源、保护水土、调节径流、减少洪涝灾害等生态功能较弱，保障生态安全的能力降低。同时，从现有林的资源状况来看，目前江西省人工林主要以杉木、马尾松为主，森林资源质量不高，火灾、病虫害发生的现实威胁和潜在风险都比较突出，森林资源自身的安全还不能够得到完全保障。因此，进一步优化江西省森林生态网络体系，合理开发利用森林、湿地等自然资源，加强鄱阳湖湿地保护和滩地以林为主的综合治理，在山地森林资源经营中增加长寿命、珍贵树种的培育，强化生态敏感区的生态公益林建设非常重要。

（2）城市化发展趋势与林业生态建设。城市化进程的快速发展，对资源环境产生了巨大的压力，也对林业生态环境建设提出了新的需求，给城市林业发展带来了新的机遇。随着城市发展许多国家和地区都高度关注城市生态安全，把城市林业建设作为改善城市环境、提高城市综合竞争力的重要举措。近年来江西省对未来城市发展作出了新的规划，提出了"在发展沿京九线城市带和沿浙赣线城市带的基础上，进一步打破行政区划，建立城际间协调发展的机制，大力促进城市间的合作与联系，积极创造条件，构建以南昌为核心的环鄱阳湖城市群"。江西要吸引更多的外商来投资落户，保持城市群地区经济快速健康发展，就必须加强城市林业建设，更加注重生态保护和环境建设，缓解城市群发展带来的环境压力和对林业的多种需求，努力在更高层次和水平上谋求有力的环境支撑。以区域可持续发展的有利条件，全面参与长江经济带和"泛珠江三角洲"区域合作，进一步提升江西的综合竞争力。

随着江西高速发展的经济，对资源的需求量越来越大，耕地、能源、淡水等资源短缺的矛盾更加突出，对环境的压力会越来越大。森林是陆地生态系统的主体，林业是一项重要的公益事业和基础产业。《中共中央国务院关于加快林业发展的决定》指出："林业不仅要满足社会对木材等林产品的多样化需求，更要满足改善生态状况、保障国土生态安全的需要，生态需求已成为社会对林业的第一需求。"因此，加快林业的发展，有利于保障江西经济社会可持续发展和提高江西综合竞争力。

（3）江西经济发展与林业产业贡献。林业是国民经济的重要基础产业，在山区综合开发、巩固农村集体经济，引导农民脱贫致富奔小康等方面具有重要作用，同时，没有产业的林业，是没有后劲和活力的林业。江西作为我国南方重要的国有林区，林业的产业发展很大程度上折射了中国林业产业的发展状况，它的实践对全国林业的发展都具有很好的借鉴意义。

江西作为森林资源大省，在提供保障江西省生态安全的生态贡献同时，如何发挥资源优势大力发展壮大林业产业，提高林业对国民经济发展的经济贡献率，是江西林业发展的基本动力。据2002年统计，各类商品林业基地达6100万亩，林产工业企业5200余家，林业总产值180亿元。林业在优化农村产业结构、增加农民收入中的重要地位与作用日益突出，林业产业正在逐步成为山区经济新的增长点。

森林旅游是旅游业新的经济增长点，成为发展迅猛的新兴绿色产业。江西省作为旅游大省，森林旅游资源得天独厚，地理位置优越，人文古迹荟萃，无论是历史古迹还是红色景点都拥有非常明显的比较优势和特色，发展潜力巨大。江西许多的名山大川、森林公园以及自然保护区内分布着优秀的文化遗产和具有鲜明个性的旅游资源，是对森林公园和自然保护区的重要点缀，吸引了国内外大量的游客，为江西经济的发展和扩大影响起到重要的作用。

（4）湖区血吸虫病防治与林业发展。江西是我国血吸虫病主要分布区之一。血吸虫病的蔓延不仅严重危害到疫区人民的健康，而且导致疫区农村病人家庭因病致贫、返贫，成为制约湖区社会经济发展、影响社会稳定的重要因素。江西省是血吸虫病流行严重的省份之一，以湖沼泽型和山丘型分布为主，历史上累计钉螺面积达356万亩，疫区范围涉及南昌、九江、上饶、宜春、鹰潭、景德镇、吉安、赣州等8个设区市、39个县（市、区）、337个乡（镇、场）的2318个行政村，疫区人口达400多万。从1991年开始实施"兴林抑螺"工程，结合长防林、退耕还林等林业重点工程大力营造血防林，林业血防工作取得了显著成效。据统计，1991~2005年江西省各疫区县（市、区）在江、洲、湖荒滩共营造血防林14.7万亩。

（5）城乡人居环境改善与林业发展。生态环境建设是构筑和谐社会的必然要求。近年来，江西经济保持持续快速发展，人民生活水平显著提高，社会消费层次由过去的生存消费为主，向生存消费、发展消费、享受消费并存状态转变，精神性生态需求已成为一种基本的社会需求。良好的生态环境成为人们提高生活质量和健康素质、追求优美的生产生活环境的基础。因此，只有不断加强生态环境建设，促进人与自然的和谐，才能推动整个社会走上良性发展道路，构筑起社会主义和谐社会。

（6）生态文明社会建设与生态文化。弘扬生态文明，丰富和发展精神文明，对于不断丰富和满足21世纪人们向往自然、回归自然的物质文化需求，促进资源环境与经济社会可持续发展具有重要的现实意义。森林作为建立新型的人与自然和谐统一关系的重要文化载体，对推动新时期具有中国特色的社会主义文化具有重要作用。江西作为中部经济发展迅速、森林与湿地资源丰富、历史文化悠久的省份，在林业建设中挖掘、整理、弘扬丰富的森林与湿地文化，对于建设人与自然和谐的生态文明社会具有重要的现实意义。

（7）城乡居民就业与林业发展。随着江西省林改的不断深入，农民从林业上获得的收益在不断增加，许多地方出现了返乡务林和改行务林的现象，促进了农村劳动力向林业生产的转移，林业已成为农村劳动力转移的重要途径。据调查统计，2005年江西省从事林业生产人员112.03万人，比2004年增加16.61万人，增长17.41%；2006年江西省林业从业人员达135.51万人，比2005年增加23.48万人，增长20.96%，比2004年增加40.09万人，增长42.01%。因此，林业的发展不仅仅是关系到生态与经济效益的问题，而是提供庞大就业机会、促进农村发展的绿色产业链条。

2. 布局框架

江西省林业发展布局规划，要以中国森林生态网络体系点、线、面布局理念为指导，山、湖、城、乡统筹，林水结合，区域生态一体规划，以服务二个城市经济发展带（京九线城市带和浙赣线城市带）和新农村建设的多种需求、健全森林生态安全体系、促进特色林业产业发展、弘扬生态文化为目标，全面整合山地森林、平原与水系防护林、城市森林、城镇村庄绿化等多种模式，实现森林资源空间布局上的均衡、合理配置。

从江西的地形地貌、森林资源分布格局、未来林业建设重点与趋势来看，赣江等骨干水系沿线的山地森林应该成为江西省生态公益林建设的核心，也是速生丰产林发展的重要基地，而与京九线城市带（南昌、九江、吉安、赣州）、浙赣线城市带（萍乡、宜春、新余、鹰潭、上饶）二个城市带交错分布的城市周边地区森林（包括山地、丘陵岗地、平原），是这些地区生态安全的保护屏障，也是支撑各类经济林等林业产业发展的重要基地，传播森林生态文化的重要载体。根据这种自然格局和建设构想，规划提出"一湖一区二带四片多点"为一体的江西林业发展空间格局。

（1）一湖：湖区林业。鄱阳湖区包括南昌市、九江市、上饶市所辖的部分滨湖区县。该地区水网发达，是国家重要湿地，生态区位重要，同时又是江西主要粮食产区，环湖地区为江西经济建设最具有活力的地带之一，也是我国洪涝灾害和血吸虫病发生比较严重的地区，湿地建设与血防任务都很艰巨。由于田多林地少，人为活动频繁，且缺乏森林植被保护，森林的生态保护功能大为削弱，干热风、病虫害、冰雹及水旱等自然灾害频繁发生，沙化面积逐年增加，是江西省生态较为脆弱的地区。林业生态建设主要是保护湿地生态系统，增强湿地的安全保障作用，采取科学有效的综合措施，恢复湿地生态系统；加大抑螺防病的力度，积极开展林业血防工程建设，促进湖区生态安全与国民经济同步发展；大力营造农田防护林、防风固沙林，有计划、有步骤地开展退耕还林，积极开展"四旁"绿化，大力发展平原林业，大力推进以杨树、泡桐为主的速生丰产林建设，改善农业生产条件，促进木浆造纸业和装饰型材加工业的发展。

（2）一区：丘岗林业。赣中南丘陵区位于江西省中南部，地貌以丘陵、岗地为主，处于山地与河谷平原的过渡地带，由于人口密度大、开发历史长，造成森林资源过度消耗，致使本区水土流失面积大、强度高，且相对集中，水土流失面积约占江西省水土流失面积的50%，占总侵蚀量的60%。但同时也应看到，这些地区由于地势平缓，土壤条件比较好，水热资源丰富，又是发展经济林的理想地带。因此，林业建设的主攻方向是积极培育以针阔混交林为主的水土保持林，合理调整林种、树种结构，提高林分质量，控制水土流失；适度营造薪炭林，减少农户烧柴对森林植被的破坏；大力开展退耕还林，积极发展以油茶、森林药材为主的经济林，在立地条件好的区域积极发展工业原料林；继续搞好松香、松节油、香料等林化产品精深加工，适度发展以纤维材为原料的人造板；积极发展油茶和毛竹的精深加工，做大做强油茶产业和竹产业。

（3）二带：城市林业。目前，江西社会经济发展中比较成形的城市带是以南昌为中心的环鄱阳湖城市带，也是近期江西省着力打造的核心地带，但从现实的发展状况和未来的发展趋势来看，沿京九铁路以南昌、九江、吉安、赣州为核心构成的京九线城市带和沿浙赣铁路线以萍乡、宜春、新余、鹰潭、上饶为主构成的浙赣线城市带也呈现快速发展态势，对拉动沿湖经济发展作用明显，形成了以南昌为节点的二个城市带。它们向北与武汉城市群、皖江城市群相邻，向西与长株潭呼应，向南与广东珠三角城市群相望，向东与浙江、福建海峡西岸经济区相连，是江西省最具经济价值和发展潜力的地区，对促进整个江西的全面崛起至关重要。因此，林业建设要前瞻性地进行规划建设，在这些地带大力发展城市林业，重点是加强城市之间绿化隔离带、森林公园、城郊观光林业（农家乐）、城区公共游憩地等建设，改善人居环境，保障城市协调发展。

● 京九线城市带：该地区由以南昌、九江、吉安、赣州为中心的京九铁路沿线城市构成，向北与浙赣城市带、环鄱阳湖城市带相衔接，包括吉安市的峡江县、吉水县、吉州区、吉安县、遂川县、泰和县、万安县和赣州市的南康市、信丰县、龙南县、定南县。目前，该城市带还处于融合发展阶段，但从潜力和趋势来看，对江西省未来经济社会的整体腾飞和区域协调发展有着十分重要的意义。该城市带北接环鄱阳湖城市带和浙赣线城市带，南临珠三角，京九铁路、赣粤高速、105国道纵贯其间，区位优势明显，发展潜力巨大。该城市带的城市林业建设要结合城市之间相对疏散的特点，加强城市之间的绿色通道建设；加强森林公园和城市周边地区的生态风景林建设，发展森林旅游产业。该城市带林业发展要充分发挥地缘优势，依托湿地资源优势大力发展湿地公园，积极开展湿地生态观光旅游；建设林水结合的城市生态走廊。

● 浙赣线城市带：该地区由以萍乡、宜春、新余、鹰潭、上饶为中心的浙赣铁路沿线城市构成，包括萍乡市的湘东区、安源区、上栗区、芦溪县，宜春市的袁州区、樟树市、高安市、丰城市，新余市的分宜县、渝水区，南昌市的新建县、南昌县、进贤县，鹰潭市的月湖区、余江县、贵溪市，抚州市的东乡县，以及上饶市的弋阳县、横峰县、铅山县、上饶县、信州区、玉山县。该城市带中部与环鄱阳湖城市带和和京九线城市带相连，西接长株潭城市群，东靠浙江，浙赣铁路纵贯其间，与周边城市连接紧密。本地区林业发展要在新余开展创建国家森林城市的基础上，加速实现城乡林业生态一体化建设，着力建设好城市绿化隔离带，提高城市森林建设的质量和品味；加强森林公园、湿地公园、风景名胜区、生态教育基地等生态文化载体建设，丰富森林文化内涵；建设城市周边地区的生态风景林，促进森林旅游产业发展。

（4）四片：山地林业。江西省东、南、西部的边缘山区，地貌以低山、高丘为主，区内自然条件优越，土层深厚，土壤肥沃，森林资源丰富，集中了江西省绝大部分天然林资源，承担着主要的木、竹材生产任务。同时，该区又是"五河"及其主要支流和珠江一级支流——东江的发源地，江西省70%的大中型水库星布于其间，对江西省水资源调节及防止水旱灾害起着至关重要的作用。因此，本区既是生态敏感而需要重点保护的公益林建设区域，又是商品林建设的重点区域。林业建设的主攻方向是加强河流源头、水库湖泊周围的天然林保护，提高森林蓄水保土能力，加强自然保护区建设和水土流失治理；通过人工造林和低产林改造，积极发展速生丰产用材林、工业原料林、经济林、竹林；定向培育大径级珍贵阔叶材；大力发展以纤维材为原料的人造板业、木（竹）浆造纸业及松香、松节油、活性炭等林化产品精深加工业；要充分利用森林景观资源优势，积极发展以森林旅游业为重点的林业第三产业。

• 赣东北片——以三清山为主构成的森林培育区：该区域包括浮梁、彭泽、昌江、婺源、德兴、玉山、弋阳、横峰、上饶、信州、广丰北部等县（市、区）。本片面积 1542932 公顷，占省域国土面积的 9.2%。区位特点：生态区位重要，是长江一级支流信江的中上游及信江、饶河的发源地，境内大坳水库库容量超过 2 亿立方米。地貌上，区内山地为主，地势较高，南部地处怀玉山脉南，武夷山脉北，地势较低，以低山岗为主。森林资源：北部阔叶林比重较大，非木材林业资源丰富，如德兴红花油茶，景德镇的雨活茶，婺源的绿茶等，南部是省内主要油茶产区之一。森林覆盖率，北部地区为 76.1%，南部丘岗，因土壤以紫色土为主，立地条件差，森林覆盖率为 52.7%，森林现实生产力级数，北部山地较高，在 28~39 之间；南部丘岗，个别为 5，一般 22~33。发展方向：北部山地，应积极保育水源涵养林，水土保持，培育大径材商品林，发展以茶叶为代表的名特优经济林，积极发展森林旅游业，建立自然科普教育基地，繁荣和发展生态文化；南部丘岗区，重点发展以油茶为主的木本粮油林，大力发展以杉木、湿地松、枫香为主的一般用材林，积极发展果树经济林。

• 赣西北片——以幕阜山、九岭山为主构成的森林培育区：该区域包括铜鼓县、修水县、武宁县、瑞昌县、湾里县、安义县、靖安县、奉新县、宜丰县、万载西北等县（市、区），本片面积 1729140 公顷，占省域国土面积的 10.4%。区位特点：生态区位重要，建有 2 个省级自然保护区，长江一级支流修水中上游及源头发源地，位于本区，有特大型柘林水库。地貌上以山地为主，兼有高丘。森林资源：区域立地条件比较好，杉木、毛竹资源丰富，但冬天冰挂、雪挂，中低山区的竹林、杉木林普遍有断梢折干现象；茶产业发展较好，修水县宁红茶有"茶盖中华，价压天下"的盛誉，铜鼓县"银毫荣"和"春音茶"获全省银质奖；特色非木材资源还有奉新猕猴桃、花卉苗木产业；境内森林旅游资源丰富，是南昌市休闲娱乐后花园，年游客达数百万人次。森林覆盖率 62.6%~67.8%。森林现实生产力级数，一般在 32~40 之间。发展方向：重点发展水源涵养林；大力发展毛竹、杉木为主的用材林，壮大林产加工业；积极发展以猕猴桃、柑橘为主的果木林；优化森林景观和旅游线路，重点发展森林旅游业，加强生态文化建设。

• 赣东南片——以武夷山为主构成的森林培育区：该区域包括铅山、广丰、贵溪、资溪、广昌、南丰、黎川、南城、宜黄、乐安、瑞金、石城、会昌、龙南、全南、定南等县（市、区）。本片面积 1909213 公顷，占省域国土面积的 11.4%。区位特点：生态区位重要，国家级武夷山自然保护区位于区内，长江一级支流，抚河和赣江的发源地，抚河中上游亦位于本区，区内有库容达 12 亿立方米的大型洪片水库。地貌上，以山地为主，立地条件好，降水量丰富。森林资源：是江西省内毛竹主产区，中部抚河河谷盆地盛产南丰蜜橘，适宜杉木、马尾松、木荷等乔木生长，林农经营积极性高，产业发展较好，山地森林资源总量高，生物多样性丰富。森林覆盖率 62.3%~74.7%。森林现实生产力级数在 29~34 之间。发展方向：大力发展水源涵养林为主的生态公益林，大力发展商品林，北部宜发展毛竹、速生丰产林、大径木林；中部发展以南丰蜜橘为主的果树经济林，发展以杉木、毛竹等一般用材林；南部发展生物质能源林，速生丰产林和经济林。

• 赣西南片——以武功山、罗霄山为主构成的森林培育区：该区域包括安福、永新北部，莲花、芦溪、井冈山、遂川西北、泰和西部、永新南部、崇义、大余和上犹等县（市）。本片面积 1496369.5 公顷，占省域国土面积的 8.2%。区位特点：生态区位较重要，赣江一级支流漳江发源于本区，有库容达 8 亿立方米的上犹大型水库。国家级井冈山自然保护区和 2 个省级自然保护区坐落于本区。地貌以山地为主，为年降水量高值分布区，立地条件好。森林资源：非常适宜杉木、毛竹、储木类阔叶树生长，是"陈山红心杉"主产区；非木材林主要有油茶，"海潭翡翠"茶，井冈翠绿茶，猕猴桃、井冈山烟笋；花卉产业发展较好，属地方特色产品有金边瑞香、富贵籽、虎舌红、竹柏、兰花等；森林旅游资源丰富，北部有武功山，明月山国家级森林公园，中部的"中国革命摇篮"已成为全国著名的"红、绿、古"三色旅游区。森林覆盖率60.7%~79.4%，森林现实生产力级数，北部武功山个别较低，13~40，中部罗霄山脉为34~40，南部罗霄山脉南端与南岭的大庾岭，森林现实生产力级数最高，为34~42。发展方向：重点保育以水源涵养林为主的生态公益林；北部发展果树经济林，生物质能源林，木本油料林和工业原料林；中部发展生物质能源林，一般用材林，速生丰产林；南部应大力培育大径木荷、大径竹，以花卉、竹笋为主的非木材林产业，积极发展森林旅游业。

（5）多点：乡村林业。江西作为我国中部经济发展比较快速的省份，城乡之间、地区之间发展很不平衡，江西省的山地占70%以上，农村绿色家园建设很大程度上是如何发挥林业在改善城乡人居环境和增加农民收入中发挥重要作用。江西省现有乡场763个，行政村17145个，自然村146556个。乡场村庄绿化缺乏统一规划，绿化水平低，区域绿化不平衡。在新时期社会主义新农村建设中，要按照建设"乡风文明、村容整洁"新农村的要求，探索血吸虫疫区环境治理与滩区农民致富、林区森林保护与综合开发、村庄绿化美化与风水林建设相结合的新农村林业建设模式，探索集体林权制度改革过程中如何加强乡村人居环境建设的机制与模式，并注重保护和挖掘具有江西地域特色的生态文化，通过科学的规划、保护和建设繁荣乡村生态文化，发展具有生态、经济、文化多种功能的乡村林业。

按照上述规划，江西林业围绕经济社会发展对林业的多种需求，未来主要发展五大林业——湖区林业、城市林业、丘岗林业、山地林业、乡村林业，核心是要充分发挥林业的生态、经济、社会、文化等多种效益。

（三）建设重点

规划建设的重点是：围绕"五项"内容，实施"十二项"工程。

1. "五项"内容

江西林业发展，在实现森林生态网络体系点、线、面合理布局的基础上，以提高森林质量为目标，围绕"五项"内容，实施"十二项"工程。

（1）保育山地森林资源，提高森林资源质量。山地森林是保障江西生态安全的基础，也是发展林产加工、森林食品等产业的基地。重点是保护资源，提高质量。把保障江西省生态安全与提高林业产业富民能力结合起来。主要应该采取封山育林为主，辅之以人工措施。在林分改造过程中，提倡按照地带性森林植物群落结构发展近自然林。在树种选择过程中，借鉴欧洲恒用林的经营理念，适当增加长寿命、高经济价值珍贵树种，使山地森林成为江西省森林生态系统健康稳定的基础，成为生物多样性保护的基地。

（2）培植特色优势产业，促进产业升级增效。江西作为林业资源潜力大省，也是极具潜力的产业大省。多年来的不断发展，各个地区林业产业已经形成了特色明显、优势突出的主导产业。很多林业产业关系的是农村经济、农民致富，因此，林业产业不仅仅是林业行业本身的问题，更主要的是"三农"问题。在推进林业产业结构优化、提质增效的过程中，一项重要工作就是要打造产业基地，使林业为地方经济发展作贡献，为解决"三农"问题作贡献。

（3）发展湖滩平原林业，健全林水生态网络。鄱阳湖区丰富的湿地资源和广袤的平原滩地，是发展平原林业的重要基地。特别是在本地区血吸虫病出现新的蔓延趋势的现实条件下，要科学规划、大力推广兴林抑螺技术成果，把兴林与治病、兴林与致富、湿地资源保护与综合利用结合起来，保障湖区生态安全和人民的生命安全，促进湖区经济社会可持续发展。

（4）推进城镇森林建设，繁荣城乡生态文化。城市森林建设的目的主要是为了提高人居环境质量、增进人民身体健康、满足人们日益增长的生态文化需求。城市森林建设要以人为本，注重发挥森林的生态和社会效益。城市森林建设的重点要突出林网化与水网化，在观念上从过去比较注重视觉效果转移到注重人的身心健康轨道上来，注重提高绿地空间使用效率，提倡增加高大乔木树种，建设森林类型的绿地。在城市周围、城乡结合部建设以近自然林为主的生态风景林、休闲观光林。同时规划建设生态纪念林，打造森林、湿地等多个生态教育基地，通过这些具有文化内涵的科普载体，传播生态文化，增强人们生态意识，促进生态文明社会建设。

（5）发展惠民乡村林业，打造乡村绿色家园。国家确立了建设社会主义新农村的发展战略，对山地占 70% 以上的江西省来说，新农村建设的主战场就是山区，就是如何发挥林业在富民方面的作用。因此，在乡村富民方面，林业发展要结合农村产业结构调整，大力发展生态经济林、庭院经济林、围庄经济林，开发特色森林食品，培植特色旅游市场，拓宽林业富民渠道；在人居环境建设方面，通过发展人居防护林、风水林等村镇绿化，改善村容村貌。

2."十二项"工程

围绕江西林业的"三林"体系建设，全面推进"十二项"林业工程，即：

（1）生态林体系建设。重点实施三项工程，包括森林质量提升工程、血防林工程、湿地与野生动植物保育工程。

（2）产业林体系建设。重点实施六项工程，包括商品林培育工程、花卉苗木工程、油茶产业工程、毛竹产业工程、林产工业工程、林业生物质能源工程。

（3）文化林体系建设。重点实施三项工程，包括城市森林工程、乡村绿色家园建设工程、生态休闲旅游工程。

第十五章　江西省现代林业三大体系建设布局

一、林业生态体系建设布局

（一）布局依据

1. 森林资源总体状况

江西省森林覆盖率 60.05%，位居全国第二位，仅次于福建省，生态环境总体上较好，森林资源总量不少。但低产林、稀疏残次林比重大，全省林分平均郁闭度不到 0.5；林分单位面积蓄积量低，林分每亩平均活立木蓄积量 2.81 立方米，仅为全国平均水平的 49.7%；从树种结构来看，针叶林比重大，阔叶林比重小，针叶林占 75.8%，阔叶林仅占 24.2%；从龄组结构来看，幼中龄林多，成熟林少，幼中龄林占 87.7%，近、成、过熟林仅占 12.3%。树种、林龄结构不合理，极大地影响着森林生态服务功能的发挥，致使土壤保持功能较弱，生物多样性保育功能差，森林病虫害危害增加。江西省现有生态公益林 4062.47 万亩，这些生态公益林对改善生态环境，确保生态安全，起到了重要了作用，但生态公益林分布不尽合理，林分质量不高，对森林生态效益的发挥，造成不利的影响。

2. 沿湖生态防护林建设状况

江西森林分布不均衡，人口少的山区绿化程度高，而人口稠密的平原及沿湖区县则绿化水平比较低，其平原绿化建设总量仅相当于山东的 21.6%、河北的 31.9%、河南的 41.8%、安徽的 41.4% 和江苏的 42.9%，与平原绿化发达省份差距很大；其次老城区绿化覆盖率较低，城市外围生态防护圈薄弱，绿地布局不合理的情况突出，且城镇绿化水平品位低，总体绿化水平与上海、江苏等地相比差距很大，再次农田林网建设面不广，树种单一，经济效益差，且公路两侧林相不整齐，绿化档次不高，与全面建设绿色生态江西的要求有较大的差距。由于田多林地少，人为活动频繁，且缺乏森林植被保护，森林的生态保护功能大为削弱，干热风、病虫害、冰雹及水旱等自然灾害频繁发生，沙化面积逐年增加，致使鄱阳湖沿湖平原成为江西全省生态较为脆弱的地区。因此，应大力营造农田防护林、防风固沙林，有计划、有步骤地开展退耕还林，积极开展"四旁"绿化和"绿色通道"建设，大力发展平原林业，尽快提高区内林草植被覆盖度，改善农业生产条件，竖起江西省北部的生态保护屏障。

3. 人居与景观林状况

多年来，江西省森林资源培育和国土绿化的重心一直在山上，对山下造林绿化重视不够，形成了"重山上轻山下"的国土绿化格局。农田林网建设、交通干线以及县城和市政府所在地、乡镇政府所在地、村庄绿化，基础设施、工业园区的裸露地绿化严重滞后，导致国土绿化体系不完整，生态体系不完备。江西省最主要的环鄱阳湖城市群，是江西省经济的排头兵，这些地区也是森林资源相对匮乏的区域，森林生态效益得不到充分的发挥，大多数城市景观林发展不快，人均绿地面积偏小，城乡一体化建设步伐滞后，国道、省道、高速公路及城镇周边由于不合理的开采，形成了较多的裸露山体,不仅影响到城市形象,而且也影响了森林的保育功能,以及森林的景观效果。

4. 水源林状况

江西全省有大小河流 3700 多条（流域面积 10 平方公里以上），其中 100 平方公里以上的河流 451 条，大部分河流汇向鄱阳湖，再注入长江。主要河流有 5 条，即赣江、抚河、信江、修河、饶河。这些水系的干流及一级支流主要发源于赣南、赣东北、赣西北等各大山脉。由于江河源头地区生态公益林面积明显不足，一些生态区位重要的地区，未建立保护区或保护级别太低，对江河源头的森林植被保护力度不足，森林植被破坏严重，导致森林的水源涵养功能不强，固土保水能力下降，并直接对下游地区的生活及工业用水构成威胁。

5. 生态环境整体脆弱性

江西省陆域生态环境具有潜在的脆弱性，主要由于四方面因素的综合影响：①江西山地丘陵面积占 78% 以上，山地、坡地多，且红壤是江西分布最广、面积最大的地带性土壤，为全省最重要的土壤资源，约占全省总面积的 56%，很容易冲刷，这是一种最易破坏的地形环境；②江西降水年际、季节分配不均。春夏之交，冷暖气流交汇于境内，梅雨连绵易受洪涝灾害，夏秋之际，主要受台风影响，常伴有局部暴雨洪水灾害。暴雨、洪涝、干旱等自然灾害发生频率很高；③江西土壤侵蚀强度分级面积 4.685 万平方公里，土壤侵蚀危险程度分级面积 3.262 万平方公里，属水土流失较严重省份之一。④生态系统矿质营养和灰分元素相当大部分积累于活质地上部分，而土壤相对瘠薄。在这些因素的综合影响下，植被成为江西生态链条中一个比较脆弱的环节，一旦植被受到破坏，生态要素组合中的"高温、多雨"这两个有利条件就会迅速地转化为破坏的力量。高温，加速了土壤中含量并不多的有机质的分解，并破坏土壤性状；多雨，加上山高坡陡，成为冲刷表土的力量。由此导致生态环境退化，并加剧自然灾害的危害。因此，江西的地带性植被——常绿阔叶林生态系统的保育和重建是江西生态安全和稳定的中心环节。

（二）布局框架

江西省林业生态建设布局为：一大环湖生态防护区，两大城市生态经济景观林建设带，三大重点水土流失治理区，六大河流源头森林资源保育区。

1. 一大环鄱阳湖生态防护区

在湖区周围 11 个县（区），以南湖农田防护林、北湖防风林、防浪护岸林、防风固沙林和水土保持林等基干林带为主，构建一条布局合理、结构稳定、功能完善，乔灌草、带网片相结合的多树种、多层次、多功能、多效益的环湖绿色屏障，为实现沿湖地区资源、环境和社会经济的可持续发展和建设社会主义新农村奠定良好的生态安全基础。

2. 两大城市生态经济景观林带

（1）京九线城市带。以南昌、九江、吉安、赣州为中心，以两市所辖沿京九铁路沿线城市为延伸，以城市街道、城市公园、工业园区等城市公共绿地以及城郊水源涵养林、水土保持林、风水林、四旁树等为抓手，积极发展城市林业，通过精心规划、科学设计、优势配置，形成"城在林中、林在城中"的景观格局，创建花园式的宜居旅游城市。

（2）浙赣线城市带。以萍乡、宜春、新余、鹰潭、上饶等市区为中心，沿浙赣线向各市所辖各县市为辐射，以城区为绿轴，以道路、河流两侧绿地及各种带状绿地为绿带，以公园、广场绿地、风景林地、居住区绿地、单位附属绿地、城镇周边景观林为绿块，通过绿轴、绿带、绿块的有机结合，优化布局、提升功能、美化环境，创建国家森林城市。

3. 三大重点水土流失治理区

（1）宜春西北部重点水土流失区。该区以九江市武宁县为中心，以及万载、宜丰、铜鼓、修水等5个县（市），是江西省水土流失较严重的区域之一。通过封育、补阔和择伐，优化公益林树种和林龄结构；同时控制森林采伐，改善林分结构，提高林分质量；并引导林农发展以茶叶为主的地方名优特产品，但应严格控制茶园及果园开垦面积，采取有效措施，加强水土流失较严重地区茶果园的治理力度，实现区域的可持续发展。

（2）吉泰盆地水土治理区。该区位于江西省中南部，地貌以丘陵、岗地为主，由于人口密度大、森林资源过度消耗，致使该区水土流失面积大、强度高，且相对集中，水土流失面积约占全省水土流失面积的50%，占总侵蚀量的60%。应积极培育以针阔混交林为主的水土保持林，合理调整林种、树种结构，提高林分质量，控制水土流失；并积极发展以油茶、森林药材为主的经济林，在立地条件好的区域积极发展工业原料林。

（3）以兴国为中心的赣南中部水土治理区。主要包括宁都、兴国、于都、南康、瑞金、会昌、石城等地，其土壤侵蚀模数达2000~4000吨/（年·平方公里），其中兴国县是全国水土保持重点治理县。应重点加强上述地区的森林恢复与林分质量改造，积极开展水土流失治理研究，应用最新科研成果，采取乔灌草相结合的方法，通过水土保持工程措施与植物措施，以工程保生物，营造乔、灌、草和针、阔混交的水土保持林，并通过大范围的生态自然修复，可以重建植被生态系统，控制土壤流失及其所衍生的水源污染，提高红壤流失区水土流失治理水平，恢复与重构区域生态环境。

4. 六大河流源头森林资源保育区

（1）赣江源水源涵养林建设。赣江为江西省第一大河流，也是长江八大支流之一，流域面积约占全省总面积的50%，赣江干支流自南向北，流经47个县市。赣江上游山地纵横，支流众多，主要有湘水、濂江、梅江、平江、桃江、上犹江等，分别汇入章水和贡水。赣江上游天然林过度砍伐、开垦陡坡种果、矿山开采破坏植被严重、木材加工企业多而过度耗材等，造成森林覆盖率虽高但质量较差、森林生态功能日益衰退、水源涵养能力逐步下降、水土流失严重、水质不断恶化的情况，应加强源头水土流失治理，提高林分质量，增强森林涵养水源、固土保水能力，加强沿岸污染源治理，改善水质，为下游地区提供优质水源。

（2）抚河源头水源涵养林建设。抚河发源于广昌、石城、宁都三县交界处的灵华峰东侧里木庄，由千善港、古竹港、长桥水、头陂港、尖峰港、石梁港、塘坊港等汇合而成，干支流自南向北，流经11个县市。抚河上游水源涵养林区和洪门水库水源涵养林区，包括广昌县南部和位于南城县与黎川县交界处的洪门水库的周边地区。应加强源头森林生态保育，严格保护洪门水库周边森林植被，严格保护生态脆弱区森林植被，保障森林健康，提高其水源涵养能力，为下游发达地区提供用水保障。

（3）信江源水源涵养林建设。信江发源于玉山县与德兴市交界的信源山南侧，由东向西流经上饶、铅山、弋阳、贵溪、鹰潭等市（县），主要支流有丰溪河、铅山河、白塔河。应在保护好森林植被的前提下发展生态旅游，主要包括玉山县以及上饶县、德兴市的小部分地区。

（4）饶河源水源涵养林建设。饶河发源于赣皖交界的莲花顶西侧，是乐安江与昌江在鄱阳县境姚公渡会合后的总称。昌江源水源涵养林包括景德镇北部地区，应调整林种、树种结构，提高林分质量，进一步加强封山育林、人工针叶林改造，合理规划和营造水源涵养林，保护生物多样性，发展生态旅游。

（5）修河源水源涵养林建设。修水源于铜鼓县境内的修源尖东南侧，自西向东流经修水、武宁、永修至吴城汇赣江主支流入鄱阳湖。主要包括位于修水县西部的修河源头水源涵养林区、柘林水库周边水源涵养林和位于铜鼓县东南部的东屋河源头水源涵养林，应加强源头、河流两岸、柘林水库周边生态公益林保育，严禁乱砍滥伐，有效提高林分质量，增强其净化水质、涵养水源能力，为实现区域经济高速发展提供重要保障。

（6）东江源水源涵养林建设。该区位于赣州市南部，行政区涉及定南南部、安远南部、寻乌，是香港的主要饮用水源，被香港同胞称为"生命之水"。应采取生物措施（即发展水保林、经济果木林、种草和封禁治理等）和工程措施（即修建山塘、挖水平沟和截水沟、修筑水平梯田等）治理水土流失。同时，采取疏林补植、封山育林等措施培育森林资源，调整林种、树种结构，提高森林质量，改善生态环境，满足东江源头及其中、下游地区国民经济和社会可持续发展的需要。

（三）建设重点

1. 继续完善环湖生态防护林体系，构筑沿湖生态屏障

鄱阳湖区位于江西省北部，东、南、西面高，北面低而平坦，自南向北、由外至里缓缓倾斜，整个湖区形成"葫芦"形平原，地貌以平原、岗地为主。该区自然灾害有洪涝、大风、"寒露风"、"倒春寒"、沙害等，也是血吸虫病比较严重的区域。因此，要继续完善环湖生态防护林体系建设，为湖区经济和社会发展提供生态屏障。

（1）加快老林带的更新改造步伐。按照适地适树、因地制宜、因害设防、突出重点的原则，重点抓好基干林带断带缺口的填平补齐，采用工程和生物措施相结合的方法治理湖岸前沿强风区缺口，确保基干林带的全面合拢。

（2）大力开展封山育林或封山护林。充分利用自然力，采用补植、抚育、人工促进天然更新的办法，尽可能增加林草植被，提高森林覆盖率。

（3）进一步优化林种、树种结构。提倡营造阔叶树混交林或针阔混交林，立足乡土树种，大力引种适生优良阔叶树种，改变树种单一现状。

（4）根据当地资源与市场需求，重点建设经济生态型的防护林基地，做到生态建设与经济发展同步，提高森林的综合效益

（5）开展滨湖湿地保护与恢复：滨湖湿地不仅是沿湖野生动植物的生存繁衍之地，而且对减弱风暴潮危害有重要作用。要抢救性地将滨湖重要湿地划为自然保护区，加大投入，加强保护。

2. 积极发展城市与乡村景观游憩林，营造适宜人居环境

城市森林建设的目的主要是为了提高人居环境质量、增进人民身体健康、满足人们日益增长的生态文化需求。城市森林建设要以人为本，注重发挥森林的生态和社会效益。江西省的主要城市有南昌市、九江市、赣州市等，其城市林业的发展方向和重点，城市森林、绿地经营措施分为以下几类：

（1）城市水土保持、水源涵养林建设主要采取人工促进天然更新的措施，促进林分向地带性森林群落恢复。

（2）城市公共绿地建设以植物造景为主,适当配置园林建筑或小品,绿化材料以乡土种类为主,乔、灌、藤、草相结合，营造能体现生物多样性和地方特色的城市森林。

（3）城市街道绿化不仅要注重美化与绿色，而且要兼顾生态与社会功能的协调统一，提高文化内涵。

（4）城市工业园区绿化，采用城市林业、城市景观园林理论，使厂区周围绿树林荫。

（5）市郊乡村林建设，要加大风水林保护力度，通过精心规划，将其建设成休闲公园，充分利用"四旁"可绿化用地，进行非规划林地造林。

此外，要建设城乡绿化一体化工程，尤其要做好城郊和郊县面城、面江、面路第一重山的绿化、美化。

3. 加快水土流失治理，恢复重建秀美山川

（1）加快兴国、宁都等历史上红壤严重水土流失区的治理步伐，采用先进技术进行种草植树，恢复地带性森林植被，形成良好的生态环境。

（2）加大宜春的修水、武宁、万载、宜丰等以茶果园为主的水土流失区的治理力度，控制茶园规模，提倡建设生态果园，有效改善生态环境。

（3）在永丰、乐安、崇仁和宜黄等重点水土流失区，开展水土流失治理，建设高效的近自然林业，恢复地带性植被，确保境内的生态安全。

4. 治理保护江河源头，提高水源涵养能力

（1）以保护和改善生态环境为出发点，以水源涵养、水土保持、保护生物多样性为核心，以科技支撑和机制创新为动力，加强对赣江、抚河、信江、饶河、修河、东江源及一级支流的保护，增加森林资源，提高森林固土保水能力，为下游地区提供优质的水源。

（2）开展以武夷山国家级自然保护区、九连山国家级自然保护区和井冈山国家级自然保护区等为代表的自然保护区的生物多样性保护，保护境内地带性植被和珍稀动植物种，保存优良的物种基因。

二、林业产业体系建设布局

（一）布局依据

1. 江西省自然环境特点

（1）江西的地理环境决定了第一产业资源培育业的布局。江西地处亚热带，气候温和，土壤肥沃，雨量充沛，林木生长期长、生长快，主要用材树种杉木、马尾松的林木蓄积量平均生长率达 10.65%，具有发展速生丰产林和工业原料林的良好自然条件。但江西版图轮廓略呈长方形。东西省界明显长于南北，而北之宽又数倍于南，恰如一头昂首直立的海豹。全省南北长约 620 公里，东西宽约 490 公里。由于江西地势狭长，南北气候差异较大。赣东北、赣西北和长江沿岸年均气温略低，滨湖、赣江中下游、抚河、袁水区域和赣西南山区、抚州、吉安地区南部和信江中游略高；而赣南盆地气温最高。江西多雨，年均降水量 1341~1940 毫米，一般表现为南多北少、东多西少、山区多盆地少。武夷山、怀玉山和九岭山一带年均降水量多达 1800~2000 毫米，长江沿岸到鄱阳湖以北以及吉泰盆地年均降水量则约为 1350~1400 毫米，其他地区多在 1500~1700 毫米之间。此外，境内除北部较为平坦外，东西南部三面环绕有幕阜山脉、武夷山脉、怀玉山脉、九连山脉和九岭山脉，中部丘陵起伏，成为一个整体向鄱阳湖倾斜、往北开口的巨大盆地。

（2）江西的资源状况决定了第二产业林产加工业的布局。江西全省森林面积 1.31 亿亩，活立木蓄积量 3.54 亿立方米，活立竹总株数 150148 万株。乔木林按优势树种（组）划分，马尾松面积 291.5 万公顷，占乔木林面积的 36.9%；国外松面积 57.0 万公顷，占乔木林面积的 7.2%；杉木面积 250.0 万公顷，占乔木林面积的 31.7%；硬阔类面积 136.3 万公顷，占乔木林面积的 17.3%；软阔类面积 14.8 万公顷，占乔木林面积的 1.9%；混交林类面积 39.8 万公顷，占乔木林面积的 5.0%。从活立木蓄积量来看，活立木蓄积量占据前列的分别是赣州市、吉安市、抚州市、宜春市和上饶市，其活立木蓄积量分别为 9799.6 万立方米、6787.3 万立方米、4252.9 万立方米、4134.5 万立方米、3836.9 万立方米；此外，毛竹林面积 1236 万亩、油茶林面积 1113 万亩，均列全国第二位，是江

西发展林业产业的两大优势。江西孕育着丰富的竹类资源,竹类资源总量居全国第二位。毛竹是江西省分布面积最广的竹种,已遍布 95% 县(市、区),竹林经营技术成熟,毛竹增产潜力巨大。竹加工技术成熟,产业基础条件较好,全省竹材人造板、竹材装饰板、竹浆造纸、竹工艺品等已初步形成了规模和系列化生产。竹材加工企业 1000 余家,部分产品加工技术已接近或达到国际领先水平。

2. 江西省林业产业发展的社会环境

(1)江西的区位特色。江西省处于承东启西的中部地区,属国家规划的南方用材林区,具有明显的区位优势。随着经济社会的快速发展,江西省的交通基础设施建设步伐加快,四通八达、方便快捷的交通网络已经形成,通往上海、浙江、福建、广东等沿海省份的时间大为缩短,过去严重制约产业发展的交通"瓶颈"问题得到很大改善。同时,江西省作为国家规划的重点用材林区,随着国家的重点支持和相关政策的调整,必将极大调动广大林农、社会各主体和内外资投入商品林经营的积极性,林业产业的基础——商品林必将有一个大的发展,从而进一步促进整个林业产业的发展。

(2)政策因素。主要是现有的发展区域经济相关的政策、规划。在国家林业分区发展格局中,江西属于"南用"的重要区域,在政策措施上将推动江西林业产业率先发展。《江西现代林业发展总体规划》提出以鄱阳湖流域生态防护林体系工程、野生动植物保护及自然保护区工程、以速生丰产用材林为主的林业产业基地工程等三项林业重点工程为基础,以资源培育的大发展带动林业产业的大发展。并要以京九线(赣粤高速)、浙赣线(沪瑞高速江西段)为两轴,向两侧辐射展开产业布局。《江西省现代林业产业发展规划》提出"实施林业产业带和产业集群建设战略、林板、林纸一体化发展战略"等战略,大力发展以工业原料林等速生丰产用材林基地为重点的商品林培植业,以毛竹为主的竹产业,以油茶为主的名特优新经济林业,苗木花卉业,森林旅游业和以木材精深加工为主的林产工业等六大林业支柱产业。而在江西省林业发展三级区划中,将江西省分为 19 个区域,其中适宜产业发展的区域可再优化规划为四块:以速生丰产用材林培育和速生笋竹用材林培育为主的赣西北工业原料林基地;以速生丰产用材林培育、乡土珍贵树种大径材培育为主的赣西南工业原料林基地;以当地乡土树种为主的大径材培育和速生丰产林培育为主的赣东南工业原料林基地及一般用材林和大径材培育为主的赣东北工业原料林基地。

(3)现有龙头企业的影响。现有的龙头企业具有明显的集聚带动效应,通过分工和合作,将相关配套企业集聚在一起,形成产业集群,发挥集聚效益。但同时,在林产加工这种对资源依赖性较大的行业,现有的龙头企业也形成了较高的行业进入壁垒,资源的限制决定了未来企业的发展和布局。

(二)布局框架

产业布局主要受当地的自然环境和社会环境两方面的因素影响。江西省林业产业发展布局为:两大基地七大板块。

1. 森林资源二大培育基地

(1)木竹质资源基地。以速生丰产用材林培育和速丰笋竹用材林培育为主的赣西北工业原料林基地;以速生丰产用材林培育、乡土珍贵树种大径材培育为主的赣西南工业原料林基地;以当地乡土树种为主的大径材培育和速生丰产林培育为主的赣东南工业原料林基地及一般用材林和大径材培育为主的赣东北工业原料林基地。

(2)非木质资源基地。以高产优质油茶林培育、优质特色果树培育等为主发展名特优经济林基地;以生物质能源林培育、生物医药原料林培育为主,发展生物质原料林基地;以观赏类花卉和工业类花卉及野生花卉为主，发展花卉培育基地；以良种采种基地和优质种苗繁育为主，发展种子资源基地。

2. 林产工业发展七大聚集板块

（1）赣南人造板、木竹浆造纸产业板块。以赣州市为中心，重点发展木、竹胶合板、细木板、各种刨花板、木、竹及木竹复合工程集成材、木竹制浆造纸（采用国际上领先技术和设备，达到国际一级环保标准），适度发展中、高密度纤维板。

（2）赣中人造板精深加工和林产化工以及茶油加工产业板块。以吉安市为中心，重点发展竹胶合板、细木工板、刨花板，以及细木工板、中高密度纤维板等人造板深加工产品，松香、松节油及其深加工产品，天然樟脑、合成樟脑、龙脑樟、茶油加工系列产品，严格控制中高密度纤维板的新建规模。

（3）赣西竹材加工系列产品、人造板精深加工、茶油加工产业板块。以宜春市为中心，重点发展竹材加工系列产品，包括竹胶合板、竹地板、竹刨花板、竹装饰型材，竹及竹木复合工程集成材、竹制浆造纸、竹工艺品、竹园艺产品、竹笋加工产品等；人造板精深加工产品，包括木门、板式家具、强化复合地板、直印板等；茶油加工系列产品。严格控制新上中高密度纤维板项目。

（4）赣东竹木加工产业板块。以抚州市为中心，在建设好大亚木业20万立方米高密度纤维板生产的同时，重点发展木、竹及木竹复合工程集成材，竹胶合板、细木工板、竹木纺织器材，竹装饰型材等。严格控制新建中高密度纤维板项目。

（5）赣北杨树造纸产业板块。以九江市为中心，在大力发展沿鄱阳湖区速生杨树工业原料林基地的基础上，重点发展以杨木为主原料的制浆造纸。

（6）赣东北活性炭系列和人造板产品加工板块。包括上饶市和景德镇市。适度发展中高密度纤维板，重点发展细木工板、刨花板、竹材加工产品，活性炭系列产品。

（7）以南昌市为中心的木浆造纸、家具、装饰型材、森林药材加工板块。重点发展木浆造纸，竹、木家具，木、竹装饰型材，森林药材加工产品等。

（三）建设重点

1. 培育森林资源，保障林业可持续发展

积极培育森林资源，改善现有林分质量，保障林业的可持续发展。大力发展速生优质高产的短周期工业原料林基地，培育丰产竹林基地，鼓励利用非规划地大面积营造珍稀名贵用材林，从而提高林产工业原料的有效供给。积极培育生物质原料林基地、种子资源基地、名特优经济林基地和花卉基地。从而满足林产加工业发展对森林资源的需要，实现林业可持续发展。

（1）工业原料林基地。工业原料基地包括：以速生丰产用材林培育和速丰笋竹用材林培育为主的赣西北工业原料林基地；以速生丰产用材林培育、乡土珍贵树种大径材培育为主的赣西南工业原料林基地；以当地乡土树种为主的大径材培育和速丰笋竹用材林培育和速生丰产林培育为主的赣东南工业原料林基地以及一般用材林和大径材培育为主的赣东北工业原料林基地。

赣西北工业原料林基地：以幕阜山和九岭山为主的以速生丰产用材林培育和速丰笋竹用材林培育为主的森林培育区，包括铜鼓、修水、武宁、瑞昌、湾里、安义、靖安、奉新、宜丰、万载等县（市、区）。该区地貌以山地为主，区内立地条件较好，气候条件优越，区内的奉新县、宜丰县、万载县西北部是江西省降水量高值分布区之一，对杉木、马尾松等生长极为有利；该区亦为江西境内毛竹最适宜生长区，境内毛竹资源丰富，毛竹产业发展较好，现已成为区域林业经济发展的主导产业。具体在铜鼓、修水和武宁发展以杉木、马尾松为主的工业原料林；奉新、宜丰和万载等地发展速生丰产竹林为主的基地林。

赣西南工业原料林基地：以武功山和罗霄山为主的以速生丰产用材（竹）林培育、乡土珍贵树种大径材培育为主森林培育区。该区域包括安福、永新，莲花、芦溪、井冈山、遂川、泰和、永新、崇义、大余和上犹等县（市）。该区降水量丰富，是中部降水量高值区域，适宜毛竹、杉木、湿地松生长，为江西省湿地松和毛竹最适宜生长区。具体在吉安县、吉水县、吉州区、青原区、峡江县、新干县、泰和县大部分、永丰县、万安县、遂川县部分发展以湿地松和杉木为主的速生丰产林；安福县、永新县北部、莲花县、芦溪县等地发展以陈山红心杉为主的珍贵用材林；井冈山市、遂川县西北部、泰和县西部、永新县南部等地发展以乡土阔叶林大径材和竹材林为主的工业用材林。

赣东南工业原料林基地：以武夷山为主的、以当地乡土树种为主的大径材培育和速生丰产林培育为主的森林培育区，包括铅山、广丰、贵溪、资溪、广昌、南丰、黎川、南城、瑞金、石城、会昌等县（市、区）。具体在铅山、广丰、贵溪、资溪等地发展杉木、槠栲类阔叶树大径材培育；广昌、南丰、黎川等地发展以杉木、毛竹等为主的一般用材林培育；在瑞金、石城、会昌等地发展杉木、马尾松等为主的速生丰产林培育。

赣东北工业原料林基地：以三清山为主的以当地乡土树种为主的大径材培育和一般用材林培育为主的森林培育区，包括浮梁、昌江、婺源、德兴、玉山、弋阳、横峰、上饶、信州、广丰北部等县（市、区），地貌以山地为主，立地条件较好，适宜培育杉木、阔叶树大径级用材林。具体在浮梁、昌江、婺源、德兴等地发展以杉木和当地乡土树种为主的大径材商品林；在玉山、弋阳、横峰、上饶、信州、广丰北部等发展以马尾松和湿地松为主的工业用材林。

（2）非木质利用原料林基地。非木质利用原料林基地包括名特优经济林基地、生物质能源和生物医药原料林基地、花卉培育基地、种子资源培育基地四部分。

名特优经济林基地：重点在赣西北的上粟、袁州等地，吉泰盆地的永丰、峡江等；赣南的兴国、于都等地，以及赣东北的上饶、德兴等地的低山丘陵地带发展以高产优质油茶为主的木本粮油类经济林基地；抚河上中游重点发展以南丰蜜橘为主的果树经济林，兼顾梨、奈李、板栗和桃等其他果树品种，包括广昌县中西部、南丰县中部、黎川县西北部和南城县中南部地区；赣南以发展脐橙为主的果树经济林；在南昌、九江等赣北地区以发展柑橘、桃、梨、板栗、枇杷、柚等果树品种为主；在赣西北的铜鼓、修水等地，赣东北的景德镇、婺源等地发展以茶叶为主的名特优产品。

生物质能源和生物医药原料林基地：生物质能源林基地主要分布在赣南中东部的于都、瑞金、石城、会昌、兴国、宁都和赣中的吉安、吉水、永丰、峡江、新干、泰和、万安、乐安、宜黄、崇仁及赣西北的修水、武宁、瑞昌等地，以光皮树和黄连木培育为主。生物医药原料林基地主要是以黄栀子、杜仲、厚朴、黄檗、红豆杉、三尖杉、吴茱萸、枳壳等为主，可分为赣南、赣"三北"（赣东北、赣西北、赣北）、赣东、赣西、赣中、浙赣铁路沿线等六大发展区域。

花卉培育基地：苗木花卉产业重点发展观赏枫香新品种、珍稀观赏竹、名贵山茶、红叶石楠、优良绿化用樟树、红花檵木、金边瑞香、虎舌红、活竹根艺、红豆杉等苗木花卉。①南昌优势花卉生产区：重点抓好湾里区的罗亭、南昌县的黄马、新建县的石埠和昌北机场路等苗木花卉产业基地建设。②九江优势花卉生产区：建设以环庐山周边和昌九高速公路两旁为重点的花卉苗木产业带。③景鹰饶优势花卉生产区：建设和完善市苗圃林木良种基地、市林科所阔叶树采种基地和枫树山林场苗木基地；以浙赣铁路、沪瑞高速上饶段沿线的玉山、信州、上饶、横峰、弋阳等区县为重点，形成林木种苗花卉基地合理分布的格局；以余江刘家站地区为主体，辐射带动余江森林苗圃、贵溪森林苗圃和鹰潭、贵溪、余江城郊地区，逐步建立余江刘垦、月湖夏埠、贵溪森林苗圃为轴心的绿化苗木花卉生产、经营网络，形成以刘垦二分场为核心的苗木花卉交易中心。④新余优势花卉生产区：以浙赣铁路、清宜公路、分安公路沿线为重点，在新余城区组建花木交易市场，形成苗木花卉基地布局合理的发展格局。

种子资源基地：在赣东北重点建设乡土珍稀阔叶树种为主要目标的优良林木种子采集和苗木繁育基地，重点发展青冈等阔叶树种子生产和培育桂花、马褂木、南方红豆杉、闽楠、乐昌含笑、枫香、木荷、观赏竹类及花卉，盆景等。在吉泰盆地重点建设杉木、马尾松、湿地松的工业用材林树种种子园和优良乡土树种种子园；在赣南重点建设杉木、马尾松等工业用材林树种种子园和珍贵乡土阔叶树种种子园建设及绿化苗木培育；在赣西北重点建设珍稀保护树种培育基地、杉木和马尾松等工业用材林种子基地和绿化苗木基地。

2. 大力发展林业工业，实现林业产业集聚

（1）赣南人造板、木竹浆造纸和茶油加工产业板块。以赣州市为中心，重点发展以中密度纤维板、刨花板为主的人造板等木材深加工产品；发展以竹胶合板、竹纤维板和竹工艺品的竹材深加工产品；发展以木竹浆造纸、新闻纸制造等造纸及纸制品；发展以松香及深加工产品、活性炭等为主的林产化工产品；发展以油茶加工综合利用为主的木本油料作物加工产业。

具体以章贡区为中心，崇义、信丰、于都、南康、大余、赣县、宁都、安远等为重点，建立崇义、于都、信丰人造板工业区，发展胶合板、细木工板、杉木板等人造板制造业，开发功能型、环保型、薄型、防水型中高密度纤维板等新型人造板种；以信丰绿源人造板公司为龙头，充分利用该区丰富的"三剩物"和次小薪材等资源，在信丰等地重点发展科技含量较高、附加价值较大的木竹深加工产品；在南康市重点发展以实木沙发为主的家具制造业，提高产品的附加值，走精深加工发展道路；以赣州华劲纸业集团、江西宁振纸业等公司为龙头，以章贡区为中心，重点发展高白胶版印刷纸、彩色双胶纸、精白书写纸、信封专用纸等中高档文化用纸及高级生活用纸，鼓励开发特种用纸和工业加工用纸。同时要大力发展以桉树、马尾松和速生竹林为主的短周期工业原料林基地，走林纸一体化道路；以赣县、瑞金、定南等地为重点，发展松香、松节油、活性炭及其他部分深加工产品为主的林化及深加工产品；依托兴国、赣县、上饶等油茶中心产区，以兴国山村油脂公司为龙头，发展以天然油茶籽为原料生产、销售食用山茶油、药用及化妆山茶油和各种茶粕等的油茶精深加工产品等。

（2）赣中人造板精深加工和林产化工以及茶油加工产业板块。以吉安市为中心，重点发展竹胶合板、细木工板、刨花板，以及刨花板、细木工板、中高密度纤维板等人造板深加工产品，松香、松节油及其深加工产品，天然樟脑、合成樟脑、龙脑樟、茶油加工系列产品，严格控制中高密度纤维板的新建规模。赣中以杉木、松类、毛竹及阔叶树为主的纤维、人造板用材产品为主，该区内规模较大的林业企业主要有霍曼内特人造板、江西晨鸣纸业、安福竹胶板、江苏大亚木业、绿洲人造板、遂川县秀州建材股份有限公司等企业。

（3）赣西竹材加工系列产品、人造板精深加工、茶油加工产业板块。以宜春市为中心，重点发展竹材加工系列产品，包括竹胶合板、竹地板、竹刨花板、竹装饰型材，竹及竹木复合工程集成材、竹制浆造纸、竹工艺品、竹园艺产品、竹笋加工产品等；人造板精深加工产品，包括木门、板式家具、强化复合地板、直印板等；茶油加工系列产品。严格控制新上中高密度纤维板项目。比较有名的公司有江西康达竹制品集团有限公司（宜春市奉新县）。

（4）赣东竹木加工产业板块。以抚州市为中心，在建设好大亚木业20万立方米高密度纤维板生产的同时，重点发展木、竹及木竹复合工程集成材，竹胶合板、细木工板、竹木纺织器材，竹装饰型材等。严格控制新建中高密度纤维板项目。该区有资溪县青云地板有限公司（抚州市）、江西竹辉竹业有限公司（鹰潭市、贵溪市）、果喜集团、鹰潭木材防腐厂、贵溪雅风竹业公司、东源木业、上清光华木业等为龙头的集竹、木加工、经营贸易为一体的现代化林产工业骨干企业等。初步形成了以贵溪市重点发展以建筑用材、装饰板材为主的大型木材加工企业，余江县重点发展以雕刻为主的工艺装饰品，月湖区以培育大型木材交易市场，发展高附加值的林产品精深加工为主。重点发展以竹地板、竹胶合板、竹笋为主的竹加工业，巩固贵溪竹辉竹业公司、江西青山竹制品有限公司2个竹材加工企业，建设好鹰潭铁路竹胶合板厂，重点发展以木材雕刻、木材防腐、装饰材料为主的木材加工业。重点扶植余江果喜集团、江西东源投资发展有限公司、鹰潭铁路木材防腐厂等3家现有企业。

（5）赣北杨树造纸产业板块。以九江市为中心，在大力发展沿鄱阳湖区速生杨树工业原料林基地的基础上，重点发展以杨木为主原料的制浆造纸。

赣北鄱阳湖湖滨区以平原、丘陵杨树、松类纸浆林为主，该区内有江西纸业、晨鸣纸业、九江市松泰林产有限公司、江西艺邦木业有限公司、江西立信园艺制品有限公司、江西修水万顺特艺有限公司等企业。

以速生杨为主要原料，依托九江金太阳林业科技有限公司等大型企业，形成木浆造纸产业加工区；以杉木、淡竹、桂竹为主要原料，形成以瑞昌市为主的木竹制品产业精加工区，重点生产木、竹园艺制品，以修水、武宁县为主的木竹制品产业加工区，重点生产细木工板、竹胶板材和笋食用加工品；在德安发展松脂及其深加工产品为主，集中使用松林资源，形成以九江松安林化有限公司为主的林产化工产业加工区。

（6）赣东北活性炭系列和人造板产品加工产业板块。包括上饶市和景德镇(市)。具体在铅山、上饶、德兴、弋阳、万年等县（市），扶持腾马、强龙、德畅、叠丰、雅风等龙头企业，以竹林原料基地为依托，重点发展竹胶板、竹地板、竹模板、竹家具、竹笋、竹工艺品、竹炭、竹醋液等深加工和高附加值产品；以枫树山林场林化厂为基础，大力发展氢化松香、马来松香、聚合松香、松节油等深加工产品；要充实提高樟脑、冰片和萜烯树脂生产系列，重点建立香料系列产品。

在资源比较集中、区位优势比较明显的德兴、广丰、鄱阳等县（市），扶持绿野、百源、赤兔等龙头企业，以速生丰产用材林和工业原料林基地为依托，重点发展细木工板、高密度纤维板、贴面板等精深加工和高附加值产品。并利用鄱阳、余干、万年滨湖区等地速生丰产林资源，新建一个高密度纤维板厂。

在广丰、婺源、余干、信州等地，扶持月兔、赤兔、思口、华龙等优势企业做强做大，重点发展贴面板、厨具、家具等附加值高的产品。

在上饶、玉山、横峰等地，扶持春源、恩泉等龙头企业做大做强，发展油茶加工技术，提高油茶的综合利用率。

在原生药业、康熙药业、新兴中药等有限公司的基础上，发展黄栀子、杜仲、厚朴、黄檗、枳壳等森林药材。

（7）南昌市为中心的木浆造纸、家具、装饰型材、森林药材加工产业板块。重点发展木浆造纸，竹、木家具，木、竹装饰型材，森林药材加工产品等。

在湾里区、安义县等地，以三友实业、新井泰公司等竹加工企业为龙头，逐步形成竹类生产、加工、销售一体化，推进竹产业在我市的更大发展。

在南昌、进贤、安义、新建等地中低山丘陵区及平原区，依托江西晨鸣纸业等龙头企业，定向培育发展以湿地松、杨树、桉树为主的工业原料林基地，发展木浆造纸业。在新建、安义、南昌、湾里等地重点发展以板栗、水蜜桃、黄花梨、柑橘、枇杷、柚、薄壳山核桃、茶叶、森林蔬菜等为主的经济林；以抚州天顺、九江恒辉药业公司为龙头，在进贤县、安义县建设吴荣萸、黄栀子等森林药材基地。

以江苏泰州节节高调味品公司为龙头，建设油茶丰产林基地 10000 公顷，发展油茶精深加工产品。

三、生态文化体系建设布局

生态文化建设是实现经济社会生态持续发展的重要途径之一。通过生态文化建设，突出地方特色，通过这些各异地区之间的物流和人流增加地区之间的依赖性，实现互惠共赢。江西省需要合理利用其深厚的历史文化积淀、依托其丰富的动植物资源以及较好的生态环境质量，分区域进行生态文化建设，优化生态文化体系布局，推动生态文化的系统化、规模化、产业化发展，弘扬区域文化，保护生态环境，实现人与自然的和谐相处。

（一）布局依据

1. 江西省人文底蕴

江西自古以来即被称为"吴头楚尾，粤户闽庭""形胜之区"。江西省也是我国历史上三次北民南迁的目的地之一。千余年来，迁移至此的民众与本地居民一道创造出具有过渡性、兼容并蓄特征的赣文化，使其成为中华母体文化的重要组成部分。赣文化由多元子文化构成，其中以宗教文化、陶瓷文化、士文化和客家文化为典型代表。江西省境内寺院、道观极多。佛教、道教的名山也极多，其中又以道教为甚。龙虎山、三清山、阁皂山均为道教名山，张天师、葛洪等都在此修行。江西省的瓷器文化因景德镇而驰名天下。位于江西东北部的景德镇，其地生产的瓷器素被赞为"白如玉、明如镜、薄如纸、声如馨"，青花瓷、颜色釉瓷、郎窑红釉瓷和粉彩瓷此四大传统名瓷更被誉为"人间瑰宝"。得益于浓厚的儒家入世和道家出世的氛围，江西自古以来才智之士极多。彭泽有"不为五斗米折腰"的陶渊明，临川有诗风清新雅致的谢灵运，至于唐宋，不说诸如朱熹、曾巩那样生于江西的才士，就是那些或慕古豫章之名、或被贬谪至此才士也不在少数，如王勃、李白、白居易、苏轼、王安石等。如此众多的名士游览之余留下诗文无数，其中不乏赞美之词。王勃一句"落霞与孤鹜齐飞，秋水共长天一色"便使滕王阁千古闻名。名士诗文书画与众多名胜古迹一道成为江西士人文化的代表。因为江西水陆交通便利，古来迁徙至此的人民也较多。这些迁徙而来的人们聚族而居，形成了江西省独特的客家文化。其中客家人的方形围屋被称为汉代"坞堡"的活化石，客家人崇文重教的风气在历史上也极出名。赣文化的独特性和丰富性使江西省生态文化旅游潜力无穷，成为今后江西省生态旅游的又一着眼点。

2. 生态文化建设现状

截至 2008 年，江西省有 1 处世界文化遗产（庐山）、2 处世界地质公园（庐山、龙虎山）；11个国家级风景名胜区，25 个省级风景名胜区；8 个国家级自然保护区，22 个省级自然保护区；39个国家级森林公园，60 个省级森林公园。有全国最大的淡水湖鄱阳湖和风景如画的柘林湖、浓淡相宜的仙女湖等。全省有 17 处国家重点文物保护单位，5 个国家重点保护寺观，有南昌、景德镇、赣州 3 座国家级历史文化名城，全省各类风景名胜区（点）多达 2400 余处。

从目前的旅游资源开发与旅游经济发展现状看，全省各地级市旅游经济的发展水平与旅游资源的丰度表现出了高度的相关性，旅游资源禀赋好的城市其旅游经济发展水平高，全省旅游经济相对发达的九江、赣州、吉安、上饶等城市其旅游资源丰度亦居于全省前列，因此全省大部分地区的旅游经济仍是资源依托型的。赣北和赣南地区是全省旅游经济较为发达的地区。

（二）布局框架

根据江西省自然条件、社会经济等方面的差异，将其生态文化建设分为赣北（山水文化）、赣南（红色与客家文化）、赣东（道教与瓷）、赣西（禅宗文化）和南昌（城市生态文化）以及浙赣线城乡生态文化带、京九线城乡生态文化带等部分。

1. 赣北生态文化区——山水文化

（1）范围。主要包括九江市所辖九江、武宁、永修、修水、彭泽、瑞昌、湖口、星子、德安、都昌和上饶市的鄱阳、余干等地。

（2）现状。赣北主要为鄱阳湖平原区，主要有国家级风景名胜区庐山风景名胜区、云居山—柘林湖风景名胜区2个，国家级自然保护区有鄱阳湖南矶湿地国家级自然保护区和鄱阳湖国家级自然保护区2个，国家级森林公园有庐山山南国家森林公园、马祖山国家森林公园、鄱阳湖口国家森林公园、三叠泉国家森林公园、天花井国家森林公园、柘林湖国家森林公园和九岭山国家森林公园7处。世界地质公园1处，即庐山。自然山水条件优越。

按我国生态功能区划分，位于赣北的生态功能区类型有鄱阳湖洪水调蓄三级功能区、长江中下游平原农产品提供三级功能区、鄱阳湖平原南部农产品提供三级功能区、昌九城镇群人居保障三级功能区（重点城镇群人居保障功能区）。

九江地处赣北，濒江扼湖，自古就被称为"三江之口，七省通衢"。境内庐山、鄱阳湖更是天下胜景。庐山襟江带湖，素以雄险奇秀知名。灵秀绝美的峰壑云泉、中西交融的园林建筑、舒适宜人的气候，使其成为观光旅游与休养避暑的最佳选择。鄱阳湖是我国第一大淡水湖，湖区水禽鱼类种类较多，现已建有鄱阳湖南矶湿地和鄱阳湖两个国家级自然保护区，观鸟旅游业方兴未艾。鄱阳湖平原是我国主要的商品粮基地之一，被称为"鱼米之乡"。除此之外，以彭泽的龙宫洞和瑞昌的峨眉洞群为主的九江的溶洞景观以及民俗文化颇有名。

（3）问题。除了庐山和鄱阳湖景区，赣北的其他文化资源利用程度较低；对这些景点的投资力度也较小；农业生产带来的面源污染对鄱阳湖水质的影响较严重，围湖造田等不合理的耕作方式仍存在。

（4）目标。本区需以庐山、鄱阳湖为生态文化建设主体，努力提升该区山江湖旅游质量，打造江西省生态旅游品牌；抓住建设鄱阳湖生态经济区的巨大机遇，加强该地区森林网络建设，将九江及周边城市与庐山、鄱阳湖通过森林廊道相连接；加强平原区农田林网建设，结合产业林和生态林布局，保障平原区农业生产，保护赣北生态环境。

2. 赣南生态文化区——红色与客家文化

（1）范围。包括赣州、吉安两市所辖县、市、区。

（2）现状。赣南现有国家级风景名胜区两个，即井冈山风景名胜区、三百山风景名胜区；国家级自然保护区两个，为九连山国家级自然保护区和井冈山国家级自然保护区；国家级森林公园12个，有三百山国家森林公园、翠微峰国家森林公园、泰和国家森林公园、梅关国家森林公园、永丰国家森林公园、武功山国家森林公园、阳岭国家森林公园、陡水湖国家森林公园、万安国家森林公园、三湾国家森林公园、九连山国家森林公园和峰山国家森林公园。吉安市井冈山、赣州瑞金市和兴国县，都是我国著名的红色旅游景区所在地。

按我国生态功能区划，位于该区的生态功能区主要有：赣南—闽南丘陵常绿阔叶林水源涵养三级功能区、大庾岭—骑田岭常绿阔叶林水源涵养三级功能区、江西东江源水源涵养重要区、九连山常绿阔叶林水源涵养三级功能区、南岭山地水源涵养重要区、赣中丘陵常绿阔叶林土壤保持三级功能区和罗霄山常绿阔叶林土壤保持三级功能区。

　　赣南生态文化资源丰富，以红色旅游为主。主要的红色旅游资源有吉安的井冈山、赣州的兴国、宁都和瑞金。吉安井冈山已建成国家级风景名胜区，且已报送联合国列入《世界遗产名录》，该地崖险谷深、峰奇石异，动植物资源也十分丰富。井冈山的竹林面积较大，杜鹃品种繁多，其竹文化、杜鹃文化也很出名。但更使井冈山闻名的是其在我国红色旅游中的地位。该地有革命史迹300余处，革命战争时期的战壕营房至今仍在，其他还有黄洋界战场、大小五井、毛主席旧居及其前面的神奇树等。瑞金是中国共产党创建的第一个全国性红色政权中华苏维埃共和国临时中央政府所在地，也是红军两万五千里长征的起点，毛泽东、周恩来、邓小平、朱德等无产阶级革命家曾长期在此战斗生活。瑞金以红色文化创排的戏曲歌舞较为出名，主要的有《红土魂》《红都赋》。除了红色文化资源之外，瑞金的民俗文化也有其特点，其灯彩很有地方特色。兴国是我国红色旅游的另一主要基地，历史上，兴国是著名的苏区模范县、红军县、将军县、烈士县，是第三次、第四次、第五次反"围剿"的主战场。许多老一辈无产阶级革命家都曾在此战斗生活，如毛泽东、陈毅、聂荣臻等。兴国的堪舆文化是其一大特色，是中国现代风水学中赣派风水的发源地，自唐至今已有千余年历史，历代风水大师辈出，影响较大。

　　赣南是客家人的主要聚居地之一，也是客家民系的重要发祥地之一，客家文化昌盛。客家文化主要表现在语言文化、建筑文化、饮食文化、堪舆文化以及民俗文化等方面。赣南客家方言是赣方言和客方言的交汇点，历来是研究古汉语的主要材料；建筑文化方面，赣南民居颇具特色，有被称为汉代"坞堡"活化石的方形围屋，与闽西圆形的土楼和粤东内方外圆的围龙屋相比则呈现出不同的风格；赣南客家饮食主要分为家常菜和宴席菜两大类，内涵深刻，有浓厚的乡土气息；赣南民俗古朴，民间文艺丰富，有客家山歌，赣南采茶戏、歌谣等，而"九狮拜象"、宁都竹篙火龙节、于都唢呐等民间文艺类型则在其他地方较为少见；赣南堪舆文化较为兴盛，也有较深远的历史渊源，而兴国三僚村被称为中国风水第一村。当前，赣县已在赣江源头建成客家文化城，而文化城已是十九届世客会的重要参观点之一，中国（赣州）客家文化节主会场，中国客属第三届恳亲联谊大会主会场。

　　得益于气候的优越性，赣南的土特产品牌较多，且知名度较高。赣南适宜建全国的柑橘商品生产基地。中国客家围屋第一县、信丰县为脐橙之乡、南康市为中国甜柚之乡、安远县为中国九龙蜜柚之乡、寻乌县为中国蜜橘之乡、大余县为中国瑞香之乡；石城县为中国白莲之乡、崇义县为中国毛竹之乡、赣县为中国板鸭之乡、会昌县为中国肉兔之乡，兴国县为中国灰鹅和油茶之乡。

　　（3）问题。该区对生态环境的保护需加强；人们的生态意识还较薄弱；需要探讨与该区相适应的农业生产模式；增加对该区生态文化建设的人力、物力、财力的投入；各种文化资源亟待整合。

　　（4）目标。该区需发展以井冈山、瑞金市为主的红色旅游；发展赣南竹文化等产业；结合土特产生产建设区域生态文化；着重需要保护河源地的生态环境；保护南岭的独特的动植物资源；结合该区原始生态环境开展森林旅游；重视并保护特殊的民俗文化。

3. 赣东生态文化区——道教与瓷文化

　　（1）范围。包括上饶、景德镇、鹰潭和抚州四市。

　　（2）现状。赣东为山地丘陵区，目前有国家级风景名胜区4个，分别为三清山风景名胜区、龙虎山风景名胜区、龟峰风景名胜区、高岭—瑶里风景名胜区；国家级自然保护区3个，为桃红岭梅花鹿国家级自然保护区、武夷山国家级自然保护区和马头山国家级自然保护区；国家级森林公园14个，分别为灵岩洞国家森林公园、鹅湖山国家森林公园、龟峰国家森林公园、上清国家森林公园、铜钹山国家森林公园、五指峰国家森林公园、景德镇国家森林公园、云碧峰国家森林公园、岩泉国家森林公园、瑶里国家森林公园、清凉山国家森林公园、岑山国家森林公园、军峰山国家

森林公园和五府山森林公园

位于该区的生态功能区有浙闽赣交界山地生物多样性保护重要区。

赣东和赣东南得天独厚，集中了省内全部3个密集型丹霞地貌区（信江中上游区、抚河中上游区、贡水流域区）和1个稀疏型丹霞地貌区（桃江流域区），丹霞地貌景点达93处，占全省景点的75.6%，资源优势属全国罕见。

赣东道教文化深厚。鹰潭贵溪境内的龙虎山、上饶玉山县与德兴市交界处的三清山均为道教名山，龙虎山历来是道教中正一道教主张天师后系世居之地，是正一道之祖庭，元朝以后便是江南道教的中心，为道教七十二福地之中的第三十二福地，享有"仙灵都会""仙人城"之誉，是中国道教名山之一。其上天师府为全国道教重点开放宫观之一。三清山自东晋葛洪在此修行之后即为江南道教的重要地点，山上三清福地道教宫观建筑呈八卦宫观布局，将自然景观与道家理念合一，有天下第一露天道教博物馆之称；三清福地石刻景观命名巧妙镶嵌数字，有"九九归一、天人合一"之意；且以"仙"显名的山峰很多，如玉京、玉虚、玉华以及猴王献宝、老子看经等，均反映出当地道教文化的兴盛。而景德镇则一直以瓷器文化为天下知晓，其地出产的瓷器及其烧制工艺，以及古窑址都是该市生态文化的典型代表。

景德镇乐平的茶花也以其"十绝"成为我国茶花中的稀有珍品，行销全国各大城市。赣东历史文化悠久，主要县市的民俗文化资源多样。婺源以徽派民居、龙虎砚、绿茶、江湾雪梨和中华荷包红鱼闻名，同时也是朱熹、詹天佑等名人的故乡。作为"书乡""砚乡"和"茶乡"，婺源不仅仅是赣东，甚至是江西省需要重点建设生态文化的地区。全县现有16个省级历史文化名村、2个国家历史文化名村，全国文物保护单位13处，2个古村落被列入世界文化遗产预备名单。抚州临川自古为才子之乡，关于名士的传说与轶闻也非常多，从东晋王羲之到北宋王安石直至明末四大才子，才士风雅千古流芳。琴城南丰为唐宋八大家之一曾巩的故乡，又以江西名贵特产南丰蜜橘驰名。其地民俗也极具特色，主要有南丰傩舞、水北和合、南丰香拔、每年农历七月十三日的"少年灯"、中秋放风筝等。其他有南丰、崇仁地区的婚俗、金溪的手摇狮，南城县的麻姑山、万年桥和潮音洞、铅山的鹅湖书院、竹编工艺、造纸业和碾谷泥砻、上饶早梨和水碓、广丰的紫老红烟、万年的贡米。

（3）问题。赣东文化底蕴深厚，其资源价值并没有充分发挥，各种文化之间联系不紧密；与皖南徽文化的联系也不强；对生态文化建设的投入还较少；该地区人们的生态文化观尚待深化。

（4）目标。该区的生态文化当以景德镇和婺源两地为建设重点，前者主要以瓷器文化为主，辅以茶花文化，后者则以民居古建、茶文化为主体，与皖南徽文化相结合；注重乡村林业生态文化建设，传承地区文化。

4. 赣西生态文化区——禅宗文化

（1）范围。宜春、新余、萍乡三市所辖县、市、区。

（2）现状。现有仙女湖风景名胜区、武功山风景名胜区等2个国家级风景名胜区，1个国家级自然保护区：官山国家级自然保护区；国家级森林公园5个，有三爪仑国家森林公园、明月山国家森林公园、天柱峰国家森林公园、阁皂山国家森林公园和安源国家森林公园。

赣西生态文化资源主要集中于宜春、萍乡两市。宜春宗教文化发达。我国佛教禅宗与宜春渊源很深，五大宗派中有三大宗派发祥于宜春，另外两支的创始人也都在宜春境内寺院出家；道教天下七十二福地中，阁皂山、始丰山、东白源就在宜春境内，樟树阁皂山更是道教灵宝派的祖庭，为江南道教三大名山之一。宜春民俗文化多样，有高安的龙舟赛、宜丰县春节耍狮灯、轩辕会、樟树的药文化和每年的开耕仪式、万载县的夏布商行、茶店、傩舞、唱大戏和接春等习俗。江南煤都萍乡是我国煤炭工业生产的重要基地，煤矿开采已有百年历史。正因为此，萍乡也是我国产业工人最早集聚的地区之一，20世纪上半叶，萍乡工人运动风起云涌，有安源路矿大罢工、萍乡浏醴起义等，安源也因此而成为我国革命传统教育的圣地。具有悠久历史的萍乡花果以其原色、原味、原形和保健功能而驰名。

（3）问题。从总体来看，赣西的文化资源相对较少；从赣西现有景点的分布上来看，该区生态文化资源分布较分散，且与南昌市、赣北、赣南的生态文化资源之间相隔较远，从而使赣西在生态文化建设上难以接收上述三个地区的辐射；高质量景点相对较少，具有赣西特色的生态文化也较少。

（4）目标。通过自然与文化相结合的方式开发旅游资源，注重开发新的旅游景点，结合该地邻近湖南长株潭城市群的区位优势，注意与湘文化的衔接，从而形成赣西地区特色；加快旅游服务设施建设；加强本地与湖南生态文化建设之间的联系，提高赣文化的影响力。

5. 南昌生态文化区——城市生态文化

（1）范围。南昌市所辖县、市、区。

（2）现状。南昌，又名英雄城，是江西省省会，全国35个特大城市之一。自西汉灌婴筑城至今已逾2000年。南昌的自然风光和悠久丰富的文化久负盛名，全市风景名胜众多，拥有文化遗址600余处，人文景观18处，自然景观26处，是国家级历史文化名城。自古以来就有古豫章十景之说，即西山积翠、洪崖丹井、铁柱仙踪、滕阁秋月、南浦飞云、赣江晓渡、龙沙夕照、徐亭烟树、东湖夜月、苏圃春疏。南昌现有江南三大名楼之首的滕王阁，自初唐建成以来，一千余年里歌咏滕王阁的诗词歌赋不计其数，王勃、张九龄、白居易、杜牧、苏轼、王安石、朱熹、黄庭坚、辛弃疾、李清照、文天祥、汤显祖都留有诗文，其中以王勃《滕王阁序》及其诗最为人们熟知。南昌南郊有我国最早建立的古代画家纪念馆——青云谱，其地原为江西唯一环境保存完好的净明道教发源地，现为明末清初著名画家、被联合国教科文组织评为"中国十大文化艺术名人"之一的八大山人纪念馆。市区内有全市唯一的一块典型城市天然湿地——艾溪湖森林湿地公园，有集鸟趣、园艺、禅佛、书法等于一身的天香园。南昌西北部有具"小庐山"之称、著名的避暑胜地、中国古典音律和道教净明宗发源地的梅岭，其地已建成国家级风景名胜区和国家级森林公园。南昌城的红色旅游资源也是其特色之一。有全国重点保护单位八一南昌起义纪念馆，其与新四军军部旧址、江西革命烈士纪念堂、八一起义纪念塔共同构建了南昌的红色旅游资源。南昌所辖区县也拥有较多文化资源。在享有"闻香下马、知味拢船"美誉的江南古镇、江南粮仓进贤县李渡镇有目前我国年代最早、遗迹最全、遗物最多、时间跨度最长且富有鲜明地方特色的大型古代白酒作坊遗址，李渡也是我国南方著名的"毛笔之乡"，新建县有观赏日出日落和鸟类的最佳地点南矶山和著名道院西山万寿宫，安义县有能体现赣文化和赣商文化相结合的千年古村落群。南昌菜是赣菜菜系的主要组成部分，为江西的三大地方菜之一，历史悠久，在中国菜肴中有一定的地位。特色菜肴以藜蒿炒腊肉为其代表，风味小吃有牛肉炒粉、韭菜合子、白糖糕、大麻圆、油饼、蛋黄麻花、二来子、春卷等。南昌历史悠久，民俗也较多样。万寿朝仙会、龙岗登高、茶馆聚会、梦山求梦、闹元宵和划龙舟等民俗至今仍很流行。

（3）问题。该地区历史悠久，生态文化资源丰富，主要问题是城市化的快速发展造成对生态文化资源保护的压力加大，对生态文化资源开发的需求旺盛。

（4）目标。作为江西省的省会以及京九、浙赣两条铁路的交汇点，南昌市应当作为全省两大城市生态文化带规划建设的重点，抓住建设鄱阳湖生态经济区的巨大机遇，完善城市森林网络，保护地区生物多样性；加快乡村建设，缩小城乡差距。

萍乡市在积极建设城市森林网络、改善城市环境的同时，需要利用其作为赣西门户这一有利条件，大力发展与湘文化的衔接，并展现赣文化的特色。

赣州需要加强与粤港的联系，充分利用其华侨数量较多的优势，加强城市生态环境建设，大力弘扬传统历史文化，展现客家风情等地方特色。

6. 浙赣线生态文化带——城乡互动文化

（1）范围。浙赣线沿线，主要包括萍乡、宜春、新余、南昌、鹰潭和上饶六市。

（2）现状。上述六市除南昌外，在江西省均为中小城市，在当前城市化迅速发展的背景下，这六个城市可通过大力进行城镇化，依托浙赣线沿线乡镇的工农业发展优势及文化资源，加快乡村建设，促进城乡一体化生态文化建设，从而成为江西省生态文化布局中的有机组成部分。萍乡是江西省重要的工业城市，我国近代工业起步最早的城市之一，也是我国著名的革命圣地；宜春是全国第一批生态试点城市之一，是建设中的江西省第一个生态城市；新余市也已开展创建国家森林城市，其乡村建设也已见成效，湖陂村被江西省人民政府授予"一村一品示范村"，渝水区姚圩镇是全国农村精神文明创建先进单位；鹰潭和上饶同为赣东北重要城市，土地肥沃，农业资源丰富，贵溪有全国商品粮基地等农林基地，农业开发前景十分广阔。上述各市虽然分别隶属于赣西、南昌和赣东生态文化区，但可在浙赣线沿线建成全省的城乡生态文化带。

（3）目标。加强上述六市乡村生态文化建设，加快城乡一体化建设进程，建成城乡生态文化带。

7. 京九线生态文化带——城乡互动文化

（1）范围。京九线沿线，包括九江、南昌、景德镇、吉安及赣州五市。

（2）现状。沿京九线城市带是全省潜在的城市发展带。北部九江、南昌以及景德镇三市位于环鄱阳湖生态经济圈，城乡发展较好。但吉安和赣州二市的城市发展相对滞后。赣州为江西省第二大城市，地域面积广大。赣州市的定位为将赣州中心城区建设成为赣闽粤湘四省边际区域性现代化中心城市，而且赣州三面环水、一面环山，建设现代山水新城已是其城市建设的目标之一。吉安生态资源丰富，有竹木、油茶等经济林的重要生产基地，发展生态农业和农副产品加工潜力巨大。

（3）目标。京九线城乡生态文化带北部发展较好，今后需要依托鄱阳湖生态经济区建设，大力开展城乡林业生态文化建设；南部吉安和赣州两市乡村发展较滞后，需要加快乡村建设，加快城乡林业生态一体化进程。

（三）建设重点

江西省生态文化建设首先需要加大污染处理投资，控制排污量，在全省范围内结合河流湖泊构建森林网络，通过此两项措施以改善江西省生态环境质量。其次，大力发展生态旅游。本着大生态、大资源、大市场、大教育、大旅游的理念，依据江西省旅游资源、自然条件的分异，通过划分南昌市、赣北、赣南、赣东和赣西四个生态文化区，建立起极具地方特色的生态文化体系，实现经济社会生态持续发展。主要有如下几条途径：依托庐山、三清山、龙虎山和鄱阳湖等知名山水开发名山名水旅游区，在此基础上对不同的生态文化区建成各异的生态文化，丰富赣文化的形式；根据江西省丘陵广布的地貌特点，探索农业发展新模式，结合生态农业开发，构筑一批生态农业旅游区；对城市进行生态规划建设和改造；以江西省名优土特产品和民俗小吃为品牌，发展绿色食品，加大旅游食品开发力度，开拓生态旅游食品市场。逐渐形成以庐山、鄱阳湖、婺源、景德镇、井冈山为建设重点，以赣北名山大川文化、南昌城市文化、赣南红色文化为主轴，以赣东赣西宗教文化为两翼，以浙赣线和京九线城乡生态文化带为连接的，各种产业文化、民俗文化为补充的点线面生态文化格局。

1. 赣北生态文化区

该区重点打造庐山、鄱阳湖。大众文化、产业文化层面：进行科技下乡工作，为农民提供技术支持，实现农业的集约化生产；举办多样的文化活动，丰富人民的精神生活。通过生态文化建设，培育平原地区人们的生态观念，激发他们在农田林网、"四旁"绿化的积极性和自觉性，促进乡村绿色家园建设，提升全市生态资源总量，优化农村生态环境，改善农村生产生活条件。科技文化卫生三下乡、举办各种文娱等活动的目的在于整体提升当地居民的精神层次，营造出生态文化氛围。经典文化建设：重点打造庐山、鄱阳湖两大品牌。

（1）庐山品牌。将集风景、文化、宗教、教育、政治和科学为一体的庐山建设成观光旅游和休养避暑胜地，吸引海内外游客前来观看庐山四时晨昏的壮观景象，鉴赏中西合璧的园林建筑，享受舒适宜人的气候环境，品位深厚的文化积淀，普及深奥的地质知识，品尝云雾香茶。因此，可针对以上各项开办各种文化艺术节；加快对庐山风景名胜区的环境承载量的研究，确定最多旅游人次，确保庐山风景区的游览质量。

（2）鄱阳湖品牌。将鄱阳湖建设成为鱼类水禽的乐园、观鸟旅游的天堂，重点管理鄱阳湖南矶湿地国家级自然保护区和鄱阳湖国家级自然保护区。定期举办鄱阳湖观鸟生态旅游节。借一年一度举办的九江"庐山杯"国际龙舟赛和龙舟艺术灯会推广浔阳鱼席、陈年封缸酒和瑞昌剪纸等九江特产和民俗文化。

针对省内客源，可打造九江溶洞旅游品牌；举办溶洞相关的研究活动；推出各种精品旅游方式；通过媒体对九江的文化资源进行宣传。

（3）相关配套措施建设。

① 针对鄱阳湖地区：需要严格限制围湖造田，控制鄱阳湖周边工业排污和农业农药氮肥使用量；鄱阳湖平原商品粮产区需加紧建立农田防护林网，减少农田土壤侵蚀量，保证鄱阳湖水域面积和水质；保护鄱阳湖湿地重要渔业资源和水生野生动物，加快鄱阳湖长江江豚、鲤鲫鱼产卵场、河蚌、银鱼等自然保护区的建设，建立湿地公园；建立候鸟研究中心和鸟类科普基地。

② 针对庐山风景区：需提高庐山风景区宾馆、饭店的排污处理水平，解决生活污水问题；旅游基础设施建设方面需要考虑庐山地区建筑的风格，使这些设施的风格能与庐山的风韵融合在一起；建立地质博物馆，系统普及地质学知识，提高庐山在人们心目中的地位。

③ 其他相关措施：抓住建设鄱阳湖生态经济区这一巨大机遇，建设九江市、南昌与庐山、鄱阳湖之间的交通线路。九江市其他景点，如周瑜点将台、岳母墓、石钟山等，与庐山等景点相比影响力较弱，知名度较低。因此通过将九江市与南昌、庐山、鄱阳湖相连接，利用游客倾向于游览知名度较高的景点这一时机，全面发展九江市的文化旅游产业。同时九江两座城市需要依托其山水优势构建城市森林网络，发展路网化、水网化的城市森林布局形式，通过森林廊道将市郊的名山名水与市区相连，提高城市建成区的环境质量。

2. 赣南生态文化区

大众文化建设：该区靠近省界地方的地貌以山地为主，东、西分布有武夷山和罗霄山脉，南部则横亘南岭，全区是江西省主要河流的发源地。而南岭又是我国热带与亚热带的分界线，该地区的动植物资源异常丰富。山地区的生态文化建设还是以培养赣南林农靠山吃山护山的生态意识，提炼出传统的朴素的养山护山经验，实现山区的经济社会生态持续发展。该区中、北部为丘陵分布，丘陵区生态文化建设需要在发展生态农业的同时，营造森林绿色文化氛围。产业文化建设：通过技术下乡，普及毛竹丰产林培育技术、杜鹃花培育技术以及林分改造技术，实现森林资源的综合利用；加快建设农村文化队伍建设，利用赣南特有民俗，如宁都道情、赣州灯艺、赣南采茶歌和采茶戏，进行各种形式的群众文化活动，通过与文化下乡活动相结合充实当地居民生活；保存并发扬赣南民俗文化，采用民间艺术展等形式发扬传统表现手法，展现新文化内容。经典文化建设：该区重点打造红色旅游、竹文化、杜鹃文化品牌。

（1）红色旅游品牌。

● 软环境建设

举办红色文化展览：在井冈山旅游旺季举办多场主题展览，再现坚苦卓绝的革命历程，展现革命老区悠久的革命传统，发扬艰苦奋斗的革命精神，从而使游客在游览之中完善自我，提升自己的精神层次

完善红色旅游解说体系：红色文化旅游有学习性和故事性两方面的要求。这就需要关于红色景点的解说词中避免单纯的说教，不能搞成灌输式的"现场报告会"，应该营造出自我启发的学习氛围

通过书籍、媒体进行宣传：编写相关书籍，拍摄相关电影和电视剧，再现革命先烈的英雄事迹，突出其革命的大无畏精神、为理想而奋斗的毅力以及"以天下为己任"的英雄气概，树立青少年合理的人生观，扩大井冈山精神的影响力。

举办参与性活动：红色旅游的目的在于教化，使大众了解革命先驱为实现国家富强、人民幸福而进行斗争的艰辛，珍惜现在来之不易的生活，树立起为国为民服务的价值观，培养对国家、对民族的责任心。这就需要红色旅游的组织者设计、组合出"原汁原味、有惊无险、苦中有乐、先苦后甜"的文化产品，寓教于乐。

举办讲座和研讨会：在举办各种参与性活动之余，可适当举办一些讲座和研讨会，宣讲革命先行者们的光辉事迹，使游客对早期的革命斗争有较系统的了解。

设计精品旅游线路：旅行社等旅游组织方需要设计出红色旅游精品线路，将自然环境与红色文化相结合，将不同革命老区的红色文化资源相结合，带动赣南地区整体的红色文化建设。

● 硬环境建设

建设以革命历史为主题的纪念馆，保护革命遗迹，划定开展参与性活动的场地及保护措施；建设与邻近红色旅游区的交通线路；建设生态旅游村及其他旅游服务设施；这些革命老区大多位于深山之中，经济发展滞后，经济发展与生态保护之间矛盾很大。探求科学的农业生产模式，保护山体植被，对促进老区经济社会发展、保留老区各景点当年革命风貌有重要意义。该区农业发展应利用本地丘陵广布的地貌特点，结合本地名特优产品，发挥雨热资源优势，发展立体农业模式，建立亚热带水果种植基地。加快赣南乡村建设，实现一户一楼、一户一池（沼气池），村在林中、房在绿中、人在花中的目标。

（2）针对客家文化。结合红色旅游和竹文化、杜鹃文化节，开展各式各样的民俗表演，让赣南客家民俗为世人所了解。硬环境方面，可以建立一些客家文化博物馆和民间艺术馆，如井冈竹编艺术馆等；保存、保护客家围屋等客家文化实体，利用赣南地区客家人口数量比例较大的条件开展赣南客家文化研究及学术交流等活动，抓住赣州的城市生态文化建设的机遇，提高赣南客家文化的知名度，在海外华侨群体中产生认同感，提高中华民族凝聚力。此外，赣南土特产较多，可发展以土特产为主题的文化活动。

（3）竹文化、杜鹃文化品牌。

● 软环境方面

举办井冈山杜鹃、兰花文化节：杜鹃是井冈山市市花，其开发时间恰逢井冈山旅游旺季，十

里杜鹃盛开甚为壮观。井冈山的兰花也很出名，朱德曾有兰花诗一首盛赞井冈山兰花。举办井冈山杜鹃、兰花文化节，丰富井冈山旅游形式，使井冈山的生态文化资源更好地被利用。

举办竹文化节：竹一直倍受我国人民喜爱。赣南地区也有相当数量的毛竹分布。结合当地毛竹产业，发展生态农业旅游，利用农历十一月以后黄坳、茨坪、长坪、下七一带客籍山区居民进山挖笋的民俗，举办挖冬笋活动；井冈山种竹、伐竹俗规较多，世代沿袭，已经成为井冈山竹乡风情之一，其他还有竹排放歌、井冈竹编等。

● 硬环境建设

针对竹文化、杜鹃文化、兰花文化：建设相关的景观园，注重树种搭配，体现季相变化；建设相关的展示场所，展示井冈竹编的艺术性；举办年度的全国毛竹文化节，以历史为媒介，推进地方毛竹种植和加工产业。

赣南的地学旅游资源丰富。宁都翠微峰、赣州通天岩、石城通天寨、瑞金罗汉岩均为赣南重要的丹霞地貌区域，因此，该区的地学旅游建设当以上述地区为主，按照水系流域、登山漂水特色景点，结合公路交通、居民地等开展线状布局，构成该区丹霞地貌旅游线，带动各县充分挖掘相关旅游资源。

赣南毗邻广东、香港、澳门等地，旅游区位优势明显。今后需要着力建设真山真水的自然环境，结合赣南民俗风情和特色美食，提高该区旅游质量。但赣南北部的泰和、吉安两县生态文化资源较少，需要结合本地情况建设新旅游景点。

3. 赣东生态文化区

该区重点打造景德镇"瓷都"和以徽派民居为其特色的婺源两大品牌。

大众文化建设：赣东区地形地貌条件复杂，江西省与安徽省、浙江省和福建省交界之处山地分布，向鄱阳湖方向则分布有丘陵和平原。因此赣东的大众生态文化建设当分不同的地貌区进行。婺源县东北，玉山县和德兴县交界处，广丰县、铅山县和贵溪市南部为山地地形，上述地方的大众文化建设应侧重于通过林业产业技术推广，培养林农靠山吃山养山的生态意识，结合这些地区悠久的营林传统和丰富的造林经验，指导林农正确利用山林的方法，促进人与自然和谐相处。除了上述各地，赣东的其他地区都有丘陵分布。这些丘陵区的大众文化建设，一方面还应该培养当地居民的生态意识，因为丘陵区比山地区人口密度更大，所以丘陵区保护山林方面的文化建设力度应该比山地区的更大；另一方面，需要结合丘陵地形发展现代农业，充分利用丘陵地形提供的充足的空间资源，集约利用各种资源。赣东的平原区分布于紧邻鄱阳湖的鄱阳县西南、余干县西北。该区的大众文化建设跟赣北的相似，重点在农田林网、四旁绿化建设和居民生态意识的培养。

产业文化建设：举办大型的文娱表演活动，丰富当地居民的生活；在各村、镇建图书馆，其中的图书主要以当地的主要农业生产类型和人文传统为主，或通过地方广播电视台普及这些知识，如此不仅可以普及农业生产等知识，还可以促使当地居民了解家乡的历史文化，增强家乡自豪感，更好地投入到家乡的经济建设和生态保护工作中去。举办各种形式的文娱活动，将地方传说、名士轶闻与地方名胜、特产联系起来，以大众喜闻乐见的方式使那些被视为高雅的艺术走进人们的生活，寓教于乐，增强当地居民保护文物古迹的意识，逐渐提高当地居民的文化层次。如南丰县可以将蜜橘、读书岩与曾巩联系起来，一方面普及南丰蜜橘的种植技术，另一方面可提高古典文化的知名度，提升南丰居民的文化层次。赣东物产丰富、历来名士辈出，通过这种方式试图不断丰富地方居民的物质精神生活，增强民族自尊心和自信心。其他特产有上饶的早梨、婺源的绿茶和荷包红鲤、万年的贡米、广丰的紫老红等，都可以通过上述方式普及相关知识。

经典文化建设：该区经典文化建设以道教文化以及婺源、景德镇两地为主。

（1）赣东道教生态文化建设。

• 软环境方面

道教讲求真山真水、清心寡欲、潜心修行，所以道教的盛行说明赣东生态环境优越，另一方面，也由于道教对环境和人性的高要求，所以也有利于地区生态环境的维护。所谓"山不在高，有仙则名"，赣东山水因此而更显钟灵毓秀。道教文化主要以三清山和龙虎山为中心展开。两地的生态文化建设中需要完善道教文化解说体系，将道教神话传说、道教医学等道教文化形式展现给大众，使人们了解我国道教发展的历史，加深人们对赣东作为道教发展重要地域的印象，提高赣东地区道教生态文化品牌的知名度；在道教节日可举办相应活动，集中展现道教文化传统，安排道教文艺活动，丰富道教生态文化的内容；通过音像制品展现道教音乐、道教神仙图像，讲述道教对我国传统文化、对人们日常生活的影响；赣东地区可举办道教思想等方面的学术讨论活动，探讨道教哲学、道教伦理，全方位提高赣东地区在我国道教文化建设中的地位。

• 硬环境建设

赣东道教生态文化建设还需要保护山体植被，保护道观建筑，旅游服务设施的建设也应以不破坏道教文化氛围为标准，保证赣东地区真山真水的本色。因为道教在港澳台地区的影响力较大，因此需要改善该区与广东、香港地区的交通条件，针对省外客源发展该区生态文化。

（2）婺源。

• 软环境方面

婺源重点打造徽派民居、绿茶、歙砚、中华荷包红鱼和江湾雪梨等品牌。

可在旅游旺季结合该地区绿茶、歙砚、中华荷包红鱼和江湾雪梨等著名品牌举办相关的文化节，如婺源绿茶文化节等，或通过主题展览等形式再现歙砚的制作历史、制作工艺，让游客对我国传统文化有更深的了解，发展本地生态文化，或者在适宜地点开辟垂钓点、生态采摘园，完善婺源物产的生产链，充分利用婺源地方特产的价值。还可以通过建设名人故里完善婺源整个生态文化建设体系。完善生态文化解说体系，将婺源民居、茶文化、古代名人、特产等组合起来，让游客在最短的时间里全面了解婺源文化特色。通过画册、网络等多种方式宣传婺源的特色。

• 硬环境建设

针对民居：位于江西省东北部的婺源素以徽派民居闻名，是我国古代民居保存最多、最完好的一个县，这些民居与婺源的青山绿山浑然一体，具有浓郁的江南水乡特色。作为赣文化地域内受徽文化浸淫很深的地区，婺源今后应加强与皖南、浙西地区之间的生态文化交流，提升整体的文化品位。在不影响乡村民居整体风貌的前提下，婺源县在合适地点建设生态旅游村等旅游基础设施，同时注重其建筑风格，力求以徽派民居的形式融入整体环境。

针对江湾雪梨等特产：保护县境内水域和山体，为中华荷包红鱼和雪梨等特产的生产提供优良环境，同时建成江湾雪梨等生态农业产业园，研发相关的产品，延长产业链。

针对歙砚：作为我国四大名砚之一歙砚的产地，婺源需要加强对歙砚的支持力度，保护砚石产地，培养歙砚雕刻人才，保证歙砚的质量。

针对乡村环境：应抓住古代徽州民居在环境和建筑方面追求人与自然和谐这一理念，加强婺源地区的乡村人居林建设。

（3）景德镇。

• 软环境方面

打造瓷器文化、茶花文化品牌。瓷器文化以景德镇的四大传统名瓷、湖田古窑址、瓷工风习为主。主要形式有：

景德镇瓷器研究旅游文化节:景德镇是远近闻名的"瓷都",自明朝起其"瓷都"地位就已确立,其地生产的青花瓷等瓷器种类受到我国,甚至全世界的青睐。历史上青花瓷等瓷器一直是封建士大夫们风雅和地位的标志。举办瓷器研究旅游文化节,对弘扬民族文化、塑造国民性格大有裨益。

乐平茶花文化节:景德镇乐平县的茶花种植历史自明朝开始,迄今已有七百余年。其花之高雅、其品种之繁多,使乐平茶花与瓷都的瓷器文化一样千古流芳。开办乐平茶花文化节,可以提高乐平茶花的知名度,与浙江金华和云南的茶花文化相得益彰,让人们了解中国这一传统名花。

● 硬环境建设

保护景德镇古瓷窑遗址:主要有湖田古瓷窑。湖田古瓷窑为我国古代著名的窑场,从五代直至明中叶,有七百多年的历史,是景德镇古瓷窑中烧瓷历史最长、规模最大的一处,集中反映了景德镇制瓷业由初级向高级阶段发展的历史进程。

举办瓷器展:建立景德镇瓷器博物馆,定期举办瓷器展。

建设瓷器作坊:建设瓷器作坊,旨在重现古代悠久绵长的烧瓷工艺,让游客们更深入地了解瓷器的制作。学习瓷器制作技术要点,体验制作瓷器的乐趣。游客的制成品可作为纪念品带走。

建设茶花景观园:充分利用茶花的美学价值发展生态旅游。同时结合茶花种植向大家介绍相关技术,也可借助企业力量,多样化利用茶花。

赣东在以各森林公园和婺源为生态文化建设重点的同时,应对赣东的士文化予以重视。加强生态文化解说体系建设、策划以生态文化为主要内容的各类活动以扩大赣东士文化的影响力,使赣东的自然山水更具灵气。赣东与长三角相距不远,且有铁路、公路相连,赣东需大力发展融合了宗教文化、儒家文化的森林公园,在地域上与安徽黄山产生相异的风格,吸引更多的来自上三角地区的游客。赣东也是江西通往长三角的门户,建设独具特色的赣东生态文化,可以展示江西的生态文化魅力,对江西全省的生态文化产业建设有巨大作用。

4. 赣西生态文化区

大众文化建设:赣西地貌与赣东颇为相似,也可分为三个地形地貌区,即山地、丘陵和平原区。因此赣西的大众文化建设与赣东的大体相同,都在于根据地方自然条件和农业生产特点培养当地居民的生态意识。山地丘陵区着重当地居民用山养山护山的意识,平原区着重居民构建农田防护林网,以集约方式进行农业生产。

产业文化建设:根据不同的自然条件和农业生产特点,开展科技下乡活动,为当地居民送去关于竹林、油茶林的先进管理技术;举办一些文娱活动,可以融合当地的一些习俗,如宜春县上高地区的迎亲习俗、铜鼓地区的猎俗、万载的唱大戏等,虽然现在这些风俗在日常生活中并不流行,但作为古老传统,对于引发当地人民的家乡认同感很有好处,因而也具有流传下去的价值。通过文娱表演这一大众易于接受的形式让大家了解家乡传统。

经典文化建设:打造赣西宜春的禅宗文化品牌和土特名优产品品牌;加快现代旅游设施建设,将赣西向江西体验型、康乐型和饮食购物旅游方向发展;注重与湖南生态文化的衔接。

(1)赣西宜春的禅宗文化品牌和土特名优产品品牌。禅宗文化研讨旅游节:宜春为我国佛教禅宗的发祥地,而禅宗是我国传统文化与印度佛教相结合的产物。发展禅宗文化,包含文化研究和文化旅游,可开发系列的产品如禅泉、禅茶和禅修等,可举办禅宗文化研讨旅游节,举办具有一定学术水平的文化节事活动,一方面加强对禅宗教义的研究,另一方面促进禅宗的大众化,通过禅宗文化的研究与宣传,扩大赣西宗教文化的知名度。

竹文化艺术节:宜春地区竹子广布,宜丰县、万载县、靖安县和奉新县是竹子的主要产区,萍乡湘东区、芦溪县等地也有竹分布,其中宜丰县是我国第一批荣获"中国竹子之乡"称号的县。

通过举办竹文化艺术节、生态旅游文化节等形式，研究和宣传中国传统的"竹"文化、"竹"精神，对赣西竹文化进行多种方式品牌宣传和提升，宣传毛竹的优良品质，促进竹加工和竹种植产业。

建设中国"药都"品牌：樟树市是我国南方著名的"药都"，盛产药材，精于药材的种植、炮制、经销和保管，素有"药不到樟树不齐，药不到樟树不灵"的美誉。通过一年一度的全国药材交流大会巩固樟树市作为"药都"的地位，扩大樟树市在全国乃至世界的影响面。除了这种旨在进行药材交易的举措之外，还可以举办中药养生方面的节事活动，这种活动可以在一年四季中分别举行一次，普及我国传统的中药养身、食疗，在健全全民体质的同时也能了解中药这个我国传统文化中的瑰宝，还可以与樟树的阁皂山道教文化相结合，带动赣西宗教文化发展。

打造赣西油茶品牌：赣西宜春、萍乡和新余都有油茶分布，上述地区的油茶产业也初具规模。茶油营养价值极高，且油茶综合利用价值大，经济生态效益均较高。赣西地区应该利用发展油茶产业这一契机，打造赣西油茶品牌，通过书籍、媒体对茶油的利用价值进行宣传。可以依托樟树市的中药养身文化活动进行宣传。

（2）相关配套措施建设。针对禅宗文化：保护禅宗实体文化遗址，修缮禅宗现存实体建筑，打造禅宗之乡的正宗品牌。在不影响当前禅宗建筑及其风格的前提下，修建一些现代设施，加快以禅宗的精神进行相关文化产品的建设，如禅林、禅泉、禅茶、禅苑和禅修等。

针对竹文化、油茶品牌：进行毛竹、产业化经营的同时，需要注重竹林与油茶林的景观价值，比如竹林可以通过与其他树种适当的混交；建设相关的展示场所，展示毛竹和茶油的用途，扩大赣西毛竹、油茶的品牌优势，提高地区知名度。

针对药都品牌：保护赣西地区的生态环境，保证药材质量；培养中药方面人才，提高药都地位。

从总体上看，赣西的旅游资源相对比较贫乏，赣西的旅游资源知名度不高，且分布较分散，生态文化建设任重道远。新干、樟树、丰城等市县都缺乏综合性的旅游景区。自井冈山到南昌的400多公里距离内，除吉安有青原山外，几乎都是空白。所以须在中部地区开发或扩展旅游景区，以吉安青原山、樟树阁皂山为基础，扩展旅游景点，在新干或峡江开发新的旅游景点，着力建设一批景点，包括宜春洞山禅林、药都樟树、三爪仑国家森林公园、明月山国家森林公园、天柱峰国家森林公园、阁皂山国家森林公园和安源国家森林公园、仙女湖风景名胜区；同时结合赣西的民俗，丰富该区的旅游活动形式；加快高速公路的建设，缩短旅程时间；建设美学价值较高的高速公路绿化带；加强旅游策划，通过多媒体等视听资料丰富游客的旅途生活。因此赣西今后的生态文化建设必须更加注重自然和文化相结合，通过建设高质量的旅游服务设施，举办多样的文化民俗活动，加大宣传力度，努力提升区域生态文化影响力，带动赣西旅游向体验型、康乐型方向发展。

江西全省需要通过铁路网和公路网构建生态文化网络，高速公路连接省内各知名景点，包括赣北的庐山、鄱阳湖、南昌城，赣东的婺源、景德镇、龙虎山、三清山；赣南的井冈山、三百山；赣西的仙女湖、武功山、阁皂山。其他级别公路连接知名度相对较低的、客源主要为省内的游客。此外，通过生态文化解说体系建设、策划以生态文化为主要内容的各类活动以及建设各等级公路两侧的绿化带加快江西省生态文化建设。

5. 南昌生态文化区

大众文化建设：南昌市位于鄱阳湖平原区，其大众文化建设在于集约发展农业生产、培养当地居民的生态环境意识方面；建设平原农田防护林体系，加紧建设乡村人居林，展现乡村风貌。产业文化建设：需要加快科技下乡活动，指导农民农业生产，减少化肥、农药使用量，保证鄱阳湖水质；通过文化下乡活动，丰富群众精神生活；将南昌采茶戏与南昌道情糅合在南昌茶馆聚会时的文娱表演中。经典文化建设：展示城市文化，展现南昌作为历史文化名城的魅力；主要打造以豫章十景、梅岭和西山万寿宫为主的风景名胜和以八一南昌起义遗址为主的红色旅游两大品牌。

（1）城市建设。开展南昌市城市森林建设，提高南昌城市森林覆盖率，合理配置全市林地结构。充分利用赣江穿城而过这一优势，沿赣江布设城市森林廊道；沿城市道路布设道路绿地廊道；城市建成区采取见缝插绿方式，发展屋顶绿化，提高城市绿地率；采用南昌乡土树种营建城市绿地，注重城市森林景观美的营造；建设人造游览区，包括娱乐场、候鸟观赏区以及森林湿地公园。

（2）风景名胜区和红色文化建设。

● 软环境建设

设计精品旅游线路：豫章十景有六个分布在南昌市西部，三个分布在市区内，一个分布在北部，而西山万寿宫则在南昌市西郊30公里的逍遥山上。设计出合理的旅游线路，将分布在不同地方的豫章十景与西山万寿宫、市区内的八一南昌起义纪念旧址、南昌起义第二十一军指挥部旧址、新四军军部旧址等联系起来，提高旅游质量。

开办滕王阁诗文展：自唐初年滕王阁建成以来，历代文人墨客对滕王阁无不赞赏有加。除初唐四杰之一的王勃之外，张九龄、白居易、杜牧、苏轼、王安石、朱熹、黄庭坚、辛弃疾、李清照、文天祥、汤显祖等均不乏美文盛赞滕王阁之雄伟壮丽。通过编选滕王阁诗文、开办滕王阁诗文展、研究滕王阁诗文，尽可能营造出古代诗文中的意境，再现滕王阁的磅礴气势，以及周边壮阔的环境，还可以将滕王阁与江西名士联系起来，一方面让滕王阁为更多的人所知晓，另一方面也带动江西全省的文化建设。

举办龙舟赛：南昌市安义县的龙舟赛自明朝以来就很出名。通过举办龙舟赛，纪念爱国诗人，展现屈原高尚的情操，传承中国古老文化，实现古为今用的目标。

完善红色旅游解说体系：红色旅游是集故事性、参与性和学习性于一体的旅游形式，旅游解说词要避免单纯的说教，注重以小见大，以人说史。充分利用形象、生动、有趣的历史典，让英雄走下圣坛，贴近群众和生活，产生亲和力，寓教于乐。

● 硬环境建设

针对滕王阁等豫章十景景点：豫章十景的景致极佳，其中多数不乏历史典故。这些地点的硬环境建设重点在于保存古建，依照流传的诗文以及古代建筑技艺修缮、恢复古建；重视古建筑群环境的保护，以及景点间视野环境，如在滕王阁高层可看到西山叠翠，南浦飞云，赣江晓渡，因此在城市建设中需要考虑在滕王阁视野的开阔性，避免在相关地点建设高楼而阻挡视线，降低历史名胜的游览价值。

针对旅游线路：主要建设道路绿化带，此举措可与城市森林建设相结合。不过要更加重视景观美的营造，体现出南昌市地方特色，展现其深厚的历史文化，让游客对历史文化名城南昌留下深刻印象。

（3）南昌市其他生态文化建设。南昌市历史悠久，文化绵长，民俗丰富，比较出名的有李渡镇的毛笔制作工艺、石鼻乡的糕点印模等，可建设南昌民俗博物馆，展示南昌婚俗、儿童服饰、吉祥图案、毛笔制作工艺和中国岁月风俗画等。以米粉蒸肉、春卷等为代表的豫章美食也别有风味，可考虑结合南昌市主打品牌发展南昌餐饮业，丰富生态文化建设形式。

6. 浙赣线城乡生态文化带

城乡生态文化带的建设是"环、楔、廊、园、林、农"融合的多方位、多层次、多效益、多维空间的大绿化生态系统建设。通过在郊区构筑郊野公园，利用城市周边业已存在的森林公园和湿地公园，以中心城区为核心，结合当地特色的林业产业发展状况以及农业景观，建设城乡林业生态网络。城乡生态文化带的建设还应结合农村经济、社会建设，加强乡村大众文化和产业文化建设，提高当地居民的生态意识。此外，还应重视浙赣线城乡生态文化的多样性，萍乡可以依托其红色文化资源，发展红色生态文化，与南昌、赣南等地的红色生态文化相互补充；上饶和鹰潭两地应利用森林公园较多，农业资源较为丰富的优势，发展森林生态文化和生态农业文化；宜春和新余两市应在现有城市建设的基础上更广泛地开展城乡建设，以丰富城乡生态文化。

7. 京九线城乡生态文化带

九江的城乡生态文化带建设在于通过营建环湖生态保障带和环鄱阳湖景观林带，加快城乡林业一体化，完善城市森林网络；京九线城乡生态文化带建设的重点在于吉安与赣州二市，该地区是江西省主要河流的发源地，因此该地区的生态文化建设应结合河流源地保护展开，以水源涵养和土壤保持为目的营造自然保护区和森林公园；凭借赣南丰富的名特优产品优势，发展生态农业、观光农业。通过生态农业、观光农业对游客的吸引，减少森林公园的游客量，构建起迥异于赣东的生态文化形式，保护赣南森林生态系统的完整性和稳定性，保护河流源地生态环境。

第十六章　江西省现代林业重点工程建设规划

一、森林质量提升工程

预计到 2020 年全国森林面积新增 4000 万公顷,森林蓄积量增加 13 亿立方米,确保实现这一"双增"目标是当前我国林业发展的首要任务。江西作为我国森林资源大省,以山地和丘陵地貌为主,占总面积的 78%,山丘森林是全省陆地生态系统的主体,其质量直接影响着江西省的生态状况与环境质量。江西省山丘森林保育工程建设,除了在增加面积方面要作贡献以外,更主要的是要在提高森林蓄积量方面有大的增长。

(一)发展现状

江西省在"十五"期间,林业改革力度加大,投入增多,发展速度加快,林业建设取得了显著成绩。到"十五"期末,全省林地面积 1062.7 万公顷,森林面积达到 873.33 万公顷,较"九五"期末增加 13.33 万公顷,增加 1.55%;森林覆盖率 60.05%,较"九五"期末增加了 0.35 个百分点;活立木总蓄积量 3.5 亿立方米,较"九五"期末增加 0.6 亿立方米,增长了 20.7%;毛竹 15 亿株,较"九五"期末增加 1.3 亿株,增加了 9.5%。生态公益林面积 478 万公顷。从造林和成林潜力来看,目前江西省总共有迹地、宜林荒地 37.8 万公顷,未成林地面积 71.3 万公顷,而且分布在不同区域(表 16-1),因此,今后林业发展的重点是要提高现有森林的质量。

表 16-1　江西省迹地、宜林荒地和未成林地面积和分布表　　　　单位:万公顷

序号	分区	区域面积	迹　　地		荒　　地		未　成　林	
			面积	比重	面积	比重	面积	比重
1	赣东北片	207.8	1.2	0.6%	1.2	0.6%	7.2	3.4%
2	赣东南片	257.4	2.9	1.1%	1.9	0.7%	6.7	2.6%
3	赣西北片	176.9	2.4	1.3%	4.8	2.7%	9.4	5.3%
4	赣西南片	160.0	1.3	0.8%	1.1	0.7%	4.7	2.9%
5	赣中丘岗	633.4	8.9	1.4%	6.7	1.1%	27.9	4.4%
6	赣北环湖	234.0	2.3	1.0%	3.2	1.5%	15.5	7.2%
	全省	1669.5	18.9	1.1%	18.9	1.1%	71.3	4.3%

目前,江西省森林资源质量不高,单位面积的林分蓄积量低,仅达全国平均水平的 47%,林地产出率低,人工林不足以支撑林业加工业的发展;森林郁闭度低,导致腐殖质层厚度降低,水土涵养能力减弱(表 16-2 和表 16-3)。

同时,从林种结构来看,长期以来存在造林树种单一,偏重于针叶树,忽视了阔叶树;偏重于纯林、忽视了混交林。目前,纯林面积比例高达 71%,单一化的林分结构与丰富的地带性种质资源极不相称,在新造幼林中(不包括竹林、油茶林、果树林),杉木占 73%,松类占 24%,而

阔叶树只占 3%（表 16-4）。

表 16-2　江西省不同植被类型占森林面积的分布表　　　　单位：万公顷

| 序号 | 分区 | 森林面积 | 占森林面积比重 | | 常绿阔叶占阔叶林比重 |
			混交林	阔叶林	
1	赣东北片	106.6	43.3%	42.6%	83.0%
2	赣东南片	155.1	32.8%	23.1%	92.3%
3	赣西北片	90.2	42.6%	20.5%	78.5%
4	赣西南片	94.8	24.5%	24.5%	74.4%
5	赣中丘岗	318.0	16.2%	11.0%	72.7%
6	赣北环湖	84.3	31.5%	38.2%	42.9%
	全省	849.0	28.2%	22.6%	77.0%

表 16-3　江西省森林蓄积量、郁闭度、腐殖层厚度的分布表　　　　单位：万公顷

序号	分区	森林面积	每公顷蓄积量	郁闭度	腐殖层厚度
1	赣东北片	106.6	51.2	0.61	0.61
2	赣东南片	155.1	41.2	0.58	0.58
3	赣西北片	90.2	53.5	0.55	0.55
4	赣西南片	94.8	57.5	0.61	0.61
5	赣中丘岗	318.0	35.2	0.32	0.32
6	赣北环湖	84.3	20.1	0.53	0.53
	全省	849.0	41.4	0.61	0.61

表 16-4　江西省不同地区纯林和松、杉林占森林面积的比重表　　　　单位：万公顷

| 区号 | 分区 | 森林面积 | 纯　林 | | 占纯林的比重 | | |
			面积	比重	马尾松	湿地松	杉木
1	赣东北片	106.6	58.9	55.2%	36.4%	7.2%	43.4%
2	赣东南片	155.1	102.5	66.1%	52.1%	4.6%	34.3%
3	赣西北片	90.2	49.1	54.4%	26.5%	6.3%	54.2%
4	赣西南片	94.8	70.4	74.3%	24.0%	11.4%	54.4%
5	赣中丘岗	318.0	260.1	81.8%	47.6%	14.1%	32.4%
6	赣北环湖	84.3	53.5	63.4%	59.2%	7.6%	18.7%
	全省	849.0	600.3	70.7%	43.3%	10.0%	37.8%

（二）目标与范围

通过植树造林、封山育林、退耕还林，乔灌草及藤本植物相结合，增加森林植被覆盖率。重点建设范围：在赣中盆地丘陵区、赣东南丘陵低山区、赣南赣江源头区。

到 2015 年，改造针叶纯林 90 万公顷，使阔叶林面积增加 10 个百分点；荒地、迹地造林 21 万公顷，提高阔叶林面积 3 个百分点；使阔叶林面积增加到 35% 以上。中幼林培育面积 70 万公顷，使近、成、过熟林面积增加到 25% 以上，同时加大生态公益林的提质改造面积 173.6 万公顷（表 16-5）。平原农业防护林 31.5 万公顷（表 16-6）。

表 16-5　江西省森林质量提升建设目标表　　　　　　　　　单位：万公顷

分区	针叶纯林改造		宜林地、迹地造林		中幼林抚育		生态公益林改造	
	2015 年	2020 年	2015 年	2020 年	2015 年	2020 年	2015 年	2020 年
赣东北片	8	15	1.2	2.4	10.7	14.7	26.5	28
赣东南片	20	40	2.5	4.8	18.9	22	47	42
赣西北片	6	10	4.2	7.2	9.3	11.5	23	22
赣西南片	7	15	1.1	2.4	21.4	20	53	38.3
赣中丘岗	60	90	8.7	15.6	9.1	14.9	22.6	28.5
赣北环湖	5	6	3.3	5.5	0.6	0.9	1.5	1.7
全省	106	176	21	37.9	70	84	173.6	160.5

到 2020 年，阔叶林面积占 45% 以上，近、成、过熟林面积占 30% 以上，同时加大生态公益林的提质改造面积 160.5 万公顷（表 16-5）；平原农业防护林 43.5 万公顷（表 16-6）。

表 16-6　平原农业防护林建设目标表　　　　　　　　　　单位：万公顷

分　区	辖　区　县	2015 年	2020 年
鄱阳湖丘陵平原区	南昌、彭泽、湖口、新建、进贤、都昌、鄱阳、余干、永修、星子	22	26
赣中东北部丘陵平原区	东乡、余江、万年、乐平	1.5	2.5
赣中西部平原区	高安、丰城、樟树	3	5
吉泰盆地低丘平原区	新干、峡江、吉安、吉水、泰和、万安	5	10
全省		31.5	43.5

（三）建设内容

1. 针叶纯林改造

改造针叶纯林以马尾松、湿地松为主，以杉木的经济效益较好，而马尾松低郁闭度林可采用针阔混交演替过渡的办法改造，杉木和湿地松可采用间伐补种的方法，补植珍贵树种。低郁闭度马尾松林注意乔灌草复层结构，发挥生态和生产效益。

2. 迹地与宜林荒地造林

重点做好现有火烧迹地、采伐迹地的更新，规划在 3 年内完成全省现有迹地的更新任务。今后，每年新形成的迹地限期在两年内完成更新。

3. 水源涵养林建设

省内长江沿岸及省内长江一级支流（赣江、抚河、信江、饶河、修水，简称"五河"）和二、三、四、五、六级支流的源头及其两岸，其中"五河"源头（20 公里）、二级支流源头（10 公里）、二级支流源头及其两岸（第一层山脊）为重点治理区。沿长江两岸带状生态林宽度 50~100 米，沿河两岸带状生态林宽度 20~40 米，河流源头及两岸水土保护林面积 204.59 万公顷。环城防护林带应优先抓好鄱阳湖平原周边南昌、九江、抚州等较大城市的环城防护林建设。

4. 工矿废弃地植被恢复

针对矿山废弃石及公路、铁路等形成破坏山体的特殊立地类型，试验研究快速绿化与生态系统恢复等技术体系，包括工矿废弃土地先锋植被的选择和配套技术的研究，土地复垦生物生态系统结构和功能的研究。

5. 水土流失区植被建设

在江西，中、低山主要山脊两侧、水土流失中度以上地段列为生态公益林主要建设地区，一是主山脊海拔达 500~1000 米时，分水岭两侧 200~400 米范围以内地段；海拔 1000 米以上的山脉分水岭两侧 400 米以内的地段；海拔 500 米以下，坡度超过 36°以上的山脊分水岭两侧各 100~200 米范围以内地段；二是坡度 46°以上，虽无水土流失，但采伐后将引起严重水土流失地段；三是坡度虽在 45°以下，但因植被稀少、土壤脊薄、岩石裸露、表土冲刷、地质结构疏松或泥石流严重，采伐后难以更新的地段；四是水土流失轻度以上地段；五是露天采矿区境界外 100 米范围之内的地段。除山地外，应将吉泰盆地、赣州盆地、信丰盆地、兴国盆地、瑞金盆地、弋阳盆地和坡度 36°以上和土层瘠薄、岩石裸露地段列为生态重点治理区域。

（1）瘠薄环境及艰难立地植被恢复。特殊困难立地是世界上公认的、生态环境难以恢复的地区，因而多年来一直是国家重点攻关课题和生态工程建设的重点和难点。林业生态工程建设，急需要解决的工矿废弃地、干枯瘠薄山地、退化山地等不同瘠薄环境及艰难立地类型相适应的造林树种，研究提出与此相配套的，以工程与生物措施相结合改善林木生长发育基本环境条件的节水、蓄水整地，土壤改良与培肥以及植被管理系列技术体系，提高瘠薄环境及艰难立地人工造林与植被恢复的三大效益。

（2）大坡度山地景观生态公益林构建。通过生态经济型树种选择与可持续栽培模式、低效生态公益林改造技术、生态公益林林下栽种木本经济植物配套技术、退耕坡地植被恢复技术与经济开发等研究，解决生态公益林建设中普遍存在的持水保土能力差、经济效益低、防火抗害能力弱等问题。

（3）红土裸地治理。边坡防护——既起到良好边坡防护作用，又改善工程环境，体现自然环境美的边坡植物防护新技术，与传统的坡面工程防护措施共同形成了边坡工程植物防护体系。

6. 交通干线两旁、重要城镇周围森林提质

江西省 2010 年绿色通道工程建设目标是通过对省境内主要铁路、公路沿线和江河沿岸两侧迎坡面、城镇及其周围地区，开展植树种草、种花（果），加强森林抚育和改造等措施，构造布局合理、结构完整、功能齐备的生态屏障，改善沿线及城镇的生态环境，使绿色长廊真正成为一条绿色线、风景线、旅游线、致富线。

以纵贯南北的京九铁路、赣粤高速、九景高速、105 国道、206 国道、赣江绿化带和横穿东西的浙赣铁路、赣龙铁路、沪瑞高速江西段、京福高速江西段、井泰高速、319 国道、320 国道、323 国道、长江南岸九江段等累计 5400 公里的铁路、公路沿线和江河沿岸两侧各 2 公里范围内的可供绿化的土地为工程建设范围。

7. 平原农业防护林培育

（1）鄱阳湖丘陵平原农田防护林区。位于江西省北部，涉及 3 个设区市，16 个县（区）。该区为江西省主要沙化土地分布区，发展平原林业有利于保护好南昌和九江 2 个设区市的生态环境。在南昌县、新建县、进贤县、都昌县、鄱阳县、余干县、永修县和星子县等县（市、区）大力建设农田防护林，发展农田防护林 8 万公顷。在沙化土地集中分布区星子县、新建县、彭泽县、湖口县、南昌县等县（市、区）大力营建防风固沙林 4 万公顷。至 2015 年，农田防护林和防风固沙林达 22.0 万公顷；至 2020 年，营建农田防护林和防风固沙林达 26 万公顷。

（2）赣中东北部丘陵平原区。涉及抚州、鹰潭、上饶、景德镇 4 个设区市 8 个县（市、区），面积为 102.2 万公顷。在乐平、万年、余江和东乡等县（市、区）平原岗地区域发展农田防护林，建设面积至 2015 年，1.5 万公顷，至 2020 年，2.5 万公顷。

（3）赣中西部平原区。包括高安、丰城、樟树等县（市、区），该区是江西省国家商品粮生产

基地。建设重点是农田防护林、沙区防风固沙林，建设面积至 2015 年，达 3 万公顷，至 2020 年，达 5 万公顷。农田防护林网造林树种为杨树、水杉、池杉等耐湿树种。

（4）吉泰盆地低丘平原区。包括新干、峡江、吉安县、吉安市、吉水、泰和、万安县等县（市），该区是江西省重要商品粮基地。在该区农区重点发展农田防护林，至 2015 年建设面积将达 5 万公顷，至 2020 年，达 10 万公顷。

（5）以京九、浙赣、皖赣、鹰厦、武九等铁路，粤赣、鹰瑞、昌九等高速公路，316、319、320、323、206 和 105 等国道为主线，完善和提升两侧 1.5 公里范围内农田林网、道路绿化质量。

（四）主要措施

1. 适生树种的选择

根据立地条件，选择合适的植物。江西常见耐瘠薄树种乔木主要有：柏木、刺槐、侧柏、苦槠、栓皮栎、枣子、板栗、乌桕等植物；灌木树种有杜鹃花科、壳斗科、山茶科植物及牡荆、马桑、黄荆；伴生灌木有钝齿冬青等灌木种类；草本植物有五节芒、野古草、金茅、白花草木樨等。

2. 容器育苗造林、飞播造林

在干旱半干旱石质山地困难立地常规造林不易成活的地区，可以采用容器苗造林，效果良好。使用多效复合剂拌种，在石质山地困难立地交通不便、人迹罕至地区进行飞播造林，可以明显提高有苗率和成苗率、降低种子损失率、缩短出苗时间、增加苗木生长期、促进苗木生长、扩大造林有效面积、加快绿化步伐，效果显著。

3. 植被恢复

（1）瘠薄环境及艰难立地植被恢复。应以抗性强、耐瘠薄、耐风沙干旱的树种为主。建立的植被模型为：常绿或落叶乔木—常绿或落叶灌木—多年生宿根草本植物—层间植物模式、常绿或落叶灌木—多年生宿根草本植物—层间植物模式及农林复合模式等。

（2）破坏山体坡面生态修复。涉及绿化工程的整治技术，工程构造与斜坡稳定技术，绿化材料筛选，绿化方法如喷涂、植生袋、混合土、种子、苗木等施工方法的试验。

（3）大坡度山地景观生态林构建。针对高海拔及山坡地植物立地条件较差林地，采用封山造林，营造乔灌草与藤本植物构成的综合生态系统，提高地表覆盖率，减少水土流失。同时，增加经济植物的种类，如油茶、板栗、山茱萸、猕猴桃、五味子，以及各种花果类果、药用植物和芳香类植物，在改善生态环境的同时，增加森林的经济效益。

4. 迹地更新

迹地更新以人工造林、补植为主，对确有条件进行封山育林更新的，可采取天然更新方式。在迹地更新时，要与阔叶林发展工程相结合，尽可能发展阔叶林和针阔混交林。

5. 红土裸地治理

根据不同的边坡土质条件：人工种草护坡、平铺草皮护坡、液压喷播植草护坡、土工网植草护坡、行栽香根草护坡、蜂巢式网格植草护坡、客土植生植物护坡、喷混植生植物护坡、岩石边坡喷混植生植物护坡等不同边坡植物防护技术。

6. 交通干线两旁、重要城镇周围公益林提质

主要采用建设植物防护林，防护绿篱和人造植物景观等。同时需要结合生物防护措施，即采用绿色植物栽植对边坡进行防护，不但可以保持水土、稳定边坡，而且恢复了因城市建设、修路而破坏的路域生态，创造出很多优美的交通景观。

7. 平原农业防护林培育

对新建的林网建设用地，建立生态补偿机制，采取合理的利益分配、宽带大网、选用和引进适应平原地区生长的优良树种等多种措施。

二、林业血防工程

江西省是血吸虫病流行严重的省份之一，以湖沼型和山丘型分布为主，历史上累计钉螺面积达 27.73 万公顷，疫区范围涉及南昌等 8 个设区市、39 个县（市、区）、337 个乡（镇、场）的 2318 个行政村，疫区人口达 400 多万。因此，在省内开始"兴林抑螺"工程很有必要。

（一）发展现状

从 1991 年开始江西省结合长防林、退耕还林等林业重点工程大力营造血防林，据统计，1991~2009 年全省各疫区县（市、区）在江、洲、湖荒滩共营造血防林 7.48 万公顷。

血防林建设实施以来，建设成效初步显现。一是从源头上改变了钉螺的孳生环境，降低了钉螺密度。据调查，通过十几年的"兴林抑螺"等林业血防工程建设，如星子县湖区钉螺密度由 1990 年的每 0.11 平方米 6.7 只降低到 2001 年的零密度；进贤县三里乡爱国村蚌湖门口洲的活螺密度由 0.75 只降低到 0.34 只、阳性螺密度由 0.016 只降低到零，活螺密度下降比为 54.7%、阳性螺密度下降比为 100%；再如彭泽县江滩地区的钉螺密度和阳性螺密度由 1990 年的 5.67 只和 0.0635 只下降到 2.98 只和 0.0014 只，下降比分别为 47.4% 和 97.8%；二是减少了钉螺面积，有效阻隔了疫情的传播。据统计，2001 年全省钉螺面积比新中国成立前减少了 16 万公顷，有 19 个县（市、区）、139 个乡（镇、场）达到了血吸虫病传播阻断标准，9 个县（市、区）、96 个乡（镇、场）达到传播控制标准，12 个县（市、区）102 个乡（镇、场）疫情明显减轻。三是调整了农村产业结构，增加农民收入。通过实施"兴林抑螺"等林业血防工程，在滩地上营造杨树、桤木等速生丰产用材树种，调整和优化了当地农村产业结构，改变了当地农民在滩地上割草、摘芦笋、打野菜以及放牛的传统生活方式。尤其是当地农民通过"门前打工"直接增加了收入。

但是，由于感染性钉螺分布范围广、疫区环境复杂、血吸虫病流行因素多等原因，全省血吸虫病流行仍然呈现扩大和蔓延的趋势，今后，仍应坚持"预防为主，标本兼治，综合治理，群防群控，联防联控"的工作方针，把植树造林与抑螺防病紧密结合起来，实施兴林、抑螺、防病综合治理，建立一个以林业为主体的复合生态系统，彻底改变钉螺孳生环境，降低钉螺密度，有效压缩钉螺面积，隔断人畜接触疫水途径，降低人畜血吸虫病感染率。

（二）目标与范围

江西省 2011~2015 年的建设总规模为 7.26 万公顷。2016~2020 年的建设总规模为 2.50 万公顷。

血防林建设地点主要为湖洲、滩地，以及沟渠路旁，涉及南昌、九江、上饶、宜春、鹰潭、景德镇、吉安、赣州等 8 个设区市的 40 个县（市、区）。血防林重点建设区在赣北环湖区的九江县、星子县、都昌县、新建县、南昌县、进贤县、余干县、鄱阳县和彭泽县等地。

（三）建设内容

1. 低位洲滩挖沟抬垄造林抑螺

在年均淹水天数 60~80 天、生态环境脆弱、系统稳定性差、钉螺分布密集的一类滩地实施，林—荻—渔复合经营，按生态防护林管理的要求进行经营。造林树种宜选择枫杨、乌桕、重阳木、杨树、落羽杉、池杉和各类柳树，既起到抑螺作用，又美化了环境，同时还能增加材积量。此种模式抑螺机理一方面在于通过抬土直接埋灭钉螺，其次通过环境改造使残存钉螺被迫分布于沟底，有利于集中灭杀。在该项工程的实施过程中，要重视湖面和滩涂的保护，不能因为防螺抑螺而影响湖滩湿地的保护，减少湖面和湿地面积。

2. 中位洲滩营造宽行窄株异龄林持续抑螺

在年均淹水天数 30~60 天的一类滩地实施，通过采取异龄林作业的方式，即能维护滩地森林生态系统的稳定性，又可带来一定的经济效益。造林树种选择枫杨、乌桕、重阳木、杨树、落羽杉、池杉和各类柳树。这种经营模式特别适用于主要河道、洪道滩地造林，需采取开沟沥水措施，以降低地下水位，可开展林下间种 2~3 年。

3. 高位洲滩林农复合生态经济体系

在年均淹水天数在 30 天以内的一类滩地实施，其高程往往已处于钉螺分布线的上缘，可采取块状作业、分期主伐更新的经营方式，保持生态系统的基本稳定。造林树种为枫杨、乌桕、重阳木、杨树、落羽杉、池杉和各类柳树，较高部位也可选择其他经济树种。

4. 河湖堤岸易感地带抑螺防病林体系

河湖堤岸沿线滩地人畜活动频繁，多为血吸虫病易感地带，此类滩地的兴林抑螺工程造林，可结合防浪护堤林建设进行整体设计与优化。造林树种选择苏柳或旱柳，造林后采取隔离管护措施，减少人畜活动。在高程适宜的地段，幼林阶段可通过土壤翻耕、林下间种，提高综合治理效果。

5. 山丘型沟谷库滩、荒山抑螺防病林体系

在山丘型沟谷库滩、荒山类钉螺分布区，开展生态防护型抑螺防病林体系建设。造林树种可选择枫杨、乌桕、重阳木、杨树、落羽杉、池杉等耐水湿树种及湿地松、马尾松等荒山造林树种。加强造林措施与配套隔离、土壤翻耕灭螺等工程措施的有机结合，改造钉螺孳生环境，达到逐步降低钉螺密度并最终彻底消灭钉螺的目的。

6. 退田还湖（泽、滩）湿地恢复

通过撤除堤防、开渠、决坝、决堤引水，禁止生产活动、建设、施工等，恢复水文情势及水文过程；通过引进或重植湿地草本，改造洲滩植被，以增加生物多样性，控制富营养化及盐化；通过耕作、收割、砍伐、耕耙、火烧、人为干扰及放牧等手段，减少杂草蔓延，增加目标植被，提高生物多样性及湿地质量；引进原有湿地动物（如麋鹿）及扬子鳄等；加强退耕湿地监测、管理，开展湿地保护宣传教育，加强监督巡护，杜绝在退耕地进行任何形式的生产活动。

7. 水禽越冬栖息地改造及恢复

修筑矮围、建设护坡工程及水闸、在闸口设置钢丝封闭围栏、人工小生境改造等，形成适应不同种类水禽的生境类型，创造有利于水禽栖息及觅食的条件。

（四）主要措施

1. 科学规划，合理抑制螺

根据不同地区的特点，进行科学规划，采用不同的育林体系和育林措施。紧紧围绕血防林工程建设的重点和难点，突破血防林工程建设就是单一造林的误区，对血防林工程的范围合理布局，提高血防林工程的造林技术，进行合理施工管理。

2. 建立林业复合生态体系

针对不同的地貌、立地条件，以栽植森林植物为主，结合翻耕套种经济作物，建立林业复合生态体系。

3. 选育抑螺植物

通过对疫区植物和钉螺数量的调查，筛选对钉螺具有忌避作用或含有灭螺化学成分的植物，应用于疫区进行血吸虫的生物防治。

4. 封洲禁牧

采取封洲禁牧阻断人畜感染渠道等措施，有效改变钉螺的孳生环境，从而达到真正兴林抑螺

的成效。通过在湿地保护区疫区设立警示牌，引导和帮助疫区群众建立健康的生产、生活及娱乐方式，提高广大人民群众的防病及自我保护意识。

5. 建立血吸虫病疫情监测站

对血吸虫病疫情开展长期、定位监测，分析疫情的发生发展规律，并提出自然保护区疫情预防与控制措施。

6. 调整种植结构

改水稻为种植大棚蔬菜或修建浴池养鱼，不仅改变了农村的耕作方式，也改变了血吸虫的主要中间宿主——钉螺的孳生环境，控制了血吸虫病的流行，同时还可以大幅度增加了农民的收入。

三、湿地与野生动植物保育工程

湿地与野生动植物保护是林业生态体系建设的核心，是经济社会可持续发展的基础。江西水资源丰富，是一个巨大的自然与人工复合湿地生态系统。湿地保护面临的最大问题是围垦等导致天然湿地面积减少，湿地功能减弱，水质污染严重，湿地生态环境退化。该工程的实施将大大提高江西省湿地与野生动植物栖息地的保护能力，充分发挥湿地抵御洪水、调节径流、控制污染、调节气候等功能，从而有效保护江西省绝大部分珍稀、濒危野生动植物及其遗传多样性，促进生态平衡。

（一）发展现状

1. 湿地资源

江西湿地资源具有以下几个特点：

（1）湿地面积大。全省各类湿地共365.17万公顷，占国土面积21.87%，其中水域面积164.74万公顷，占国土面积9.8%；天然湿地面积为116.61万公顷，占国土面积6.9%。面积大于10平方公里的淡水湖约44万公顷，约占全国同类湖泊的15%。境内鄱阳湖是长江流域最大的通江湖泊，也是中国最大的淡水湖泊，1998年湖口水位22.58米时，湖面达4066平方公里。鄱阳湖最高水位时的湖泊湿地面积和湖泊四周靠圩堤保护的大小圩区，规划区总面积约9300平方公里。

（2）湿地类型多。江西境内赣、抚、信、饶、修五河汇集于鄱阳湖，形成了鄱阳湖完整的流域大系统，还有纵横交织的河流，星罗棋布的人工湿地，形成了江西湿地的"众星捧月"和"珠联璧合"的格局。按照国际《湿地公约》的分类系统，江西省有23种类型的湿地，包括了除咸水湖和荒原湿地外的内陆湿地的所有类型，其中天然湿地14种，以河流湿地面积最大，占50%，其次为永久性淡水湖，约占30%，人工湿地9种，以水库、水渠、池塘、水田为主。

（3）湿地生物多样性特别丰富。全省有湿地高等植物705种，其中属《国家重点保护植物名录》（第一批）的有12种，如中华水韭、普通野生稻等，其中分布于东乡县的普通野生稻是世界上分布纬度最北的野生稻；湿地脊椎动物636种，其中哺乳类17种，湿地鸟类332种，两栖类40种，爬行动物44种，淡水鱼类203种。湿地动物中属国家重点保护动物有66种，其中Ⅰ级13种，Ⅱ级53种。其中鸟类53种，如白鹤、白头鹤、白枕鹤、东方白鹳、中华秋沙鸭等；哺乳动物7种，如白鳍豚、江豚等；鱼类3种，如中华鲟等；两栖类3种，如大鲵、虎纹蛙等。以鄱阳湖珍稀水禽为主的江西湿地生物多样性在国际上有重要影响。据统计，在鄱阳湖越冬的白鹤数量达到全球越冬白鹤总数的95%以上，东方白鹳在2500只左右，数量超过国际鸟类组织统计的总数。这些在鄱阳湖越冬的珍禽种群数量都超过该种珍禽全球数量的一半以上，是名副其实的"候鸟王国"。江西鄱阳湖国家级自然保护区是我国最早列入国际重要湿地名录的7块国际重要湿地之一。

湿地生态系统保护力度不够。江西省面积大于 10 平方公里的淡水湖约 44 万公顷，除了鄱阳湖以外，许多有江西特色的湿地生态系统均未得到保护。

外来入侵物种危害加剧。据江西省环境保护部门调查，江西外来入侵物种 97 种，其中入侵植物 85 种，入侵动物 12 种。其中对湿地危害较为严重的植物有水葫芦、空心莲子草等；对林业影响较大的外来入侵物种为松材线虫，已经有 8 个设区市，19 个县级行政区的松树感染了松材线虫。

2. 野生动物资源

据统计，全省野生脊椎动物有 845 种，占全国野生脊椎动物总种数的 13.5%。其中哺乳类 105 种、鸟类 420 种、爬行类 77 种、两栖类 40 种、鱼类 203 种，分别占全国同类野生动物种数的 21%、25%、33%、19%、14%、5%。其中列为国家Ⅰ级重点保护野生动物有 19 种，国家Ⅱ级重点保护野生动物有 68 种，分别占全国同级重点保护野生动物物种数的 22.4% 和 50%。省级重点保护野生动物有 107 种。列入《濒危野生动植物种国际贸易公约》附录Ⅰ和附录Ⅱ的野生动植物种类有 98 种。主要珍稀濒危野生动物有黄喉噪鹛、海南虎斑鸠、金钱豹、云豹、梅花鹿（南方亚种）、华南虎（历史分布）、穿山甲、水鹿、苏门羚、黑麂、黑熊、黄腹角雉、白颈长尾雉、白鹤、白枕鹤、白头鹤、东方白鹳、黑鹳、小天鹅、中华秋沙鸭、鸳鸯等。分布于婺源的黄喉噪鹛全国野外仅有 210 只，且仅分布于婺源县，现调查繁殖地仅 3 处，越冬地还正在调查中；彭泽县桃红岭梅花鹿国家级自然保护区，是中国最大的野生梅花鹿（南方亚种）保护基地，种群量已达 300 余只；此外，分布于赣南的海南虎斑鸠是世界上公认的鸟类濒危物种，现在只在我国江西、福建、海南等地的山区被发现过，据有关专家分析，该鸟的濒危程度可能更甚于朱鹮。

3. 野生植物资源

江西省已知的高等野生植物有 5117 种，占全国总数的 17%，其中苔藓类 563 种，蕨类 435 种，裸子植物 31 种，被子植物 4088 种。其中国家Ⅰ级保护野生植物有 9 种，Ⅱ级保护有 46 种；原林业部公布的国家珍贵树种有 26 种，约占全国的 20%。省Ⅰ级保护野生植物有 9 种，Ⅱ级有 39 种，Ⅲ级有 115 种。珍稀、濒危植物有水杉、珙桐、福建柏、樟树、银杏、杜仲、闽楠、金钱松、山核桃、独花兰、黄山木兰、厚朴、凹叶厚朴、天竺桂、沉水樟、闽楠、红花木莲、南方红豆杉、白豆杉、观光木、半枫荷、香果树、伯乐树、金毛狗蕨、粗榧等。分布于宜春市的落叶木莲是江西省特有种，也是木莲属唯一落叶的植物；东乡野生稻为近代水稻的始祖，是我国分布最北的野生稻。

江西省古树名木种类繁多，分布面积广，譬如泰和县石虎塘有大面积的樟树古树群，其中有树龄 800 年的樟树，有树龄千年的柏树。萍乡的长红檵木母树，树龄有 300 多年，是世界仅存的长红檵木。此外，宜丰县的穗花杉群落、铅山县的南方铁杉天然林、德兴和玉山县的华东黄杉天然林均是国内罕见的珍稀植物群落。

4. 自然保护区

截至 2007 年，江西省已建成自然保护区 148 个（其中国家级的 8 个，省级的 18 个，市、县级的 122 个），面积 103.23 万公顷，占全省土地面积的 6.2%；森林公园 88 个（其中国家级的 36 个，省级的 52 个），经营总面积 42.55 万公顷。县级以上保护区（保护小区）、森林公园、珍稀野生动物栖息地列为生态治理区，其中井冈山、九连山等 5 个国家级自然保护区，三爪仑、梅岭、灵岩洞等国家森林公园及省级森林公园，重点保护的Ⅰ、Ⅱ级野生动植物栖息地列为重点生态治理区。

（二）目标与范围

2011~2015 年，在对现有自然保护区和湿地资源的保护和管理外，新建自然（包括湿地）保护区 10 个，新建湿地公园 40 个。

2016~2020 年，在对已有自然保护区和湿地资源的保护和管理外，加强对野生自然资源的保护，新建自然（包括湿地）保护区 15 个，新建湿地公园 30 个。

野生动植物保护及自然保护区建设工程的范围覆盖全江西省，重点是现有自然保护区、自然保护小区，以及保存有国家重点保护野生动植物资源和完整自然资源与自然环境的生态系统的区域。应以鄱阳湖流域湿地及野生动植物保育为重点。

（三）建设内容

1. 湿地保护

加强湿地生态系统保护建设，为野生动植物创造良好的栖息地、原生地。抢救和保护国家、省重点野生动植物种群及其栖息环境，加强现有自然保护区的能力建设，初步实现现有自然保护区建设的标准化、管理规范化、信息数字化。在全省范围内形成一个以自然保护区为主体，以保护小区和湿地公园为补充，以珍稀濒危野生动植物保护为重点，布局合理、类型齐全、设施先进、管理高效、具有国内外重要影响的自然保护网络，实现野生动植物资源和自然湿地生态系统的有效保护。

重点对山地河源湿地、平原自然和人工复合型湿地进行保护。对山地河源湿地应建设保护区或保护小区；对平原自然和人工复合型湿地，应以实现湿地保护和利用平衡为目标，建立湿地公园，应在生物多样性丰富的区域划建保护区。为湿地生态系统的恢复与建设工程提供环境保障，充分发挥上述保护区在生物多样性保护和科研、生态道德宣传教育等方面的示范作用。

2. 湿地恢复

退化湿地的恢复主要是栖息地的恢复、鱼类资源恢复、湿地植被的恢复、采伐迹地和弃堰湿地的恢复等。

（1）栖息地恢复。主要包括引水设施，水位和水文周期调节、湿地植被重建和保护小区建设等，其中，水文条件是栖息地恢复的关键。

（2）鱼类资源恢复。主要是保障鱼类资源具有较高和可允许的自然生产力。一是要在现有的鲤鱼、鲫鱼产卵场和育肥场实施沉水植物保护工程；二是要保护凶猛鱼类，促进低值杂鱼的高值转化；三是要扩大人工放流增殖规模，人工繁殖放流以"四大家鱼"为主的半洄游性鱼类；四是在鲤鱼、鲫鱼产卵场和育肥场建设人工鱼巢，增加产黏性卵鱼类的自然增殖效率。

（3）湿地植被恢复。主要在退田还湖区和沙滩实施。对于自然湿地破坏较轻，尚存有原草洲残留的湿地植被——苔草群落或芦苇—荻群落，可采取自然恢复为主，自然恢复区内严禁放牧；对于自然湿地植被破坏殆尽，根本无法自然恢复地区，则实施人工移植或人工种植方式重建湿地植被。

（4）采伐迹地恢复。对湿地自然保护区内砍伐的杨树迹地，因有树桩树根残留并还不断萌发，要在减少对湿地植被破坏的情况下，采取挖除等措施予以清除。

（5）弃堰湿地恢复。退田还湖区分布有许多弃堰，为了恢复湿地及其生态功能，需要推平弃堰。

3. 野生动植物保护

（1）保护区域。加强九连山、三百山、龙虎山、三清山、武功山、青原山、弋阳龟峰、铜钹山、葛仙山、黄岗山、明月山、阁皂山、官山、梅岭（古称飞鸿山）、南矶山、大岗山、齐云山、龙南小武当山等自然保护区建设。

（2）着重保护内容。黄喉噪鹛，海南虎斑鸦，梅花鹿（南方亚种），白鹤，南方红豆杉，东乡野生稻，长红榉木母树，落叶木莲，以及国家重点保护野生动、植物名录中涉及的物种。

（3）保护方式。实施珍稀野生植物繁育，建立江西省野生兰科植物繁育中心和春兰品种园，建立石斛人工培育基地和珍稀濒危物种迁地保护。

（四）主要措施

1. 湿地植被人工构建技术模型

（1）浮游植被模型。水体中浮游植物的种类因水中有机质和营养盐类的含量及其他因素不同而有显著差别。浮游植物的大量繁殖是决定水色的主要原因之一。浮游植物固碳的总量比全世界陆生植物的固碳总量都要多。浮游植物尽管微小，但其对地球上的气温有着重要的调节作用，可把大量的碳释放到空气中。因此，浮游植被模型中，应合理控制浮游植物的种类和数量，避免"水华"发生危害。

（2）沉水植被模型。沉水植物是指植珠全部或大部分沉没于水下的植物。其根相对退化，往往扎根水下泥土里或漂浮于水中，通气组织发达，有利于在水中缺乏空气的情况下进行气体交换。沉水植物的叶子多表现为丝状或带装，如苦草、金草藻、石龙尾等。常见黑藻属、苦草属、狐尾藻属、金鱼藻属以及小叶眼子菜、轮藻等。

（3）挺水植被模型。挺水植物即植物的根、根茎生长在水的底泥之中，茎、叶挺出水面。常分布于0~1.5米的浅水处，其中有的种类生长于潮湿的岸边。这类植物在空气中的部分，具有陆生植物的特征；生长在水中的部分（根或地下茎），具有水生植物的特征。常见芦、蒲草、荸荠、莲、水芹、荷花、香蒲等合理设计挺水植被模型。

（4）沼生植被模型。沼生植被是指植株的根系及近于基部地方浸没水中的植物，称沼生植物。例如水稻、香蒲、菰（茭白）等。沼生植物一般生长于沼泽浅水中或地下水位较高的地表。沼生植被模型主要有禾草型沼生植被模型和杂草类沼生植被模型。

● 禾草型沼生植被模型：主要以芦苇群落为主，该类是滩涂面积较大的禾草型植被类型之一。是生活力极强的多年生根茎禾草，常形成单优势群落，对土壤盐分和水分的生态适应幅度大，海堤内外都有分布。立地类型可分为常年积水型、季节积水型和旱洼型，土壤含盐量与植株生长及生物产量成反相关。①常年积水植被模型：伴生草本植物种类最少，多为喜湿或耐水湿植物，如：水烛、蔗草、香蒲、水毛茛、狐尾藻等。②季节性积水植被模型：伴生草本植物有水蓼、苢草等，总面积400公顷，生物总量450万公斤。③旱洼植被模型：面积最大，所需水源主靠地上水，上层土壤干燥，腐植质含量低，生长低矮，群落高仅为0.8~1米，覆盖度为70%，面积570公顷，生物产量365.5万公斤，伴生植物种类较多，结构复杂，主要有盐地碱蓬、中华补血草、盐角草、香蒲等，上层土壤含盐量较低的地段有结缕草、草木樨、白茅、罗布麻、达呼里胡枝子、合萌等，是农业耕地的植被类型。

● 杂草类沼生植被模型：以香蒲为主，形成单优势种，群落常年处于积水中，水深0.3~0.8米，群落呈绿色，根茎横生，茎直立推出水面，多呈小面积近沼泽两岸分布，覆盖度60%~80%，水面以上高0.5~1.0米。伴生植物有挺水型植物的水烛、两栖蓼及沉水型植物眼子蓼、金鱼藻、浮水型植物浮萍、荇草等。

2. 湿地资源合理利用及生态产业示范

（1）推广产业化养殖模式：如永修县的鳜鱼养殖业，进贤县充分利用水面众多、低产低洼湖田资源丰富的自然条件，大力发展河蟹养殖。

（2）生态渔业模式。根据鄱阳湖区的渔业资源环境特点，重点发展以下生态渔业产业——稻田生态渔业模式、池塘生态渔业模式、湖泊生态渔业模式、低湖田生态渔业模式、水陆复合生态模式等。

（3）建设湿地公园和发展生态旅游。发展生态旅游，着重在自然保护区和湿地公园实施。

3. 珍稀濒危物种和古树名木保护

建设以国家野生动植物保护、自然保护区相关法律法规为标准，完善地方法规建设，规范野生动植物保护、自然保护区管理、外来入侵物种控制,调整自然保护区区划,有效保护森林生态系统、湿地生态系统及生物多样性、扩大、完善和新建一批国家级、省级、县（市）级自然保护区和自然保护小区，提高生态系统和生物多样性保护水平。

以珍稀濒危物种保护和古树名木保护为基础，建设和完善一批禁猎区、野生动植物种源繁育基地、物种培育基地，保护、恢复和发展珍稀濒危物种资源的同时，有效控制外来物种入侵的危害。

4. 外来入侵物种防控

根据《关于加强外来入侵物种防治工作的通知》及其《中国第一批外来入侵物种名单》要求，构建江西湿地系统外来入侵物种监管体制与控制工程，其中包括对湿地系统危害极大的水葫芦和空心莲子草等控制工程，见表 16-7 和表 16-8。重点控制外来入侵有害生物。

表 16-7　江西省主要外来入侵植物表

中文名	拉丁名	中文名	拉丁名
1. 凤眼莲	*Eichhornia crassipes*	10. 车前属	*Plantago* spp.
2. 一年蓬	*Erigeron annuus*	11. 豚草	*Ambrosia*
3. 刺茄	*Solanum aculeatissimum*	12. 白酒草属	*Conyza*
4. 土荆芥	*Chenopodium ambrosioides*	13. 苋属植物	*Amaranthus*
5. 喜旱莲子草	*Alternanthera philoxeroides*	14. 异檐花属	*Triodanis* spp.
6. 刺花莲子草	*Alternanthera pungens*	15. 马缨丹	*Lantana camara*
7. 紫茎泽兰	*Eupatorium adenophorum*	16. 仙人掌	*Cacti*（*Cactaceae*）
8. 藿香蓟	*Ageratum conyzoides*	17. 大米草	*Spartina anglica*
9. 北美一枝黄花	*Solidago altissma*	18. 毒麦	*Lolium temulentum*

表 16-8　江西省主要外来入侵害虫表

中文名	拉丁名	中文名	拉丁名
1. 美国白蛾	*Hyphantria cunea*	7. 白蚁	*Termite*
2. 松突圆蚧	*Hemiberlesia pitysophila*	8. 蔗扁蛾	*Opogona sacchari*
3. 美洲大蠊	*Periplaneta americana*	9. 湿地松粉蚧	*Oracella acuta*
4. 稻水象	*Lissorhoptrus oryzophilus*	10. 美洲斑潜蝇	*Liriomyza sativae*
5. 松材线虫	*Bursaphelenchus xylophilus*	11. 德国小蠊	*Blattella germanica*
6. 甘薯长喙壳菌	*Ceratocystis fimbriata*		

4. 自然保护区建设

（1）各级林业主管部门都应设立负责抓自然保护区、珍稀野生动植物栖息地工作的职能机构，重点强化珍稀野生动植物栖息地自然保护区的机构建设,建设保护管理体系、资源调查与监测体系、执法体系、宣传培训体系和信息网络管理体系。

（2）建立健全科技支撑体系，加大科研经费的投入，加强自然保护区、珍稀野生动植物栖息地的科学研究力度，调查国家重点保护野生动物、植物的种类数量、分布、保护和利用现状、威胁因子并进行分析；加强珍稀濒危动植物的繁育及保护的研究；促进自然保护区、珍稀野生动植物栖息地植被的恢复和生态系统的平衡和稳定。

（3）各级林业部门应加强自然保护区森林公安队伍建设，在自然保护区、珍稀野生动植物栖息地内设立相应的森林公安派出机构，与自然保护区巡护人员一道形成强有力的资源管护队伍，有效维护当地社会治安，遏制乱捕滥猎和破坏森林资源案件的发生。

（4）建立自然保护区、珍稀野生动植物栖息地管理信息平台，利用计算机网络、数据库和地理信息系统技术，对江西省林业系统自然保护区实现网络化、规范化和科学化管理，及时、动态、科学、准确地提供相关决策信息和管理措施。

（5）加强领导，重视生态建设的投入力度，加快自然保护区、珍稀野生动植物栖息地的植被恢复和培育，严格对自然保护区、珍稀野生动植物栖息地生态建设的考核制度，促进自然保护区、珍稀野生动植物栖息地生态建设的稳步发展。

四、商品林培育工程

（一）用材林培育

1. 发展现状

江西地处亚热带腹地，自然条件优越，森林植物种属繁多，生长繁茂，亚热带常绿阔叶林是江西的地带性森林植被类型。江西的用材林，主要包括以松树（湿地松、火炬松）、杨树、桉树为主的造纸原料林，以杨树、木荷、枫香、桤木、桉树、松树为主的人造板原料林。江西省人造板用材林、造纸用材林的主要树种、面积及分布见表16-9和表16-10；造板用材林、造纸用材林的主要树种的面积占总人造板林及造纸用材林的比重见表16-11和表16-12。

表 16-9　江西省不同地区人造板用树种分布面积表　　　单位：公顷

分区	木荷	枫香	桉树	杨树	桤木	马尾松	台湾松	造板林
赣东北片	11044.1	13644.5	53.6	883.6	557.2	249619.6	2556.6	278360.0
赣东南片	21403.9	8268.1	8146.8	190.8	1578.3	803842.4	2235.0	845665.3
赣西北片	2211.1	5887.9	8.1	320.6	5092.4	177949.2	311.8	191781.1
赣西南片	8173.3	56960.1	292.3	833.7	449.5	194628.3	2055.5	263391.5
赣中丘岗	25364.2	18881.5	2549.3	10286.9	6162.8	1318376.7	1050.0	1382671.6
赣北环湖	1368.4	9180.6	4.0	28636.2	681.2	211146.6	703.0	251720.0
其他	3332.5	919.7	8.5	257.4	144.4	21906.3	1632.0	28200.8
总计	72897.5	113742.4	11062.6	41409.1	14665.8	2977469.1	10544.1	3241790.3

表 16-10　江西省造板用材树种占总人造板用材林面积的比重表　　　单位：公顷

分区	木荷	枫香	桉树	杨树	桤木	马尾松	台湾松	造板林
赣东北片	3.97%	4.90%	0.02%	0.32%	0.20%	89.68%	0.92%	100.00%
赣东南片	2.53%	0.98%	0.96%	0.02%	0.19%	95.05%	0.26%	100.00%
赣西北片	1.15%	3.07%	0.00%	0.17%	2.66%	92.79%	0.16%	100.00%
赣西南片	3.10%	21.63%	0.11%	0.32%	0.17%	73.89%	0.78%	100.00%
赣中丘岗	1.83%	1.37%	0.18%	0.74%	0.45%	95.35%	0.08%	100.00%
赣北环湖	0.54%	3.65%	0.00%	11.38%	0.27%	83.88%	0.28%	100.00%
其他	11.82%	3.26%	0.03%	0.91%	0.51%	77.68%	5.79%	100.00%

表 16-11　江西省不同地区造纸用材树种分布面积表　　　　单位：公顷

分区	湿地松	火炬松	桉树	杨树	造纸林
赣东北片	49407.8	1251.9	53.6	884.6	51597.9
赣东南片	57112.6	253.9	8146.8	190.8	65704.1
赣西北片	35996.9	568.9	8.1	320.6	36894.5
赣西南片	97871.8	3417.7	292.3	833.7	102415.4
赣中丘岗	467922.9	4593.5	2549.3	10287.9	485354.5
赣北环湖	35714.4	299.9	4.0	28636.2	64654.5
其他	5919.1	64.9	8.5	257.4	6249.9
总计	749945.5	10450.7	11062.6	41411.2	812870.8

表 16-12　江西省不同地区造纸用树种占总造纸用材林面积的比重表　　　　单位：公顷

分区	湿地松	火炬松	桉树	杨树	造纸林
赣东北片	95.76%	2.43%	0.10%	1.71%	100.00%
赣东南片	86.92%	0.39%	12.40%	0.29%	100.00%
赣西北片	97.57%	1.54%	0.02%	0.87%	100.00%
赣西南片	95.56%	3.34%	0.29%	0.81%	100.00%
赣中丘岗	96.41%	0.95%	0.53%	2.12%	100.00%
赣北环湖	55.24%	0.46%	0.01%	44.29%	100.00%
其他	94.71%	1.04%	0.14%	4.12%	100.00%

2. 目标与范围

到 2015 年，规划新建、改造高标准集约经营的工业原料林基地 90 万公顷，其中改培 40 万公顷、新造 50 万公顷，规划抚育间伐人工林 250 万公顷。实现用材林培植业产值 150 亿元。

到 2020 年，新造工业原料林基地 80 万公顷。建成（包括工业原料林）高标准集约化经营速生丰产林基地 233.3 万公顷。培育珍贵树种和大径用材林 13.3 万公顷。实现用材林培植业产值 192 亿元。

用材林主要集中在赣东北怀玉山浩山低山丘陵区、赣东武夷山雩山中低山丘陵区、赣西北幕阜山九岭山中低山丘陵区、赣西罗霄山脉武功山中低山丘陵、赣北鄱阳湖滨湖平原区和赣中南丘陵岗地区。

3. 建设内容

（1）赣东北怀玉山浩山低山丘陵区。通过改培和新造，发展工业原料林，培育杉木、松木、桤木等树种。

（2）赣东武夷山、雩山中低山丘陵区。发展杉木、湿地松，适宜大力发展大径木用材林。

（3）赣西北幕阜山、九岭山中低山丘陵区。适宜培育杉木、松类、阔大径材林、作为建筑、人造板和浆纸用材。

（4）赣西罗霄山脉、武功山中低山丘陵。培育杉木、松类、阔叶树大径材林，作建筑和工业用材。

（5）赣北鄱阳湖滨湖平原区。水域和农田多，林地相对较少，应结合营造农田防护林和血防林，培育耐湿的杨树、湿地松等树种，作为浆纸用材。

（6）赣中南丘陵岗地区。山上发展工业原料林，山下发展平原林业。吉泰盆地周边山地培育湿地松、杉木和阔叶树等浆纸材、人造板材和建筑用材，赣州盆地、信丰盆地及南部低山丘陵区，发展桉树、杉木、松树等建筑和工业用材。

4. 主要措施

在林业生产管理上需实现四个转变：由单一木材生产的封闭业转向多种经营、多功能利用的生态林业；由利用天然林为主转向人工营造用材林为主的开发性林业；由传统粗放经营为主转向集约经营、科学管理、注重效益的现代林业；由部门办林业转向国家、集体、个人各行各业一起上，全民办林业。

（1）建设支撑体系，走林、工、贸一体化发展之路。工业原料林等速生丰产用材林基地建设，应以造林大户为主体；通过市场配置资源、政府适当扶持的投入机制；培育和建立龙头企业连基地带林农的林业产业运营方式，采用合作造林、租山造林、买山造林、委托造林、订单林业等经营方式。以市场为导向、以企业为依托、以提高经济效益为中心，走林、工、贸一体化发展之路，建立高速的市场信息网络和利益驱动的机制，调动广大林农和个体林业投资者的积极性，以推动人工用材林的发展步伐。

（2）调整树种结构，发展山下林业，缓解供需矛盾。一是大力发展山下林业，速生、丰产人工用材林，以满足木材加工企业的用材需求；二是建设一批高产质优的以阔叶树（如杨树、泡桐、桤木、喜树、拟赤杨、马褂木等）为主的速生丰产工业原料林基地，缓解木材市场的供需矛盾；三是加大对速生丰产阔叶树的研究，筛选丰产的乡土阔叶树种，推广应用杉木优良家系区域化及其综合选择和利用、速生用材树种合理施肥技术等一批现有林木培育实用技术，努力夯实林业产业基础。

（3）深化改革，转变思想观念，加大招商引资力度。通过多途径向社会融资，各地应立足实际，通过租赁、拍卖、承包经营、股份合作等多种方式，推进森林资源的有偿流转，把资源优势变活，以解决林业企业在经营人工用材林中的经济危机。

（4）加大科技投入，提高人工用材林集约经营水平，促进人工用材林发展。加大科技投入力度，重点是人工用材林实用技术研究、开发和推广，同时制定相应的科学兴林政策，鼓励科技人员深入林业生产第一线，以能力建设为核心，依靠科技进步和创新，建立强有力的科技支撑体系，将先进的科技运用到人工用材林生产经营中去，提高人工用材林集约经营水平。

（二）森林食品

"回归自然""呼唤绿色"是现代人生活的主题，森林食品开发作为 21 世纪最具生命力的朝阳产业和绿色环保产业，已逐渐成为当今森林资源开发的主流方向，将为我国林业可持续发展注入强大的动力，并成为林业产业发展新的经济增长点。

森林食品营养、医疗和保健价值高。普遍富含蛋白质、脂肪、膳食纤维、维生素、多种氨基酸和多种矿质元素等，其营养价值普遍高于或远远高于日常蔬菜，如枸杞中富含的枸杞多糖，有增强非特异性免疫的作用，银杏中的黄酮和内脂具有防止心血管疾病的作用。森林食品原料多生长于空气清新、光照充足的山地、荒野、路渠旁等洁净的自然环境条件下，不受或少受"三废"的污染，是人们青睐、食用安全、卫生的食品。江西省主要森林食品树种在不同地区的分布面积和所占总森林食品面积的比重见表 16-13 和表 16-14。

表 16-13　江西省不同地区主要森林食品树种的分布面积表　　　　单位：公顷

分区	油茶	茶叶	花椒	八角	胡椒	其他	总量
赣东北片	135557.9	30358.1	41.2	9.2	35.0	127.9	166129.3
赣东南片	53605.8	1535.3	110.0	2.9		220.1	55474.1
赣西北片	32336.8	1980.8	382.2		25.6	850.7	35576.0
赣西南片	107951.7	1589.9	4.7	20.3	53.8	74.5	109693.8
赣中丘岗	420527.1	5738.7	52.5	33.5		783.3	427134.9
赣北环湖	11101.9	3641.7	32.6	1.5		178.7	14956.4
其他	7762.4	567.9		28.9			8359.2
总计	768843.5	45412.3	623.1	96.3	114.4	2235.2	817323.7

表 16-14　江西省不同森林食品树种占总森林食品树种的相对比重表　　　　单位：公顷

分区	油茶	茶叶	花椒	八角	胡椒	其他	总量
赣东北片	81.60%	18.27%	0.02%	0.01%	0.02%	0.08%	100.00%
赣东南片	96.63%	2.77%	0.20%	0.01%		0.40%	100.00%
赣西北片	90.89%	5.57%	1.07%		0.07%	2.39%	100.00%
赣西南片	98.41%	1.45%	0.00%	0.02%	0.05%	0.07%	100.00%
赣中丘岗	98.45%	1.34%	0.01%	0.01%		0.18%	100.00%
赣北环湖	74.23%	24.35%	0.22%	0.01%		1.19%	100.00%
其他	92.86%	6.79%		0.35%			100.00%
总计	94.07%	5.56%	0.08%	0.01%	0.01%	0.27%	100.00%

1. 发展现状

森林粮食指森林植物体的某些部分（包括果实种子、根、皮、叶、花等）含有较多淀粉、单糖、低聚糖或蛋白质，能代替粮食食用的植物。被誉为铁杆庄稼的板栗、柿子、枣树、银杏等木本粮食，江西省均有产出。另有魔芋粉、蕨、葛等林中植物的块茎、块根，加工后可供食用。壳斗科植物，素有木本粮食之称，其果实俗称"橡子"，含淀粉 50%~80%、还原糖 4%~10%、粗蛋白 4%~7%、脂肪 1.5%~5%，江西分布广，蕴藏量大，在森中占主导地位的有：苦槠、甜槠、栲、木荷、茅栗、锥栗、白栎等。菝葜根含淀粉 45%~55%，全樱子果实含淀粉 10%~14%、糖 4%~8%。此外，野燕麦、野山楂、枣、猕猴桃、乌饭树等的果实也富含淀粉，荸荠、土茯苓、百合、何首乌、山药、葛藤、蕨等地下部分淀粉含量也很丰富，且广泛用于各种工业，为国家节约了大量粮食。江西省主要森林粮食树种、分布面积及其占总面积的比重见表 16-15 和表 16-16。

森林油料指森林植物体内（果实、种子或茎叶）含油脂 8% 或在现有条件下出油效率达 80% 以上的植物，含油量很高的木本油料植物有山核桃、胡桃、黄连木、文冠果、元宝枫等。核桃、乌桕和油棕，分别有"面包黄油树""绿色原子弹"和"世界油王"的美誉。原产我国亚热带地区的山茶属食用油植物，在江西分布的有 23 种之多。大量野生的工业用油脂植物有野茉莉、盐肤木、野漆树等 20 多种。全省广泛栽培的工业用油脂树种有千年桐、三年桐及乌桕等。紫穗槐生长、繁殖迅速，种子含油 10% 以上，是优良蜜源植物、编织植物和肥皂，已广泛栽培。

森林蔬菜种类繁多，据报道，我国森林蔬菜约有 63 科 700 种左右，最常见的可食用的木本和草本植物有多种蕨类、枸杞、葱木属植物等约有 192 种，其中木本植物约 70 种，大多数处于野

表 16-15　江西省主要森林粮食树种的分布面积表　　　　　　单位: 公顷

分区	槠树	板栗	银杏	栲树	木荷	食品
赣东北片	25223.2	5443.0	68.4	191697.2	11044.1	233475.9
赣东南片	36447.5	3596.9	306.8	144880.5	21403.9	206635.6
赣西北片	7998.6	5319.8	393.6	172.9	2211.1	16095.9
赣西南片	4905.1	535.0	63.6	14444.2	8173.3	28121.2
赣中丘岗	32726.7	13800.6	578.4	25488.7	25364.2	97958.5
赣北环湖	14240.0	2837.8	32.6	9032.2	1368.4	27511.0
其他	3090.6	106.7	31.1	10862.0	3332.5	17422.9
总计	124631.6	31639.8	1474.4	396577.6	72897.4	627220.9

表 16-16　江西省不同森林粮食树种占粮食树种总面积的比重表　　单位: 公顷

分区	槠树	板栗	银杏	栲树	木荷	食品
赣东北片	10.8%	2.3%	0.0%	82.1%	4.7%	100.0%
赣东南片	17.6%	1.7%	0.1%	70.1%	10.4%	100.0%
赣西北片	49.7%	33.1%	2.4%	1.1%	13.7%	100.0%
赣西南片	17.4%	1.9%	0.2%	51.4%	29.1%	100.0%
赣中丘岗	33.4%	14.1%	0.6%	26.0%	25.9%	100.0%
赣北环湖	51.8%	10.3%	0.1%	32.8%	5.0%	100.0%
其他	17.7%	0.6%	0.2%	62.3%	19.1%	100.0%
总计	19.9%	5.0%	0.2%	63.2%	11.6%	100.0%

生状态, 部分由人工栽培, 年均生产量约 20 亿公斤, 菌类中香菇 4 亿公斤, 以叶菜为主的山野菜 1 亿公斤, 茎类的竹笋干 1 亿公斤。江西野菜繁多, 大多是草本和水生植物, 可食用的大型真菌有: 黑木耳、银耳、松乳菇、冬菇、毛木耳、竹荪等约有百余种。

林下养殖是林区增业创收的又一途径。江西省目前林下养殖较薄弱, 应创造条件补上这一课。如山东省某县, 片林面积 3.5 万公顷, 利用其中的 140 公顷 (占林地总面积的 0.4%) 搞林下养殖, 全县林下存栏鸡 51.3 万只, 猪 1.6 万头, 羊 3 万只, 奶牛 600 头, 鸭、鹅、鸽 1 万只, 兔 1 万只, 狐、貉等特种动物 1200 只。规模养殖户 167 户, 养殖小区 31 个, 林下养殖存栏量占畜禽总量的 20% 以上, 预计全年可实现林下畜牧业总产值 1.1 亿元, 可实现纯效益 1700 万元, 公顷均纯收入 12.75 万元, 是原来传统养殖效益的 1.5 倍, 而林地也因林下养殖, 肥力提高, 树木生长速度明显快于非养殖的普通林地, 真正取得了林木与养殖的双丰收。

2. 目标与范围

到 2015 年, 茶油加工系列产品 10 万吨, 竹笋加工系列产品 15 万吨。森林食品、森林药材等特色林业基地 20 万公顷。

到 2020 年, 茶油加工系列产品 15 万吨, 竹笋加工系列产品 20 万吨。森林食品、森林药材等特色林业基地 23.5 万公顷。

范围遍及江西全省各自然区域, 涉及所有 11 个市。

3. 建设内容

(1) 森林食品资源开发与培育。森林食品是无污染或少污染的有机食品, 应对其资源进行调查筛选和成分的分析, 并对森林食品的食用价值、营养价值、保健价值加以研究, 进一步开发利用。

与资源量相比，目前开发的种类较少。加强各地自身的名、优、特产品的开发，是森林食品工程建设的主要内容。

（2）森林食品开发与精深加工。森林食品原材料价格仅是制成品价格的 1%~10%，许多植被往往含有多种特殊有效成分，但只利用了其中的 1~2 种。多功能综合利用的新产品的开发重点是森林食品原料加工手段的改善。如核桃楸，营养丰富，具有强肾补脑之功能，又可榨油；油粕可制蛋白饮料；叶、树皮、青果皮均可入药；干燥果皮可制炭。但在开发利用核桃楸时，只取其成熟果仁，其他部位尚未利用，综合利用率较低。

（3）加强珍贵资源保护。一些药农为了获得黄柏，在活立木上剥皮。珍贵森林食品资源随时遭受灭顶之灾，如天女木兰、牛皮杜鹃等已近濒危，因此，要加强珍贵森林食品资源的保护。

4．主要措施

森林食品的开发、利用是一个跨行业的领域，既有种植，又有加工，还有流通领域的收购、销售诸多行业，产业链条很长。森林食品的开发必须走建设性、基础化、深加工开发之路，应在深入研究的基础上，建立栽培基地，形成集约化、规模化生产，坚持开发和保护并重，在生态优先的原则下取得最大的经济效益和社会效益。

（1）森林食品的资源保护与品种优化。江西地形多样，气候条件优越，森林植物种类繁多，木本淀粉植物和油脂植物，可以解决食用粮油问题，还是日益受到人们重视的生物质能源的原材料，发展森林食品，首先要发展木本粮油植物。

（2）开发森林食品的加工与利用。我国虽有如此丰富的森林食品资源，但利用范围有限且利用粗放，浪费严重，森林食品深加工刚刚起步，其潜在的经济能量尚未引起足够重视，缺乏有关森林食物的特性、数量、食用价值和开发利用的详细资料，以致政府和其类企业对发展森林食品的投入与扶持远远不够。许多森林食品只有通过深加工才能增值，才能切实提高林农的收入水平。大力发展森林产品精加工、深加工和综合加工。在全省筛选应用前景广阔的野生森林食品植物进行化学成分分析、有效成分的提取、分离及提纯等深层次研究，建立一批有一定规模的森林食品加工或销售龙头企业，使产、供、加、销、保鲜、运输、贮藏等各个环节衔接起来，使之成为社会经济的重要支柱。同时注重森林食品种质资源的保护，坚持保护和开发并重。

（3）森林食品资源的基础性研究。扩大研究范围，并对已经研究开发的森林食品继续进行生态、生物学习性调查，重点进行化学生态学研究。深入研究不同种、变种、变型之间的化学成分差异及其与生态环境的关系，不同生育期植物有效成分的变化规律，寻求最佳品种及其采收期，为森林食品深度开发利用提供理论基础。

（4）开发产品的规范化、标准化、系列化、配套化。加入 WTO 后，在资源开发上不仅要形成自身的特色，还要做到产品规范化、标准化、系列化、配套化，才能打入国际市场，名副其实地成为世界森林食品生产大国。针对目前国际上有机食品生产呈现上升的趋势，我们应当积极主动地了解国际上绿色食品生产的标准，以此来制定指导森林食品生产的技术措施。这不仅有利于促进果品的出口，同时有利于林业增效、农民增收，也有利于满足人民生活水平不断提高的需要。从生产者的角度来讲，要特别注意国际上包括卫生与安全条例、质量与技术标准在内的非关税措施，使得我国森林食品在生产过程中就有的放矢，力争使我国生产的森林食品达到进口国的标准。提高我国森林食品产质量的同时，要积极了解、申请、并在有条件的情况下努力通过国际上包括森林食品在内的非木质林产品的认证，以提高森林食品的信誉与附加值。

（5）开展引种驯化方面的工作。选择市场前景好、具有长期发展潜力的森林食品植物进行品种选育、高效栽培和示范推广工作，在适生区建立森林食品名、特、优商品生产基地，坚持天然野生资源利用与人工栽培基地建设并举，将原料由野生为主逐步过渡到以人工栽培为主，保证产品的质量和原料的稳定供应。

（6）增加投入和政策扶植。针对目前森林食品业还比较弱小的现状，政府应加大扶持力度，增大投入，实行税收信贷优惠和倾斜政策。以加工业为龙头，以市场为导向，开发出一批有地方特色的名、特、优系列产品，促进森林食品产业快速、健康有序、协调地发展。

（7）做好林下养殖的试验和推广工作。做好林下养殖的试验和推广工作。促进畜牧业的新发展，争取生态效益和经济效益双赢。

（三）森林药材

森林是一个复杂的生态系统，它为人们提供许多重要的药材资源。中药资源是资源的重要组成部分，也是人类社会活动和物质运动的内容之一。随着医疗事业的发展与人们保健意识的提高，人类对药材需求量日益增加，其产品市场从医药市场延伸至工业原料市场、日用消费品市场、食品市场等许多领域。充分利用林区丰富的药材资源，大力发展多种经营是林业发展的内在要求，是增强林业活力的必由之路。

1. 发展现状

江西是我国中药材之乡，分布着丰富多样的药用植物资源，樟树镇则是我国南方著名的中药村加工基地及中药材集散地，素有"药不到樟树不全，药不过樟树不灵"的说法。20世纪80年代末曾进行过全省中药普查，经过对1751个乡场（占全省乡场的95.48%）8477座山头全面调查，采制了各种药物标本近6万份，收编名录2061种，属植物类有216科1901种，其中属区域性新资源的有52种。在2061个品种中，中药560种，草药1341种，属全国重点调查品种253种。此外，尚有兽药用植物500余种，土农药用植物200余种。据调查植物类药材的年产量多达8.77万吨。

植物类药材分布于江西各类地形区：赣北鄱阳湖平原区，赣东、赣南、赣西山地丘陵区，赣中南丘陵盆地区。约有1/3只能在森林生态系统环境中生长。属于全国重点调查的中药材中，其中约有2/5在全省各地森林中有所分布，3/5则只分布在江西的某些地区的森林内。现在，全省各地已陆续建立起不同规模的中药材商品基地，中草药生产单位开始由原料性生产转向原料—成品—销售一体化生产经营，生产品种主要有：杜仲、厚朴、黄柏基地，黄栀子基地，蔓荆子基地，茯苓基地及绞股蓝基地。

森林药材产业还存在下列问题：一是多年生木本类药材乱砍滥伐的现象严重，使资源遭到破坏（如杜仲、厚朴）；二是生产经营积极性不高，生产、经营药材虽有较高的经济效益，但与林办工业相比，这种规模较小的生产门类无暇顾及，由于木本药材生产周期长，林农对林药也缺乏积极性，加上山林遭受人为破坏的频度高、风险大，更使林药项目受到冷落；三是市场波动大，尽管社会对药材的需要量呈上升势头，但生产量与收购量均呈极不稳定的态势，时而收购猛增，供不应求，时而收购量猛降，造成药材积压，价格暴跌，挫伤林农的生产积极性；四是生产、收购、加工人员素质偏低，大多未经专业培训，远不能适应中药材生产、流通的实际需要；五是资金投入不足，规模经营不够，当前整个林业资金紧张，更没有足够的资金投入到林药开发项目。扩大经营规模是降低生产成本、提高经济效益的必由之路，目前，林药业多数呈零星分散的开发状态。江西省主要森林药材树种的分布面积及分布区见表16-17。

表 16-17　江西省主要森林药材树种的分布面积表　　　　　　　　　　单位：公顷

地区	厚朴	杜仲	枸橘	黄栀子	银杏	其他	合计
赣东北片	278.8	557.2	31.2	140.6	68.4	361.3	1437.4
赣东南片	87.6	79.7	88.8	291.2	306.8	318.0	1172.1
赣西北片	435.1	1724.5	9.0	223.9	393.6	103087.2	105874.3
赣西南片	250.1	249.6	0.0	104.2	63.6	238.8	906.2
赣中丘岗	457.8	1331.2	454.1	10586.3	578.4	3952.5	17360.1
赣北环湖	10.5	1027.4	17.5	2311.5	32.6	1292.4	4691.9
其他	4.6	34.8	0.0	2.7	31.1	44.0	117.2
总计	1524.4	5004.3	600.5	13660.3	1474.4	109294.2	131559.2

2. 目标与范围

到 2015 年，森林药材基地 27.5 万公顷。森林药材加工产品达到 3.5 万吨。

到 2020 年，中药材生产加工基地面积 3.5 万公顷。森林药材加工产品达到 5 万吨。

赣北鄱阳湖平原林药区，全区包括南昌市和九江市的 22 个县 339 个乡镇。

赣西北丘陵山地林药区，全区包括宜春地区、新余市、萍乡市 11 个县（市）。

赣东北山地丘陵林药区，全区包括上饶地区、鹰潭市、景德镇市 15 个县市 375 个乡镇。

赣中丘陵山地林药区，全区包括吉安、抚州两地区 23 个县（市）。

赣南山地丘陵林药区，包括赣州地区 18 个县的 360 个乡镇。

3. 建设内容

（1）赣北鄱阳湖平原林药区。在低丘、岗地林业用地内的林下、林缘或林中空地发展金银花、辛夷花、黄桂、葛根、防己、板兰根、黄柏、厚朴、杜仲、榧子、银杏等。

（2）赣西北丘陵山地林药区。该区地处丘陵山地，如铜鼓龙门林场、大沩山林场、宜丰黄岗山、太阳岭、上高蒙山、奉新越山等，林地可发展黄栀子、黄精、丹参、桔梗、天麻、淡竹叶、钩藤、大活血，建立黄柏、杜仲、厚朴林、凹叶厚朴等木本药材为主的生产基地。萍乡的鸡冠山、华云、广寒则应重点发展本地名贵道地药材辛夷花、黄连等。

（3）赣东北山地丘陵林药区。该区今后应重点保护自然资源，促进生态平衡，通过建立自然保护区、实行封山育林、封山育药、林药间作，促进林药业的发展。为此设想可进一点划分 4 个林药小区，即：林药资源自然保护区、林药资源保护开发区、林药资源利用发展区、林药资源利用补充区，以便根据自然条件和药材资源的差异性做到保护中开发，开发中保护。

（4）赣中丘陵山地林药区。该区主要集中于井冈山市、峡江、永新、安福、莲花、南丰、崇仁、东安等县的林区，不仅森林资源丰富而且大多又有种植药材的传统，其中井冈山的杜仲、厚朴、黄柏、三尖杉、红豆杉、肉桂、枫荷梨、短萼黄连、天麻、八角莲、竹节人参等道地药材和珍药材已列入国家保护品种，尽管此区药材极为丰富，但滥采、滥挖现象时有发生，为此应实行计划开发，大力开发新品种，加强对野生种的人工栽培研究，消除地形地貌对药用植物的生长影响，扩大适应范围，提高产量，以适应不断增长的市场需求。

（5）赣南山地丘陵林药区。该区应重点发展杜仲、厚朴、田三七、银杏、槐米、辛夷花、巴戟天、乌梅、黄连、吴茱萸、木瓜、天麻等。考虑到该区对野生药材只顾开采，忽视保护，为促进该区资源得到发展，应多建自然资源保护区，如崇义天台山、安远高云山、寻乌基龙山、宁都灵华山、全南雪峰山等，有计划、因地制宜安排林药生产。

4. 主要措施

（1）加强宣传，提高认识。应开展广泛宣传活动，激发国有林场、乡村林场、广大山区林农生产经营林药业的内在要求，促使江西的林药业有大的发展。林业行政管理部门应多造舆论，进行倾向性引导，组织人员到经营好的、效益高的林药生产点参观取经，以增强经营信心，使林农、林业企业了解药材市场虽有波浪形的营销量变化，但市场的总需求量有上扬趋势，市场前景看好；同时，还应宣传木本药材有很强的活树储备能力，即使有市场波动，对木本药材的生产也不可能产生重大影响，以消除生产经营者投资的顾虑。

（2）抓好基地建设，实行区域化规模经营。建设人工栽培的药用植物基地，是确保药材稳产高产的基本措施，20世纪90年代末全省有基地959个，总面积达4400公顷，有的基地面积达百公顷以上，成为商品药材的主要依靠力量。今后应在更大的范围内合理规划布局一批新基地，尤其是一些紧俏商品药材基地。抓好基地建设也是实现林药规模经营的重要步骤，鉴于目前山区农户无论从土地、劳力、资金等生产要素看，大多没有建基地的实力，故可实行区域化的模式经营，即在环境条件相似的一定区域内，通过发展中间组织，开展系列化服务，相对集中某项具有资源优势和经济优势的商品性林药生产，从而取得较高规模效益的一种林药生产经营形式，是适合农村社会化专业发展林药业的较好经营模式。

（3）发展紧缺品种，抓好新资源的开发利用。为充分利用林区自然资源的优势，分别利用高山、低山、丘陵、针叶树林、阔叶树林、竹林、林下、林缘、林中空地、阴坡、阳坡、山顶、山谷等自然环境与森林环境的特点，合理安排适宜种植的紧缺品种的生产，对于全国紧缺品种，如杜仲、半夏、厚朴等，这些品种开发一般比较困难，但江西有扩大发展的潜力，特别如遂川等地有规模经营的技术和管理经验，加上价格高效率好，应大力发展；对于江西省有产，但不是自用的常用药材，如天麻、茯苓、黄连、桔梗等，这类产品全国各地生产不稳定，但市场容量大，应适当控制发展。

江西林下植物资源丰富，药材收购部门时有新品种收购，其中有些在药品领域或保健品领域大有前途，如绞股蓝，为此，应根据其资源分布特点，生物学特性，对野生资源加强保护管理，实行轮封轮采、合理采挖，使资源得以休养生息，永续利用，同时加强人工栽培试验，使零星分布的野生资源变为丰富的家种资源。

（4）抓好地道产品生产，积极开发拳头产品。地道产品对发展林药业起着重要作用，尽管有些年份出现暂时积压，但从总的看，销售形势较好，与外省竞争占有优势，通过内涵实现扩大再生产，提高产品质量，提高单产，降低生产成本。

（5）合理设计，提高林地生产力。在中成林内设计人工栽培药用植物，其品种应是适合林下蔽阴生长药用植物，其模式为"乔—灌—草—菌"型或"乔—草—菌"型或"乔—草"型，以实现主体经营的具林、药双重产品的森林生态系统，例如"阔叶乔木—刺楸木—天门冬"模式、"杉木—竹荪"模式、"毛竹—雷丸"模式、"马尾松—戟—茯苓"模式等，即是一些既能促进乔木林生长，又有利药用植物生长，从而实现林与药双丰收的模式。

（6）大力发展中成药生产。江西有中成药生产厂家60余家，生产中成药300余种，其中江西省创制的有："夏天无""草珊瑚喉片""金水宝""复方瓜子金冲剂"等40余种。中成药工业是一个经济效益较好的产业门类，应以市场为导向，逐步实现原料—加工—销售一体化。

（7）加强对林药生产的行业管理。发展林药业涉及林业及医药两个部门，两家应加强联系、协调发展、共同促进江西林药业的发展。实现资源生产由林业部门统一管理，中成药生产由医药部门统一管理，或者由林业、医药、食品工业等多家共同协调人员，设立跨部门的"江西省林药业管理委员会"进行统一管理，使江西林药生产更规范有序，更科学合理，发展更快，效益更好。

（四）茶叶

1. 发展现状

江西是我国江南的重要产茶省之一，有悠久的生产历史，1915 年江西有茶园 47 万亩，产茶 15.5 万吨，抗日战争中茶园遭受破坏，茶叶产量下降，到 1949 年全省只有茶园 7.2 万亩，茶叶产量 2145 吨。新中国成立以后，党和政府加强对茶叶生产的领导，积极改善生产条件，发展科学技术，使江西的茶叶生产得到了恢复的发展。

江西全省县县产茶，说明江西茶叶生产普及程度高，但也说明了江西茶叶生产的分散性。由于茶树的生态适应条件有其特定要求——光照条件、空气湿度和土壤有机质含量，是决定茶叶品质的首要因素。江西海拔 300~500 米的高丘陵和 500 米以上的低山地带对发展茶树、保证质量和产量最为有利。但海拔高程超过 800 米的山地难以高产，低丘红壤地区种茶难以保证质量。

江西生产的茶叶以绿茶为主，约占总产量的 75%，主要茶区在赣东北和赣西北两个茶区。这两个茶区是江西的古老茶区，婺源绿茶在国际市场上久负盛名，畅销不衰。修水、武宁、铜鼓产的宁红茶素有"茶盖中华，价甲天下"的美称，景德镇市产的红茶称浮红，红茶主要是工夫红茶，少量制红碎茶和小种红茶。红茶产量约占全省茶叶产量的 20% 左右，是我国出口茶的畅销产品，在俄罗斯和东欧市场倍受欢迎。此外，还有少量再加工的花茶、紧压茶以及名类众多的老茶，以乌龙茶为主的名特茶数量逐年增多。

江西、浙江、安徽三省的绿茶产量占全国 21 个绿茶产茶省份绿茶总产量的 1/3，被喻为中国"绿茶金三角"片区，而江西的绿茶又占这一区域的产茶总量的 40% 左右。在浙江大部、江西的东北部、安徽皖南及皖北沿江部分地区产有 100 多种名优绿茶中，江西境内生产婺源绿茶、庐山云雾茶等 27 种名茶。

2. 目标与范围

到 2015 年，全省新增茶园面积 0.12 万公顷，改造低质低产茶园 1.5 万公顷。

到 2020 年，全省新增茶园面积 0.08 万公顷，改造低质低产茶园面积 1.5 万公顷。

新增茶园主要集中在赣东北区的婺源、浮梁、上饶、德兴等县市，赣西北区的修水、武宁、庐山、九江、星子等县（区），赣南绿茶区的上犹、崇义、宁都、于都等县及赣中茶区的遂川、金溪、井冈山、高安等县市。

3. 建设内容

根据江西的土壤、地势地貌和光、温、水条件，合理布局，发展和规划茶叶产业。茶叶生产应以管理好现有茶园为基础，努力提高生产水平，切实扭转广种薄收的被动局面。

（1）赣东北茶区。该区兼有绿茶和红茶，区内生态条件优越，茶叶自然品质好，群众有丰富的生产经验和较高的生产技能，当前是江西茶叶生产和出口外贸的主要基地。要因势利导，积极扶持，加速发展。

（2）赣西北茶区。该区是江西传统的"宁红"茶产区，除产红茶外，兼有 70 年代以后发展起来的炒青绿茶。该区所产"宁红"在国际市场著誉已定，高安县所产乌龙茶在日本市场上也深受欢迎。区内群众有一定的茶叶生产习惯，红壤面积大，能源丰富，发展茶叶生产有较大的潜力。

（3）赣南绿茶区。该区群众有浓厚的饮茶习惯，市场潜力很大，该区地理位置接近南亚热带，热量条件好，引进的大叶型"云南大叶种""福云6号""梅占""福建水仙"等都能适应生长，发展内销绿茶有极好的条件。

（4）赣中茶区。区内茶园多是20世纪70年代以后发展起来的低丘红壤茶园，是江西发展茶叶生产潜力最大的茶区之一。

4. 主要措施

（1）科学规划合理布局。以市场需求为导向；以当地条件和现有资源为依托，做好科学发展规划和合理布局，在赣东北、赣西北及赣南，分别建立品质优、质量高，无公害的优质丰产基地。

（2）普及先进技术，提高科技含量。普及先进技术、加速科技成果的推广和应用。选育优良品种，主攻品质，拓展品牌，以发展无公害茶叶为目标。选育良种、规划科学、合理的栽培技术，提高科技含量，提高单产。

（3）规模化和规范化管理。制定与之相关的优惠政策，加大对种植大户、加工企业的扶持力度，为茶叶产业发展创造良好条件。生产上更新管理概念，政府要建立相应的管理机制，进行规范化管理，建立相应的茶叶生产者协会，通过民间组织协调茶叶的种植、生产和经营。

（五）经济林果

1. 发展现状（表16-18）

一是种植扩大，产业效益凸显。二是产业体系不断完善，品种结构趋于优化。陆续建设了一批果树良种繁育基地，包括赣南柑橘无病毒良种苗木繁育基地、安远脐橙标准化苗木示范园等，目前，全省共有1个国家级果树良繁场、5个省级果树良繁场和11个市级果树良种扩繁基地，初步形成了省、市、县三级良种繁育和推广体系，每年可提供果树良种苗1500万株。引进和建设果品分级生产线，全省共有果品分级生产线60多条，分级能力达到每小时600多吨，贮藏能力达3万多吨。三是标准化生产不断普及，果品安全质量显著提高。通过报刊、电视等媒体宣传，引导果农树立质量意识，强化果农在生产中的标准化观念，引导果农从追求数量向提高质量上转变，由依赖统包统销向分级包装、优质优价上转变，制定了一整套柑橘无公害生产质量标准体系。全省已制定通过了《无公害食品　赣南脐橙栽培技术规程》《无公害食品　南丰蜜橘栽培技术规程》等地方标准。四是龙头企业成长壮大，产业化经营刚刚起步。全省共建成国家级果业龙头企业2家，省级果业龙头企业10多家，建立生产基地约6.67万公顷，带动农户约30万户，订单金额达1.9亿元多。在龙头企业的带动下，全省果农逐渐走向"公司＋农户＋基地"的联合体，公司上联市场，下联农户，与农户利益共享、风险共担，解决小生产与大市场的矛盾。

表16-18 江西省不同地区主要林果类树种的面积表　　　　　单位：公顷

分区	柑橘	梨桃类	柿	板栗	猕猴桃	核桃	脐橙	其他	果林总量
赣东北片	4057.2	4871.3	11.7	5443.0	7.6	4.7	39.1	1434.3	15868.9
赣东南片	75229.4	7728.1	376.7	3596.9	35.9	0.0	26698.2	2172.0	115837.2
赣西北片	11701.6	26471.2	15.3	5319.8	600.4	19.5	1.7	1647.5	45776.9
赣西南片	3325.7	2207.7	40.6	535.0	0.0	0.0	1678.8	10555.2	18343.0
赣中丘岗	46724.0	19469.4	118.1	13800.6	141.7	16.7	11410.8	8894.3	100575.6
赣北环湖	4965.1	4876.4	314.6	2837.8	1.2	2.7	545.2	1660.4	15203.4
其他	1656.1	572.7	25.1	106.7	2.2	0.0	181.7	156.5	2701.0
总计	147659.1	66196.8	902.1	31639.8	789.0	43.6	40555.5	26520.1	314306.0

2. 目标与范围

到 2015 年林果业总产量 200 万吨，林果业总产值达到 80 亿元。

到 2020 年林果业总产量 300 万吨，林果业总产值达到 100 亿元。

（1）赣南以发展柑橘类为主，主要产地包括信丰县、寻乌县、安远县等 18 个县（市）。

（2）赣"三北"（赣东北、赣西北、赣北）：主要包括九江市、金溪县、贵溪县等 22 个县（市）。

（3）赣东以发展各类枣、梨桃类和板栗类为主，主要包括鄱阳、万年等县。

（4）赣西包括奉新、宜丰、武宁等县，以猕猴桃为主产区。

（5）赣中以发展柑橘类和梨桃类为主，主要包括吉安、抚州两市 24 个县（市）。

3. 建设内容

巩固"南桔北梨"工程，稳步实施"东枣西桃"工程，挖掘特色品种，规模发展，形成新的优势区域带（南丰蜜橘、新余蜜橘、德兴椪柑等）；在品种结构上，坚持以"一个为主，三个突出"的调整原则，即：以柑橘类为主，突出发展特早、早熟品种，突出发展渡淡品种，突出发展出口创汇品种，适当发展加工品种，开发加工产业。根据江西果树各树种生态适应性，合理布局六大发展区域。

（1）赣南发展重点：以发展脐橙、甜柚为主。适量发展兴国 3-5 甜橙、冰糖橙、哈姆林甜橙等，适量发展地方特色水果如寻乌早熟温州蜜柑、全南椪柑、于都盒柿等。在积温较高的于都、信丰、寻乌三县，适量发展晚熟脐橙和夏橙。

（2）赣"三北"（赣东北、赣西北、赣北）发展重点：以发展早熟梨为主。适量发展温州蜜橘早熟品种和特早熟品种。少量发展地方特色品种，如靖安油光板栗。

（3）赣东发展重点：以发展鄱阳枕头枣、灰枣、金丝小枣、义乌大枣等鲜食大枣为主，兼发展南方早熟梨。

（4）赣西发展重点：以发展猕猴桃为主，适量发展南方早熟梨、太田椪柑、特早温柑。

（5）赣中发展重点：以发展南丰蜜橘、椪柑为主。适量发展地方特色水果如新余蜜橘、新干特早蜜柚、泰和无核柚、无核红橘、遂川金橘等。在积温较高的遂川、泰和、万安等县，发展杂柑。

（6）浙赣铁路沿线发展重点：以发展新余蜜橘（本地早柑橘）和大果形枇杷为主。适量发展早熟梨、温州蜜柑特早熟品种。适量发展地方特色品种，如高安方柿、新余蜜橘、无核红桔、信木红心柚等。在积温较高的新余、贵溪、弋阳等县、市，宜少量发展早熟柑、胡柚等。

4. 主要措施

（1）科学制定规划，合理布局、调整优良品种结构。多年来，省委、省政府高度重视柑橘产业的发展，提出了坚持"以市场为导向，以效益为中心，以资源为依托，以发展无公害果品为目标，以科技创新为动力，主攻品质、打造品牌，做大做强果业产业"的发展思路，大力实施"南橘北梨"的果业发展战略。重点建设以赣南脐橙、南丰蜜橘、新余蜜橘等为主的柑橘生产基地。

（2）制定优惠政策，完善激励机制。首先把涉农资金捆绑使用。政府每年应从财政拿出钱用于连片规模开发基地的奖励扶持，重点加强对主产区内一定面积以上的集中连片基地的扶持力度。其次政府每年财政预算一定的果业发展基金，专项用于对林果产业重点项目的扶持，确保对良种繁育、技术培训、技术推广、病虫害防控、质量标准制定、品牌管理、市场信息网络建设、检验检疫、测土配方施肥等基础性、公益性项目的资金投入。其三，坚持按照"谁开发、谁所有、谁受益"的原则，促进山地经营权向林果大户和能手流转。其四鼓励个体开发，鼓励城镇职工、下岗工人和农民投资或承包荒山、荒地、荒坡从事林果开发。其五，大力推进退粮种果工程，鼓励重点县（市）利用缺水田、"高排田"实施退粮还果。

（3）普及先进技术，推行标准化生产。普及先进技术是降低生产成本、改善产品品质、提高科技含量、增强市场竞争力的根本保证。邀请知名专家作为果业发展的科技顾问，定期或不定期组织他们对基层农技干部和种植大户进行科技培训，把先进实用的栽培管理技术送到果农手中。在标准化生产上，制定和印发柑橘标准和规程，引导农民按标准化组织生产，增强果农的无公害意识；加快无公害基地认证的同时，组织果业大户进行专门培训，大力推动无公害食品生产基地和果品出口基地的建设与认定，加大无公害果品基地的监管力度，确保基地产品名副其实。主要技术规程：高标准建园，合理密植，选择适宜的架式；土壤深翻熟化；行间合理套种，树盘覆盖保墒；科学施肥；合理整形修剪；人工辅助授粉、合理疏果；植物生长调节剂的合理应用。

（4）扶持龙头企业，培育优势品牌。实行产业化经营，是扩大产业规划、提高种植水平和组织化程度、增强抵御市场风险能力的有效途径。加大对龙头企业的扶持力度，制定优惠政策，增加投入，每年安排一定的农业产业化资金，用来支持龙头企业的发展。还要积极引导果业公司和果农建立经济合作组织。

（5）延伸产业链，培育关联产业，壮大产业集群。其一，发展采后处理加工。加大产业招商引资力度，吸引外地客商到产区投资建设采后处理分级生产线和贮藏保鲜库等加工贮藏企业。其二，加快大型果品批发市场建设。其三，大力发展关联配套产业。广泛引进外地客商兴办运输、印刷包装、肥料生产与供应等配套企业；积极探索和发展以特色林果为主题的农业旅游观光产业。

（6）创新机制，强化服务、促进产业持续发展。按照"依法、自愿、有偿"的原则引导规范果园的流转。优化产地销售环境，建立果品流通绿色通道。各级政府积极配合果农，搞好果轩道路建设，确保输出果品畅通；整顿果品批发市场秩序，打击欺行霸市行为，为果品销售创造良好环境。完善信息网络服务。通过编发产业简报、果技简报、病虫情报等，及时反映、发布市场信息、技术信息、病虫信息、产业信息等。

五、花卉与林木种苗工程

随着世界经济的发展，人民生活水平的提高，花卉作为美化生活、陶冶情操、传递情谊的精神文化产品日益深入人们的经济生活，市场需求不断增加，生产规模迅速扩大，花卉业已成为当今世界最具活力的新兴产业之一，在世界经济的大潮中始终保持着旺盛的发展势头。

苗木花卉产业的培育发展以市场为导向，以品质为核心，以效益为目标，以调整、提高为重点，因地制宜，科学布局，明确重点，突出特色，不断改良品种和提高产品质量，重视和加强优良野生花木品种的驯化和开发利用，促使花卉和园林树种多样化和优良化。重视珍稀濒危植物的繁育与迁地保护工程，具有重要的生态学意义和经济意义。

（一）发展现状

江西观赏花卉资源极其丰富，地带性观赏树种主要有52科，300余种。按优势树种排列，其顺序为蔷薇科23种、柏科22种、木兰科18种、杜鹃花科13种、木犀科12种、槭树科7种、忍冬科5种、茜草科4种、黄杨科4种等。其中的兰科花卉为国家二级保护植物。虽然江西的花卉资源极其丰富，但是，江西苗木花卉面积仅有2万公顷，产值约15亿元，其中香樟0.33万公顷，产量1000万株；示范基地0.27万公顷，产量800万株，金边瑞香0.07万公顷，产量40万盆，虎舌红0.07万公顷，富贵子0.05万公顷，杜鹃花0.05万公顷，兰花0.03万公顷，与丰富的资源特点极不相称，浙江花卉基地面积 8.67 万公顷，产值 75 亿元，是江西省的 5 倍。江西省不同地区主要绿化苗木的种植面积见表 16-19。

表 16-19　江西省不同地区主要绿化苗木的种植面积表　　　　　　　单位：公顷

分区	樟树	鹅掌楸	银杏	水杉	楠木	棕榈	柳杉	枫香	木荷	苦楝	总量
赣东北片	878.7	2.8	68.4	600.9	1.6	0.6	34.3	13644.5	11044.1	11.3	26287.2
赣东南片	287.6		306.8	490.7	107.3		203.6	8268.1	21403.9	2239.5	33307.5
赣西北片	1924.3	31.8	393.6	106.5	25.9		372.6	5887.9	2211.1	86.7	11040.3
赣西南片	1333.2	191.5	63.6	52.6	145.3		1005.6	56960.1	8173.3	579.0	68503.9
赣中丘岗	9178.3	77.9	578.4	1569.8	198.1		1140.4	18881.5	25364.2	6364.3	63352.7
赣北环湖	2785.3	4.2	32.6	75.6			79.9	9180.6	1368.4	217.8	13744.3
其他	135.5	23.9	31.1	14.1	15.1		291.5	919.7	3332.5	48.0	4811.4
总计	16522.9	332.1	1474.4	2910.1	493.2	0.6	3127.8	113742.3	72897.4	9546.5	221047.3

（二）目标与范围

到 2015 年，新增苗木花卉基地 1.8 万公顷，实现苗木花卉增值 36 亿元。

到 2020 年，实现花卉苗木基地 1.6 万公顷，实现苗木花卉增值 35 亿元。

规划园林树种比例，其中乔灌比例为 7∶3 左右；落叶与常绿树比例为 6∶4 左右；速生与慢生比例，按照不同的绿地功能规划不同的比例；地被与草坪比例 1∶1；树木与草坪地被比例 7∶3。城市园林绿化花卉苗木达到 120 余种。其中，城市骨干树种 30 余种，城市道路行道树种达 60 种。精选、培育特色植物树种 20 余种，建设新优特色植物种植区。

南昌市郊区以优质种苗繁育、鲜切花和香樟等绿化苗木生产基地主为主；在大余、崇义、上犹、南康等地区发展金边瑞香、虎舌红、富贵子生产基地，在龙南、定南、赣州等发展盆景基地，在井冈山、遂川等地发展杜鹃花和兰花等。以京九铁路（赣粤高速）、浙赣铁路（沪瑞高速江西段）沿线为重点。九江以绿化苗木、盆花、盆景为主；赣州、萍乡、鹰潭以绿化苗木、特色花木盆景为主；充分发挥江西省南北中心城市交通方便、信息灵通的优势，加快产品流通。

（三）建设内容

1. 建立城市骨干观赏树种与特色观赏树种培育基地

本着发挥资源优势、区位优势、生态优势，重点发展城市骨干观赏树种和城市特色树种。城市骨干观赏树种有香樟、黄樟、鹅掌楸（马褂木）、合欢、银杏、罗汉松、广玉兰、白兰花、大叶樟、杜英、水杉、雪松、单杆女贞、深山含笑、雪松、楠木、火力楠、棕榈、白杨、喜树、重阳木、柳杉、垂柳、青桐、榆树、桂花、红枫、紫玉兰、铁树、苦槠、木荷、五角枫、柏树、龙柏等。城市特色树种有香樟、鹅掌楸、银杏、罗汉松、水杉、珙桐、篦子三尖杉、福建柏、刺楸、金钱松、伯乐树、连香树、杜仲、核桃、观光木、香果树、天竺桂、沉水樟、闽楠、厚朴、凹叶厚朴、钻天柳、乐昌含笑、金叶含笑、深山含笑、醉香含笑等。

2. 建立特色花卉种苗基地

重点发展特色观赏植物，包括枫香新品种、珍稀观赏竹、名贵山茶、红叶石楠、优良绿化用樟树、红花檵木、金边瑞香、虎舌红、活竹根艺、红豆杉、八仙花、圆锥绣球、伞八仙等苗木花卉。

3. 种苗花卉培育

围绕林业两大体系建设，重点建设林木良种繁育中心、地市级中心苗圃和省级苗圃、花卉良种繁育基地，生产良种；发掘利用优良乡土阔叶树种，收集保存优良林木种质资源；研制出阔叶树容器育苗的专用复配制剂，开发出适合不同阔叶树种的修根型容器系列，制定落叶木莲、木荷和香樟等重要阔叶树种的容器育苗技术规范；选育推出优良种源、家系和无性系，解决了这些优良树种规模无性扩繁的技术难关，阔叶树育种和容器育苗居全国领先地位，今后应使其产业化、规模化、工厂化。

4. 珍稀濒危观赏花卉繁育

珍稀濒危植物繁育工程的目标是尽一切可能保护珍稀濒危植物，保护植物，保护植物遗传的多样性，防止植物物种的灭绝，并逐步使受到威胁的植物资源得到拯救、恢复和发展，促进植物资源的永续利用，推动生物产业的持续发展。

根据珍稀植物和外来引进的优良珍贵植物的生物学和生态学特性，综合考虑气候、土壤、生态条件，重点发展的花卉与林木树种有：银杏、苏铁、华南苏铁、南方红豆杉、水松、伯乐树、华木莲、金钱松、秃杉、福建柏、榉树、篦子三尖杉、喜树、樟树、长序榆、半枫荷、闽楠、永瓣藤、花榈木、长柄双花木、厚朴、凹叶厚朴、鹅掌楸、峨嵋含笑、云南拟单性木兰、毛红椿、杜仲、香果树、黄皮树、黄檗、秤锤树、翅荚木、观光木、刺楸、沉水樟、杜仲科、茜草科、芸香科、野茉莉科、木兰科、五加科、樟科、浙江楠、阿丁枫、白花前胡、白玉兰、豹皮樟、长红檵木、草珊瑚、大果马蹄荷、多花山竹子、观音莲座蕨、光皮桦、含笑、红花油茶、红楠、猴欢喜、华东野核桃、华南紫萁、黄连木、黄山木兰、黄檀、黄杨、金叶含笑、阔瓣白兰、蓝果树、乐东拟单性木兰、连翘、亮叶含笑、林檎、柳杉、柳叶蜡梅、木莲、七叶一枝花、青钱柳、乳源木莲、软荚红豆、三尖杉、天门冬、天师栗、铁坚油杉、泡花楠、小果石笔木、野大豆、阴香、银鹊树、竹柏、紫花含笑、紫荆、紫玉兰、多穗石栎。

5. 盆花、盆景、切花繁育

利用江西的丰富的资源特色加大良种选育重点工程，按遗传育种方法筛选优良单株，然后采种繁育，发展特色盆花、盆景和切花等。

6. 野生优良观赏植物引种驯化及其新品种选育

城市生物多样性作为全球生物多样性的特殊组成部分，它是建设生态园林的基础，缺乏生物多样性，就很难去建设稳性的生物群落，也谈不上构成良好的生态环境。优良观赏植物资源是城市绿化的物质基础。江西重点发展野生观赏植物的引种驯化工程和新品种选育工程。中国是植物资源丰富的国家，素有"世界园林之母"之称，江西是野生植物资源大省，如兰花、茶花、杜鹃花和常绿杜鹃花等名贵植物资源十分丰富，应发挥资源优势，通过野生植物资源的引种驯化，丰富园林植物物种多样性，满足生态园林的需求。利用新品种选育工程，培育抗逆性强，适应范围广的观赏花卉种质资源，丰富观赏花卉新品种。

（四）主要措施

1. 加强珍贵、稀有、濒危植物的种苗培育

一是国家实行重点保护的珍贵、稀有、濒危植物，实行优先保护。对国家重点保护的野生植物名录中拥有的植物（包括一级保护、二级保护和三级保护的野生植物，以及特有属、特有种），应特别优先保护。二是珍稀濒危植物保护的范围包括国家公布的珍稀濒危植物名录中拥有的珍稀濒危植物；数量极少或者濒于灭绝的野生植物；数量较少而分布范围很狭小的野生植物，或者需要保存野生种源的野生植物；尚有一定数量，而分布范围在逐渐缩小的野生植物。三是虽非珍稀濒危植物，但有独特的存在价值、经济价值和重大科研价值的典型重要植物群落及生态环境，除国家、省已划定的自然保护区外，由市级以上人民政府划定自然保护区、保护点进行重点保护。四是对珍贵、稀有、濒危的农业品种也实行重点保护。

2. 培育龙头企业，实现企业集团化

进一步完善"龙头企业＋基地＋市场＋农户"的产业化经营模式。花卉与林木种苗产业化经营的核心在于把花卉与林木种苗产业"化"为一条及至若干条的龙型经济。而龙型经济能不能活起来，关键在于龙头企业的规模、水平和职能作用的发挥。因此，培育好龙头，对于实施花卉与林木种苗产业化经营具有特别重要的关键作用。积极促进已具一定规模的龙头企业扩张升级，对已有一定规模的龙头企业要支持其进行制度创新和技术改造，要逐步培育发展一批国家龙头业，形成一批省级龙头和拥有一定数量的市级龙头企业；创造条件组建跨区域的大型花卉与林木种苗集团公司，要有胆有识，谋划长远，创造条件组建跨区域的大型花卉与林木种苗集团公司，以规模经营求发展。可采取超常规的有力措施，制订优惠政策，引导并促成花卉与林木种苗企业通过引资、兼并、收购、参股、松散联营、有偿共用品牌等方式，组建跨区域的具有经营进口权的大型花卉与林木种苗企业集团，超常规发展花卉与林木种苗产业，发挥规模优势，实现规模化经营，是引进花卉与林木种苗加工自动化、连续化生产线的必要条件。规模化加自动化、连续化，必将从根本上提高生产率，降低生产成本，实现产品的标准化和卫生化，大大提高产品竞争力。

3. 完善利益分配方式，实现分配规范化

通过签订有法律效力的合同，明确企业与花农双方的权利和义务，在此基础上建立利益均沾制度，引导企业把产业化经营过程中花卉与林木种苗产品增值利润的一部分让给花农。通过强化合同管理，可以稳定企业与花农之间的关系，保护花农利益，合理配置资源，增强履约意识。正确处理企业与农户之间的利益关系。龙头企业带动型模式是目前花卉与林木种苗产业化经营中最典型的模式，它的经济利益主体主要是龙头企业和花农两方，双方之间的利益联结方式主要是合同，利益分配的形式一般采取保护价、让利等形式。积极探索多种形式的利益分配方式，采取自愿与互利的前提下，花农以土地、资金等入股形式与龙头企业组成股份制、股份合作制企业，使龙头企业与花农真正成为"风险共担，利益共享"的利益共同体。

4. 建立约束机制

在完善企业与花农之间利益分配方式时，应注意建立必要的约束机制。龙头企业有规模大、带动辐射花农多的优势，但因其占有的市场份额大，承担的市场风险也大，若没有必要的监督约束机制，将会对花农造成很大的损害。因而，政府应要求其经营活动和财务状况公开，政府部门对其经营和业务进行考察和审计，并建立相应的社会监督机制，通过经济、法律和行政手段约束、调控企业行为。

5. 利用优势，走产业化经营的路子，做大做强优势品牌

一是利用江西省的资源优势，筹建江西花卉苗木业集团公司，力争使之成为上市公司。整体出击，生产才能上规模，经济才能有实力，花卉苗木才能有质量保障，产销才能合理衔接，对市场风险才有承受力，对国内外市场才有竞争力，才能避免在竞争激烈的市场中被淘汰，才能打造自己的国际名牌。

二是以市场为导向，以效益为中心，以集团公司为龙头，以基地为基础，以经济为纽带。以社会化服务为手段，形成生产、销售一条龙的产业链，减少中间环节，做到风险共担、利益均分。朝着产业化规模化、生产机械化、销售品牌化、服务社会化的高水平方向发展，让江西花卉苗木业真正走向世界。

6. 拓展市场营销，实现销售网络化

江西花卉与林木种苗发展要不断开拓外部销售市场。要根据国内外发展的趋势和市场需求，

迅速调整花卉与林木种苗产品结构，着力加强营销工作。江西经营管理以及花卉与林木种苗业主应改变旧的思维定势，更新观念，把发展战略更多地定位在外部市场发展上。形成以点带面，通过直销、经销、代销、超市、连锁经营等多种形式参与流通，并不断创新花卉营销方式（如绿色营销和虚拟市场营销），形成市场先机。

六、油茶丰产林工程

发展木本食用油料是解决食用油供应不足和质量不高的最好出路。开发木本油料资源已成为增产食用油的新途径，也是当今世界解决食用油严重不足的发展趋势。木本油料油茶，适于山地和丘陵地区生长，可在荒山荒地栽培，不与粮棉争地，栽种一次收获多年，一般5年可以开花结果，8~10年进入成果期，其寿命可达100年以上。油茶抗逆性强，管理易，出油率不低，经营得当，油茶每年每公顷产油可达350~450公斤。茶油是优质功能性保健油，所含单不饱和脂肪酸的成分为天然植物油之冠。另外，它不易受剧毒致癌物质污染，是天然的难氧化变质的植物油，因而耐贮藏，不易酸败。

我国南方丘岗区，以红土壤为主，干旱、贫瘠、板结、强酸，在这样极其恶劣的生境中，油茶能生长良好，保留下大面积连片的油茶林，形成一派绿色的自然景观。因此，油茶除有经济效益外，对水土保持、保护一方生态安全起着不可忽视的作用。

油茶在我国南方15个省（自治区、直辖市）共有栽培面积400多万公顷，是目前国内所有人工林中单一树种栽培面积最大的。

（一）发展现状

江西油茶林面积69.62万公顷，在全国仅次于湖南省，占全省林业用地的6.55%，据统计2008年，全省油茶籽产量20多万吨，油茶面积占林业用地面积20%以上的县（市）有12个，占30%以上的有上栗、横峰、渝水、袁州、丰城和上饶等6个县（市、区）。全省具有一定生产规模的茶油加工企业33家以上，其中，宜春市3家，吉安市6家，赣州市5家，上饶市11家，新余市2家，景德镇市1家，萍乡市2家，鹰潭市1家，抚州市2家，年精加工能力8万吨左右，年精加工茶油1.5万吨左右，生产茶粕8万吨左右，产品畅销上海、北京等地。

江西油茶产业还存在很多不足之处：一是油茶品种较差，优良品种推广面小。目前，良种推广应用还处于不规范的自发状态，严重阻碍了油茶良种推广的质量与数量；二是长期粗放经营，整体效益低；三是油茶产业化程度低，综合利用水平低。加工技术落后，设备老式、陈旧，出油率不高及成品油品质低，而且只停留在茶油加工，对枯饼只有初加工，没有原料深加工项目；四是科技投入少，科研队伍萎缩。对油茶的科研投入不多，重视不够，后续人才出现断层，油茶良种选育和推广工作受到很大影响；五是生产组织形式落后，规模经营不佳。由于近年茶油市场看涨，出现油茶采摘秩序混乱现象，还未到收获季节，林农提前采摘，茶籽未完全成熟，出油率低，丰产不增收；六是对油茶的立地条件选择及优选分析不够。七是油茶质量标准滞后，市场拓展缓慢。虽然全省的茶油生产企业对茶油的市场定位准确，但因为生产工艺的问题，产品质量难以与之匹配，在高档食用油市场占有率很低，更难推向海外市场。

（二）目标与范围

到2015年，改造低产油茶林25万公顷，新建油茶丰产林基地7.5万公顷，油茶产业年总产值达50亿元以上。创建油茶制品深加工企业4个。

到2020年，改造油茶低产林26.7万公顷，新造油茶林6.5万公顷，油茶产业年总产值达100亿元以上。

重点抓好10个重点县油茶丰产林基地建设:袁州、渝水、上饶、丰城、遂川、永丰、上栗、玉山、兴国、分宜。

(三)建设内容

1. 优质高产油茶新品种的选育

油茶物种的自然分布和适生的栽培区域,反映了油茶的生态习性与所在的生态环境相一致,因此,超地理区域引种栽培油茶,往往导致生长发育不良,丰产性能降低甚至失败。所以,不同地理区域的新品种选育工作十分重要。立足当地现有资源,建立良种临时采穗圃、引种邻近省优良的种质资源进行适应性品比试验、调查筛选当地优良高产林分进行群体扩繁推广。油茶发展速度要与良种供应数量相适应,发展油茶产业要坚持高起点,高标准选育良种和优品种的认定。油茶发展速度要严格服从于油茶优良品种的供应进度,以保证油茶的丰产和高品质基地的建设。

2. 油茶综合栽培生产配套体系

增加经济植物类的地表覆盖,防止水土流失。要关注油茶造林地的环保问题,正确处理好生态与产业的关系:一是不实行全面翻土整地,只进行带状整地或块状整地,造林后逐年扩大连带,带与带之间保留少量植被;或在油茶中不均匀地保留或栽培少量阔叶树种,促使生态与产业互相依存,互相促进。二是采用品字型挖穴,特别是山脊和山顶部位,要保留原生植物带。三是在油茶株间套种绿肥或中药材,但要避免藤蔓植物缠绕主栽树种。

3. 茶油及副产品生产加工开发

一是加大科技投入,提高茶油的品质和产量;二是重视茶油生产中副产品的开发与利用,茶枯和茶壳可以生产多种工业产品,如利用茶枯进一步提取残油、生产皂素、饲料和肥料等,利用茶壳生产糠醛、木糖醇和栲胶等工业原料,也可生产活性炭或作为花卉苗木生产的栽培基质;三是注重销售渠道的拓展,重视开拓茶油及茶油生产中副产品的市场开发。

(四)主要措施

充分发挥江西丰富的油茶资源优势,以茶油龙头企业为载体,依靠科技进步,提高油茶精深加工利用水平,突出高级精炼茶油、天然护肤化妆品等系列深加工产品开发,形成有特色的拳头产品,积极培育和开拓高档食用油消费市场,同时,以赣州、宜春、上饶、吉安为重点地区,通过低产油茶林改造及加快良种化进程,建设油茶林基地,延伸产业链,大力发展茶油产品加工产业集群。

1. 油茶丰产栽培技术的推广

推广油茶优良无性系早实丰产栽培技术,加强抚育管理,科学施肥,加快低产低效油茶林的改造,提高经济效益。实施油茶产业"1155"工程。即培养年产值过亿元的油茶龙头企业10个,带动1万个油茶专业大户,建成油茶丰产林基地35万公顷,2015年全省油茶产业年总产值达50亿元以上。坚持对现有油茶林实行分类管理,开展油茶低改抚育复壮,仍然是目前一种必要的措施和省钱快捷的经营手段。油茶林必须全面改种优良品种,使油茶林全面实现良种化。加大科技成果推广应用的力度,引导群众进行科学栽培油茶,集约经营,科技人员深入一线,为广大农户讲授油茶生产管理技术,提高油茶生产的经济效益。

2. 油茶产业的规模化和规范化管理

制定出台相关的优惠政策措施,加大对油茶加工企业、种植大户、油茶专业合作社等的扶持力度,为油茶产业的发展创造了良好条件。

在油茶的生产上更新管理观念,加大科技成果的推广应用,要树立油茶林果园式管理的理念,油茶产业发展必须规模化经营。

针对油茶种苗市场不规范，油茶种子、苗木生产经营管理工作没有到位，以次充好、假冒伪劣等坑农违法行为，政府要建立相应的管理机构进行规范化管理，包括栽培技术的规范化、茶油生产加工的规范化及油茶种子及茶油经营的规范化管理。同时建立相应的油茶生产者协会，通过民间组织协调油茶的种植、茶油的生产和经营。

3. 油茶产业发展模式与机制

合理的生产模式可以有力促进油茶产业的发展。油茶产业发展可借鉴其他产业的发展模式。例如："龙头公司＋基地"模式；"公司＋基地＋农户"模式；"企业＋合作社＋基地＋农户"的模式。通过模式的建立，促进油茶产业的提升和快速发展。同时，加强政府的行政管理和建立油茶生产者联谊会或行业协会，促进油茶优质高产新品种的推广、栽培养护技术及茶油生产、销售的协调和市场的发展。

4. 油茶生产技术培训和健全社会化服务体系

在油茶的生产方面有必要通过科技服务、科普教育和示范样榜作用来提高油茶种植户对良种应用的自觉性和丰产栽培技术的素质。要明确推动油茶资源培育的主体是农户，如果他们的利益受损，油茶产业化则难以形成。

建立和健全社会化服务体系是推广先进技术的保证，是产业化体系建设中不可缺少的部分。建立以乡镇林业技术推广站为核心的技术推广体系，开办各类技术培训班。保证油茶林生产的良种化，以实现油茶林培育优良无性系化。建立良种繁育认证体系，由政府按县统一建立良种繁育基地，建立产品销售市场和信息网络，适应我国市场经济体制，保障油茶种植户利益的最大化和种植油茶的积极性。

科技、良种、信息均为商品，因而上述所设立的服务体系均可进行有偿服务。只有增强各类服务自身的活力，使其良性运行，才能长期坚持服务。

七、毛竹产业工程

毛竹产业工程要坚持"统一规划、合理布局、加工利用、提高效益、振兴竹业"的原则方针，根据市场需求，定向培育多竹种、多用途的竹林，如笋竹、用材竹、笋材两用竹等，满足社会发展及人民生产、生活的多元化需求。毛竹产业开发前景十分广阔，今后一个时期内仍呈走俏之势，尤其是以下4大类：绿色食品类、建筑装潢类、生活用品类、工业原料类。

（一）发展现状

江西省毛竹林面积大、分布广。位于九岭山脉以南的奉新、宜丰、万载；武夷山脉以西的铅山、资溪、黄溪；雪山以北的大王山以及罗霄山脉南端的崇义等为全省毛竹集中分布区，上述县竹林面积占林地面积均在20%以上，奉新县、崇义县被誉为"全国十大毛竹之乡"。江西省毛竹的面积和分布见表16-20。

江西孕育着丰富的竹类资源，总量居全国第二位。毛竹是江西省分布面积最广的竹种，已遍布95%县（市、区），竹林经营技术成熟，毛竹增产潜力巨大，全省宜改竹林面积达56.27万公顷。竹加工技术成熟，产业基础条件较好，竹材人造板、竹材、装饰板、竹浆造纸、竹工艺品等已初步形成了规模和系列化生产。竹材加工企业1000余家，部分产品加工技术已接近或达到国际领先水平。

2008年，全省竹材产量10755.45万根，其中毛竹9835.83万根，占91.4%；竹子的年总产值326596万元，其中一产采运127332万元，占39.0%；二产加工199264万元，占61.0%。

表 16-20　江西省毛竹和杂竹的面积、分布表　　　　　　　　单位：公顷

分区	毛　竹		杂　竹		总面积
	面积	占竹类的比重	面积	占竹类的比重	
赣东北片	157123.0	98.5%	2427.9	1.5%	159550.8
赣东南片	83084.8	98.6%	1215.9	1.4%	84300.7
赣西北片	196037.6	84.5%	36040.9	15.5%	232078.5
赣西南片	128151.7	98.4%	2090.9	1.6%	130242.5
赣中丘岗	273947.9	97.1%	8054.7	2.9%	282002.6
赣北环湖	23356.1	84.3%	4365.4	15.7%	27721.5
其他	9721.8	98.8%	119.5	1.2%	9841.3
总计	871422.9	94.1%	54315.0	5.9%	925737.9

江西的竹木业发展存在着以下问题：一是竹木加工原料供应跟不上；二是竹木生产企业规模小，技术装备水平低，新工艺、新技术引进、开发和应用滞后。导致资源加工利用率不高，产品结构单一，创新能力弱，市场应变能力差，新产品、名牌产品少；三是产业组织化程度低，加工企业的低水平重复，竹木产品雷同，竞相压价、无序竞争的现象较为严重。上述问题均需在发展中加以解决。

（二）目标与范围

到 2015 年，使新造及改造以毛竹为主的丰产林基地达 60 万公顷。竹产业年产值 180 亿元，在林业总产值中的比重为 16%。

到 2020 年，建设竹林基地 80 万公顷。改造低产竹林 60 万公顷，营造竹林 14 万公顷，竹产年产值实现 256 亿元，比 2010 年增长 88.24%，在林业总产值中的比重为 18%。

基地主要布局在崇义、宜丰、贵溪、资溪、宜黄、万载、奉新、武宁等竹类重点产材县（市）。

（三）建设内容

1. 竹林基地建设

重点建设材用竹林基地、笋材两用竹林基地、笋用竹林、特用竹林（观赏林）四大竹林基地。毛竹商品区，应选择在土壤肥沃、坡度平缓地段，采用毛竹大径材丰产培育等先进适用技术，高质量人工营造竹林；在竹源丰富的地区，选择立地条件好，有培育前途的竹林，实施伐杂抚育、号字经营、科学施肥、禁笋勾梢、优化竹龄结构，提高竹林地产出；重点研究高效生态经济型竹林培育技术、竹笋有机栽培及可持续经营技术等，包括培育技术对竹林水源涵养功能、鞭根系统固土功能、大气净化能力和经济生产力的分析、评价和模拟；开发和筛选生态经济型联合固氮菌肥等高效微生物肥，长效有机平衡复合肥，以及相应的施肥技术，小生境技术；测定土壤肥力变化和竹林经济产量，找出最佳的施肥方法、肥料种类和施肥量；散生竹纯林和混交林以及不同栽培措施的竹林的土壤酶活性、土壤肥力，林下植被和经济产量的关系等。

2. 竹加工新技术和新产品开发

加快发展竹胶合板、竹刨花板、竹地板及竹复合地板等竹装饰型材、竹家具及竹木复合工程型材、竹制浆造纸、竹工艺园艺品、竹化工产品、竹笋加工产品等。要借助高附加值竹木生产技术，充分利用现有竹木资源，对满足社会需要和实现林业可持续发展有着重要意义。强化竹材、重组竹材、装饰用竹单板、竹木复合集装箱材、仿真木都取得重要成果，将形成高附加值产品链。竹木质家具、竹木制玩具、竹制品加工成为区域支柱产业。加大投入，搞好新产品开发。

（四）主要措施

1. 科学技术的推广和应用

研发新型数控竹木加工机械，提高加工精度、功效、资源利用率。重点开展数控激光竹木材三维雕刻机研制，数控竹窗帘、竹地毯编织机的研制，数控技术在竹木地板加工上的应用，贴面板染色数控技术应用等研究。竹木资源循环利用与木材改性技术，研究提高竹木资源的循环利用水平的新产品。重点攻关新型仿真木及仿真薄木、木材密实化、竹木塑复合材料生产工艺、纳米技术在竹木材上的应用、废弃竹木材料制造人造板循环利用等关键技术等。

通过科学技术的推广和应用，促进竹加工产业的发展，同时带动毛竹竹林基地的建设和发展。

强化科技投入。科技含量高低直接影响到毛竹产业开发的力度和效益。在开发中，必须强化科技投入。

2. 加强市场建设

毛竹产业开发要达到优质、高产、高效，必须要拥有一个活跃的大市场。逐步形成一个覆盖面大、影响力强的毛竹产品市场体系，通过以销促生产，推动毛竹产业开发持续、稳定、快速发展。

充分利用全省丰富的竹林资源，大力发展市场前景广阔的竹制品工业，包括日常生活用品（砧板、卫生筷、牙签、窗帘、木梳、食品包装盒等）、工艺品（根雕、装饰画等）。努力提高产品质量，增加品种规格，扩大市场份额；重点扶持绿色环保的竹制包装容器和出口竹制品生产，提高出口创汇能力。

3. 优化开发环境

制定和采取一系列措施，严厉打击各种违法犯罪行为，着力整顿竹木流通秩序，杜绝乱设卡、乱收费、乱罚款的现象，坚决取缔非法经营加工木竹单位，切实保护开发者合法权益，为毛竹产业开发者经营、加工、销售等各个环节制造一个好的环境，使毛竹产业开发形成一个外商能引得来、留得住，并能放手大胆地经营的局面。

八、林产品加工利用工程

江西是一个山区比重很大的农业省，全省99个县（市、区）中，山区、丘陵县就有70个，全面建设小康社会，重点在山区，难点在山区，而山区经济的发展主要依赖于林业。在推进生态建设的同时，加快林产工业的发展。以林业资源为基础，市场为导向，改革为动力，科技为支撑，大力培育林产工业的龙头企业，做大做强林产工业，为全省农村经济发展和农民增收做出贡献。

（一）发展现状

林业产业逐步壮大，林产工业呈现加速发展态势。据2006年统计，全省有林产工业企业7200多家，其中林竹经营企业1967家，木材加工企业5000余家，林产化工企业280余家；木材年加工能力达860万立方米，竹材年加工生产能力达8560万根。2006年全省生产人造板201.01万立方米，生产人造板二次加工产品91.5万平方米，生产地板1080.76万立方米，木竹浆造纸产值13.65亿元，生产松香、松节油11.25万吨，生产松香、松节油深加工产品3.74万吨。近几年来，全省龙头骨干企业迅速崛起，涌现了如宜春罗宾、江西大亚、江西晨鸣、江西绿洲、赣州华劲、德兴绿野等一大批中（高）密度纤维板、细木工板、竹地板、竹胶板、木雕、活性炭、茶油等产品加工企业。

2006年全省林业产业产值4832087万元。其中第一产业2207180万元，占45.7%；第二产业1828333万元，占37.8%；第三产业796574万元，占16.5%。第二产业中，木材加工及木、竹、藤、苇制品制造业产值占53.6%；竹木家具业产值占14.7%；木、竹、苇浆造纸业产值占7.5%；林产化工产值占 7.2/%；非木质林产品加工业产值占 8.8%；木质工艺品和木质文教体育用品制造产值占 1.1%；其他，占 7.1%。

江西省林业产业存在主要问题。一是重复建设、产品结构雷同、高耗低效的小型企业多，家庭作坊式的生产多，特别是胶合板的生产；二是科技含量高、示范带动力强、低耗高效的龙头企业或主导型企业少；三是以消耗木材资源为主的加工企业多，利用毛竹、油茶及森林生态、森林景观等非本质资源的企业少；四是企业管理及技术水平差异大，技术人员严重缺乏，许多企业只重视生产，科研经费投入不足，创新能力弱，生产工艺落后。

（二）目标与范围

以京九线、浙赣线为两轴，向两侧辐射。人造板、木竹家具、木竹浆造纸、竹木地板、装饰型材、森林食品、森林药材等主要产品和林产工业精深加工，主要布局在铁路沿线的大中城市；半成品、粗加工主要布局在林区或靠近林区，见表 16-21。

表 16-21　江西省林产品加工利用建设目标

项　　目		2015 年	2020 年
产值	林业产业总产值（亿元）	1300	1600
	其中：林产工业产值（亿元）	352	464
主要林产工业产量	人造板（万立方米）	660	820
	工程集成板等胶合板（万立方米）	60	80
	各类地板产品（万立方米）	2800	4500
	木竹家具（万件）	1200	1500
	木、竹制浆造纸（万吨）	270	350
	松香等林化产品（万吨）	25	37
林业一、二、三产业产值比重（%）		40：43：17	32：48：20

（三）建设内容

1. 赣南人造板、木竹浆造纸产业区

以赣州市为中心，重点发展木、竹胶合板、细木板、各种刨花板、木、竹及木竹复合工程集成材、木竹制浆造纸（采用国际上领先技术和设备，达到国际一级环保标准），适度发展中、高密度纤维板。

2. 赣中人造板精深加工和林产化工以及茶油加工产业区

以吉安市为中心，重点发展竹胶合板、细木工板、刨花板，以及刨花板、细木工板、中高密度纤维板等人造板深加工产品，松香、松节油及其深加工产品，天然樟脑、合成樟脑、龙脑樟、茶油加工系列产品，严格控制中高密度纤维板的新建规模。

3. 赣西竹材加工系列产品、人造板精深加工、茶油加工产业区

以宜春市为中心，重点发展竹材加工系列产品，包括竹胶合板、竹地板、竹刨花板、竹装饰型材、竹及竹木复合工程集成材、竹制浆造纸、竹工艺品、竹园艺产品、竹笋加工产品等；人造板精深加工产品，包括木门、板式家具、强化复合地板、直印板等；茶油加工系列产品。严格控制新上中高密度纤维板项目。

4. 赣东竹木加工产业区

以抚州市为中心，在建设好大亚木业 20 万立方米高密度纤维板生产的同时，重点发展木、竹及木竹复合工程集成材，竹胶合板、细木工板、竹木纺织器材、竹装饰型材等。严格控制新建中高密度纤维板项目。

5. 赣北杨树造纸产业区

以九江市为中心，在大力发展沿鄱阳湖区速生杨树工业原料林基地的基础上，重点发展以杨木为主原料的制浆造纸。

6. 赣东北活性炭系列和人造板产品加工区

以上饶市和景德镇市为中心，适度发展中高密度纤维板，重点发展细木工板、刨花板、竹材加工产品，活性炭系列产品。

7. 木浆造纸、家具、装饰型材、森林药材加工区

以南昌市为中心，重点发展木浆造纸，竹、木家具，木、竹装饰型材，森林药材加工产品等。

（四）主要措施

在产品结构调整中，加快竹类、经济林类加工产品发展；大力发展以人工速生材、次小薪材和"三剩物"等为原料的加工产品，加快实现木材利用由天然林为主向人工林的转变；大力发展竹木地板、强化复合地板等装饰型材、竹、木和竹木复合工程集成材、人造板饰面板、木竹家具、木竹工艺品、木竹园艺产品、松香、松节油及其深加工产品、森林药材等高科技含量、高附加值的精深加工产品和最终产品，延长产业链，实现森林资源的最大增值；减少初级产品，限制中间产品，尽可能不生产原料型产品，适度控制中高密度纤维板发展；大力发展木、竹胶合板、细木工板、各种刨花板等人造板、木竹家具、木竹制浆造纸等市场容量大，发展前景广阔，易形成规模的大宗产品；积极发展胶合木、科技木、木塑材料等高技术新型工程复合材；鼓励和引导人造板企业进行二次和多次加工，形成多级产品聚集群。把产品结构调整的着力点放在创名牌上来，努力培育成一批国内外市场驰名的林产工业产品品牌，林产工业产品的市场竞争力。

1. 竹木制纸产业

竹木制纸是直接以木、竹资源为原料的制浆造纸。包括彩印新闻纸、颜料整饰胶版纸、新闻纸、胶印书刊纸、牛皮卡纸、卷烟纸等。

利用江西省丰富的松、杨、毛竹等速生丰产资源，重点培育以纸浆加工企业为核心的林浆纸工程，通过优化资源配置，实现造纸业集群化发展，淘汰落后产品和工艺，促进产业结构优化升级。力争在 2015 年生产纸浆 230 万吨，2020 年生产优质纸浆 350 万吨。

2. 人造板加工业

重点抓好以林区"三剩物"、次小薪材、竹材、城市废弃回收木材、农作物秸秆等非木质材料和人工林木材资源等为原料的人造板加工业。强化现有企业的技术改造和产品结构调整，着重开发有市场前景的高密度纤维板、结构刨花板、新型竹材人造板及其深加工。重点改造、扩大现有人造板骨干企业的生产规模，引导和促进小企业的联合与重组，逐步培植一批大型人造板骨干企业，形成协调发展的产业集群。争取在 2015 年生产人造板 500 万立方米，2020 年生产人造板 820 万立方米。

3. 木制品加工业

充分利用全省丰富的木资源，大力发展市场前景广阔的木制品业，包括日常生活用品（砧板、卫生筷、牙签、窗帘、木梳、食品包装盒等）、工艺品（根雕、装饰画等）。努力提高产品质量，增加品种规格，扩大市场份额；重点扶持绿色环保的竹木制包装容器和出口木竹制品生产，提高出口创汇能力，使竹木制品业成为全省林产工业的支柱产业之一。重点扶持研究和开发松、杉、杨等速生材改性技术和竹材刨切技术。

4. 家具地板业

以南昌、抚州和宜春为重点发展家具业和地板，提高家具、地板设计、制造技术水平，加大研究新的生产工艺的力度，打破家具主要依赖沿海供应的传统格局，打造知名品牌，扩大市场占

有率，努力实现家具生产本地化。到 2015 年，力争生产各类地板产品 3000 万平方米，木、竹家具 900 万件；2020 年，生产各类地板产品 4500 万立方米，木、竹家具 1500 万件。

5. 林产化学加工业

林产化学加工业包括天然树脂采集加工（松香、松节油）、木材化学加工（活性炭、竹炭等）、树木寄生虫放养产品加工（紫胶、五倍子、白蜡）、树木提取物加工（栲胶、林产油脂、色素等）等。到 2015 年，松香等林化产品达到 37 万吨；2020 年松香等林化产品达到 37 万吨。

继续加大松脂松香的开发力度，提高松脂产量；抓好松香、松节油的深度加工，搞好无色松香、高级香料、耐候性环氧树脂、水白树脂等项目建设，提高全省松香及深加工产品的质量。

九、林业生物质能源植物培育与加工工程

森林生物质能源的利用具有悠久的历史，在科学技术并不发达的过去，具有不可选择的必然性。科学技术发展、矿质能源出现后的一段时间，林木质生物能源的继续开发利用也具有现实的必要性。现在在我国大部分地区，尤其是农村地区，生活能源的提供，仍然以林木质生物能源为主，尤其是山区和半山区，因其独特的地理和气候特点，对林木质生物能源地依赖程度较高。

中国林科院进行了"优良薪材树种引种、选种、薪炭林栽培经营技术"的研究，在全国不同自然类型区对 120 多个乡土树种和外来树种的能源潜力进行了分析，在燃料油植物方面已筛选出油桐、山桐子、岩桂、四合木等植物。目前，栽培或试种的油料植物有：大豆、油菜、花生、油茶、芝麻、油桐、乌桕、蓖麻、棕榈、椰子、核桃、腰果、可可、油莎草、油橄榄、红花等，其中有些种类最初仅限于南方或北方栽培，视已推广到全国各地，都为燃料油植物的引种驯化和大面积栽培提供了极大的方便。

（一）发展现状

江西省是一个山区、丘陵比重很大的农业省，全省林业用地面积 1060 万公顷，占全省国土总面积的 63.5%，全省 2/3 的国土是山区，2/3 的人口在山区农村，2/3 的县（市、区）是重点林业县。林地宽广，发展林业生物质能源基础好。森林是最重要的生物质能源，速生林木、木本燃料油植物和沙生灌木是森林资源的重要组成部分，是开发生物质能源的重要基础原料。

江西是全国林业资源最丰富的省份之一，但与江苏、浙江等省份相比，林业产业发展相对落后，林业总产值相对较低。在"三油"（生物柴油、茶油、松节油）产品中，生物柴油发展在江西省起步较晚，茶油和松节油虽然为传统产品，但总产值不高。

江西在经济林营造过程中，可结合发展一定规模的油料资源树种，如麻风树、黄连木、光皮树、油桐、乌桕等，在交通条件相对好的丘陵区建"能源林场"，见表 16-22 和表 16-23。

表 16-22　江西省主要生物质能源植物的分布及面积表　　　　单位：公顷

分区	油桐	乌桕	白蜡	漆树	棕榈	栓皮栎	其他	生物质能源植物总量
赣东北片	351.8	14.0		6.1	0.6	8.1		380.7
赣东南片	1883.6	18.9	2.1			6.3		1910.9
赣西北片	262.6	8.7		2.7			20.6	294.6
赣西南片	319.7	91.2		0.2			12.5	402.3
赣中丘岗	2025.4	86.4		180.6		224.1	3.2	2519.7
赣北环湖	80.1	0.6		4.3		637.0		722.0
其他	47.8					680.4		728.2
总计	4971.0	219.8	2.1	193.9	0.6	1555.9	36.3	6958.4

表 16-23　江西省不同生物质能源植物分布面积占总面积的比重表　　　　　单位：公顷

分区	油桐	乌桕	白蜡	漆树	棕榈	栓皮栎	其他	生物质能源植物总量
赣东北片	92.4%	3.7%		1.6%	0.2%	2.1%		100.0%
赣东南片	98.6%	1.0%	0.1%			0.3%		100.0%
赣西北片	89.1%	3.0%		0.9%			7.0%	100.0%
赣西南片	79.5%	22.7%		0.0%			3.1%	105.3%
赣中丘岗	80.4%	3.4%		7.2%		8.9%	0.1%	100.0%
赣北环湖	11.1%	0.1%		0.6%		88.2%		100.0%
其他	6.6%					93.4%		100.0%
总计	71.4%	3.2%	0.0%	2.8%	0.0%	22.4%	0.5%	100.3%

（二）目标与范围

2015 年，利用内、外资，做好新能源树种的筛选、培育工作，建立 1~3 个生物质能源林基地，完成生物质能源林 10 万公顷。

2020 年，加大生物质能源树种的种植的推广，建立 3~5 个生物质能源林基地，建成生物质能源林 15 万公顷。

主要发展区包括：赣南中东部的于都县、赣县、瑞金市、石城县、会昌县、兴国县、宁都县；赣中的吉安县、吉水县、永丰县、峡江县、新干县、泰和县、万安县、乐安县、宜黄县、崇仁县；赣西北的修水县、武宁县、瑞昌市。生物质能源林的建设需要结合生态林的提质改造工程来进行，赣中、南有大片分布的红色盆地，地貌上，以丘陵、岗地为主，气候上，水热资源丰富，但人类活动频繁，水土流失严重，荒山、荒地及低效林分布广，可作为分布广、适应性强的木本油料林基地。

（三）建设内容

结合江西的资源特点，重点发展林业生物质的气化、液化、成型固化及气热电联产技术；开发生物基柴油以及生物基化工产品；建立起特色的生物质能利用体系。

1. 能源植物培育

森林是最重要的生物质资源，而速生林木、木本燃料油植物和沙生灌木是森林资源的重要组成部分，也是开发生物能源的重要基础原料。目前开发生物质能的资源种类主要有：以制酒精为目的木材加工剩余物等；以生产燃料油为目的树种资源 3000 多万亩，如麻风树、油桐、乌桕、绿玉树等；有可用于加工成型燃料"木质煤"的林木资源 8 亿 ~10 亿吨。我国在能源林树种选育和栽培方面研究已有初步基础。

2. 建立高科技示范园区

2009 年 1 月 11 日，江西省林业厅与上海市徐汇区国资委在南昌签订江西林业产业整体合作框架协议。根据协议，双方将通过战略合作，使江西林业成为全国林业改革发展的"领头羊"，成为江西林业经济又好又快发展的重要力量。根据协议，双方将在江西构建生物质能源与林业新产品完善的产业链条，推动 3~5 家林业优质企业做优做强并走向资本市场，形成以生物柴油为龙头、茶油和松节油为重点的林业产业新集群，使"三油"产品产值达到 100 亿元，利润达到 30 亿元。双方同意设立由省林业厅引导、上海徐汇区国资委主导的"林业科技投资公司"，注册资本 1 亿元，参与江西林业系统中公司的股份制改造。双方还将对江西现有的 50 个林业产权交易中心进行有效整合，组建一个辐射南方的林权流转交易所，使之成为中国多层次资本市场的重要组成部分，以及江西林业改革发展的里程碑。

此外，双方将致力于建设中国最具影响力的林业科技孵化园区，使之成为集林业新技术交易、新企业孵化、新项目（生物柴油、茶油、松节油等）推广为一体的高科技示范园区；合作发起设立林业产业基金，首阶段规模为 1.5 亿~2 亿元，两年内扩展到 5 亿~10 亿元，推动林业产业资源向科技化、产业化、市场化方向集中，从而扩大江西林业产业的品牌知名度。

（四）主要措施

1. 新能源树种的筛选

生物柴油是 CO_2 零排放的绿色燃料，生产生物柴油的原料，美国主要利用过剩的大豆油，欧洲和北美主要利用过剩的菜子油，印度利用麻风树油，日本利用过剩的鲸鱼油。我国食用油料不足，动物油更少，我国耕地仅占国土面积的 10.4%，人均耕地十分紧缺，没有足够的农田来发展所谓的"能源农业"。然而我国却有过度采伐的荒山荒地，在江西全省 99 个县（市）中，山地、丘陵县就有 70 个，除有待绿化的荒山、荒地，还有大片有待改造的质量不高的低产林地，可用于木本油料植物的栽培。

我国木本含油植物种类丰富，其中含油在 40% 以上的植物有 154 个种，分布广、适应性强、可作为燃料油基地的乔灌木种约 30 种，分布集中成片并能利用荒山、沙地建立规模化良种供应基地的木本生物燃料油的植物约 10 种左右，如黄连木、文冠果、续随子、麻风树、乌柏、光皮树等，特别值得一提的是中国乌柏，每公顷能产种子 350 公斤，种子出油率 41%，日本人称其为"中国原子弹"，美国科学家称它为"石油树"，并于公元 8 世纪引种，目前，美国南部沿海已经种植200 多万公顷，在江西省营造"能源林场"，乌柏不失为首选树种。

2. 生物质气化技术应用

国外的生物质能技术和装置多已达到商业化应用程度，实现了规模化产业经营。欧洲和美国的研究与开发方面处于领先水平，生物质直接燃烧发电占可再生能源发电量的 70%。各种形式的生物质能占美国消耗总能源的 4% 和美国可再生能源的 45%。据报道，美国有 350 多座生物质发电站。美国生物质发电装机容量已达 1050 万千瓦，预计到 2015 年装机容量将达 1630 万千瓦，提供了大约 66000 个工作岗位。我国生物质气化技术的研究开发主要集中在气化装置；发电、民用炊事和燃气锅炉等方面。

3. 生物柴油的制备技术研究

该技术在 90 年代末得到了人们的重视。目前国内对生物柴油的研究还处于起步阶段。对植物油理化特性、加工工艺、柴油添加剂和柴油机燃烧性能以及生物柴油和高附加值的化工产品综合制备技术等方面进行了初步试验研究。仅仅有少数企业开始了建立生物柴油的生产，其中海南工和生物能源公司、四川古杉油脂化学公司、福建省龙岩市新能源发展有限公司、中国林业科学研究院林产化学工业研究所等企业与科研单位进行了大量的研究，并获得了非常理想的科研成果。

十、城市森林工程

城市森林是指在城市地域内以树木为主题的植被及其所处的人文自然环境构成的森林生态系统，是城市生态系统的重要组成部分。城市森林建设是以城市为载体，以森林植被为主体，以城市绿化、美化和生态化为目的，森林景观与人文景观的有机结合，改善城市生态化境，加快城市生态化进程，促进城市、城市居民及自然环境间的和谐共存，推动城市可持续发展。

城市森林作为城市生态建设的主体，是构建和谐城市的重要内容，具有不可替代的重要作用。首先，城市森林建设在实现城市人与自然和谐中发挥着重要作用，是与建设资源节约型、环境友好型社会的要求相一致的。第二，城市森林在实现城市人与人、人与社会之间的和谐中发挥着重要作用。城市森林改变了城市冰冷的钢筋水泥外貌，满足了城市人们与自然亲近的渴望，舒缓了人们在紧张工作和生活快节奏中形成的疲劳情绪。城市森林文化还是城市文化和城市生态文明的重要组成部分，它所包含的城市森林美学、园林文化、旅游文化等，对人们的审美意识、道德情操起到了潜移默化的作用，也使城市森林成为城市文化品位与文明素养的标志。第三，城市森林建设所倡导的城乡一体化发展，对加快社会主义新农村建设、促进构建和谐农村发挥着重要作用。城市森林建设要求将市区、市郊和农村纳入统一的大系统中一起谋划，共同建设。

（一）发展现状

改革开放以来，江西省经济迅速发展，加速了城市化进程。浙赣铁路沿线及其北部区域，城镇发展实施轴向拓展，点面结合，以城市群的方式组织空间布局，重点发展（南）昌九（江）景（德镇）、浙赣铁路沿线城镇，形成城镇密集区，成为江西城镇发展的核心区域，带动区域及全省的发展；浙赣铁路以南的区域，以据点开发为主，点轴结合发展，即以赣州、吉安、抚州为中心，沿交通干线（京九铁路和105、206、323国道）发展城镇，带动周边地域的发展。到目前为止，江西全省有1个特大城市南昌，5个大城市（九江、赣州、景德镇、萍乡、新余）、8个中等城市（鹰潭、吉安、上饶、宜春、抚州、丰城、樟树、瑞金）、70个设市小城市和县城，约700个建制镇。初步形成大中小城镇协调发展、结构合理的城镇体系。全省城镇将以中心城市为节点，现代交通体系为依托，构建一核（南昌都市区）、二轴（沿浙赣铁路和京九铁路二条发展主轴带）、三个城镇片（赣北东、赣西、赣中南）和六个城市分区的总体布局结构。

全省城市化水平逐步提高。2000年，全省总人口4148.54万人，其中城镇人口1148.73万人，城市化率27.69%；2005年，全省总人口4311.24万人，其中城镇人口1599.47万人，城市化率37.10%，与2000年相比，提高了9.41个百分点；2008年，全省总人口4400.10万人，城镇人口1819.88万人，城市化率41.36%，与2005年相比，提高了4.26个百分点。

2008年，根据江西省21个市（包含11个地级市）统计，城市建成区面积为81900公顷，其中绿化覆盖面积34234公顷，城市平均绿化覆盖率为41.8%。21个市的公园数共有190个，最多的市有26个（南昌市和抚州市），最少的市仅1个。

（二）目标与范围

按"城在林中、路在绿中、房在园中、人在景中"的布局要求，建成以林木为主体、花卉草坪及地被植物为辅，总量适宜、分布合理、植物多样、景观优美的城镇森林生态系统。

到2015年，江西省应实现城市森林化、城郊园林化、道路林荫化、单位（小区）花园化。应以"国家园林县城标准"为江西省城市森林的建设目标——城市绿化覆盖率达到40%；建成区绿地率35%；人均公共绿地面积＞9平方米；道路绿化普及率100，达标率＞80%；公园面积＞3公顷；公园绿地率＞70%；园林式单位＞60%；园林式小区＞60%；主干道沿街单位＞90%实施拆墙透绿。

包括全省11个设区市，10个县级市，70个县，19个市辖区的城市建成区及郊区。

由于各种城市地理环境、植被类型和所在位置不同，因此，城市森林的建设的要求各不相同。根据城市地貌特征采取不同的城市森林建设模式，实现城市森林资源生态、经济和社会效益的最大化。具有特色的、标志性的城市森林建设，对旅游热点城市（如南昌、婺源、井冈山、景德镇等）尤为重要。

构建两大平原城市森林体系和城乡一体的森林城市网络：

环鄱阳湖森林城市圈，包括南昌、九江、景德镇三个设区市。

浙赣线森林城市走廊，包括萍乡、宜春、新余、樟树、丰城、抚州、鹰潭和上饶等八大城市。

城乡一体的森林城市网络，主要以吉安和赣州两市为中心。

（三）建设内容

城市森林建设，不能做成单个城市的孤立设计与构建、不可千篇一律，尽力彰显个性，重视各城市的标志型城市森林建设。

江西省城市化水平偏低，建设用地的比例偏低，城乡融合水平较高，构建城乡一体化的城市森林比一般省市条件相对较好。

1. 平原城市森林建设

要贯彻"林网化、水网化"的理念。该类型的城市森林建设：各种类型的核心林地建设，核心林地（片林），根据不同城市的特点，建设不同景观模式的城市片林。植物园、公园、城区森林公园、风景林地等均可作为核心林地。有自然山体入城的城市，山体上的自然植被应是其核心林地。在核心林地建设中，要十分重视体现森林文化，着力提高城市森林的文化功能。林水结合的贯通性主干森林廊道建设，主要起生态连接和通道作用，在满足道路交通功能基本要求的基础上，充分发挥道路林网的隔离防护、生态维持以及环境美化的功能。林带林网、绿化点建设，重点完善道路林网、水系林网和农田林网。城市立体绿化：在尽可能挖掘城市林地资源的前提下，通过高架桥的垂直绿化、屋顶绿化、墙面垂直绿化等占地少或不占地而效果显著的立体绿化形式，构筑具有江南特色的立体绿色生态系统，提高绿量，最大限度地发挥植物的生态效益。

平原城市森林应注重标志林、碳汇林、人脉林的建设。

标志林包括：纪念林、庙林、会馆林。

碳汇林（可测量、可报告、可核查的林地）包括：信息林、创意林、智慧林、循环林、责任林。

人脉林包括：情侣林、成长林、友谊林、老人林、情景林等。

2. 山区城市森林建设

山区城市往往有自然山体入城，且多傍水而建。因此，山区型城市的城市森林建设，要充分利用自然地形，以形成多层次的、立体化、依山傍水的城市森林生态系统为目标。自然山体是城市的基本地貌格局和生态屏障，应将自然山体的森林作为城市森林的基本骨架和核心林地。同时，要加强水系的整治和水系两侧的绿化。在此基础上，道路林网、城市公园居住区绿化、单位绿化等城市森林建设单元也要充分利用自然地势进行布置。

山水城市森林构建网络。重点建设养生林，包括鸟巢林、花果林、竹子林、药王林、茶王林、杜鹃林、蘑菇林、风水林、水土林等。

（四）主要措施

1. 加强城市森林的管理

积极推进城市森林建设与管理的标准化，实现城市森林建设与其他基础设施建设同等资金管理模式；增加各级政府用于城市林业管理、教育和研究的财政预算。制订鼓励所有社区减少、再生和再利用城市森林废弃木材和剩余废料的具体措施。开展城市森林健康监测，制订城市森林灾害防控措施，以减少自然和人为灾害造成的损失。有效管理有害物种侵入。制定城市森林经营管理规划，发挥城市森林长期、稳定、持续的社会、生态、环境、经济效益；多学科、多专业、多层次、参与式城市森林建设规划，发挥城市森林的最大效益。将城市森林纳入城市基础设施建设，鼓励民间组织、社区、企业参与城市森林建设，拓宽城市森林建设与管理的资金渠道。加快对现有城市规划、城市建设、城市环境、城市绿化等相关法律法规和技术标准的研究和整合，制定针对不同城市特点的城市森林建设法规，加强执法力度。

2. 加强教育投入，提高公民的森林保护意识

开发和支持国家、区域和地方各级城市林业教育项目，提高对城市林业的公众意识，促进公

众参与城市森林建设;鼓励和支持高等教育机构和专业机构通过学历教育和提供培训培养城市森林资源管理的专业技术人才;支持和鼓励建立市民志愿者组织,并充分肯定其在城市林业项目实施、维护充满活力和健康城市生态系统中所起的重要作用。

3. 城市森林工程的物质基础建设

加强各类绿化苗木基地建设,为城市森林工程提供物质基础和保障。城市森林工程的植物种类:江西省用于城市森林工程的地带性观赏树种主要有 52 科,300 余种。按优势树种排列,其顺序为蔷薇科 23 种、柏科 22 种、木兰科 18 种、杜鹃花科 13 种、木犀科 12 种、槭树科 7 种、忍冬科 5 种、茜草科 4 种、黄杨科 4 种。

4. 城市森林工程的模式

构建城市森林的主体是植物。植物在城市的分布的状况、植物群落的组成与结构,如何使它们在城市这种存在各种各样的环境胁迫的条件下更好的生长,是植物生态规划必需遵循的原则,明确城市森林规划的理念,以此来指导不同规划层面上的具体操作模式,来保证城市森林与绿地生态功能与园林景观的可持续性,保证城市的可持续发展。

江西城市森林宜用"绿廊 + 绿块"的网状生态绿化模式,它具有极大的适应性,它顺应地形,随坡就势,将相对零散的城市公园空间融为一体,极大地改善了城市公共空间,使绿化体系真正成为城市公园林的有机组成部分。 在这一模式中,应用现代生态学原理分析对园林生态环境有重大影响的有利与有害因素,针对有害因素采取营造相应的块状绿地(风景林、小游园等)的方法加以遏制或抵消,这些极具针对性的块状生态绿地,是在生态群落和审美基础上进行的艺术配置。这种绿化模式借助绿廊将城市森林内部的绿地与外部的自然环境有机的联系起来,形成园林景观的互借并保持自然群落的连续性,实现人与自然的共生、共乐。

(1)河道、道路等绿廊模式。连接重点生态区的骨干河流、道路的绿化带,建设贯通性的城市森林生态廊道,建立以河道与道路网为基础的绿廊网络系统,用以连结都市内的开放空间与公园绿地,达到景观美学与休憩空间之延续。江、河、湖、海等水体沿岸注重自然生态保护,水岸绿化率达 80% 以上。在不影响行洪安全的前提下,采用近自然的水岸绿化模式,形成城市特有的风光带;公路、铁路等道路绿化注重与周边自然、人文景观的结合与协调,绿化率达 80% 以上,形成绿色通道网络。

(2)公园森林模式。公园森林是指具有一定规模和质量的森林风景资源与环境条件,可以开展森林旅游与喜悦休闲,并按法定程序申报批准的森林地域。公园森林模式,具有一至多个生态系统和独特的森林自然景观和人工景观的地区建立的公园。建立公园森林的目的是保护其范围内的一切自然环境和自然资源,并为人们游憩、疗养、避暑、文化娱乐和科学研究提供良好的环境。森林公园内的森林不得进行主伐,但可以进行卫生抚育采伐,以提高其观赏价值。

(3)城郊林盘模式。城市森林工程宜遵循"城乡统筹"的理念,打破原有的地理限制,从中心城区向城郊、乡、镇、村进行全覆盖,营建城郊林盘,以道路"绿廊"为纽带,将道路变成穿梭在城乡的"绿项链"——在道路旁进行大量植物种植,进行景观设计,强调突出与环境的友好和协调。此外还有郊县天然林模式和社会主义新农村建设模式等。

● 城市森林工程的庭园观赏的主要树种:

罗汉松、湿地松、龙柏、千头柏、扁柏、塔柏、刺柏、柏树、墨西哥柏、铅笔柏、绿千柏、洒金柏、铺地柏、福建柏、日本扁柏、樱珞柏、日本花柏、柏树、柳杉、火炬松、金钱松、晚松、雪松、日本五针松、铁坚杉(粗榧科)、水杉、红豆杉、冷杉、日本柳松、金钱杉、地中海柏、猴掌柏、落羽杉、池杉、台湾杉、华东黄杉、湿地松、黄山木兰、白玉兰、广玉兰、金叶白兰、广西木莲、木莲、云南拟单性木兰、桂南木莲、紫玉兰、香樟、黄樟、猴樟、东南石栎、栾树、中国鹅掌楸、鹅掌揪、杜英、翠柳、油橄榄（木犀科）、丹桂、桂花、大观音、醉香含笑、深山含笑、乐昌含笑、云山白兰（金叶含笑）、含笑、银杏、椰榆、糙叶榆、榆树、复羽叶栾树、垂柳、银荆、合欢、薄叶山矾（山矾科）、八角枫、秀丽槭、椤木石楠、野核桃、蓝果树、鹅耳枥、花榈木（豆科）、苦木（苦木科）、拐枣（鼠李科）、观光木、槐树、鹅耳枥、火力楠、元宝槭、楝叶吴茱萸（芸香科）、薯豆（杜英科）、柳叶桉、苦楝、乌桕、垂枝榆（嫁接）、枫杨、湖北枫杨、黄檀、大叶桉、加勒地海枣、加拿利海枣、杜仲、悬铃木、意杨、楝木、香椿、臭椿、毛红椿、四川桤木、江南桤木（桦木科）、秃瓣杜英、吴茱萸、泡桐、梧桐、女贞、棕榈、红枫、红叶李、大叶女贞、小叶女贞、金叶女贞、芙蓉、梅花、杜鹃、瑞香、金桔、老人葵、迎春、柚、龙爪槐、蜡梅、木槿、红叶石楠、石榴、龙爪槐、红花檵木、南紫薇、法国冬青、竹叶椒（两面针）、春鹃、樱花、朝天樱、樱桃、毛樱桃、紫荆、大岛樱、白缨（茄科）、竹柏、桃树、紫叶桃、碧桃、金丝桃、紫薇、老人葵、紫背葵、麻叶绣球、巴西木、荷兰铁、苏铁、绿萝、佛手、三叶草、金丝梅、杨梅、崖花海桐、海桐、枇杷、石岩杜鹃、茶梅、豆梨、洒金桃叶珊瑚、圆锥八仙、郁李、龟甲冬青、冬青、花椒、山姜、龙葵、牛桎、鸡爪槭、枸骨、珊瑚豆、袖珍椰子、红背桂、橡皮树、棕竹、叶子花、老人葵、云南黄馨、山茶、橘、扁担杆（椴树科）、结香、冬枣、紫茉莉、滇贵野茉莉、海通、瓜子黄杨、大叶黄杨、雀舌黄杨、金边黄杨、南天竹、狭叶十大功劳、栀子花、狭叶栀子花、剑兰、茉莉、月季、丰花月季、菲黄竹、苦竹、大明竹、莜竹、孝顺竹、哺鸡竹、黄皮竹、凤尾竹、高节竹、闽竹、雷竹、紫竹、鹅（球灌）竹。

- 城市森林工程的行道树种：

樟树、马褂木、合欢、桂花、银杏、罗汉松、广玉兰、大叶樟、杜英、水杉、泡桐、白兰、雪松、单杆女贞、深山含笑、水杉、大叶含笑、雪松、黄樟、悬铃木、池杉、火力楠、龙柏、棕榈、白杨、喜树、重阳木、枫杨、柳杉、垂柳、青桐、榆树、桂花、海枣、大叶黄杨球、火棘、红叶李、海桐球、花柏球、紫薇、麦冬、剑兰、红花檵木、苏铁、枸骨、红枫、山茶、美人蕉、金边黄杨、月季、鸡冠花、扶芳藤、老人葵、苏铁、海桐球、金边黄杨、红花檵木、红叶石楠、金叶女贞，红花檵木、杜鹃、大叶黄杨球、龙爪槐、金叶女贞、竹柏、一串红、瓜子黄杨、木槿、月季、小叶女贞、加拿利海枣、华棕、多头铁树、悬铃木等。

- 城市森林工程的垂直绿化树种：

木通、五叶木通、爬山虎、常春油麻藤、湖北羊蹄甲、香花崖台藤、络石、白花紫藤、葡萄、凌霄、美洲凌霄、中华常春藤、五叶地锦、紫藤以及观赏瓜类等。

- 外地引种驯化树种：

大叶桉、乐昌含笑、池杉、雷竹、哺鸡竹、元宝枫、湿地松、火炬松、晚松、水杉、马褂木、日本柳松、金钱松、加拿利海枣、冬枣、红豆杉、雪松、高节竹、冷杉、醉香含笑、杜仲、四川桤木、悬铃木、福建柏、鹅掌楸、意杨、广玉兰、兰果树、楝木、苦木、臭椿、滇贵野茉莉、朝天樱、秃瓣杜英、吴茱萸、猴樟、毛红椿、湖北枫杨、海通、观光木、广西木莲、云南拟单性木兰、桂南木莲、油橄榄、槐树、楝叶吴茱萸、鹅耳枥、金叶白兰、火力楠、台湾杉、日本扁柏、樱珞柏、日本花柏、柳杉、金钱杉、地中海柏、猴掌柏、华东黄杉、墨西哥柏、千头柏、龙柏、铅笔柏、绿千柏、元宝槭等 65 种植物。

- 城市森林工程的草本观赏植物：

向日葵、鸡矢藤、芭蕉、三色堇、万寿菊、吉祥草、红花酢浆草、球根秋海棠、郁金香、喇叭水仙、大花矮生美人蕉、黄花美人蕉、美人蕉、鸢尾、鸡冠花、水竹（也叫旱伞草、莎草）、葱兰、孔雀草、紫鸭跖草、麦冬、粉晶菊、香蒲（水生植物）等。

十一、乡村绿色家园工程

（一）发展现状

长期以来，农村聚居点的环境一直是环境监管和污染治理体系的死角，农村聚居点的环境基本处于"自治"状态。今后应按照"以城带乡，以乡促城，城乡联动，整体推进"的要求，以城镇、平原、通道和村庄为重点，大力开展城乡绿化一体化建设，推动城乡同步绿化和美化。

在现在新农村建设中，新农村绿色家园人居林建设工程规划，常常是以主观的思想追求类城市化的居住方式的奇异与时尚，在全球化与物欲化的设计理念中，寻求彰显个性的突出，却忽略了客观存在的传统的乡土化的人居意识，这使得新农村建设在经济利益的巨大推动下，新农村绿色家园人居林建设把在社会生活、生态影响、地域文化以及长期积累的条件下形成的乡土生活被忽略了；世代延续的乡土景观与乡土情节被建设者的主观意愿所打破，新农村丧失了应有的田园气息，成为了城市的复制品，原有的乡土生态资源受到了极大的浪费和破坏。

（二）目标与范围

结合江西省"四大一小"工程的建设和村庄道路、河道、庭院、宅旁绿化、公共绿地和围村林的建设，完善村庄绿化布局，构筑多树种、多层次、多功能的村庄植被生态系统，实现村庄绿化、美化、生态化、高效经济园林化，发挥绿化的文化功能，改善农村居民的生产、生活环境，建设乡村绿色家园。

到2015年，规划绿化造林面积20万公顷；到2020年，规划造林绿化折合面积40万公顷。组织全省古树名木普查建档工作，按照分级管理、属地管理的原则，通过定期巡查，重点保护好一批古树名木。

所有江西农村地区，涉及全省1509个乡镇，19821个行政村。

（三）建设内容

1. 建制镇绿化

每个乡镇所在地栽植乔木5000株，新增绿地面积不少于5000平方米。此外，每个乡镇因地制宜地实施"五个一"工程，即建一个小游园、一个街头景点、一块精品绿地、一条园林式街路和一个园林式居住区。以"五个一"为载体，完成新增绿地面积10000平方米，绿化覆盖率达到35%以上。

2. 行政村绿化

建立社会主义新农村村镇绿化示范点，每个绿化示范乡（镇）、村要认真开展好四项工作：一是对辖区内可视山头第一山脊线以内的宜林荒山实现全部绿化，坡度25°以上的耕地全部退耕还林；二是对乡村路、河流进行绿化，栽植1~2行乡土乔木树种；三是平原地区要因地制宜地建设围村林，林带宽5米以上；四是搞好农户庭院绿化，根据该区域的优势经济果木或兼用林果、林药树种，大力发展生态庭院经济。在房前屋后，积极发展既有生态效益又有经济效益小果园、小茶园、小竹园、小林园，同时进行拆围墙，筑绿墙，在房屋界址四周大力种植乡土树种，建设既有生态效益又有美化功能的防护绿篱。

（四）主要措施

1. 搞好农村景观生态规划，突出地域特色

运用生态学和景观生态学原理，搞好新农村景观生态规划。结合各村实际情况，全力推进以河渠整治、村庄绿化、村庄环境整治以及生态卫生创建为主要内容的社会主义新农村建设。在新

农村规划过程中，要突出乡土特色，保护乡土景观。乡土景观是当地人为了生活而采取的对自然过程和土地及土地上的空间的适应方式，是当时当地人的生活方式和价值观在大地上的投影。因此乡土景观是包含土地及土地上的城镇、聚落、民居、寺庙等在内的地域综合体。

（1）坚持可持续发展战略与绿色家园建设实践相结合的原则。大力发展生态农业、绿化食品、环保节能项目和生态绿化工程。利用各村现有的资源优势，大力实施以村庄绿化为重点的新一轮农村绿化工程，把扩大绿化面积、增加村庄绿化量放在首位，积极动员和组织村民利用村边隙地、房前园地、屋后空地植树增绿，基本形成了以山场片林、庭园带林、农田网林、公路线林为骨架，片、带、网、线、点相结合的生态绿化体系。

（2）坚持经济效益、社会效益与生态效益相协调的原则。利用各村的资源特色，围绕新农村建设，在创建绿化家园的同时，把发展经济、富民增收作为工作的中心。合理调整产业结构，由过去以粮食为主的单一生产模式转变为以经果林、种苗花卉、林产深加工产业、水产养殖等多种经营的生产格局。

（3）坚持依法治理和以德治理，物质文明、精神文明和生态文明建设相结合的原则。全面加强与可持续发展相适应的精神文明和法律法规体系建设，努力建设生态文化，倡导生态文明，努力营造发展生态经济的社会氛围，为加快绿色家园建设提供强有力的精神动力。有些具有或靠近人文或旅游资源的农村，可以大力发展生态旅游，以带动其他产业发展。城郊接合处的农村，促进以"农家乐"为主的旅游项目发展。

（4）打造文明和谐新农村。积极倡导文明和谐新风尚，开展农村生态家园创建活动，发展生态庭院经济，改善生产生活环境。认识生态、参与生态建设，提高村民的生态文明意识。强化资源保护和生态保护意识，促进人与自然和谐相处。

（5）坚持统筹规划、突出重点、分步实施、协调动作的原则。绿色家园建设是一项系统工程，要科学规划，与国民经济和社会发展"十二五"计划及远景规划相衔接，优先抓好重点示范工程、重点产业和重点区域，分期推进，保持连续，逐步提高。

（6）以美化、香化和休闲踏青为思路的高规格城乡结合带绿化景观工程（香樟、楠木、杜英、女贞、广玉兰、白玉兰、紫薇、石楠、红花檵木等优良观赏树种结合多年生宿根花卉和地被植物），构建城镇赏心悦目的绿化景观带。

（7）以村村通工程和新农村建设为依托，建设以绿化树种为主的风景林带。

2. 四旁绿化

村旁：护村林、风景林。公共绿地和专用绿地，可采用单株栽植、树丛、树群等配置方式。以防护、用材、绿化树种为主，应选择既有绿化效果又有经济效益的树种。

宅旁：以单株栽植和丛植为主，自然式，不对称，因地制宜，见缝插针。以果树和观赏树种为主。

路旁：每段路选用一两种树种，按照设计的株行距，在道路两侧或路肩栽植。以防护、绿化美化树种为主，可选用抗风力强、深根性、主干挺直、树大荫浓、能抗烟尘，分枝高耐修剪的树种。

水旁：堤岸防护林，按设计的株行距沿堤岸定点栽植，堤岸面宽2米以下在内侧栽单行，2米以上的，内外两侧各1~3行。迎水坡面可栽灌木或种草，以防水浪冲击堤岸。以防浪护岸和绿化树种为主，可选用耐水湿、深根性、抗风力强的树种。

围村林：造林树种有樟树、木荷、杜英、杨树、泡桐等阔叶树种。

3. 乡村绿化模式

乡村绿色家园工程的建设要根据不同的生态环境、民俗文化环境等采取相应的工程模型，但无论哪种模型都要注重生态环境的建设和保护、古建筑与古树名木的保护。主要模型可分为以下

几类:

(1)生态经济型。植物配置:果树—用材树种—绿化美化树种—药用植物和花草相结合。通过这种生态经济性绿色家园的建设,不仅美化了农村环境,同时可以增加农民的收入,对于偏远的且没有特有的生态景观和人文环境的农村宜采用此种模式。

(2)生态园林型。植物配置:观赏苗木(乔木)—花灌木—草本花卉—草坪地被植物—藤本层间植物相结合,注重植物的合理搭配,建成集美化、香化、生态化于一体的园林新农村。

(3)生态旅游园林型。植物配置:结合乡村特有的生态景观环境,加以绿化改造。

(4)文化旅游园林型。植物配置:结合乡村特有的风土人情、民俗文化、寺庙文化加以绿化改造,以美化绿化生态化为目标,以吸引游人为目的的园林景观。

十二、生态旅游休闲工程

十几年来,生态旅游的发展无疑是成功的,平均年增长率为20%,是旅游产品中增长最快的部分。江西山清水秀,人杰地灵,全省森林覆盖率达60.05%,生态环境优越,森林景观绮丽,动植物资源丰富,人文古迹荟萃,独具特色,发展旅游休闲具有非常广阔的前景。森林旅游和湿地旅游是生态林业和商品林业的统一体,加强以森林公园为主体的森林生态休闲旅游基地建设,是生态旅游的载体,也是林业产业发展的需要,同时对林业生态建设也有巨大的促进作用。

(一)发展现状

江西省森林旅游业起步比较晚,截至2007年,全省在不同地域的典型森林生态类型区、珍贵野生动物繁育区以及其他天然林区建立了各类森林公园88处,经营总面积42.55万公顷。其中国家森林公园36处,经营面积33.07万公顷;省级森林公园52处,经营面积9.48万公顷。已建立各类自然保护区148处,面积43.59万公顷。其中国家级自然保护区8个,保护面积8.5万公顷,省级自然保护区18个,市、县级122个。此外,在已建立的森林公园和自然保护区之外还有许多以森林旅游资源为基础的森林风景旅游区、风景林,如资溪华南虎野化先锋保留地、乐安县流坑村古樟群落等。这些森林公园、自然保护区和森林风景区等囊括了全省森林生态系统和生物多样性的精华,是生态旅游的重要物质基础。

江西省湿地资源十分丰富,全省各类湿地面积达365.17万公顷,占国土面积21.87%,湿地主要分布于鄱阳湖湖区周边上饶、九江、南昌等地的11个县,以及赣江、抚河、信江、饶河和修水五大水系。江西省湿地公园建设2000年起步,筹划和建设呈快速推进态势。2005年新余市孔目江湿地公园获批成为江西省首个国家湿地公园后,建设了新余孔目江、鄱阳县东鄱阳湖、永修修河、安远东江源、南丰傩湖、丰城药湖等6个国家级湿地公园。南昌市象湖、艾溪湖、红谷滩渔舟湾三个湿地公园也开始筹建。

江西省虽然森林旅游资源和湿地资源十分丰富,但森林公园和湿地公园的建设与管理、森林旅游产业的规模与广西、浙江、福建、湖南和广东等省(自治区)相比,尚有较大的差距,有着十分广阔的发展空间。

(二)目标与范围

到2015年,森林公园、湿地公园达220处;到2020年,江西省森林公园、湿地公园总数达到230处以上,总经营面积80万公顷,在已有基础上,再建成10处在国内外享有较大影响的重点森林公园与湿地公园,推出独具江西特色的生态旅游热线10条。争取年接待森林旅游人数达到3000万人次,森林(湿地)旅游经营收入达到160亿元。形成以森林公园、湿地公园、自然保护区为主体,布局合理、管理科学、功能完备、效益良好的森林(湿地)生态旅游网络,为社会提供优质的生态旅游服务，到2020年，全省森林（湿地）旅游产值达192亿元。

（三）建设内容

以庐山、井冈山及国家级森林公园与国家级湿地公园等旅游景点为龙头；以南昌市为中心；以京九铁路（105国道）和浙赣铁路（320）国道为框架；辐射全省各森林公园和自然保护区等旅游景点，形成全省完备的森林旅游与湿地公园等生态旅游网络。

1. 环鄱阳湖流域生态旅游区建设

包括南昌、九江、景德镇、鹰潭、上饶5市以及抚州、宜春、新余、吉安的部分县（市、区），共51个县（市、区）。面积7.49万平方公里，人口2555万人。以鄱阳湖为核心，以环湖城市为依托，以水为纽带，优化空间布局，转变发展方式，保护生态环境，壮大经济实力。促进社会和谐，建设生态良好、经济发达、城乡协调、生活富裕、生态文明与经济文明统一、人与自然和谐相处的鄱阳湖生态经济区，开发生态旅游产品，发展目标为2020年旅游总收入占全省总量七成。

环鄱阳湖生态旅游工程，建设形成三个旅游圈、十个旅游区、六个集散中心，形成湖体原生态体验旅游圈、滨湖观光休闲度假旅游圈、赣北环湖五彩精华旅游圈，建成鄱阳湖国际湿地生态旅游区、庐山世界文化景观生态旅游区、三清山世界峰林景观生态旅游区、龙虎山世界道教山水生态旅游区、南昌国际都市文化生态旅游区、景德镇世界陶瓷文化生态旅游区、抚州华夏梦都文化生态旅游区、新余中国现代工业生态旅游区、婺源中国乡村风情生态旅游区、西海国际养生休闲度假旅游区等十个旅游区。

2. 赣北森林旅游与湿地生态旅游区建设

该区包括南昌、九江、修水、武宁、德安等地，有著名的庐山，森林公园有靖安县江西三爪仑国家森林公园，江西弋阳县龟峰国家森林公园，江西九江市三叠泉国家森林公园，江西广丰县铜钹山国家森林公园，江西九江市天花井国家森林公园，星子县江西庐山山南国家森林公园，江西南昌市梅岭国家森林公园象湖森林公园，江西九江市马祖山国家森林公园，江西湖口县鄱阳湖口国家森林公园等。

3. 赣西森林生态旅游区建设

以新余—宜春为主，依托萍乡，辐射赣西各市县。该区包括江西永新县三湾国家森林公园，江西萍乡市安源国家森林公园，江西宜春市明月山国家森林公园，江西铜鼓县天柱峰国家森林公园（赣西北），新余孔目江湿地公园，武宁县九岭山国家森林公园（赣西北），永修县柘林湖国家森林公园（赣西北）等。

4. 赣东森林生态旅游区建设

以鹰潭—上饶为主，包括抚州，辐射赣东北各市县等，主要森林公园有江西婺源县灵岩洞国家森林公园（赣东北），鹰潭市上清国家森林公园（赣东北），上饶市云碧峰国家森林公园（赣东北），景德镇市景德镇国家森林公园（赣东北），浮梁县瑶里国家森林公园（赣东北）等。

5. 赣南森林生态旅游区建设

该区包括赣州市全市，有上犹、崇义、大余、信丰、龙南、全南、定南、安远、寻乌、于都、兴国、会昌、石城、宁都等15个县，森林资源极其丰富，森林公园有永丰县永丰国家森林公园，安福县武功山国家森林公园，崇义县阳岭国家森林公园（南），万安县万安国家森林公园，资溪县清凉山国家森林公园，黎川县岩泉国家森林公园（南），泰和县泰和国家森林公园（赣南），赣州三百山森林公园，赣州市陡水湖国家森林公园，上犹县五指峰国家森林公园，赣州市峰山国家森林公园，龙南县九连山国家森林公园等。重点发展文化旅游，挖掘森林公园文化内涵，开展怀古旅游。

（四）主要措施

1. 环鄱阳湖流域生态旅游区建设

建成江西（南昌）旅游集散服务中心、九江旅游集散服务中心、景德镇旅游集散服务中心、上饶旅游集散服务中心、鹰潭旅游集散服务中心、抚州旅游集散服务中心等六个旅游集散服务中心，其中，江西（南昌）旅游集散服务中心为鄱阳湖生态旅游示范区一级旅游集散服务中心，其他为二级中心。鄱阳湖生态旅游工程，重点抓好精品景区和重点旅游项目建设。在生态负荷、旅游体验、经营管理、社区利益之间取得平衡，既重视旅游带来的经济效益，也注重社会效益和生态效益。

重点建设湖区湿地公园、旅游度假区、旅游产业园、特色景观旅游名镇（村）、生态农业观光园、博物馆（院）、旅游公路、旅游码头（港口）等，为环鄱阳湖生态旅游提供保障。

2. 赣北森林旅游与湿地生态旅游区建设

挖掘人文旅游资源，重点开展水域观光、度假休闲、林水风情、水上体育康娱、文化旅游、野生动植物科普等旅游项目。

3. 赣西森林生态旅游区建设

充分利用区位优势、交通优势，结合红色文化旅游、禅宗文化旅游的客源市场优势，开发休闲度假娱乐类森林（湿地）旅游产品。

4. 赣东森林生态旅游区建设

突出山、林、水旅游资源的组合提升。充分利用区位优势，发展动态参与型森林旅游项目，吸引节假日的城市游客。该区可开发森林旅游资源十分丰富，争取新建森林公园 10 个以上。

5. 赣南森林生态旅游区建设

该区的森林公园规划总数达到 20 个。开发赣州市上犹县陡水湖湿地旅游资源，发展湿地旅游。

第十七章　江西省现代林业科技与基础设施建设

一、科技平台建设

（一）创新平台建设

1. 发展现状

改革开放以来，江西省的林业科研、推广、技术服务体系基本形成。据统计，全省共有高等林业院校 2 所，省、市、县三级林科院（园、所）106 个，其中省级林科院（园）7 个、市级林科所 11 个、县级林科所 88 个。省级重点实验室 1 个，省级科技实验室基地（中心）2 个。强化"管理、组织、指导、服务体系"职能，实现市级林业工作站建站率达到 100%，县级林业工作站建站率达到 80%，初步建立比较完备的四级管理体系，确保林业工作在基层的全面落实。到 2010 年，完成 40 个重点县 545 个乡镇林业工作站的标准化建设工作，办公自动化率达到 80%，关键岗位人员培训率 100%，持证上岗率 100%，逐步推广应用森林资源档案管理信息系统，基本实现资源管理的信息化和林木采伐申请的网上审批。

加强和完善对现有省、市、县林业科技推广站的基础设施建设，启动林业科技推广站标准化建设。全省共有推广站 103 个，其中省级站 1 个，市级站 11 个，县级站 91 个，只有 4 个县（市、区）没有成立推广机构。全省县级以上推广站编制数为 895 人，在岗人员 861 人，其中学历状况：大学及以上学历的人数为 206 人，占推广人员总数的 23.9%，大专学历的为 202 人，占 23.5%；中专及以下学历的 453 人，占 52.6%。到 2010 年，全省建设市级林业科技推广中心站 5 个，建立县级林业科技推广中心站 20 个。大力开展送科技下乡、技术培训、科学技术普及等工作，努力提高林业行业特别是广大林农的科技意识和基层技术人员业务水平。实施林业科技帮扶工程，大力推进林农技术员"绿色证书"工程，着力培养和扶持一批林业开发大户。

林业人才总量不断增加。据统计，江西省林业系统现有职工 10.2 万多人，具有中专以上学历、初级以上职称的 2.04 万多人，人才占职工总数的 22.2%，高于全省人才总量比例（7.5%）3 倍；人才结构得到改善，通过数次公开考录、选调招聘和公开选拔，录用了大专以上学历 105 人，其中研究生学历 18 人，既录用了一批朝气蓬勃、富有活力的生力军，又吸引了一批热爱林业事业、年富力强的管理人才和专业技术人才；高层次专业技术人才不断扩充。近 3 年来，副高职称评聘人，比 2004 年增加 186 人，增长 53.4%。至目前全省林业系统有副高职称人才达 534 人。基本形成了科技管理有序，科技推广网络健全，技术监督有力的新格局。新中国成立以来，全省共取得林业科技成果 400 多项，其中国家级和省级奖励 160 项。特别是林木遗传改良、良种培育、林产品加工利用等方面的研究居国内领先水平，产生了一批具有重大影响的林业科技成果，提升了全省林业生产建设的科技整体水平。

2. 目标与范围

到 2020 年的建设目标是，适应江西林业服务于生态江西建设的需求，整合、优化科技资源，构筑好源头创新平台，提高江西林业科技创新能力，为实现江西林业可持续发展提供科技支撑。

3. 建设内容

（1）实施科技兴林和人才强林战略。依托"三校三院一中心"（即江西农业大学、江西财经大学、江西环境工程职业技术学院，江西省林业科学院、江西省林业调查规划研究院二院以及中国林科院亚热带林业实验中心），构筑科技兴林开发体系，强林人才培育基地，为江西省"六大林业生态产业"（毛竹产业、油茶产业、森林旅游业、工业原料林培育也、花卉苗木业、林果业及森林药材产业）建设提供强有力的科技支撑。

（2）完善林业科技推广和科技服务体系。科技推广机构是科技转化为现实生产力的主要载体，依托科技中介机构，林业合作组织、林业技术协会、信息服务网络等社会资源，构建技术推广服务集群。

（3）强化林业企业科技创新体系。依托林业科研院所、高等院校的研究力量和成果储备，产、学、研结合，建设若干个林业企业技术研发中心，用高新技术提高林业企业的技术开发能力，增强林业企业的核心竞争力。

（二）成果转化平台建设

1. 发展现状

在省委、省政府领导下，全省先后组织实施了"灭荒"造林、"在山上再造一个江西"和"跨世纪绿色工程"等林业发展战略。

以江西政务网为基础，建立集办公自动化、公众网站、视频会议、业务系统应用为一体的计算机信息网络。一是建立全省统一的，具有高安全性、高可靠性、易管理性的林业电子政务网络平台，实现省级、市级、县级林业部门之间，以及各级林业部门与同级政府之间的联网和信息交流；二是建设好业务应用系统。各有关部门要按照统一规划、分工负责的原则，重点建设好办公自动化系统、视频会议系统、网上办证系统、森林资源管理地理信息系统、森林资源培育管理信息系统、生态公益林管理信息系统、森林防火综合管理系统、森林病虫害防治管理信息系统、野生动植物保护与自然保护区管理系统等；三是建设公众网站。公众网站是林业部门与公众联系的纽带，是为公众提供"一站式服务"的窗口。要特别重视公众网站的建设，实行政务公开，网上受理行政审批，实现政府与公众的信息互动；四是加快基础性资源数据库的建设。要以政务应用需求为中心，整合已有资源，着重建设好各类林业工程数据库、森林资源和空间地理基础数据库、多分辨率遥感数据库、法人单位基础数据库、林业经济数据库以及政府文件数据库、法律法规数据库等基础性、公益性数据库和专题数据库；五是完善全省林业电子政务标准化体系。重点制定业务协同办公、信息交换、网络安全、公文交换、档案管理等标准；六是加强技术培训，各级林业部门一定要制定面向不同层次操作人员、普通管理人员、高层管理人员和系统管理人员的培训计划，有步骤、有重点地开展计算机基础、电子政务知识、业务系统应用及技能培训。

2. 目标与范围

到2015年，全面实现造林绿化良种化；科技成果转化率达到70%；科技进步对林业经济增长的贡献率60%以上；争取国家科技资助1000万~1500万元的重大项目2~5个，特别是在国家"863"项目、"973"项目、青年科学基金、国家科技推广项目、国际合作项目等方面有重大突破；积极创造条件，为现有重点实验室争取国家或省级政府基础设施采购资金500万元；积极推进林业科技产业化进程，鼓励科技人员开展"三下乡"活动，把林业科技服务于林业、林区和林农，构筑科技与企业、科技与林户的科技产业型发展模式；进一步完善推广体系建设，建设新型科技推广示范网络，实施科技入户工程。2015~2020年在林业重点区域内进行全面推广，科技入户率应达到70%以上，在示范区内实施的林业重点工程中林木新品种、新技术等主要先进实用技术的应用覆盖率要达到90%以上，科技进步对林业增长的贡献率比现有水平提高20%以上；加强政府引导机制建设，根据林业社会公益的特点与优势，加大政府财政对林业科技经费资助的倾斜政策，在现有林业科技投入的基础上翻两番。

3. 建设内容

（1）主要经济林木遗传育种技术的研究。以常规技术育种为基础，以高新技术育种为先导，加速高新技术与常规技术的结合，为培育优良品种开辟新的途径。到2020年使全省主要用材树种和经济树种实现良种化，林地经济效益增益60%以上。

（2）生态林业工程和生态系统恢复、重建与可持续经营技术。结合江西省承担的国家科技重大攻关项目和江西省生态林业工程建设；提供配套技术：①有螺滩地生物工程综合治理研究；②退耕还林工程建设配套技术；③鄱阳湖湿地保护技术与利用；④中国森林生态网络体系建设技术；⑤城市森林建设树种选择与优化配置技术；⑥江西生态林业与农村经济发展；⑦生物多样性恢复与保护技术；⑧环境经济效益评估。

到2020年，鄱阳湖区抑螺防病得到有效控制，居民感染率下降90%以上；生态林业工程建设区减少水土流失40%以上，农作物增产20%以上，农民收入提高80%。

（3）经济林、果、药、花、竹类良种的栽培与加工利用研究与开发。结合名特优新经济林、果、药、花、竹材商品生产基地建设，为全面提高生产力水平提供关键技术：①经济林、花卉、竹材的品种结构调整及合理布局的研究。②经济林、花卉、竹材高产技术、低产经济林、竹林改造及更新复壮技术，在重点产区建立一批高质量、高效益的示范基地。③经济林、果、花、药等采收、储藏、保鲜、加工利用和产业化技术，以及生态食品、保健品及药物开发技术。④庭院经济林、花卉、竹林超高产栽培技术。通过研究，经济林在油茶良种区域化试验、板栗储藏、保鲜规模化，毛竹在大面积丰产示范，花卉在红花檵木等主要木本花卉产业标准化方面实现突破。到2020年，形成以经济林、果、花卉、生态食品为主的几大支柱产业。

（4）重点实验室和工程技术中心建设。加快重点实验室、省级或厅级工程中心、省级或厅级生态监测站建设；在全省或甚至跨区域鼓励建立以高校、院所和企业联合组建的"产业技术创新联盟"，真正推动江西林业走向科学化、产业化、社会化的道路。到2020年前，建设成1个国家重点实验室、3个省级重点实验室、3个工程技术中心，提升江西省林业科学技术和高新产业整体水平。

（5）林业科技成果推广体系及示范体系建设。①进一步完善科技推广网络建设。②以实施科技入户工程为核心，创新科技成果推广机制。在科技兴林示范县开展林业科技入户工程试点。分阶段、分区域对林业专业户、科技大户、科技示范户、具有科技发展潜力的中小企业职工等进行培训，提升他们的科技能力；选择对江西省林业的优势林产品和区位优势能力产生重要影响的林木优良品种、种苗繁育技术、森林经营技术、森林病虫及灾害控制技术、林业新产品、新的生产机械及生产工艺等技术成果建立科技入户工程技术示范项目，逐步构建起新型科技成果示范推广的基层网络，为当地广大林农提供技术示范样板，提高林农对科技重要性的认识，促进林业新技术、新成果在生产中的推广应用，提高林业经营效益，促进农村经济的发展。

二、基础设施建设

(一) 人才支撑保障体系建设

1. 发展现状

人才资源是第一资源,江西省林业快速发展的关键在于人才。

2008 年底,江西省林业系统拥有职工达 98277 人。江西省直林业部门大专以上学历的人才占职工人数的 78.5%。按类型分布,事业单位人员中,管理人员 5237 人,占 12.2%,专业技术人员 7045 人,占 16.4%,工人 30755 人,占 71.4%;企业单位人员中,管理人员 3149 人,占 7.0%,专业技术人员 3139 人,占 7.0%,工人 38777 人,占 86.0%。结构性矛盾突出表现为人员知识结构单一、知识老化。与林业相关的园林设计、生态学、植物分类学、动物管理学、林业资源资产评估等专业的人才极少。全省特别在县、乡两级许多专业技术人员多是 70 年代和 80 年代毕业生,他们专业知识多为原来在学校所学,知识已经老化。林业拔尖人才、高技能使用人才、复合型市场开发人才偏少。

2. 目标与范围

加强对林业科技人才的培养,优化整合教育培训资源,加大教育培训力度,加大对人才开发的投入,加强党政人才、林业经营管理人才、基层实用人才队伍建设。建立一支以技师、高级技师为重点,以林农实用人才为主体,工种岗位配套、业务技术精湛,具有较高素质的基层实用人才队伍。

3. 建设内容

一要培养、引进在全国有一定影响力的学科带头人、科技新秀,使江西林业在全国林业高科技领域占有一席之地;二要依托江西省林业大专院校和科研院所,紧紧围绕江西林业生产实际,尽快培养一批基层技术骨干,充实基层林业科技队伍;三要依托全国农业科技入户示范工程,对林农进行分批技术培训,提高林农科技育林的水平。

(二) 林业信息化建设

1. 发展现状

依托省政务网构建省、市、县三级联网的主干网,实现全省林业部门的互联互通,涉及省厅中心、11 个市林业局、95 个县林业局和 18 个部分直属单位共计 125 个点。以省级中心机房数据大集中的存储模式确保数据安全和标准,实现信息共享。

2. 目标与范围

江西省林业信息化与电子政务建设尚处于初级建设阶段,其现有水平还远不能满足林业现代化建设的需要,在网络建设、计算机软、硬件建设、人才建设等方面还需继续加大投入,因为森林资源信息和森林资源管理是林业的基础,是林业建设各项决策的重要依据;建立全省森林资源管理信息系统,全面提升森林资源管理现代化水平,是全面贯彻中共中央、国务院《关于加快林业发展的决定》精神,适应林业跨越式发展要求,促进江西省林业宏观决策科学化,加速林业管理现代化的具有全局性、战略性的基础工作。

以"加快林业信息化,带动林业现代化"为目标,围绕"一套网络、六个应用系统"的建设目标,建设完成全省省、市、县、乡镇林业工作站四级联网的林业政务内网体系,实现全省乡镇工作站网络覆盖;以全省林业空间地理信息系统为平台,整合林业行政许可网上审批、产权交易、远程监控、网上办公、应急指挥、资源监测监管等各项林业应用,建设完备的数据中心和应用系统,实现江西林业数字化、信息化、现代化。

3. 建设内容

（1）建设完成全省省、市、县、乡镇林业工作站四级联网的林业政务内网办公体系。

（2）开发完成和推广应用全省林业行政许可网上审批系统，实现网上审批业务全覆盖。

（3）推动省林业厅及直属单位办公自动化和林业系统省、市、县三级联网公文传输系统建设，实现办公自动化、无纸化和移动办公。

（4）开发完成南方林业产权交易所门户网站、远程拍卖、网上商城和支付系统，实现林权网上交易等电子商务。

（5）建设完善全省林业远程监控全球眼平台。逐步实现对各重点防火区和检查站远程监控的全覆盖；并建立对森林资源、野生动物等的远程监测点，实现对野生动物、森林资源等情况的远程监测。

（6）建设完成全省统一数字林业整合平台。以林业空间地理信息系统为基础平台整合林业行政许可网上审批、产权交易、远程监控、网上办公、应急指挥、资源监测监管等各项林业应用，建设完备的数据中心和应用系统。

（7）打造全省统一的网络安全平台。在建立面向用户的网络体系的基础上，建立全省统一的网络安全和权限管理平台，确保林业的各项业务数据安全、保密。

（三）森林防火能力建设

1. 发展现状

全省设立县级以上森林防火指挥机构 119 个，其中省级 1 个，市级 11 个，县级 107 个；设立县级以上森林防火指挥部办公室 119 个，有编制 467 人，实际工作人员 483 人。全省已组建森林防火护林协会 30668 个，参加农户 707160 户；组建专业森林消防队 96 支，队员 2548 人。专业森林消防队已成为扑救森林火灾的主力军。

全省建立了森林防火超短波无线通讯专网，主要解决林区的森林防火通讯联络，全省现有中转台 102 座，基地台 379 台，车载台 160 台，对讲机 1357 部。在井冈山市、遂川县、永新县、泰和县设立了 12 个林火远程监测点，在全国率先实现了省、市、县三级林火联网实时监控，各地建有瞭望台 314 个，发现火情，可及时报警，及时处置。全省已建生物防火林带 2.3 万公里，有森林消防指挥车 124 辆，运兵车 150 辆，摩托车 472 辆，可有效防范森林大火的蔓延，提高扑救的快速反应能力。

2. 目标与范围

到 2020 年，建立健全"三个体系"，达到"三个提升、三个严防"，实现"一个确保"。一是建立健全以森林防火组织与现代化指挥中心相结合的森林防火组织指挥体系，以地面瞭望监测与林火电子监控、高空卫星监测等科技手段相结合的林火监控体系，以航空护林、专业森林消防队、民兵森林防火应急分队与物资储备库相结合的林火扑救体系；二是提升森林防火的科技含量，提升森林火灾的防控能力，提升森林扑火的专业化水平；三是严防特大火灾，严防重大伤亡，严防火烧连营；最终确保全省森林火灾受害率低于千分之一。

3. 建设内容

加强森林防火预防、扑救和保障三大体系建设，全面提高森林防火能力。

（1）加强森林防火组织体系建设。全面落实森林防火行政首长负责制，推进各级森林防火指挥部规范化建设，健全森林防火专职指挥制度，提高指挥部的综合协调能力。

（2）加强森林防火法制建设。抓紧修订《江西省森林防火条例》，建立以《江西省森林防火条例》为核心的森林防火法规体系，推进以法治火。

（3）加强森林防火宣传教育。健全森林防火宣传教育网络体系，增加林区的森林防火宣传牌、宣传窗、宣传栏和防火检查站的数量，增加配备森林防火宣传车和宣传设备，积极开展多种形式的森林防火宣传教育活动，提高民众的防火意识。

（4）加强森林火险预警监测系统建设。在全省建设213个森林火险要素监测站和43个可燃物因子采集站，构建全省森林火险预警系统，及时准确地预报和发布森林火险等级；重点加强重点区域的远程视频监控建设，建立卫星监测、视频监控、空中巡护、高山瞭望、地面巡查"五位一体"的林火监测体系。

（5）加强生物防火林带建设。按照控制重大森林火灾发生的标准，突出重点，因害设防，规划10年新建生物防火林带10万公里，总面积20万公顷，提高全省的林带密度。

（6）加强基层森林防火护林员队伍建设。在林区建立护林员队伍，要求林区每个村落实护林员，形成完整的网络，配备必要的装备，划定责任区，强化野外火源管理。

（7）加强森林防火通信和信息指挥系统建设。对全省超短波通信网络进行改造升级，有选择地配备VSAT卫星站、卫星电话以及通信指挥车等应急通信设备，补充配备基地台、车载台、手持机等常规通信设备；完善全省森林防火信息网络系统和信息管理系统，建立全省森林防火视频会议系统，规范和统一全省森林防火地理信息平台和远程林火视频监控平台，改造和完善市、县（区）森林防火指挥室。

（8）加强森林消防队伍与装备建设。推进专业森林消防队正规化建设，全省专业队规模达到4000人以上，营房和装备建设达到森林武警部队的标准；林区乡镇半专业队全面达到标准化建设要求，村级应急扑火队全面组建到位，装备水平和扑火作战能力全面提升。

（9）加强航空护林站建设。加大森林航空消防新技术在实际工作的应用与推广，完善并依托南昌固定航站，增设赣州、上饶、宜春3个移动航站，延伸固定航站辐射半径，弥补航空直接灭火盲区。

（10）加强江西森林武警部队建设。积极争取国家支持，组建武警江西省森林总队，逐步扩大驻赣森林武警部队的编制规模，力争达到1500人以上。加强森林武警部队的装备建设，全面提升装备水平。高标准建设森林武警部队营区，完善相关配套设施，改善部队官兵的生活和训练条件。

（11）加强森林防火物资储备库建设。新建1个国家级森林防火物资储备库、11个省级物资储备库，加强县（市、区）森林防火物资储备库建设，增加物资储备总量，确保防火扑火需要。

（12）加强森林防火培训基地建设。新建江西省森林防火培训中心、江西森林航空消防训练基地、江西森林消防队集训基地，以及三清山、明月山、三百山3个区域性森林防火培训中心，进一步完善井冈山、三爪仑森林防火培训中心的基础设施。

（四）森林公安建设

1. 发展现状

根据森林资源分布和林区治安形势，全省划分27个国家级森林公安重点治安区域，实行综合治理。

江西省的森林公安机关于1981年经省政府同意恢复组建。目前，全省现有森林公安机构411个，其中省局1个、设区市局11个、县（市、区）局90个、派出所309个（其中124个兼管所在乡镇社会治安），干警2800余人。省森林公安局列为省公安厅第21处，同时又称"江西省公安厅森林警察总队"。

2. 目标与范围

全省森林公安系统装备建设和基础设施建设基本满足工作需要，在全省范围内实施"金盾工程"，建立现代化森林公安综合信息网络，做到信息随时沟通、及时处理，形成统一调动、统一指挥的运作系统。对破坏森林与野生动物资源的重点地区通过综合治理，林区内重特大森林刑事案件得到有效的控制。提高工作效率，加强快速应变能力，使全省森林、林地、野生动植物得到良好的保护。

加强市级和县级林业检察机构建设，实施预防涉林职务犯罪项目，构建林业检察综合信息网络；提高技术装备和基础设施建设。

健全林业审判机构，完善经费保障体系，加强队伍正规化建设，不断加强林业审判机构的装备和基础设施建设。

到 2020 年，全面提升森林公检法管理现代化的档次，全面建立森林公检法管理和执法程序计算机化和网络化。

3. 主要内容

（1）交通装备。为便于指挥，加强治安巡逻，现场勘查，以及处理各种事故、自然灾害和突发事件等，提高机动作战和快速反应能力，应加强森林公安交通装备建设。规划期内，重点装备吉普车，客货两用车、勘察车等业务用车，共需配备交通工具 815 辆（艘）。

（2）勘察、监控装备。为进一步提高工作效率和侦查破案能力，为快速破案提供准确、有力的证据，加强快速反应能力，达到有效地威慑犯罪分子的作用，应加强勘察、监控装备建设。"十一五"期间，建设办公用房 10.2 万平方米，购置通信设备、办公自动化设备、警械和勘查设备，新建刑侦技术一级点 24 个、二级点 31 个、三级点 61 个。

（3）警用武器装备。为有效保护森林和野生动物区人民生命财产安全，提高森林公安机关对资源和人民生命财产的控制能力，应配足必要的警用武器装备。

（4）"金盾工程"装备。"金盾工程"是公安部为建立快速反应机制和加强综合侦控能力，实施科教强警战略的重要内容之一。森林公安机关承担保护森林和野生动物资源安全的重要任务，应以实施"金盾工程"为突破口，实现科技强警。建立和完善森林公安信息网络，实现全省森林公安机关建立局域网，并入所在地公安机关"金盾工程"网。充实和完善外来人口、刑事犯罪、法制、预审等各种信息库，实现跨区域、跨部门的信息交流，一网多能、资源共享。为最大限度地遏制违法犯罪势头，在山区、无人区或其他条件艰苦的地方，尽量做到采用 GPS 定位等高科技手段，及早发现，及时、准确到达现场，及早铲除隐患，从而提高发现、控制、打击能力。同时，省市均应建立森林公安指挥中心，实行统一要求，统一配置、统一项目管理，确保"有警必接、有难必帮、有险必救、有求必应"，实现和强化统一指挥、快速反应以及多警种联合作战能力。

（5）培训中心。为提高队伍的整体素质，加快后备警源补充，培养更多有高度政治思想觉悟，有过硬业务技术本领的优秀队伍，达到正规化、现代化、军事化的要求。

（6）指挥中心。为确保"有警必接、有难必帮、有险必救、有求必应"，实现和强化统一指挥、快速反应以及多警种联合作战能力，省、市两级均应建立森林公安指挥中心。

（7）派出所。森林公安派出所是森林公安系统最基层的组织机构，派出所的基本建设是森林公安民警工作和生活的必备条件，是稳定人才、鼓励民警安心工作的有力措施。全省现有森林公安派出所 304 个，实有人员 2850 人。

（8）技术点。刑事鉴定技术工作是刑事侦查工作的重要组成部分，是侦查破案的重要手段，是有效、科学、准确地揭露、打击刑事犯罪的保证。

（五）森林生物灾害防控能力建设

贯彻"预防为主，综合治理"的方针，实施森林病虫害可持续控制战略，倡导森林健康的新理念，以全面提升林业有害生物科学防控能力为中心，以工程治理为重点，以目标管理为手段，以科技为支撑，全面和超额完成了国家林业局下达的目标。

1. 发展现状

近年来，在国家林业局及地方各级政府的关心和重视下，林业有害生物防治工作力度加大、开展有序、成绩突出。主要表现在目标管理责任制全面推行，防治工作环境日益优化，基础设施明显改善，控灾减灾能力不断加强。通过实施重点病虫害治理工程，局部减灾效果明显，通过加强监测预报和强化检疫执法，灾害预警能力有较大提高，遏制了有害生物传播蔓延。

但是，随着全球经济一体化速度的加快和国际间贸易往来的增多，林业有害生物入侵、扩散、成灾的压力不断增加。新的外来有害生物入侵频繁，威胁加剧；有害植物扩展迅速，严重影响林木生长、更新和生物多样性；速生丰产林、经济林有害生物问题日渐突出，逐步由次要矛盾转为主要矛盾。与此不相适应的是：防治技术手段仍然相对落后、信息滞后、依法防治意识淡薄、防治机构队伍建设亟待加强、防治机制不适应新形势发展需求等，林业有害生物防治工作面临的形势仍十分严峻。

进一步加强林业有害生物防治工作是有效遏制林业有害生物发生危害严重趋势的迫切需要，是保护生态建设成果，推进林业持续协调快速健康发展的必然选择，是减轻灾害损失，保护农民利益，促进经济发展的重要手段，也是保护生态环境，促进对外贸易，提高国际地位的战略措施。

江西省有45个边境检疫站检查站：赣州市21个，宜春市1个，吉安市2个，上饶市5个，九江市8个，萍乡市2个，抚州市2个，景德镇市4个。

执行省际调运森林植物检疫工作的单位41个；执行省内森林植物检疫工作的单位107个。

2. 目标与范围

大力加强林业有害生物监测预警体系、检疫御灾体系、防治减灾体系、应急反应体系和防治法规体系建设，实现林业有害生物防治标准化、规范化、科学化、法制化、信息化，使主要林业有害生物的发生范围和危害程度大幅度下降，危险性有害生物扩散蔓延趋势得到较大缓解，扭转全省林业有害生物严重发生局面，促进森林健康成长，逐步实现林业有害生物的可持续控制。在全省森林面积不断增加的情况下，到2010年，成灾率控制在0.4%以下，无公害防治率达到85%以上，灾害测报准确率达到85%以上，种苗产地检疫率达到100%。

3. 建设内容

依据江西省不同区域的政治、经济、文化、生态和林业有害生物发生危害现状，林业有害生物监测体系以县（市、区）为单位将全省分为重点监测区和一般监测区。重点监测区主要包括重点生态林区、风景名胜区、重大疫情发生区、重点林业建设工程区（称为"四区"），除此之外的其他县市区域为一般预防区。重点预防区要在组织机构、基础建设、资金投入和专业人员配置等方面比一般监测区提出更高的要求。

（1）监测预警体系建设。分层次完善省、市、县三级林业有害生物预测预报基础设施，重点加强县级森防检疫机构（国家级中心测报站点和省级测报点所在县优先）预测预报基础设施和能力建设，逐步建立起以国家预测预报中心为龙头、以国家级中心测报点为骨干，以省级测报中心和市级测报站为枢纽的省、市、县测报网络体系，形成地面数据采集和空中数据采集相结合的全方位监测预警系统，综合应用航空航天遥感、远程监控、电子勾绘等高新技术，以及中长期航天遥感信息、短期航空遥感信息和实时地面监测信息三位一体的监测预警信息处理和智能决策平台，实现林业有害生物监测数据的立体采集、网络传输、自动处理、智能预报和科学决策。

主要建设任务：完善省林业有害生物预测预报中心，建设地面数据采集与空中数据采集相结合的全方位监测预警系统，构建监测预警信息处理和智能决策平台，实现林业有害生物监测数据的立体采集、网络传输、自动处理、智能预报和科学决策，发挥省预测预报中心的协调组织、宏观预测、技术指导等功能作用。

完善国家级中心测报站点。在国家级中心测报站点所在县的乡（镇）林业工作站或重点林场（苗圃）建设基层监测点，作为国家中心测报站点信息的补充和完善。

完善省级林业有害生物预测预报中心，建设林业有害生物遥感监测和信息接收、处理系统，发挥省级测报中心的组织管理、区域预测等功能作用。

完善市级测报设施，发挥地级测报站的技术指导、测报信息核查等功能作用。

（2）检疫御灾体系建设。分层次完善省、市、县三级林业有害生物检疫基础设施，通过检疫隔离试种苗圃、检疫检查站、区域性检疫除害设施和检疫执法专用车等功能性设施的建设，从引种、隔离试种、检疫检验、除害处理、检疫执法等环节有效防范危险性有害生物的异地传播。完善林业有害生物检疫鉴定、风险评估设施，建立省、市、县三级检疫信息网络系统和国内外林业有害生物检疫信息数据库，构建全省林业有害生物远程诊断网络，提高对危险性林业有害生物疫情的封锁能力，防止疫情扩散蔓延。

主要建设任务：建设省级林业有害生物评估鉴定和远程诊断系统，建立林业有害生物基础信息数据库，实现对危险性林业有害生物的及时鉴别和迅速封锁。

全省县级以上森防机构配置具有统一标识的检疫执法专用车，强化检疫执法形象，满足各级检疫执法主体的现场检疫、调运检疫和复检工作需求，提高快速检疫和对疫情的适时处置能力。

健全江西省林业有害生物隔离试种体系，加快建设检疫隔离试种苗圃，实现对从境外或国内省际间引入的种质材料实施检疫检验、隔离试种和除害处理，有效防止危险性林业有害生物的异地传播。

在苗木集散地和主要林业繁殖材料调入地，重点加强检疫检查站和区域性检疫除害处理设施建设，实现对带疫材料的全面检疫检验和除害处理。

在松材线虫病等危险性林业有害生物发生较为严重的地方，建立疫木安全利用和除害处理监管系统，实现对疫木加工企业的全程监管，严格控制有害生物的人为传播。

（3）防治减灾体系建设。以县级森防站为主，加大防控基础设施建设力度，重点加强常规性防控基础设施和现代化机动喷药机械设施，满足基层大面积灾情除治和应急救灾的需要，增强有效遏制大面积常发林业有害生物灾情的综合除治能力。进一步加强林业有害生物天敌繁育场的建设，扩大天敌和微生物制剂生产规模，为全面开展生物防治创造物质条件；大力推行引诱剂等无公害防治新技术，增强对有害生物灾情的无公害除治能力，实现森防与环境保护的和谐统一。

主要建设任务：为基层县级森防检疫站配置机动喷药机械设施，提高应对有害生物灾情的综合防控能力，更好地执行和完成生产防治任务。

在交通便利、覆盖范围广，并且具备一定技术或设备基础的地区，新建和改扩建天敌资源繁育中心、生物制剂厂，利用国内外先进的天敌繁育技术，生产质量高、活性强、数量多的天敌产品，为在全省范围内推广应用无公害防治技术提供坚强的物质保障。

组建林业有害生物防治专业队（公司），加强专业队伍培训，建立市场经济体制下的防治运行机制。

（4）应急控灾体系建设。以快速提高基层防控和应急救灾能力为重点，加大应急救灾物资储备。通过建设省级应急防治指挥中心，建立省、市、县上下贯通的应急信息体系和智能决策指挥体系，组建应急专业队伍，建立突发森林生物灾害应急演练基地。应用飞机、高射程喷雾机等现代化防治手段，提高应急防控能力。

主要建设任务：建设省级林业有害生物应急防控指挥中心，统一协调指挥重大林业有害生物应急除治工作。

建设区域性药剂药械库，为应对辖区突发森林生物灾害提供充足的药剂和药械。

（5）支撑保障体系建设。加强基础科学、防控技术和宏观战略研究，大力开展先进实用防治器械的推广应用，构建新技术推广应用的可靠平台，加强现有技术的组装配套和科研成果转化，积极引进先进技术。建立省、市级林业有害生物防控实验室，为防控技术研究搭建平台。建立省、市级林业有害生物科普标本馆（室），加强标本采集、制作和展示等基础性工作。加强和完善各级森防检疫机构和队伍建设，建设防控技术培训网络，加大各级管理人员和专业技术人员培训，为提高整体防控水平提供人才保证。修订有关法规，制定林业有害生物防控技术规程，形成完整的林业有害生物防控法规体系。强化执法能力建设，加大执法力度，全面履行法规规定的各项职能。加大防治体制改革力度，推进机制创新。加强基层防控服务信息体系建设，大力开展技术指导，在部分县开展防治新药械和新技术的示范区建设。严格项目管理，落实目标责任制。开展防治效果评估体系和防治质量监督体系建设。

主要建设任务：分层次建设省、市、县级林业有害生物防控实验室，针对生产防治中的技术难点，开展防治、检疫、测报等领域的实验研究，为促进科研成果转化、提高防治效率提供强有力的技术支撑。并通过国家森防信息系统，开展远程诊断和检疫信息处理等工作。

建立省级林业有害生物标本室，建立全省林业有害生物物种资源数据库，为防控技术培训提供服务，向社会宣传和普及森防知识，提高全民森防意识。

建立和完善森防技术培训教育系统，以服务基层、服务行业为宗旨，开展行业业务培训，进一步提高各级森防人员的业务能力和综合素质。

建设全省林业有害生物防控智能决策平台，开发林业有害生物监测预警、检疫和防治专家和决策支持系统。

修订和完善《江西省森林病虫害防治办法》《江西省森林植物检疫办法》等有关法律法规，制定松毛虫、杨树病虫害、油茶病虫害、萧氏松茎象等林业有害生物的防控技术规程和技术标准，形成完整的林业有害生物防控法规体系。

大力推广应用防治新技术成果，提高防治科技水平。以科学发展观和建设和谐林业为统领，积极研究和探索适应新时期林业和社会发展要求的森防新机制，保障森防事业的持续健康发展。推广应用信息素诱集、灯光诱集、GIS电子勾绘、远程监控等先进技术，开展监测调查和监测技术规范化示范工作。

（六）野生动物疫源疫病防控能力建设

1. 发展现状

近年来，动物疫病对人类的影响已越来越受到人们的重视，尤其是野生动物，由于存在很多未知的因素，国家有关部门正加紧制订相关措施，加强野生动物疫源疫病的监测、预警和有效防治。2004年，国家林业局和中国科学院共同起草的《野生动物疫源疫病监测体系建设规划》（2004~2007年）已纳入《全国动物防疫体系建设规划》。2005年11月，国务院颁布的《重大动物疫情应急条例》，在第四条第三款中明确规定了"县级以上人民政府林业主管部门、兽医主管部门按照职责分工，加强对陆生野生动物疫源疫病的监测"。在法律上，明确了林业部门开展野生动物疫源疫病监测工作的合法性和职责。

江西省野生动植物保护管理机构共有 108 个，其中省级管理机构 1 个，市级管理机构 11 个，县级管理机构 96 个，人员 1700 余人。另外，共建立了 45 个省级以上（含省级）野生动物疫源疫病监测站，其中 12 个为国家级野生动物疫源疫病监测站，其余 33 个为省级野生动物疫源疫病监测站。

2. 目标

建立起以省野生动物疫源疫病监测中心站为龙头，以 12 个国家级监测站为骨干，以 33 个省级监测站为基础的野生动物疫源疫病监测防控网络。

3. 建设内容

（1）野外监测设施设备（表 17-1）。此建设内容包括 12 个国家级监测站、33 个省级监测站为了获取监测信息而需要的用于野外监测的交通工具和观测设备，如陆地、水上交通工具、双筒望远镜、帐篷、睡袋和野外联系用的对讲机等，达到满足监测一线以获取监测信息的目的。

表 17-1　野外监测设施设备用途一览表

设备名称	用途
陆地交通工具	用于陆地巡护和应急处理
水上交通工具	用于水上巡护和应急处理
单筒望远镜	用于观测野生动物种类
双筒望远镜	用于观测野生动物数量
GPS 仪	用于记录异常情况发生地的地理坐标数据
帐篷、睡袋等野外生活用具	用于远离社区的野外临时生活或处理突发应急事件的居所
对讲机	用于野外工作时的相互联系

（2）监测信息传递设备（表 17-2）。建设内容包括国家级监测站及个省级监测站用于野外获得野生动物异常情况的信息后，按照国家林业局 2006 年颁布的《陆生野生动物疫源疫病监测规范（试行）》的规定，将监测信息逐级上报必备的仪器设备，如计算机、数码相机、打印机、扫描仪、传真机等，以实现监测信息的汇总和快速传递。

表 17-2　监测信息传递设备用途一览表

设备名称	用途
计算机	用于监测信息的网络报告、获取相关信息、文字材料的形成。为野生动物远程识别系统和信息管理系统的建立打下基础
打印机	用于形成文字材料
数码相机	用于野生动物异常情况的图片记录存档、不明动物远程识别
扫描仪	用于图像资料的收集
传真机	用于信息的报告

（3）样本取样、暂存和消毒设备（表 17-3）。建设内容包括国家级监测站及省级监测站用于对异常死亡的野生动物进行初步检查取样、暂存以及进行现场消毒、死亡动物的尸体无公害化处理，如解剖工具、制样设备、捕捉工具、保温桶（箱）、喷雾（粉）机等。

表 17-3　样本取样、暂存和消毒设备用途一览表

设备名称	用　　途
解剖工具	用于对异常死亡动物的解剖取样和盛皿
制样设备	用于血清样的制备，如离心机
捕捉工具	用于捕捉野生动物的网具等
保温桶（箱）	用于临时保存样品、病料
高压灭菌锅	用于多次使用防护用具、接触病料工具的消毒
喷雾（粉）机	用于对现场进行消毒处理

（4）个人防护设备（表 17-4）。建设内容包括国家级监测站及省级监测站的工作人员的个人防护用品，如防护服、眼镜、口罩、手套等。

表 17-4　个人防护设备用途一览表

设备名称	用　　途
防护服	
防护镜	
N95 口罩	按照《规范》和相关要求，用于监测工作人员的自我防护，保障监测人员的安全
手套	
水靴	

（5）监测设施。建设内容用于 12 个国家级野生动物疫源疫病监测站、33 个省级监测站办公室的必要装修、维护和在固定监测点的建设管理房屋。

（七）基层林业站建设

1. 发展现状

改革开放以来，江西省林业工作站从无到有，发展迅猛。截至 2007 年 12 月，全省已建成省级林业站 1 个、市级站 8 个、县级站 69 个、乡镇站 926 个，职工 5699 人。作为林业工作的基础，基层林业工作站承担着林业政策宣传、林政管理、资源保护、生产组织、科技推广、社会化服务等职能，在不断加强和完善自身建设的基础上，为全省林业生态建设和产业发展，为集体林区社会主义新农村建设发挥着不可替代的基础保障作用。

2. 目标

按照优化布局、分类指导、规范管理的要求，深化基层林业工作站改单，强化其执法监管的地位和作用；加强林业站设施建设，提高人员素质，强化"管理、组织、指导、服务"职能，建立比较完备的省、地、县、乡林业站管理体系，充分发挥林业站的基础作用，确保各项林业工作在基层的全面落实。

建立比较完备的省、地、县、乡林业站管理体系，充分发挥林业站的基础作用，确保各项林业工作在基层的全面落实；建立较完备的省市县三级木材检查的监督管理机制，加大检查执法基础设施建设投入，切实提高木材检查执法能力，充分发挥其保护森林资源和维护木材流通秩序的重要作用。

3. 建设内容

启动新一轮标准化林业站、林木检查站建设，加强基础设施建设，提高人员素质，健全规章制度，强化"管理、组织、指导、服务"职能，实现市级林业两站建站率达到 100%，县级林业两站率达到 80%，初步建立比较完备的四级管理体系，确保林业工作在基层的全面落实。

到 2015 年，完成 50 个重点县建设任务，完成 250 个基层两站的标准化建设任务，确保所有的基层两拥有独立的办公用房、交通工具和通信设施，办公自动化率达到 80%，关键岗位人员培训率 100%，持证上岗率 100%，逐步推广应用森林资源档案管理信息系统，基本实现资源管理的信息化和林木采伐申请的网上审批。

（1）办公用房建设。完成 287 个无站房的林业站站房建设，对 340 个站房陈旧的林业站进行改造和维修，全省林业站统一站牌、站徽。

（2）办公自动化。根据各个林业站的现有办公自动化装配水平和工作需要，完成 45 个县的林业站配备计算机、打印机、扫描仪、传真机、复印机、数码相机和档案柜等，基本实现全省林业站办公自动化。

（3）配置交通工具。完成全省 945 个林业站交通工具配置，做到每站有一辆办公用车，80% 以上的站员有一辆摩托车。

（4）配备调查、防火、森防工具。做到全省林业站每个站都有 GPS 定位仪、望远镜、罗盘仪等调查工具，都有灭火枪、油锯、2 号工具等防火工具和检验检疫箱等森防工具。

（5）制度建设。各基层林业站健全和完善岗位责任制、目标管理责任制、职工奖惩制度；各项制度和图表必须张贴上墙，实行站务公开。

（6）人员培训。完成 945 个基层林业站站长轮训，对全省 2000 名林业站关键岗位人员普训一次，达到全县培训率 100%，持证上岗率 100%。

（八）基层野保站建设

启动野保体系标准化建设工作，通过加强基础设施建设，健全规章制度，加大培训力度，实现全省野保机构建站率达到 100%，使野生动植物保护管理各项工作落到实处。

当前，逐步改善现有野保站的基础设施设备条件，改变信息化和办公设备落后状况，在原有基础上进行扩建改造，添置电脑、打印机、传真机、GPS 定位仪、望远镜、测距仪、照相机等办公和巡护监测设备。

第十八章　江西省现代林业建设投资
估算与效益分析

一、投资估算

江西省林业建设的投资概算，主要包括生态与产业等战略工程建设的投资，以及在这个期间需要强化的林业基础设施和能力建设所需要的资金概算，江西省林业重点工程与基础设施建设总投资。

（一）投资估算

江西省林业需要大量的投资以确保生态环境的恢复和林业的快速发展。到 2020 年，江西省林业重点工程与基础设施建设总投资 16543.45 亿元，其中到 2011~2015 年投资 719.18 亿元，2016~2020 年投资 934.27 亿元。工程投资中，3 个森林生态工程投资 497.01 亿元，6 个林业产业工程投资 835.19 亿元，3 个生态文化休闲工程投资 219.03 亿元，科技创新平台与成果转化基地、数字林业、森林防护、林业有害生物灾害防控等科技支撑与基础设施能力建设投资 83.22 亿元（详见表 18-1）。具体为：

- 森林质量提升工程 383.95 亿元；
- 林业血防工程 13.70 亿元；
- 湿地与野生动植物保育工程 99.36 亿元；
- 商品林培育工程 65.00 亿元；
- 花卉与林木种苗工程 7.60 亿元；
- 油茶丰产林工程 40.30 亿元；
- 毛竹产业工程 76.00 亿元；
- 林产品加工利用工程 611.91 亿元；
- 林业生物质能源工程 34.38 亿元；
- 城市森林工程 75.70 亿元；
- 乡村绿色家园工程 10.98 亿元；
- 生态旅游休闲工程 166.35 亿元；
- 林区管理与协调 0.50 亿元；
- 优良品种选育及推广 5.50 亿元；
- 科技成果转化平台建设 3.20 亿元；
- 科技支撑及科研保障体系建设 2.00 亿元；
- 林业信息化能力建设 1.00 亿元；
- 森林防火能力建设 30.00 亿元；

表18-1　江西林业发展投资估算表

序号	工程名称	合计	2011~2015年（亿元）				2016~2020年（亿元）				估算依据
			计	中央	地方	自筹	计	中央	地方	自筹	
	合　计	1653.45	719.18	249.69	93.95	375.55	934.27	275.59	114.01	545.67	
	三大森林生态建设工程	497.01	236.61	192.23	42.19	2.20	260.40	208.29	50.61	2.50	1. 迹地、荒山地、宜林地、纯林、未成林地的抚育及造林350余万公顷，平均450元/公顷
1	森林质量提升工程	383.95	186.85	168.17	18.69		197.10	177.39	19.71		2. 全省生态公益林总面积334万公顷，按2011~2015年补偿100元/公顷，2015年后每年补偿150元/公顷估算 3. 防护林总面积75万公顷（人工造林22.5万公顷、封山育林5.4万公顷，低效林改造65万公顷）。按人工造林3200元/公顷，封育1200元/公顷，改造1500元/公顷估算 4. 自然保护区面积200万公顷植被被管护按照每公顷每年管护费150元；封山育林每公顷1500元；按人工育林每公顷7500元估算 5. 其他
2	林业血防工程	13.70	7.20	2.50	2.50	2.20	6.50	2.00	2.00	2.50	种植血防林面积9.76万公顷；已有血防林改造4万公顷，湿地保护与恢复6万公顷。人工抑螺防病林8000元/公顷，湿地保护850元/公顷，血防林造林3500元/公顷。有螺耕地还林造林2.84万元/公顷
3	湿地与野生动植物保育工程	99.36	42.56	21.56	21.00		56.80	28.90	28.90		国家级、省级自然保护区建设和野生动植物保护管理及珍稀濒危物种的拯救
	六大林业产业发展工程	835.19	340.78	22.40	16.50	301.88	494.41	30.50	26.50	437.41	
4	商品林培育工程	65.00	46.60	6.00	1.00	39.60	18.40	5.00	1.00	12.40	用材林总面积120万公顷；森林食品基地38万公顷；森林药材基地32万公顷及建设和改造森林果茶基地等

（续）

序号	工程名称	合计	2011~2015 年（亿元）				2016~2020 年（亿元）				估算依据
			计	中央	地方	自筹	计	中央	地方	自筹	
5	花卉与林木种苗工程	7.60	5.20	1.40	0.50	3.30	2.40	0.50	0.50	1.40	新建和改造园林花卉苗木基地 9.8 万公顷
6	油茶产业丰产林工程	40.30	18.50	5.00	5.00	8.50	21.80	5.00	5.00	11.80	1. 油茶改造及更新培育 80.2 万公顷。按更新造林 5000 元/公顷，垦复改造 4500 元/公顷估算 2. 建油茶加工龙头企业生产线 4 条 3. 建立油茶副产品及茶油深加工基地 4 个
7	毛竹产业工程	76.00	32.00	5.00	5.00	22.00	44.00	10.00	10.00	24.00	1. 新造及改造以毛竹为主的丰产林基地达 140 万公顷 2. 毛竹加工制品的生产与大型龙头竹及大型加工企业的建立
8	林产品加工利用工程	611.91	225.68	2.50	2.50	220.68	386.23	5.00	5.00	376.23	1. 林产化工产品的开发与研制 2. 大型龙头企业的建立
9	林业生物质能源工程	34.38	12.80	2.50	2.50	7.80	21.58	5.00	5.00	11.58	主要用于基地的建设和新产品新技术的生产与开发
三大生态文化休闲工程		219.03	91.87	12.00	12.00	67.87	147.16	23.00	23.00	101.16	
10	城市森林工程	75.70	28.50	1.50	1.50	25.50	47.20	2.50	2.50	42.20	城市的景观绿化率达到 35%，人均绿化面积 9 平方米
11	乡村绿色家园工程	10.98	5.12	0.50	0.50	4.12	5.86	0.50	0.50	4.86	绿化示范村建设每村 50 万元，绿化示范镇 150 万元重点镇 100 万元
12	生态旅游休闲工程	166.35	72.25	10.00	10.00	52.25	94.10	20.00	20.00	54.10	森林公园与湿地公园的建设、森林风景林资源与湿地资源的保护与建设、基础设施建设、接待服务设施等的建设

（续）

序号	工程名称	合计	2011~2015 年（亿元）				2016~2020 年（亿元）				估算依据
			计	中央	地方	自筹	计	中央	地方	自筹	
	林业管理、科技支撑与基础设施建设	83.22	49.92	23.06	23.26	3.60	32.30	13.80	13.90	4.60	
13	林区管理与协调	0.50	0.30		0.20	0.10	0.20		0.10	0.10	管理网络的建立与完善
	优良品种选育及推广	5.50	2.50	0.50	0.50	1.50	3.00	0.75	0.75	1.50	建设 5 个重点实验室，完成 10 个中心站建设
14	科技成果转化平台建设	2.20	0.60	0.30	0.30		1.60	0.80	0.80		建立 8 个重点科技示范区；15 个示范县科技人户。每县 5 个乡镇或企业，每个乡镇重点户 20 户，辐射户 10000 户
15	科技支撑及科研保障体系建设	2.00	1.00	0.50	0.50		1.00	0.50	0.50		培养 200 名行政管理人才；培养 1000 名优秀专业技术人才和 5000 名林农技术骨干；全省每个县培养 5 名以上林业高级工程师
16	林业信息化建设	1.00	0.50	0.25	0.25		0.50	0.25	0.25		林业信息化网络体系，集语音、数据、图像于一体的林业宽带综合业务数字网和林业信息通讯网络系统
17	森林防火救灾能力建设	30.00	25.00	12.50	12.50		5.00	2.50	2.50		生物防火林带的建立和通讯指挥设备的购置，建设省、市、州和重点县市区森林防火指挥中心，建设森林防火武警部队，组建森林消防专业队资储备车 50 个，配备完善的消防器材及设备；实施航空护林和重点火险区综合治理工程 91 支，配备消防器材及设备
18	森林公安建设及林区治安	7.50	3.00	1.50	1.50		4.50	2.25	2.25		完善森林公安体系和法律体系，完善全省市级审判法庭设施，增添办案车辆，构建全省林业审判综合信息网络系统

（续）

序号	工程名称	合计	2011~2015 年（亿元）				2016~2020 年（亿元）				估算依据
			计	中央	地方	自筹	计	中央	地方	自筹	
19	森林植物保护及动植物检疫能力建设	12.00	4.50	1.50	1.50	1.50	7.50	2.50	2.50	2.50	完善森林病虫害及有害生物防治体系，开展森林病虫害防治、检疫。加强国家级监测站和省级监测点基础设施的建设
21	森林资源与生态状况综合监测体系建设	7.02	4.52	2.26	2.26		2.50	1.25	1.25		建立和完善生态定位监测站和综合监测管理系统；补充监测
22	基层两站建设	9.00	5.50	2.50	2.50	0.50	3.50	1.50	1.50	0.50	加强木材检查站和乡镇林业站管理用房及检查场道的建设；购买相应的交通工具和技术装备
23	贫困国有林场扶持建设	5.50	2.50	1.25	1.25		3.00	1.50	1.50		加大投入解决国有贫困林场的森林建设与改造、通路、通电、通水和危房改造

- 森林公安建设及林区治安 7.50 亿元；
- 森林植物保护及动植物检疫能力建设 12.00 亿元；
- 森林资源与生态状况综合监测体系建设 7.02 亿元；
- 基层两站建设 9.00 亿元；
- 贫困国有林场扶持建设 5.50 亿元。

（二）资金筹措

工程投资的资金来源包括国家和各级政府的财政投资、货款扶持、社会融资、企业自筹、居民投工投劳等方面。其中，中央和省级财政投入主要用于生态工程、科技支撑与基础设施建设、生态文化休闲工程公益性部分建设；林业产业工程建设中的森林食品工程、林木、竹基地建设、森林和湿地生态旅游工程中的基础设施建设等政府作必要资金扶持，其他主要由民营投资解决。在建设总投资 1653.45 亿元中（中央 525.28 亿元、占 31.77%，地方 207.96 亿元、占 12.58%，自筹 921.22 亿元、占 55.72%），其中 2011~2015 年投资为 719.18 亿元（中央 249.69 亿元、地方 93.95 亿元、自筹 375.55 亿元），占 43.50%；2016~2020 年投资为 934.27 亿元（中央 275.59 亿元、地方 114.01 亿元、自筹 545.67 亿元），占 56.50%。

二、林业重点工程效益分析

江西现代林业发展重点工程项目可以充分发挥植物多样性功能体现在生态环境功能、人体保健功能、文化教育功能、环境景观功能以及直接和潜在经济功能等。

（一）生态效益分析

林业重点工程项目实施，可以增加森林覆盖率，起到涵养水源、净化空气，保持水土，减少水土流失的作用，亦可以减小消除噪声，也是氧气的生产基地等，还是地球生态系统中不可缺少的成分。

1. 涵养水源效应

森林具有涵养水源的功能，与无林地相比，有林地平均可多蓄水 322.5 立方米 /（公顷·年）。森林涵养水源的功能是通过生态系统对降水的截留、分配与拦截及降水在森林生态系统中的乔木层、灌草植物、枯落物和土壤等组分间的转移过程来实现。项目建成后，仅森林面积增加一项可使区域森林增加水源涵养能力 322.5 × 13（万公顷）=5.45 亿立方米 / 年。

阔叶林和常绿阔叶林的水源涵养能力较针叶林为高，山地森林保育工程实施后，将大大提高江西森林中的阔叶林和针阔混交林比例，森林的水源涵养能力将大为提高。与此同时，生态公益林保护、低效林分改造和森林经营，也将促使森林调节地表径流、保持水土的能力提高，区域内水土流失面积必将减少，程度减轻，从而使区域内现有大中型水库、河道得到有效保护，进而提高水资源的有效利用率。

2. 改善小气候

城市绿地植物是气温和地温的"调节器"，太阳辐射的"吸收器"，其对气候的影响主要表现在：一是夏天降低气温，增加微风；二是植物对太阳辐射有较好的反射与吸收能力；三是植物可通过叶面大量水分的蒸发与蒸腾带走热量，降低温度，提高周围空气的湿度。据有关研究，森林在生长过程中释放氧气、吸收二氧化碳，从而净化空气，改善小气候等功能。据研究，中亚热带中东部地区主要森林类型年固定二氧化碳量在 14.8~54.2 吨 / 公顷，其中天然阔叶林 37.5 吨 / 公顷，马尾松林 29.3 吨 / 公顷，毛竹林 29.3 吨 / 公顷，灌丛 148 吨 / 公顷，该项工程增加的森林就可增加固定温室气体二氧化碳量约为 707.2 万 ~3077 万吨 / 年（在新增的森林面积中，按 80% 为阔叶林，

20% 为针叶林计算)。

3. 净化环境效应

素有大地之肺美誉的园林植物，不仅可以防风除尘，还可以提高空气质量。城市空气中的有害气体多种多样，植物多样性在减少大气污染，提高空气质量表现出独特的功能。研究表明，在大气污染不超过植物受害的临界浓度和临界时间范围内植物物能吸收大气中的某些有毒物质。城市普遍栽植的树种（如月季、杜鹃、木槿、紫薇、山茶等）有较好的吸收二氧化硫的能力；女贞、泡桐、刺槐、大叶黄杨等都有极强的吸氟能力；构树、合欢、紫荆等具有较强的抗氯、吸氯能力。另外，许多植物能分泌挥发性植物毒素，消灭或抑制空气中的病菌。譬如松科、柏科、槭树科、木兰科、忍冬科、桑科、桃金娘科中的许多树种分泌的挥发性物质都具有抑菌作用。

各类森林均具有吸收污物、阻滞粉尘、杀除细菌、降低噪声及释放负氧离子和烯萜物质的机能。对净化空气改善环境具有重要意义。森林在环境保护、健康卫生和生产生活等方面有十分重要的作用。根据《中国生物多样性经济价值评估》，森林对二氧化硫的吸收能力：针叶林为 215.6 公斤 /（公顷·年），阔叶树为 88.65 公斤 /（公顷·年），该项工程中增加的森林就可增加二氧化硫的吸收能力为 2802.8 万吨 / 年（在新增的森林面积中，按 80% 为阔叶林，20% 为针叶林计算)。在滞尘方面，根据有关研究，针叶林的滞尘能力为 33.2 公斤 /（公顷·年），阔叶林为 10.11 公斤 /（公顷·年），则该工程的新增森林面积可增加滞尘能力 131.3 万 ~431 万吨 / 年。

4. 对人类保健效应

林分下的人体舒适度指标处于较舒适状态，说明林下有利于人体健康；森林和草地植物释放出的负离子对人体呼吸和血液循环十分有利；另外，有些植物分泌的挥发物质能减少或消除人们的心理疲劳，提高人们的工作效率、生活和学习质量。如桂花的香气沁人心脾，有利于消除疲劳；丁香的香味可以让人觉得轻松恬静等。除此之外，由于不同的植物分泌的挥发物质、花香的成分不同，分泌的数量、时间、季节等也不同；不同类型的绿地内气味不同，在不同的时间、不同的季节到同一片绿地内的空气成分也不一样，因此产生的保健效果是十分显著的。

城市森林建设具有减少和消除噪声污染效应。随着城市经济的快速发展及城市化进程的快速推进，城市建设、交通工业化生产等带来的噪声污染日趋严重。严重影响市民的工作、学习、生活，损害其身心健康。植物的茎和叶能在一定程度上吸收和减弱噪音，因此，在街道、庭院和机关、工厂、学校等处种植的各类植物，建立了噪音的缓冲绿带，有明显减弱或消除噪声的作用。

5. 对生物多样性的保护效应

植被结构多样性是衡量环境空间异质性的指标，而且植物多样性决定动物多样性性，也是鸟类等动物生态分布的重要限制因素。由各类植物形成的森林作为生产力水平最高、物种组成最为丰富的陆地生态系统，能够提供多种生境类型，成为鸟类、禽类、兽类和各种昆虫的栖息地。因此在城市森林绿化中，充分发挥植物多样性的功能更符合保护和提高城市生物多样性的要求。江西林业重点工程建设，在构建全省完善的林业生态体系、发达的林业产业体系、繁荣的生态文化体系过程中，通过各类重点林业生态、林业产业及生态文化等工程建设，区域重要湿地、原始或次生阔叶林资源和野生动植物资源得到保护，地带性植被得到较好的恢复和发展。阔叶林的比例得到显著提高，林分结构更趋复杂，为各种野生动物、微生物、珍稀植物提供良好的生存、栖息环境，从而有效地保护生物物种及其遗传多样性。与此同时，森林和湿地生态系统中各种生物之间、生物与非生物之间的物质循环、能量流动和信息传递将保持相对稳定的平衡状态，从而有效地保护生态系统多样性，维护生态平衡。

6. 控制水土流失效益

根据大量科学研究与实验结果，无林地土壤侵蚀模数平均为 3000 吨 /（平方公里·年），而有林地的保土率平均在 95% 以上，据此计算森林防止水土流失量为 28.5 吨 /（公顷·年）。重点工程实施后，在不考虑其他使森林面积下降的因素，仅山地森林保育工程就可使森林覆盖面积增加 85.8 万公顷，则保土能力增加 2445 万吨 / 年。通过重点工程实施，生态公益林得到有效保护，林分质量总体上得到提高，也将有助于减轻水土流失。

7. 抗御自然灾害效益

山洪的防治已经成为防汛抗灾工作中的突出问题。山洪防治是一项十分复杂的系统工程，必须坚持避治结合、避重于治，防治兼顾、以防为主的原则，以确保人员安全为首要目标。但是，其中根本的措施就是治理措施，即山洪治理必须采取生态和工程相结合的综合治理措施。一是实施 25° 以上地区的退耕还林和水土流失治理及退田还河湖等生态措施；二是对山洪影响区内的山体滑坡、险病水库和溪河堤防采取除险加固和清障整治等工程措施。其中最为根本的就是要提高土地森林覆盖率。

由于森林的抗御自然灾害效益只在发生自然灾害的条件下才会发生，因此，此处的森林抗御自然灾害效益与前述水土保持效益相独立。据测算，每年长江中上游单位面积森林减轻水旱灾效益为 65 元 / 公顷，参照这一数据估算江西现代林业重点工程建设完成后的年抗御自然灾害效益为 6.97 亿元。

8. 农业增产效益

森林生态系统平衡既可保障区域农业生产，也对区域内的农业生产等具有重要的保护效应。鄱阳湖平原地区建设完备的农田林网后，必将为区域内农业高产稳产提供有力保障。据有关测定，农田防护林网对农业的增产效益在正常年景为 4%~10%，气候异常年份为 10%~15%，粮食生产的增产效益可达到 8%~12%。

（二）社会效益分析

江西现代林业发展重点工程项目实施后的社会效益至少体现在以下几个方面：

1. 环境景观效应加强，改善人居环境

在城市的绿化、美化中，植物多样性起着不可替代的作用，首先植物具有明显的季节变化，植物种类繁多，每种植物都有自己的独特形态、色彩、风韵、芳香等，它们又随季节和年龄的变化而得到丰富和发展。其次，各种不同的植物组成的类型丰富的林际线、林冠外型、片林轮廓等构成了城市形式美。此外，多姿多彩的绿色植被掩饰了城市建筑的僵硬外角，起到烘托建筑物的作用，与建筑物共同构成城市的形象美，展示城市的优美形象。江西省林业重点工程建设实施后可以提高环境景观质量，改善人居环境。特别是森林、湿地景观和生态环境与生态状况的改善，为全省的生产、生活提供了更好的场所，从而提高人们的生活质量，促进人类健康。与此同时，江西省林业重点工程建设实施后防护林体系的建成，将有效地抵御自然灾害，减少或缓解暴雨、泥石流、干旱、森林火灾、森林病虫害等自然灾害对人民生命财产的威胁，维护人民群众正常的生产、生活秩序和安定团结的社会局面，为构建和谐社会作出贡献。

2. 利于改善投资环境，为社会提供就业机会

江西省林业重点工程建设各项工程完成后将形成优越的生态环境，改善江西全境的生态状况，有效地改善投资硬件，提升知名度，从而有利于扩大对外开放，促进国际国内的经济、技术合作，为更多更好地引进资金、人才、技术服务。

项目实施可以为当地居民提供许多直接和间接就业机会，如人工造林、林分改造、抚育、竹

木业加工、生态文化、森林与湿地生态休闲等。据初步估计，仅十二大工程中的人工造林、林分改造、抚育、生态公益林管护等工作，就需投工约3亿个工日，平均每年3000万个工日，相当于每年解决约30万人就业，这在一定程度上可以缓解农村劳动力出路问题。此外，项目开展后将直接带动种苗、交通等的发展，从而带来间接的就业机会。

3. 以林业重点工程为基础，带动其他产业的发展

江西省林业重点工程建设在实施时均需要大量的苗木，首先将使种苗花卉业被带动起来。其次，森林质量的全面提高必将促进江西的森林文化生态旅游业的全面、全方位的发展，从而带动相关多个经济部门和行业的发展，如交通运输业、邮电通信业、建筑业、工商业、餐饮娱乐业以及文化教育、财政金融业等。总之，投资如此之大的江西省林业重点工程建设必将带动全省新型工业化的发展，促进富民强省战略早日实现，增加地方税收，带动和促进地方经济的全面可持续发展。

4. 提高干部群众的生态意识，提升林业的社会地位

生态文化休闲工程作为生态文明建设的重要载体，对促进生态文化的传播有重要意义。在其工程实施的过程也是一个宣传教育的过程，通过项目建设，不仅有效地提高项目区广大干部群众的生态建设意识、环境保护观念，同时也培养和锻炼了一大批林业专业技术人员，提高了他们的专业技术水平，而且通过项目招投标、施工监理等一系列先进管理手段、先进管理经验的引入，从根本上改变区域林业生产和管理的综合水平，同时也使林业的社会地位得到提高。

5. 促进科学普及，提高生态文明教育

城市绿地植物多样性的文化教育功能主要体现在植物对人本身的直接影响和满足人们对自然界生命活动和知识的需求方面。生活在城市的孩子对各种植物的了解更多的是通过书本、图画、电视等，而城市内的公园、植物园等各类绿地为他们提供了这种实践的机会和场所。公园根据植物的亲缘关系、生态习性等建立的多种专类植物园使参观者能够获得丰富的植物知识。另外植物的种类、生物学特性、经济价值、观赏价值等都对人们具有科普教育的作用。城市的各级园林绿化部门对城市的古树名木进行了挂牌、编号，这样一方面能发扬古树名木的历史、文化意义，增长人们的知识；另一方面对人们保护古树名木、保护植物多样性起到宣传、教育作用。

（三）经济效益分析

江西现代林业发展布局与重点工程项目会大大提高生物多样性的经济价值，对其进行科学分类是林业生物多样性经济评估的前提。根据挪威、英国以及联合国环境规划署等机构的有关报告，一般将生物多样性的价值分为两个部份，即使用价值和非使用价值，前者包括直接使用价值、间接使用价值和选择价值，后者包括遗产价值和存在价值，生物多样性的总体经济价值等于上述五种价值之和。在价值计算中，一般又将选择价值、遗产价值和存在价值划为潜在使用价值。生物多样性具有巨大的、历史的、现时的及未来的社会经济价值，对生物多样性进行经济价值评估，可以为绿色GDP核算提供依据，能够使公众、管理者及决策者充分认识生物多样性这一生态系统服务功能在社会经济发展中的重要作用；可以为生态市（县）建设以及有关环境影响评价提供一套价值评估的参考方法。然而因为生物多样性的自然属性距离市场与商品的社会属性较远，存在一系列的不确定性，所以其经济评估十分困难，但进行概略性评估还是可能的。

本部分以江西省新余市为案例，从总体框架上对生物多样性功能的经济价值进行概略性的初步评估。

1. 直接使用价值经济评估

（1）产品及加工品直接使用价值。江西现代林业发展布局与重点工程项目通过植被的有效合理的更新，防止水土流失，改善江西的生态环境，保证该类区域生态平衡的稳定，提高植被的生态效益。同时，在改善环境的同时，增加林区的就业率和经济收入，确保社会的和谐和安宁，更有效地提高江西林区的社会效益和经济效益，促进江西林业经济的稳定可持续发展。通过全面实施林业分类经营，严格保护、积极发展、科学经营、持续利用森林资源，力争到2020年，在全省基本建成布局合理、结构稳定、功能齐备、管理高效的林业生态体系和规范有序、集约经营、结构合理、富有活力的林业产业体系，实现山川秀美，使江西省林业在全国率先跨入可持续发展的新阶段。2020年达到林业经济年增长速度保持在10%以上，林业产业总产值达1600亿元，其中林产工业产值占48%。

（2）生物多样性服务价值评估。生物多样性直接服务价值包括旅游观赏价值、科学文化价值等，下面仅对这两种价值进行初步评估。

①旅游观赏价值评估：通常生物多样性可能提供的旅游观赏方面的娱乐服务，包括森林公园、风景名胜区、自然保护区和其他自然景区的生态旅游；动物园、植物园、自然博物馆、水族馆和其他生物性园圃的参观旅游以及与动植物有关的运动和观赏等。旅游观赏价值由旅游费用支出、旅游时间花费价值以及其他费用三部分构成。

②科学文化价值评估：城市绿地系统中，植物包括花草和树木是园林中有生命的题材，植物种类繁多，色彩千变万化，既具有生态的要求，也具有综合观赏的特性，以多样的姿态组成丰富的轮廓线，以不同的色彩构成瑰丽的景观，它不但以其本身所具有的色、香、姿作为园林造景的主题，同时还可衬托其他造园题材，形成生机盎然的画面。实践证明，园林质量的优劣，很大程度上取决于园林树木的选择和配置，其作用主要体现在美化环境，丰富人民的生活。

栽植花草树木能改善环境，包括调节空气温度和湿度，遮阴，防风固沙，保持水土；绿色植物在进行光合作用时，吸收二氧化碳放出氧气，从而净化空气，通过滞尘使空气变得清新宜人；绿色树木能阻挡噪音污染，有些树木能吸收有害气体，绿色可以消除疲劳。

本项目中采用单位面积生态系统的平均科研价值382元/公顷和Costanza等人对全球湿地生态系统科研文化功能价值861美元/公顷的平均值（3897.8元/公顷）作为生物多样性的科研文化价值，则新余市生物多样性科研文化总价值为3897.8元/公顷×17333公顷=6.76亿元人民币。按此推算，至2020年江西现代林业发展布局与重点工程项目建设，江西省生物多样性科研文化总价值为3897.8元/公顷×17333公顷=414.29亿元人民币。

2. 间接价值经济评估

依据生物多样性的间接价值评估，主要通过其生态功能来体现，如维持生命物质的生物地化循环与水文循环，维持生物物种与遗传多样性，保持土壤肥力、净化环境等，间接价值经济评估常需要根据生态系统功能的类型来确定，如市场价值法、影子价格法、机会成本法、恢复费用法等方法。

（1）有机物质的生产评估。植物（生产者）利用太阳能，将无机化合物，如CO_2、H_2O等合成有机物质是生态系统一个十分重要的功能，它支撑着整个生命系统，是所有消费者（包括动物和人）及还原者（微生物）的食物基础，有机物质生产的一小部分，通常不足10%为人类所利用，成为人类赖以生存的食物或生活必需品，而表现为直接使用价值，其余大部分未被人类直接利用，其经济价值实际上无法估计。

根据新余生物多样性直接使用经济价值评估结果，那么江西现代林业发展布局与重点工程项目建设至2020年，全省陆地生态系统有机物质生产的价值为277.41亿元。

（2）净化环境价值评估。通过生态系统的生态过程，在物理、化学和生物作用下，生态系统的某一部份将人类环境排放的废弃物利用或作用后，使之得到降解和净化，从而成为生态系统的一部分。净化环境的生态经济价值，体现在固 C、排放 O_2、对污染的净化包括有毒气体的吸收、滞尘、灭菌和降低噪音等方面，现只计算固 C、排放 O_2、对 SO_2 的吸收以及滞尘四个方面。

① 固 C 的价值评估。根据植物光合作用方程式，植物在光合作用时，利用 28442 焦耳太阳能，吸收 264g CO_2 和 108 克水，生产出 180 克葡萄糖和 193 克 O_2，然后 180 克葡萄糖再转变为 162 克多糖，以纤维素或淀粉形式在植物体内贮存，即：

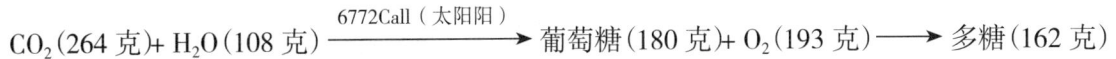

$$CO_2（264\ 克）+ H_2O（108\ 克）\xrightarrow{6772Call（太阳阳）} 葡萄糖（180\ 克）+ O_2（193\ 克）\longrightarrow 多糖（162\ 克）$$

由光合作用的总结果可见，植物每生产 162 克干物质可吸收固定 264 克 CO_2，即植物每生产 1 克干物质需要 1.63 克 CO_2。

据中国科学院华南植物所研究，小良森林植被恢复后每年每公顷能固碳 46.75 吨。新余的森林生态系统与小良植被条件差异不是很大，可以此数值作依据来粗略评估。新余市域内固 C 价值的计算，采用瑞典碳税率 150 美元 / 吨（取人民币与美元汇率比为 7.5），乘以森林植被单位面积每年固碳量，即得每年固碳价值。

2009 年林地面积为 17.39 万公顷，则 2009 年固碳价值为：$150 \times 7.5 \times 46.75 \times 17.39 \times 10^4$=91.46 亿元。

预计江西省至 2020 年，江西现代林业发展重点工程项目建设固碳价值为 5590.19 亿元。

② 释放 O_2 的价值评估。采用造林成本法和工业制氧影子价格法来估算其经济价值，取二者的平均值进行计算。根据单位面积释放 O_2 的量与的造林成本和工业制氧价格，推算出氧气的经济价值，O_2 的造林成本为 352.93 元 / 吨，工业制氧价格为 0.4 元 / 公斤。

利用杨柳春研究数据，植被恢复后每年每公顷平均释放 O_2 是 124.63 吨。2009 年林地面积为 17.39 万公顷，则运用造林成本法和工业制氧影子价格法分别计算，生物多样性释放 O_2 所产生的经济价值为 866926.28 万元。2020 年全省林业发展布局与重点工程项目实施后生物多样性释放 O_2 所产生的经济价值将为 13.21 亿元。

③ 吸收 SO_2 的价值计算。采用生产成本法计算生物多样性对大气 SO_2 的净化作用，可用单位面积森林吸收 SO_2 平均值以及近年污染治理工程中削减单位质量 SO_2 的投资成本来算出吸收 SO_2 的价值。根据《中国生物多样性国情研究报告》，阔叶树对 SO_2 的吸收能力为 88.65 公斤 / 公顷；针叶林的吸收能力为 215.60 克 / 公顷，二者的平均值为 152 公斤 / 公顷，每削减 1 吨 SO_2 的投资成本为 600 元，那么新余 2009 年森林生态系统吸收 SO_2 的经济价值为 158.73 亿元。全省森林生态系统吸收 SO_2 的经济价值 9693.65 亿元。

④ 滞尘的价值评估。据有关专家研究，针叶林的滞尘为 33.2 吨 / 公顷，阔叶林的能力为 10.2 吨 / 公顷，二者的平均值为 21.7 吨 / 公顷，按价格削减成本 70 元 / 吨计算，则 2009 年森林生态系统滞尘的经济总价值为 26415.41 万元。2020 年全省森林生态系统滞尘的经济总价值为 161.3 亿元。将上述固 C、释放 O_2、吸收 SO_2 和滞尘四项的价值计算结果相加，则得到新余生物多样性净化环境的总经济价值为 339.52 亿元。至 2020 年江西省生物多样性净化环境的总经济价值为 15458.37 亿元。

（3）环境健康价值评估。考虑两个指标，一个是增加生物多样性产生的经济价值，另一个是降低病虫害的生态经济价值。

① 增加生物多样性产生的经济价值评估。依据有关数据，森林采伐造成游憩及生物多样性的价值损失值为 400 美元 / 公顷，折合人民币为 3000 元 / 公顷，全球社会性对保护我国森林资源的

支付意愿为 112 美元 / 公顷，折合人民币为 840 元 / 公顷，因此 2009 年新余增加生物多样性所产生的生态经济价值量为：（3000+840）× 17.39×10⁴=6.68 亿元。

至 2020 年，江西现代林业发展重点工程项目新增生物多样性所产生的生态经济价值量 40.8 亿元。

② 防治病虫害价值评估。用替代花费法计算，取国家林业局统计数据，2005 年平均全国林地防治费用为 3.57 元 / 公顷，则 2009 年生物多样性降低病虫害产生的生态经济价值为 620823 元。结合上述二项计算结果，则 2009 年生物多样性所产生的环境健康价值为 6.68 亿元。

至 2020 年，江西现代林业发展重点工程项目新增生物多样性所产生的生态经济价值量 3794.6 万元。

（4）涵养水源的经济价值评估。

① 森林涵养水源价值评估。根据水量平衡计算涵养水源总量，据 2009 年新余统计，2009 年年平均降水量为 1594.8 毫米，河川年径流总量为 59.539 亿立方米。径流系数为径流总量与降水总量的比值，新余 2006 年的径系数为 0.64，计算 2009 年新余年平均径流量：R（年径流量）=1594.8（毫米）×0.64=1020.6（毫米）

2009 年新余林地面积为 17.39 公顷，则新余森林生态系统涵养水源总量为：R 总 =944.6（毫米）× 17.39（公顷）=16426.6（万立方米），利用影子工程法计算水价，即以 1988~1991 年全国水库建设投资测算，以每年新增投资量除每年新增库容量，计算出每建设 1 立方米库容需年投入成本 0.67 元，则新余 2009 年森林涵养水源总价值为 1.10 亿元。

至 2020 年，江西现代林业发展重点工程项目新增生物多样性所产生的生态经济价值量 100.41 亿元。

② 洪水调蓄经济价值评估。洪水调蓄功能总价值为湖、河流、水库等年径流总量与单位蓄水量的库容成本（0.67）二者的乘积。

2009 年新余河川年径流总量为 59.539 亿立方米，则 2009 年新余市洪水调蓄功能总价值为：$59.539 \times 10^8 \times 0.67 = 39.89 \times 10^8$ 元。

将森林涵养水源价值与洪水调蓄功能价值相加，结果为 14.99 亿元，此即为 2009 年新余涵养水源的生态经济价值。

至 2020 年，江西现代林业发展重点工程项目新增生物多样性所产生的生态经济价值量将达 1599.89 亿元。

（5）营养物质循环贮存经济价值评估。森林生态系统中营养物质循环与贮存主要根据植物的年净生长量，测定年生长量中 N、P、K 元素的比例，即测定林分一年生长中从土壤中吸收的养分，再测定每年凋落物归还土壤的养分，将年吸收养分总量减去凋落物归还养分总量，即得到林分持留的养分总量，这部分养分的价值即为营养物质循环与贮存的价值。总积累养分可依据林分面积和养分的市场价格求得。

$$总养分积累价值 = \sum_{i=1}^{n} A_i M_i P = \sum_{i=1}^{n} A_i (N_i + P_i + K_i) P$$

式中：A——林分面积，P——N、P、K 养分的价格，i——林分类型，M——单位面积的养分持留量（N、P、K）。

根据许广山等在红松阔叶混交林和红松冷杉林下测定的年净养分持留量，计算新余森林生态系统年养分持留总量：173900 ×（65.59+7.82+29.84）=17955 吨，其中氮总量 11403 吨，磷总量 140.8 吨，钾总量为 518.98 吨。再以平均化肥价格 2549 元 / 吨计算出营养物质循环与贮存的生态经济总价值为量 10.98 亿元。

（6）土壤保持经济价值评估。减少土壤侵蚀的总量，使用无林情况下土壤侵蚀量替代新余森林生态系统在保护土壤方面的价值，根据日本学者研究结果，火山岩土壤和火山灰土壤有林地与无林地的侵蚀差异平均为 30 毫米／年，则新余市减少侵蚀总量 = 有林地与无林地的侵蚀差异量 × 林地面积 =30 毫米／年 ×17.39 万公倾 =5237000（立方米／年）

因此，可以计算出，至 2020 年江西省现代林业发展重点工程项目新增生物多样性所产生的生态经济价值量 3186 万立方米／年。

（7）潜在使用价值经济评估。由于潜在使用价值的复杂性和不确定性，一般公众也缺乏必要的意识和知识，这方面的评估工作缺乏经验。因此，对新余生物多样性潜在使用价值的经济价值评估，根据新余生物多样性直接使用价值占全国生物多样性直接使用价值的比例来进行初步评估。

① 潜在选择价值评估。经济粗估《中国生物多样性国情研究报告》，运用保险支付意愿法评估了中国生物多样性潜在选择价值为 89.3 亿元，江西省 2006 年生物多样性直接使用价值占全国生物多样性直接使用价值 1800 亿元的 19.8%，依此比例推算，至 2020 年江西省现代林业发展重点工程项目新增生物多样性所产生的生物多样性潜在选择价值为 35640.0 亿元。

② 潜在保留价值和经济评估。根据《中国生物多样性国情研究报告》，中国生物多样性潜在保留价值为 134 亿元，由于生物多样性直接使用价值占全国的 19.8%，则 2020 年江西生物多样性潜在保留价值为 2653 亿元。

（四）效益总体评价

以新余市为案例，探讨生物多样性经济价值主要包括直接使用价值、间接使用价值和潜在使用价值。

新余市生物多样性经济价值评估结果表 18-2 所示。至 2020 年江西省现代林业发展布局与重点工程项目新增生物多样性所产生的生态经济价值量为 84877.76 亿元。

表 18-2　2020 年江西林业工程生物多样性经济价值评估结果汇总表

经济价值类别	功　能　价　值	价值量（亿元）
直接使用价值	（1）产品及加工品年净价值	1600.00
	（2）旅游观赏服务价值	19.20
	（3）科学文化价值	414.30
	小计	2033.50
间接使用价值	（1）有机物质生产价值	277.41
	（2）净化环境价值	15458.37
	（3）环境健康价值	47.88
	（4）涵养水源价值	1700.30
	（5）营养物质循环与贮存价值	10.98
	（6）土壤保持价值	3186.00
	小计	20674.26
潜在使用价值	（1）选择使用价值	35640.00
	（2）保留使用价值	26530.00
	小计	62170.00
合计		84877.76

第十九章　生态公益林保育工程建设关键技术

一、生态公益林保育关键技术

（一）生态公益林人工促进更新

1. 江河源头及沿岸重要水源区森林保育

赣江、抚河、信江、饶河、修水"五河"一级支流和二、三、四、五、六级支流的源头及其两岸，为生态治理区，其中"五河"源头20公里范围内、二级支流源头10公里范围内及其两岸第一层山脊为重点治理区。

该区域治理以提高森林水源涵养能力为目的。造林树种以地带性乡土阔叶树种为主，以生态防护、水源涵养和抗逆能力等生态功能强为选择目标。保育措施主要为封山育林、飞播造林、林隙穴状补植和低效林改造等人工促进更新和营林措施，培育和保护森林资源。

2. 大中型水库、湖泊周围水土保持林保育

小（二）型以上水库和湖泊周围列为生态治理区，其中鄱阳湖、军山湖、金溪湖等10座库容1亿立方米以上的湖泊，上犹江、柘林、江口等25座库容1亿立方米以上的水库周围第一层山脊列为重点治理区。

该区域治理以提高森林水源涵养、水土保持能力，减少泥沙淤积为目的。造林树种以地带性常绿阔叶树种为主，以生态防护、保持水土、水源涵养等生态功能强为选择目标。保育措施主要为封山育林、林隙穴状补植和低效林改造等人工促进更新和营林措施，保护森林资源，促进良好人工生态系统的修复。

3. 交通干线两旁、重要城镇周围景观生态林营建

铁路、高速公路、国道、省道、县道两侧，乡镇以上城镇周围列为治理区。该区域治理以绿化、美化沿线景观环境，构筑绿色生态屏障为目的。造林树种以观赏价值高，滞尘、吸附有害气体（或物质）、抗逆能力强等树种为主。以打造园林景观的要求和标准建设。

4. 工业园区景观生态林营建

工业园区绿化美化是打造最佳人居环境、提升城市品位、彰显城市文明形象的重要内容，是江西省造林绿化"一大四小"工程的重要组成部分，是江西实施"生态立省，绿色发展"战略的重要一环。工业园区的绿化网络应该是具有较完善的生态防护、生态景观与生态屏障功能的城市森林生态体系的重要组成部分。目前，江西省工业园区绿化效果总体较好，但缺少以乔木树种为主的"绿块"，改善生态环境效果不明显。

工业园区绿化应以乔木树种为主，提高绿量，形成立体多层、覆盖面广，具有阴凉、释氧、吸尘、消噪、除害、杀菌、减污等多功能生态型森林群落；根据园区主导产业特色选择树种配置，注意选择适宜的生态和景观效果好、抗污染能力强、适应性广的树种。重视改土施肥，禁止使用单干"截

杆树"。

5. 水土流失严重区

中低山主要山脊两侧、水土流失中度以上地段列为生态治理区。其中吉泰盆地、赣州盆地、信丰盆地、兴国盆地、瑞金盆地、弋阳盆地，坡度36°以上、土层瘠薄、岩石裸露地段列为生态重点治理区域。

该区域治理以提高森林植被覆盖率、蓄水固土、减少水土流失为目的。造林树种以耐瘠薄、抗干旱、生态防护、保持水土能力强的生态树种为选择目标。保育措施主要为封山育林等天然更新措施，乔灌草结合的飞播造林、容器苗穴状补植、节水造林等人工促进更新措施。旨在增加森林植被覆盖率，促进良好人工生态系统的修复和重建。

（二）生态公益林保育

至2009年，全省有1处世界自然遗产，2处世界文化遗产，2处世界地质公园，11个国际级风景名胜区，7个国家级自然保护区，42个国家级森林公园。

全省已建有各类自然保护区138个，其中国家级7个、省级31个，国家和省级保护区面积已占自然保护区总面积的48.7%；建有自然保护小区5500余处，保护区个数在全国排第五位。保护总面积达98.42万公顷，占全省国土面积的5.9%，基本形成了类型齐全、分布广泛、具有典型性和国际国内影响力的自然保护区网络。这些自然保护区保护了全省主要的自然生态系统类型、80%以上的陆生野生动物种类和85%以上的高等植物种类。

县级以上保护区（保护小区）、森林公园、珍稀野生动物栖息地等列为生态保育和治理区。其中：井冈山、九连山、官山、武夷山、马头山、鄱阳湖、桃红岭等7个国家级自然保护区、31个省级自然保护区，三爪仑、梅岭、灵岩洞等42个国家级森林公园、61个省级森林公园，重点保护的Ⅰ、Ⅱ级野生动物栖息地列为重点保育区。

该区域以采取封禁措施，保护现有植被完好，减少人为破坏为目的，旨在保护生物多样性，包括生态系统多样性、物种多样性和遗传多样性等。

（三）生态经济型公益林保护与管理

1. 森林公园建设与管理

森林公园是为城乡居民提供休闲、观光、保健、游憩等生态和文化服务功能的重要载体。江西森林资源丰富，森林覆盖率达60.03%，生态环境优良，历史文化底蕴深厚，具有良好的建设森林公园、发展森林旅游的基本条件。至2008年，江西省共有森林公园103处，其中国家级42处，经营面积34.22万公顷；省级61处，经营面积9.83万公顷。全省11个设区市中10个有国家级森林公园，省级森林公园的分布范围扩大到所有设区市，初步形成了以森林景观为主体，地文景观、水体景观、天象景观、人文景观等资源有机结合而形成的多样化的独具特色的森林风景资源的保护、管理和开发建设体系。

加强三爪仑、三百山、灵岩洞、九岭山等国家森林公园及省级森林公园的建设与管理，扩大森林旅游产业的规模，重点是处理好森林公园保护与开发建设的关系。森林公园的经营以生态建设为目标，坚持生态效益优先原则，兼顾经济效益。除特殊保护区外，允许进行非木质资源开发利用，但应采取可靠的环境保护措施，一切经营活动应符合森林公园建设的有关规定和要求。着力保护现有植被完好，减少人为破坏。在试验区和经营区可选用竹类、杨梅、油茶等非木质乔木树种对森林公园里的经济林进行林分改造。

森林公园经营机构负责森林公园开发建设、旅游项目开展、森林风景资源的保护等；林业部门主要是通过把好审批省级森林公园和审核申报国家森林公园关，把好审批总体规划关，加强森林资源、林地资源的管理等办法来实行管理。

2. 林场经营与管理

以集体林权制度改革后配套政策的完善和提高为契机，扶持民营林场或家庭林场等经营主体，大力推进以生态经济为主的林业产业经济的发展。以现代林业发展理念和技术手段，提升传统木质林产品生产的生态和经济效益；同时，大力发展高效林业，以森林蔬菜、食用菌、特禽养殖、森林药材种植、非木质经济林种植等短期收益项目，作为提高林业综合效益、增加林农收益的重要措施。

稳步实施森林经营管理责任制，完善林场、苗圃的管理制度，促进林权规范、有序流转，切实保护和利用好森林资源和湿地资源，有效防控林业有害生物、森林火灾和气象灾害等，全面保护国家重点公益林，使江西省生态经济型林业得到全面发展。

二、野生动植物保护及自然保护区建设关键技术

（一）野生动、植物保护

1. 野生动、植物保护监测体系建立

（1）野生动物。江西省地处欧亚大陆湿润的亚热带中部，在动物地理上属东洋界华中区东部丘陵平原亚区。江西自然条件优越，森林资源丰富，加上保护管理工作不断加强，为野生动物的生存和发展提供了良好的条件。据统计，全省野生脊椎动物有845种，其中兽类105种，鸟类420种，爬行类77种，两栖类40种，鱼类203种，分别占全国同类动物种数的21%、34%、20%、14%、5%。另外，全省有昆虫约7100种，占全国的5%。

野生动物的有效保护须建立在摸清本底、了解种群动态消长情况的基础之上。因此，需首先建立野生动物保护监测体系，对江西省境内野生动物种群规模、分布范围、密度等情况进行清查，在此基础上，对野生动物生存情况作出科学评价，按照优先保护秩次选择重要种类进行重点监测。通过长期野外监测，对其种群结构、种群繁衍状况、数量动态作出预报，为保护措施的制订提供理论依据。主要措施有：①全省野生动物疫源疫病监测体系建立；②优先保护物种生境变化及种群消长动态监测，如华南虎放归区生境监测，白颈长尾雉、黄腹角雉、梅花鹿、云豹等濒危物种种群监测；③候鸟环志及迁徙动态监测。

（2）野生植物。全省已知的野生高等植物有5117种，占全国总数的17%。其中：苔藓类植物563种（含种以下等级）；蕨类植物49科114属403种、28变种、4变型；裸子植物有8科22属29种、2变种；被子植物有210科1340余属约4088种。列入《中国植物红皮书（第一批）》的有68种；列入《全国重点保护野生植物名录（第一批）》的有55种，其中国家一级保护有9种，二级保护有46种；列入《江西省重点保护野生植物名录》的有151种，其中省一级保护有4种，二级保护有27种，三级保护有120种。原林业部公布的国家珍贵树种有26种，约占全国的20%。在地带性常绿阔叶林中，植物种属和个体数量较多的优势科为壳斗科、樟科、木兰科、山茶科、金缕梅科、杜英科、冬青科等。

同样，野生植物的有效保护也必须建立在摸清本底、了解种群动态消长情况的基础之上。因此，建立野生植物保护监测体系，对全省境内重要野生植物种类、分布范围、种群大小等本底情况进行重点调查和监测，对野生植物生存情况作出科学评价，根据IUCN和我国濒危物种等级体系中的有关原则，综合考虑生境条件、种群减少速度、分布面积、个体数量等方面因素，建立操作性强、简捷快速的物种濒危等级体系，筛选出优先保护种类进行重点监测和保护，提出野生植物解危对策以及生态恢复和生物学复壮技术，为野生植物保护策略和保护措施的制订提供理论依据。

2. 濒危物种生境改良

（1）濒危动物。江西省列为国家Ⅰ级保护的陆生野生动物有19种，Ⅱ级保护的有68种，分

别占全国同级保护野生动物总数的 22.4% 和 50%；列为省级保护的陆生野生动物有 107 种（类）；列入国家"三有"名录的有 600 种；列入中日、中澳候鸟保护协定的分别有 132 种和 46 种。常年分布的珍稀濒危野生动物有金钱豹、云豹、梅花鹿、水鹿、苏门羚、黑麂、黑熊、白颈长尾雉、黄腹角雉、白鹇等。另外，鄱阳湖作为我国最大的淡水湿地，每年吸引数以百万计的候鸟越冬，其中珍稀鸟类就有 100 多种。

濒危动物濒危的关键因素是其栖息环境的破坏甚至丧失。为加强濒危物种保护，需对其现有生境进行改良以适应其生存的需要。濒危动物生境改良关键措施是：开展保护目标物种的生境需求研究；在掌握物种生境需求的基础上，进行其生境适宜性现状评价；在评价的基础上，针对其生境需求对其生境进行改良。

（2）濒危植物。江西省国家珍稀濒危保护植物，物种十分丰富，综合评价指数处第五位，是中国天然的植物资源基因库和种质资源储存库。珍稀、濒危植物主要有南方红豆杉、白豆杉、观光木、半枫荷、香果树、伯乐树、金毛狗蕨、粗榧等。分布于宜春市的落叶木莲是江西省特有种，也是木莲属唯一落叶的植物；东乡野生稻为近代水稻的始祖，是我国分布最北的野生稻；萍乡的长红椆木母树，树龄有 300 多年，是世界仅存的长红椆木母树。此外，宜丰县的穗花杉天然群落、铅山县的南方铁杉天然林、德兴和玉山县的华东黄杉天然林等均是国内罕见的珍稀植物群落。

栖息环境的破坏甚至丧失也是野生植物濒危的主要因素。对濒危植物进行生境改良也是濒危植物种群复壮的重要手段。濒危植物生境改良关键是要掌握保护目标物种的对水、土、光、热等生境因素的需求；在掌握物种生境需求的基础上，对其生境进行改良。

（二）自然保护区规划与管理

保护生物多样性的措施分为"就地保护"（in situ conservation）和"迁地保护"（ex situ conservation）两种方式，前者是主要措施，后者是补充措施。

"就地保护"是生物多样性保护最为有力和最为高效的保护方法。建立自然保护区是就地保护的有效途径。

自然保护区是一个泛称，根据建立的目的、要求和本身所具备的条件不同，而有多种类型。按照保护的主要对象来划分，自然保护区可以分为生态系统类型保护区、生物物种保护区和自然遗迹保护区 3 类；按照保护区的性质来划分，自然保护区可以分为科研保护区、国家公园（即风景名胜区）、管理区和资源管理保护区 4 类。不管保护区的类型如何，其总体要求是以保护为主，在不影响保护的前提下，把科学研究、教育、生产和旅游等活动有机地结合起来，使它的生态、社会和经济效益都得到充分展示。

自然保护区的目的是保护珍贵的、稀有的动植物物资源，以及保护代表不同自然地带的自然环境的生态系统，还包括有特殊意义的文化遗迹等。其意义在于：保留自然本底，它是今后在利用、改造自然中应循的途径，为人们提供评价标准以及预计人类活动将会引起的后果；贮备物种，它是拯救濒危生物物种的庇护所；科研、教育基地，它是研究各类生态系统的自然过程、各种生物的生态和生物学特性的重要基地，也是教育实验的场所；保留自然界的美学价值，它是人类健康、灵感和创作的源泉。因而，自然保护区对促进国家的经济、社会、生态、文化的可持续发展具有十分重大的意义。

自然保护区的规划建设，必须建立在区域社会、经济、文化、生态环境可承载的前提之下，既满足可持续发展的需要，又不超出当前实际可承受的能力范围。

按生态系统分，江西的自然保护区主要分为两大类型，即森林类型自然保护区和湿地类型自然保护区。

1. 森林类型自然保护区

（1）自然保护区规划与管理。江西省已有省级以上森林类型的自然保护区 36 个，其中省级保护区 31 个，国家级保护区 5 个。国家级自然保护区主要包括：保存极为罕见的亚热带高山原始状态天然阔叶林和针阔混交林呈垂直地带性分布、号称"华东屋脊"的江西武夷山国家级自然保护区；有以保护亚热带低海拔常绿阔叶林自然生态系统而闻名、被誉为古今植物避难所的江西九连山国家级自然保护区；有被誉为"赣西北绿色宝库"的江西官山国家级自然保护区。

规划目标是要在现有自然保护区建设的基础上，重点对县级以上自然保护区生态重要性进行鉴定评价，根据现有工作基础和保护区的生态重要性，划分优先保护秩次，重在将具有更大保护价值的保护区上升为省级以上保护区，以获得更多的政策和资金支持，提高保护水平。对至今尚未列入保护计划或规划、但确有重要保护价值的区域，按照有关申报程序，适当增加为相应级别的自然保护区。

① 自然保护区管理的关键技术主要包括：森林类型自然保护区体系建立技术。以保护森林类型及其动植物物种多样性为目的，根据生物多样性程度，确定优先保护顺序及保护等级，建立自然保护区体系。

② 单个自然保护区功能区规划及保护管理等级划分技术，包括自然保护区最小面积的确定、功能区的规划以及分区分级管理技术。

③ 自然保护区资源监测技术。根据各自然保护区的资源特点，制定监测方案，实行长期监测。

（2）森林公园规划与管理。森林公园是具有一定规模和质量的森林风景资源与环境条件，可以开展森林旅游与喜悦休闲，并按法定程序申报批准的森林地域。森林公园是以森林自然环境为依托，以保护为前提，经科学保护和适度建设，形成独特的景观系统和森林，并利用森林建筑、疗养、林木经营等多种功能为人们提供各种形式的旅游、观光、休闲和科学文化活动的经营管理区域。建立森林公园的目的是保护其范围内的一切自然环境和自然资源，并为人们游憩、疗养、避暑、文化娱乐和科学研究提供良好的环境。

江西省森林资源丰富，目前拥有省级以上森林公园总数达到 103 个，总面积为 435837.18 公顷，国家级和省级森林公园数量位居全国前列。其中：国家级森林公园 42 个，面积达 330652.45 公顷；省级森林公园 61 个，面积 105184.73 公顷。目前，江西省森林公园面积已有较大规模，虽然还有一定的潜力，但今后森林公园规划和管理的重点在于提高建设质量，注重多种功能的综合开发利用，提高经营和管理效益。其关键：

一是争取条件，有限度地新建一批省级以上森林公园，扩大森林旅游区的范围。

二是通过积极申报，提高已建森林公园的管理级别，不仅为森林公园的经营、管理创造有利条件，而且还有利于提高森林公园的知名度和影响力，吸引和聚集更多的旅游资源进行综合开发，提高综合开发利用效率。

三是所有森林公园内的森林不得进行主伐，只可以进行卫生抚育采伐，以提高其景观价值、生态文化品味。

四是发展非木质森林生态经济产业，包括森林蔬菜、森林果品、森林花卉、森林芳香浴等，可供采摘、烹调、品尝等，在增加旅游业收入的同时，提高旅游者的生活体验感和幸福感，真正做到休闲和放松。

（3）需进一步开展研究的关键技术。森林类型自然保护区和森林公园的保育是维护生物多样性、生态文化多样性极为重要的手段。在自然保护区和森林公园建立和维护的同时，还需进一步开展如下关键技术研究：

①研究保护区内景观斑块与廊道特征。②研究生态系统结构特征及景观的多样性，分析与评估保护区景观格局。③探索自然保护区的旅游规划和景观生态规划。④研究不同干扰对生物多样性、景观多样性的影响机理。⑤研究保护区生物多样性与生态服务功能的关系，探讨保护区生态服务功能的价值评估。⑥研究保护区生态服务功能损失的物种补偿途径，建立自然保护区生态系统的自运行机制、生物多样性自平衡机制、植被景观的自形成机制等。

2. 湿地类型自然保护区

湿地是指不问其天然或人工、长久或暂时性的沼泽地、带有泥碳的沼泽、泥碳地或水域地带，带有或禁止或流动、或为淡水、半咸水或咸水水体者，包括退潮时不超过 6 米的水域。湿地还可包括邻接湿地的河湖沿岸、沿海区域以及位于湿地内的岛屿或低潮时水深超过 6 米的海水水体。

湿地是世界上最复杂的生态系统；它仅占地球陆地表面的 6%，却为所有 20% 的物种提供了栖息繁殖地。具有很高的生物多样性。湿地广泛分布在世界各地，拥有丰富的野生动植物资源，既是陆地上的天然蓄水库，又是众多野生动植物，特别是珍稀水禽的繁殖和越冬地，在蓄洪防旱、调节气候、控制土壤侵蚀、促淤造陆、降解环境污染等方面起着极其重要的作用。湿地还具有自然观光、旅游、娱乐等美学方面的功能，蕴含着丰富秀丽的自然风景，成为人们观光游览的好地方，具有旅游休闲和美学价值。复杂的湿地生态系统、丰富的动植物群落、珍贵的濒危物种等，在自然科学教育和研究中具有十分重要的作用。有些湿地还保留了具有宝贵历史价值的文化遗址，是历史文化研究的重要场所。

湿地自然保护区的建立旨在保护湿地生态系统、物种多样性、遗传多样性、湿地生态文化等。我国湿地自然保护区分为国家和地方保护区，其中地方保护区又分为省、市和县 3 级。湿地保护区功能众多，包括提供多种水产品和农产品、调蓄江河洪水、提供优美景观、栖息野生动植物、净化污染物、自恢复和自组织等。我国目前湿地保护区分属林业、环保、水利、农业、海洋、建设、国土资源等多个部门管理，在区域资源与环境协调发展过程中具有特殊地位，在维持生物多样性、促进区域经济协调发展方面具有重要作用。我国从 20 世纪 70 年代开始建立湿地自然保护区，至 2007 年 12 月，全国共建成各级湿地类型自然保护区 553 处，总面积达 47.80 万平方公里。

江西省以湿地生态、湿地珍稀动植物为主要保护对象的自然保护区有 28 个，其中国家级保护区 1 个，省级 8 个，县级 19 个;成功申报国家湿地公园 6 处，规划面积达到 5.58 万公顷。近年来，在江西省委、省政府的正确领导下，通过各级政府和林业主管部门的共同努力，全省湿地保护和管理工作取得明显成效，一些重要的自然湿地逐步被纳入保护范围。并正在大力推进省级以上湿地公园的建设步伐。

湿地自然保护区建设的关键措施是要遵循自然规律，在保护湿地生物多样性的基础上，开发湿地生态旅游产业。其重点在于保护和拯救珍稀濒危动植物，加强湿地基础研究、科研监测，加强对湿地资源可持续高效经营和利用，根据湿地生态系统的逆向演替和衰退规律，制订退化湿地的恢复与重建的生物对策和技术措施，建立健全湿地监测和评估系统等。针对不同类型的湿地，以生态优先和可持续发展理念，采取不同的开发模式，不断探索形成湿地保护和恢复的示范模式，改善重要湿地的生态状况，扩大湿地保护面积，努力形成以湿地自然保护区为主体，湿地公园、水源保护区、特别保护区等多种形式相结合的湿地保护网络体系。

（三）战略性野生植物资源保护及人工培育关键技术

生物多样性关系到国家安全和林业可持续发展，因此，必须以科学发展的观点做好保护工作，在强化野生植物就地保护的同时，对江西现代林业发展具有基础性和战略性作用的野生植物资源实施异地保护，并大力培育人工资源，促进由获取野生资源为主向利用人工培育资源为主转变。

1. 野生植物异地保护关键技术

江西开展野生植物资源异地保护可追溯到 20 世纪 30 年代庐山植物园的创建。自 20 世纪 70 年代以来，江西省野生植物异地保护力度明显加大，赣南树木园、南昌树木园和九江珍稀濒危植物种质资源库等一批野生植物异地保护基地相继建立。进入新世纪，江西开始实施林木种质资源库建设工程，标志着野生植物异地保护工作迈上新的台阶。

（1）异地保护关键技术。综合多年野生植物异地保护的科学研究和实践所积累的经验，野生植物异地保护的关键技术主要包括：①了解野生植物的地理分布、生物生态学特性和适生环境。掌握原生地与引种地气候、土壤、生境等的异同，根据相似性原理，分析和确定异地种植的可能性。②了解和掌握野生植物的遗传多样性和遗传结构，确定最佳保存容量和保存方法，制订切实可行的保护措施。③尽可能完整地收集保存全分布区的基因资源，建立能永久保存的基因资源保存库。④合理选地，根据植物习性进行空间配置，发挥小地形、小气候作用，采取防风、防寒、防高温，防治病虫害等防护措施保护植物发育生长。⑤观测物候期和生长规律，进行适应性、抗性、生长性状和利用价值等的综合评价，筛选具有推广价值的种、种源或其他优良繁殖材料。⑥采用实生（种子）繁殖方法扩大植物的人工种群，以保持较高的遗传多样性，为回归引种提供物质基础。通过一定的遗传改良和人工选择，对符合培育目标的繁殖材料，采用组培、扦插等无性繁殖技术保持母本材料的优良特性，并尽快扩大繁殖基数，为规模化人工林培育基地的建立提供物质和技术基础。⑦开展区域化栽培试验，选择栽植范围，既有效保护野生资源，又能满足人们生产生活对其的需求。

（2）需进一步开展研究的关键技术。

① 研究种内生态类型或遗传类型的数量和异地保存的有效种群大小，保存野生植物种的遗传多样性。

② 建立科学的信息采集和档案管理系统，为人工栽培措施的制定提供科学依据。

③ 研究濒危植物种类的生活史、种群生态、繁殖生态，探讨致濒成因及机理，分析研究其遗传多样性及遗传结构，为异地保护提供理论依据。

④ 解决繁育技术难题，尤其是具有重要开发利用价值植物的组织培养和扦插等无性繁殖技术，建立高效繁育技术体系。

⑤ 探寻开发利用与异地保护相结合，长期保护与经济发展、生态建设相结合的新技术途径。

2. 野生植物资源人工培育关键技术

江西对野生植物进行人工培育历史悠久，铁坚油杉 *Keteleeria davidiana*、竹柏 *Podocarpus nagi*、凹叶厚朴 *Magnolia biloba*、鹅掌楸 *Liriodendron chinense*、杜仲 *Eucommia ulmoides*、紫树 *Nyssa sinensis*、南酸枣 *Choerospondias axillaris* 等野生乡土树种至今已成为重要的人工林造林树种；特别是 20 世纪 90 年代以来，地带性常绿和落叶阔叶树种的人工林培育步伐加快，木兰科、杜英科、樟科、野茉莉科、壳斗科等主要科属具有重要生态和经济价值的树种通过人工驯化和栽培试验，开始广泛应用于园林绿化、用材林、经济林基地建设之中。一些具有特殊用途的战略性植物资源得到发掘和利用，如龙脑樟、紫珠、杏香兔耳风、金线莲、铁皮石斛、半枫荷、杜仲、吴茱萸等森林药材，光皮树、东京野茉莉、山桐籽、无患籽等木本油料树种，闽楠、红楠、刨花楠、丝栗栲、蝶斗青冈、毛红椿等珍贵用材树种，红翅槭、鸡爪槭、华东楠、四照花、红花木莲、华木莲、观光木、野鸭椿、虎舌红、朱砂根、铺地锦等一大批以观赏为主的多用途植物。

（1）野生植物资源人工培育关键技术。

① 优良野生植物种类筛选及优良种源、优良类型、优良单株的选择及高效繁育技术。

② 采用容器育苗、轻基质育苗等育苗新技术，提高造林成活率，尤其是硬阔类树种的造林成

活率。

③ 做到适地适树适种源。在不同生态区，选择不同立地和土壤类型进行区域化栽培试验，选择气候、土壤条件与其适生环境相近似的种植区域，坚持造林地立地条件与植物种的生物学和生态学特性一致，真正做到适地适树适种源。

④ 根据植物在天然林中的生长习性，科学选择树种混交种植。

⑤ 采用经选育符合经营目标的繁殖材料和集约经营技术，科学制定经营管理方案。

⑥ 对种源稀少，实生繁殖有难度的树种，尝试建立扦插、组织培养等无性繁育体系。

（2）需要继续研究的关键技术。

① 江西地带性顶级群落常绿阔叶林主要建群树种和优势树种（如栲属 *Castanopsis*、樟属 *Cinnamomum*、楠属 *Phoebe*、润楠属 *Machilus*、木荷属 *Schima*、安息香属 *Styrax* 等属主要种）的育苗及造林技术。

② 开展野生植物天然分布、生物生态学特性、利用价值等研究，筛选出具有重要培育价值的优良植物材料，采用集约经营管理技术和定向培育配套技术，促进野生植物资源的开发利用和产业化发展。

③ 紧密结合产业科技需求，形成产学研创新联盟，加强野生植物资源的综合开发利用研究，为森林医药、生物质资源、森林花卉等新兴产业发展提供物质和技术基础。

3. 野生经济动物资源保护及人工繁育关键技术

（1）野生经济动物资源保护。江西省野生动物资源丰富。鄱阳湖作为我国最大的淡水湿地，每年吸引数以百万计的越冬候鸟，包括白鹤、白头鹤、白枕鹤、灰鹤等 4 种鹤类（全球共 15 种）和庞大的雁、鸭种族以及东方白鹳、黑鹳、白琵鹭，小天鹅、斑嘴鹈鹕等珍稀鸟类 100 多种。近几年来白鹤的越冬数量每年都稳定在全球总数量的 95% 以上。对于这些珍稀鸟类必须注重其生态价值，严格加以监测和保护。江西还有许多具有极大开发利用价值的动物资源，如棘胸蛙、棘腹蛙、华南湍蛙、沼蛙、镇海林蛙、中华蟾蜍等经济和药用蛙类；华南兔、白腹巨鼠、中华竹鼠、银星竹鼠、豪猪、鼬獾、果子狸、野猪、黄麂和毛冠鹿等兽类动物，王锦蛇、黑眉锦蛇、赤链蛇等蛇类。这些动物中，许多被列为国家动物保护对象，以保持各种类和种群的繁衍和发展。主要保护措施：①开展优先或重点保护动物种的生理生态学研究，按照国家相关法律法规，制订相应的保护策略和措施。②开展回归引种试验研究，制订回归引种技术规程。③进行种群数量监测，确定猎捕限额。

（2）野生经济动物人工培育关键技术。

①人工驯养繁殖技术。②人工高效繁育体系建立技术。③野生动物野生习性保持技术，回归引种技术。④野生动物产品深加工和综合利用技术。

第二十章　湿地保护工程关键技术

　　湿地与森林、海洋并称为全球三大生态系统。湿地是分布于陆生生态系统和水生生态系统之间具有独特水文、土壤、植被特征的生态系统，湿地不仅具有保持水源、净化水质、蓄洪防旱、调节气候和保护海岸等巨大的生态功能，湿地也是生物多样性的富集地区，是自然界最富生物多样性和生态功能最高的生态系统，是人类赖以生存、生活的基础资源之一，被誉为"自然之肾"。湿地所具有的景观和文化价值也为世界文明的延续和发展作出了重要贡献。健康的湿地生态系统，是国家生态安全体系的重要组成部分和实现经济与社会可持续发展的重要基础。同时，湿地还是地球上最脆弱的生态系统之一，除自然原因外，人类对湿地资源的不合理利用、管理甚至恢复工程都会造成湿地某些功能的改变或丧失，使湿地生物多样性降低，水质改变，出现富营养化，严重威胁到人类自身的可持续发展。全球环境变化、生物多样性减少、人类生存环境质量下降等重大生态学问题都与湿地资源破坏，保护与合理利用湿地资源，恢复地球生态系统的健康和完整性，已成为广泛关注的问题，针对湿地的退化情况，积极采取措施进行湿地的生态保护是实现湿地可持续利用的有效途径。

　　鄱阳湖是中国第一大淡水湖，是重要的国际湿地生态系统。鄱阳湖是长江中下游地区最大的调蓄洪区，鄱阳湖还是国际珍稀水鸟的重要越冬栖息地，是世界最大的白鹤、东方白鹤等的越冬栖息地，也是江西经济发展的重要基地，江西省委书记苏荣指出：鄱阳湖是江西的代名词，是江西省的名片，是大自然对我们的恩赐。鄱阳湖的保护治理和鄱阳湖的经济开发关系江西未来的发展，关系全省4300万人民子孙后代的福祉。要始终坚持以科学发展观为统领，从保护生态入手，再延伸到鄱阳湖生态经济区建设，争取列入国家规划，上升为国家的区域发展战略，既保住"一湖清水"，又促进经济社会协调快速发展，努力把鄱阳湖保护开发推向新的阶段，使之成为生态优美、经济快速发展、产业层次较高、城乡协调发展的功能区。鄱阳湖湿地保护的关键技术主要有：

一、鄱阳湖湿地生态系统监测

　　鄱阳湖区湿地类型多样，不同的湿地类型各有其特殊性，因此，必须研究每种湿地在鄱阳湖区的生态地位，确立它的生态价值，系统的探求其生态系统演替规律、生物群落结构和数量，探寻湿地生态系统主要控制因素，寻找可持续开发利用的途径。同时，湿地的监测是了解湿地生态变化的重要手段和窗口，通过连续不断的监测，可以认识湿地生态系统现状及演化规律，为调整湿地开发利用模式提供科学依据。鄱阳湖区湿地资源的生态环境监测可采用先进的"3S"技术手段，建立湿地数据库，利用GIS强大的空间分析功能，对鄱阳湖区湿地进行时空分析，建立预测模型和指标模型，通过预定模型实施信息的运转，逐步进行修正和完善，正确指导鄱阳湖区湿地资源的开发利用，促进社会经济与环境的协调发展。

二、开展湿地自然保护区的功能评价

　　通过对湿地保护区资源和管理现状的评估，编制湿地自然保护区的管理规划，确定目标，长期实施，稳步提高保护区规范化、科学化管理水平。开展保护区人员能力建设，提高人员的监测、野外保护、社区教育、科研和执法等方面技能；逐步开展以主要保护对象为中心的栖息地改造工程；进行湿地保护与其周边经济协调发展关系的研究，探险讨区域发展对湿地资源的压力以及湿地自然保护区对区域发展的支持作用等。探讨不同的湿地区域在生态上的相似特征和受威胁的共性，制定相应的区域或流域性的湿地保护、恢复措施，建立区域或流域性的湿地保护协调机构，统一协调区域或流域内的湿地保护工作。制定湿地野生动植物种群的总体保护规划，分步实施；引进、推广先进的湿地生物多样性保护、污染控制等技术。开展湿地野外动植物种群及栖息地的长期监测；对受到严重破坏的湿地动、植物资源，通过人工种植和养殖等措施，促进野生动植物种群、数量的恢复。改变河流流域生物多样性衰减趋势，特别对鱼类和两栖类，应实行河流流域性的管理，以确保其生存；通过维护自然水系，维持、保护天然湿地。

三、加强湿地保护，治理湿地退化

根据湿地资源保护的现状，采取多种有效措施，尽可能地恢复已退化的湿地，减缓、降低人为因素对湿地的负面影响；开展一批重点湿地的恢复治理工程，有计划地恢复湖泊面积，湿地点污染源基本得到控制；开展治山与治水结合进行的综合治理，促进湿地的综合保护与治理，有效地减缓湿地的退化，遏制人为活动导致的天然湿地数量下降趋势。优先行动主要有：

（1）将湿地保护与合理利用纳入国家的土地利用、生态治理、资源恢复、水资源管理、河流流域与海岸带理以及相关的管理规划中。

（2）通过评估影响河流流域综合管理的主要障碍，寻求解决方案。编制流域土地、水资源、野生动植物保护、使用和管理的综合规划，使河流域管理与湿地保护协调一致。对河流流域土地用途、使用权现状进行评估并进行调整安排。

（3）大力营造生态保护林和水源涵养林，防止水土流失，减少河湖淤积；对部分河流、湖泊、水库进行清淤工作；改变易造成水土流失的土地利用方式。

（4）在不同地区，有重点地选择一些有代表性的退化湿地，开展退化湿地恢复、重建的示范区建设，如实施退耕还湖生态恢复工程等。

（5）制定与湿地保护相联系的水资源管理战略，加强水资源开发对湿地生态环境及与之相关的生物多样性影响预测、监测；建立最优的河流水量分配方式，以维护河流流域的重要湿地自然状态和其他重要生态功能；研究并推广科学的水资源利用方式。

（6）把水资源开发项目对湿地的影响降到最低程度。加强对其基础设施的工程建设与生态环境保护关系的研究、监测；使水资源开发项目的建议书在立项初期得到详细的评审，并选择替代或降低影响的方案，尽可能地减少工程建设引起下游湿地退化造成的社会和经济损失；对于已受到水利工程建设负面影响的重要的天然湿地，要建立天然湿地补水以及鱼类保护的保障机制和补救措施。

（7）调查湿地周围污染源的类型、污染物的数量、排污途径及其最大排污量，对排污种类、时间、范围、总量进行规定和限制。

（8）有计划治理已受污染的湖泊、河流，并限期达到国家规定的治理标准。对排污超标的部门、企业和单位予以约束和处罚，并限期整改。按国家有关规定，对那些严重污染环境的单位，坚决实行"关、停、并、转、迁"措施。

（9）推行"清洁生产"工艺，对因开发利用造成的湿地环境破坏问题，要责成开发利用部门采取补救措施，积极加以解决。

四、加强湿地水空间的管理

湿地作为有效的水调节空间，在长江与鄱阳湖交汇地区显得更加重要。因为，这些地区的降水集中度比较高，短时间就可形成洪水，特别是丰水年，余水更多，若通过湿地将其蓄留，可在平、枯年进行调剂，形成周期性水资源调节平衡机制，对水资源可持续利用是非常重要的。

湿地格局与流域水资源系统存在共轭共生关系，使得湿地水空间的管理必须从全流域生态、生产和生活需水保证角度考虑，实行全流域统一管理。基于流域水资源安全，针对湿地水空间管理的科学问题，重点研究内容是：

（1）湿地界面水通量：通过研究湿地系统水—土—植物—大气多界面复合体系的水分传输机理，计算各界面间水的输移通量，进而计算湿地生态系统平衡的基准生态需水量，揭示湿地系统水消耗机理和主要影响因素及差异。

（2）河流—湿地水文过程、周期性与水平衡机制：研究河流—湿地水文过程的水文要素特征和参数表达，以及河流—湿地水文联系的周期性规律和突变驱动力的定量分析，流域水周期与水平衡的时空序列特征与等级划分。

（3）流域湿地格局与控水能力的定量模拟及分析：运用 RS、GIS 等技术手段，集成水文、气象、土地利用、植被等数据信息，研究流域湿地格局变化与控水能力的耦合关系及差异，通过模型技术，定量分析流域湿地水文调节功能，阐明流域生态、生产、生活需水变化趋势和阈值，解决基于水安全、生态安全的流域湿地格局最优化问题，为流域水均衡与水安全的湿地合理配置提供科学指导。

（4）湿地结构、水理性质与滤过机制：研究不同湿地类型的结构和水理性质，以及滤过净化功能与机制，特别是岸边带湿地的结构与滤过功能的关系，揭示其滤过机理，评价净化载荷能力，以及流域湿地自然净化能力与水质保障，为人工湿地构建提供科学依据。在系统开展上述研究的基础上，进行基于水安全的流域湿地水空间管理规划，根据流域经济社会与自然协调发展原则，考虑实际水资源状况，优先保护基本湿地功能与效应发挥的最优湿地格局，并采取积极有效的措施，恢复或重建湿地，同时，还要建立流域湿地保护法，从法律角度规定流域最基本的湿地面积和格局关系。

利用"3S"空间分析技术和方法，建立流域湿地时空数据平台，适时开展湿地动态监测与安全预警，掌握其时空变化特征和演变趋势，为以水安全为主的湿地保护及时提供科学数据支持。

五、生物多样性保护

鄱阳湖蕴藏着极其丰富的动植物资源，具有典型的湿地生态系统特征，具有重要的科学研究价值，是生态学、动物学、植物学、地理学、湿地学等许多学科的重要科研基地，而且对鄱阳湖的多学科综合研究也是实现其生物多样性保护及可持续利用的必要前提。

鄱阳湖区内各自然保护区应根据保护、开发、利用与可持续发展的需要，根据保护区的保护目标和任务，开展以下几个方面的科研工作。

（1）鄱阳湖区湿地生态系统结构与生物生产力研究。

（2）珍稀水禽驯养、繁殖及栖息地环境保护研究。

（3）水禽栖息地恢复重建技术体系研究。

（4）生物资源及旅游资源开发对湿地生态系统的综合影响研究。

（5）鄱阳湖区湿地资源保护与可持续利用最佳模式研究。

第二十一章　林业血防工程关键技术

　　血吸虫病是一种严重危害人民健康，影响社会经济发展的重大传染病。目前，世界上有4种血吸虫病，流行于76个国家和地区。在我国流行的主要是日本血吸虫病，对人畜危害程度最大，现已被中国政府列为重点防治的四大传染病之一。中国共产党和中国政府历来十分重视血防工作，1958年，毛泽东主席发出"一定要消灭血吸虫病"的号召后，全国上下掀起了"送瘟神"的热潮，我国内陆地区钉螺基本被消灭，人畜感染血吸虫病的数量急剧下降，但在长江中下游湖区五省滩地钉螺仍然大量存在，人畜感染血吸虫病时有发生；1989年，江泽民总书记致湖区五省血防工作会议的信，又一次在疫区掀起"再送瘟神"的热潮。近几年来，由于生物、自然和社会经济等因素变化较大，加上综合治理措施不力，防治基础工作薄弱，尤其是1998年长江流域特大洪水后，我国血吸虫病的疫情回升显著，局部地区的钉螺扩散明显，感染性钉螺分布范围逐渐扩大，部分已经达到血吸虫病传播控制和传播阻断的地区疫情严重回升，血吸虫病出现向城市蔓延的趋向，对人民健康、经济发展和社会进步构成威胁，血吸虫病防治工作形势严峻。党中央对此高度重视，2004年及时召开了全国血防工作会议，胡锦涛总书记批示指出，做好血防工作关系到人民的身体健康和生命安全，关系到经济社会发展和社会稳定。

　　防治血吸虫病一直是长期困扰国际医学界的世界性重大难题。各国政府、血防机构和专家虽然进行了不懈努力与探索，成效依然不尽如人意。目前，国际上普遍采用的是世界卫生组织指定的全球性防治血吸虫病三条对策：①采用高效抗血吸虫病药物治疗患者。②使用化学药剂杀灭血吸虫寄主钉螺。③采取有效措施阻断传播途径。这些方法在血防中发挥了积极作用，但由于利用药物治疗毕竟是被动措施，而且采用化学药剂灭螺既污染环境，又成本较高，难以维持和巩固效果，特别是集中在我国长江等大流域、大面积江河湖滩地的血吸虫病主要流行区，应用这些技术措施大多难以奏效。林业血防工程通过建立抑螺防病林等综合措施，改变了钉螺的孳生环境，降低了钉螺密度，切断了人畜接触疫水途径，实行兴林、抑螺、防病，从根本上促进了血吸虫病防治效果。温家宝总理曾对血防工作重要批示"血防工作要坚持标本兼治，综合治理的方针，采取林业与卫生、灭螺与治病、技术与经济相结合的措施，建立多部门的协调机制，充分发挥各方面的积极性，以求达到遏制血吸虫病疫情，控制血吸虫病流行，保护疫区人民群众身体健康，促进疫区经济、社会协调发展的目的"，充分肯定了林业血防工作的重要地位和巨大的综合效益。

　　我国林业血防建设的理论已日趋完善，早在20世纪80年代中期，我国林业血防专家彭镇华教授就在长江中下游滩地开展了林业血防工程建设实践、研究工作。1985年，在安徽省安庆市血吸虫病流行的新洲乡滩地，开展了以林为主、以改变钉螺孳生环境，切断人畜感染机率为主要技术手段的生态工程综合防治措施，"兴林灭螺"科学研究和试验取得了显著的生态、经济和社会效益。1990年林业部、卫生部联合下达了"以林为主、灭螺防病、开发滩地和综合治理研究"的重点科研项目。该项目在我国血吸虫病严重流行区，对占全国有螺面积95%以上的长江中下游江、湖、洲滩地，运用生物学、生态学原理，因地制宜地采取以林为主，林、农、副、渔等多种经营模式实验，建立了以生物措施为主、辅以工程措施的技术体系和集抑螺防病、生态、经济、社会多种效益于一体的人工林生态系统——抑螺防病林。这项研究的指导思想和技术路线主要体现在"六个结合"和"四高"，即：综合治理与综合开发相结合，长期效益与短期效益相结合，项目与当地经济建设相结合，社会、经济、生态效益相结合，多部门、多学科相结合，科研、教学、生产相结合和高起点、高标准、高水平、高效益的要求。项目先后在湖区五省一市共建立30个试验示范点，选择在不同立地条件、不同海拔高度以及冬陆夏水等特殊滩地类型，营造抑螺防病实验林总面积达6955.6公顷，大大降低了试验示范点上的钉螺密度和人畜感染率。1992年北京国际血防研讨会上，世界卫生组织血防处处长Mott博士称赞该成果指明了世界血吸虫病综合防治的方向。项目营建的大面积实验林，在1998年抗洪抢险、护堤救人中发挥了重要作用，该项目组被科技部授予"'98'全国科技界抗洪救灾先进集体"。同时，长江流域大面积滩地资源（约60万公顷），可以在不影响湿地生物多样性和野生动物保护的前提下，有选择地经营抑螺防病林，还可以每年为国家生产数百万立方米商品木材。许多地方政府把林业血防工作作为抑螺防病的"造福工程"、强国富民的"致富工程"、防洪抗灾的"保安工程"、环境保护的"生态工程"。

血防工作是一项长期而又艰巨的任务，林业血防工作坚持标本兼治，综合治理的方针，只有通过建立多部门之间的协调机制，采取相应的技术与政策措施，建立有利于充分调动各级政府、部门和企业、农民各方面积极性的管理体制和资金投入、政策扶持、利益分配等长效机制，才能取得兴林、抑螺、利民、富民的良好效果，实现林业与血防、科技与经济的紧密结合，促进疫区资源环境与经济社会全面、协调和可持续发展，真正落实科学发展观。该项目通过建立兴林抑螺的长期试验基地，旨在认真落实"标本兼治，综合治理"的血防方针，为科学治理、攻坚这一传染病的科学研究建立基础平台，促进我国血防科研的发展，为我国林业血防工程的实施提供科技保障。

江西是全国血吸虫病流行最为严重的省份之一，流行范围涉及南昌、九江、上饶、宜春、鹰潭、景德镇、吉安、赣州8个市的39个县（市、区）、314个乡（镇）、2262个村，受威胁人口470万人。历史累计有螺面积356万亩、病人65万人、病牛10万头。

为了消灭血吸虫，当地政府和群众先后采取过多种办法，如20世纪五六十年代，为消灭血吸虫的宿主——钉螺而采取的围湖造田和截弯取直措施，70年代的大区域飞机撒药灭螺，80年代的人畜扩大化疗以及90年代的人畜同步化疗和易感地带药物灭螺等。在当时，这些以化学药物防治为主的措施曾取得过一定成效，但并未能从根本上控制和阻断血吸虫病的传播途径，同时还容易引发灭螺区生态环境恶化、经济发展滞后等问题。

经过几十年来采取综合的防治措施，江西的血防工作取得巨大的成就。在新中国的血防事业上立下了三个里程碑：一是余江县在1958年率先消灭了血吸虫病，毛泽东同志闻讯欣然命笔，写下了《送瘟神》光辉诗篇，在中国血防史上树立起第一面红旗。二是1989年在南昌召开的全国血防工作会议，江泽民同志为大会题词，从而掀起了"全面齐动员，再次送瘟神"的高潮。三是2006年国务院在江西召开全国血防工作会议，吴仪同志出席会议并做重要讲话，会议确立了以控制传染源为主的血防策略。

林业血防措施在江西血吸虫病防治中发挥了重要作用。林业部门从2006年开始按照江西省按照中国林科院彭镇华、江泽慧教授提出"以林为主，综合防控，生态抑螺"的思想和技术体系，在鄱阳湖周边血吸虫病重疫区的进贤、鄱阳、余干等17个县的湖洲、滩地，根据不同的滩地类型，大力营造杨树、泡桐、乌桕、池杉、杂交柳、枫杨、水杉等树种的血防林，并根据自然环境条件和经营习惯进行间作套种棉花、芝麻、油菜等农作物。

江西实施林业血防工程,将植树造林与抑螺防病紧密结合起来,实施兴林、抑螺、防病综合治理。通过精心实施，严格管理，推行多元化的经营模式、经济型栽培模式等，到 2009 年共完成抑螺防病林建设 40.06 万亩，林业血防工程建设投资 20162 万元，其中群众投工投劳折资 560 万元。

截至 2008 年,江西 39 个县（市、区）、314 个乡（镇）中有 20 个县 166 个乡达到传播阻断标准，8 个县 56 个乡达到传播控制标准，11 个县 92 个乡达到疫情控制标准。血吸虫病人下降至 9 万余人，比 2005 年下降 33.64%；晚期病人下降至 6000 余例，病牛减少至 1 万余头，有螺面积缩减至 120 余万亩，其中 90% 以上分布在环鄱阳湖的 9 个流行县。2008 年共发生急性血吸虫病 7 例。江西血防工作还很艰巨，林业血防工程建设任务还很繁重，林业血防工程建设的关键技术主要有：

一、抑螺防病林建设原则

（1）综合治理与综合开发相结合：抑螺防病林建设中，首先应考虑治理，考虑血吸虫病防治，但治理的同时，也要考虑到开发，要在治理的具体措施中，贯穿对滩地这一宝贵资源的合理利用，充分发挥滩地资源的价值。

（2）社会、经济、生态效益相结合：抑螺防病林建设既要有抑螺防病社会效益，也要有良好的经济收益，同时还要恢复重建滩地生态系统，有效改善滩地生态环境，取得三个效益的最佳结合。

（3）多部门、多学科相结合：抑螺防病林建设涉及到林业、农业、卫生、水利等多个部门、多个学科，在实施中，要综合考虑各相关部门的特定要求，充分吸收相关学科的技术知识，进行有效组装集成。尤其是鄱阳湖作为国际重要湿地，在抑螺防病林建设时，要做好与湿地保护和恢复的有机结合。

二、营建技术体系

（一）造林地选择

滩地为水陆过渡地带，间歇性水淹是其典型特征。淹水状况是决定滩地造林成功与否的关键因子。对于鄱阳湖区来说，滩地年均淹水时间在 70 天以下，以此鄱阳湖滩地抑螺防病林体系建设的最低高程控制线。此范围内可选作抑螺防病林的造林地。年均淹水时间超过 70 天，规划为其他湿地保护与恢复项目建设区。

鄱阳湖是过水性湖泊，水流存在自然落差，高程即使一致，各地高程每升高或降低 0.5 米或 1 米，其年均淹水时间变化亦很大。因此，在鄱阳湖区不能简单以高程的高低作为造林地选择的指标，而以滩地年均淹水时间作为划分依据的滩地立地分类指标体系适用于整个鄱阳湖区域的滩地土地利用方向的分类，能很好地反映滩地的螺情动态、植被自然分布特征、滩地的宜林性及可能采用的生态治理模式等各个方面。

（二）林地工程措施

钉螺是水陆两栖生物，喜欢栖息在具有一定水分的、潮湿的低洼不平小环境，自然形成的低洼地以及人工取土形成的小土坑甚至一些牛蹄印等这些微地形，都是钉螺非常喜欢、非常重要的栖息地。因此，在营建抑螺防病林时，首先需要对造林地进行全面翻垦，平整土地，消除不平低洼环境，以达到林地平整、雨停无积水。同时，筑路开沟，达到路连沟通。由于有目的地改造了原来分布在滩地各处的这些坑坑洼洼的微环境，消除了低洼积水或渍水地，使得钉螺丧失了其适宜的栖息地，有效地改变了钉螺最适宜的栖息地环境，压缩钉螺分布面积，并减少了人畜接触疫水机遇。

（三）植物材料选择

在鄱阳湖区营建抑螺防病林,主要目标是通过建立以林为主的生态系统,对滩地进行综合治理,改变钉螺生活环境,抑制其孳生繁育;同时,又能产生一定的经济效益。鄱阳湖滩地不同地域土壤差别很大,东部、北部主要是红壤滩地,南面主要是冲积土。因此,在选择树种时,首先要考虑的是树种对滩地冬陆夏水、水位变化大这一特殊立地条件的适应性,即耐水湿等性能,其次要考虑速生、高效等特性,另外,还要考虑材料是否具有抑螺效果。

（1）优良耐水湿速生树种选择:在多年试验的基础上,目前鄱阳湖区抑螺防病林建设宜选择的主要树种有:中潜3、中驻6、NL-80121、中驻7、中驻2、NL-85366以及新1、新2、新3、新5、新6等南方型黑杨无性系,以及柳树、池杉、落羽杉等树种。这些树种中,杨树优良品系不仅在滩地上具有良好的适应性,而且6~8年即可生长成材,可取得可观的经济效益。

（2）抑螺植物材料选择:研究表明枫杨、乌桕、益母草等植物对钉螺孳生具有明显的抑制作用,这种他感作用可能是乌桕、枫杨树叶含有一些化学物质,如没食子酸、异槲皮素;益母草内含的生物碱、萜类以及黄酮类等化合物,对钉螺生理生化方面具有不利的结果。另外,益母草、紫云英、打碗花等草本植物,这些植物与钉螺的分布呈显著负相关,对钉螺孳生也具有明显的抑制作用。因此,构建抑螺防病林生态系统时,基于这些植物对钉螺的他感作用,可有目的地选择枫杨、乌桕、益母草等植物在系统内栽植,能起到良好的抑螺效果。

（四）栽培技术

1. 大苗壮苗

在滩地造林,由于汛期淹水,水淹时间一般在2~3个月左右,淹水深度可达2~3米,且淹水多出现在高温的6~7月间;因此,在滩地上造林一定要选用大苗壮苗才有利于造林成活,有利于生长,提早成林、成材。如杨树苗高要在4.5米以上,杂交柳、池杉、落羽杉、枫杨、乌桕等耐水湿树种的苗高都要在3.5米以上,这样造林后才可能于汛期苗木不致被水淹没顶。一般要求在汛期最高水位时,幼林期要有1米以上树冠高出于水面,这样苗木还可进行光合和呼吸作用,保证苗木成活。

2. 苗木定植

造林前应该根据树种、苗木特点和土壤墒情,对苗木进行修根、修枝、浸水等处理,浸水时间不能少于20小时;也可采用促根剂等新技术处理苗木。

滩地造林要适当深栽。几种优良品种杨树苗木接触土壤就能生根。适当深栽（一般不小于60厘米）能加深根系的分布,促进幼树的生长。同时,由于土壤下层湿度大,温度高,深栽有利于成活,还可防止风倒,在最适宜的造林地,土壤深厚疏松,可深栽到80厘米;地下水位较高之地,土壤板结、透气性较差的造林地,可适当浅栽,栽深不超过常年地下水位;但一般应不少于50厘米。

杨树造林,除采用带蔸挖穴定植外,还可采用无根苗扦插定植。无根苗扦插定植,用钢钎打孔,填实扦插孔,栽植深度应达到40~60厘米。

其他树种应该采用大苗壮苗造林,由于苗木植株高大,根幅宽,必须采取大穴深栽。栽植穴一般要求为1米×1米×1米的规格。要因地制宜,根据土壤和地下水位适当调整,如土壤疏松穴可小一些,地下水位高的地方穴可浅一些等。另外,造林栽植尽量做到随起随栽,运输途中要注意保湿。在造林前,苗木应放在流动的水中浸泡数小时,如长途运输,也可浸泡1~2天,以提高造林成活率。栽植方法在1立方米的栽植穴内,先填20厘米厚的表土,然后将苗木放入穴内,扶正标直,再从栽植穴四周向穴内填土,分层踏实,逐步填土与地表齐平,第二天再予踏实,并将四周表土培填于苗基周围,苗木培土要高于滩面20厘米左右,呈馒头形,这样不会使苗木根部形成低洼微地形,造成滞留积水,形成新的钉螺孳生地。而且植株培土高,不仅可提高造林成活率,促进林木生长，增加林木抗风倒能力。决不能造成填土下陷而成积水凹宕。有条件的地方，在栽植的同时，分层施上基肥，肥料应与土壤拌匀。

（五）配置技术

1. 水平配置

宽行窄株：滩地上造林应该采用窄株距宽行距，杨树3米×10米或3米×12米；池杉3米×（9+3米）或3米×8米等，行距与水流方向一致。这一方面根据各树种的生物学特性，满足各树种的营养面积，以求得单位面积上较高的林木生长量；更为重要的是要有利于行洪泄洪，不能使林木成为行洪的较大障碍，同时，宽的行距也便于前期在林下间种农作物。对于堤岸附近的高滩，考虑到防浪护堤的需要、以及行洪方面可以忽略的影响，行距可适当减小。

多树种混交：为改造滩地造林树种的单一性，在树种规划时，可选择杨树与池杉、杂交柳、乌桕、枫杨等进行带状或块状混交，提高林分稳定性。

定植抑螺植物：在沟渠边缘，定植具有抑螺作用的乌桕、枫杨等植物材料，以起到抑制分布于沟渠周边钉螺孳生的作用。

2. 立体配置

林下间种：实行林下间种，是抑螺防病林工程的一项关键性措施。通过间种翻垦，由于翻耕机械的作用，将造成钉螺直接损伤以及将钉螺翻上埋下，同时冬春季低温下，若将钉螺从土层中翻到地表，低温胁迫也将会导致钉螺死亡。因此，翻耕扰动了钉螺的生长环境，抑制了钉螺孳生。同时，在林地间种油菜、小麦等农作物，加强抚育管理，以耕代抚，以短养长，不仅短期内有经济效益，而且能促进林木的生长。另外，选择对钉螺具有他感作用的植物材料（如益母草等）进行间种，可取得很好的抑螺效果。

（六）经营模式

林—鱼：垄或较高处造林、沟等低洼处发展鱼等水产；既利用了低洼地，产生效益，而且长期水淹也具有良好的抑螺效果，另外，有些鱼类也有食螺功能。

林—水生经济植物：垄或较高处造林、沟等低洼处发展茭白等水生经济植物。同样利用了低洼地，并通过长期水淹可产生良好的抑螺效果。

林—农作物：在杨树等林分下间种小麦、油菜等。

林—蔬：滩地自然分布有多种蔬菜品种，如水芹、蒌蒿。选择高程较低、地下水位较高的地段栽培水芹，选择高程较高、较平爽的地段栽培蒌蒿。另外，在高处还可间种大蒜等其他蔬菜品种，如早春采用地膜覆盖还可提高收益。

林—抑螺植物或药：在林下间种益母草、酸模叶蓼、打碗花等具有抑螺作用的植物材料，不仅有经济收益，而且有抑螺效果。

林—农—水禽：不仅在林地进行林农复合经营，而且充分利用滩地的水、草等资源，发展水禽养殖，鸭等水禽不仅有经济效益，而且也能捕食钉螺。

（七）林分管理

滩地造林其成林的关键是管理，所谓"三分造、七分管"，造林后必须加强抚育管理，特别是前2~3年，是关系到成林、成材和速生丰产的根本问题，同时，有效管理也是防治血吸虫病的重要举措。

（1）营建隔离带。滩地造林后要加强耕牛的看管，严禁耕牛等牲畜闯入林地，可在林区周围挖沟或设立护栏，以防耕牛等牲畜毁坏林木，也避免了传染源的感染。

（2）培土扶苗。滩地造林采取大穴栽植，栽后的一年内，常因下雨或汛期洪水浸漫，穴内土壤下陷松软，大风常吹歪苗木，影响正常生长，应及时扶苗，培土加固。

（3）造林后发生缺株时，可采用补植苗木方法进行补棵，在秋末冬初时，选择2年生一级壮苗补植，并施加基肥。

（4）幼林期林木与芦草的竞争力弱，因此，在造林后的前2~3年，林木未郁闭前，要加强松土除草工作，提高土壤通透性，增加肥力，才能保证林木正常生长。

（5）及时疏通沟渠。由于水淹时泥沙的淤积，往往导致沟渠堵塞，水流不畅。沟内积水，一方面易形成新的螺源地，另一方面不利林木生长。因此，一般在水退后，应对沟渠及时进行清理，做到水流通畅，沟内无积水。

（6）整形、修枝，调整树冠，是促进林木，特别是速生杨树的生长，定向培育通直良材，有利林农间种的一项重要技术措施。修剪可在秋冬生长停止时进行，也可在春季进行。修剪应贴近树干，不应留茬，使用工具应锐利，伤口应平滑，不得撕伤树皮。根据优良品种的杨树的特性，其修枝措施应掌握开始进行修枝的年龄要迟些，修枝强度要小些的原则。造林后3年，除修剪枯死或影响主干生长的竞争枝外，一般不进行修枝。4~5年生时要进行修枝，使树冠长度占树高的2/3，6~7年生时进行第二次修枝，使树冠占树高的1/2；8~9年生时进行第三次（最后一次）修枝，使树冠占树高的1/3。按照上述比例进行杨树修枝，不会影响树木发育，还能促进其高粗均衡生长。修枝整形时间，以冬季及早春杨树休眠期为好，夏季也可进行。

（7）病虫害防治。森林有害生物防治，对林中出现的叶甲、杨扇舟蛾等叶面害虫，本着治早、治少、治了的原则，可使用氯氰菊脂、甲胺磷、氧化乐果、杀虫双等药剂，按农药配制比例说明分两类情况进行防治：一类是1~2年的幼林可采用背包式喷雾器，将加长的喷管、喷杆系在长竹杆上，对上部叶面进行喷杀；二类是高杆成林采用高压机械喷雾或烟雾剂等方法杀治，进行大面积防治。有条件的则可采用"飞防"。采取上述措施，以达到最佳防治效果。对危害林木的云斑天牛、桑天牛等蛀干害虫将50~100倍液的钾铵磷、敌敌畏混合药液使用兽用注射器对虫眼直接进行注射，或采用磷化锌毒签扦孔粘泥堵眼进行治杀。林木高度在2米以上时，采用新型实用工具倒顺楼梯进行天牛防治，不仅可以提高工效，还由于该梯直立紧靠树干，既能做到不损伤幼树，又能保证操作时人身安全。春季对新造林、幼林中出现的因天牛危害而造成枯梢的幼树用手摇动树干，将枯尖抖落，再用刀劈灭隐藏在树尖木质中的天牛，或将枯梢集中焚烧。

三、不同类型滩地抑螺防病林建设

鄱阳湖滩地生境的异质性显著，环境条件呈现明显的梯度特征，高程、水文状况、植被特征呈圈带状不同，其中水淹时间是决定滩地造林成败的关键因子。同时鄱阳湖滩地还涉及到湿地保护等方面的特殊要求。因此，根据滩地的水淹时间，对鄱阳湖滩地类型进行合理划分，并对抑螺防病林进行合理配置，是科学建设鄱阳湖滩地抑螺防病林的基本保证。不同类型滩地抑螺防病林建设如下：

（一）低位洲滩沟垄型抑螺防病林

在年均淹水天数60~70天，为低位洲滩。对于此类生态环境脆弱、系统稳定性差、钉螺分布密集的一类滩地实施，主要建立林—渔复合模式，按生态防护林管理的要求进行经营。根据此类滩地高程，一般采取低抬垄方式：将滩面高程抬高1米，垄面宽2米，选择杨树（湘林90、湘林77、中汉17、中潜3、南林95、南林895等，下同）、苏柳（J799、J795、J172，下同）或枫杨等树种，造林株行距3米×12米。此种模式抑螺机理一方面在于通过抬土直接埋灭钉螺，其次通过环境改造，沟内深水养殖，灭杀钉螺。

（二）次洪道中位洲滩宽行窄株异龄型抑螺防病林

年均淹水天数 30~60 天的一类滩地，为中位洲滩。通过采取异龄林作业的方式，既能维护滩地森林生态系统的稳定性，又可带来一定的经济效益。造林树种可选择杨树、柳树等，大苗造林，造林采用株距 3 米 × 窄行距 3 米 × 宽行距 12 米交替配置方式，主伐年龄 8 年，异龄作业的时间为第一次造林后第四年，在宽行内再增加 2 行，使之形成异龄林。当第一次造林林木达 8 年生时即可进行主伐更新，滩地上仍保留有 4 年生左右的林分。需采取适当开沟沥水措施，以降低地下水位，可开展林下间种 3~5 年。

（三）高位洲滩复合多元型抑螺防病林

年均淹水天数 30 天以内的一类滩地，为高位洲滩。其高程往往已处于钉螺分布线的上缘，可采取块状作业、分期主伐更新的经营方式，保持生态系统的基本稳定。培育目标可多元化，造林树种以杨树为主，造林行距允许适当减小，如 5 米 ×6 米，主伐年龄 6 年或 10 年，开展林下间种，可选择油菜、蚕豆、小麦等避涝作物或藜蒿、益母草等野生经济植物。

（四）河湖堤岸防浪护堤型抑螺防病林

河湖堤岸沿线滩地人畜活动频繁，多为血吸虫病易感地带，此类滩地的兴林抑螺工程造林，可结合防浪护堤林建设进行整体设计与优化。造林树种选择苏柳或旱柳，造林密度采用 3 米 ×3~5 米的梅花状设计，造林后采取隔离管护措施，减少人畜活动。在高程适宜的地段，幼林阶段可通过土壤翻耕、林下间种，提高综合治理效果。

（五）退田还湖区生态经济型抑螺防病林

在鄱阳湖退田还湖区实施。造林树种选择杨树，大苗插干造林，采用 3 米 ×8 米等多种造林密度，因地制宜地建立多种高效经营模式。通过建立抑螺防病林，改变易导致血吸虫病流行的传统耕作习惯与种植方式，修复退田还湖区退化生态。造林后前 2~3 年进行土壤翻耕，开展林农、林药等复合经营，在提高工程项目治理效果的同时，增加农民的经济收入，服务于新农村建设。

四、有待进一步研究的内容

（1）抑螺防病林生态系统中非生物因子的动态与持续抑螺经营技术：系统测定生态系统中温度、水分、辐射、土壤理化性质等因子的动态变化，并提出适时调控的技术措施，以达到持续抑螺防病效果。

（2）抑螺防病林生态系统生物因子对钉螺种群动态影响：钉螺种群动态变化受树种、草本植物、动物、微生物什么影响，种间的联结性、不同种生态位及分布格局如何，它们如何与钉螺种群动态相互作用，生态系统中影响钉螺种群消长的关键种是哪些，与钉螺种群动态是什么关系。

（3）抑螺防病林生态系统基本功能过程对钉螺种群动态影响机制：通过食物过程形成的能量流动与物质循环过程如何调节钉螺个体和种群能量与营养元素，如何影响钉螺食物结构、能量和营养过程，以及通过元素循环过程中的次生代谢化学物质如何影响钉螺个体和种群行为（如觅食与栖息地选择、迁移与扩散等），进一步如何影响钉螺种群动态。

（4）抑螺植物的抑螺机理与应用技术：加大对抑螺植物的选择，通过化学分析手段进一步阐明不同抑螺植物的抑螺机理，一方面要加大抑螺植物、特别是有较高经济价值的抑螺植物在有螺滩地的栽培力度，同时要充分利用抑螺植物的有效成分，研制生物制剂，发挥其抑螺效果。

第二十二章 城市森林建设关键技术

城市森林是城市绿化的骨架和基调，形成城市绿化的风格。在城市绿化中，起主导作用、能发挥最大效益的是以乔木为主体的城市森林，它在城市绿化、美化中具有不可替代的作用，与建筑、道路、桥梁等有机地结合，相得益彰；更为重要的是，城市森林中的植物具有吸收、转化、清除或降解环境污染物，实现环境净化、生态功能恢复的功能。因而，随着人们对生存环境空间质量的关注，植物在改善生态环境、保障人体健康等方面的功能，以及围绕功能潜力发挥的城市森林建设技术越来越引起人们的关注。

美国肯尼迪政府在 1962 年的户外娱乐资源调查中，首次使用"城市森林"（Urban Forest）一词以来，随后，欧美各国大城市开始重视城市森林建设，如法兰克福、斯图加特、慕尼黑、纽伦堡等，都保留了城市周围大面积的绿地和森林，挪威、丹麦、俄罗斯、日本、奥地利、瑞典等很多国家陆续开展了城市森林研究。经过 40 多年的发展，当前国外城市森林建设和研究日益关注城市森林与树木的生态服务功能及其文化价值、城市森林乡土树种选择和建植技术、城市森林的养护管理技术与公众参与性实践等方面。与国外相比，我国城市森林研究起步较晚，但发展迅速。1989 年城市林业概念引入国内，我国城市森林的理论研究不断深入，但与国际同类研究相比，我国城市森林研究总体上看还存在一些问题，特别是关键技术亟待研究，各地城市森林建设尚处于摸索阶段，诸如林分结构、种间关系、树种配置、景观格局、对环境的影响、人与自然的关系等方面，还有待于进一步深入研究。

该部分的研究是在中国森林生态网络体系"林网化—水网化"理念的指导下，集成、配套国内外现有适合于江西城市森林建设的技术，旨在为江西和相似地区城市森林工程建设提供技术支撑。

一、不同类型城市森林配置技术

城市森林的配置是城市森林功能的基础。建立模式优化，功能高效的城市森林是城市生态建设追求的目标。城市森林的树种配置应遵循生态适应、功能优化、生物多样、景观丰富的原则。强调以下几个方面：首先，是以高大乔木为主，与灌草相结合。充分利用城市空间，增大城市空间绿容率，增强城市森林生态功能。其次，以乡土树种为主，与外来树种相结合。乡土树种生态适应性强，营林技术成熟，管护成本低，城市森林较高的稳定性高，林分质量高；适当引进外来树种，主要为满足不同空间、不同立地条件下的城市森林建设要求，实现地带性景观与现代都市特色相结合。第三，以主导功能为主，多功能结合。城市森林在不同区域或地段其功能不同，在进行植物材料选择与配置时，首先考虑选择特定功能树种，如在污染防治、人体保健等方面的独特功能，达到独特效果，同时，还应考虑多种功能的优化配置，以实现城市森林多种效益最大化。另外，应树种多性状相结合，加强生物多样性和景观多样性。珍贵长寿的长效树种与速生树种相结合，在时间上实现城市森林功能的快速、持续发挥，同时又为城市森林的长远发展奠定基础；常绿树种与落叶树种相结合，丰富城市森林景观及其动态变化特征，发挥了落叶树种较好的水土保持、土壤改良等生态作用，同时也符合人们对光热季节性变化的需求，具有良好的生态、景观效果。从城市不同区域森林建设看，主要有如下几个类型：

（一）居住区与单位绿化配置

城市居住区与单位是人们生活、工作于其中时间最长的贴身场所，与居民的生活工作质量密切相关，居住区与单位绿地系统是城市森林的重要组成成分。居住区与单位绿化，体现的是调节小气候、净化空气、休闲保健等生态功能，同时与当地居民生活习惯和审美观相一致，符合当地居民的较高观赏价值；而对于工厂等特定污染区的绿化，主要是抗污、吸污的生态功能。

1. 宅旁绿地

应结合住宅建筑的间距大小，平面关系，层数高低等因素进行配置，根据江西城市光热的季节性变换特点，近宅处定植高大落叶阔叶树种，如银杏、鹅掌楸、重阳木等，下层配置红叶李、桃、柿、梅、樱花、枫、竹、海棠、小叶女贞、栀子、紫薇、山茶、海桐、八角金盘、南天竹、火棘、金叶女贞、小叶黄杨等，在远处适当栽植常绿植物桂花、女贞、香樟、棕榈等。另外，可采用紫藤、凌霄、爬山虎、常春藤、木香、金银木、络石等藤本植物对各类墙体等适当进行垂直绿化。

2. 专用绿地

指居住区里公共建筑和公用设施用地内的专用绿地，绿化布置应结合周围环境要求布置，考虑景观、遮荫、分隔、防护的要求，建立物种相对较少、疏透度适宜的乔灌草配置。当然，针对不同使用者的要求，模式的配置有所侧重。例如，幼儿园等儿童活动场所周围，应选用色彩鲜艳活泼无毒、无刺的植物，景观应较为开敞，视线通透；而老年人活动区域附近则需营造一个清静、雅致的环境、注重休憩、遮荫要求，空间相对较为封闭；医院区域内，重点选择具有杀菌功能的松柏类植物；而工厂重点污染区，则应根据污染类型有针对性地选择适宜的抗污染植物（具体植物参见树种选择部分），建立合理的植被群落。

（二）建成区核心片林配置

建成区核心片林是城市森林的重要组成，是改善建城区生态环境的重要林分。具有减缓热岛效应、净化城市空气等生态功能，良好的休闲保健功能。理论上也是面积不小于4公顷，具体应根据热岛效应强度等情况确定较为适宜的片林面积。选择雪松、圆柏、刺柏、龙柏、马尾松、国外松、水杉、合欢、香樟、槐树以及枫香、麻栎、栓皮栎、化香、黄连木、苦槠、青冈栎、紫楠、华东楠、红楠等地带性树种，在城市的适宜地区（如热岛地带），建立面积大而集中的近自然的植物群落，改良城区生态，形成城市之"肺"。

（三）公园和广场绿化配置

公园和广场是市民活动较为频繁，进行休闲娱乐活动的重要场所。过去广场热衷于水泥砖石的堆砌或草坪花灌的铺张等缺林少乔做法，难以满足人们对环境改善、活动休闲的需求；公园绿地一般面积较大，是城市森林的重要森林斑块，为城市生态设施的主要成分之一。具有休闲保健功能、生态功能、科教功能。公园和广场绿化可分为观赏林和科教特用林两种模式：

1. 观赏林模式

由具有一定观赏价值的乔木及花灌木所构成的乔灌草植物群落，通过选择较多的高大乔木，适当配置灌木或草本，形成开闭相宜、疏透适中的城市公园和广场观赏林。目前，多采用近自然设计，空间相对开敞，林相景色丰富。

上层选择乔木：香樟、银杏、雪松、榉树、栾树、女贞、广玉兰、白玉兰、合欢、鹅掌楸、枫香、桂花、重阳木、乌桕、樱花、冬青、红枫、槐树、水杉、榆树、麻栎、苦槠、青冈栎、松树、柏树、枫杨、落羽杉、无患子、三角枫、五角枫、柳、杨、木莲、石楠、椤木石楠、紫玉兰、二乔玉兰、朴树、柿树等树种。

下层选择灌木或草本为：冬青、红枫、海棠、紫薇、夹竹桃、蜡梅、棕榈、紫叶李、石楠、木槿、金叶女贞、小叶黄杨、瓜子黄杨、铺地柏、洒金柏、丁香、海桐、蜀桧、丝兰、凤尾兰、小叶女贞、鸡爪槭、丰花月季、紫叶小檗、火棘、杜鹃、龙柏苗、狭叶十大功劳、金丝桃、红花檵木、南天竹、葱兰、红花酢浆草、麦冬、沿阶草、白三叶等。

2. 科教等特用林模式

结合城市文化历史所营建的具有特定氛围的城市森林，如在革命烈士墓地或纪念碑周围营造的大片松柏林分；以及选择具有特殊功能和价值的植物造景，如建立药用植物园，水生植物园、竹类植物园、盆景园、珍稀植物园等。

（四）道路林配置

对于城市道路林而言，其主要功能是具有较好的遮荫效果、较强的滞尘、抗污、吸污能力、较好的观赏特性。在绿地建设植物配置时，以常绿阔叶乔木为主，乔、灌、草结合，将能形成较强生态功能的复层森林结构模式。

以 2~3 排大乔木形成背景或上层，小乔或大型花灌形成中景或中层，由较低矮的花灌、草坪、花卉形成前景或下层，构成宽 12~24 米林带。根据道路具体情况选择适宜树种，注意色相，季相搭配以及层次节奏的配置。

背景或上层：白玉兰、紫玉兰、乌桕、银杏、女贞、合欢、悬铃木、含笑、槐树、水杉、雪松、香樟、重阳木、榉树、枫香、五角枫、三角枫、栾树、广玉兰、喜树、臭椿、落羽杉、鹅掌楸及部分适宜的松、柏类植物。

中景或中层：樱花、冬青、枇杷、红枫、石榴、海棠、紫薇、夹竹桃、蜡梅、紫叶李、石楠、棕榈、木槿、桂花等。

前景或下层：金叶女贞、小叶黄杨、瓜子黄杨、铺地柏、洒金柏、红花檵木、海桐、紫叶小檗、蜀桧、丝兰、凤尾兰、小叶女贞、丰花月季、火棘、杜鹃、狭叶十大功劳、金丝桃、南天竹、葱兰、马蹄金、红花酢浆草、麦冬、沿阶草、白三叶等。

（五）水系林配置

江西省水系发达，许多城市湖、河交错，水网密布，且城市中水岸地经常是城市居民重要的休闲保健场所，也是城市中重要的风光地段。沿水系建立林网是实现城市"林网化、水网化"的重要举措。功能要求为：①具有优良的固土护堤、水源涵养等生态功能。②具有良好的景观及休闲保健效果。③利用带具有较高的经济效益。水系林网的树种选择，要具有较强的耐水湿特性、良好的固土护岸功能以及一定的景观价值，利用带树种还具有较高经济价值。

沿水岸由近至远，水边栽植芦、荻、灯芯草、蒲草、茭白等挺水植物，柳树、重阳木、枫杨、白蜡树、水杉、紫穗槐、垂柳等树种作为近水岸前景，后景栽植较耐水湿的旱柳、杂交柳优良品系、杨树优良品系、池杉、落羽杉、桑树、榔榆、重阳木、枫杨、水蜡树、白蜡树、水杉、水松、白榆、黄连木、榉树、柿树、丝棉木、棠梨、大叶黄杨、紫薇、月季、栀子花、龙爪柳、石榴以及扶芳藤、紫藤等植物，同时适当配置能够产生芳香气息的桂花等植物以及能够挥发有益成分并具杀菌功能的松柏类植物，构成常绿、落叶混交、针阔混交、乔灌藤混交以及生物多样、配置自然的水岸森林群落，为城市居民提供良好的休闲保健空间。

二、城市森林建设功能树种选择

城市不同区域或不同地段由于其在城市中功能不同，形成了不同的生态环境，因此，在城市森林建设过程中,需要选择不同功能的树种进行污染防护、环境改善和绿化美化。树木是城市森林的基础,树种选择的好坏是城市森林建设成败的基本前提。

(一)滞尘树种选择

植物通过其枝叶对空气中粉尘的截留和吸附作用,一定程度上可以减轻空气中的粉尘量,起到滞尘效果。不同植被类型和植物种类因其叶片层次结构、枝叶密度、叶面倾角、叶面粗糙性和湿润性等的不同,其滞尘能力不同。一般而言,植株高大、枝繁叶茂、枝条和叶片表面粗糙、具绒毛或分泌物以及生长在空气尘量较多地方的植物其滞尘能力也较强。从目前研究看,适合于江西城市森林建设、具有较强滞尘能力的树种如下。

乔木树种主要有:构树、侧柏、广玉兰、石楠、元宝枫、银杏、槐树、水青冈、栎树、杨树、刺槐、山杜英、松树、冷杉、云杉、香樟、女贞、重阳木、榆树、铁冬青、棕榈、马褂木、杜英、大叶樟、臭椿、栾树、雪松、丁香、圆柏、龙柏、紫薇、拟单性木兰、悬铃木、枫香。

灌木树种主要有:木芙蓉、泡花树、红花檵木、锦带花、天目琼花、榆叶梅、桧柏、千头柏、桑树、黄槿、紫叶李、夹竹桃、七里香、刺桐香、海桐、棣棠、月季、春鹃、紫荆、大叶黄杨、木槿、珊瑚树、山茶花、桂花、十大功劳、蜀桧、罗汉松。

(二)生态保健树种选择

植物材料抑制空气中微生物含量主要是通过释放挥发物,抑制微生物的繁衍。抑制微生物能力的监测,可为生态保健型树种选择及配置提供了科学依据。

抑菌或杀菌能力较强乔木的树种有:白皮松、雪松、早园竹、香樟、沉水樟、侧柏、龙柏、柳杉、臭椿、马褂木、山胡椒、铁冬青、水杉、银杏、构树、大叶樟、苦楝、枫香、悬铃木、金钱松、杉木、湿地松、柏木、龙柏、榆树、棕榈、广玉兰、乳源木莲、枇杷、江南油杉、黄枝油杉、铁坚油杉、紫穗槐、杜英、栾树、石楠、大叶女贞、罗汉松、元宝枫、小叶女贞、金叶女贞。

抑菌或杀菌能力较强的灌木树种有:夹竹桃、海桐、桂花、洒金柏、紫叶李、珊瑚树、山茶花、红花檵木、十大功劳、金银木、桧柏、桑树、珍珠梅、蔷薇、月季、小叶黄杨、石榴、紫薇、蜡梅、紫荆。

挥发物中具有芳香物质的树种有:枫香、湿地松、罗汉松、桂花、广玉兰、海桐、大叶樟、雪松、香樟、山茶花、石楠、马褂木、珊瑚树、大叶女贞、棕榈、悬铃木、红花檵木、小叶女贞、十大功劳、栾树、构树、银杏、夹竹桃。

空气负离子平均水平较高的林分有:沉水樟、罗汉松、乐东拟单性木兰、木莲、南方木莲、金叶含笑、乐昌含笑、中国鹅掌楸。

(三)抗污染气体树种选择

1. 抗二氧化硫树种

抗二氧化硫乔木:罗汉松、侧柏、蚊母、女贞、乐昌含笑、小叶女贞、阔叶十大功劳、加拿大杨、龟甲竹、水榆、柳杉、水曲柳、樟树、棕榈、木莲、广玉兰、龙柏、桧柏、夹竹桃、枸骨、石楠、海桐、山茶、水杉、银杏、槐树、臭椿、泡桐、悬铃木、刺槐、榔榆、栾树、无患子、合欢、枣树、稠李、黄连木、鸡爪槭、白玉兰、七叶树、青桐、构树、枫杨、紫叶李、连翘、珍珠梅、石榴、月季、蜡梅、木芙蓉、紫薇、木槿、无花果、结香、金银花、络石、紫藤、木香。

抗二氧化硫灌木:珊瑚树、大叶黄杨、玫瑰、海桐、桂花、栀子花、桂花、红花檵木、杜鹃、夹竹桃、山茶花。

2. 抗氯气树种

抗氯气乔木:枸骨、香樟、柳杉、侧柏、罗汉松、小叶女贞、石楠、棕榈、千头柏、龙柏、黄杨、广玉兰、蚊母、女贞、云杉、棕榈、皂荚、丝棉木、臭椿、柿树、黄连木、朴树、五角枫、白蜡、合欢、喜树。

抗氯气灌木：石榴、栀子花、珊瑚树、大叶黄杨、锦熟黄杨、山茶、海桐、木芙蓉、夹竹桃、桂花、木槿、连翘、紫薇、石榴。

3. 抗氟化氢树种

抗氟化氢乔木：香樟、侧柏、广玉兰、蚊母、棕榈、构树、槐树、龙柏、女贞、喜树、石榴、木槿、无患子、香椿、臭椿、泡桐、五角枫、乌桕、垂柳、榆树、梧桐。

抗氟化氢灌木：大叶黄杨、海桐、夹竹桃、珊瑚树、茶。

（四）重金属富集能力强树种选择

植物在一定程度上能吸收和富集重金属，从而减少重金属对环境的污染，另一方面，对重金属具有一定忍耐性，可以对重金属污染起到一定隔离防护作用。以下树种具有较强的富集重金属元素的能力，可为防护树种选择提供一定的依据。

乔木树种：水杉、法国冬青、刺槐、女贞、香樟、石楠、蚊母、臭椿、泡桐、毛白杨、朴树、旱柳、侧柏、接骨木、加拿大杨、构树、板栗、雪松、槐树、银杏、五角枫、皂角、悬铃木、榆树。

灌木树种：夹竹桃、紫薇、木芙蓉、山茶、桑树、大叶黄杨、桧柏、连翘、石榴。

三、生态风景林改造技术

生态风景林主要包括现有森林公园、城郊游憩林、观光林及其他以生态利用为主要目的的生态公益林。

20世纪60年代中，北欧一些科学家根据现代城市出现的一些弊端，提出在城区和郊区发展森林将森林引入城市，使城市坐落在森林中。美国、英国许多城市在城郊都有森林区，新加坡的公园及娱乐"原始公园"，将农田和森林及其他一些景观揉和进"田园城市"的建设中，这些森林带对保证城市的发展及补充城市绿地的不足，改善城市生态环境都有着不可替代的作用。迈入21世纪，我国经济发达，尤其是东部沿海城市和内地大城市，已逐渐重视生态风景林建设，如上海、北京、南京、广州、深圳、厦门等城市在城市绿地建设中，尤其加强了环城林带、城郊风景林及森林公园的建设，特别是加大了生态风景林改造。

过去，江西主要以经营用材林为主，培育中、小径材速生丰产林，其树种也主要集中在杉木、马尾松等针对叶树种上，树种和林相单调，生态功能和景观价值低下，甚至由于长期连栽和其他不合理经营，形成残次林分，严重影响了森林公园的景观和旅游效益。随着江西经济的发展，城市化进程的加速，市域范围的扩大，以及城市发展的需要，过去以经营用材林为主的人工林或次生林被纳入城市森林或森林公园的范畴，成为城市居民和外来游客的重要旅游、休闲场所，为了增加森林景观价值，提高生态功能，服务于人们，促进旅游的发展，应按照森林生态学、造林学、园林工程学等理论，在保护好现有森林植被的基础上，逐步进行了林相调整，以逐步形成多树种、多层次、多林相、乔灌草结合比较完整的复层森林植物群落。

（一）改造原则

生态适应、定向改造原则。依据植物的生物学、生态学特性，利用植物季相和色相的变化进行植物配置。以景观价值和生态功能的提高为改造目标，提倡乡土植物为主体，尤其是珍稀树种的应用，同时考虑植物色彩变化的需求，引进外来景观树种。

局部改造、系统稳定原则。利用现有林分的生态环境，坚持"见缝插绿、找缝插绿、造缝插绿"的改造理念，进行抚育间伐，促进自然更新，引进改造树种，加速群落进展演替，增加植物景观层次的变化和绿量，形成高效、稳定的乔、灌、藤、草植物群落。

弘扬文化、突显个性原则。生态风景林改造要与当地的自然地理条件、特色的社会历史和丰富的民族文化相结合，尊重当地民族习惯，弘扬传统文化，彰显生态风景林个性。

（二）技术要点

目前，存在较为大面积的低效杉、松林，效益低下，恢复与改造的重要途径之一就是师法自然，应用恢复生态学原理、生态位及生态演替等理论，遵从"生态位"原则，充分考虑物种的生态位特征、合理选配植物种类、避免种间直接竞争，形成结构合理功能健全、种群稳定的复层群落结构，以利种间互相补充，既充分利用环境资源，又能形成优美的景观。

1. 近自然林

按照中国森林生态网络体系"面"的建设理念为指导，即以封山育林为主，辅助以人工措施，按近自然林为目标进行改造。改造技术主要有两种，一种为封禁法。主要是在土层浅薄、岩石较多，且处于游览视线的隐蔽地段处，采取封禁办法并适当砍除一些藤本，促进其中的乔木或小乔木树种生长，同时也可播入一些乔木种子，人工促进天然演替。另一种为补植法，在现有森林下补植阔叶乔木树种，待目的树种长到一定高度后逐步疏伐一部分原有非目的乔木种。这种方法既不破坏原有的森林，又利用现有森林的荫蔽条件保护目的树种生长。

以上两种方法都有采用，补植法目前被较广泛应用，且所要采取的措施力度较大，见效较快，这里对其技术要点进行简要介绍。

调节郁闭度、保护林下植被。在调查林分群落结构的基础上，对建群种进行卫生伐、择伐和疏伐，保护原有的森林植被，特别是要林下自然下种的阔叶树，控制林分郁闭度在 0.3~0.6，为林下植被的生长创造生态环境条件。

选择树种、改造景观。通过调查地带性植被的基础上，针对不同地区地带性植被，选择乡土树种，特别是一些珍贵乡土树种，同时考虑树种的适应性和树种的季相，确定代表性植物资源，突显林分的特色。如楠木、红豆杉、红豆树、枫香、麻栎、栓皮栎、槲树、白栎、黄檀、化香、黄连木、苦槠、青冈栎、深山含笑、木莲、杜英、紫楠、红楠等树种都是优良景观树种。

块状整地、大苗栽植。根据林分改造的期限和目标，为了加速风景林改造的速度，可进行引进少量外来景观树种，每公顷栽植 75~150 株。采用大苗移植的方法，可采用 3~6 年生大苗，提高改造成效。大苗移植前整地的规格应根据土坨的大小进行清理和整地。

前期管护、后期封禁。在移植的树木在前期应进行适当的管护，如浇水、施肥等抚育管理措施，以提高林木成活率和竞争力。在林分稳定，初期结构基本调整完后，后期的措施主要是进行封禁保护，形成针阔混交林，通过逐步更新改造，最终趋向于形成接近地带性顶级的近自然植物群落。

2. 四季供景林植物配置

四季供景林的关键技术在植物的配置上，其他措施与补植法相似。植物的配置不但要考虑到所选择用的树种是否有利于次生林的进展演替。还要考虑到未来成林后的景色是否与其原有的植物相协调。在植物的配置上，可选用以下树种，以营造不同季节的景观。

春景为江西林分的主景色，可选用以蔷薇科为主的植物营造该地区春花烂漫的特色景观。蔷薇科植物是最重要的观赏植物，品种繁多，花色缤纷，终年不断。春季开花的植物很多。有白鹃梅、二裂绣线菊、绣球绣线菊、石楠、杜梨、山樱等。为了使其春天的景色更加绚丽多彩，可适当多栽植各类观赏桃，如碧桃、排桃、绛桃、洒金碧桃、紫叶桃等稀有类型。此外，部分地方可种植海棠花、西府海棠、湖北海棠等苹果属植物，也可种植木瓜、贴梗海棠等木瓜属植物。福建山樱花、日本晚樱等樱属植物。

夏季开花的野生植物主要有山槐、野桐、华瓜木、牡荆、野鸭椿、大青、海州常山、刺楸、多花蔷薇等，草本有石蒜、野百合、夏枯草、泽兰、黄花、牵牛等。考虑到部分野生树种的花不够醒目，可适当在道路边种植石榴、紫薇、夏蜡梅、广玉兰、杜英、喜树、合欢、木槿、粉花绣线菊、大花栀子、金丝梅等园林植物，让夏天也成为花的海洋。

秋景的营造以秋花和彩叶树种为主。可配置胡枝子、木芙蓉、金桂、银桂、丹桂等观花及香花的园林植物。该地区现有的彩叶树种主要有红枫、五角枫、山仓子、无患子、盐肤木、漆树、黄连木等。这些彩叶树种很少有成林的，所以从远处看，色彩不够明显。在林内营造大面积秋季变色或终身有色的彩叶林，不仅使得景区有季相的变化，并且大大丰富了景区季节性的景观，渲染和烘托旅游气氛。

冬季，主要是观果和观花。冬季观花的植物较少，主要有茶和胡枝子等。观果植物主要有冬青、紫金牛、菝葜等。同时可配置蜡梅和茶梅，丰富冬季的景色。

3. 观景竹林改造

江西是竹子的中心分布区之一，长期以来与竹子有深厚的感情。江西目前毛竹林规模较大，长势良好，如革命胜地——井冈山，毛竹已成为风景名胜区的主要树种。古人对竹子环境利用更多体现在对竹子本身秀丽多姿的风格，以及竹环境清雅脱俗的环境赞颂，营造生态竹林景观，更能充分体现生态景观林的文化内涵。竹子中空而劲直，虚怀若谷，刚正不阿，寓意高雅、谦虚、坚贞的品德，具有特殊的美学特征。利用竹林风姿绰约，建立生态竹林景观，提供游憩和观光场所，同时，它的再生性很强，用途广泛，具有较高的经济价值。作为景观竹林，目前毛竹林可在保留现有竹林的基础上，适当增加一定量的刚竹属观赏竹种，如花毛竹、绿槽毛竹、黄槽毛竹、龟甲竹、斑竹、金竹、黄槽刚竹、紫竹、毛金竹等，也可引进其他阔叶树种，改造成竹阔生态景观林。

四、城市森林有待进一步研究的技术

（一）城市森林绿量控制技术

随着我国城市化进程的快速发展，城市生态环境问题的突出，各级政府都非常重视城市绿地建设，但由于城市土地资源有限，城市中森林发展指标的确定成为人们关注的问题。虽然目前已有部分学者针对部分城市进行过相关问题的研究，但由于不同城市气候、植被、经济、人口工业等等都有所不同，难以用一种方法或具体研究的发展指标应用于不同类型的城市，因此，在进行江西城市森林建设时，城市森林绿量控制技术也成为城市森林建设中要解决的关键问题。

（二）城市森林健康经营技术

城市森林建设的快速发展，已达到一定的规模，但由于城市森林受环境和人为的干扰较大，城市森林的健康已经成为人们关注的焦点。通过分析江西城市森林健康的影响因素，评价城市森林健康状况，针对不同类型城市森林，研究健康经营配套技术，并制定城市森林健康经营技术规程，为健康、稳定、高效、优美的城市森林建设提供依据。

（三）城市保健功能植物的筛选和配置

随着城市森林生态功能研究的进展，绿化质量和要求的提高，城市植物保健功能的研究成为研究的热点。通过对江西省主要绿化植物挥发性气体成份和浓度的分析，结合空气悬浮颗粒物、负离子浓度、细菌数量等指标的监测，对比分析不同植物和不同群落类型的保健效应，开展稳定、高效的城市保健林优化配置技术研究，为江西城市保健型森林建设提供技术支撑。

（四）不同功能区城市绿化材料优化选择和配置技术

城市中植物材料的选择与配置虽然进行了不同程度的研究，但主要还是集中在部分生态功能的研究上，且研究和应用的树种也较为有限，因此，一方面还应加强江西省乡土绿化树种生态功能的研究，注重乡土植物的恢复与发展；另一方面，应重点研究符合江西人文景观要求的林木景观空间格局配置，突出城市绿化的防护林局部区段个性化，特殊区段的功能性，实现城市绿化的最佳景观配置；研究不同特点通道、城郊区域的林木景观优化配置、功能优化配置。体现江西特色、四季美观、文化休憩和生态多功能。如聚居区周边的防风滤尘减噪绿化配置，高速通道两边的隔音滤尘绿化配置，典型通道的标志性林木景观配置，城郊厂区周边的绿化隔离配置等，为江西省城市绿化提供依据。

第二十三章　乡村人居林建设关键技术

当前，随着江西农村经济的迅猛发展，农民收入不断增加，经济条件不断改善，但农村生活环境还是较为恶劣，甚至存在环境恶化现象，主要表现在农村垃圾、粪便随处可见、水体污染严重、大气污染初现、村庄绿化忽视等方面。农村生活环境污染不仅影响乡村景观，恶化农村生态环境，妨碍农村现代化建设，而且破坏农村社会功能，有害农民健康。据统计，农村因环境问题引起的致病率日增。

乡村人居林是农村生态环境治理的一个重要组成部分，乡村人居林的发展应在乡村生态环境规划的框架内进行。针对江西而言，乡村风水林、庭院林、道路林、休闲林、水岸林等不同类型的乡村人居林是乡村新农村建设的重要内容，它对乡村环境治理和乡村经济发展起到重要作用。各类型规划建设内容如下：

一、庭院林建设关键技术

（一）庭院树种使用技术

在党的十六届五中全会提出建设社会主义新农村以前，农村生态环境建设一直是一个薄弱环节，而江西乡村庭院林建设主要是由于当地农村有在庭院四周种树的习惯，因此，大部分庭院树都是农民自发种植，就地取材，以乡土、果树及传统上具有较高观赏价值的树种为主，庭院树木也较自然，较少有人为截干和修剪的管护，与城市树木相比，处于一种较健康的状态。但是，在近几年，特别是新农村生态环境以来，部分乡村在政府的组织和带领下，把城市绿化的模式应用于乡村绿化中，外来、截干及灌木树种增多，与乡土文化、低成本维护的理念不相符，因此，在今后新农村绿化中，庭院树种使用应注意以下几点：

继续重视乡土植物资源的挖掘和开发。乡土树种既适应当地自然生态条件，又有地域特色和人文特点，且能显著降低养护成本。发展乡土树种，不仅有利于保护当地的珍稀优良树种，还可以美化景观，形成自然特色，发挥较好的生态效益。

庭院林建设的重点是从乡村文化、乡村生活和经济需求出发，应尊重乡风民俗和村民意愿，从满足乡村美化和经济发展的需求出发，选择适宜的庭院绿化乡土树种，借助当地较丰富的资源及成熟的栽培技术，创建富有地域特色的乡村景观。

合理的乔灌藤搭配。在考虑植物景观与功能的前提下，按照树种的生物学特征和生态习性进行树种的合理搭配，根据不同植物的生态幅度，营建以乔木为骨架，木本植物为主体的乔、灌、草复合群落，有利于形成稳定的乡村庭院林环境。

（二）树种选择的类型

乡村庭院属于村民自己支配，因此，乡村庭院林的建设的关键是应尊重村民意愿，从乡村需求出发，根据不同的立地条件，推荐使用适宜的庭院树种。为此，从经果树种、珍贵用材树种、观赏乔木树种、观赏灌木树种等类别推荐以下树种。

经果树种:千年桐、三年桐、杜仲、刚竹、雷竹、毛竹、乌哺鸡竹、早竹、绿竹、核桃、山核桃、板栗、锥栗、南酸枣、梨、李、枇杷、苹果、桃树、梅花、杏树、石榴、柿、棕榈、柑橘、柚、金橘、枣树、香椿、无花果、桑、酸枣、杨梅、猕猴桃、葡萄、银杏、黄连木、蓖麻、樱桃。

珍贵用材树种:楠木、红楠、红豆杉、黄檀、红豆树、香樟。

观赏乔木树种:重阳木、乌桕、山杜英、杜英、猴欢喜、喜树、厚壳桂、乐昌含笑、火力楠、广玉兰、玉兰、紫玉兰、拟单性木兰、小叶含笑、尖叶木樨榄、女贞、小叶女贞、南洋杉、红叶石楠、椤木石楠、石楠、樱花、柳杉、池杉、落羽杉、水杉、银桦、红皮云杉、黄山栾树、无患子、青桐、泡桐、柳树、榆树、糙叶树、黄桦、朴树、垂榆、榔榆、家榆、檫树、刨花楠、香叶树、七叶树。

观赏灌木树种:天竺桂、洒金千头柏、茶花、凤尾竹、孝顺竹、海桐、杜鹃、大叶黄杨、瓜子黄杨、黄杨、雀舌黄杨、夹竹桃、红花檵木、小叶罗汉松、竹柏、罗汉松、黄金假连翘、假连翘、芙蓉、扶桑、木芙蓉、木槿、垂花悬铃花、火棘、蜡梅、月季、白蜡、丁香、连翘、桂花、金叶女贞、鸡爪槭、黄栀子、九里香、红枫、三角梅、紫薇、米兰、白兰花、马褂木、含笑、铁树、小叶黄杨、金边黄杨、黄花槐、紫叶桃、紫叶李、紫叶小檗、红花满天星、小蜡、郁李、南天竺、迎春。

二、乡村风水林及风景名胜区林分保育技术

乡村风水林是我国人民在长期适应自然生态环境过程中形成一种思想意识而保护下来的林分,一定程度上反映了中国古代人的绿化思想,同时也是新时期林业生态文化林建设的重要组成部分。主要包括乡村人居周围风水林、寺庙林、乡村纪念林等。中国传统文化色彩的风水林被相对长久的保存下来,其树种组成和搭配,对新农村生态环境建设与发展,具有重要的文化价值、旅游观光价值和科研价值,对当前开展植树护林、绿化环境、建设生态公益林和积蓄资源等方面都非常具有借鉴意义。

而风景名胜区林分,是国家资源管理事业的重要组成部分,同时也是新时期森林文化体系建设的重要区域。江西历史文化丰富,是中国革命的老区,众多的风景名胜是革命根据地,是历史最好的见证者,加强其区域及周边植被的保育,建设人与自然协调的环境具有重要意义。风景名胜区林无论在乡村还是在城市都有,但城市中风景名胜地主要是历史文化圣地,相对而言,其树木以散生形式较多,且多为古树,其保护与古树名木相似。

乡村中的历史文化、宗教及自然遗产胜地的林分较多以片林的形式在在,其保育技术与风水林相似,其主要技术要点如下。

(一)树种资源清查与选择

江西省平原、山区并存,不同地域立地条件差异较大,因此,充分考虑不同的海拔、坡位、坡向的土壤等自然环境条件,因地制宜发展常绿与落叶、针叶与阔叶、乔木与灌木等混交林,并因山就树,因区选树,保护、发展风水林和风景名胜区的乡土树种及珍稀树种。

江西乡村风水林及风景名胜区林分树种主要为亚热带植物区系成分,乔木层具有明显分层,第一亚层在20~36米之间,以马尾松、锥栗、枫香为主要成分;第二亚层10~20米,成分复杂,以青冈栎、栲树、红楠、毛竹等居多,还有青冈栎、柏树、漆树、糙叶树、椴树、光皮桦、青栲等古树,此外,还有天然分布的甜槠、罗浮栲、黑壳楠、米槠、钩栲、香樟、臭椿、铁冬青、红楠、杉木、拟赤扬、毛花连蕊茶,在进行植被恢复时应遵从地带植被特征进行保育。这些林分是经过长期发展而保存下来的,与当地气候条件相适应,是优良的地带性植被,具有适应性强,耐寒、抗污染能力强,土壤改良及涵养水源效益好等特点,在加强保护的同时,应对其群落组成和特征进行调查分析,为风景林与生态公益林培育的树种选择提供依据。

（二）人促更新技术要点

对于部分人为干扰严重，形成残次的风水林，或风景名胜区景观林分改造，适宜采用人促更新的技术。总体原则是：以封禁保护为主，辅助以人工措施，即遵循森林植物群落演替规律，根据树种的生物学特征和仿生学原理，保留原有生长正常的乔木树种。对于残次林分改造，应以乡土常绿阔叶树种为主，适量引进一些能适应本区自然植物区系的优良阔叶树种，通过人工造林（套种、补植）方法，引进部分建群性、伴生性和观赏性的乡土阔叶树种。对于风景名胜区林分应分不同类型进行更新，道教文化古迹地可选择道观庭院常见的景观树种进行人促更新，如松树、柏树、臭椿、青桐、桃树、蜡梅和琼花等；佛教文化古迹地树种可选择寺庙庭院常见的景观树种，如银杏、木瓜、木莲、花石榴、桂花、圆柏、罗汉松、白皮松、竹、芍药、牡丹、葱兰、麦冬等。通过人工促进更新，建立起生态功能显著、抗逆性强、系统稳定的具有地带性森林景观特色的树种混交常绿阔叶林。

三、乡村水岸林建设技术

江西省村庄周边的江、溪、湖区域，出现了高强度的土地开发利用和两岸堆放垃圾现象，水岸两侧的土地多数被开垦为耕地、园地、菜地，少量地段栽种了不连续分布的护岸护堤林。因此，沿江河岸地表物质稳定性很差，具有侵蚀容易保护难的特点，在不合理的人类社会经济活动影响下，一方面，产生河道堵塞，水体污染，影响人们的饮用水安全；另一方面产生径流侵蚀，坡麓洪水淘蚀，谷底河漫滩洪水冲蚀等不良地貌过程，以致引发河岸崩塌，坡体滑坡，河堤抗洪能力降低和河流泥沙含量增高等生态环境问题。

岸带造林的主要目的在于护岸固坡、护堤稳基（堤防禁脚地），减少江河泥沙，保护和改善水岸生态环境。按防护功能要求，水岸防护林主要是防冲林和防塌林。

（一）水岸防冲林建设关键技术

易受流水冲蚀、淘蚀或泥沙淤积较多。凸岸地势平缓，坡度小于或等于25°。以新老冲积土为主，土壤深厚，肥力较高。岸缘有砂砾质卵石滩。盆地丘陵区有石骨子坡，土层较薄，表土疏松，心土及底土层较黏。

1. 适宜树种选择和配置

选择生长速度快、耐水湿、根系发达、萌蘖性强、抗冲效果好的深根性树种造林，多采用乔—灌—竹或竹—灌的配置结构。主要造林树种有枫杨、喜树、香椿、杨树、银杏、榿木、桑树、柑橘、毛竹、方竹、苦竹、金竹、紫穗槐等。

水岸防冲林的配置模式主要有：乔—竹、乔—草双带复层、乔—果农带状复合经营结构、乔—灌—草多带复层结构。

2. 造林技术

种苗：用国家或省规定的一、二级苗造林，严禁使用劣质、有病虫害的苗木。点播、撒播的种子必须使用合格种子。

整地：一般采用穴状整地，规格为 0.3~1.0 米 ×0.3~1.0 米 ×0.2~0.6 米。经济树种规格为 0.8~1.0 米 ×0.6~1.0 米 ×1.0~0.8 米。

造林株行距：乔木树种株行距为 1.2 米 ×2.0 米 ~2.0 米 ×3.0 米；紫穗槐株行距 1.0 米 ×1.5 米；楠竹采用母竹移植造林，株行距均可为 2.5 米 ×3.0 米。种植点为三角形配置或矩形配置。

3. 幼林抚育

连续抚育 3 年。为保证地表不受较大破坏，防冲林抚育主要采用穴内松土除草，培土、正苗，清除藤蔓和病株，对缺株进行补植。用杂草覆盖，浇足定根水，如发现叶子枯萎，应迅速进行重剪，仅留叶数片并喷施 0.1% 尿素，果园内可套种农作物。对栽种的经济树种应按需要灌水施肥、修枝整形，加强病虫害防治。封育管理，促进灌草生长。

（二）水岸防塌林建设关键技术

流水冲蚀、淘蚀严重，岸缘易崩塌，部分地段基岩裸露或出现石骨子地，岸缘较陡，土壤以新冲积土为主。在陡急凹岸直岸、人工堤岸、河谷阶地埂坎，易受流水冲蚀、淘蚀，常出现崩塌现象，应考虑工程措施和辅以抗冲淘的深根性树种进行造林。

1. 树种选择和配置

主要造林树种有喜树、榆树、杨树、垂柳、水杉、枙木、桑树、刺槐、柑橘、紫穗槐、毛竹、水竹、方竹、苦竹、金竹等。

林分结构配置：陡急凹岸防塌林采用乔—灌双带复层结构，陡急直岸防塌林采用乔—灌或竹—灌双带复层结构，平缓岸采用果—乔—灌多带复层结构和灌—草双带复层结构，阶地埂坎防塌林采用乔—草或竹—果（桑）行带状复层结构。

2. 造林技术

种苗：用国家或省规定的一、二级苗造林，严禁使用劣质、有病虫害的苗木。点播、撒播种子必须使用合格种子。

造林整地：一般采用穴（块）状整地，规格为 0.3~1.0 米 ×0.3~1.0 米 ×0.2~0.6 米。

造林密度：乔木树种行距为 1.5 米 ×2.0 米 ~2.0 米 ×2.5 米，紫穗槐株行距 1.0 米 ×1.5 米，柑橘株行距均为 3.0 米 ×3.0 米。

3. 幼林抚育

连续抚育 3 年。为保证地表不受较大破坏，主要采用穴内松土除草、培土、正苗，清除藤蔓和病株，对缺株进行补植。对栽种的经济树应按需要灌水施肥、修枝整形，加强病虫害防治，封育管理，促进灌草生长。

四、乡村道路林建设关键技术

乡村公路绿化既不同高速公路或主干公路、铁路的绿化，也不同于城镇绿化，它不单单体现生态效益，它是生态效益、经济效益和社会效益的有机统一，要达到既绿化、美化环境，又增加群众收入，振兴农村经济的目的。随着社会主义新农村建设，乡村道路林建设成为乡村环境建设的一个重要内容。其关键技术如下。

（一）树种选择思路

乡村道路绿化树种的选择应坚持以下原则：

1. 适地适树

如在土壤疏松、水肥条件较好的地方栽杨树，而在土壤黏重、水肥条件较差的地方栽刺槐等耐瘠薄的树种。选择树种时要注意从当地生长良好的乡土树种中选择，适应性强，易成活、成材，能早日发挥效益。

2. 多效统一

坚持生态效益、经济效益、社会效益有机统一的原则。在考虑绿化、美化功能的同时，考虑它的经济效益。根据土、肥等立地条件，在适地适树的基础上选择速生用材树种和经济树种，在绿化美化的同时，获得较高的经济效益。

3. 特色绿路

村庄道路绿化应坚持特色绿路，一路一树的思路，改变部分地方千路一树的做法。如有的地方道路绿化全栽上杨树，既显得单调呆板，没有乡村特色，也不利于病虫防治，一旦虫害发生，很快传播蔓延。

（二）布局与配置

乡村道路林主要发挥固土、美化、香化功能，同时在山坡地还应防范水土流失和山体滑坡，提倡建立乔、灌、草相结合立体模式。生态型乡村道路林树种可选杨树、水杉、楠木、银杏、泡桐、檫木、樟树、桂花、玉兰、天竺桂、楸、香椿、木荷、女贞、马褂木、柳树、榆树、枫树等；生态经济型可选银杏、枣、桃、李、梨、杏、杨梅、柿、枇杷、柑橘、板栗、核桃、杜仲、厚朴、油桐、桑树等。采用三角形配置，植苗造林。生态型，3~5 行，株行距为 1.5 米 ×2 米~2 米 ×3 米；生态经济型，株行距为 2 米 ×2 米~3 米 ×4 米。

（三）主要造林技术

生态经济型林带造林，秋冬大穴整地，规格一般为 50~100 厘米 ×50~100 厘米 ×40~80 厘米；生态型林带造林，秋冬季穴状整地，规格一般为 40 厘米 ×40 厘米 ×30 厘米。采用大苗栽植，苗高一般为 2~3 米。

另外，填土挖方乡村道路要配建护坡墙等保护措施，防止坡面垮塌，消除事故隐患。交通、林业、农业分工合作，各负其责，共同建设通道生态经济绿色带。

五、乡村人居林有待进一步研究的技术

社会主义新农村建设在我国开始蓬勃发展起来，但目前关于乡村人居林建设的技术还极为缺乏，部分技术和建设模式都还在探索之中，有待进一步加强。从今后江西乡村人居林建设来看，亟待研究以下几个方面。

（一）乡村人居林建设布局设计技术

根据乡村的自然、社会条件，从乡村生态环境治理、乡村生态经济的发展等方面考虑，研究乡村生态林、生态经济林和经济林的发展指标，研究围庄林、庭院林、道路林、水岸林、游憩林等的发展和布局，并制定建设措施，为社会主义新农村建设规划提供科学依据。

（二）乡村游憩林建设与布局技术

随着农村经济的发展，乡村游憩林建设开始得到重视，但由于过去较少涉及这方面的研究，因此，应根据乡村的生活习惯和文化特点，研究乡村游憩林建设与布局技术，为乡村人居林的发展提供技术支撑。

（三）乡村人居林功能树种选择技术

一方面，由于不同地域乡村自然环境、文化习俗和经济社会等条件不同，另一方面，乡村中不同地段树林行使不同的功能，培育目标也相应有所变化，但目前关于乡村人居林功能树种选择的研究还没有启动，有待于加强研究与应用，为健康、高效、稳定的特色乡村人居林建设提供技术支撑。

第二十四章　林业灾害防控关键技术

一、林业有害生物综合预防与控制技术

林业有害生物是指危害森林、林木和林木种子正常生长并造成经济损失的病、虫、杂草等有害生物。国家林业局把森林有害植物、鼠（兔）害也纳入防控范围。防控方针为"预防为主，科学防控，依法治理，促进健康"，坚持科学发展观，树立森林健康理念。

近年来，由于受全球气候变化和江西气候异常的影响，林业有害生物发生严重。江西省充分发挥学科优势与特色，推进与造林、育种、生态等学科领域的交叉与渗透，注重与江西省林业建设和生态环境改善的重大问题研究相结合，以突出重点、分步实施为原则，扎实开展林业有害生物预防与控制的各项工作。针对林业有害生物种类，采用先进适用技术成果，分别采取微生物和植物源农药为主要防控手段，配合应用物理防控和低毒化学农药防控技术，及时控制灾情，减少损失，有效地保障了森林资源和生态环境的安全，促进了林业的可持续发展。

（一）突发林业有害生物防控范畴

突发林业有害生物事件，是指发生暴发性、危险性或者大面积的林业有害生物危害事件，包括：①林业有害生物直接危及人类健康的；②从国境外新传入林业有害生物的；③新发生林业检疫性有害生物疫情的；④林业非检疫性有害生物导致叶部受害连片成灾面积达1万公顷以上、枝干受害连片成灾面积0.1万公顷以上的。

（二）典型有害生物防控技术

1. 松材线虫病综合控制技术

（1）清理病死树。受松材线虫危害的病死树株率在10%以上的病区，采用一次性全面皆伐的方法，彻底伐除发病山头或地块的感病寄主植物。不能安全、有效处理疫木的地区，宜全面封山育林。病死树株率在10%以下的病区，采用全面清理病死树的措施。对新发生疫点和孤立疫点要采用皆伐措施，实施病区皆伐时，应先伐死树，后伐残余活树，死树和活树要分开放置，分别进行除害处理，所有伐桩高度应低于5厘米，病区除治迹地清理干净，不留直径1厘米以上松树枝丫。

（2）病木除害处理。病死树伐根可罩塑料薄膜后覆土或磷化铝（1~2粒）进行熏蒸处理，或用虫线清等化学药剂进行喷淋，也可采取连根刨除的方法。病区零星分散的病死树，砍伐后就地将树干和树枝砍成小段，装入专用熏蒸袋（凡直径1厘米以上的枝条、刨出的根桩等均要全部装袋），再投放磷化铝（20克/立方米），密封塑料袋，搁置山上原地至传媒天牛羽化期结束。对滞留于林间的病枝材，亦采用此法。清理下山的病枝、根桩等集中指定地点及时烧毁。

伐下的病材，在集中指定地点采用如下处理方法：

①药物熏蒸:选择平坦坡地或平地,将砍伐材（包括直径1厘米以上的枝条和根桩）集中堆放，覆盖熏蒸帐幕，在堆垛四周挖宽30厘米，深20厘米小沟，把帐幕四边埋入沟中用土压实，再投放硫酰氟或溴甲烷（50克/立方米，20℃，24~48小时），或磷化铝（20克/立方米，20℃，72小

时以上）熏蒸至木材中松褐天牛和松材线虫死亡率达到 100%。若杀虫率不到 100%，则要再次投药熏蒸，直至检查合格为止。

② 加热处理：将病树枝、干置于热处理房加热至 60℃ 2~3 小时（或利用微波处理），取出检查松褐天牛死亡率，若死亡率达不到 100%，继续进行处理直至松褐天牛全部死亡为止。

③ 变性处理：将病木做成胶合板、纤维板、刨花板、制浆、烧炭等，消灭其中的病原和传播媒介。

④ 切片处理：将病木切成厚度不超过 1 厘米的碎片，以使其中松褐天牛不能成活。

⑤ 烧毁处理：如不具备上述条件就地烧毁。

所有病木除害处理必须 4 月底松褐天牛成虫羽化前全部结束。

（3）传媒天牛防控。

① 诱木防控。在除害治理区的山顶、山脊、林道旁或空气流通处，选择衰弱或较小的松树作为诱木，引诱传媒天牛集中在诱木上产卵，每 10 亩设立 1 株（松褐天牛密度大的林分可适当增设诱木数量），于松褐天牛羽化初期（5 月上旬），在诱木基部离地面 30~40 厘米处的 3 个方向侧面，用刀砍 3~4 刀（小树可少些），刀口深入木质部约 1~ 厘米，刀口与树干大致成 30°角。用注射器把引诱剂注入刀口内。诱木引诱剂使用浓度为 1:3（1 份引诱剂原液用 3 倍清水稀释）。施药量（毫升）大致与诱木树干基部直径（厘米）树相当。于每年秋季将诱木伐除并进行除害处理，杀死其中所诱天牛，减少天牛种群密度。

② 诱捕器诱杀。在传媒天牛羽化期，在发病林分每隔 1000 米设且一个诱捕器，诱杀松褐天牛成虫。方法同诱捕器监测。集虫器内盛清水或 3% 杀螟松乳剂。

③ 喷药防控。发生区于传媒天牛成虫期采用地面树干、冠部喷洒或飞机喷洒绿色威雷（触破式微胶囊剂），50~80 毫升/亩（300~400 倍液），或其他内吸性好、下导性强的杀虫剂，分别于松褐天牛羽化初期、盛期进行防控。松褐天牛幼龄幼虫期采用地面树干喷洒虫线清乳油 80 倍液，喷药量为 2~3 升/株。

④ 树干注药防控。对有特殊意义的名松古树和需保护的松树，于松褐天牛羽化初期，在树干基部打孔注入虫线光 A（Emamectin 安息香酸盐液剂）400 毫升/立方米（估计立木材积），或注入虫线清 1:1 乳剂 400 毫升/立方米，进行保护。

⑤ 生物防控。除治区在传媒天牛幼虫幼龄期，林间释放松褐天牛的天敌——肿腿蜂，也可通过肿腿蜂携带白僵菌的方法感染天牛幼虫，以降低林间天牛数量，达到控制和减少病死树的目的。每年于松褐天牛幼虫期释放天敌，气温最好在 25℃ 以上的晴天进行。放蜂方法采用单株放蜂法、中心放蜂法或分片布点放蜂法，每 10 亩设一个放蜂点，每点放蜂 1 万头左右。

2. 萧氏松茎象的防控技术

（1）防控方法。

① 人工捕杀幼虫、蛹和树皮内越冬代成虫。于每年的 11 月至翌年 3 月，即萧氏松茎象成虫出孔前，组织专业队伍，用利器沿排泄孔查找蛀道，捕杀幼、成虫。

② 人工清除排泄物并将基部树皮削薄，清除越冬幼虫。

③ 安装诱捕器诱捕成虫。于成虫盛期选择有虫株率 70% 以上，交通便利，纯林坡度平缓的发生区安装诱捕器成虫，定期收集诱捕到的成虫。诱捕时间最好在每年的 3~6 月及 11 月至翌年 1 月。

④ 营林措施。在萧氏松茎象严重发生的林区，可以结合营林抚育，砍除寄主周围约 50 厘米范围内的杂灌，以及寄主下层的轮枝，让光线进入树干基部，同时刨去这半径 50 厘米范围内的枯枝落叶层和约 5 厘米厚的表土层。

⑤ 化学防控方法。

护林神 2 号粉剂防控：4 月成虫产卵始期，选择雨后或林间湿度较大时用机动喷粉机施药，施药量为每公顷 15 公斤。于林分郁闭度大于 0.6，有虫株率在 70% 以上防控更佳。适用于水源缺乏，山高坡陡条件下开展防控。

绿色威雷防控：4 月成虫产卵始期，采取背负式人工喷雾，施药浓度掌握在 50~100 倍液。适用于中龄林、成虫盛期、有水源，地势平坦，林下植物较少，有虫株率 70% 以上，雨后转晴天喷雾更佳。

虫孔注药防控：应用虫线清、敌杀死、氧乐果、保绿宁和吡虫啉等 5 种农药虫道注药防控萧氏松茎象幼虫，剂量为每孔注药 1 毫升，可以除治松林中的幼虫。

⑥ 生物防控方法。3 月中下旬、4 月初为成虫出孔盛期，选择有虫株率 50% 以上的林分，在松树干基部 1 米处，将白僵菌无纺布条每隔 4 株捆扎于树干上，利用成虫上下树补充营养的习性使其感染白僵菌，达到防控目的。

3. 松突圆蚧综合控制技术

（1）采取以营林技术措施为基础。

① 对受害的松树按纵向带状进行皆伐，带宽 3~5 米，把砍下的松树及枝条拉出林地进行除害处理，然后在带内挖穴，套种台湾相思、马占相思、大叶相思、木荷等阔叶树种。

② 在松突圆蚧发生初期，对中、重度危害林分实施不同强度的间伐和修枝，使林分郁闭度控制在 0.5~0.7 之间。

③ 在中、重度危害林分，孤立发生的林分，边界发生的林分实施皆伐小班内的松树，保留阔叶树等非松科植物，并及时进行造林更新。

（2）生物防治技术。释放花角蚜小蜂的生物防控技术是防控松突圆蚧的关键、有效措施。

（3）化学防控技术。化学防控技术措施是防控松突圆蚧的辅助措施。

4. 马尾松毛虫防控技术

（1）生物防控。利用白僵菌在松毛虫越冬前后防治，即：当年的 11 月份或翌年的 3 月份施放白僵菌，既可起到预防的作用，也可获得较好的防控效果。

（2）人工防控。在松毛虫卵期，可组织群众上山采卵防控。

（3）灯光诱杀。在成虫期可进行黑光灯诱杀。

（4）药剂防控。

① 在幼虫期可用森防丹 1 号、森得保可湿性粉剂进行防控。

② 1.8% 阿维菌素乳油 6000~8000 倍地面喷雾；喷烟机喷烟 1.8% 阿维菌素乳油和零号柴油按 1:40 比例混合。

③ 1% 苦参碱可溶性液剂 1000~1500 倍液均匀喷雾。

④ 灭幼脲 3 号 25% 悬浮剂 2000~3000 倍超低容量喷雾。

⑤ 苏云金杆菌 8000IU/mg 可湿性粉剂 200~300 倍均匀喷雾。

5. 竹林有害生物防控技术

（1）黄脊竹蝗防控技术。防控方法主要有：①人工挖卵。在次年 3 月底前结合竹林抚育，挖出卵块集中处理。②保护天敌。竹蝗的天敌有黑卵蜂、寄蝇、红头芫菁、蚂蚁、蜘蛛、螳螂、竹鸡等。在竹林间种植桤木和泡桐（桤木更适合在竹蝗发生区栽种，比泡桐的成活率高，生长也比较好），繁殖其天敌红头芫菁，发挥天敌自然控制害虫的作用。

（2）跳蝻防控技术。

① 跳蝻的地面防控。主要指药物防控技术。包括：

喷药时间：地面喷药最佳防控时间是在跳蝻上竹前的 1 龄跳蝻期进行防控。

药剂的选用：森防丹Ⅲ号、灭幼脲 3 号、森得保、吡虫啉等。

用药量：2% 森防丹 III 号，用药量 100 毫升 / 亩，稀释 500~800 倍液；25% 灭幼脲 3 号胶悬剂，有效成分 75~100 毫升 / 公顷，加清水稀释至 15~75 公斤；25% 灭幼脲 3 号粉剂，有效成分 75~100 毫升 / 公顷，喷洒前加入填充剂（滑石粉或复粉）15 公斤 / 公顷，混合均匀；16% 灭幼脲 3 号增效型粉剂，有效成分 50~75 克 / 公顷，配药方法同 25% 灭幼脲 3 号粉剂；吡虫啉可湿性粉剂，有效成分 7.5~15 克 / 公顷。

施药方法：采用机动喷雾或喷粉作业，根据喷药量的大小适当调节步行速度。喷药时，要掌握天气变化情况，按顺风方向喷药（风速超过每秒 3 米停止作业），选择有利的地形方位。喷粉应在叶面露水未干的早上或雨后进行，尽量避免雨天作业，防止药物被雨水冲刷流失。

② 跳蝻的上竹防控。对于上竹危害的跳蝻，可用 1% 阿维菌素油剂，用药量 300~450 毫升 / 公顷，与柴油按 1:15~20 的比例配制成油烟剂，借助烟雾机施放。

③ 成虫的防控。

人工诱杀：用混有农药的尿液（如尿液：杀虫双 =19:1）装入竹槽或浸润稻草，放到林间，诱杀成虫。

药物防控：药剂的选用：1% 阿维菌素油剂等。用药量和施药方法同防控上竹跳蝻一样。

如果黄脊竹蝗危害的竹林是用于培育食用竹笋，应采用灭幼脲 3 号、吡虫啉、锐劲特防控。若使用其他农药，药后采集的竹笋，应进行农药残留量检测，确定是否符合食品卫生标准的要求。

④ 防控效果检查。一般喷药后第三天开始，每隔 3 天观察记录变化情况一次，以便准确评价防控效果。

（3）一字竹笋象防控技术。一字竹笋象的危害期与竹笋发生期完全一致。因此，竹子的发笋期即可作为害虫发生期的物候指标来预测害虫发生期，简便易行，利于及时指导防治。防治措施主要有：

① 深翻松土抚育，消灭越冬害虫。秋、冬季结合竹林抚育深翻松土，特别是当年新笋四旁不要遗漏，直接捣毁一字竹笋象土室，破坏其越冬场所，可使部分象甲死亡。

② 人工捕杀成虫。成虫行动迟缓，且具有假死性，容易发现和捕捉。于成虫的出土期，进行人工捕捉。在闷热天气的上午 9~10 时和下午 3~5 时捕捉效果最好。

③ 清除受害笋，杀灭其中幼虫。受害的竹笋或为退笋，或为断头折梢，不能利用。在害虫发生期，及时清除虫害笋并杀灭其中幼虫，是一种既简便又有效的方法，此法和捕杀成虫结合进行，效果更好。

④ 药剂防治。采用兽用注射器或一次性医疗用塑料注射器，通过竹腔注射的方法将药剂施入竹腔内，达到防治作用。防治用药物主要有：20% 吡虫啉原液或 40% 氧化乐果乳油 2~3 倍液，在竹笋长到 1~1.5 米高时，在竹笋基部将药物注入竹腔内 2 毫升，将虫杀死。成虫期用杀螟硫磷 1:800 倍液喷雾，间隔 5~10 天喷一次，连喷 2 次；也可用 50% 马拉硫磷乳油 1000~2000 倍液防治。在竹象甲成虫出土初期，向笋体喷洒象甲灵 400 倍液可达杀虫效果。

6. 杨树天牛等蛀干害虫防控技术

（1）检疫预防。在天牛严重发生的区域和保护区之间，应严格执行检疫制度。对可能携带天牛传播的苗木、种条、幼树、原木、木材均须进行检疫。检验内容包括有无天牛的卵槽、入侵孔、羽化孔、虫道和活虫体。按检疫法处理。

（2）营造混交林。避免单纯树种形成大面积人工林。可采用块状、带状等方式营造混交林。

（3）抚育措施。结合抚育管理，及时伐除虫害木、枯立木、濒死木、衰弱木，调整林分的疏密度，增强树势，保持林内卫生良好。

（4）人工物理防控。对有假死性的天牛，可用人工震落捕杀，也可利用天牛在干基栖息的特性组织人工捕杀。

（5）饵木诱杀。利用橄树、桑树等诱饵树诱捕天牛成虫产卵，再将饵木集中砍伐烧毁。

（6）药剂防控。

① 集中连片受危害的杨树林，视当地具体情况可采用地面常量或超低量喷洒绿色威雷150~250倍液杀灭成虫。主要部位为树干和大侧枝，以微湿为宜。约在天牛成虫羽化始盛期前进行，其持效期可达40天左右。

② 喷雾防控困难的杨树林，在成虫羽化高峰期前一周左右，可采用树干打孔注射20%吡虫啉防控成虫。方法是：在树干离地面20厘米处用打孔机打一深达木质部的沿主干各方位均匀的下斜孔，按树的胸径0.3~0.9毫升/厘米注射药量，注完药后用泥封孔。

③ 人工锤击或刮砸虫卵，天牛毒签防控幼虫。

7. 油茶主要病虫害防控技术

（1）油茶炭疽病防控技术。根据不同情况区别对待。对于丰产重病林的防治，应以营林技术为基础，综合防治。营林技术措施包括调整林分结构，保持油茶林适宜的密度，砍除历史重病株及衰老株，补植抗病优株（幼林中的重病株也可用抗病优株嫁接换冠）以提高林分的抗病成分。进行合理的垦复，适当种植绿肥。避免套种高秆或半高秆作物，不能偏施氮肥。

防治的另一重要措施是清除病源，尽可能减少初次侵染来源，砍除重病株，在冬春结合修剪，剪除病枝并摘除病叶、病果。刮治大枝和枝干部病斑。刮口和工具经0.1%升汞水或75%酒精消毒，伤口涂敷波尔多液保护。

在上述措施的基础上，掌握发病期，选用波尔多液1%加1%~2%茶枯水，50%多菌灵可湿性粉加水500倍，50%退菌特800~1000倍液等，于6~9月，特别是病果盛发期前10~15天起，每隔半月喷一次。

选育抗病优良品系是另一重要防治措施，这是发展油茶产业，提高产量的根本措施。

（2）油茶软腐病防控技术。清除越冬病部，在冬季及早春结合整枝修剪对感病植株及苗木清（剪）除树上和地上病叶果深埋或携带出林外烧毁。

加强抚育管理，使油茶林不过密。对于树冠过密的植株进行适度整枝修剪和清除下脚枝、萌芽枝，下垂枝等容易感病的枝条及清除林下小灌木等。菌圃地要选择排水良好的地方，菌木不宜过密，大菌适度修剪等。

发病时喷洒多菌灵100~300倍液；退菌特800~1000倍液；1%波尔多液等均有一定抑菌和减少侵染的效果。但实际应用时，由于发病时间长喷药次数要多，否则病情又将回升。

（3）油茶茶苞病防控技术。在病源菌担孢子成熟飞散前，在植株受害部位以下，剪除受害部分，将其烧毁或深埋。必要时在发病期间喷洒1:1:100波尔多液或0.5度石硫合剂，或硫磺石灰粉3~5次，亦可收到防病的效果。

（4）油茶半边疯防控技术。应着重加强抚育管理，增强油茶抗病力。结合垦复修剪，彻底清除病枝，集中烧毁，以减少侵染来源。对轻病枝干，应及时刮治，然后涂1:3:15的波尔多液。

（5）茶梢尖蛾防控技术。于成虫羽化前修剪被害梢并集中烧毁。每年4月中下旬越冬幼虫转蛀时（即转梢危害），用含孢子2亿个/毫升的白僵菌喷雾或喷粉，防治效果可达80%左右。

（6）油茶蓝翅天牛防控技术。每公顷油茶林混交45~75棵花期在5月中旬的板栗树，引诱蓝翅天牛成虫，然后集中捕杀。用1%甲氨基阿维菌素苯甲酸盐乳油原液或4%氟铃脲水剂原液浸涂产卵痕和早期为害槽。

（三）林业有害生物监测预警技术

监测预警技术是林业有害生物生态预防工程的重要手段和前提。"十五"期间福建省对25种主要林业有害生物实施监测，全省已建成国家级中心测报点40个，省级中心测报点47个。按分区管理的原则，利用常年监测与定期普查，地面监测与遥感监测相结合方法，加强了常灾区、偶灾区及重点地段的监测调查。建成以国家级中心测报点为重点，以省级中心测报点为补充的省、市、县、乡四级监测预警网络。

通过加强业务管理、基础设施投入、技术人员的配备、制度建设等，使林业有害生物监测调查手段更具科学性、管理更加规范，提高了监测的精度和水平，初步建成监测数据采集较为准确，分析处理及时，传输快速便捷、信息发布及时的林业有害生物监测预警体系，为各级政府和领导提供了更加及时、准确的决策信息，为防控提供科学依据。已建立的林业有害生物基础信息库系统，重大林业有害生物监测预报软件、中心处理系统和决策支持系统等防控检疫信息系统，为林业有害生物监测预警的信息化、网络化、现代化提供重要支撑。初步实现全面监测、早期预警、准确预报的目标。

（四）林业有害生物检疫御灾技术

检疫御灾技术是林业有害生物生态预防的重要保障。检疫监管工作得到加强，危险性林业有害生物防范机制初步建立。完善的检疫队伍和监测网络、严格的检疫措施和制度，较为先进快捷的检验手段，有效地防止了重大危险性病虫害进一步传播和蔓延。

通过实施森防项目建设，建立了综合性检疫实验室，初步开展检疫鉴定和远程诊断，完善了省、市、县检疫信息网络；实行的松材线虫病秋季普查和松树枯死木季度调查制度，准确掌握了疫情发生动态；组织开展引进林木种苗检疫隔离试种，加强疫木源头管理，强化产地检疫和调运检疫审批，重点开展市场检疫检查，全面提高检疫防范水平，初步建立了一个上下贯通、运转高效、检测准确、处置及时的检疫御灾网络，实现从源头上控制疫情的扩散传播。江西省已初步形成了部门协调配合、分工负责、齐抓共管的长效防范机制。重点开展了松材线虫病、松突圆蚧等重要病虫害的有效、快速检测与除害处理技术研究。

（五）林业有害生物生态调控技术

根据林业有害生物可持续控制基础理论，结合现代林业的经营管理制度与技术措施，构建有利于自我保健的生态环境，发挥森林植物对病虫害的自然控制作用。对现有林通过及时卫生伐、间伐、低效林改造、封山育林等措施，新造林选用抗逆性强的乡土树种、经济树种造林，实施林果、经济植物、灌木、草本的立体综合开发，以株间、行间或带状方式混交，营造多树种、多格局、多层次的混交林或景观林，提高森林生态系统的免疫能力和自我调控功能。结合重点林业生态建设项目的实施，通过不同树种和品种配置、组成和结构调整、密度控制等技术，对马尾松、湿地松、杉木、毛竹、油茶等纯林进行改造，营造多树种、多形式的混交林，切实做到因地制宜，适地适树，增加现有纯林生态系统的生物多样性，提高抵抗病虫害的能力。

二、森林火灾防控关键技术

主要包括生物防火林带树种选择与建设，森林防火区划与防范，森林火灾卫星遥感监测，森林消防指挥预警、远程监测系统建立，森林火险预测预报等技术。通过生物防火林带树种筛选与林带构建、森林保健作业技术等提高森林自我调控能力，辅以现代化的卫星遥感监测、远程监测系统，加强森林火灾的预防与扑救。

（一）生物防火林带树种选择与建设

防火林带树种的选择是生物防火工作的重点内容之一。选择具有较强的抗火能力，适宜的生物学、生态学特性和造林学特性，以及地区适应性和推广性的防火林带树种，如木荷、杜英、杨桐、枸骨等树种。

防火带的宽度在15~20米左右最为经济、实用，既能充分发挥防火的功效，所需开挖经费又相对实惠，防火线的宽度、杂灌的彻底清理、坡度、弯道的最佳选定、实施量的到位等，每一道工序都严格按质量标准实施。

（二）森林火灾的防范

为了充分发挥森林火灾预测、预报或辅助决策系统的作用，实施林火管理，经济有效地使用扑火技术和装备，必须开展森林防火指挥人员的技术培训工作。技术培训以认识林火机理，了解预报预测、辅助决策知识为基础，包括各项森林防火灭火的有关技术和知识，例如，从地面观测、红外探测到卫星遥感的监测知识，通信技术、雷击火技术、人工降雨知识、空运扑火知识、开辟阻隔道技术、扑火装备的使用技术，以及林火生物防治技术等，使他们具备相应的理论知识和实践操作能力。通过规范化宣传教育，让消防队员、群众掌握相应的扑火、自救技能。

森林火灾预防措施：一是加强火源管理，严格野外用火制度和防火检查，对入山人员进行严格检查，禁止带火种入山；二是严格火情瞭望制度，确定专人定点观察，使林区森林时刻处于严密监控之中；三是严格对林区内的火灾隐患和重点防范对象全面摸底调查，登记造册，重点监控；四是森林防火与周边防火紧密结合，增强森林防火的社会性。

（三）森林防火预测和预警预报

森林防火是一项长期而艰苦的工作，加强森林防火预测和预警预报，是森林防火首要工作。充分发挥森林火灾预测、预报或辅助决策系统的作用，能减少林火发生的几率，更好的实施林火管理，更加经济有效地使用扑火技术和装备。

大面积、高强度的森林大火通常是在气候异常或特殊的天气系统造成高温、低湿伴有大风的天气情况下发生的。应在加强气象中、长期趋势预报和引发危险天气的中、短期预报的基础上，做好森林火险预测、预报，并形成区域化、网络化。加强森林火灾监测，及时发现火灾，对森林火灾的扑救特别是初期灭火十分重要。根据不同年份的气候情况和林区周围人员活动的变化情况，及时有效地作出预报，有针对性地开展火情的控制，可有效地降低森林火灾的发生，做好森林防火应急预案也是一项必不可少工作，当火情发生时，能随机应变地对突发性火情作出快速机动反应，可最大限度地降低火灾造成的损失。

三、雨雪冰冻、洪涝等自然灾害防控关键技术

（一）森林风、雪等自然灾害的预防对策

森林风、雪灾等自然灾害的预防对策：进行全面封禁保护，使森林生态系统功能得到恢复；同时控制林分密度，对自然枯死林木进行全面清理，保持林内卫生，伐除劣质林木，增强林分抵抗风、雪等自然灾害的能力；此外，严密监测林木雪灾后可能引发的大量病虫害，清理林内梢头、枯枝等病原及可燃物，从而抑制灾害等级的增高。

（二）森林风、雪等自然灾害的修复措施

森林风、雪灾等自然灾害的修复要依据生态学、生态经济学基本原理以及有关保护区法律、法规，在不影响保护区整个生态环境的条件下，对冰雪灾害受损特别严重的人工纯林进行修复。通过采取透光伐、乡土植物补植补种、抚育、植被恢复过程监测等措施，改善受损林分结构，增加物种多样性，提高其抵御自然灾害的能力。

1. 修复原则

森林生态系统遭受冰、雪等自然灾害后，其修复应依据以下原则：①循序渐进，按照生态演替规律分步骤、分阶段地促进顺行演替，而不能急于求成、"拔苗助长"。②要因地制宜，依据适地适树的原则选择生态上适应的物种并合理配置。③从保护和恢复生物多样性入手，引入关键建群种。④有意识地引入一些附生植物，增加群落多样性，促进生态系统的稳定。⑤兼顾生态、经济、社会三大效益，重建生态经济型植被。

2. 人工修复措施

人工灾后修复应视受灾林分的生态、经济重要性等分别对待。对于生态公益林，采取以自然修复为主的方式，尽量减少人工干扰。对于商品林而言，则以人工促进修复为主，以增加森林生态系统物种的多样性、提高林分抵御自然灾害能力和保持其稳定性为目标。具体地，应依据当地的立地条件、现有植被状况和原生植被类型来制定适当的人工修复措施。

（1）透光伐。如果需要修复的森林生态系统属于山区，则人工营造林相对比较集中，且以纯林为普遍。进行人工修复时，应根据林地地形和林分特点来确定伐除对象。在伐除倒木的同时，可采取块状或条状透光伐的方式进行抚育伐，为林分结构改造和生态修复提供空间，同时保持林地上一定密度的林木，以免造成因大面积林地无林而导致次生水土流失等灾害。修复后的林分可以形成纯林，也可形成混交林，视经营目标而定。

在透光伐后的间隙地上，视其立地条件，选用适宜的乡土树种进行补植补造。整地方式为穴状，定植株数视实际情况而定。这样既可以加快森林植被的演替发展，又可以产生良好的经济效益。但在补植补造时，要求树种在生态位上错开。

在裸岩、急险坡地段应保留所有未受损的原有树木。

（2）抚育。对补植补造林木的抚育，采用穴抚的方式，以应尽可能减少对土壤、植被的破坏为目的，最大限度地维护原有生境和空间异质性。提高森林自我修复功能，增强森林抵抗自然灾害的能力。

（3）植被修复监测。在修复区选择具有一定代表性的植被，设立固定样地，进行天然修复、人工促进修复的森林植被恢复情况的监测比较，为今后冰雪灾后恢复重建提供依据。

第二十五章　道路防护林建设关键技术

路网防护林以保护铁路、公路免受风、沙、水危害为主要目的，改善行车环境。

一、公路防护林及植被建设

根据公路的使用任务、功能和流量，公路划分为高速公路、一级公路、二级公路、三级公路和四级公路。其中，高速公路分为四车道、六车道、八车道高速公路，一般能适应小客车的年平均昼夜交通量25000辆以上。一级公路通往重点工矿区、港口、机场，一般能适应小客车的年平均昼夜交通量为15000~30000辆。二级公路是连接政治、经济中心或大矿区、港口、机场等地的公路，一般能适应中型载重汽车的年平均昼夜交通量为3000~7500辆。三级公路为沟通县以上城市的公路，一般能适应中型载重汽车的年平均昼夜交通量为1000~4000辆。四级公路为沟通县、乡（镇）、村的公路，一般能适应中型载重汽车的年平均昼夜交通量为双车道1500辆以下，单车道200辆以下。设计车速和车道数的不同，各等级公路的路基宽度不同，高速公路和一级公路的路基一般为23~45米，二至四级公路的一般为4.5~12米。

公路防护林指通过连接乡村或连接乡村与城市的各级公路（包括大型公路、县级公路、乡村道路、农田机耕道）及一些渠边，河川、水库岸边的道路等营造的防护林，可以巩固路基，保护路面，美化景观，具有隔离、隔音，引导安全驾驶，防止交通事故，提高小环境质量，避免烈日照射、雨水冲刷，减少蒸发，提供木材等作用。包括公路边的防护林带建设、公路边坡的植被恢复、公路分车带绿化等内容。

（一）公路边的防护林带建设

公路边的防护林带一般采用外高内低，乔、灌、草结合的方式进行绿化。考虑的要素有：①干道两侧的绿地要尽可能保护原有自然景观，并在道侧适当点缀风景林群、树丛、宿根花卉群，以增加景色的变换，增强驾驶员的安全感。②通过绿带种植来预示道路线形的变化，引导驾驶人员安全操作，这种诱导表现在平面上的曲线转弯方向、纵断面上的线形变化等，种植时要注意连续性，反映线形变化。③一般在隧道入口处栽植高大树木，以使侧方光线形成明暗的参差阴影，使亮度逐渐变化，以增加适应时间，减少事故发生的可能性。④在高速公路的外侧宜种植一定厚度、长度的林带，可以缓冲车辆的撞击，使事故后车体和驾驶员免受大的损伤。

1. 树种选择

常用的树种有广玉兰、白兰花、黄兰、樟树、银桦、杧果、毛白杨、青杨、旱柳、馒头柳、绦柳、龙爪柳、垂柳、枫杨、榔榆、朴树、枫香、杜仲、悬铃木、东京樱花、合欢、刺槐、大花紫薇、香椿、油桐、三角枫、七叶树、栾树、无患子、拐枣、喜树、酸枣、刺楸、白蜡树、泡桐、木棉、桂花树、紫薇、山茶、女贞、夹竹桃、罗汉松、华山松、金钱松、水杉、落羽松、池杉、雪松、日本柳杉、侧柏、银杏、白花羊蹄甲、栀子花、海桐。

2. 树种配置模式

公路联系着城镇、乡、村以及通向风景区的交通网。公路边的防护林带的配置情况为：①公路绿化是根据公路的等级、路面的宽度来决定绿化带的宽度及树木的种植位置。路面9米或9米以下时，公路植树不宜种在路肩上，要种在边沟以外，距外缘0.5米处为宜。路面在9米以上时，可种在路肩上，距边沟内缘不小于0.5米为宜，以免树木地下部分破坏路基。②公路交叉口处应留出足够的视距，在遇到桥梁、涵洞等构筑物，则5米以内不得种树。③如公路线很长，则可在2~3公里距离处换一树种。这样可使公路绿化不过于单调，增加景色变化，保证行车安全，也可以防止病虫害蔓延。另外，在公路绿化树种的选择上，要注意乔灌木树种相结合，常绿树与落叶树相结合，速生树与慢生树（树龄长的树种）相结合。总之以乡土树种为主。④公路绿化应尽可能与农田防护林、护渠护堤林和郊区的防护林相结合，做到一林多用，少占耕地。公路线长、面广，可由乡、村分段管理，增收副产品的潜力很大，可以利用树木更新得到大量的木材，也可采收枝条如紫穗槐、柳条等，还可以采收干、鲜果及木本油料、香料等，如山核桃、乌柏、花椒等。

3. 防护林带的管护

适时防治病虫害，加强防寒、防冻、防旱的管理，定期除杂草、浇灌。

（二）公路边坡植被恢复和绿化

公路建设两旁裸露的坡面，植被和动物的栖息地受到破坏后，由于坡面坡度大，构成路基的土体多为心土（母质），黏结性能差，抗蚀力弱，容易引起水土流失，仅依靠植物自然生长绿化效果差，时间慢。为了稳固坡面的土壤、防止水土流失，创建良好的景观，需要采用人工措施进行植被恢复和绿化建设。

公路边坡植被恢复和护坡方法有：铺草皮护坡、植生带护坡、液压喷播植草护坡、三维植被网护坡、挖沟植草护坡、土工格植草护坡、浆砌石骨架植草护坡、藤蔓植物护坡等，植被恢复宜采用生物措施与工程措施相结合、自然植被恢复与人工植草造林相结合、造景与稳固坡面相结合。

1. 硬质边坡植被恢复

此类边坡一般属高陡岩性边坡，无植物生长的条件，绿化时需要客土。通过植被恢复，绿化、美化，以改善行车条件、防止眩光、降低噪声等。对于稳定性良好、坡高不超过10米的岩坡，可考虑藤本植物绿化，方法是在边坡附近或坡底置土，其上栽种藤本植物，使其生长、攀援、覆盖坡面；对于节理发育的岩坡应充分考虑坡面防护，一般采用植被混凝土绿化，方法是先在岩坡上挂网，再采用特定配方的含有草种的植被混凝土，用喷锚机械及工艺喷射到岩坡上，植被混凝土凝结在岩坡上后，草种从中长出，覆盖坡面。

植物选择，根据其土体特性，首选植物是藤本，其次是小灌木（如爬山虎、常青藤、络石、葛藤、崖豆藤、海桐球、小叶女贞、小叶黄杨球、红叶小檗、金叶女贞球、丁香球）。绿化措施主要采取客土扦插，藤本植物应采用上爬式和下垂式兼用，这样有利于裸露坡面迅速覆盖。对于宽度太大的坡面，可在坡面上按一定宽度（通常20米）砌成客土扦插槽；对于坡面较宽且坡角较缓的坡面可在上面砌一些蜂窝状的种植孔，各个种植孔之间可按一定的图案和比例配置，客土种植小灌木以点缀坡面，形成一定的路域景观，也可以扦插藤本植物使坡面能够迅速覆盖。

2. 土质边坡植被恢复

为了使坡面和周围形成景观协调的整体，最好在坡面上种植树木。但要注意在混播树籽和草籽时，常因草的快速郁闭，而抑制树种的发芽和生长。因此，在坡面上植树，最好使用比草高的树苗，并在树根的周围挖坡度平缓的蓄水沟。自然播种生长起来的林木，因为根扎得深，即使在很陡的坡面上也很少发生被风吹倒的现象。而人工移植的林木，易被风吹倒，必须设置支柱，并配备坡度平缓的蓄水沟。此类坡面坡角通常在0~45°之间（个别挖方坡面可大于45°），主要是各种风化土、母质，肥力低下，保水性能差，结构疏松，容易造成滑坡或塌方，是高等级公路路域水土流失最严重的区域。绿化时要特别注意边坡防护，植物可选用灌木、草本类，使建立的植物群落具有较强的生态稳定性。并辅以边坡上打桩，设置栅栏，浆砌石框格，以利于边坡稳定和植物生长，后期还要维护和管理。

松软基质坡面的坡角与植物恢复模式设计为：①坡角为0~15°时，植物主要选择高羊茅、白喜草、结缕草、野牛草、假俭草、早熟禾、白三叶、小冠花、小叶女贞、小叶黄杨球、千头柏、海桐球、红叶小檗、丁香球、苏铁、菊花、月季、大丽花、牡丹。绿化措施主要是人工撒播、液压喷播、铺置草皮、点植灌木、丛植花卉。按一定比例的豆科和禾本科搭配进行混播，然后在草地上点缀花卉丛或球形灌木。②坡角为15°~35°时，植物选择高羊茅、白喜草、结缕草、野牛草、假俭草、碱茅、无芒雀麦、冰草、白三叶、红三叶、红豆草、百脉根、小冠花、沙打旺、草木樨、苜蓿、香根草、皇草、小叶女贞球、沙棘、刺槐、马尾松、油松、黑松、小叶黄杨球、千头柏、海桐球、红叶小檗、丁香球、苏铁。绿化措施主要是铺置草皮，喷播植草，可配置一定数量的灌木或乔木。植物之间搭配主要是先在边坡上点植乔木或灌木，然后再铺置草皮或喷播植草，也可用香根草或皇草在坡面上种成植物篱辅助护坡，拦蓄地表径流，以减轻坡面压力。③坡角为35°~45°时，植物主要选择高羊茅、白喜草、结缕草、野牛草、假俭草、碱茅、无芒雀麦、冰草、白三叶、红三叶、红豆草、百脉根、小冠花、沙打旺、草木樨、苜蓿、香根草、皇草、小叶女贞球、沙棘、刺槐、马尾松、小叶黄杨球、千头柏、海桐球、红叶小檗、丁香球。绿化措施主要考虑是否采用打桩固定强力网或格栅防护辅助护坡，可液压喷播绿化，铺置草皮，配置灌木。植物之间搭配主要是先在边坡上点植灌木，或利用香根草或皇草在边坡上种植成植物篱拦截地表径流，再按一定比例豆科和禾本科进行种子混播植草（也可在喷播时混合一定量的乔木灌木种子）。

3. 紧实基质坡面植被恢复

此类坡面坡角一般在35°以上，土壤组成主要是强风化土、弱风化土、成土母质，土壤肥力比松软基质坡面低，保水性能差，结构大多较紧实，不易滑坡或塌方，有梭沙（页岩坡面）和冲刷现象，容易形成冲沟，水土流失比松软基质坡面少。但当土壤抗压强度大于15公斤/平方厘米时，植物根系生长受阻，生长发育不良，可采用钻孔、开沟客土，改良土壤硬度，也可以用植被混凝土绿化，在物种选择上与松软基质坡面基本相同。

紧实基质坡面的坡角与植物恢复模式设计为：①坡角为35°~45°时，植物主要选择高羊茅、白喜草、结缕草、野牛草、假俭草、碱茅、无芒雀麦、冰草、白三叶、红三叶、红豆草、百脉根、小冠花、沙打旺、草木樨、苜蓿、香根草、皇草、小叶女贞、沙棘、刺槐、马尾松、小叶黄杨、千头柏、海桐、红叶小檗、丁香。绿化措施主要是液压喷播绿化，铺置草皮，配置灌木。植物之间搭配主要是先在边坡上点植灌木，或利用香根草或皇草在边坡上种植成植物篱拦截地表径流，再按一定比例进行豆科和禾本科种子混播植草（也可在喷播时混合一定比例的乔灌木种子）。②坡角为45°~60°时，植物主要选择高羊茅、白喜草、结缕草、野牛草、假俭草、碱茅、无芒雀麦、冰草、白三叶、红三叶、红豆草、百脉根、小冠花、沙打旺、草木樨、苜蓿、香根草、皇草、小叶女贞、沙棘、刺槐、小叶黄杨、千头柏、海桐、红叶小檗、丁香、爬山虎、毛野扁豆、常青藤、络石、三叶木通。绿化措施主要是采用打桩固定强力网或格栅防护辅助护坡，液压喷播绿化难度较大，可扦插藤本、点植灌木。植物之间搭配主要是先在边坡上点植灌木，或利用香根草或皇草在边坡上种植植物篱拦截地表径流，再按一定比例混播豆科和禾本科种子（也可喷播一定比例混合的乔灌木种子），在不易种草和植树的地方可以采用藤本扦插。③坡角为>60°时，植物主要选择高羊茅、白喜草、结缕草、野牛草、假俭草、碱茅、无芒雀麦、冰草、白三叶、红三叶、红豆草、百脉根、小冠花、沙打旺、草木樨、苜蓿、爬山虎、毛野扁豆、常青藤、络石、三叶木通。绿化措施一般采用藤本扦插、采用打桩固定强力网或格栅防护辅助护坡，液压喷播绿化难度很大，需要特别处理。或按一定比例的豆科和禾本科种子进行混合喷播绿化（也可喷播一定比例混合的乔灌木种子）。

（三）公路分车带绿化

公路中央分隔绿带宽度一般在 1.5 米以上，宽者可达 5~10 米，分隔绿带上种植应以草皮为主，严禁种植乔木，以免影响驾驶视线。可以种植低矮、修剪整齐的常绿灌木及花灌木，但注意要有相应的数量。常用的组合模式有：

1. 单行篱墙式

一般用 1 种绿篱植物，按同一株距均匀布局、修剪成规整的一条篱墙带。常用的有冬青篱带、红背桂篱带、小叶女贞篱带、桧柏篱带等。定型高度为 1.2~1.5 米。

2. 单行球串式

选用 1 种树冠整形呈圆球状植物为材料，按修剪定型的冠球直径 3~4 倍的株距，单行布局形成一串圆球状绿带。常用的有海桐球绿带、九里香球绿带、篱竹球绿带、桧柏球绿带。

3. 错位圆球式

选用 1 种圆球形树冠材料，按修剪定型后树冠直径的 4~5 倍的株距双行错位布局，要求材料定型后冠幅大于 1 米。

4. 图案式

选用 1 种绿色灌木为基色材料，选择 1~2 种彩叶植物如金叶女贞、紫叶小檗、红桑、黄素梅、变叶木为图案材料，用彩色粗线条布置成各式图案。此设计主要用于互通式立交区前后 1 公里地段，配合立交区绿化、美化。

二、铁路防护林带

铁路防护林的作用是利于火车安全行驶，保护环境卫生，美化环境和增加木材收益。根据铁路所经过地区的具体情况，铁路修筑的线路大体上分为填方筑起高路基的线路、由挖方使路堑高于路基的线路和平铺的平坦线路 3 种。

（一）高路基线路防护林建设

树木应栽植在路基以外的平地上，林带的宽度视具体情况而定，每侧 3~4 行乔木，外侧可培植 1~2 行灌木，林带内侧与路面的距离一般约 8~10 米，同时考虑行人道的设置。所选树种应是干型端直、树冠较大、枝叶茂密、树形美丽，对烟尘和有毒气体有较强的抗性和耐性。宜采用大苗造林，避免与铁路沿线设施发生矛盾。

（二）挖方线路防护林建设

在挖方线路的路堑深度不大（<2 米）的情况下，可在坡顶栽植灌木。如果路堑深度较大（>2 米），则在坡顶上与铁路成平行方向挖排水沟，于沟外侧 1~2 米处栽植 1~2 行灌木，再栽植乔木林带。

（三）高路基的线路防护林建设

一般在铁路两侧人行道以外适当栽植林带即可。

三、有待进一步研究的技术

（一）树种选择及配置模式

江西地处中亚热带，植物种类丰富，可供选作防护林的树种很多。但由于不同类型道路防护林功能和要求不同，受外界干扰程度不一，且不同地段的道路环境条件差别也很大，因此，应针对不同区域道路的生态环境、道路防护要求和景观功能等要素，研究道路防护林的树种选择及配置模式。

（二）道路防护林健康经营技术研究

道路防护林与一般的城市片林和山地森林具有其特殊性，它有仅受自然环境、道路行驶车辆的干扰，同时，道路防护林受人为干扰的影响很大，当前许多地方道路防护林健康状况不容乐观，经常出现枯死、濒死木，而在自然灾害（如暴风、雪等）来临时，承受能力弱。因此，应加强道路防护林健康与土壤环境、种植方式和经营措施的关系，为道路防护林的健康经营提供技术支撑。

第二十六章　工业人工林培育关键技术

世界发达国家制材、制浆、造纸的工业化生产，都朝着以营造工业人工林来满足原料需求的方向发展，并且所有加工木材的工业都可以从工业人工林得到原料供应。因为营造工业人工林所选用的是速生树种，使用的是经选育和改良的种植材料，而凭借的是高度的集约化经营手段。这些技术和措施的组装和配套使用，使得工业人工林的培育结果与我国普通人工林培育相比具有很大的不同。工业人工林的目标以最低的成本和较短的轮伐期大批量生产树种一致、质量一致的规格木材，以满足木材加工企业对原料或材料的需求，并同时解决木材产量、工艺质量和赢利性等多方面的问题。而采用经遗传改良的速生树种并进行集约化定向培育，是实现工业人工林培育目标的关键技术。

一、速生工业用材林培育关键技术

（一）良种繁育技术

营建工业人工林的目的，是以最经济的方式在最短的时间内获得单位面积产量和质量的最大化。而最经济有效的措施就是选择速生树种，并进行遗传改良，不断提高良种水平和良种化率。规划的目标是主要造林树种良种化率达到90%以上。部分阔叶树种达到80%以上。

（二）林地选择技术（适地适树适品系）

适地适树是林业生产必须遵循的基本原则，旨在最大限度地利用自然力，达到经济、高效的目的。因此选地造林，做到适地适树适品种，是速生用材林培育的关键技术之一。

（三）水肥管理技术

良法是提高林地生产力的外部因素。生态平衡施肥、节水灌溉等水肥管理措施的配套应用，是提高林地生产力的关键技术措施。

（四）密度控制技术

根据不同培育目标，选择适宜的初始密度和保留密度，是速生工业用材林集约管理的关键措施。

（五）间种套种技术

林业生产周期长，为了解决长、短期收益问题，可在造林后的前期，采取不同形式的间种套种方式，既可充分利用地力，获得一定前期收益，又可以耕代抚，促进目标树种的早期生长，起到长短结合，以短养长的作用。

（六）需要进一步攻关的技术

（1）遗传改良及高世代良种基地建设。

（2）优质种苗专业化高效繁育技术。

（3）生态平衡施肥及专用肥研制技术。

（4）集约和可持续经营技术。

二、珍贵用材林培育关键技术

江西地处亚热带中部，山地面积广阔，水热条件优越，生物多样性丰富，蕴藏着大量速生、优质、珍贵用材树种。据统计，境内分布有高等植物 5000 余种，有木本植物 2000 种以上，其中有 200 余种为国家和省级保护树种。早在 20 世纪 70 年代，江西省林业科技工作者就开展了优良珍贵树种资源的普查工作，筛选出了 160 余种珍贵树种，开展了其生态习性、生长特征和造林技术等的初步研究。其中，有代表性的珍贵用材树种为樟科的楠属（Phoebe spp.）、润楠属（Machilus spp.）和樟属（Cinnamomun spp.），壳斗科的栲属、青冈属（Cyclobalanopsis spp.）等，豆科的花榈木、黄檀等，楝科的楝属，木兰科的马褂木等。由于长期以来对珍贵用材树种研究储备不足，致使对许多树种生物生态学特性等基本信息缺乏了解，人工资源的培育受到很大制约，进而无法满足生产、生活对珍贵用材的需要，天然林保护的压力也越来越大。

本部分旨在结合江西省乡土珍贵树种的研究基础，集成国内外相关树种培育的配套措施，为江西大力培育和发展珍贵用材树种提供技术指导。

（一）树种选择

江西珍贵阔叶树种非常丰富，宜选择研究基础较好，经济、生态价值高，抗逆能力强的树种，作为规划期内大力发展的主要树种，包括樟树、闽楠、红楠、阴香、银木、毛红椿、香椿、丝栗栲、南岭栲、青冈、亮叶青冈、蝶斗青冈、花榈木、黄檀、银杏等。江西珍贵针叶树种资源也很丰富，南方红豆杉、福建柏、秃杉、金钱松、水松等也是很有培养前途的用材树种。

（二）壮苗培育

一是使用良种。我国对珍贵用材树种的培育研究相对比较薄弱，但近年来通过加强研究，已对一部分具有重要价值的珍贵树种开展了遗传改良等研究，初步筛选出了适宜不同生态区造林的优良种源等初级良种。目前，珍贵树种育苗的种子主要采自国家林业局近年来规划建立的天然林采种基地或人工营建的良种基地，这样既有利于提高林分的遗传品质，促进林地生产力的提高，又可以保持珍贵树种的遗传多样性。这些树种包括樟树、闽楠、红楠、毛红椿、青冈、福建柏、秃杉、木荷、南方红豆杉等，宜在生产中大力推广应用。

二是大力培育壮苗。珍贵树种苗期生长过程同时是一个竞争和淘汰的过程，生长势强的苗木具有更强的竞争能力，因此，必须在苗期选择生长势强的壮苗用于造林。其次，大多数珍贵树种裸根苗造林成活率低，宜采用成熟配套的容器育苗技术、芽苗截根移栽技术、轻基质网袋容器育苗技术、菌根接种育苗技术、根系控制技术、水肥光热温控制技术等集成技术，专业化、规划化培育壮苗，以提高造林成活率和造林成效。

（三）适地适树

通常对立地条件要求比较严格，而江西林地地形复杂多变，因此，要针对各树种的生物生态学特性，认真细致地选择造林地。对早期耐荫而成年有相应光照要求的树种，如闽楠、紫楠、红楠等楠属和润楠属树种，宜选择土层比较深厚、肥沃，土壤和空气湿度相对较大的山区、半山区造林，可以在前茬为杂灌或杉木等有林地上通过补植补造形成混交林，也可以通过新造形成纯林或不同形式的混交林；对于樟树、毛红椿等对阳性或半阳性树种，宜选择阳坡或半阳坡，土层比较深厚，土壤疏松、肥沃的谷地，山坡中下部以及"四旁"隙地造林；对于青冈等常绿壳斗科树种，宜在山区选择土层深厚、肥沃、润潮的山坡或谷地造林，或与其他常绿、落叶阔叶树种营造混交林。总之，珍贵树种一般以营造混交林为好，造林布局上做到"上带帽、下穿裙"，如在山上部营造耐瘠薄的马尾松、火炬松等，山的中下部营造珍贵树种，能取得理想的造林效果。

（四）造林模式选择

（1）立地指数较高的林地的新造林模式。珍贵树种多要求土层深厚、水肥条件好的立地。可在山区、半山区选用立地指数 16 以上的林地营造珍贵用材林。对于早期速生的珍贵用材树种如香樟、毛红椿、福建柏等，可采用纯林营造模式；对于早期耐荫、生长较缓的珍贵树种如闽楠、红楠等，宜与松、杉或速生落叶阔叶树种营造混交林，以利于促进闽楠、红楠等的早期生长，同时有利于优质干材的形成。对于其他珍贵树种也提倡营造混交造林。

（2）基于次生林或生态公益林的改造模式。利用生态公益林的林下空间或结合次生林改造培育珍贵用材林，是一种生态、经济双赢的经营模式。可结合次生林改造工程和大力发展阔叶林的良好形势，选择立地条件较好、林分密度较小的次生林，在林隙中栽植樟树、闽楠、红楠、毛红椿、青冈、银杏、红豆杉、福建柏等珍贵用材树种，加强套栽目标树种的培育。这种改造模式不仅可以显著提高次生林的生态功能、改善森林景观，而且能达到大量培育珍贵用材树种的目的，宜在生产上大力推广应用。

（3）利用非规划林地的造林模式。利用非规划林地，即利用"四旁"地以及基本农田以外的抛荒地、旱地、坡耕地等非规划林地栽种珍贵用材树种，是一种非常规的发展模式。较之于山地，非规划林地的立地条件一般较好，较适宜栽种部分珍贵用材树种，也便于施肥和修枝等管理，能达到既培育珍贵用材，又有利于村庄绿化美化和环境整治。目前，江西正在全省蓬勃开展"一大四小"国土绿化工程，其中的"四小"就是非规划林地。利用非规划林地立地条件较好的特点大力发展香樟、沉水樟、闽楠、银杏、毛红椿、香椿等树种，如吉安县提出"一人一樟绿化工程"就是发展珍贵树种的一种好做法，值得提倡。

（五）需要进一步攻关的技术

江西珍贵用材树种研究相对滞后，今后要从以下几方面加强研究攻关：

（1）开展优良珍贵用材树种种质资源收集、保存、遗传测定、利用评价等基础性和战略性研究，除就地保护好现有资源外，还须建立异地种质资源保存库。

（2）加强珍贵用材树种遗传改良研究，筛选出生长、材性、抗逆性优良、遗传稳定的优良品系在生产上推广应用，同时利用现代生物技术手段开展早期测定和选择研究，缩短育种周期。

（3）加强天然林采种基地和良种繁育基地的建设和管理，加强种子丰产技术、壮苗培育技术、扦插和组培等无性繁殖技术研究，解决优良种质资源高效繁育等关键技术问题。

（4）加强珍贵用材树种的高效定向培育技术研究，为提高森林质量和森林的综合效益提供科技支撑。

（5）加强珍贵用材树种的综合开发利用研究。如银杏具有用材、观赏、药用三种利用价值，现已开发出银杏保健茶、口服液等产品；樟树不但是珍贵用材树种，而且是医药、化工、油脂加工等的重要原料；南方红豆杉树皮和叶中含有紫杉醇，在攻克癌症方面具有极重要的作用。因此，应充分挖掘珍贵用材树种的其他潜在利用价值，吸引更多的投资者投资珍贵树种的培育，从而加速珍贵树种资源的开发利用。

三、竹林培育关键技术

江西具有独特的地理环境和完整的鄱阳湖水系，境内气候条件优越，水热资源充沛，立地复杂，生境多样，竹类植物广布于全省各个县市，材用、笋用、观赏等各类用途竹种齐全。全省共有竹类植物 22 属 186 种（含种下等级），其中自然分布种类达 17 属 114 种之多，竹林是江西森林的重要组成部分。竹林资源中毛竹林占有绝对优势，全省有毛竹林多达 1200 多万亩。大力培育竹林优质资源，促进竹产业可持续发展，是促进江西林业经济可持续发展最重要途径。

（一）竹林分类可持续高效经营技术

针对不同竹种、不同立地条件和不同培育目标的竹林，采取生态培育技术措施，立足竹林的生物多样性、可持续经营、水土保持、碳固定及其对环境的影响等，研究立地改良、竹林结构调整和防火减灾技术措施等，建立竹林生态功能与效益评价体系，采取优化组合的配套技术改善竹林生态质量，从而建成竹林可持续高效经营的不同新模式。

（二）竹林地力与生态系统恢复技术

江西目前残次林、衰败林分比重较大，主要是林地地力退化严重、竹林生态系统日趋萎缩所致。研究竹林地力退化机理、竹林生态系统萎缩机制和竹林生态培育与林地免耕增肥技术，解决竹林地力与生态系统恢复问题，是发展高效竹林资源的重要关键。

（三）竹林资源生物工程培育技术

传统的低产林改造和丰产林培育技术措施尤其是施肥模式导致了竹林土壤板结，林地地力退化，生物多样性减少，生态功能降低等严重后果，适应不了生态林业的发展形势，广泛应用生物技术、生物产品将是今后竹林资源培育方式的主要方向。利用现代生物高新技术，针对竹类植物的生理、生长特点，研制开发高效环保型竹类生物肥料、生物农药，为提高竹林集约化经营水平提供新技术、新产品，是竹林资源培育的当务之急。

（四）竹类生态公益林增效经营技术

江西现有竹类生态公益林 11 多万公顷，约占全省生态公益林的 25%，是江西森林生态公益林建设的重要组成部分。研究以恢复竹林生物多样性结构，提高竹林自然生产力为主导的生态经营管理技术，稳定和提高竹类公益林的生态和经济效益，可持续利用竹林资源增加林农收入，指导公益林建设和竹林分类经营，建立高效生态经济林业体系，是当前竹林资源培育亟待解决的重大新课题。

（五）竹林生化、生物资源培植与利用技术

目前，江西对竹林资源的利用还基本停留在竹材、竹笋的经营利用阶段，丰富的竹林生化、生物资源尚未有效利用。竹林生化产品具有医疗保健、延缓衰老、防癌抗癌等功效和独特的天然性、营养性及安全性，是生产绿色保健品、食品添加剂和其他化工原料的优良原材料。竹林生物资源如其中食用昆虫具有高蛋白、低脂肪、低胆固醇等特点，是今后人类食品的主要来源。有效开发利用好这些资源，可使竹林经营效益提高 2~4 倍，前景十分广阔。

（六）笋用林早笋与竹笋无公害栽培技术

一是根据笋用竹的一般生长规律和生理特性，采用竹鞭诱导、笋芽促萌、地温调控、林地湿度调节、土壤养分控制、林分结构控制等手段研究笋用竹的促成栽培技术，实现人工调节笋用竹的生长节律，促成改变竹笋在地生长发育周期，促进笋用竹林丰产。二是采取环境控制、生物技术控制、光照处理、鞭系控制、笋体控制、逆境诱导和信号感应等方法，研究笋用竹的设施栽培技术，掌握人工控制竹笋休眠和调控竹笋在地生长节律的有效方法，实现促进竹笋在地生长或调控延长其在地的生物生长期，达到笋用竹反、错季节出笋或延长笋期的目的，使笋用竹的生长发育节律能有效服务于人工定向培育目标，以大幅度提升竹笋的经济价值和竹林的经营效益。三是采取立地条件控制、林分结构控制、鞭芽诱导、地力维护、水肥调控等技术手段，结合应用促成和设施栽培技术，研究小径竹春、鞭笋丰产培育创新技术，为大力发展小径笋用竹及其春、鞭笋产品开发提供新的科技支撑。四是根据竹笋生产的目标产品的质量和安全要求，参照相关标准或技术规程，制订出笋用竹有机、无公害产品培育的规范技术规程和质量标准，以指导笋用竹的丰产培育和竹笋有机、无公害产品的规范生产，增强江西省竹笋产品在国内和国际市场上的竞争力。

（七）竹笋与竹林生化产品保鲜技术

竹笋保鲜一直是竹笋生产中久未解决的难题，以致竹笋加工时效短，远距离销售难，影响了竹笋产品深加工和持续生产，降低了笋用林的经营效益。而竹林生化产品由于含有较多活性酶和一定量的多酚类物质、多糖聚焦物质、大分子含氮物质等生物及非生物不稳定因素，易使鲜品在短时间内产生沉淀、浑浊、失光等劣变现象，从而严重影响产品的质量及商用价值。有效解决上述保鲜问题，将大大促进江西竹产业的深层次发展。

（八）优良野生乡土中小径竹种竹林改造与培育技术

江西中小型竹类资源丰富，优良种类众多，经济、生态和社会价值不可低估，在江西竹产业的战略位置也非常重要。充分发掘和利用这部分竹类资源，是增加林农收入、提高林地生长率的重要途径。其关键技术：一是选择林相较好、经济价值高、具有较好培养前途的竹种，通过现有竹林培育技术的集成和配套，进行规模化和集约化培育和经营。二是对衰退竹林的改造，在充分利用自然力的基础上，辅以人工促进技术，通过改良立地、调整竹林结构等优化组合技术，逐渐恢复竹林的自我调控机能，提高竹林生产与生态质量。

（九）特有及珍稀奇见竹种竹林保护与利用技术

江西竹类植物地理成分丰富，区系特征复杂多样，特有成分和奇见竹种较多，其中江西特有种类达12种1变型，具有较高经济利用价值的有厚皮毛竹、实心白夹竹、井冈寒竹等，尤其厚皮毛竹其用途和经济价值不亚于毛竹；奇见竹种有花毛竹、龟甲竹、方秆毛竹、梅花毛竹、紫竹、斑竹、罗汉竹、方竹、佛肚竹、凤凰竹等，或秆色奇特，或秆形奇特，或叶型纤秀。这些竹种野生种群数量稀少，处于濒危状态，资源极其珍贵，亟应加强保护和发展。一要开展特有及珍稀奇见竹种种质资源的调查，掌握这些资源的分布情况及其适生环境的立地条件。二要对特有及珍稀奇见竹种种质资源经济和科学价值进行科学评价，并开展迁地保护，建立种质基因库，并进并研究其生物学特性和表型形状遗传特性。三要利用物理、化学促萌处理和组培等生物技术手段研究这些珍稀资源的快繁和产业化利用技术，为打造江西竹产业特色、促进江西竹产业的发展提供新的科技支撑和新的经济增长点。

四、非木质原料林培育关键技术

（一）油茶培育关键技术

江西现有油茶面积大，资源丰富，但优质、高产油茶林面积所占和比重很小。采用优质、高产良种和集约经营配套技术提高油茶质量和单位面积产量，以加工企业为龙头，带动油茶丰产林基地的建设，是培育和壮大江西油茶产业的基础。其关键技术包括：

（1）优质、高产、抗逆油茶优良种质的创制和选育。江西省油茶种质资源丰富，从天然变异和人工培育的变异中筛选出符合培养目标的优良种质，是油茶遗传改良永恒的主题。目前在全省范围内推广应用的油茶良种主要包括江西省林业科学研究院、赣州市林业科学研究所、亚热带林业实验中心等单位选育、并经国家和省级林木良种审定机构审定通过的良种。同时加强新优种质的创制研究，为下一世代油茶高产林基地建设选育良种。

（2）油茶良种专业化、规模化繁育。加强省级油茶良种繁育基地的建设，完善良种繁育制度，实行油茶良种的专业化、规模化、标准化和基地化繁育和管理，加强科技支撑和服务，规范苗木市场，防止高产良种营造低产林的现象发生。

（3）油茶高效有机栽培技术。加强油茶良种良法配套措施的集成研究和应用，尤其是高效有机栽培技术的研发和集成配套，包括栽植地土壤和大气环境的监测、良种的选配、壮苗的培育、密度控制、生态有机专用肥的研制和施用、有害生物生态防控、水分管理等。

加强油茶低效林改造。采用高接换冠技术，将生长势良好但林分产量偏低的油茶林改造成高产、高效油茶林；采用补植补造的方式，用经过选配的油茶高产无性系嫁接苗，将林相较差的油茶低效林分改造成油茶高产、高效林。

（二）光皮树、东京野茉莉等生物能源林培育关键技术

江西省拟借助欧洲投资银行贷款，规划建设以光皮树、东京野茉莉等为主的生物能源林20万公顷。生物能源林基地建设拟布局在赣南中东部的于都县、赣县、瑞金市、石城县、会昌县、兴国县、宁都县，赣中的吉安县、吉水县、永丰县、峡江县、新干县、泰和县、万安县、乐安县、宜黄县、崇仁县，赣西北的修水县、武宁县、瑞昌市等地。

（1）光皮树、东京野茉莉等能源树种良种选育及优质种苗规模化生产技术。

（2）能源林高效定向培育技术集成配套：包括矮化技术、造林技术、密度控制技术、水肥管理技术、病虫害防控技术等。

（3）果实采摘工具研发技术。

（4）能源转化及产业化生产关键技术：包括高效、环保催化剂研发，一步法生产设备研发，资源综合开发利用等。

（三）森林药材培育关键技术

利用江西丘陵岗地，透光度40~60的有林地（杉木林地、松林地等）林下土地资源，配合江西中药现代化产业的发展，营建吴茱萸、杏香兔耳风、石蒜、金线莲、铁皮石斛、紫珠等森林药材GAP示范基地，满足企业对优质原料药材数量和质量的需求，提高林地生产率水平，调整产业结构，增加林农收入。技术要点包括：①选择符合中药材GAP种植要求的良好生长环境，建立土壤、空气、水质等环境监测点。②紧密结合企业需求，选择中药材品种并进行遗传改良。③建立药材品种良种繁育体系和专业化、规模化繁育基地。④按照中药材生产质量管理规范要求制订出药材品种的规范化生产技术规程。包括病虫害防治必须尽量采用生物措施、物理措施等；肥料必须使用经国家批准使用的配方肥料或专用肥料等；种植地空气、水质、土壤等必须没有面源污染等。⑤采取公司＋农户的方式建立规范化原料药材生产基地。

（四）森林食品培育关键技术

森林蔬菜、森林食品有很多独到之处，山珍历来被奉为高级佳肴和健康食品。首先，森林蔬菜是洁净无公害的天然产物，而且营养丰富，具有较高的医疗保健作用。其次，森林蔬菜的种植是改善林区人民生活水平、增加林农收入的一项生态经济产业。凭借江西良好的生态环境和丰富的森林蔬菜资源，大力发展森林蔬菜、森林食品产业，不仅可以促进农村产业结构调整，促进林农致富，还能满足城乡百姓对森林蔬菜日益增长的需求，促进城乡一体化发展。

（1）规划产品：①森林蔬菜类：包括香椿、小竹笋、魔芋、紫薯、蒲公英、菊花菜、野芹菜、紫背天葵、四叶轮参、洋姜、夏枯草、鱼腥草、虎杖、野豌豆、木槿花、栀子花等。②真菌类：木耳类、菌菇类。③森林芽菜类。

（2）技术要点：①按照绿色食品生产环境要求选择适宜的基地环境。②按照有机农业生产技术规范来要求生产过程。③区别不同品种采取适合的育苗、栽培技术措施。④注意使用安全的包装材料，开发方便消费者的包装方式。

（五）林产化工原料林培育关键技术

江西省是天然香精香料和林产化工产品原料重要产区，近年来香精香料、松香、松节油制造行业一直保持着较快的发展速度，许多品种已居世界前列，如樟叶油、薄荷油、桉叶油、山苍子油、桂油、茴油的年产量已位居世界第一。

（1）香精香料：以樟科植物为主，包括山苍子（山苍子精油及深加工产品）、樟树（芳樟醇、桉叶油、樟脑、黄樟油、天然冰片）、阴香、香叶树、银木、红楠、刨花楠、薄荷（薄荷油）、荆芥（油）、满山香等。松香松节油：松属树种，主要包括马尾松、湿地松、火炬松、晚松、湿加松等。

（2）关键技术要点：经济和生态价值高的植物种的选择、遗传改良及符合培育目标的优良品系的筛选。优良品系无性繁育体系的建立及优质种苗专业化、规模化生产。集约化定向培育技术及栽培模式集成示范，规范化栽培技术规程的制订。

第二十七章　种苗花卉培育关键技术

利用地利优势，分别在昌九高速、沪瑞高速与福银高速交汇处建立南北两个苗木花卉交易大市场。依据现有苗圃的品种布局，从北至南分别建立彩叶树种及色块苗木基地、平原绿化树种及常规绿化大苗基地、树桩盆景及名贵山茶基地、鲜切花基地、草皮及地被植物基地、木兰科树种及珍稀绿化苗木基地、经济林果木苗基地等七大块功能性苗圃。

林木种苗花卉培育坚持以市场为导向，以树立品牌为重点的原则，因地制宜，科学布局，突出重点，不断改善和提高苗木花卉产品的质量和效益，加快苗木花卉信息、流通体系等基础设施建设，重视和加强优良野生观赏植物品种的引种、育种和开发利用，促使花卉和园林树种多样化。

一、树种选择

（一）凸起地绿化树种选择

综合考虑视觉效果和绿化美化效果，以绿化、美化效果好的灌木树种为主。树种可选择槭树科的红枫、红翅槭、樟叶槭、鸡爪槭、青榨槭等，山矾科的棱角山矾等，山茶科的茶花、杨桐、柃木等，木樨科的桂花、女贞等，冬青科的冬青、小果冬青等，石楠类的红叶石楠、椤木石楠、石楠等。

（二）平地绿化树种选择

以最具江西地带性特色且观赏价值高的常绿、落叶乔木树种为主，可选择樟科的樟树、闽楠、红楠、香叶树、阴香、刨花楠、沉水樟等，木兰科的马褂木、观光木、乐昌含笑、深山含笑、金叶含笑、木莲、红花木莲、乐东拟单性木兰、黄心夜合等，杜英科的山杜英、秃瓣杜英等、中华杜英等，楝科的香椿、毛红椿、苦楝等，山茱萸科的光皮树、猴欢喜、灯台树等，还有南酸枣、蓝果树、枫香、栾树、无患籽等其他科的优良观赏树种。

（三）凹地绿化树种选择

以高大、耐水湿等为首要目标。可选择杨树、桤木、枫杨、落羽杉、柳杉、水松、水杉等树种。

（四）城市绿化树种选择

（1）乔木树种，以樟科、木兰科、槭科、杜英科、楝科、豆科等科树种为主。

（2）彩叶灌木树种，红叶李、金叶女贞、红叶石楠、紫叶小檗等。

（3）观花观果灌木，金边瑞香、杜鹃、月季、绣球、圆齿野鸭椿、冬青、虎舌红、朱砂根等。

（4）藤本花卉，湖北羊蹄甲、紫藤、常青油麻藤、木通等。

二、种苗花卉产业规划

（一）京九线、京福高速"千里苗木花卉交易长廊"

主要分布九江、南昌、抚州、吉安、赣州，并辐射周边城市，重点发展樟科、槭树科、木兰科、杜英科、木樨科、石楠类、山矾科、楝科等植物、常绿树种、鲜切花、树艺植物和草坪。

（二）浙赣线、沪昆高速和沪瑞高速"绿化苗木花卉交易长廊"

以上饶、景德镇、鹰潭、宜春、萍乡为主，带动两侧县市的发展，主导杜英、红花檵木、槭树、杨树、广玉兰、雪松、兰花、山茶花等平原绿化类苗木、园林中高档苗木、阔叶常绿苗木、盆景、盆栽和高贵新鲜花卉等。

（三）赣州果树苗木花卉片区

主要分布于市县的苗圃和林场，以培育金边瑞香、杜鹃、香樟、红叶李、绿化枫香等园林绿化苗木、观赏花卉、新鲜花卉和赣南果业苗木为主。

（四）上饶苗木花卉片区

以各县市的林场和县苗圃为重点，拓展至周边乡镇，发展山茶花、兰花、杜英、红花檵木、槭树、水杉、泡桐等名贵花卉和观赏绿化苗木为主。

（五）赣中盆地园林绿化和造林树种片区

依托赣中盆地各县市的现有苗圃和林场，发展樟树、杜英、银杏，木兰科等观赏类绿化大苗、芳香植物、绿化草坪、各类花卉以及木荷、泡桐、油茶等经济造林树种。

三、主要科属树种绿化苗木培育关键技术

（一）樟科植物培育关键技术

樟科是江西地带性树种的一个典型科，集用材、观赏、药用、香精香料、生物质能源等用途于一身，是一类多用途、多功能树种，可大力推广应用。

培育关键技术：

（1）优良观赏树种和品系的筛选。樟树、红楠、闽楠、阴香、天竺桂、香叶树、刨花楠、华东楠、龙眼润楠等，都是具有较高观赏价值的优良树种。但每个树种内还存在着很大的差异，如樟树，其叶色、杆色、树形、叶形等都存在着较大差异，宜从中选择优良观赏品系，参照其他观赏植物的做法，形成品种化的产品，提高其观赏价值和经济价值。

（2）繁育体系建立及优质种苗生产。樟科植物除樟树的人工培育技术较为成熟外，多数树种尚处于野生或半野生状态，建立人工繁育技术体系，解决天然状态下种子大小年明显、种子和苗木供应能力不稳定的问题，是扩大樟科植物资源栽培规模的关键技术。

（3）培育技术。樟科植物是地带性常绿阔叶林的主要建群树种，既有较强的耐阴能力，又需要充分的光照利于其生长，占据林分上层有利条件，成为建群树种。因此，樟科树种的培育，前期需要一定的荫蔽条件和森林小气候，后期生长需要充分的光照。土壤条件要求土层较深厚、肥沃、湿润。有的树种具有较强的耐水湿能力。

（二）木兰科树种培育关键技术

木兰科树种是江西地带性常绿阔叶林主要建群植物之一，木兰科树种树形优美，花大艳丽，色彩缤纷，有紫、深红、桃红、粉黄、奶黄、纯白、乳白等众多花色，芬香袭人，花期较长，具有非常高的观赏性，作为绿化观赏树种，有着很高的开发利用价值和广阔的市场前景。

（1）观赏树种资源的挖掘和利用。①景观树种资源开发。木兰科树种大多树体高大，树形优美，可作为景观树种开发利用。主要种类有：常绿类的乐昌含笑、平伐含笑、峨嵋含笑、阔叶含笑、火力楠、观光木、乐东拟单性木兰、云南拟单性木兰等；落叶类的白玉兰、华中木兰、鹅掌楸、北美鹅掌楸等。②花灌木类种质资源开发。木兰科树种中的紫玉兰，紫花含笑等，花紫红色，花期长，是很好春花树种。紫玉兰先花后叶，花大而多艳丽，具有很好的群体景观效果；紫花含笑为常绿灌木，花色艳丽、芬香，是很好的育种材料和观花观叶树木。

（2）自然冠形的保持和优质工程苗培育。木兰科树种最显著的观赏点是自然树形、冠形优美，优质苗木培育的关键是合理密度下自然冠形的形成和保持。

（3）工程苗移栽技术。木兰科树种由产品变成商品期间，最关键的技术是既要保持其自然冠形，又要保证工程苗的移栽成活率。移栽时，保持自然冠形、摘去叶片、带好大土球并在运输过程中不松散，是既保障木兰科植物观赏价值、又提高移栽成活率的关键所在。

（三）槭科树种培育关键技术

槭科树种是江西地带性植被中，叶色、果色最为丰富，果形奇特的植物，是主要的彩叶树种之一。槭树种类和品种繁多，习性也不尽相同，在园林应用中应根据各地的特点选择适宜的环境或采取合理的栽培管理措施。如春季新叶红色或黄色的种类，一般应植于较为庇荫、湿润而肥沃的地方，以免日光直射，树叶萎缩；而秋季红叶者，则宜日照充分。

（1）观赏树种资源的挖掘和评价利用：槭树观赏价值主要由叶色和叶形决定，树姿优美，叶形秀丽，秋季叶渐变为红色或黄色，为著名的秋色叶树种，可作庇荫树、行道树和风景园林中的伴生树。

（2）珍稀品种的筛选和培育技术：槭科树种中有不少极具观赏价值的珍稀品种，其繁育通常采用以青枫为砧木的嫁接技术进行繁殖。

（3）病虫害防治：槭科树种危害较为严重的是蛀干害虫。宜采用培育措施和药物防治相结合的措施进行防治。

四、商品花卉培育关键技术

（一）商品盆花开发技术

（1）普通盆花，以其灵活性、时效性、便利性而深受广大人们的欢迎。这种盆花具有适宜于当地气候条件，栽培容易，繁殖方法比较简单等特点。①主要的品种有：一串红、金盏菊、鸡冠花、凤仙花、瓜叶菊、菊花、四季秋海棠、矮牵牛等。②标准化栽培技术。总结栽培成功的经验，从栽培基质入手，建立基质、设施、技术配套的标准化技术。③新品种的引进与开发。引进新品种，并进行配套技术开发，不断满足市场要求。

（2）高档盆花，以其艳丽或高雅为特色，主要满足花卉的高档消费市场。这种盆花具有需要保护地栽培、技术复杂，繁殖难度大等生产特点。①主要的品种：蝴蝶兰、大花蕙兰、红掌、国兰。②标准化栽培技术。从保护地设施结构入手，推行无土栽培技术，实现标准化生产。③繁殖技术研究。引进新品种，开展组织培养快速繁殖技术研究，扩大繁殖。

（3）木本盆花，是以小灌木为主体，通过盆栽形式，实现观花观果目的的栽植方式，包括茶花、杜鹃、月季、红花檵木等传统种类，也包括待开发的紫薇、短梗大参等新品种。①地方特色种类。包括红花檵木、短梗大参、紫金牛、糯米条等。②盆栽标准化技术。从盆栽管理入手，建立基质、设施与技术配套的标准化技术。③新品种选育技术。从野生资源调查入手，通过引种驯化，繁殖技术研究，选育新品种。

（二）商品盆景开发技术

江西盆景资源极为丰富，但开发为盆景的资源树种及为有限，商用盆景材料仅有红花檵木。商品盆景开发技术，包括产品质量评价标准和规模化生产技术。

（1）盆景材料种质资源调查研究。江西树木资源相当丰富，而用于盆景仅有红花檵木、中华蚊母、榔榆、黄杨等几种。开展该项研究的目的，是要充分发挥江西树木资源的优势，开发出适应江西气候的商品化生产的新材料。

（2）商用小盆景培育技术。采用常规育苗技术，从苗木培育入手，通过规范化的造型处理，培育批量小盆景，降低生产成本，使其进入千家万户。

（三）鲜切叶开发技术

由于气候等因素，不可能周年生产鲜切花供应市场，限制了鲜切花的发展，但是其鲜切叶辅料却有着得天独厚的生产条件，应作为花卉产业未来培植的重点方向。鲜切叶开发主要包括鲜切叶商品质量评价标准，鲜切叶新品种选育技术，鲜切叶周年生产技术。

（1）鲜切叶植物选育技术。通过野生资源调查，引种栽培试验，选育枝叶绿量大，观赏性强的树种，或观赏效果好的草本植物，作为鲜切叶植物新品种。

（2）鲜切叶植物培育与标准化生产技术。①木本鲜切叶植物培育与标准化生产技术。根据木本植物的特点，建立栽植地选择栽培管理，采摘技术等配套的木本鲜切叶植物培育与标准化生产技术。②草本鲜切叶植物培育与标准化生产技术。根据草本植物的特点，建立栽植地选择、采种育苗、栽培管理等配套的草本鲜切叶植物培育与标准化生产技术。

第二十八章　木材加工利用关键技术

　　江西省地处长江中下游南岸，属于南方重点集体林区省份。据 2005 年统计，全省森林面积达 1.43 亿亩，活立木蓄积量达 2.9 亿立方米，森林覆盖率为 60.5%，居全国第二位。目前，江西省木材加工企业约 6000 余家，遍布全省各地，但产品结构单一，规模不大，效益普遍不佳，除了少数几家像宜春罗宾、江西大亚等非公有制林产加工龙头企业经营比较好外，多数企业还是走老路，靠原材料加工挣些手工费。其原因主要是产品的科技含量低，产品附加值不高，设备陈旧落后，生产规模偏小、工艺设计不尽合理等原因，在木材综合利用以及林产品深加工方面，没有自己的优势产品和全国领先的技术，基本上还是局限于"老三板"的生产，中低档次的实木地板和中低档次的实木家具的生产。因此，江西省的木材综合利用技术要上一个新台阶还需做大量的工作。

一、装饰材料类

（一）重组装饰材和重组装饰单板制造技术

　　重组装饰材和重组装饰单板（又称人造装饰材和人造装饰薄木）是以普通树种木材特别是人工林木材为原料，采用仿真技术制成的仿珍贵树材颜色、花纹及各种装饰图形的板方材与薄型装饰材料，产品可用于人造板、家具制造、建筑室内装饰装修以及体育器材和工艺品生产等。

　　我国木材资源匮乏，尤其是天然林珍贵树种木材资源已经枯竭，原料来源困难已成为阻碍木质装饰材料工业发展的主要障碍。因此，以普通树种特别是人工林木材替代天然林珍贵树材制造重组装饰材料，是弥补原料短缺、高效高附加值利用人工林资源、促进我国木质装饰材料工业发展的重要途径之一。目前，该项技术已经在生产企业应用推广，并取得了显著的社会经济效益。

　　主要技术内容：单板调色（漂白、染色）技术；单板重组和木方成型技术；制材和刨切加工技术；重组装饰材和重组装饰单板性能检测。

　　主要技术、经济指标：产品规格长 2500 毫米、宽 640 毫米、厚 0.15~0.60 毫米；材色与模仿珍贵树种或设计的颜色一致；花纹与模仿珍贵树种或设计的花纹相似；板材甲醛释放量符合 GB 18580-2001 中 E1 和 E2 级的限量要求；耐光色牢度符合行业标准规定。生产规模：1000 万平方米/年，设备投资：400 万 ~500 万元。

　　目前，我国装饰装修业的年产值已达 6000 亿元，家具生产年产值近 2000 亿元，用于室内装饰装修和家具生产的装饰单板人造板的年需求量达 12 亿平方米。重组装饰材和重组装饰单板作为珍贵树种木材和装饰单板的替代材料，具有广阔的市场前景。

（二）调色单板制造技术

　　调色单板（又称调色薄木）是以普通木材为原料，经刨切或旋切加工成单板，再经调色处理制成的仿珍贵树种木材颜色和彩色系列的优质装饰材料，产品可用于人造板、家具制造和建筑室内装饰装修等。长期以来装饰单板的生产依赖大量珍贵木材资源，目前我国天然林珍贵树种优质材已经面临枯竭，势必阻碍我国装饰单板及人造板业的发展，因此以普通树种特别是人工林树种木材为原料制造调色单板,已成为弥补珍贵树材装饰单板不足、发展木质装饰材料的重要途径之一。目前,该项技术已经在生产企业应用推广,并带来了显著的经济社会效益。

主要技术内容:单板染色的配色技术;单板和薄木的漂白;染色技术;染液循环利用技术;调色单板的性能检测和评价。

产品主要性能:产品规格为长 2500 毫米、宽 60~640 毫米、厚 0.12~2.0 毫米;材色与仿珍贵树种样板的颜色一致;耐光色牢度符合《装饰单板贴面人造板》国标相关规定。

调色单板制造技术的应用推广对于促进木材加工行业的技术进步和产业结构的调整具有重要作用,对于保护天然林珍贵树种木材资源和满足市场对木质装饰材料日益增长的需求具有重要意义。调色单板作为珍贵树种装饰单板的替代材料,具有广阔的市场前景。

(三)木塑复合型材制造技术

木塑复合型材是用塑料(包括:聚丙烯、聚氯乙烯等)和木粉(或稻壳、麦秸、玉米秆、花生壳等天然植物性原料)加入少量的化学添加剂和填料,经过专用配混设备挤出加工成型的一种复合材料。它兼备塑料和木材的主要特点,具有类似木材的外观和感观以及良好的物理力学性能。其制品在许多方面可以替代木质材料使用,是一种典型的环保型制品。对于木材资源严重匮乏的我国来说,此技术具有重大的开发价值。

技术路线:采用界面融合技术使木/塑界面间形成稳定的复合界面;采用一次挤出成型技术和专利模具,可获得更高的生产效率;采用材料表面处理技术,使产品具有更逼真的木质感;采用木塑复合生产专用设备,使产品质量和品种更稳定。

材料性能:木塑复合型材比木材使用寿命长、比木材尺寸稳定性好、无木材节疤、斜纹,比塑料制品硬度高、力学强度高、表面硬度高,抗老化性能好,不易磨损、在使用过程中不会产生裂纹、翘曲。通过覆膜或复合表层等工艺可制成外观绚丽的制品。该材料具有木材的二次加工性:可锯、刨、粘结、用钉子或螺钉固定、容易维修,抗水性能好,吸水率仅为 0.2%,不会吸潮变形,化学稳定性好,抗腐蚀,抗虫蛀,不易霉变,硬度高。可根据需要制造出不同颜色的制品,是户外装修、园林、景观设计、庭院地板,护栏制作等的首选材料。能重复使用和回收再利用,也可生物降解,对环境友好。

二、人造板和胶黏剂类

(一)木-塑复合板生产技术

将各种植物纤维材料(木质或非木质)与塑料结合,特别是与废塑料结合制成刨花板、中密度纤维板等人造板是近几年才提出的研究课题。如何解决塑料垃圾对环境的污染已成为我国及世界各国的重要环保课题。而解决这一问题的最有效方法之一就是废塑料的回收利用,从 20 世纪 90 年代初开始,我国许多学者先后研制了木纤维-废塑料中密度纤维板,木刨花-废塑料刨花板,竹屑-废塑料碎料板以及稻草,麦草、稻壳等农业剩余物与废塑料结合制造的刨花板等。这些研究都取得了可喜的成果并申请了多项国家发明专利。

木塑复合材料具有木材和塑料的特性,又优于木材且价格低廉,可加工成板材、管材、异型材以及其他制品。随工艺不同可有多种型材和用途:在建筑、装修装饰材料;护墙板、天花板、壁板、踢脚板;高速公路噪音板及建筑模板;公园、广场、球场、街道等露天场所的桌椅;交通、市政方面的铁路轨枕、下水井盖、护拦板、格栅板、广告板;包装方面的材料、搬运垫板及托盘;家居中的围墙、地板、防潮隔板、家具、卫生间的防潮设施等方面应用。

木塑复合材料的加工是依据废旧塑料复合再生工艺,以废弃的塑料和锯末为主要原料,通过增容共混工艺进行生产的一项实用技术。将经过处理的混合废旧塑料与填充剂等改性剂一起熔融混炼，制成复合再生料，然后再成型为具有使用价值的再生制品。生产木塑板材主要有以下 3 种工艺路线：①挤出成型工艺：由单螺杆或双螺杆挤出机挤出成型，可连续挤出任意长度的板材。该工艺又可分为单机挤出和双机复合挤出板材。复合挤出是在木塑板材的外表同步挤出一层纯塑料表层，成为特殊场合使用的木塑板材。②热压成型工艺：可成型一定规格的不连续板材。其加工工艺类于人造板生产工艺技术，用废旧塑料代替胶黏剂，如胶合板用塑料薄膜铺装代替涂胶、刨花板用废旧塑料屑代替拌胶等。③挤压成型工艺：挤出机和压机联用的一种挤出和加压的同步工艺。其成型的板材长度要大于热压成型的板材，制品的综合性能优于挤出工艺的板材制品。

（二）环境友好胶合板制造技术

无甲醛胶合板是以木材单板为基本材料，以回收塑料为粘结体，以胶合板平压工艺为基础，采用特定的工艺制造出的一种新型、无甲醛环境友好型复合胶合板材。该技术来源于我国"863"项目的技术成果，具有完全的自主知识产权，在国际上也属先进技术。

该产品无游离甲醛释放，彻底解决了困扰人造板行业多年的使用脲醛胶带来的甲醛释放问题。该产品可利用废旧回收塑料作为原料，为减少"白色污染"提供了一条切实的解决途径。

生产投资和利润预测：本产品生产与普通胶合板生产的技术路线近似。普通胶合板生产线经过少量设备改造，即可生产无甲醛胶合板。生产线投资与普通胶合板生产线基本持平。如果采用原有生产线进行改造，所需费用较低。产品成本与普通 E1 级脲醛胶合板基本持平。

（三）人造板用无醛胶黏剂制造技术

木材工业使用的胶黏剂主要是"三醛胶"，随着人造板工业的迅速发展，胶黏剂的需求量还将进一步增加。在实际生产过程中为了减少环境污染，提高产品质量，许多企业采用低甲醛含量的胶黏剂，虽然甲醛含量降低了，但是在人造板生产过程中还是对环境产生一定的污染。因此，开发人造板用无醛胶黏剂制造技术十分必要。

技术指标 I：此胶黏剂由聚乙烯醇、YH- 洛合剂、淀粉、BPA 交联剂组成，经过加料→调 pH 值→升温→保温→降温→出料工艺过程制备成主剂，以多异氰酸酯为固化剂。使用时将主剂固化剂按一定比例混合，搅拌均匀即可。价格同脲醛树脂胶相当，粘结强度比脲醛树脂高，无甲醛释放和环境污染，人造板生产车间无刺激性气味。

技术指标 II：此胶黏剂由聚乙烯醇（15~35 份），含磷、硼无机酸（4~8 份），含多氨基的有机胺（4~8 份），防腐剂（1~5 份），填料（0~10 份），水（70~125 份）组成。pH 值为 5~7。特点是制备工艺简单，操作方便，具有阻燃、防腐功能，无甲醛释放和环境污染。

技术指标 III：此胶黏剂组成含量为：聚乙烯醇（5%~10%），硅溶胶（10%~20%），乙二醇（0.2%~0.35%），聚丙烯酰胺（0.03%~0.05%），防霉杀菌剂（0%~0.1%），填料（10%~12%），余量为水（按质量百分比计）。特点是制备工艺简单，操作方便，没有含醛、含酚、含有机挥发物的原料，无毒无害，各组份之间能够产生良好的协同作用，该产品既具有"三醛胶"的优良性能，又从根本上解决了胶黏剂甲醛和有机挥发物释放所引起的一系列问题。

（四）低成本 E1 级胶合板用脲醛胶制造技术

该技术基于外光谱研究对比合成过程和树脂固化过程中各结构变化及脲醛树脂水解稳定性，13C-NMR 对脲醛树脂主要基团的分析建立树脂交联度、胶合强度、甲醛释放量与脲醛树脂主要基团的积分强度关系，指导建立树脂结构和配方工艺的关系。采用低甲醛 / 尿素（F/U）摩尔比，碱 - 酸 - 碱不脱水制胶工艺，并使树脂在酸性缩聚反应阶段控制 pH 值和摩尔比充分反应，减少—CH_2—O—

CH_2—键和—CH_2OH 基团，提高亚甲基化程度，以减少热压固化和使用过程中释放的甲醛量。

技术指标：固体含量 50%~54%；游离甲醛 <0.2%；黏度（25℃）60~200 帕秒；pH 值 7.0~8.0；固化速度 60~100 秒；水溶性 1~5 倍。

（五）可再生环保胶黏剂

聚醋酸乙烯乳液胶黏剂是目前市场上胶黏剂产销量最大的品种之一。广泛应用于建筑、木材、纺织和包装装订等工农业生产和日常生活各个方面。

本产品以醋酸乙烯为主要原料，并与活性基团的单体进行共聚反应。本产品具有自身交联的特性，在加热或催化剂的作用下达到固化，使胶合制品具有耐水、耐热、耐蠕变性能。适用于微薄木或三聚氰胺装饰板与胶合板胶粘；细木工或家具粘接以及木材拼接；陶瓷粘接；皮革材料的粘接等。

性能指标：	VNA—50	VNA—60
外观	乳白色液体	乳白色液体
固体含量	50%	55%~56%
黏度（25℃）	1000~2000 帕秒	1500~3000 帕秒
粒径	1.0~2.0 微米	1.0~2.0 微米
贮存时间	5~6 个月	5~6 个月

主要用途：微薄木与胶合板胶粘；三聚氰胺装饰板与胶合板胶粘；细木工或家具粘接以及木材拼接；陶瓷粘接；皮革材料的粘接等。

三、门、窗、家具类

（一）实木门窗材料异型胶拼砂光技术

以松木为研究对象，采用异型下锯法、不等厚胶拼、异型砂光等工艺技术进行加工，通过重新组合、集成生产家具、门窗框架材料，提高木材综合利用率，提高木材的出材率和尺寸。

窗框异形指接集成材生产工艺路线：

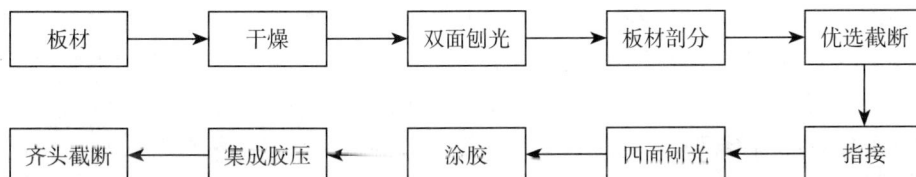

板材 → 干燥 → 双面刨光 → 板材剖分 → 优选截断 → 指接 → 四面刨光 → 涂胶 → 集成胶压 → 齐头截断

欧式高质木窗是一种高性能的建筑部件，国产欧式高质木窗投入产业化将会给建筑业和装修业提供一个高质量、中等价位的产品。近年来，社会对生态越来越重视，特别是继天然林资源保护工程实施和广泛宣传后，人们对森林和环境之间的关系已经取得了普遍的共识，如何提高木材的综合利用率因此显得尤为重要。同铝窗、塑钢窗相比，高性能欧式高质木窗在减少能耗、减少污染、提高居住者生活质量方面有明显的优点，利用人工林木材进行集成材加工制造高性能木窗是人工林木材高效利用的有效形式之一。目前，国内欧式木门窗生产企业都是用矩形指接集成材框料进行加工，其加工利用率约为 55%，木材浪费严重。如果采用不等厚、不等宽异形指接集成材，加工利用率可以达到 75% 以上，可以节约 20% 以上的指接集成材框料。

（二）实木压缩弯曲技术

实木压缩弯曲技术是丹麦 20 世纪 90 年代推出的最新技术。它是把锯好或刨好的木材放进蒸汽罐内进行喷蒸加热，使其软化，然后用液压机顺着木材纤维方向进行纵向压缩，几分钟后就可以轻而易举地对其进行弯曲变形，然后进行干燥处理，使其弯曲后的形状保持不变。该技术与传统的压缩木和弯曲木不同，它是采用纵向压缩，使木材细胞壁在长轴方向产生皱褶，从而使压缩木具有三维弯曲特性。传统的弯曲技术都是单方向弯曲，而且还要趁热弯曲，而顺纹压缩木可以进行多向弯曲，同时可以极其轻易地对其进行冷弯曲（或热弯曲），弯曲后的木料经空气干燥处理或烘干后，其形状会保持不变，力学性能也将会恢复到干木材（未被压缩）时的水平。运用这种技术，人们可以随心所欲地把木材弯曲成 S 形、螺旋形、渐开线型，为家具造型的多样化开拓了新领域。

树种选择和质量要求：水曲柳是可供弯曲用的木材树种，但水曲柳是珍贵树种，大径级的天然林水曲柳木材在我国已经很少，价格也高。因此，必须根据我国木材资源特点，选择一些资源相对较丰富、价格适中而又适用的树种。我国的榆木基本符合上述要求，其木材的组织结构与水曲柳也有相似之处，可作为首选国产树种。用于压缩的木材，其质量必须符合家具制造的要求，无大的节疤和其他缺陷，带节疤的木材虽可以被压缩，但在弯曲时会带来麻烦，特别是弯曲 40 毫米 × 40 毫米截面的小尺寸木条。边材和心材对压缩无重大影响，同样适用于年轮的方向。木材可以对分锯开、四分锯开或以任意中间形式锯开。弯曲时，最好木条朝向心材边弯曲。压缩前，需将木材锯割成尺寸符合压缩仓大小的木条。

软化与弯曲：压缩前，木条必须经过加热以使其软化，这样木条就能在纵向被压缩且不至于压坏。可以采用蒸汽或高频加热，木条加热的温度约为 100℃。加热时间的长短取决于木条截面大小，截面越大加热时间越长；当用蒸汽加热时，厚度 25 毫米的木条加热时间约为 45 分钟，整个过程使用饱和蒸汽；用高频加热时间约为 5~10 分钟，高频加热比较快，但很难控制，生产上最好混合起来用。如果进行局部弯曲，需要进行局部加热。局部加热开始时要对整根木条蒸煮 30~60 分钟，以确保整个木条颜色一致。压缩变形材在干燥状态下尺寸比较稳定，但是在水、热共同作用下会发生反弹，如果变形未使木材受到显著破坏，其反弹率会达到 85%。解决压缩木反弹的方法有 3 种：一是防止木材成分的软化；二是使变形状态的木材成分间形成架桥；三是局部缓解微纤丝及木质素的反弹力。

（三）板式家具制造技术

板式家具以精密五金配件和简洁线条造型而闻名于世，起源于 20 世纪 50 年代注重理性的德国，60 年代初具规模，70 年代产生规模效应，如今已遍及全球，走进千家万户。相对于实木家具，板式家具不易变形，可拆卸安装，方便运输和仓储，可以说板式家具外观设计变化更多，更具个性，同时节约木材资源，提高木材利用率。目前，板式家具新技术、新工艺日新月异、层出不穷。板式家具的 32 毫米系统及其相关技术与设备，使得其设计系统、结构系统及制造系统模数化，并由此形成了排钻、五金件结构技术的基础。生产板式家具的其他重要技术还包括连接件技术、蜂窝板技术、UV 线辊涂技术、自动封边技术、真空吸塑技术等。如板式连接技术：树脂圆棒榫连接——木销（圆棒榫）连接起源于实木家具的榫结构，但广泛应用于板式家具。树脂圆棒榫与传统木质圆棒榫的功能相似，都起连接、定位作用，但材质、工艺和结构却有很大区别，树脂圆棒榫材质为聚合树脂，中空，可单独使用，榫接后即溶化固定，很难拆卸，其操作工艺基本采用设备化生产，结构稳固，生产效率；45°角连接——活动 45°角连接技术与传统的 45°斜角紧固结构不同，它是利用 45°角的活动斜面把一块板分几截板折成一个框架，相邻的两个斜面没有胶合，利用板件的最后一端来固定连接。

四、地板类

（一）框架式实木地板加工技术

实木地板因其美观、豪华、环保等特点备受人们喜爱。由于木材生长周期长，在加上大量的耗费使得木材资源越来越匮乏，目前摆在实木地板行业前的最大问题就是如何有效的利用稀有的名贵木材。新型的框架式实木地板包括板体及板体周边的榫舌、榫槽。板体包括面层板和基材板；面层板木纹呈纵向，基材板由中央填充板、底层板和两侧嵌条组成，两侧的榫舌、榫槽在两侧嵌条外侧；基材板的中央填充板在长度方向上由多段短板排列组成，短板木纹方向与表面层木纹方向交叉布置，基材板下再用底层面板将多段中央填充板和两侧嵌条一起覆盖使之结合为一体；两侧嵌条榫接或指接。在中央填充板的多段短板中，位于榫舌端的一段短板长度为 40~70 毫米，其木纹方向与表面层木纹方向相同，呈纵向。

该框架式实木地板，表面层厚 0.6~6 毫米。中央填充板在厚度方向由 1 层或 3 层板叠成，各层木纹方向交叉放置；两侧嵌条采用硬质木条，宽 15~30 毫米，长 40~70 毫米，保证端榫舌的强度；底层板在横向由多条拼成中央填充板与两侧嵌条（硬质木条）用榫槽或指接方式，通过胶黏剂冷压（或热压）联为整体。表面层和底层面板覆盖其上，通过胶黏剂最后经机械加工制作成地板。

新型框架式实木地板的基材板用速生材或针叶树制作，基材板可用短窄料（及废料）制作，不仅综合成本低，而且最大限度的节约名贵木材，充分利用速生材和窄小木材而达到同名贵木材一样的效果。表面层与多层基材板木纤维纵横交错其变形应力小，克服了因受潮导致地板呈瓦片状变形现象，保证受压强度。基材板两侧镶嵌两条硬质木条，增大了地板抗压力度和载荷，保证了地板整体的应力稳定性，掩盖了中间多段横向基材板因干缩产生裂缝的缺陷，保证了两侧榫舌、榫槽的强度。

（二）防裂地热实木地板制造技术

常见的木制地板是由单片长方形板条周围设有榫槽、榫舌相互镶嵌而成。传统的实木地板无法利用窄小木材，并存在因木材潮胀干缩产生变形或裂缝等弊端，随着地热地板的广泛应用，地热实木地板开裂问题显得尤为突出。

目前，国内一家企业就成功的开发出了防裂地热实木地板。防裂地热实木地板能最大限度的节约名贵木材，用速生材和短窄木材制作，在达到同名贵木材一样效果的同时，解决了因地板受热而开裂、变形的问题。防裂地热实木地板包括面层板（厚 2~8 毫米凹处最薄处占表面层厚度的 1/4~1/2）、中央填充板和底层板。表面层木纹沿长度方向，即呈纵向；中央填充板木纹呈横向，底层板木纹呈纵向，面层板与中央填充板之间的接触面沿面层板木纹方向呈凹凸相间的垅条状匹配结合，中央填充板在地板的长度方向上由多段短板排列组成；底层板在横向由多条窄板拼成。板休周围有榫舌、榫槽，两侧的榫舌、榫槽在两侧的嵌条上，嵌条的木纹呈纵向，嵌条与中央填充板之间是指接或榫接。表面层与中央填充板之间的接触面的横截面所呈的凹凸线是正弦曲线，是梯形组合形或梯形与角形二者的任何组合。表面侧层与中央填充板的木纤维纵横交错其变形应力小。克服了因受潮导致地板呈瓦片状变形现象，保证了受压强度。其两侧镶嵌的两条硬质木条，增大了地板抗压力度和载荷，保证了地板整体的应力稳定性，掩盖了中间多段横向基材板因干缩产生裂缝的视觉缺陷，保证了两侧榫舌、榫槽的强度。

（三）木塑地板制造技术

木塑地板纵向设有排列空芯结构，沿地面的地板底面纵向设有半孔结构，一侧面为纵向凸台，另一侧面设有凹槽；生产方法是选用 PVC 树脂，选用经烘干、脱脂、粉碎、过筛 ≤200 目的木粉，加入丙烯酸酯抗冲改性剂、单体盐、硬酯酸、PE 蜡、ACR（0%~3%）、颜料（0%~5%）、$CaCO_3$，经混料冷却后，挤出造粒，再添加颜料，模具挤出，定型后制得产品。木塑复合地板的优点是，以 PVC 为主要原料，通过加入木粉，达到充分利用废弃木材、木粉，节约资源，防止环境污染；同时木塑制品可重复加工，符合国家可持续发展战略要求。

五、制浆造纸类

（一）高得率清洁制浆造纸技术

一般化学法制浆的得率在 45%~50% 左右，即纤维原料中有 45%~50% 会成为制浆过程必须处理的废弃物。造纸工业对环境的污染主要有煮浆工段废液、含氯漂白废液、制浆造纸过程废水。而高得率清洁制浆造纸技术是在提高生产率的同时减少对环境的污染，主要有以下几种方法：

化学浆：造纸工业的主要污染源是化学浆的蒸煮黑液，占污染总负荷的 90% 左右。就污染负荷而言，如不对黑液进行处理或综合利用，任其排入水域，这不仅是对资源的极大浪费，而且给水环境造成严重污染、蒸煮废液的处理主要是进行碱回收和木素提取。碱回收系统可将黑液中的碱充分回收和循环使用，并将有机物转化成为能源，生产热和电，从而使排放的废水达标。

采用无氯或少氯漂白纸浆新技术：无氯漂白（TCF）也称无污染漂白，是用不含氯的物质如 O、OH 等作为漂白剂对纸浆在中高浓度条件下进行漂白；少氯漂白（ECF）是用 ClO_2 作为漂白剂对纸浆在中浓条件下进行漂白无氯和少氯漂白旨在代替低浓纸浆氯化漂白和次氯酸盐漂白。通常有氧漂白、过氧化氢漂白、二氧化氯漂白、二甲基环二氧烷漂白、臭氧漂白等方法。

发展机械浆或化机浆：机械法制浆生产成本低，得率高（90%~98%），不用或少用化学药品，对环境的污染远比化学制浆小。化机浆（CTMP），即在预热磨木浆（TMP）的基础上，加入 5% 左右的化学药品，这样既可以获得高得率少污染的纸浆，又可以获得木素含量少，纤维长、柔软的纸浆。

（二）林纸一体化技术

采用国内领先水平的"混合木材（片）高效磨浆"及"高白度漂白"等核心技术，实现对低品质速生材（从造林到纸浆一体化）的高效利用和清洁生产，制得的纸浆在生产高档白卡纸中可部分代替进口商品浆，可以节约大量外汇。提高造纸企业的竞争能力和经济效益，促进林纸一体化进程，促进造纸行业可持续发展。该技术成功转化，可以提高木材利用效率，保护木材资源。同时提高速生人工林的经济效益，调动林农积极性，提高林农收入，从而进一步促进林业的发展。

技术指标：制浆得率 85%；磨浆能耗 1100~1500 千瓦时 / 吨浆；耐破指数 >2.0 千帕二次方米 / 克；撕裂指数 >2.3 米牛；抗张指数 >25 牛米 / 克；白度最高可达 83%（ISO），可依用户要求控制在 78%~83%（ISO）；制浆废水处理成本 <30 元 / 吨，排放符合环保标准。制浆得率 85%；磨浆能耗 1100~1500 千瓦时 / 吨浆；耐破指数 >2.0 千帕二次方米 / 克；撕裂指数 >2.3 米牛；抗张指数 >25 牛米 / 克；白度最高可达 83%（ISO），可依用户要求控制在 78%~83%（ISO）；制浆废水处理成本 <30 元 / 吨，排放符合环保标准。

（三）利用纸浆废液制造木质素磺酸盐无害化技术

目前，国内通过对造纸制浆废液综合利用的研究，已成功研发出造纸制浆废液空间蒸发技术和设备。造纸制浆废液经过高效节能多效空间蒸发得到浓缩液，由配套的再加工设备生产出各种木质素磺酸盐产品，从而实现造纸制浆废液的资源化、无害化利用。

本技术采用具有世界先进、国内领先水平的高效节能生产装置能为企业带来可观效益。由于蒸发强度的提高从而减少了 40% 以上的设备投资费用，由于采用节能措施和提高传热速率，减少了 20%~25% 蒸汽耗量，降低了生产成本；将工业木质素变为工农业需要的精细化工产品，是典型的农业废弃物无害化和资源化高效利用技术。生产的产品获得了利润，变废为宝。通过综合利用，减少制浆造纸厂 80% 以上的污染负荷，生产线本身不产生新的污染，为造纸厂污染治理、废水达标排放创造了良好的条件，使企业走上可持续发展之路。

六、木材改性类

（一）环保型木材防腐剂制造技术

铜唑木材防腐剂中无铬砷,低毒,属于环保型木材防腐剂。它的抗流失、防腐、防白蚁性能较好,可用于室外地上及与地面接触的木材,其性能可以满足国家行业标准《LY/T1635-2005 木材防腐剂》规定的指标要求。2005 年被列入国家新产品。本药剂一般采用真空加压处理方法的方法处理木材。由于木材渗透性差异及使用环境不同,药剂浓度可控制在 0.8%~1.5% 之间。木材经防腐处理后自然晾干 7~14 天,再进入干燥窑,以确保防腐剂成分在木材中的充分固着。回收包装材料,处理室外地上使用的木材药剂的成本为 260~270 元 / 立方米。

（二）人工林木材增强改性处理技术

杨树、杉木是我国主要树种,其木材具有材质松软、密度小、强度低、尺寸不稳定等特点。作为实体木材在使用过程中,往往需要改性处理。通过杨树、杉木木材密实化处理技术,可以使处理后的木材密度达到 500~700 公斤 / 立方米,强度明显提高,尺寸稳定性好,且具有防火阻燃功能。该技术为开拓杨树木材的利用途径,提高产品的附加值,扩大其应用范围奠定了良好的基础。处理后的杨树、杉木木材可以应用于实木地板、门、窗、家具等产品的开发。

（三）木材阻燃处理技术

国内目前使用的木材阻燃剂多为无机盐类（如磷酸铵、聚磷酸铵、硼化物等）,易吸潮,且对木材抗弯强度有不同程度的降低。本药剂兼有木材阻燃、防腐、尺寸稳定功能,还具有抗吸潮、防蓝变的功能,药剂本身无色、无腐蚀性、无毒、无味,药剂不降低木材的抗弯强度及胶合性能、不影响木材的颜色处理及油漆等性能。适用于室内木结构构件、室内木质装饰、木地板、大芯板、木质防火门窗等木制品的处理。本药剂及处理技术为国家"九五"科技攻关成果。

性能及技术指标:本药剂一般采用真空加压的方法处理木材。药剂的具体性能如下：①处理木材、大芯板时,因根据木材厚度不同,在吸药量范围 30~90 公斤 / 立方米内使其达到国家 B1 木质材料防火等级,以及乙级木质防火门性能。②本药剂在达到阻燃用药量的同时,处理后试材耐腐试验的重量损失率小于或接近 10%,基本可达到强耐腐等级国家标准。③本药剂处理过的马尾松、毛白杨的抗湿胀率（ASE）增加幅度为 29.6%~46%。④本药剂根据美国 ASTM D3201-94 标准,当药剂吸药量分别为 18 公斤 / 立方米、63 公斤 / 立方米时,处理木材吸潮率分别为 19.0%、19.8%,达到美国建筑规范 <28% 的标准。⑤本药剂基本不降低木材的抗弯强度及胶合性能。本药剂处理过的毛白杨,抗弯弹性模量（MOE）增加幅度为 6.1%；药剂对马尾松、毛白杨的抗弯强度（MOR）影响不明显。

（四）炭化木生产技术

木材炭化处理是在超高温低氧环境下针对木材进行热处理,超高温条件对木材本身化学成分产生影响并由此改变木材的性能。当温度超过 180℃（一般木材干燥中低于 100℃ 为常规干燥,温度范围在 100~150℃ 为高温干燥,温度高于 150℃ 为超高温）时会永久改变木材的物理和化学性能,经热处理后降低了木材的平衡含水率,减小了木材的胀缩。当木材被置于接近或高于 200℃ 的超高温低氧或无养环境中持续几小时处理后,会导致木材中半纤维素的降解。经过热处理后木材细胞壁中羟基减少了,使木材的吸湿性能下降,尺寸稳定,同时耐生物破坏性能得到改善。

第二十九章　竹材加工利用关键技术

　　江西省是我国的主要产竹省区之一，其竹子种类之全，竹林面积之大，立竹量之多在全国首屈一指。竹类植物尤其是毛竹资源是江西的重要森林资源，在全省林业经济和地方财政收入中占有重要地位。到目前为止，江西省竹林面积已达 1147.65 万亩。其中以楠竹（毛竹）居多，占总面积的 89%。江西省竹类资源丰富、竹质好、竹产品种类多，据统计 2006 年全省竹产业总产值为 108.6 亿元（其中竹制品总产值为 66.3 亿元），占全省林业产业总产值 426 亿元的 25.5%。3 年前竹产业总产值仅占全省林业产业总产值的 5.6%。竹产业总产值 2003 年为 21.5 亿元，2004 年为 32 亿元，2005 年为 47.5 亿元，而 2006 年为 66.3 亿元，每年都以 50% 左右的增幅在增长。近 3 年来，竹产业发展之快，主要突显在竹地板、竹胶合板模板的发展上，至 2006 年底，全省有成品竹地板企业 42 家。年产成品竹地板 860 万平方米，占全国竹地板产量的 48%，其中外销 120 万平方米，内销 740 万平方米，内销竹地板占全国市场份额的 68%。有竹地板坯板厂 126 家，年产竹坯板 1260 万平方米。除供本省成品厂家使用外，还远销到江苏、浙江、福建、湖南、东北等地约 500 万平方米。有竹胶合板模板企业 46 家，年产竹胶合板模板 92 万立方米，约占全国竹胶合板模板的 3/4。江西的竹产企业，除家庭作坊外，有竹地板、竹胶合板模板、竹车箱板、竹筷、竹拉丝、竹帘、竹凉席、竹签、竹炭、竹花格板、竹家具、竹香芯、竹棉签、竹雕、竹编工艺品、竹造纸、竹骨、竹炊具、竹药品、竹罐头、竹食品等企业 2600 多家。2006 年竹地板、竹胶合板的总产值为 57.6 亿元，已占全省竹产业总产值 108.6 亿元的 53%。2007 年江西竹产业总产值达 150 亿元。

　　江西省的竹资源和竹产工业虽然有了长足的发展，但是，同全国竹产工业发展的水平相比，差距仍然很大。当前江西竹业正面临着投入渠道狭窄、营林生产和产业科技投入严重不足、竹业产业科技化水平低等突出问题，困扰着竹业的发展速度。采取多种形式拓展竹业产业投入渠道多元化格局，加大竹业投入，提高资源培育水平和资源综合利用能力，拓宽技术开发领域，提高竹产品在国内、国际市场的竞争力，壮大竹业发展后劲，是目前江西竹业发展的当务之急。

一、竹人造板和竹地板类

（一）竹胶合板技术

　　竹胶合板类主要包括竹编胶合板、竹材胶合板和竹帘胶合板三大类。竹编胶合板是将竹子劈成薄篾编成竹席，干燥后涂或浸胶黏剂，再经组坯胶合而成，可分为普通竹编胶合板和装饰竹编胶合板。前者薄板用于包装材料，厚板用作建筑水泥模板和车厢底板等结构用材，后者用于家具和室内装修；竹材胶合板是将毛竹或其他径级较大的竹子截断、剖开、去掉内外节，经水煮、高温软化后展平，再刨去竹青、竹黄并成一定厚度，经干燥、定型、涂胶、竹片纵横交错组坯热压胶合而成。具有强度高、刚性好、变形小、胶耗量小、易于工业化生产等特点，是较理想的工程结构材料，广泛应用于客货汽车、火车车厢底板和建筑用高强度水泥模板；竹帘胶合板是将竹子剖成规定厚度的竹篾，用细棉线、麻线或尼绒线将其连成长方形竹帘，经干燥、涂胶或浸胶、竹帘纵横交错组坯后热压胶合而成，可作结构材和建筑水泥模板。

（二）微薄竹制造技术

刨切微薄竹：对现有竹地板生产企业进行部分工序调整，稍加改进就具备建立径向集成竹块制造的设备与车间，再添加压力罐、冷压机、刨切机、拼宽机等设备就可建立竹方制造与刨切车间，实现年产量1200立方米的柔性大幅面刨切薄竹产业化生产线。大幅面刨切薄竹厚度范围为0.15~1.5毫米，厚度偏差≤±0.03毫米；薄竹宽度范围为30~40厘米；长度范围为1.0~2.6米。因此，该项目具有投资小，见效快的优势，是竹材加工利用的新方式、新途径，开创了竹材加工利用新领域。在此基础上继续开展染色，提高产品质量等方面的研究，对进一步提高竹材精、深加工、附加值更有限是意义。

旋切微薄竹：旋切微薄竹是将毛竹或龙竹（直径一般大于10厘米）截断，竹筒进行加压软化处理，然后通过专用旋切机旋切成厚度在0.3毫米的竹单板，通过尼龙网带式干燥机干燥竹单板，采用无纺布增强、横拼、指接等技术集成，制成柔性大幅面旋切微薄竹。在旋切微薄竹的制造过程中，需要继续攻关的问题是竹筒软化技术，微薄竹的花纹从组技术以及提高产量和质量技术。

（三）竹碎料板技术

竹碎料板类主要是将杂竹、毛竹梢头或枝丫等原料，经辊压、切断、打磨成针状竹丝，再经干燥、喷胶、铺装、热压而成。这种碎料板一方面因竹材具有良好的劈裂性，因而加工后，很容易制成粗纤维状竹丝，又因其长细比大，故制成的碎料板强度较高；另一方面因竹材制成竹丝后，分散了竹青、竹黄对胶黏剂不润湿的影响，使竹材对胶黏剂的渗透性变差，因而施胶量比木质刨花板少。但因竹材含有较多的淀粉、糖、蛋白质等成分，在湿度较高季节，板面易产生霉变，因此需要注意防霉。

（四）重组竹技术

重组竹材装饰板是以小径竹及竹梢为原料，经辊压、干燥、施胶、组坯、热压等工序制造而成的一种新型竹材人造板。重组竹材装饰板的出现，解决了小径竹工业化利用难题，及现有竹材人造板竹材利用率低、成本高、工艺繁琐的问题，为竹材的高效利用提供了一条新的途径。

（五）建筑用竹结构材制造技术

以竹材为主要原料，通过竹材层积板的制造、竹材层积板的墙体及屋顶板的预制、预制板房屋的设计以及预制板房屋的现场组装等技术过程，最终形成完整的竹结构房屋建筑。通过对竹材预制墙体的隔音（按GBJ75-84《建筑隔声测量规范》标准）、隔热（按GB/T 13475-92《建筑构件稳态热传递性质的测定标定和防护热箱法》标准）和阻燃（按GB/T9978-1999《建筑构件耐火试验方法》标准）等性能进行的初步测定，表明该技术研制竹材预制墙体的性能指标达到隔声级别为Ⅲ级，保温级别为Ⅳ级，耐火等级Ⅳ级的国家建筑标准。其总体经济技术指标达到了北京市工程建设标准（DBJ01-98-2005）中"建设工程现场临建房屋计算是规程"规定的指标。

预制板房屋是近几十年发展起来的一种新型建筑方式，它具有房屋部件模数化、标准化，房屋建造速度快，成本低、建筑式样多变等特点。该种建筑模式还具有易于装拆，运输，现场安装速度快、工期短、产生废料少等优点，是当前建筑发展方向之一，有良好发展前景。该种建筑模式即可用于工程、救灾等多用途临时性建筑或活动房屋的建造，也可以用于各种中高档房屋的建造、装箱底板。

（六）轻质竹木复合板加工技术

由于竹材与木材有许多相同的材性，又各有其特点，因此，竹木复合人造板是一类品种最多的竹材复合人造板。其结构形式主要是层积复合结构。木材主要以木单板（或薄木）、木方（或木板）的形态参与复合；竹材多加工成竹片、竹席、竹帘和竹单板与之复合，两者都可以分别是复合板的芯层和表层，这主要决定于复合板的性能或用途。

以铁路平车用竹木复合地板为例，铁路平车用地板多为厚度70毫米、宽度300毫米、长度2980毫米的红松实木板材，这些板材来自东北。随着天然林资源保护工程的实施，红松资源越来越少，取而代之的是进口北美黄杉。资源紧缺已经成为世界性的问题，进口北美黄杉除高额的成本外还受到原料供应的限制，铁道部提出开发人工林木材资源，为高质量完成铁路平车用地板，由戚墅堰机车车辆厂和南京林业大学等单位共同研制开发铁路平车用竹木复合地板。在大量的试验、研究、听取专家意见的基础上，结合竹材、木材物理力学特点，确定了45毫米厚竹木复合层积材地板。采用三层结构，表层和背层用多层竹帘浸胶、同一方向组坯压制5毫米厚的竹帘板；芯层以小径材加工成薄板采用间苯二酚改性酚醛胶三层组合而成（每层厚度12毫米），然后将表层、芯层和背层全部按同一纤维方向胶合而成。经过严格的方案设计、技术文件编制、实物送样检测、装车验证、观摩考核等程序，竹木复合地板完全符合铁路平车地板组装、货物装载和安全运输等要求。

（七）竹地板加工技术

一般用毛竹做原料，通过一定的加工工序，如竹秆截断，加工成竹条，将竹条双面刨光、干燥再四面刨光、配坯、热压、胶合、砂光、开榫、油漆等加工成地板。在竹地板加工过程中，几个重要的工艺过程是：①选料：根据毛竹的生长特点和力学性能指标，一般选用胸径大于10厘米，壁厚8毫米左右，竹龄4~6年，离地面2.5~5米处的毛竹秆；②竹条的蒸煮处理及干燥：竹材含有的蛋白质、糖类、淀粉类、脂肪和蜡质比木材多，在温度和湿度适宜的情况下，易导致变色、腐朽和虫蛀。因此，竹条在粗刨后均需进行蒸煮处理，除去部分抽提物。蒸煮处理后的竹片，含水率超过80%，达到饱和状态，需进行干燥。竹材密度大且密度分布不均，导致竹材的干燥比较困难，易产生内部应力，造成翘曲变形。通常竹条干燥温度不宜过高，同时要注意干燥窑内温度及空气循环速度。③调色处理：竹条颜色深浅不一，通常都要经过漂白或碳化处理。漂白处理可与蒸煮处理同时进行，在蒸煮池中加入双氧水等漂白剂即可使竹片变成白色。碳化处理是利用竹材在高温、高湿条件下产生变色的原理，使竹片变为深棕色的一种处理方法。一般在密闭条件下用0.3兆帕的蒸汽压力处理2~4小时即可。④组坯、热压胶合：竹条经过精刨、挑选和分色后，按竹地板结构要求，采用环保型胶黏剂将竹条组坯后进行热压胶合。由于宽度方向及厚度方向需同时进行胶合，因此，需采用专用的双向单层热压机。热压工艺与木质材料比较，温度基本相同（115~120℃），热压时间及压力略大于木质材料。⑤竹地板加工：热压后的竹地板毛料可以直接加工成全竹地板，也可以同马尾松、杉木复合加工成竹木复合地板。

二、竹家具、门类

（一）竹材集成材家具结构特性和生产技术

竹材集成材家具的结构类型主要分板式家具和框式家具两类。竹材集成材色泽淡雅、自然，具有东方古典的文化韵味，而框式家具造型又有仿古（仿明清家具）家具和现代家具之分，家具种类多为餐桌椅、休闲椅及衣柜等。仿古家具多为深色，即常用炭化集成材。

近年来，国内竹材加工机械得到了一定的发展，在传统的竹材加工方式的基础上，竹材集成材家具的加工逐渐得到发展。基于地板类板材生产技术，采用层积和拼宽胶合工艺，最终形成其独特的家具生产工艺。具体来说，是用竹子经截断、开片、粗刨水煮（含漂白、防虫防霉、防腐等处理）或炭化、干燥、精刨、选片涂胶、组坯、双向加压胶合、锯边、砂光等工艺制成的板方材。

然后通过对板方材进行零部件加工（开槽钻孔、砂光、铣型），表面涂饰，零部件装配，产品包装。与木质家具不同的是原竹的截断、纵剖、去青去黄等加工采用断竹机、裂竹机、去青去黄机等专用的竹材加工机械。

（二）小径竹碎料模压门板连续生产技术

根据小径竹的理化特性和断裂模式，对小径竹进行顺纹撕裂，在不需要太大外力的情况下，将原竹（包括竹枝丫、竹加工剩余物）直接定长、疏解分离、分级，进而获取细长均匀（表面、芯层比例搭配）的碎料形态。利用竹碎料机，以天然气为能源，采用二级干燥过程，第一级对含水率高的物料用燃烧的清洁热风直接接触物料进行高温干燥，第二级对含水率低的物料采用低温干燥，热利用效率高达95%。上述设备和工艺，不仅有效利用了竹材的性能特点，提高了小径竹出材率，又节省了能源消耗，降低了生产成本，为生产优质竹材碎料板打下了良好基础。

生产工艺上采用间歇式铺装、间歇式平压预压法与单层热压机群组合式成型工艺。采用长时间连续拌胶，增加拌胶机长度，并在拌胶机上增加活门阻料装置，使拌过胶的竹碎料得到充分软化，竹碎料流动性大大提高；在坯料制备、坯板成形工段，采用多级规量和尘降式成形等工艺技术组合，分层铺装、等厚成型，铺装精度控制在2%以下。在生产设备方面，装板运输机被动辊筒直径为15毫米，采用装板机装坯方式生产6毫米以下门面板及刨花薄板和间歇式铺装、间歇式平压预压法与单层热压机群组合式成型工艺。上述工艺以及生产设备，适应小径竹碎料模压生产的要求，不需要多次补料铺装，并实现了竹材门面板的连续全自动生产。

（三）平压法小径竹碎料一次整体成型空心门生产技术

芯料采用木方或人造板通过人工组坯表面贴合人造板的方式。竹碎料、预设部件整体成型工艺和榫合状咬合一次成型工艺，在自动程序组坯装模的基础上，采用自主研发的滚动进出热压装置与平压法生产工艺，依次铺设下板坯、预设芯条和模具、铺设上板坯，经预压、热压、脱模、锯切，能在内部嵌入各种门所需的套件，一次整体成型，不用二次贴合，产品抗拉强度、抗冲击强度大，强重比高，尺寸稳定性好。一次成型小径竹空芯门技术，生产工艺简单，运行稳定，产品一次性合格率高；设备投资小，成本低，产出率高，能耗低；产品结构科学，内支撑筋（预设置部件）与两面内壁成榫合状咬合；板面平整光滑，直接可以进入后工段涂装饰面。该技术既提高了板材的稳定性和视觉厚重感，又不失轻便，节省材料。

三、竹材改性类

（一）高效低毒竹材防腐技术

竹材含有较多的营养物质，其中蛋白质含量为1.5%~6.0%、可溶性糖类约为2%、淀粉类为2.02%~5.18%、脂肪和蜡质类为2.18%~3.55%，竹材和竹制品在温暖潮湿的环境条件下保存和使用时很容易产生腐朽、霉变和虫蛀，因此，竹材的防腐处理显得更为重要。竹材的防腐处理大多借鉴木材的防腐处理方法，然而，由于竹材和木材的解剖构造、化学成分、密度、渗透性等存在很大差异，因此，不能机械地套用木材的防腐处理方法。

据日本报道，用苯酚和甲醛缩合成的甲阶酚醛树脂，是一种低分子和低黏度的水溶性制剂，对竹材具有良好的渗透性。该树脂浸注竹材后，再经热处理或酸处理，可生成一种不溶于水的三元结构高分子化合物，无味无毒，也不会渗出和挥发，具有持久的防腐性能。用这种防腐剂处理的竹材，不论在室内室外使用或埋入土中，都没有受到菌类的侵蚀，也无防腐剂从竹材中反渗出来，其防腐性能优于常用的防腐剂处理木材，但用酚醛树脂处理的费用较高。南京林业大学采用0.2%辛硫磷溶液浸渍竹制品3分钟，竹蠹虫经2~3天死亡，药效可维持1年以上。此药剂低毒、药效较长，应用于竹制品生产是较理想的防蛀剂。将 1% 的添加剂（硼砂:硼酸 = 1:1）加入 5% 的新洁尔灭溶液用来防止竹制品霉变，也取得较好的效果。此外，南京林业大学曾研究毛竹篾片液相乙酰化处理试验。试验结果表明，液相乙酰化处理竹片一定时间，乙酰基增重率（WPG）达 12.97%，试样失重率为零，防腐效果极佳。但此法操作较繁，成本较高。

（二）竹材阻燃处理技术

竹材的组成和木材相近，主要由木素、纤维素、半纤维素等物质组成，但竹材的可燃性好，比木材更易燃烧。阻燃药剂以三聚氰胺、甲醇、甲醛、尿素为主要原料合成的水溶性低分子量无色无味透明浸渍液体（简称 MMFU 溶液）为主剂，与磷酸铵盐类、硼化物类等助剂按不同比例混合，形成一种集高渗透性、环保、密实、阻燃等功能为一体的多元复合型竹材改性剂，对竹材进行复合改性，进而实现竹材多功能化。采用真空加压的方法处理竹材。经过处理后的竹材，密度可达到 0.8~1.2 克 / 立方厘米，抗弯强度达到 200~300 兆帕，尺寸稳定性较之处理前提高 40%~50%，阻燃性能达到国家标准 GB/T8624–2006《建筑材料及制品燃烧性能分级》规定的难燃 C 级水平。

（三）功能性竹炭加工技术

竹炭是竹材在高温、缺氧（或限制性的通入氧气）的条件下，使竹材受热分解而得到的固体物质，产品是新型的保健和环保材料，具有脱臭、吸附、调湿、去除静电、抗远红外线、抗菌等效果，其工艺流程如下：竹材—热解—筒炭—切片—分选—除尘—分装—成品。近年来，竹炭已开始用于水质净化、吸附异味、居室调湿、美容、土壤改良等方面，系列产品在日本和东南亚市场热销，但在我国还是处于市场需求的启蒙期。由于从竹材到竹炭，每吨可增值 4~5 倍，再经深度加工，产品增值到 3~10 倍，因此，竹炭业有广阔的市场前景。竹炭内部形成各类孔隙，具有微孔、中孔和大孔，因而竹炭具有一定的比表面积，使它对多种有害气体具有很好的吸附能力。竹炭空隙度高，非常适合作为土壤微生物和有机营养成份的载体，可以增强土壤活力，是一种良好的土壤改良剂；竹炭释放微量元素，改善环境，杀害病菌，无害化释放空气；竹炭具有弱导电性，起到防静电作用；竹炭可放射远红外线，波长适合人体吸收，加快血液循环，改善人体内环境，应用于保健。

第三十章　非木质林产品加工利用关键技术

一、再生能源类

（一）农林废弃物制造环保型再生能源技术

以农林废弃物（木屑、竹屑、秸秆等）为原料使其在高温、缺氧条件下热解、再经专门开发的炭化设备,运用优化工艺参数控制炭化过程制成环保型再生能源——成型炭。该成果产品热值高,燃烧时无二氧化硫等有害气体产生。它不仅可替代传统木炭,更可替代煤、油、气等能源。广泛用于工业、生活领域。

经济技术指标:成果产品依据中华人民共和国国标 GB/T17664–1999、GB/T213–1996 达到优级品标准。固定碳 ≥ 82%;热量 ≥ 29400 千焦 / 公斤;挥发份 ≤10%;灰份 ≤10%。按建成年产量1000 吨成型炭生产线计算,项目完成后,生产 1000 吨成型炭,其中每吨成本 750 元,售价 2200 元,利税 1450 元,年产值达 220 万元,总利税达 145 万元。

（二）颗粒成型燃料技术

颗粒成型燃料是以木屑、树皮、棉花秆、稻壳等农林剩余物为原料,在高压加热条件下,压缩成颗粒状（直径为 6 毫米,长度 15~20 毫米）且质地坚实的成型物,可作为工业锅炉、民用炉灶和工厂、家庭取暖炉以及农业暖炉的燃料。成型燃料除具有比重大,便于贮存和运输,容易着火,燃烧性能好,热效率高的优点外,还具有灰份少,燃烧时几乎不产生 SO_2,不会造成环境污染等优点,在世界上堪称为一种理想燃料,有着广阔的市场开发前景。

技术指标:建立一条生产线约需设备投资 30 万元（以木屑为原料）。生产该产品的成型机,其生产能力可达 250 公斤 / 小时,如以三班制操作,每年 300 天计,则年生产颗粒成型燃料为1200 吨,生产成本通常为 250~320 元 / 吨。如作为取暖炉燃料出售,一般售价为 600~700 元 / 吨,年利润相当可观。

（三）生物质生产燃料乙醇技术

研究生物质制酒精的关键技术,生物质生产燃料酒精和其他高附加值产品的新工艺技术的研究;重点研究开发新水解工艺,糖液和酸的高效经济分离工艺过程和设备及其木素利用技术;重点研究生物质原料预处理技术,大规模酶降解技术、高产酶菌株选育、纤维素酶与半纤维素酶定向制备,解决不同生物质转化过程对工艺和设备的适应性问题,包括生物质反应器的型式、模拟放大、转化效率与设备的相关性等技术,以满足不同生物质制取酒精的过程和设备的要求;重点研究戊糖己糖同步乙醇发酵的菌种选育和驯化,发酵机理和技术、微生物细胞固定化技术、在线杂菌防治技术;对生物质转化过程和生物质多层分级利用系统进行优化集成研究。

（四）生物柴油制备技术

研究提高天然油脂酯化催化反应速度和反应产物的高效分离;根据不同天然油脂的化学结构特点,同步生产附加值高的化工产品的技术和过程,创新研究制取生物柴油经济可行的综合利用技术；重点研究生物柴油性能及其改进剂的制造与工程化技术；采用高温催化裂解，薄膜蒸馏，精密分馏，催化开环，均相酯化，溶剂分相，物理化学耦合等手段，使生物柴油符合柴油的液态化、低黏度化及高十六烷的质量要求。

（五）生物质热化学转化技术

包括生物质热解、气化和液化三方面。对林业生物质的主要组分如纤维素、半纤维素、木质素、及其微量元素等的化学结构、键合方式及热化学特性的研究，从分子水平上获得对生物质化学结构及其热化学转化过程中反应历程、变化规律的认识，探索气体产物的控制机理和组成调整方法，结合流化床传质传热的规律研究生物质定向气化反应动力学，建立定向气体的反应机理模型；研究各组分生成焦油的机理，探索控制催化剂失活的方法，揭示抑制焦油生成的化学原理。

二、森林食品类

（一）蕨菜加工技术

将采集到的新鲜蕨菜，经分检、去除杂草、泥土，剔黄老叶，再用清水洗净。然后将蕨菜置于沸水中快速浸烫 3 分钟。一次下锅的料不宜太多，料与水的比例为 1:2，且不断上下翻动。蕨菜软化后即可捞出，以保证菜色鲜艳。经沸水浸烫后的蕨菜，在竹帘上薄摊晾干，菜层的厚度不要太厚，便于干燥。切忌在太阳光下曝晒，以免流失养分或褪色，蕨菜干燥后，可用食品袋采用真空密封包装。这样的干蕨菜一般保质期在 6 个月以上。本品无任何添加剂，具有色泽碧绿，香气沁人，风味独特，营养丰富的特点。

（二）竹笋深加工技术

根据竹笋的笋体结构特点和可食性，将笋体分割成四部分：笋尖、笋体中部、嫩笋衣、老笋衣。可用于制作笋罐头的只有笋尖，其余为可加工成其他制品。竹笋的综合利用技术主要内容是：笋尖按传统工艺生产笋罐头；笋体中部和嫩笋衣制作即食方便小菜；不可直接食用的老化部分因含汁液较多，固形物较高，通过榨汁、发酵、澄清处理，制备笋汁饮料和笋汁保健酒，这类纯天然饮品，富含营养保健成分，且具有独特的风味。也可通过破碎、打浆、进行乳酸发酵，制得色香味佳的笋汁酸奶饮料，其笋渣通过冲洗漂白可制得优质的笋膳食纤维。

（三）食用菌栽培利用技术

江西是优势食用菌生产区，主要有蘑菇、草菇、姬松茸、鸡腿蘑、金福菇等。井冈山、庐山等林区为木生食用菌优势种类生产区，主要有香菇、毛木耳、银耳、金针菇、竹荪和药用菌灵芝、猴头菌、灰树花及珍稀种类。主要技术包括：香菇栽培技术；木耳栽培技术等。

（四）茶油加工技术

茶籽制油工艺主要有压榨法和浸提法。压榨法是传统的榨油方法，目前仍是江西省茶籽产区最主要的制油方法；浸提法是 20 世纪 70 年代以后兴起的一项制油技术。由于茶籽的含油量比较高，故一般采用预榨浸出的制油方法。茶油通过进一步精制去除机械杂质、脱胶、脱酸、脱水、脱色、分提和脱臭等工艺，控制各工序工艺技术参数，可生产高级烹调茶油、色拉茶油、医用茶油和化妆品原料茶油等茶油系列产品。茶壳也可综合利用，如通过水解制取糖醛和木糖醇，进一步水解可制得乙醇、乙酰丙酸等物质。

三、林产化工类

（一）松香产品深加工技术

我国企业进行松香再加工生产是从 20 世纪 70 年代开始的，在此之前松香的再加工都是由使用单位自行完成。目前已成功地将氢化松香、歧化松香、马来松香、聚合松香、各种松酯类系列产品、松香胺等松香再加工产品实现了工业化生产。以下重点介绍几个松香改性产品加工技术和发展方向。

氢化松香加工：采用的工艺主要为间歇氢化工艺。氢化松香产品加工质量的关键主要是控制反应温度和催化剂的使用。提高反应温度可以充分发挥催化剂效能及活性，保证产品质量。同时，还可以增大松香流量，提高生产能力。但是，过高的温度对催化剂的活性有害，缩短催化剂使用周期，并引起松香脱羧而降低酸值。国内外都在这个两关键点上做了许多报道，今后 5~10 年内专家研究的重点也在此。歧化松香加工：歧化松香生产工艺路线有连续法、间歇法、熔融法和溶剂法。催化剂有贵金属和非贵金属两种类型，目前工业化生产采用的主要是贵金属催化剂，而非贵金属催化剂正在开发研究当中。在歧化过程中，原料松香、催化剂种类和用量，反应温度等都直接影响产品质量。松香酯类产品加工：近年来，国内在开发新的再加工产品方面进行了大量的研究工作，如松香聚氨酯泡沫塑料、无色松香及其酯类产品、松香和改性松香乳液、萜酚树脂、合成橙花醇、香叶醇、松香造纸胶料、松香烃树脂，以及利用松香制备绝缘漆、表面活性剂、环氧树脂产品等，有些产品已投入生产。松香工业的发展，是非木林产品化学利用的一个范例，它对山区、林区经济发展起到了重要作用。

（二）新型木炭加工技术

将炭屑和胶黏剂混合，经成型机压制成多种形状的成型炭。炭粉可由农林加工剩余物（如木屑、废木材、树皮、枝丫、玉米芯等）经炭化而成。所用胶黏剂生产容易、用量少、无毒、无味，本产品具有低挥发份，发热量大等优点，是一种理想燃料，日本和韩国需求量很大，主要用于野炊和烧烤。生产基本流程如下：

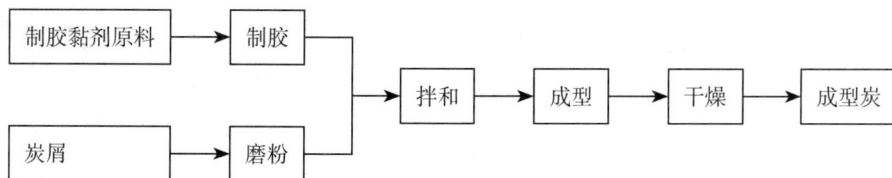

```
制胶黏剂原料 ──→ 制胶 ──┐
                          ├──→ 拌和 ──→ 成型 ──→ 干燥 ──→ 成型炭
炭屑     ──────→ 磨粉 ──┘
```

（三）松树生物活性物质提取技术

本项目采用溶剂萃取、膜分离、分子蒸馏等技术建立先进的提取和分离技术体系，从松针中提取黄酮类化合物、多维组合物、聚戊烯醇类脂化合物，松皮中提取原花青素抗氧化物，开发具有保健、营养、疗效的功能食品（药品）的原料、主剂、添加剂，极大地提高松树资源的附加值和综合利用率。松树生物活性物质系列产品可广泛应用于食品、制药和化妆品等领域，以松树提取物制成的保健食品和美容护肤品，在欧美国家被誉为"生命常青素""口服化妆品""皮肤维生素"。其主要产品如下：松树提取物：原花青素 ≥ 95.0%，水不溶物 ≤ 1.0%，卫生指标符合国家有关规定。松树提取物能清除自由基、抗氧化、延缓衰老、祛斑除皱、减少色素沉着和黄褐斑，能有效减轻衰老的各种症状，对延缓衰老有特殊效果。生产设备投资 200 万元（不包括厂房和锅炉），年销售在 1000 万元以上，利润为 20%~30%，是农业增效、变废为宝的先进适用技术，具有广阔的市场前景。

（四）五倍子综合开发利用技术

五倍子是我国独有的天然资源，主产于湖北、湖南、江西、陕西及西南各省区。五倍子富含没食子单宁，经过化学加工可以生产精细化工及医药产品。针对国内五倍子加工利用生产工艺和设备落后等问题，国内开展出以新工艺、新技术和新设备为特点的试验和应用研究，成功地开发出一系列单宁化学加工产品。

主要产品包括：单宁酸（工业用、医药用、食用、印染用）；没食子酸（工业用、试剂、无水）；焦性没食子酸（工业用、试剂）；没食子酸丙酯（食用、试剂）；三甲氧基苯甲酸（药用中间体、试剂）；三甲氧基苯甲酰肼（药用中间体）；三甲氧基苯甲醛（药用中间体）等。

（五）转炉磷酸法制造专用粉状活性炭技术

将木屑与磷酸溶液拌和加热使物料炭化进而活化，所得产物用稀磷酸萃取回收，然后用水漂洗并经离心脱水、烘干、粉碎、包装。

特点及应用领域：利用木材加工剩余物，经过简单加工，制成众多工业部门所必须的产品。活性炭常用于气体的吸附、分离和提纯，溶剂的回收，糖液、油脂、甘油、药物的脱色剂，饮用水及冰箱的除臭剂，防毒面具中的滤毒剂，还可用作催化剂或金属盐催化剂的载体等，已被广泛用于食品、制药、化工、电子、环保等众多领域。市场稳定，无替代品、无化学合成品。

四、养殖类

（一）野生动物养殖及驯化技术

食物投喂、食性分析、人工繁殖、人工孵化及笼舍设计；野生动物营养研究、野生动物饲料研究与开发，制订养殖技术成熟的野生动物省级标准，生态养殖技术的研究。

（二）野生动物产品深加工技术

野生动物产品深加工，野生动物及脏器的药用价值开发，如蛇类药用成分的药用价值：蛇类的药用包含蛇毒、蛇肉、蛇胆、蛇蜕、蛇皮及其他内脏（如血、生殖系统等）都是有名的药物；蛇类药用成份加工利用：加工毒蛇胆是价格昂贵的药材。取胆前可逗蛇激怒或将蛇饥饿2个月，可大大增加胆汁含量。

（三）野生动物良种繁育体系和养殖防疫体系建立

主要指包括梅花鹿、野猪、豪猪、果子狸、中华竹鼠、雁鸭类、蓝孔雀、蛇类、棘胸蛙等养殖技术和养殖防疫体系建立等，开发精、深加工的野生动物产品。现有成熟技术有：①梅花鹿养殖技术和养殖防疫体系建立。②野猪养殖技术和养殖防疫体系建立。③野鸡养殖技术和养殖防疫体系建立。④果子狸养殖技术和养殖防疫体系建立。

第三十一章　生态文化体系建设
总体设计关键技术

　　基于应对全球气候变化，保护生物多样性，加快转变发展方式，全力推进科学发展背景下的江西生态文化体系建设和生态文化产业发展研究，既是对江西"打生态牌，创生态业，走生态路，建生态省"发展定位的积极响应，也是扩大林权制度改革成果、推进六大生态工程建设，加块江西现代林业发展的重要内容。这对于实现江西科学发展，进位赶超、绿色崛起意义重大而深远。

　　江西地处吴越文化与湘楚文化、江南文化与岭南文化的交汇处。优美的自然生态环境和厚重的历史人文资源，是江西发展特色生态文化产业，建设社会主义新农村的必由之路，也是江西实现科学发展、绿色崛起的战略抉择。生态优先，典型示范，兴林富民，潜力巨大。尤其在全国工业化、城镇化、信息化和农业现代化发展进程加快，现代林业的开放度不断提高，城乡经济的关联度显著增强的今天，依托江西地处中部的区位优势，得天独厚的自然资源、淳朴厚重的人文民俗资源，积沙成塔的发展模式和灵活简易的经营方式，因地制宜，科学规划，大力发展以森林湿地生态旅游为主体，集娱乐、健身、休闲、美食于一体，精心打造"五彩江西，生态家园"，加强和完善生态文化载体建设，创出具有江西特色的城市森林、郊野休闲、森林庄园与生态文化的黄金线路、精品产业和示范名牌。在充分满足人们享受生活，回归自然的生态需求的同时，让广大林农庄户在依靠科技创业中学到本领，在发展生态文化产业中增加收入，在扩大就业门路中得到实惠，努力开创"青山与绿水相依，红色与绿色辉映、改革与发展媲美，生态与经济齐飞"的江西现代林业发展新格局。

一、精心打造生态江西　五彩家园

　　从党中央、国务院到江西省委、省政府，再到各市、县、乡（镇），乃至广大普通百姓，都为江西拥有"万顷青山、一湖清水"的良好生态环境而引以为骄傲和自豪。"既要金山银山，更要绿水青山；有了绿水青山，引来金山银山。"已成为全省上下实现科学发展、绿色发展、和谐发展的广泛共识。这既是江西对生态与经济、保护与开发相互关系的最精辟、最权威的诠释，也是历史赋予江西发展生态文化产业的新契机和新要求。

　　2010年春节期间，胡锦涛总书记来到江西和干部群众共度新春佳节时特别指出，"要继续搞好造林绿化、森林资源保护、水环境保护等生态工程建设，让江西青山常在，绿水长流"。温家宝总理在江西视察时，语重心长地指出："像江西这样的地方全国不多了，要保护鄱阳湖的生态环境，使鄱阳湖永远成为'一湖清水'，保护好江西良好的生态环境，是中央的重托，也是我们历史的责任。"江西省委书记苏荣认为："良好的生态环境是江西最大的优势、最大的财富、最大的品牌，鄱阳湖更是江西生态环境优势的集中体现。"为此，立足江西实际，顺应时代潮流，坚定不移地把生态建设和环境保护放在首要位置，坚定不移地走生产发展、生活富裕、生态良好的文明发展道路，在中部地区开创实现科学发展、绿色崛起的范例。而依托江西良好的生态环境和资源优势，精心打造五彩缤纷的生态文化产业，则是贯彻落实中央领导重要指示，深入学习实践科学发展观的重要抓手，是大力发展县域经济，促进林农增收就业的强大推手。

为与江西省发展旅游服务业围绕"红色摇篮、绿色家园、观光度假休闲旅游胜地"的总体定位相呼应，与《鄱阳湖生态经济区规划》《鄱阳湖生态旅游示范区规划纲要》相衔接，受井冈山发展"红色的朝圣之旅、绿色的观光之旅、蓝色的休闲之旅、金色的成功之旅、古色的民俗之旅"的启发，本研究提出因地制宜，科学规划，大力发展以森林庄园为主体，集娱乐、健身、休闲、美食于一体的五彩生态文化产业，精心打造"生态江西，五彩家园"，创出"红色摇篮、绿色家园、金色福地、银色水乡、蓝色梦境"的精品产业和示范名牌。

（一）红色摇篮

红色象征革命，同时蕴含热情、奔放、幸福与喜庆。红色是江西这片土地的主色调和主旋律，是中国革命的摇篮和圣地。这里曾开创了中国革命斗争史上的诸多第一。如中国共产党领导的革命武装向国民党反动派打响第一枪的英雄城——南昌，第一次农民武装暴动秋收起义发祥地——铜鼓，第一个红色革命根据地——井冈山，第一个苏维埃红色革命政权所在地——瑞金，第一次工人革命武装——安源煤矿大罢工……至今在革命烈士纪念堂保留着 25 万余名为革命壮烈牺牲的烈士英名录。在艰苦卓绝的井冈山斗争中，我们党形成了"坚定信念、艰苦奋斗，实事求是、敢闯新路，依靠群众、勇于胜利"的井冈山精神，为中国革命播撒了燎原火种，成为我们党的宝贵精神财富。胡锦涛总书记深刻指出："伟大的井冈山精神集中反映了我们党的优良传统和作风。我们要结合时代的发展，结合党的历史方位和历史任务的变化，结合改革开放和发展社会主义市场经济的新实践，让井冈山精神大力发扬起来，使之在新的时代条件下放射出新的光芒。"

（二）绿色家园

绿色象征生命、希望、健康与环保。绿色是江西中部崛起的形象设计与自然特色，也是江西独有的生态名片、资源优势和发展环境。绿色不仅体现在绿色产品、有机产品与绿色生活，更重要的是发展低碳经济、循环经济与生态经济，促进科学发展、和谐发展、绿色发展。就林业而言，江西生物多样性极为丰富，常绿阔叶林遍布全境，以盛产樟、楠、梓、柏、毛竹、油茶、板栗、柑橘、脐橙、甜柚、茶叶等珍贵树木与林果特产，享有"江南绿色明珠、生态休闲家园"之美誉。全省国土面积 1669.5 万公顷，其中林业用地面积 1062.7 万公顷，占 63.7%；活立木总蓄积量 35357.2 万立方米；森林覆盖率为 60.05%，位居全国第二。境内拥有 8 个国家级自然保护区，41 个国家级森林公园，22 个省级自然保护区；39 个国家级森林公园，60 个省级森林公园。置身于此，四野皆绿，满目葱茏，令人心旷神怡。

（三）金色福地

金色象征丰收、吉祥、华丽与庄严。金色是江西得天独厚的自然资源与人文资源的基本色调，更是物华天宝，人杰地灵的真实写照。其一，江西历史上名人辈出、文化璀璨。在中华文明的历史长河中，著名的文学家、政治家、科学家宛若群星灿烂，光耀史册。素有"才子之乡、福祉之地"的美誉。其二，江西作为儒家传承地。留下了著名"江西学派"及"程朱理学"等极为丰富的历史文化遗迹。江西古代四大书院——白鹿洞书院、鹅湖书院、白鹭洲书院和豫章书院就是其中的代表。尤以"天下第一书院"的白鹿洞书院最受青睐。它不仅位列江西四大书院之首，还是中国古代四大书院之一，"始于唐、盛于宋，沿于明清"，且至今天仍为国学追踪、旅游推介之地。其三，江西是我国道家释家的发祥地。洞天福地是道教仙境的一部分，多以名山为主景，或兼有山水。据宋张君房《云笈七签》记载，江西共有 5 处洞天，12 处福地。江西佛教源远流长，始于东汉而盛于隋唐。在禅宗五宗七家中，大多直接或间接根植于江西，尤以沩仰宗、曹洞宗、黄龙宗、杨岐宗、临济宗均以江西作为开宗立派之基。即使云门宗、法眼宗，其追根溯源仍出自青原行思法系，法眼宗祖师文益直接弘法于抚州崇寿院。据《江西通志》不完全统计，自东汉至晚清，江西全省先后兴建佛教寺院达 1100 多所，高僧云集、寺庙林立、如马祖道一、百丈怀海、沩山灵佑、黄檗希运、仰山慧寂、洞山良价等众多大师与江西红土地、绿山水融为一体，不仅共创江西佛学的鼎盛，也为后人留下了深厚的文化积淀与旅游资源。其四，江西自古以来素有"天下粮仓"之说。俗话说：湖广熟，天下足，离不开鄱阳湖大平原的贡献。2006 年 11 月，在永修县吴城镇露出水面的一座距今 1500 多年南朝时期的古粮仓遗址（公元 425 年被鄱阳湖水淹没而沉入湖底的古城——海昏县），是历史的又一佐证。江西田园如织，四季似锦，尤以春光、夏日、仲秋之时，漫山杜鹃、含笑、丹桂香，遍野菜花、麦浪、稻谷黄，满坡脐橙、蜜橘、茶花开，滩头黄花、野菊、芦苇长，一片金黄映衬于远近森林与田园之间，令人目不暇接，美不胜收。

（四）银色水乡

银色象征高尚、尊贵、纯洁与永恒。银色的鄱阳湖是我国最大的淡水湖泊，国际重要湿地、全球重要生态区和我国唯一进入世界生命湖泊网的成员，也是闻名遐迩的"白鹤世界""珍禽王国""鱼米之乡"。它承纳赣江、抚河、信江、饶河、修河五大河，由湖口注入长江，每年流入长江的水量超过黄、淮、海三河水量的总和。鄱阳湖水系流域面积 16.22 万平方公里，约占江西省流域面积的 97%，湖体面积 3583 平方公里，湖岸线长 1200 公里，构成了覆盖江西国土 30%、占经济总量 60% 的鄱阳湖生态经济区。千百年来，鄱阳一湖银色的清水，养育了勤劳智慧的江西人民，不仅形成了渔鼓、渔歌、渔舞、渔号等原生态的渔耕文化，而且正在孕育现代生态经济区与历史文化遗产交相辉映的生态文明新家园。

（五）蓝色梦境

蓝色象征清新、宁静、浪漫与崇高。蓝色是江西"山江湖"美景的基色调，蓝色是"田园诗"风光的淡素描；蓝色是浪漫中最美妙的梦境，蓝色是恬静中最向往的心境。当你置身于蓝天白云、湖光山色之间；穿越于层林叠嶂、飞瀑山涧之中；走进小桥流水、粉墙黛瓦、桃柳辉映、炊烟缭绕的美丽乡村；享受农家香甜的米酒，品味田园如诗如画般美景，欣赏远近山峦起伏、淡雾飘渺、村落星点、牧歌飘逸的神奇画面，你定能体会陶渊明笔下"采菊东篱下，悠然见南山"的情愫，发出"云无心以出岫，鸟倦飞而知还"的感叹，油然而生"方宅十余亩，草屋八九间，榆柳荫后檐，桃李满堂前"的那份恬静与满足；当你登高凭眺，或举目仰视，你能从王勃的《滕王阁序》"秋水共长天一色，落霞与孤鹜齐飞"的画卷上，从杜牧的《山行》"远上寒山石径斜，白云生处有人家"的意境中，感受到神奇、美妙和壮观。江西的山野农舍、名村古镇、时时能勾起你童年的记忆，青春的浪漫；处处能激发你热爱生活、眷恋家乡之感，拥抱自然、回归故里之恋。这就是江西蓝色梦幻的魅力所在。

江西有以中国生态宜居城市——九江、中国最美丽的乡村——婺源、全国首批生态文化村——江西省遂川县新江乡石坑村等为代表的一批闻名遐迩的生态文化品牌和旅游休闲资源。目前，江西正着力打造"中国红色旅游首选地、国际生态旅游必选地、世界观光度假休闲旅游胜地"三大品牌，加快构建南昌、井冈山、瑞金、安源以及赣东北等五大红色生态旅游产业。

江西无论从自然人文资源，还是城乡生态环境，无论从顶层设计、高层决策，还是从基层响应和民众呼声，已经具备了良好的发展基础和成熟的基础条件，创出了自己的特色和品牌。江西省委、省政府已经提出了"生态立省、绿色发展"的战略定位，站在科学发展、进位赶超、绿色崛起的制高点上，精心谋划，全力推进。正如苏荣书记在全省经济工作会议上所指出的那样，江西"特色是生态；核心是发展；关键是转变发展方式，在发展中保护生态，在保护生态中加快发展；目标是立足江西实际，顺应时代发展潮流，走出一条科学发展、绿色崛起之路。"为此，研究认为，"五彩江西，生态家园"，将成为江西发展生态文化旅游，打造名牌精品产业，推动科学发展、和谐发展、绿色发展的重要切入点、闪光点和增长点。

专栏：1

江西 2009 年新增 10 万人捧"农家乐饭碗"

江西乡村旅游资源丰富，开发利用前景广阔。2009 年江西将实施"乡村旅游十万人创（就）业行动"，力争 2009 年年底新增旅游直接就业 10 万人以上（其中返乡农民工 3 万、农民 3 万、城镇失业人员 3 万、高校毕业生 1 万），带动旅游间接就业 50 万人以上；新增乡村旅游企业、旅游专业户及旅游关联企业 3 万个以上；建设特色景观旅游名村 1000 个以上；建设特色景观旅游名镇 100 个以上。采取"兴办农家乐、渔家乐旅游休闲项目；开发生态农业观光、森林休憩、果园休闲项目；开办旅游饭店、农家旅馆和餐馆；开发旅游商品生产、加工和销售项目；开发旅游饮品、食品、副食品生产和供给项目；开发旅游用品生产、加工和供给项目；办民俗风情展演及农村文化娱乐节目；举办乡村旅游交通运输服务项目；开办乡村旅游导游服务业务；开办乡村旅游信息咨询及培训服务业务；开办乡村旅游建筑装潢业务；开展乡村旅游环境保护和卫生管理工作"等 12 条途径延伸乡村旅游产业链。

（资料来源：2009 年 08 月 12 日，大江网）

二、运用新的管理理念推动生态文化体系建设

在建设生态文化体系，发展生态文化产业的进程中，正确认识和处理自然资源、生态环境与经济发展之间的矛盾，尤其在正确认识和处理保护与开发、全局与局部、长远与眼前、开源与节流、当代人与后代人等诸多关系上，如何建立"城乡统筹、协调发展、惠及民生、共建共享"的机制，实现社会与个人、投入者（贡献者）与受益者、经营者与生产者各方责任（义务）、权力、利益的对等、衔接与均衡，这是加快生态文化建设和产业发展的关键技术之所在，也是增强江西文化软实力，实现科学发展，绿色崛起的新的经济增长点和闪光点。

我们构建繁荣的生态文化体系，正是要在充分保护和恢复森林、湿地生态系统的基础上，本着"以人为本、生态优先"的原则，运用科学发展理念、现代科学技术、市场引导机制和政策法律制度，建立自然、经济、社会、文化"四轮驱动"的发展模式，推动生态文化体系建设和生态文化产业发展，使自然生态系统的生物多样性、功能多种性、价值多重性与人文生态系统的文化多元性、形式多样性、内容丰富性，集中汇聚于生态文化体系的平台上，使之能够不断满足经济社会发展和人们日益增长的物质文化需求。让千姿百态的自然生态资源与和谐协调的社会人文环境，形成具有民族与地域文化特色、彰显自然与人文景观魅力的朝阳产业——生态文化产业，成为推动经济社会发展的新的引擎和助推器。这是检验与考证谋略者智慧、决策者胆识、经营者责任的试金石和标杆。尤其在江西这片清洁、纯朴、坚实、厚重的红土地上，运用综合生态系统管理理念，以林权制度改革为契机，以"五彩江西"为特色，以"绿色家园"为依托，构建繁荣的生态文化体系，发展充满生机活力的生态文化产业。正可谓：适逢其时，众望所归；蓄势待发，箭在弦上。其目的在于真正达到"生态得保护，林业得发展，社会得进步，文化得繁荣，林农得实惠"，成为全国成功实践新理念、推动大发展的创新范例。

（一）综合生态系统管理的内涵

综合生态系统管理（Integrated Ecological Management，缩写为 IEM）是 21 世纪以来，在生态系统管理理论基础上发展起来的一门新兴交叉边缘学科。它运用系统工程的手段和人类生态学原理去探讨综合生态系统的动力学机制和控制论方法，协调人与自然、经济与环境、局部与整体间在时间、空间、数量、结构、序理上复杂的系统耦合关系，促进物质、能量、信息的高效利用，技术和自然的充分融合，人的创造力和生产力得到最大限度的发挥，生态系统功能和居民身心健康得到最大限度的保护，经济、自然和文化得以持续、健康的发展。

"综合生态系统管理是指管理自然资源和自然环境的一种综合管理战略和方法，它要求综合对待生态系统的各组成成分，综合考虑社会、经济、自然（包括环境、资源和生物等）的需要和价值，综合采用多学科的知识和方法，综合运用行政的、市场的和社会的调整机制，来解决资源利用、生态保护和生态退化的问题，以达到创造和实现经济的、社会的和环境的多元惠益，实现人与自然的和谐共处。"

（二）综合生态系统管理的特征

IEM 管理理念，对于科学保护和开发利用生态系统，尤其是对依托森林、湿地等自然资源的综合生态系统管理，通过优化管理模式、方法和手段，实现生态、经济、社会效益的最大化，具有普遍的指导性和广泛的实用性。其主要特征表现在：

（1）综合性。这是由生态系统的整体性和系统性所决定的。这一特征要求在生态系统的管理中，实现管理主体、管理方法与手段、调整机制以及管理目标的综合。从管理主体上，要求实现跨部门、跨区域、多元管理主体相互协调和配合的联合管理方式；从管理方法与手段上，注重运用自然科学、社会科学的基本理论和方法，从生态、社会、经济、法律和政策等方面因素出发进行有效的管理；调整机制上，不再单纯局限于传统的行政管理机制和市场经济调整机制，而是综合运用行政、市场和社会相结合的调整机制；管理目标上，寻求经济、社会和生态三大效益的最佳结合，以促进全面协调和谐发展。

（2）公益性。把维护生态系统结构的完整性和功能的持续性列为根本出发点和归宿。在综合生态系统管理的过程中，必须全面、综合考虑该方法的长期社会效益和社会各个阶层、各个利益群体的需求，而不能单纯考虑某些个体的利益实现，尤其要维护"三农"的利益不受损害。

（3）区域性。从生态系统结构复杂性、功能多样性的特性出发，按照结构和功能进行有针对性的区域性管理，采取各种有效的适应性方法来管理资源和环境，以达到生态良性发展的目标。因此，按照区域性要求，在实施综合生态系统管理时应充分考虑个体生态系统的区域特性，考虑个体生态系统所组成的独特的自然、人文、社会、经济条件组合，在此基础上进行有效管理。

（4）灵活性。综合生态系统管理是一种适应性管理方式。尽管在方法上注重从生态系统的整体性，但也承认各生态系统的个体差异性。生态系统的动态性导致其具体形态的多样化。因此，管理计划和方式应具有一定的灵活性和适应性，以便管理策略能对出现的新情况进行相应调整。

（三）综合生态系统管理的方法与运用

将 IEM 管理理念运用到江西生态文化体系建设和生态文化产业发展的实践，是本项目研究的实践探索和理论创新。

（1）跨部门管理的方法。生态系统的多元生态要素结构，多水平、多维度的功能，丰富的多样性生物组成和多种多样的自然资源，决定了生态系统的管理必须建立多部门参与的协管协调机制，以实现保护管理的政令畅通与良性互动。以鄱阳湖湿地生态系统管理为例。由于湿地生态系统包含水、草场、林木、农田、野生动植物等多种生态要素，按照部门职责范围，各级林业部门有权对湿地生态系统进行监管执法，水利、农业、环保等部门对湿地生态系统内相关生态要素也行使管理职权。为了有效管理和保护湿地生态系统，应建立由林业部门牵头、各相关部门共同参与管理的协调机制。

（2）跨行政区域管理的方法。通过跨行政区域管理保护生态系统，是生态系统结构多样性和功能多元性的要求，也是整合生态系统保护和区域综合管理的体现。就江西而言，东有怀玉山、武夷山与浙江和福建接壤，南有大庚岭、九连山和广东毗邻，西有九岭山（幕阜山）、武功山、罗霄山（万洋山）与湖南相倚，形成了一个东、南、西三面山地丘陵环绕。这里既是森林自然景观与人文景观的荟萃地，又是赣、抚、信、饶、修五大河流的发源地，向北开口形成了一个非闭合的盆地，构成了覆盖全省97%国土的大鄱阳湖流域。运用IEM理念和方法，在省域境内构建既与邻省相互连网、又相对独立的生态文化体系，发展生态文化产业，就要在涉及上述山系、水系及流域内的各级政府、主管部门、社团与实体之间加强协调与合作。根据区域内政府行政能力、文化历史背景、资源习惯利用方式和传统管理模式等多种因素，建立由上一级行政首长领导下的协调机制或区域政府之间长期或短期的协调和合作机制。对具有特殊保护价值的跨区生态系统，通过设立专家咨询机构和联合管理机构，统一处理跨区域生态系统的保护问题，形成战略发展同盟和利益共同体。

（3）科学研究与管理制度相结合的方法。现代自然科学研究为生态系统的保护奠定了坚实的技术、理论基础，也为生态系统的管理制度提供了切实的方法论指导。生态系统管理（不管是科学技术层面，还是政策法律层面）不同于一般的社会管理活动，其出发点是现代自然科学的研究成果，其终极目标也是为了实现与自然生态规律的协调一致。近年来，江西实施生态旅游发展带动战略，编制了《江西省旅游业发展"十一五"规划纲要》和《江西省森林旅游发展规划（2005~2020年）》，建立了政府协调、部门规划、专家指导、标准规范、职业培训相配套的管理制度和运行机制，以全省森林公园和自然保护区为依托，以城乡一体化保护与开发为目标，形成了全省"两纵三横"生态旅游网络格局。实践证明，只有建立在科学研究基础上的生态系统管理制度才是最为合理、有效的管理制度。

（4）行政手段、市场手段和公众参与相结合，侧重公众参与的方法。为避免在经济、社会、环境管理活动中，传统行政手段和市场手段的主导作用出现的种种偏差与弊端。江西在发展生态旅游产业中，十分注重科学、合理确定和有效实施政府与公民、行政控制与市场控制之间的界限，规范各自的职责、权益和行为，采用"第三种调整机制"——公众参与的方式。即将11条跨省区旅游线路、5条黄金旅游线路、9条精品旅游线与婺源系列村镇、吴城、流坑、渼陂、钓源、瑶里、上清、安义古村群、汪山土库等一批全国有影响的古村名镇旅游精品紧密对接;将城市、近郊、城镇、乡村生态旅游民众参与的节点紧密对接;尤其将具有本土文化特色和地域风情的旅游节庆活动（全省十大重要文化节庆、地域16个重要文化节庆）与关注"三农"紧密对接。实现了全省"优势互补、协作连网、民众参与、互动多赢"。

三、生态文化载体建设关键技术

生态文化载体是指承载、容纳和传递生态文化内涵与表现形式的实体平台。生态文化载体具有很强的社会公益性、科学普及性和民众参与性。随着生态旅游及其各类生态文化产业的兴起，不仅能满足人们日益增长的生态文化与精神需求，而且又能拉动区域经济社会发展和林农增收。在进一步巩固完善现有生态文化基础设施和产业的基础上，再规划建设一批富有特色的生态文化载体，推动生态文化及其产业的大繁荣、大发展，已经成为江西弘扬生态文化，发展现代林业，建设生态文明，实现绿色崛起的重要内容和当务之急。

（一）江西生态文化体系建设的总体思路

1. 指导思想

以邓小平理论和"三个代表"重要思想为指导，深入贯彻落实科学发展观，以发展现代林业、建设生态文明，促进科学发展为总要求，以牢固树立生态文明观念，增强全民生态文化综合素质、全面提升江西文化软实力为总目标，以加强林业生态文化载体建设、促进林业生态文化产业发展、开展全民生态文化宣传教育为内容，不断增强全社会和全民生态意识、生态责任和生态义务，促进经济发展方式、生产方式和生活方式根本转变，为建设森林生态系统、保护湿地生态系统、维护生物多样性，提高江西人口资源环境承载能力，提升经济社会可持续发展保障能力，强化生态文化支撑能力，奠定科学的理论体系和坚实的物质基础。

2. 基本原则

（1）统一规划，分类指导。关键在于把生态文化体系建设的内容纳入各级政府国民经济和社会发展规划，根据不同生态类型和地域经济社会发展状况，分类指导，提出相应的建设项目和基础设施。在建设中不搞"一刀切"、不上超财力项目、不搞形象工程、不盲目攀比、不劳民伤财。

（2）区域分异，尊重特色。主要是根据客观存在的自然、社会、经济的地域分异，以生态学理论为指导，以资源的合理配置和开发利用为前提进行生态文化基础设施项目的规划布局。尤其要突出地域特征，尊重民族民俗乡土风情和风格，形成鲜明的生态亲和力和影响力。

（3）因地制宜，逐步完善。重点放在挖掘和充分利用现有的或潜在的生态文化资源，尤其是保护和修复当地特有的自然资源与人文景观。在此基础上，从实际出发，按照不同层次的需求，增加满足当地发展旅游或有益于群众身心健康的生态文化休闲活动场所和基础设施，逐步配套完善。

（4）示范引路，共建共享。无论是为了推动当地生态旅游业发展，还是为了改善人居环境、惠及社区民生，都应充分发挥典型示范的作用，构建公益性项目以政府投入为主，社会多元化投入，实现资源共享的平台，发展面向公众，尤其是面向中小学生开放的生态教育示范基地等基础设施建设。盈利性项目以市场运作为主,政府给予必要扶持。在财力允许的前提下,建一批高起点、高品位、高科技含量的生态文化示范基地和样板企业。

（5）形式多样，全民参与。生态文化的多元性，决定了其表现形式的多样性、展示内容的丰富性和广大民众的参与性。充分利用各种有利条件，拓展生态文化活动的时间和空间，采取群众喜闻乐见的形式，潜移默化，寓教于乐。

3. 建设目标

建设生态文明是党的十七大提出的重大战略部署,在新形势下,构建江西繁荣的生态文化体系,不仅是"生态江西，绿色崛起"的重要内容，同时也是江西发展现代林业的重要目标之一。通过繁荣生态文化及其产业，充分展示江西转变经济发展方式，大力发展低碳经济、循环经济、绿色经济和社会进步、生态文明的发展水平。

江西生态文化体系建设总体目标是："十二五"期间，突出"完善载体建设、发展生态旅游、创建示范基地"，初步形成覆盖全省、贴近自然、贴近时代、贴近生活、贴近百姓的生态文化体系。到 2020 年，形成比较完整的省、地级市、县及县级市、乡镇、村五级生态文化及其产业体系架构，基本建成比较繁荣的林业生态文化体系。让生态融入生活，用文化凝聚力量。

（二）生态文化体系建设的重点任务

"十二五"期间，江西生态文化体系建设重点任务是：启动并实施生态文化载体建设工程，重点是:加强"一会一馆三基地"建设,开展"三项行动"(简称:林业生态文化"1133"工程)。即成立江西省生态文化协会,建立江西生态(林业)博览馆;加强"教育体验基地""科学普及基地"和"休闲游憩基地"三项林业生态文化基地建设。对现有各项生态文化行动进行整合、完善和提升,开展生态文化"节庆、创建、宣教"三项行动。

1. 成立江西省生态文化协会

为了适应现代林业发展新形势新任务的要求,不断满足人民群众日益增长的物质文化需求,传承和丰富江西优良的生态文化,改善城乡居民人居环境,拓宽生活空间和活动场地,提高生活质量和文化品位,建议由江西省林业厅牵头,尽快成立专业民间社团组织——江西省生态文化协会。全省各地级市、县(市)在条件成熟的时候,也应成立相应的机构,组织开展基层生态文化宣传教育活动。

2. 建设江西生态(林业)博览馆

生态(林业)博览馆是传承和弘扬中华生态文化,展示中华民族悠久生态文化光荣传统,宣传生态文化丰富内涵、开展生态科普教育的重要场所和文化载体。"十二五"期间,江西将把生态(林业)博览馆建设列为推进现代林业发展的工作重点之一,统筹规划,合理布局。

目标是:到2015年,重点在南昌市建设江西生态(林业)博览馆。各地级市和部分重点县(市)可以在城市建成区或郊区以国家森林公园或自然保护区为依托,建设生态(林业)科普教育馆。

3. 建设三个林业生态文化基地

(1)林业生态文化教育体验基地建设。重点建设林业生态文化野外体验示范基地,完善各类生态文化教育体验基地设施。根据成年人、青少年和儿童等不同人群、不同年龄段的需求,以各级政府公共财政投入为主,多元化投入配套,在城市绿化带、郊区森林绿地或依托于森林(湿地)公园等适宜的地方,建立永久性林业生态文化野外体验示范基地。包括三个层次:城市居民野外活动场所、机关公务员或企业员工拓展训练基地、中小学校野外体验营地等,以满足人们向往自然、增长知识、拓展训练、增强体能等需求。"十二五"期间,全省所有县市级城镇建成1~2个、省会城市建成3~5个示范基地,力求在住宿、餐饮、活动器材、场地等基础设施配套。

(2)林业生态文化科学普及基地。林业生态文化的科学普及是一项群众性、专业性和参与性很强的社会公益事业。通过科普教育,让全民热爱自然,享受改革开放和生态建设的成果。

大力开展生态文化宣传活动。"十二五"期间,全省每年确定一周时间,集中开展生态文化宣传活动。利用植树节、爱鸟周、竹文化节、花卉文化节、森林旅游文化节等,组织开展生态文化宣传教育和科学普及。推动省(市、县)树、省(市、县)花、省(市、县)鸟、省(市、县)兽的评选活动。广泛利用各种新闻和信息媒体,传播生态文化信息。

将生态文化纳入全民生态文明教育总体规划。生态文明教育有利于培养人们的生态保护意识,符合教育的发展规律,一定程度上代表着未来教育发展的潮流。"十二五"期间,制定江西省生态文明教育发展规划和实施计划,并将林业生态文化纳入全民生态文明教育总体规划。重点是让生态文化教育进教材、进课堂、进学校。用规划和制度保障生态文明教育的科学发展。同时在组织机构、发展政策、科技支持、资金投入等方面要建立和完善配套措施,切实保障生态文明教育的健康有序发展。并由此延伸到机关、团体、厂矿和街道社区。

大力培养生态文明教育师资队伍和完善相应教学条件。将生态文明和生态文化知识普及教育纳入全省中小学教学大纲,配备相应的教师、教材、教具、教案等。根据不同年级的特点,因材施教,形式多样,组织好每一堂生态文明和生态文化教育课,让每一位学生通过学习掌握一般自然知识和生态责任,更加热爱自然,热爱家乡。

（3）林业生态文化休闲游憩基地建设。传承和弘扬生态文化离不开一定的物质载体。加强生态文化基础设施建设，是繁荣生态文化的物质保障。"十二五"期间，以省级以上森林、湿地公园和各类自然保护区为主要载体，重点是：进一步完善生态文化科普教育基础设施建设，同时规划新建一批"点"状的生态文化基地和"多点式"生态文化集地群，进一步优化布局结构，形成点、群结合的空间布局。

森林（湿地）公园建设。森林公园和湿地公园，不仅是宣传生态文化的基地，也是满足广大群众生态休闲旅游文化需求的场所，对于提高人民的生活品质、增进人民身心健康发挥着重要作用。"十二五"期间，结合江西城乡一体化进程，新建 50 个面积不小于 1 万亩的森林或湿地公园。使每个地县级城市（城镇）至少新建 1 个森林公园，并增设生态文化教育馆（包括科普知识、动植物标本等内容），充实和丰富公园的生态文化内涵，并全部免费向公众开放。

加强自然保护区建设。在靠近城市及周边的适宜地区，进一步完善现有各级各类自然保护区基础设施，增强科学研究与宣传教育功能，在非核心保护区适当扩大对公众开放的范围。根据江西省自然保护规划，因地制宜地再新建一批森林、湿地类型的自然保护区。科学保护好古树名木。尤其要规划建设一批小规模的富有地域特色和自然与人文景观的森林、鸟类、珍稀濒危野生动植物自然保护小区或自然保护点，正确处理好保护与开发的关系。

营建和扩大城区及周边公共开放绿地（湿地）。按照"让森林走进城市，让城市拥抱森林"和"森林进城、园林下乡"的城乡生态旅游休闲业发展规划新理念，利用城市工矿拆迁、遗弃矿山废墟、垃圾填埋场等土地资源，扩地建绿、见缝插绿，拆墙透绿，保护城市生态，改善人居环境，惠及城乡民生。在尽可能扩大城市建成区森林覆盖与休闲活动场地的基础上，针对新城区、城乡结合部和近远郊地区，统筹规划，通过恢复重建和新建新增等手段，进一步扩大森林（湿地）面积。"十二五"期间，全省城市森林覆盖率再提高 3 个百分点以上，城市林木绿化率再提高 5 个百分点以上；县级以下城镇森林覆盖率再提高 5 个百分点以上，林木绿化率再提高 7 个百分点以上。力求做到近自然状态，达到复层、异龄、混交的要求，努力提高森林质量和休闲保健的基本生态指标（指叶面积指数的绿量、负氧离子含量等）。

完善生态文化休闲产业基础设施。大力发展以"生态庄园、森林人家、林家乐、观光采摘果园"等生态旅游休闲品牌。"十二五"期间，在全省打造一批以森林、湿地为主体的生态文化旅游黄金线路和精品品牌。通过森林旅游拉动区域生态旅游相关产品开发和服务业的发展。同时，全省统筹城乡林业发展规划，因地制宜，合理布局，突出重点，特色鲜明，优化配置，规范服务，重点抓好生态休闲旅游基础条件和公共配套设施建设。完善生态旅游基础设施建设。

4. 开展林业生态文化三项行动

"十二五"期间，全省重点开展林业生态文化"生态节庆、创建示范和宣传教育"三项行动计划。以此为抓手，推动江西林业生态文化的大繁荣、大发展。

（1）办好生态文化各类节庆活动。进一步充分发挥各类社会团体的作用，运用节庆活动的平台，大力推进建设生态文明活动。以大力加强生态文化建设，促进人与自然和谐相处为主题。在办好富有江西特色的龙虎山国际道教文化旅游节、中国三清山文化旅游节、中国（婺源）乡村文化旅游节、明月山月亮文化旅游节、东江源生态旅游节等节庆活动的基础上，与地方政府和企业联手，打造井冈杜鹃文化节、鄱阳国际湿地观鸟文化节等一批新的精品节庆活动，弘扬生态文化，发展生态文化产业，促进全社会关注森林与湿地。

（2）开展生态文化创建活动。"十二五"期间，继 2010 年新余市荣获"国家森林城市"、江西省遂川县新江乡石坑村获首批"全国生态文化村"之后，协助南昌市、宜春市"国家森林城市"

的创建活动，同时在全省再创 10 个全国生态文化村，10 家生态文化示范企业、10 个生态文化社区，让生态文化村（社区）覆盖全省 10% 以上的县（区）级行政区域。

（3）持续开展生态文化宣教活动。"十二五"期间，以林业生态文化的宣传教育为抓手，选择一些国际国内共同关注的热点问题，加强林业"四地位、四作用"的宣传教育活动。重点有选择地组织开展"生态文化与碳汇林业""森林与气候变化""现代林业与绿色发展""生态文化与低碳经济""湿地与生物多样性保护""生态文明与绿色消费"等专题研讨活动。省林科院、省林学会等学术机构和社会团体应积极参与，开设相关专业领域课程，培养专业高层人才，承担技术培训，建立一支生态文化人才队伍和宣传教育队伍。

第三十二章　自然景观文化与产业发展关键技术

　　江西属中亚热带季风气候区，四季分明，气候温暖，无霜期长，雨量充沛。境内群山环抱，植被茂盛，野生动植物众多，江河纵横，湖泊秀丽，山水景观奇绝，人文积淀深厚，形成了许多山水与文化交融的圣境。得天独厚的自然条件孕育了丰富的森林旅游资源，为森林旅游业的发展奠定了坚实的基础。

　　根据类型，自然景观文化与产业发展关键技术，主要包括：①森林旅游区文化建设技术；②湿地旅游区文化建设技术；③生态景点与古树名木文化保护与发掘关键技术。

一、森林旅游区文化建设技术

（一）丰富和充实森林旅游资源

　　江西省具有丰富而独具特色的森林旅游资源，这些资源为森林（湿地）公园建设和森林旅游产业发展提供了巨大的发展空间。主要包括已经建立的各类森林公园，和以森林为主题的自然保护区，同时也包括其他尚未被划为森林公园和自然保护区的森林旅游资源。

　　（1）森林公园。至2008年年底，江西省共有森林公园103处，经营总面积达44.05万公顷，占全省林业用地面积的4%以上，其中：国家级42处，经营面积34.22万公顷；省级61处，经营面积9.83万公顷。全省11个设区市除新余市外均有国家级森林公园，省级森林公园的分布范围扩大到所有设区市，初步形成了以森林景观为主体、地文景观、水体景观、天象景观、人文景观等资源有机结合而形成的多样化的独具特色的森林风景资源的保护管理和开发建设体系。

　　比较知名的森林公园有"怪石密布、清泉飞瀑、曲溪流泉、云蒸霞蔚、瑰丽动人"的三爪仑国家示范森林公园；有以"古溶洞、古树、古建筑、古文化"四古和"荷包红鲤鱼、大障山绿茶、龙尾砚、江湾雪梨"四色特产为特色的灵岩洞国家森林公园；有森林茂密、古木参天、景物密布、奇岩怪石的东江源——三百山国家森林公园；有以山秀、云奇、历史文化吸引世人争相观光游览的世界文化遗产、世界地质公园——庐山；有以林木葱郁、自然风光旖旎、十里杜鹃林蜚声中外的革命圣地井冈山；有奇峰林立、雄伟俊俏、秀丽多姿的三清山。此外，还有九岭山森林公园，翠微峰国家森林公园，鄱阳湖湖口国家森林公园、资溪清凉山国家森林公园、黎川岩泉国家森林公园、南丰军峰山国家森林公园及南丰傩湖国家湿地公园等。

　　（2）以森林为主题的自然保护区。截至2010年年底，江西省已建林业自然保护区195处，其中国家级9处、省级27处、市县级159处，总面积115.16万公顷，占全省国土面积比达6.9%。在这些自然保护区中，大部分是以森林为主题。主要包括：保存极为罕见的亚热带高山原始状态天然阔叶林和针阔混交林呈垂直地带性分布，号称"华东屋脊"的武夷山国家级自然保护区；有以保护亚热带低海拔常绿阔叶林自然生态系统而闻名，被誉为古今植物避难所的九连山国家级自然保护区；有被誉为"赣西北绿色宝库"的官山保护区。此外，还有庐山、三清山、龙虎山、井冈山、九岭山等国家级自然保护区。

除此之外，江西省的森林旅游资源开发还存在很大的潜力。一方面，可以争取条件新建一批森林公园和自然保护区。从而使森林旅游区的分布更加广泛。另一方面，可以通过积极申报，提高已建森林公园、自然保护区的管理级别。不仅为经营、管理创造有利条件，而且还有利于提高森林旅游区的知名度和影响力，吸引更多的游客前来观光旅游。

（二）森林公园建设技术

森林公园是为城乡居民提供休闲、观光、保健、游憩等生态和文化服务功能的重要载体。有计划把山地森林建成森林公园，使之成为生态文化的一部分，是生态文化建设面临的一项重要任务。

1. 以生态美学理论为指导

近一个世纪以来，随着人类活动范围无节制地扩张，自然环境日益遭到严重破坏，生态问题也逐渐进入美学研究者的视野——生态美学应运而生。"生态美学"是生态学和美学相结合的边缘学科，是运用生态学和美学的基本原理，研究"生态美"的本质，生态和美的关系，内容美和形式美的关系等问题。

生态美的本质是"生态平衡"。美学家李泽厚认为："美的本质是人的实践活动和客观自然的规律性的统一，叫做自然的人化。"而这在森林景观建设中的具体表现，就是"生态平衡"得以保持。"生态平衡"产生了"生机"。生机盎然的环境，产生了"美感"。生态失调的环境，都是生机窒息的环境，都是不美的环境。

生态美的特征是"秀外慧中"。生态系统是生态结构与系统功能的统一。结构是内在的，功能是外在的。"慧中"是生态结构健全；"秀外"是生态美感。没有"慧中"，就不可能有"秀外"。而那种"金玉其外、败絮其中"，无论是传统的审美观点，还是现代的审美观点，都认为是不美的，或不是真美的。

生态美的基础是"形式美"和"内容美"的统一。对生态环境的审美，可从两个方面着眼：一是形式，即形象、空间组合、装饰、质地、色彩等等；二是内容，如生态性、功能性、实用性、舒适性、经济性等。前者是由建造法则所创造出来的美，是一种能通过视觉直接感知的"形式美"。后者是一种内在涵蕴的美，是必须经由概念、理念尔后向审美升华的"内容美"。我们既要承认"形式美"和"内容美"的相对独立性，又应做到二者的统一。

中国园林既讲究自然意境，认真师法造化，又重视人文意境，充溢诗情画意，追求一种人与自然浑然一体的审美效果。明代学者计成在《园冶》中明确提出造园的基本原则："相地合宜，构园得体"；"造园无格，必须巧于因借，精在体宜。虽由人作，宛自天开。"认为园林布局要利用地形，"园基不拘方向，地势自有高低，涉门成趣，得景随形，或傍山林，欲通河沼。"同时修造建筑物要保护古树。使园内"梧阴匝地，槐荫当庭；插柳沿堤，栽梅绕屋；结茅竹里，浚一派之长源；障锦山屏，列千寻之耸翠"。这种理论对此后的园林艺术产生了深刻影响。即使是今天，这仍然是森林旅游区和公园景点建设应该遵循的原则。

2. 因地制宜地构建人与自然和谐的森林景观

以乔木为主体构建森林景观。城市公园绿地建设的目标是改善自然与人，自然与经济，生物与生物，生物与环境之间的多元关系，解决城市绿化功能的问题。有些城市曾片面地追求大色块，草坪风和广场风，忽视生态功能，局部地区乔木和林带的占有比例较低，从而大大降低了城市绿地生态功能。草坪的生态效益远远低于乔木林，高大乔木可以有效减缓热岛效应。城市公园绿地建设应以乔木为骨架，以木本植物为主体，合理选择配置植物种类，以地带性乡土植物为主，突出城市森林的地域特色，艺术地再现地带性植物群落特征，构成乔、灌、竹、草、藤的复合群落，提高群落乃至森林景观的稳定性。

以生态学为指导构建稳定森林系统。城市公园森林景观建设在运用生态学原理和借鉴自然生态系统结构的基础上，为促进城市生态系统的良性循环，所建立的最佳人工生态系统。一个优良的生态系统，应该是把生命系统（各种园林植物、昆虫类、鸟类、微生物）和环境系统（土壤、光照、水分、山丘、水体、各种景观建筑等）内部的各组成要素，在城市空间（或公园）中排列与结合构成最佳状态，即让其生态系统结构在单位空间和单位时间上对光能利用率及同化率最高，整个系统以最高的生物生产力，使其结构功能、自我再生、抵御外界不利因素的能力均处于最佳，从而发挥出森林生态的最大综合效益。建设城市公园最佳陆地人工植物群落和水生植物群落，应依生态系统的立体结构规律，将不同种类和习性的园林植物、昆虫类、鸟类、鱼类、微生物类等，合理地配置在系统中的不同生态位上，健全公园生态结构层次，促进物质循环，维持公园生态系统的持续稳定。

以地域为主创造森林景观特色。城市公园坚持以生态为主的原则，突出城市森林景观地域特色，遵循自然规律进行植物配置，促使城市公园绿地群落与自然植被特征相接近，形成近自然的人工植物群落。建设具有地方特色的森林植物群落景观及山水景观，应依区域自然生态景观和植被生态类型，选择森林植物群落配置和山水布局的生态模式。我国南北方因水分和温度分布的差异，森林类型由南向北，依次分布为热带雨林—季雨林—亚热带常绿阔叶林—暖温带落叶阔叶林—温带针阔混交林等，不同生物气候带上的地带性植物群落的结构层次，植物区系组成，既是形成各地区城市公园植物群落生态模式的源泉，又是引种驯化和培育栽培园林植物的天然基因库。除从宏观上创造城市公园森林景观特色外，从公园生态系统的结构成分入手，通过建立分区专类园和专题园，配置多种类型园林植物群落，创造不同形式的绿地空间等途径，来突出公园各分区的森林景观特色。

以文化为依托创建森林景观。公园文化是城市森林文化的重要组成部分，是人类文明进步的一个缩影，也是精神文明和物质文明的综合反映。公园的人文景观、历史文化遗产、科学文化内涵都包含着文化的创造，结合和保护地方传统文化，保留城市自然环境、人文资源、对地方的原材料、艺术风格与文化内涵进行整合运用，创造出地方特色的城市风格和城市个性。城市公园是以植物为主体创造的游憩环境，是城市与自然和谐共处，充分体现自然的美、自然的意境。城市公园以其山水地形美，借用天象美，再现生境美、建筑艺术美、工程设施美、文化景观美、色彩音响美，造型艺术美、联想意境美来满足人们的求美需求。因此，城市公园在规划建设中，应运用具体布局、空间组合、体型、比例尺度、色彩、节奏韵律、质感等园林语言，来构成其特定的艺术形象，形成风格与特色兼具的园林美。城市公园中流畅的水际线，各具特色的植物造型，错落有致的植物群落，与人共处的野生动物，无不体现公园的文化内涵。

（三）森林旅游文化的继承与创新

森林旅游，以欣赏优美的自然山水风光为主，同时又可以增进对区域历史文化、民俗文化等的了解，寓教于乐，在潜移默化中提高人的素质。因此，发展江西森林旅游文化，一方面需要保护和建设森林资源和生态环境，运用生态美学、森林美学、园林美学的理论和技术，把山川和大地装扮的更加秀美、更加多姿多彩；另一方面又需要继承、挖掘千百年来历史中形成的各种文化，并结合新时代的要求丰富其文化内涵，不断创新，运用文学家的想象力、科学家的技术手法，让风景区充满感人、迷人、诱人的故事和学问。从而使自然风光与人文华章相映成趣、相得益彰、融为一体，打造出精品。

（1）突显历史人文。在漫长的历史长河中，勤劳智慧的江西人民创造了星光璀璨的古代文明，描绘了浓墨重彩的近代画卷，谱写了可歌可泣的现代篇章。

江西人才辈出、地灵人杰，宛若群星灿烂一般涌现出一大批光耀史册的文学家、政治家、科学家，为中华民族的发展作出了重要贡献；同时也有许多历史名人在江西生活和工作，创造了丰厚的文化遗产。古代的，如陶渊明、王勃、欧阳修、曾巩、王安石、朱熹、文天祥、解缙、宋应星、汤显祖等。近代和现代的，如詹天佑、毛泽东、朱德、邓小平等。他们的精神和事迹与江西的山山水水有着密不可分的联系。经过整理、加工，都是发展森林旅游的重要的元素。

同时，江西省也形成了众多的民间习俗、艺术，如婚嫁习俗、南丰傩舞等。随着社会经济的不断发展，在江西的广袤大地上各种现代节庆应运而出，如婺源旅游文化节、赣州世客会等。这也是开展森林旅游的特色资源和重要条件。

（2）弘扬树木文化。江西拥有树木群落、草地、花卉地、野生动物栖息地等生物景观，是江西森林旅游的重点资源。其中树木资源及其相应的树木文化，是一个主体组成部分。

江西境内森林广布，茂竹修林，种类繁多，构成了广阔无际的绿色海洋。其中珍稀植物繁多，很多还是我国特有的孑遗植物，构建了珍贵的以珍稀植物为建群种或优势树种的群落。如井冈山的福建柏林、武夷山的南方铁杉、柳杉林等，起源于白垩纪的银杏、南方红豆杉、竹柏、壳斗科、樟科、木兰科，出现于第三纪的山茶科、桃金娘科、枫香科、金缕梅科等古老树种在江西均有较广泛的分布。全省已知的野生高等植物有 5117 种，占全国总数的 17%，其中苔藓类 563 种，蕨类435 种，裸子植物 31 种，被子植物 4088 种。其中国家 I 级保护野生植物有 9 种，II 级保护有 46 种；国家珍贵树种有 26 种，约占全国的 20%。省一级保护野生植物有 9 种，二级有 39 种，三级有 115 种。在地带性常绿阔叶林中，植物种属和个体数量较多的优势科为壳斗科、樟科、木兰科、山茶科、金缕梅科、杜英科、冬青科等。珍稀、濒危植物有南方红豆杉、白豆杉、观光木、半枫荷、香果树、伯乐树、金毛狗蕨、粗榧等。分布于宜春市的落叶木莲是江西省特有种，也是木莲属唯一落叶的植物；萍乡的长红椆木母树，树龄有 300 多年，是世界仅存的长红椆木母树。此外，宜丰县的穗花杉群落、铅山县的南方铁杉天然林、德兴市和玉山县的华东黄杉天然林均是国内罕见的珍稀植物群落。全省森林植被景观总的特点是：景观类型丰富，植物种属繁多，垂直分布差异明显，季相变化异彩纷呈。

樟树是江西的一个重要树种，樟树文化积淀深厚。樟树为亚热带地区重要的材用和特种经济树种，可提取樟脑、樟脑油。樟树的木材耐腐、防虫、致密、有香气，是家具、雕刻的良材；枝叶浓密，树形美观，是南方地区园林绿化的首选树种。据称，长期生活在有樟树的环境中会避免患上很多疑难病症。寿命长，多成百上千年的参天古木。江西省有个地名，称为"樟树"。关于其地名的来历，据传说，三国时期东吴大将聂友在淦阳镇赣江边看到一只鹿，一箭射去却射中了一棵流血的樟树！从此以后，豫章郡（江西）出现了"樟树"这个地方，当地百姓也将此地称之为"鹿江"后来这里的百姓为纪念他，在此赣江边（樟树二码头）建了一座"聂公庙"。这里的繁华由此开始。宋代临川王安石在这临江诞生，为此地再次生辉。

在井冈山黄洋界风景区，有一处景点是毛泽东与朱德同志挑粮休息的古槲树。黄洋界位于茨坪西北面，这里海拔 1343 米，群山巍巍，形势险要，时常弥漫着茫茫云雾，好像一望无垠的汪洋大海，故又名"汪洋界"。黄洋界保卫战胜利纪念碑的附近，位于 1959 年修筑的井宁黄洋界盘山公路上方，有一株树皮皱纹很深的古槲树，这就是毛泽东、朱德率领红军战士，当年从山下挑粮上井冈山的休息处。毛泽东同志诗词《水调歌头·重上井冈山》中的"高路入云端"和原诗"高树入云端"均指黄洋界这里的"路"和"树"。此树，乃是井冈山革命斗争的见证！

以上仅举樟树、槲树作为例证，来说明江西省的树木文化。在这方面，做深入挖掘文化元素和内涵的潜力还很大。

乡村中尚存风水林、祠堂林、寺庙林、道观林，是以某种宗教或信仰的名义得以保存的。乡村的风水林，多为常绿阔叶林，林内不但保存大量的古树和珍稀物种，也绿化和美化乡村景观，有效保持水土，防止滑坡等地质灾害造成对乡村的破坏。这些风水林的存在，显然不单是物的存在，而是一种文化符号，表示人们对自然生态的一种敬重，一种与之相处的和谐。要加强对风水林的保护，以及对风水文化的研究与传承。

（3）培育动物文化。江西是我国生物多样性最为丰富的省份之一。境内森林植被茂盛、水热条件丰沛、地理环境复杂，得天独厚的自然条件孕育了丰富的野生动物资源，保育着水生动物栖息地、陆地动物栖息地、鸟类栖息地、蝶类栖息地等全部的野生动物栖息地基本类型，成为森林旅游重要的观赏景观。据统计，全省有野生脊椎动物 845 种，其中哺乳类 105 种，鸟类 420 种，爬行类 77 种，两栖类 40 种，鱼类 203 种，分别占全国同类动物种数的 21%、34%、20%、14%、5%。列入《濒危野生动植物种国际贸易公约》附录一和附录二的野生动植物种类有 98 种（类）。省级保护的陆生野生动物有 107 种（类）。常年分布的珍稀濒危野生动物有金钱豹、云豹、梅花鹿（南方亚种）、水鹿、苏门羚、黑熊、黄腹角雉、白鹇、白颈长尾雉等。

比较著名的，有宜黄华南虎、云豹、彭泽梅花鹿、扬子鳄自然保护区。今后可建立野生动物驯养繁殖基地，创办国际狩猎俱乐部等。

二、湿地旅游区文化建设技术

湿地资源在维持自然生态平衡、保护生物多样性和文化价值、蓄洪防旱等方面，发挥着非常重要的作用。由于湿地面积急剧减少、功能逐渐降低，湿地污染日益加剧、质量严重下降，生物资源过度利用、生物多样性逐渐丧失，生态、文化等功能严重破坏，已经直接威胁到我国生态安全和经济社会的可持续发展。湿地的生物多样性与文化多样性共同构成物质和精神上支撑人类的自然财富。湿地的文化遗产是人类与湿地长达数千年融合的产物，这种融合曾给先人带来财富，这种财富要延续下去，同样有赖于我们这辈人的努力。因此，保护现有湿地、恢复退化湿地，提高湿地的生态旅游文化功能具有重要的意义。

（一）保护和修复重要和典型的湿地旅游资源

江西省拥有河流、湖泊、池沼、瀑布、泉等湿地和水域风光。具有代表性的有：赣江、修水、抚河、饶河、信江等河流，中国第一大淡水湖——鄱阳湖。鄱阳湖是江西最具代表性的湿地旅游区，它作为我国最大的淡水湖泊，被誉为"珍禽王国"并入选"国际重要湿地"，设有湿地自然保护区、湿地公园，以及南昌滕王阁、彭泽石钟山、湖口、九江烟雨亭、八大山人等景区景点。每年吸引数以百万计的越冬候鸟，包括白鹤、白头鹤、白枕鹤、灰鹤等 4 种鹤类（全球共 15 种）和庞大的雁、鸭种族以及东方白鹳、黑鹳、白琵鹭、小天鹅、斑嘴鹈鹕等珍稀鸟类 100 多种。近几年来白鹤的越冬数量每年都稳定在全球总数量的 95% 以上，2004 年环鄱阳湖区越冬候鸟水禽同步调查结果表明，在鄱阳湖越冬的白鹤数量在 4000 只左右。

（二）发掘和创新湿地文化

开发湿地景观文化资源。湿地生态环境的形成依靠于一个大的生态环境，包括周边的植被、物种、水域等等，应该围绕湿地形成一个相互依存、多层次、立体性的生态景观。湿地景观文化资源包括：①物质文化（稻耕文化、船舶文化、建筑文化、生产文化、工程文化等）；②精神文化（端午节、民俗艺术、湖乡忌禁、饮食文化、抗洪抢险、植物文化等）；③制度文化（流域文化、历史遗迹、湿地文物等）。湿地景观文化资源的保护和开发，要突出区域文化特点，彰显湿地特色，保护湿地的自然生态系统和景观，保持其高度的真实性及完整性。

增强公众湿地保护意识。为了保护湿地的生态文化价值，要悉心呵护湿地，亲近自然，体现《湿地公约》关于湿地保护和合理利用的基本原则。重视湿地生态建设，弘扬湿地文化，通过信息沟通、资源共享、合作交流、宣传普及湿地知识等方式，增强公众湿地保护意识，探索湿地保护和合理利用的有效途径，逐步形成湿地生态文化价值保护和管理的合理模式，从而对湿地生态文化功能的维护产生积极影响。要确保湿地社区民众的发展权力，在物质生活得到相对保障的基础上进行生态文化建设，同时要提高他们的生态文化意识。

社区共建共享湿地生态文化。将湿地生态文化建设同社区民众的生活与生产结合起来，才能避免出现一边建设一边损毁的现象。广西、云南等地的湿地生态文化建设就很有特点，由于那里处处风景、步步山水，生态区域与旅游景点和人们日常生活就没有了严格意义上的"围墙"之隔，日常生活、生产建设和生态保护取得了共同的行为价值立场。于是，湿地生态文化保护与建设就成为当地人民日常生活份内的事。这样，广大民众的生态文化意识被充分调动起来，而他们正是生态文化建设最前沿和最直接的实践主体。

（三）建设湿地公园与自然保护区

截至2010年底，全省现有保护水禽及栖息地为主的湿地自然保护区21个，其中国家级2个(鄱阳湖、南矶山)；有湿地公园29个，其中国家级6个（新余孔目江、鄱阳县东鄱阳湖、永修修河、安远东江源、南丰傩湖、丰城药湖等），省级23个，总面积12.04万公顷。

自2010年1月20日省林业厅向全省各地下发了《关于开展创建省级湿地公园活动的意见》赣林护字[2010]24号），将湿地公园建设纳入全省造林绿化"一大四小"工程建设以来，全省湿地公园的发展速度非常快，目前已批准了23个省级湿地公园，预计到2020年，全省湿地公园数量将达100多个（表32-1）。

表 32-1　江西省湿地公园面积及数量预测

	2010 年	2011~2015 年	2016~2020 年
湿地公园数（个）	29	71	102
总面积（公顷）	120400	205848	254261
国家级数量（个）	6	22	30
省级数量（个）	23	49	72

湿地公园和自然保护区建设应遵循自然规律，在重点保护和拯救珍稀濒危动植物的前提下，以生态优先和可持续发展理念，把保护区建设成一个结构合理、功能完善、效益稳定的湿地生态系统，成为绿色生态屏障的核心及野生动物的天然栖息地与生态乐园。强化自然保护，拓展保护空间范围，使野生动植物、自然风景、人文遗产等都得到有效保护。充分发挥湿地生物多样性的优势，办好绿色产业，创绿色文明，使湿地公园和自然保护区真正成为弘扬湿地文化，展现秀美自然湖泊风光、传播绿色文明的窗口，为人类提供休闲旅游、恬静优雅的自然环境。

保护湿地生物多样性。确认并管理湿地生物多样性热点地区，在湿地区及其周边地区制定并实施替代生计方案，对公众加强湿地价值与功能的教育。建立湿地走廊带，加强湿地自然保护区水体的恢复与管理，在保护区缓冲区开展有利于生物多样性保护的农业开发示范。编制有利于生物多样性保护的湿地利用规划，针对典型地区湿地的现状，结合湿地公园的建设，以恢复生态学、景观生态学为最基本的指导理论，将湿地自然景观与人文景观相结合，进行湿地资源保护、恢复与可持续综合利用的技术试验示范。

开发湿地生态旅游产业。生态旅游的迅速发展和湿地资源的特殊性，使得湿地生态旅游活动备受关注。湿地生态旅游开发必须遵循可持续发展思想，把旅游开发与旅游行为同生态文明建设、生态环境保护有机结合起来，协调好旅游开发建设与湿地生态保护的关系。旅游项目建设不能影响保护区工作的开展，力求使湿地生态旅游活动实现经济效益、社会效益和生态效益的统一。针对不同类型的湿地，依据其历史文化底蕴、生态系统的完善性、市场竞争力以及区域经济社会条件等特点，采取不同的开发模式。

三、生态景点与古树名木文化保护与发掘关键技术

江西有诸多具有鲜明地域特色的自然生态景点和古树名木资源，它往往与古民居、古村落群融为一体，显示着自然生态与人类文化丰厚积淀。在生态文化建设中充分考虑对此类资源重点加以保护与开发。

（一）人类活动文化遗址保护

人类社会经济文化活动部分遗址遗迹的保护与开发。此类景观由于多种原因消逝在浩瀚历史长河之中，现在仅能依据史书和残留现场的断墙、基础来追忆。诸如天柱峰国家森林公园的丰田战斗遗址，上清国家森林公园的象山书院遗址、婺源古民居、古村落群的白鹭栖息地，以及人工扦插的古杉树群（相传明朱熹为其祖母墓地所植）等。

（二）生态景点与古建筑保护

江西森林旅游资源的古建筑与设施保护与开发。包括人文旅游地、景观建筑与附属型建筑、居住地与社区、归葬地等。如官山自然保护区是江西农业大学、江西师范大学有关专业的重要科研、实习基地之一；龙虎山的悬棺已经成为重要的旅游景点。众多的森林公园均具有康乐、健身、消闲、疗养、度假条件，大部分建筑设施与森林旅游区自然景观紧密结合、相互依托、相互映衬。如三爪仑国家示范森林公园中的宝峰寺、上清国家森林公园的道教圣地——大上清宫、九岭山省级森林公园中的弥陀寺、枫树山森林公园的明代陶瓷古窑、宜丰森林公园中的明代崇文塔等。

（三）古树名木保护

古树经历了历史变迁的沧桑，生动地记录了大自然的变迁过程，揭示了植物种属兴衰演变的历史，是活的文物。古树是自然历史长期孕育的产物，是不可再生的自然文化遗产，对探索自然地理环境的变迁、植物区系的发生、发展规律，以及监测人类活动对自然环境的影响具有十分重要的意义。江西省有众多的古树名木资源。据江西省绿化委员会 2004 年调查，境内共有古树名木 98160 株，其中古树群 67309 株，散生 30851 株，涉及物种 246 种（尚未包括森林公园及自然保护区内古树）。最大树龄在 1500~2000 年的古树有银杏、罗汉松、柏木、垂柏等；最大树龄在 2000 年以上的古树有樟树、枫香、刺槐等。各地保存成片的古树群如婺源县晓起村百年以上的古樟有 77 株，文公山尚存朱熹亲手种植的 16 株古巨杉；吉安、乐安流坑的古樟群等等。由于具有较高的观赏价值，森林旅游区中的古树名木大部分都成为重要的景点，如三爪仑国家示范森林公园宝峰寺景区中的千年桂花树，胸径约 1.1 米，高 16 米，系唐贞观年间马祖禅师所植，树龄 1300 多年。

加强对古树名木的养护管理。古树名木由于寿命已长，树体生长势衰弱，抗逆性差，极易遭受不良因素影响，因此对古树名木的管理工作要细致，要经常为古树名木创造良好的生长环境。不应在古树周围修建房屋，挖土，架设电线，倾倒废土、垃圾及污水等。应在生长季节进行多次中耕松土，冬季进行深翻，施有机肥料，改善土壤结构及透气性，使根系和好气性微生物能够正常生长和活动。在古树周围应设立栅栏隔离游人，避免践踏，同时在古树周围一定范围内，不得铺装水泥路面。根据树木的需要，及时进行施肥。施肥时不能施大肥、浓肥，应施淡肥、勤施肥。在地势低洼或地下水位过高处，应开设盲沟排除积水，以保持土壤中有适当的空气含量。土壤干

旱时，应及时浇水。要注意防治病虫害，对腐朽树干要施行补洞、治伤。在较高大的古树上要安装避雷针，以免雷电击伤树木。树木空朽、树冠生长不均衡、有偏冠现象的树木，易被风刮倒或吹折，应在树干一定部位撑三角架，进行保护。对生长衰弱、频临死亡的树木应加强恢复长势和复壮工作，利用树木衰老期向心更新的特点进行更新。对树势衰弱的古树，可采用桥接法使之恢复生机。对古树名木应进行详细调查，并统一挂牌编号，建立档案。并要分片、确定专人管理，每年记录树木生长情况及养护措施，以便今后总结和参考。此外，通过宣传使人们养成自觉爱护古树名木的习惯。

第三十三章　森林文化与产业发展关键技术

一、茶文化及其产业开发技术

(一) 江西茶文化现状及特色

素有"物华天宝，人杰地灵"之誉的江西，产茶历史悠久，名茶辈出，茶叶贸易活跃。早在东汉之际，就有僧人采茶。《庐山志》载：在晋代，庐山上的"寺观庙宇僧人相继种茶"，庐山东林寺名僧慧远以自种之茶招待陶渊明，吟诗饮茶，叙事谈经，终日不倦。唐代杰出诗人白居易曾挥写诗句，描绘"前日浮梁买茶去"的情景。至宋元，公元1162年，江西隆兴府（今南昌）年产茶278万斤，主要品种有双井，西山白露，鹤岭等名茶（引据《茶史》）。元朝时，江西九江已是我国的第一大茶市，当时九江茶商云集，集中售茶买茶者，你来我往，川流不息。此后，江西一直是全国重要的茶叶产地，茶叶贸易也从全国扩展到海外。因此，江西在促进历代的经济发展、提高人民的物质生活方面作出了巨大的贡献。

1. 名标青史的江西名茶

历史上的名茶，唐洪州有西山之白露（李肇《唐国史补》）、宋有婺源茶（《大观茶记》）、元代有虔州泥片茶（今江西赣县）、袁州金片茶（今江西宜春）、明代有袁州云脚茶（今江西宜春）、洪州白露茶等，具体包括：江西修水宁红茶、庐山云雾茶、婺源茗眉、南城麻姑茶、遂川狗牯脑茶及浮梁工夫红茶、井冈翠绿、上饶白眉等，可谓品名繁多、驰名中外。在中国茶文化史上熠熠生辉，留下光辉灿烂的篇章。

2. 相得益彰的茶具与水

欲获得饮茶的良好品茗氛围，营造出和谐的品茗环境。品茗所用器皿的外形、色泽、釉色、纹饰理所当然须备文化品味，而其泡茶所用之水，也理当十分讲究。只有茶与水、茶与茶具配合到位，配以清雅的品茗环境，方能相得益彰。

"器为茶之父"，茶具的制作材质繁多而以陶瓷为主。江西生产的陶瓷茶具历史悠久，在距今近二千年的东汉墓葬中，就出土了有用于贮茶的青瓷器系罐、煮茶的陶炉、饮茶的青瓷钵。从明代起，景德镇更成为"天下窑器所聚"的制瓷中心，因此，在明清时期，以江西景德镇为主生产的白釉瓷取代了盛极几百年的黑釉茶盏而成为陶瓷茶具的主流。江西陶瓷茶具数量众多，丰城的洪州窑、赣州的七里镇窑、吉安的吉州窑以及景德镇窑等，都是名闻中外的产瓷窑场，生产了大量的精美茶具。其中的佼佼者当数吉州窑的黑釉茶具及景德镇的陶瓷茶具。

"水为茶之母、器为茶之父"，水是茶的色、香、味、形的体现者，古往今来，人们在"论茶"时，总忘不了谈水，明人许次纾《茶疏》中说："精茗蕴香，借水而发，无水不可与论茶也。"所以古人烹茶，无不尽寻名泉佳水。张又新《煎茶水记》记载他曾亲尝天下宜茶之水，然后将天下水分为二十，并排叙诸水名次先后，其中前十等中，江西水就占有四处：庐山康王谷水帘水、庐山招隐寺下方桥潭水，洪州西山瀑布水、庐山龙池山岭水。其中庐山康王谷水帘水名列第一，从此庐山谷帘泉水就有"天下第一美泉"之称。谷帘水位于庐山大汉阳峰南麓，当地植被繁茂，雨水通过植被缓缓渗入土层，再慢慢经砂岩过滤汇聚成泓碧水，从涧谷喷涌而出，倾泻入潭，故而水质特优。

3. 丰富的江西民间茶文化习俗

江西是茶的故乡，江西民众在长期的饮茶过程中，对茶赋予了诸多的精神层面的内涵，逐步形成了颇具特色的茶俗茶艺。在祀神谢土时，洒茶为祭；男娶女嫁，以茶为礼；砌房造屋，茶叶奠基等；约定俗成的岁时饮茶。修水的待客茶俗，资溪的"吃茶""喊茶""传茶"，妇女们的"传茶会友"等，形式多样，寓意深远；还有别具一格的饮茶法，如临川的擂茶、赣南的工夫茶、武宁的豆子芝麻茶和菊花茶，再有做法不一，风味不同的各色茶点，皆具有浓郁的地方特色。另外，还有很多茶事语言的表达方式：茶谚、茶谣、茶谜、茶歌、茶舞、茶戏，其种类繁多，流传甚广，作为江西茶史的见证，是宝贵的财富。如悦耳动听的采茶歌，一曲《请茶歌》唱遍了祖国的大江南北；江西莲花的"耍茶灯"、萍乡的地方灯彩"牛带茶"，都具有很强的观赏性、趣味性和知识性；幽默风趣的江西采茶戏距今约有300多年的历史，赣南采茶戏是江西采茶戏的始祖；茶礼表演融哲学、历史、茶文化音乐、舞蹈、书法、绘画、诗词等为一体，较为集中地体现了中华茶文化的丰富内涵和中华民族"温、良、俭、让"的美好品德。

（二）江西茶产业的现状、特点、存在问题

1. 江西茶叶生产的现状

江西茶叶生产历史悠久，始于汉，盛于唐。宋代，江西茶叶产量居全国之首（全国岁茶课为1153万公斤，江西342.5万公斤）。明清时期，涌现了庐山云雾、遂川狗牯脑、修水双井绿、婺源绿茶、浮梁红茶等一批具有地方特色的优质名茶。新中国成立后，由于党和政府的重视，江西的茶园面积和产量分别从1949年的4800公顷、2145吨增加到1998年的5.47万公顷、2.1万吨。产茶区域遍及全省的每个县市，茶叶已成为茶区农民经济收入的主要来源和县、乡财政的支柱。

2. 江西茶产业发展的优势

（1）生态环境的优势。江西国土的60%是丘陵山地。海拔均在350~850米之间。怀玉山、武夷山、幕阜山、九岭山脉、罗霄山脉、南岭北支身临其中。亚热带季风湿润气候，终年云雾缭绕，四时清泉不绝，这些得天独厚的自然条件有利于茶叶的生长。茶叶产区周边没有工业企业污染源，婺源的大障山茶（海拔1200米以上）每年均是销往欧盟市场，占整个欧盟有机绿茶70%的市场份额，具有较强的国内外市场竞争力。

（2）悠久历史品牌优势。江西的茶，"唐载茶经，宋称绝品，明清入贡，中外驰名"。遂川的狗牯脑茶于1915年获美国巴拿马博览会金奖；婺源的"协和昌"珠兰精茶、"益方"绿茶同获一等奖；修水县1905年所产的"宁红"号称"宁红不到庄，茶叶不开箱""茶盖中华、价甲天下"的美誉。据不完全统计，江西的茶叶品牌获国际、国内大奖有50个，获省级奖的有140余个。这些茶叶名牌都是江西发展茶产业的重量级优势。

（3）生态旅游观光茶园的优势。随着人们生活水平的提高及产业发展的需要，市场竞争的重心已从品牌、品质、规模等方面向生态型、资源型及文化内涵等各种产业要素的综合竞争力转型，江西人司空见惯的青山绿水和世代厮守的名人故居，竟成了新一轮茶产业整个浪潮中的无价之宝。修水县投资3000万元的茶业生态科技园项目开始在城郊破土动工。景德镇市得雨活茶集团早在2003年就将原先的市农科所整合成拟自然的生态旅游观光茶园。婺源县婺绿在婺源城郊兴办了江西第一家集茶叶生产、茶艺表演和旅游观光、购物于一体的"故园里茶苑"，延续、光大了婺源的茶产业，进一步丰富了茶文化的内涵。

（4）市场秩序总体观念更新的优势。市场经济要求是质量上乘，诚信第一。修水大椿茶场相邻的砖瓦窑硬是在县、乡两级政府的干预下得以搬迁。避免了环境的污染；茶园保证灭虫不喷洒化学农药，坚持不施化肥，确保了有机茶的品质。2005 年全省有 100 公顷茶园顺利通过了有机茶转换论证。"双井绿"再次受到新老茶人的订购。婺源茶业局专门编写了《无公害茶生产技术》《无公害茶质量标准》《无公害茶主要病虫害防治》科技图书，免费赠送给茶农，并主动到农户家宣讲，确保了"婺源绿茶"的品质和市场信用。

（5）绿茶"金三角"格局初现的优势。业内人士认为长三角茶业"金三角"系浙江的开化县、安徽的休宁县和江西的婺源县、浮梁县，均是老茶区。江西的这 2 个县，从面积、产量、效益合起来就是"金三角"龙头老大，使品牌、品质、生态优势更能发挥利用。

3. 江西茶产业存在问题

然而，近些年来，随着茶叶市场的开放，江西的茶业生产不仅没有较大发展。相反，茶园面积和产量出现了滑坡。2004 年，全省茶叶产值 4.4 亿元，年创汇 2000 多万美元。而浙江是 48 亿元，福建 28 亿元，湖北 13.5 亿元。究其原因：①市场经济的理念滞后；②整体经济条件的制约，茶区均是山区贫困县；③老茶园多，面积小，分布散，产量低，单产不过 25 公斤 / 公顷；④由"大路茶"向"名优茶"转型速度迟缓；⑤技术培训、茶园改造进度缓慢；⑥外出促销，搞茶叶节庆活动，寻找茶文化渊源力度不够。

（三）开发茶文化的对策

弘扬茶文化的总体目的是为人类社会的文明与进步作出贡献。具体到茶行业本身，弘扬茶文化应该是促进茶业事业的发展。因此，在进入 21 世纪的今天，弘扬中华茶文化，其目标是：促进茶叶消费增长，有益人类心身健康，推动精神文明建设。围绕这个目标，当前应该开展的工作主要是下列几个方面：

1. 挖掘和整理茶叶史料，建立中华茶文化宝库

几千年的茶叶发展史，历代茶人著书立说，积累下来的茶叶历史资料是很多的，包括茶书、茶诗词、茶书法、茶画、茶歌茶舞、茶的历史文献、地方志中有关茶的记载等，内容非常广泛。如能下力气花工夫把它们整理出来，这将是中华茶文化教育的重要宝库，也是弘扬茶文化必需做好的一项重要工作。

2. 发现和保护中华茶文化教育的历史遗迹，发展茶文化旅游事业

我国茶区辽阔、历史悠久，各地有待挖掘和保护的与茶有关的历史遗迹很多，如摩崖石刻、建筑、古墓、器具、碑、亭、井、园、树等，凡有保存价值的，都应力求保护好、管理好。而且有条件的地方可以配套发展茶文化旅游事业，既可扩大宣传，又可增加经济收入。

3. 充分发挥各种媒体的宣传作用，普及茶文化知识

弘扬茶文化，不应只局限于茶界与文化界的小圈子，而应该利用各种媒体广为宣传，使更多的饮茶爱好者和消费者者不断增长茶文化的知识更新，从而促进茶叶消费。

4. 倡导茶人茶德精神，促进精神文明建设

中国的茶人精神和茶德精神，究竟应归纳为哪几个字或哪几句话，还没有统一的说法。陆羽提出的"精行俭德"，庄晚芳提倡的"廉美和敬"，作者曾建议"理敬清融"。虽然提法各有侧重，但基本精神是一致的。我们应该发扬这些茶人、茶德精神，净化人们的思想意识，提高道德水准，促进精神文明建设的发展。

5. 恢复和发展历史名茶，丰富茶叶产品市场

恢复和发展历史名茶的工作，各地已经广泛开展，这项工作必须依据市场经济的规律，不要片面追求高精尖，不要一律只采单芽茶，而是要面向大众消费，创立名牌，把高质量高效益作为追求的目标。

6. 培训和规范茶艺茶道，引导茶艺馆健康发展

中国是一个多民族的国家，各民族的风俗习惯不同，各地饮茶技艺不尽相同。目前各地涌现出来的各种茶馆和茶艺馆如雨后春笋，档次虽有差别，但都应该以满足各种消费群体的正当需求为目标，因此引导消费者如何科学地泡好一壶（杯）茶，如何欣赏饮用它，充分发挥茶的饮用价值，这是我们工作的重点。至于茶道茶艺表演，作为一种艺术形式，可以规范可以保留，但不要提倡都得这样慢吞吞地去饮茶。中国老百姓长期沿用匠随和的饮茶方式仍然是属于老百姓自己的最好方式。

7. 扩大国际茶文化交流活动，增进友谊，促进茶叶贸易的发展

中华茶文化不仅是中国人的传统文化，而且已经对世界茶文化产生了积极的影响。进一步扩大国际茶文化教育交流活动，有利于增进友谊、促进和平事业的发展，也有利于更多的国际友人了解中国多种多样的茶叶产品，促进国际茶叶贸易的发展。

二、竹文化及其产业开发技术
（一）江西发展竹文化产业的优势
1. 竹子资源丰富

中国是竹子之乡，竹子主要分布在南方，比如浙江省的安吉县、湖南省的益阳市等。江西省的宜丰、铜鼓、分宜等，都是著名的竹乡。江西属亚热带气候，丘陵、山地多，土层深厚，质地黏紧，适宜种竹，因此，江西是我国重要的竹子产区，拥有丰富的竹资源。江西省内竹种众多，有泪痕纵横的斑竹，棱角端正的方竹，雍容典雅的墨竹，竹节突起的罗汉竹，披鳞挂甲的鱼鳞竹，大如桶粗的毛竹，小如筷子的重巴竹，还有观音竹、鲁班竹、龙须竹、凤尾竹、花壳竹、空壳竹、金竹、紫竹、油竹、水竹、冻竹、苦竹、便竹等，奇竹丛生，数不胜数。

2. 中国竹文化历史悠久

中国竹文化历史悠久，自五六千年前的新时器时代即有中国竹子的身影，经历各朝各代，影响着中国文化、艺术、宗教、风俗、园林以及人民生活的方方面面，积淀形成了源远流长、内涵丰富多彩的中国竹文化。

江西省竹文化价值极高，自古就有江西竹子的种种历史，江西竹子历经沧桑变化，如今成为江西省的一个重要文化产业。新中国成立后党和政府对江西竹业非常重视，先后争取了宜丰、铜鼓、分宜等中国竹子之乡的称号，并多次参加了中国竹文化节，展示了江西竹文化风采。

3. 江西竹文化产业基础雄厚

江西省竹文化及其产业主要是由自然环境、地理位置和当地习俗形成的。

（1）资源优势。目前，全国共有竹林面积484.26万公顷，主要分布在北纬30°以南的17个省（自治区、直辖市），福建、江西、浙江3省的竹林面积约占全国的50%以上，而其中江西的竹资源尤其丰富，全省有竹林面积76.5万公顷，江西有竹种约180个，占全国竹种的36%。江西气候温暖，日照充足，雨量充沛，无霜期长，为亚热带湿润气候，年平均温度18℃左右，年均日照总辐射量为每平方厘米407.4~480.9千焦，地形多丘陵，土壤主要为红壤，偏酸性，适宜的气候、地形和土壤非常适合竹子生长，造就了江西丰富的竹资源。

（2）地理优越。江西地理位置优越，地处中国东南偏中部长江中下游南岸，位于北纬24°29′14″~30°04′41″、东经113°34′36″~118°28′58″之间。东邻浙江、福建，南连广东，西靠湖南，

北毗湖北、安徽而共接长江；上通武汉三镇，下贯南京、上海，南仰梅关、俯岭南而达广州。江西与东南沿海各港口和江北重镇的直线距离，大多在 600~700 公里之间。古称江西为"吴头楚尾，粤户闽庭"，乃"形胜之区"。江西省境内有多条河流，竹区农民常年可利用水路运载竹子，至现代，高速快捷的公路代替了水运，形成了四通八达的全国交通大网，现在江西的竹产品从传统的竹制品发展到现代的竹地板、竹窗帘甚至到竹鼠标等高科技产品，形成了全面的竹产品线，利用全国的交通大网，人们非常便利地将竹产品运送到全国各地。

（3）当地生活习俗。江西省自古有种植竹子的习俗，竹子也直接或间接的成为了江西人民的衣食父母，联系着衣食住行用娱等各个方面，也造就了江西深厚的竹文化，但传统的用竹大都是掠夺式，很少能可持续经营竹林，现阶段人们也逐渐认识到人与自然和谐共处的重要性。在利用丰富的竹资源，进行竹产品加工，解决了一批农村剩余劳动力，间接地为林农增加了收入和提高了生活水平，成为竹文化形成的社会基础。

（二）江西竹文化产业现状

随着江西省经济的不断发展、社会的不断进步以及人民生活水平的日益提高，竹子优良特性和开发价值得到了重视，而对传统的竹文化资源的认识也提到了一个新的高度。目前江西省开发利用的竹文化资源主要体现在以下几个方面：

1. 竹文化产业的社会价值

江西省竹文化源远流长，它促进了江西省资源、环境和经济的持续发展，体现了其巨大的社会价值。江西省竹林面积 76.5 万公顷，竹业产值达 150 亿元。其担负着涵养水源、生态环境保护和经济发展的重任。省政府及林业主管部门积极制定竹产业政策，开发利用竹文化，做大做强竹产业，同时增加森林资源。由此可见，竹起着重要的社会价值。

2. 竹文化产业的经济价值

竹文化的经济价值主要体现在以下几个方面。

（1）竹文化节的兴起。随着竹文化节研究的兴起和持续不断，我国各地开始举办各种形式的竹文化节。1997 年中国竹产业协会在浙江安吉举办中国首届竹文化节以来，此后每两年举办一次。先后分别在湖南益阳、四川宜宾、贵州赤水、福建武夷山等地举办了 6 届中国竹文化节。期间主办单位设置了竹文化、竹工艺、竹纤维及其工业加工制品等展馆，开展了竹文化文艺表演、竹灯、竹盆景及其引资招商等系列活动。同时，林业科研院所、高等院校在全国重点产竹区举办了各种类型的技术培训班和竹文化学术研讨会等。各地也举办了一些地方性的竹文化节，包括四川成都、福建邵武、北京紫竹院公园等。同时，组织了全国"竹子之乡"的评选活动，江西宜丰、崇义两县有幸成为全国首次评选公布的十大竹乡之一，为江西省竹文化的发掘、发展奠定了良好的基础。

（2）竹文化旅游的兴起。竹文化研究和竹文化节庆活动。为开发利用竹文化资源提供理论依据和实践经验，同时有关部门也开始在旅游业中注重开发利用丰富的竹文化资源。江西省作为红色大省，有其独特的历史意义，其中井冈山作为集优秀革命传统和优美自然风光于一体的旅游胜地，每年接待海内外参观考察、观光旅游者数以万计。战争年代，井冈山的竹海做过红军的战场，竹笋当过红军的菜肴，竹筒盛过红军的盐巴，这些竹林无不渗透着先烈们的革命精神，现在凭借丰富的竹资源，井冈山的竹木工艺品已经成为旅游的品牌产品。井冈山丰富的竹文化资源在革命圣地的红色旅游和经济腾飞中起着引擎作用。在江西省其他地方，也无不显现出对竹文化的重视，纷纷推出竹文化产品，提升江西竹文化内涵。

3. 竹文化的精神价值

中国几千年来沉淀积累形成竹文化无不渗透中国博大精深的精神文化，江西省作为竹文化资源大省，利用现代技术进行了多方位、多角度的竹文化推广、传播，使得竹的精神深入人心，让今天的江西人以竹为师，努力提高涵养、创造精神文明。

（三）江西竹文化产业发展对策

1. 加强竹种质资源的保护与开发

我国约有近 500 个竹种，而江西就有 180 个竹种，说明江西在竹种质资源上有很大优势，但不加以保护则很容易丧失这种优势，而竹文化旅游资源的开发利用，一个重要前提就是竹种资源的有效保护。江西省应通过建立国家森林公园、风景名胜区、竹子引种园、竹子主题公园来进一步加强保护和利用竹子种质资源和竹子物种多样性。

2. 以竹文化促进精神文明建设，弘扬"竹君子"清正廉洁、刚正不阿的传统理念。

自古人们对竹子充满喜爱，认为竹子"本固""性直""心虚""节贞"，将竹子比作贤人君子。因此我们要利用现代技术手段，对江西竹文化的发展历史、文化内涵、文化信息、文化符号等进行策划创意和包装。要运用文化的思维和方式，增加江西竹制品的文化含量，提高文化品位，提升文化附加值，充分体现出江西竹制品的文化价值，让人们感受到竹文化的魅力。

3. 开展竹文化活动，加大竹文化研究力度

保护竹文化是一项长期的工作，我们每个人都有义务保护我们中国的瑰宝——竹文化。保护竹文化有许多形式，如建立竹子公园、博物馆、举办竹历史展览、竹工艺大赛、竹技术交流、建立竹文化示范基地等。通过动态和静态相结合方式展示中丰富多彩竹文化，让人们认同竹文化，创建传统竹文化的大氛围，从而激发人们保护竹文化的积极性，树立人们保护竹文化从我做起的观念。

4. 加强竹文化旅游

竹文化蕴含着深厚的文化底蕴，陶冶了中华民族坚贞不屈、刚直不阿的民族节气，使得人们对竹具有深厚的民族感情，因此也为我们开展竹文化旅游提供了精神基础。江西省作为竹文化资源大省，竹文化旅游可在以下两个方面着手：

（1）进一步挖掘竹林景观的竹文化资源。许多经典不仅具有独特的竹林景观，而且拥有积存丰富的竹文化资源，可以充分挖掘，增加景点的竹文化内涵。以井冈山为例，井冈山作为全国著名的红色旅游景点，每一个竹子、竹笋、竹筒都有着革命先烈的身影，这些无疑增加了井冈山竹子的内涵，每一位客人慕名而来，慕竹而来，来了就看竹、赏竹、品竹、缅怀先烈，这样就增加了景点的竹文化氛围。

（2）进一步丰富各竹制旅游产品。随着旅游业蓬勃发展，旅游产品需求也越来越大，这为传统的竹工艺品进入旅游市场创造了有利条件。以井冈山为例，作为传统的红色旅游景点，井冈山每年接待游客数以万计，这样也为井冈山的竹工艺品奠定了良好的市场基础。目前，井冈山的竹木工艺产品已经成为旅游品牌产品。竹木工艺主要是以拼花地板、包装箱板、木珠工艺、木制玩具、家具、沙发、竹席、牙签、竹制文房四宝、竹雕、木雕工艺品、根雕工艺品、藤器、藤器工艺编织、笋壳工艺编织以及来料加工等。其中工艺品中以楠竹竹雕、黄杨木雕、根雕、盆景、壁扇、竹席、竹编、梳篦为著名。此外，还发出其他独具特色的旅游产品——轻舟似的提篮、圆塔样的蒸笼、精巧结实的竹椅、平整光滑的保健凉席、竹雕人物、方竹手杖等。

5. 建立全省性统一领导协调机构。

江西省竹产业由于缺乏统一领导和协调机构，竹产业发展的生产、加工、宣传、销售的各个环节严重脱节，影响到江西竹业的快速协调发展。急需整合江西省文化、旅游、农业、林业、宣传、商务、招商等部门的资源，组建省级统一领导协调机构，实现竹产业政策的一条龙服务，加快竹产业的服务效率，加强竹产业的宏观调控，实现江西省竹文化产业快平稳的发展。

6. **加强人员培训，提高竹制品的工艺水平。**

由于目前江西省掌握竹子种植和竹制品生产加工的人员仍较少，并且很多都只是一些初步的、原生态的技术水平，加之大多数人员都是农民出身，水化水平低，没有接受过系统专业的培训和教育，很难适应现代竹产业发展的需要。当前市场畅销的竹产品，不论从艺术性、工艺性、观赏性上，还是在功能性和实用性上，对生产者的工艺水平提出了更高的要求。江西省应加大竹产业相关人员的培训工作，包括举办培训班，联合办学、派相关人员赴浙江等竹产业发达地区学习。

三、花卉文化及其产业开发技术

花卉作为文化产业的重要资源，与观光、体验、休闲、度假、旅游、教育、节庆等方面关系密切，产业间相互相融合。花卉文化产业从广义上讲应包括花卉生产、花卉旅游、花卉审美、花卉美食、花卉节庆、花卉美容、花卉保健与医疗、花卉礼仪、花卉装饰等相关产业，其发展空间极为广泛。

（一）江西发展花卉产业的优势

1. 花卉资源丰富

江西省是国家重点林业省份，山地面积达 1669.46 万公顷，有 49 个自然保护区，3300 多个自然保护点。高等植物有 4800 多种，江西高等植物有 5000 多种，其中木本植物 2000 多种。在分布众多的植物种类中有很多是江西特有。在全国有 198 属中有 64 个属为木本植物，江西有 19 属，且 11 个属为单种属。丰富的野生观赏植物就有 1018 种之多，其中兰科植物仅在井冈山分布就达44 种之多，杜鹃属植物有 20 余种。还有百合科、木兰科、山茶科、野牡丹科植物以及裸子植物中的竹柏、三尖杉、红豆杉等都有野生分布，许多都是优良的野生花卉资源，如：木兰科、樟科、石蒜科、杜鹃花科、瑞香科、金缕梅科、紫金牛科等。

2. 江西名花荟萃

中国的十大传统名花在江西均有分布，其中盛产杜鹃、兰花、月季、山茶、荷花、桂花、菊花。具有地方特色的有大余的金边瑞香、虎舌红、富贵籽，井冈山厚皮香、江西槭、江西杜鹃、井冈山杜鹃、背绒杜鹃，还有广昌的白莲、万载的百合、乐平的山茶、萍乡的长红檵木；庐山的云锦杜鹃，崇义的竹艺盆景、江西农大的重瓣瞿麦，九江、三清山的春兰、蕙兰等。

3. 花文化历史悠久

中国的花木文化始自《诗经》，源起于殷商至秦汉时期的兰花文化，继之为魏、晋、南北朝时期的菊文化，随后为隋、唐时期的牡丹文化，再之为宋、元时期的梅文化及明、清时期的竹文化。江西花文化历史悠久，始自周秦，盛于汉唐，如汤显祖的《牡丹亭》。

4. 产业基础较好

近年来，江西省花卉产业迅猛发展，种植面积年平均增长速度达 20% 左右，2005 年全省花卉种植面积已达到 35 万亩，年花卉销售收入达 18 亿多元。2008 年种植面积达到 40 万亩，年产值超过 20 亿元。年产鲜切花 4000 万支（其中切叶 500 万支），年产盆花盆景 1000 万盆（其中名特优盆花、盆景 500 万盆）。

江西已基本实现花卉生产基地的区域化布局，形成了全省传统花卉和名特优花卉生产基地齐头并进的大发展格局。如萍乡的长红檵木基地；乐平的山茶花基地；大余的金边瑞香生产基地；南昌、九江的山水盆景基地；井冈山的杜鹃盆景和兰花基地；万载的百合花基地；南昌市郊的望城、乐化、郊桥、黄马等地建立的园林绿化花卉苗木生产示范基地；南昌的扬子洲、朝阳洲，德安的鲜切花基地；庐山、井冈山等高山花卉基地及温室花卉生产基地都上规模。这为花文化产业的发展打了坚实的基础。

（二）江西花卉文化构建与发展战略

1. 城市花卉主题景点或主题公园的构建与旅游开发

城市花卉公园具休闲性特征，其设计应从游客旅游动机与行为趋向的休闲导向性入手，在充分发挥城市花卉公园的休闲功能的基础上，开发休闲导向的城市花卉公园的开发策略；如景区花文化活动开展、花卉主题风情园的旅游项目策划、花卉主题景点的经营、本土花卉资源的开发利用、大众对花卉旅游资源的认识和保护意识的提升等，其中江西婺源的万亩油菜花主题景点、永修的桃花溪景点的成功经营为江西省花文化产业的发展提供了宝贵经验。

2. 地方特色植物旅游资源与花卉旅游商品开发

江西历史悠久，山川秀丽，人文荟萃，名胜古迹众多。有国家级风景名胜区9个，其中庐山和三清山先后作为文化遗产和自然遗产被列入《世界遗产名录》。国家级历史文化名城3座。还有中国第一大淡水湖鄱阳湖及鄱阳湖国家级候鸟自然保护区；6处国家级森林公园；5个国家重点保护寺观；52处国家重点文物保护单位，全省各类风景名胜区（点）多达2400余处。另外，还有江南三大名楼之首——滕王阁。如何从园艺学、花卉文化与经济发展、环保、人类健康和福利等角度对植物旅游及植物文化进行挖掘，加强植物旅游，值得深入研究，这对提高人们对植物保护、倡导生态文明及地方旅游与园林事业的可持继发展作用重大。

花卉商品的开发即可从中国传统民俗角度，结合名花吉祥意义的传导与象征方式，对江西传统名花或特产花卉提出与民俗相结合的中国花文化进行宣传，从而打造旅游产品；或从市花市树的角度推动城市旅游的发展。也可在分析女性与花的渊源关系、女性旅游市场的发展现状与潜力的基础上，开发女性旅游市场中的花卉旅游产品出发；也可从园林、绿化公司如何借助花卉体现自己的文化取向和价值观念，达到宣传企业文化与社会责任的角度寻找商机，还可以利用专业技术盘活旅游资产。

3. 花卉美食、美容与保健产品的开发研究

在对江西省食花文化的起源、食用花卉、食花文化与民俗、花卉资源开发等方面进行深入调研的基础上，充分发掘中国古代花卉食用的文化，发掘食花文化在今天的经济价值及其对旅游产业的推动作用，进而开发有江西特色的花卉食品。如广昌的莲子与荷花粉、鄱阳湖的蒌蒿、万载的百合粉、玉山的葛粉等。

江西可供食用的花卉有梅花、菊花、玫瑰、百合、茉莉、荷花、丁香、桂花、木槿、栀子花、金银花、海棠等100多种。在江西省，花卉食用有着深厚的中医药学背景，如菊花的清肝，火刺果的明目，罗汉果的长寿，枸骨的健腰，玫瑰的美容，百合的润肺止咳、清心安神，金银花的清热解毒，仙人掌的利尿作用，芦荟的创口愈合，何首乌的润发，桃花的活血等使得这些资源成为理想的保健品。应从应用民族植物学和文化人类学观点，探讨、研究会中普遍具有的食用花卉现象及其地理因素、保健因素、文化因素、原住居民等影响食花的因素进行深入研究的基础上，大力保护江西食用花卉资源，并开发相关产品。

4. 节庆文化与花卉产业发展

在对中外花卉节庆活动的调研基础上，结合江西各地的民俗风情、生活方式与旅游资源特色，就节庆活动的规划、组织、营销和管理等方面进行细致策划，从而达到节庆旅游活动持续、健康、不断推陈出新的目的。如在景区开展以"赏花—品花—花品"为核心的某种中国名花节俗游赏活动，使不同文化背景的的审美主体在对自然形式快感、俗世应用及怡情作用三者上产生体验差异，可从该花的在文学、雕刻、绘画、茶茗及家居配景等方面的应用，指出其在节俗游赏、节俗贡献物品中发挥的巨大作用，从而带动花文化与花卉节的旅游开发，如南京国际梅花节的成功开展。

5. 花卉审美与工艺品的开发

结合中国古现代花卉的审美要点与理论,将中国传统名花或江西地方名花的文化底蕴(如"瓷艺花语")纳入江西特色工艺品(如景德镇瓷器、或城市雕塑、室内装饰品)的产品装饰纹样中设计中,通过对这些花卉装饰纹样背后的人文风潮与精神信仰的分析与研究,并从"陶瓷艺术"角度更深层次地追逐花卉的语言灵魂和文化内涵,以达到两学科间的学术互补与融通,从而提升江西工艺品的文化内涵与品质。

6. 花卉产业发展战略

花卉产业包括绿化苗木、鲜切花、干花、盆景、根雕产业。发展江西花卉产业,江西的花卉产业要按照产业化经营的要求,使花卉苗木产业迅速崛起,应从以下几方面着手:

(1)按照"品种特色化,布局区域化"的发展思路,科学合理地规划花卉产业。做好花卉产业化规划,对花卉的发展是十分重要的。花卉产业化规划应体现以市场为导向、科技为动力、质量为核心和效益为目标的规划原则,综合考虑本省的经济发展现状和各种环境条件,制定全省的花卉产业发展规划,确定花卉的生产结构和品种结构。可考虑存赣南建立盆花、盆景生产区,重点发展以金边瑞香为主导的盆花生产和传统的盆景生产。可以在南昌、九江一线建立较大规模的绿色观赏苗木、草本类优质盆花以及草坪为主的生产基地。可以在萍乡一线建立长红檵木为主体的特色花卉生产基地。

(2)依靠科技进步,增强创新能力。现代花卉生产与传统的花卉生产栽培相比,已经发生了质的变化,科学技术的支持越来越显示出它的重要性。目前,利用现代花卉栽培技术生产的花卉产品在市场上占的比重越来越大,这就迫切需要生产者及时掌握先进的生产栽培技术,生产出符合市场需求的产品。各地要在继续抓紧抓好农林院校、花卉人才培养的同时,还要通过各种渠道组织对外交流,有计划、有组织地走出去考察学习,选派研修。农业技术推广部门要努力承担起花卉技术推广和病虫害防治等工作,搞好技术培训,重点生产县、乡要尽快配备花卉园艺专业干部或开展在职技术培训,加速科研成果转化和实用技术的普及,全面提高花卉生产者和经营者的技术素质,为全省花卉业的发展提供强有力的技术保障。

(3)政府加大扶持力度,形成花卉企业集团优势。各级政府要充分认识花卉业在新世纪巨大的发展潜力,认真分析本地区的资源、劳力等各种发展优势,积极参与国内市场的竞争,不断扩大市场份额。同时也应看到,现代花卉生产是高投入、高产出和高效益的高科技产业,其特点是资金密集和技术密集。在具体实施过程中,可依据全省整体的花卉产业化规划,

对有发展潜力的花卉企业给予资金和政策的扶持。同时积极引进外资,以多种形式筹划资金来发展本地区的花卉业,力争形成规模优势,带动本地区花卉产业经济的全面发展,以此来带动农村经济的发展,切实提高农民的经济收入。

(4)加大科技与市场网络建设投资力度。集中省内从事花卉研究与开发的优秀科技人员,也可聘用省外科技人才,在现有基础上组建省级花卉开发中心,着重开展花卉引种、育种和现代化栽培技术研究。利用丰富的野生花卉资源和传统、珍贵名花,借助现代育种手段,选育出一批具有市场竞争力的花卉新品种。另一方面,积极地从国内、国外引进优良新品种进行栽培试验,选出适于本省的良种,研究高质量花卉种苗、成品的现代化栽培技术、切花切叶的保鲜和贮运技术,改变花卉品种单一,生产水平低下的现状,建立起"人无我有,人有我优"的品种和技术贮存,增加花卉产业经济发展的后劲。各级政府可以以各花卉重点产区的农林科技推广站为基地,逐步配备园艺技术干部,建立起花卉新品种、新技术的推广应用网络。把关键技术送到生产专业户手里。同时,要积极推行公司+农户"的生产经营模式,把花农带入市场,切实提高他们的生产和管理

水平

优质的产品需要广阔的市场。为了增强市场竞争力，要构建一个花卉大市场，完善各项设施和服务功能。如在南昌市建立一个全省性大型花卉苗木综合大市场，使之成为全省的花卉产品集散地。在赣州、鹰潭、九江建立规模适度、功能齐全的综合性批发交易市场，不仅立足当地，还要面向广东、福建、浙江、上海、湖南、湖北等地，在萍乡、宜春、上饶、抚州、吉安、新余、景德镇等主要消费城市建立适度规模的综合性批发市场，并在一些主产区建立一批专业批发市场，零售花店要向社会延伸，形成大生产与大流通格局。要充分运用现代信息化技术，建立信息化网络服务体系。

（三）江西花文化产业发展措施

1. 召开花文化产业学术研讨会

花文化研讨会的召开，一方面可集聚国内外花卉专家、花文化研究专家，为江西省花文化产业的发展献计献策；另一方面还可扩大江西省花卉及花文化产业特色、旅游产业及相关商品的知名度。

2. 举办各类花事活动带动花文化产业的跨越式发展

江西特色性地方名花文化节、省花卉博览会的开展，在促进产业发展、繁荣地方经济、丰富人民物质文化生活等方面的会展效应不断强化，已成为国内影响最广泛的综合性品牌展会。江西花文化产业的发展可通过举办花博会，调整优化农业产业结构，发展都市型现代农业，优化花卉产业空间布局，加快引进国内外知名花卉企业，加快推进花卉产业的技术研发和升级改造，实现花卉产业发展与市民休闲旅游紧密结合，扩大花卉消费市场，促进农民增收致富，促进城乡统筹与文化、经济和社会协调发展。

3. 开发特色花卉产业

开发主题花卉景观带旅游。如婺源罗平油菜花、井冈幽兰、笔架山高山杜鹃景观廊道、抚州牡丹带旅游；开发传统与新型食用花卉产品的产业化开发。如井冈笋干、万载百合粉、玉山葛粉、靖安山爪仑的木耳与香菇、萍乡市的罗汉松和枸骨果；开发新型保健性花卉产品的产业化（白兰花、杜鹃）以及新型美容花卉产品的产业（芦荟防晒霜、人参洗发水等）。

四、中药文化及其产业开发技术

中药文化是以中国传统的医药学理论（如四气五味、升降浮沉、归经、补泻润燥、配伍反畏等）为指导，来解释其作用和用途而用以防病、治病、保健的药物。它的四气五味、君臣佐使、正治反治等一系列独特法则与文化内涵，是不可轻意弃置，随意取代的。它是中华民族所特有的，且有着完整的中医药医学体系。我国是世界上最大的、且具有垄断性的中药生产国。发展我国特有的中药产业，成为参与世界经济竞争的重要优势。

（一）我国中药发展的机遇与挑战

1. 中药产业发展机遇

在世界范围内，中药产业多年来一直保持着较快的增长速度，全球市场正处于快速增长期。中药产业作为"国家战略产业"，已经写入我国《中药现代化发展纲要（2002~2010 年）》，中药行业的发展业已列入了国民经济和社会发展"十一五"规划。国务院发布实施了《中医药创新发展规划纲要（2006~2020 年）》，这是中国政府全面推进中医药发展的一项重大举措，这都为我们发展中药产业提供了重大历史机遇和重要政策保障。目前在"回归自然"的热潮中，国际市场对中草药的需求在迅速增大，中药行业正越来越多地成为资本关注的热点。国内大批上市公司把投资中药作为企业转型和扩展经济规模的新方向，来自烟草、房地产、日化、西药等行业的大量投资正在流向中药领域。

2. 中药产业开发面临的挑战

（1）种质资源危机。中药原料来自自然，又多为人工分采收、加工，受天气、地域差别及人为影响因素很大；过度开发使一些宝贵的中药材资源濒临枯竭；大宗中药材品种栽培技术研究推广不够；生产管理粗放，单产低、质量差的现象较为普遍；对珍贵的种质资源保护和优质中药材的引种和栽培还缺乏统一的组织和协调；一些珍稀濒危药材代用品的研究还比较薄弱。众多野生动植物资源严重短缺，过渡开发使宝贵的中药材资源濒临枯竭（我国赛加羚羊、野马、厦门文昌鱼等野生动物几近绝迹，药用动物林麝、黑熊、马鹿等 40 个种类的资源显著减少，其中麝香资源比 50 年代减少 70%，已影响了近 30 种动物药材的市场供应；冬虫夏草、川贝母、川黄连等资源破坏严重。中药材质量的不稳定和品种的混乱，使中药材资源远远没有做到优质供应和可持续利用。

（2）产品创新滞后。我国药用资源丰富，以药用植物为例，有一定应用记载的约有 5000 余种，但做过一定化学或药学研究的不过 20%，研究较深入的不过一二百种。在 600 多种中药中，不少还是知其然不知其所以然的药物，多数不能跻身国际市场。我国中药业创新不多，生产工艺落后，中成药产品外观"粗、大、黑"，剂型多是"丸、散、膏、丹、汤"。《本草纲目》收载的剂型近 40 种，除现代应用的片剂、注射剂、滴丸、胶囊剂除外，其他药物剂型几乎齐备。而今天的药物剂型也只不过 40 多种，仅比李时珍时代前进了一小步。中药一次用量（质量）常是西药的十几倍或几十倍，服用不便，且煎制费时费功，难以适应现代人类的新需求。

（3）企业规模小，行业集中度低，新药研发质量较低。由于生产装备比较落后，研究经费严重不足。仿、改制品种泛滥市场。企业生产规模普遍偏小，缺乏龙头企业、各自为战，抵御市场风险的能力十分有限。制药企业是一个高技术、高风险、高投入、高回报的产业，而这些小企业用于新药物的开发研究投入微乎其微，技术附加值极高的新制剂的开发也处于落后状态。因此，为了生存需要，"进行有限的仿制"便成为许多企业选择的捷径。

（4）国际竞争加剧。国际市场上，发达国家重视天然药物的势头越来越强劲。近年来，欧美发达国家植物药销售量大幅上升；在日本，汉方制剂每年递增 15% 以上。目前，欧州出售的浓缩人参汁或整参，90% 来自韩国。同时，发达国家不惜重金加大对中药的研究，这对我们中药业发展构成了很大挑战，如果不快速开展卓有成效的基础与应用研究，中国沦为世界重要市场的"原料药基地"也不是耸人听闻之谈。

3. 江西中药文化及产业发展的机遇与挑战

江西位于长江中下游南岸，境内最大河流为赣江，自南向北纵贯全境，注入中国第一大淡水湖——鄱阳湖，土地肥沃，气候适宜，有良好的生态环境。

（1）江西中药文化及产业发展的机遇。江西中医药历史悠久，底蕴深厚，历来名医辈出，从东汉到清末民初，史书记载的著名医药学家有 883 人，其中有中医药著作者 150 余人，有中医药著作 751 种，对我国中医药学的形成和发展作出了重要贡献。古代名医董奉在江西庐山星子县隐居行医，使"杏林"成为中医药界的美誉，成为了中国医药史的一段千古佳话。

江西省的中草药资源十分丰富，常用中草药 1000 多种均有生长。知名的当地药材有江枳壳（实）、江香薷、凤眼前仁、荆芥、薄荷、信前胡、草珊瑚等。传统的"樟树帮""建昌帮"中药加工炮制技术闻名国内外。著名药都樟树是江西省国 17 个药材市场之一，年交易量达 20 亿元。自 1985 年以来，江西省共开发中成药新药 90 多个，其中一类 2 个，三类 20 多个，四类 50 多个。现江西省有中药新药 685 个，其中仿制品种 429 个，有中药保护品种 116 个。中药产业一直是省内的支柱产业，江西省省有中药厂 150 多家，2008 年产值 140 多亿元，在全国排名前列。江中制药集团、汇仁集团、江西国药厂等年产值均达 10 多亿元甚至 20 多亿元。江西中医学院对中药新药的研制、开发在全国处于领先水平。"江中牌健胃消食片""金水宝胶囊""汇仁肾宝""草珊瑚含片""乌鸡白凤丸"，成为江西省六大支柱产业之一的中药工业中响当当的品牌。

樟树的药业源远流长，是我国历史上最大的药材集散地，距今已有 1700 多年的历史。自古以来就有"药不到樟树不齐，药不过樟树不灵"之誉。樟树人采集、炮制中药材世代相传，掌握了许多秘传妙法，无论是炒、浸、泡、炙，还是烘、晒、切、藏，均有独到之处。优秀药工切的药片，"薄如纸，吹得起，断面齐，造型美"，色、香、形、味、效俱佳。樟树的药师、药工、药商走遍全国药材产地，采集、选购品质上乘的药材原料运回加工，使得樟树的药材品种齐全，质地精良。樟树因此成为全国中药材生产、加工、炮制和经营中心。

近年来，省政府先后召开两次全省规模的医药工业大会，使医药企业求发展、谋发展的热情空前高涨。医药行业重组改制，药品生产企业实施 GMP 认证，医药企业陆续进入了工业园区，生产工艺和设备不断更新，先后涌现出福成医药工业园、江西医药港、袁州医药工业园和小蓝工业园等 5 个医药工业产业基地，产业集中度明显提高，呈现出"四驾马车"并驾齐驱的局面。江中集团、汇仁集团成为"老字辈"的代表，济民可信、仁和集团则是新兴的黑马。4 家企业主营业务收入、利税分别占全行业的 67% 和 69%。

江中生产的"健胃消食片"独占 10 多项专利，成为国内助消化类药品销量最大的品种，年销售收入 7.6 亿元。同时，还投资 2 亿多元、建设了拥有国际一流设备、占地近 3000 亩的"药谷"，令同行惊叹。济民可信在兼并收购了 5 家国有药企之后，2005 年用 81% 的股份成功将金水宝揽入怀中，当年就使金水宝的销售收入摆脱了徘徊几年的 1 亿元局面，猛增到 3 亿元，去年达到 5 个多亿。至今，金水宝仍是在江西生产的唯一国家一类药。

（2）江西中药文化及产业面临的挑战。

① 企业利润低，新产品开发落后。江西中药产业存在的问题就是企业利润相对较低，企业利润率低的原因又是的新产品开发落后造成的。科研单位的设备落后、资金投入不够。在全省近百家中药工业企业中，仅汇仁有国家级企业技术中心，省级企业技术中心也仅有几家，其他企业都还没有建立这种常设性的技术创新机构，研发能力显得落后。目前，在新药的开发，特别是一、二类新药开发方面没有突破，只有金水宝和虫草粉两个品种。

② 中药材种植、加工、开发的人才非常溃乏。培养人才的模式和方向上与市场还不是完全吻合。学校所能培养的多是常规的人才，与实际情况还是没有紧密集合在一起。根据本省中药材发展特点，需要中药材的种植、中药材加工炮制专业的大量人才。虽然本省每年有大量的本科生、研究生毕业，但留在本省的学生人只占很小的比率，从外省引来的人才更少之又少。在人才使用方面，企业追求"短、平、快"，没有做到人尽其才。

③ 中药材资源利用不充分。江西在中药材资源的利用方面主要存在的问题：首先，政府组织引导和规划力度不够，在中药材种植的科学选址和科学开发方面的力度不够。农民零星、不规范种植的状况长期没有从根本上得到改变。如车前子是地道药材，现在澳大利亚将它做成了保健饮料，每人一天就消费一美元。江西仅满足于充当为国外提供原料的角色；其次，传统的优势药材在发展中不断失落。原来江西枳壳份额比四川、湖南都大，但现在只占全国的 12%。又如草珊瑚是江西地道乡土中药材，但并没有带动江西草珊瑚在种植上的发展，大量的原料仍然要从外省买进。此外销售量比较大的产品使用的原材料，却不一定是江西的药材资源，也没有带动药材的发展，例如汇仁肾宝，大部分原料都是从外省采购。

（二）江西中药发展的对策及技术

当前，江西发展中医药产业要从几个方面入手制定长远发展规划，加强科技研发力度，加强品牌保护，使中医药产业成为江西省新的经济增长点。

1. 建设现代中药产业基地

针对当前中药材生产还存在分散种植占大多数、种植管理不够规范的情况，要把中药材规范化生产抓到实处。一是加大对实施《中药材生产质量管理规范（试行）》即 GAP 的宣传力度，使广大药材种植户了解今后药材产业的发展趋势。二是组织药农特别是中药制药企业、药材种植大户进行 GAP 知识培训，使他们掌握中药材 GAP 生产技术，自觉按 GAP 要求进行药材生产。三是组织现有企业建立中药材 GAP 基地，按 GAP 认证标准规范生产。四是组织人员加强全程监督管理，做到事前有人问、事中有人查、事后有人管，为 GAP 实施营造一个良好的环境。五是政府适当扶持进行中药材 GAP 生产的药材种植大户和药材企业。

2. 加速中药标准化研究

（1）提高质量标准。采用多成分分析方法，结合现代信息技术和科学方法，对药效和临床证明确有疗效的药物的质量给予清晰的描述，即使是在成分的数量和种类不清楚的情况下，也能给予定量描述。目前，多数科研工作者正在探索中药复杂成分的指纹图谱检测技术、多种光谱综合分析技术等将为进一步保证中药质量和提高中药质量标准带来希望。

（2）改进制药工艺。随着科技发展，现代医药制造工艺越来越先进、实用，但这些先进制造工艺都是建立在药物成分单一的基础上的。由于中药成分多样性，中药制造工艺首先是吸收现代医药制造工艺的先进技术，但必须利用创新性思维，找到一些特殊的适应于中药多成分的制造工艺。现代中药的制剂技术应该是根据中药多成分特点，创新性地综合运用现代西药生产技术。

（3）挖掘药都文化，推进市场转型升级。巩固樟树中药材专业市场在全国的优势地位，发挥在全国的主导作用，必须适应形势，按市场发展规律，推进市场转型升级，实现由传统到现代、低级向高级、单一向多元、有形向无形市场转变。大力发展药材饮片网上交易。以质量标准作为交易信用第一基础，借助现代信息技术、金融体系、物流系统，实现信息流带动下的物流、资金流，三位一体的网上交易。从人流带动物流的集市贸易传统商业形态，向透明、规范、高效的现代化商业过渡。

（4）继承传统，创新技术。正确处理继承与创新的关系，借鉴国际天然药物的发展经验，积极采用现代科学技术改进质量控制指标和方法，完善质量、技术标准体系，进一步与国际接轨。继承不泥古，发展不离宗。一方面倡导尊古炮制和一丝不苟的配方操作，积极扶持饮片生产企业开展传统饮片规范研究，挖掘传统炮制原理、炮制方法、配方种类，筛选经典药方、传统秘方和成熟验方进行大规模工业开发。另一方面适应现代化中药产业发展趋势，坚持有所改良、有所创新、有所发展原则，利用现代科技手段对传统饮片、中药剂型进行改造升级。推进现代中药复方筛选技术研究，开发与国际接轨的精量化、质量高、药效好的现代精制小复方中药，提高中药产品的核心竞争力。

（5）注重中药专业人才的培养与储备。加强中药专业的高等教育，培养具备现代管理知识的复合型人才，充实中药生产管理第一线。应从留住人才、引进人才、重用人才等相关政策上进行相应的改革。

21 世纪是天然药物繁荣发展的时代，在中药现代化和中药走向世界的大好形势下，我们应把江西中药资源开发和新药研究提高到一个新的水平，为进一步发展江西药学事业和繁荣地方经济作出更大的努力。

五、名山旅游文化与建设技术

（一）江西名山旅游资源丰富特色鲜明

1. 江西名山旅游资源丰富

江西名山林立，旅游资源十分丰富。有"郴衡湘赣之交，千里罗霄之腹"之称的井冈山；滨临鄱阳湖畔，雄峙长江南岸，雄、奇、险、秀闻名于世，素有"匡庐奇秀甲天下"之美誉的庐山；江西第一高峰，以瀑布群、高山草甸、金顶古祭坛群为三大绝景的武功山；别具一格的奇峰怪石、急流飞瀑、峡谷幽云等雄伟景观，有"露天道教博物馆"之称的三清山；中国道教发祥地，为"道教朝圣游和第一游"的龙虎山；因传道姑张丽英为金星之精修炼而得名的翠微峰；因其"无山不龟，无石不龟"，有"江上龟峰天下稀"之美誉的龟峰；佛教禅宗曹洞派发祥地真如禅寺所处的云居山；鄱阳湖西南岸，与庐山遥相对峙的梅岭；被誉为人间仙境的明月山等。

2. 江西名山特色鲜明

（1）秀丽的自然景观。旅游名山的自然美，是通过山、水、植被和云、雾、日出、日落、雨淞等体现的。宋代著名画家、美学家郭熙写到"山以石为骨骼，以水为血脉，以草为毛发，以烟云为神采"。江西地处北亚热带，气候温和，雨量充沛，地形复杂，植被良好。因此"秀丽"是江西旅游名山的基本特征。

（2）浓郁的多元文化气息。江西除丹崖翠壑，飞瀑流泉，自然风光秀丽外，人文资源也多样，在悠久的发展历史过程中，高僧名衲，开山建寺，禅宗五宗，有三宗发源于江西，道士真人，开辟洞天福地，龙虎山、麻姑山等为道教名山；书院择建山中，著名的白鹿洞书院、怀玉书院、鹅湖书院，鼎立其间；文人哲士，探幽访胜，或隐居或讲学。名山遂成为传播儒、佛、道文化的重要基地。

（二）江西名山旅游功能齐全

名山既是自然的产物，又是历史文化遗存；既是物质财富，又是精神宝库；既是旅游观赏、文化教育的场所，又是科学研究和普及知识的"户外博物馆"，是一份具有美学、科学、历史、文化、经济等多种价值的宝贵遗产，因此名山旅游功能是多方面和多层次的。

1. 登山给人以美的享受，陶冶情操

游人登山，必然要经过艰辛的努力，付出相当的汗水，这种实践活动蕴含着对山的多种想象，奇特、险峻、秀丽、怪诞等美的感受，便会在精神领域渐渐滋生、培育起来。在由远及近，由低到高的游览过程中体会苏轼所描述的"横看成岭侧成峰，远近高低各不同。不识庐山真面目，只缘身在此山中"。意境，而且登山次数越多，这种美的体验越丰富、越深刻。由此可见，名山是人们领略美学艺术的结节点之一，是审美、育美的理想之地，也是人类"共享空间"的乐园。

2. 登山能增强体质、磨砺意志

名山大都具有森林茂密、空气清新、花草丛生、气候适宜等特点，有助于人类健身、健心、康复精神和元气。

3. 江西名山大川是科学考察、教学实习场所

名山在科学上具有典型的研究价值。名山不仅有丰富的自然美，而且在科学上有重要研究意义。反映和渗透于研究和认识地球发展史、地质变迁、自然地理规律等学科领域中。如：李四光对庐山的第四纪冰川研究；龙虎山、圭峰等发育丹霞地貌；三清山的花岗岩山岳景观。

九连山被称为古老植物的"避难所"，植物种类繁多、类型复杂。可见，名山在地质、地貌、气候、土壤、植被等领域中所展现的科学内涵极其丰富、典型。许多高校的地理、农学、林学，甚至中文、

美学等专业学生都到名山进行教学实习。

4. 江西诸多名山是避暑消夏之胜地

众所周知，山岳气温一般比周围城镇低得多，特别是夏季，这种随海拔升高、气温下降的垂直递减现象十分显著。加上山岳云雾多、空气湿度大、降水较多等因素的影响，山岳的夏季气候是相当宜人的，成为炎热地区居民的避暑胜地。

（三）江西名山旅游开发对策

1. 开发生态旅游的多种旅游产品

把江西名山开发成为观光、休闲度假，科学考察，养生健身等为目的的旅游产品。其活动项目多种多样，包括观光、科考、教学、登山、摄影、野营、森林浴、采集、攀岩、疗养等。观光生态旅游产品主要面对大众需求层次，旅游地主要是生态容量大的自然风光区，可以为旅游者提供欣赏大自然之美、陶冶个人情操、锻炼人的意志。旅游规划强调保持大自然本来面貌，不继续大规模改造，旅游活动设计将环境影响降到最低，以自然体验为主。在自然生态教育、科考方面，可以专业性参观或小规模的特种旅游为主。养生健身为目的的生态有可从精神愉悦、生活体验和身体运动等几个方面进行组合产品，面向特定客源进行针对性营销。

2. 适度开发与合理保护相结合

开展生态旅游中要注意保护开发、简约化、多样化原则。多样化的产品不仅可以满足不同层次游客的需要，同时看突出景区资源多样化的特征，因此，对于自然生态景观的旅游资源，可合理进行受众面大的观光层次产品开发，满足大众生态旅游的需求。对具有保护意义的生态资源，进行专项产品开发，面向小规模高层次专业市场。

在名山资源开发利用过程中，林业、农业、建筑、宗教、地矿、城建、旅游、行政等系统要顾全大局、互相协作，并在总体战略和规划指导下着手开发利用和保护事业。

第三十四章　人文资源保护与开发关键技术

人文资源是指以森林资源及其环境为依托，与生态文化相关联的红色文化与宗教文化资源及其旅游产业的发展。从研究生态文化的角度分析，红色文化与宗教文化有许多共同之处：其一，同属于人文资源，是自然景观与人文景观相互融合的产物。其二，都以森林资源作为天然屏障，构成特殊人群汇聚的人文环境。其三，都是为了追求某种信仰，前者是为了中国工农革命，武装夺取政权，追求的是共产主义信仰；后者是为了传承与传播宗教思想，信奉万物有灵，追求的是寄托于神灵基础上的精神超度。充分挖掘、保护和开发人文资源，对于发展现代林业，促进科学发展，建设生态文明，实现人与自然和谐共存，具有深远的历史意义和现实意义。

一、红色文化与生态旅游产业发展关键技术

红色文化是指中国共产党领导中国人民进行革命武装斗争所留下的一切精神财富和文化遗产的总称。红色旅游是指以革命纪念地、纪念物以及所承载的革命精神为内涵，以现代旅游为基本形式，组织接待旅游者参观游览、学习革命历史知识、接受革命传统教育和振奋精神、放松身心、增加阅历的旅游活动，是红色革命精神与现代旅游经济的结晶。发展红色旅游，对于加强革命传统教育，增强全国人民特别是青少年的爱国情感，弘扬革命文化、振奋民族精神，带动革命老区经济社会协调发展，具有重要的现实意义和深远的历史意义。

（一）发展红色旅游的重要意义

发展红色旅游具体体现以下四个方面：

（1）有利于促进新时期爱国主义教育。

（2）有利于保护和利用革命历史文化遗产。

（3）有利于带动革命老区经济社会协调发展。

（4）有利于培育发展旅游业新的增长点。

（二）江西红色旅游资源禀赋及发展现状

被誉为"红色摇篮"的江西，红色旅游资源极其丰富，数量众多、种类齐全、品位极高，具有不可代替性和一定的垄断性。中国革命摇篮井冈山、军旗升起的地方英雄城南昌、红色故都瑞金、中国工人运动发源地安源等革命圣地，是革命传统教育和爱国主义教育以及共产党员先进性教育的重要基地。江西省有81个县（市）被国家定为老革命根据地。赣鄱大地，革命旧址、故居及纪念性建筑物数量多、分布广，其中像井冈山黄洋界、八一起义纪念馆、萍乡安源总平巷、永新三湾改编旧址等比较著名的就有177处，全省还有336处革命纪念馆、革命旧址被辟为爱国主义教育基地，其中有国家级9个、省级59个。全省登记在册的革命旧址1500多处，已公布为各级文物保护单位的400多处，其中属全国重点文物保护单位的有9处共40个点。江西省还拥有革命文物4万多件，其中一级文物172件（套）。由此可见，江西红色旅游资源确实是丰富独特，是一座亟待开发的金矿，发展前景极为乐观。

（三）江西红色旅游资源开发技术及保护对策

1. 创新管理体制，构建大旅游格局

改革创新现行管理体制，首先要打破目前文化、旅游、文物、环保、当地政府等部门条块分割、各自为政的割据局面，构建高效、快捷的长效机制，通过联合、兼并、收购或股份制改造，尽快组建旅游集团公司。由其协调、理顺各部门之间的关系，按照公司化管理、市场化运作的模式，建立权责明晰、以利益为纽带的经营管理体制。其次，要树立大市场、大旅游的理念。整合省内外的红色旅游资源，以资源共享、客源互流、市场共建、共谋发展为目的，与兄弟省市携手打造红色旅游品牌，扩大红色旅游线路的范围，形成红色旅游网络，共同促进红色旅游的持续发展。

2. 创新开发模式，突出地方特色

对红色旅游资源的开发，一方面应体现其独特性，注意发掘自身潜力，进行多层次多角度的包装，各显特色，展示区域独特性，避免红色旅游景点重复建设和红色产品雷同开发；另一方面要逐步改善和提高展馆档次，改变简单的图片展示和橱窗式的文物陈列，使表现手段更加科学化、现代化，可采用现代声光电技术立体多维展示或互动展示，可开发一些体验式、参与式的旅游项目，达到寓教于乐、潜移默化的教育目的。譬如利用战争遗迹或战争题材进行战争场景再现，策划穿越、探险、竞赛等参与性项目，激发游客的兴趣。

3. 加强宣传促销，大力开拓客源市场

（1）强化宣传推介。利用报纸、电视、网络等新闻媒体宣传。积极参加省内外各种旅游交易会、旅游推介会、旅游展销会等进行旅游促销，举办红色旅游文化节进行宣传。

（2）大力开发特色红色旅游产品和旅游线路。旅行社要适时利用革命纪念日、伟人纪念日、"五一""十一"旅游黄金周等喜庆节日，开通全国各地至江西的红色旅游专列。

（3）积极开展"井冈山精神"等红色旅游研讨会，增强红色旅游文化吸引力。四要在巩固原有国内市场的基础上，走向国际市场。应把这种革命精神放入世界文化遗产的范畴中去研究、去保护、去挖掘。打出"红色旅游、绿色家园、唱响中华、走向世界"的口号，把红色旅游推介到国外，不断开拓国际市场。

4. 多渠道筹集资金，加强基础设施建设

旅游资金的筹集，要坚持"国家、集体、个人一起上""谁投资、谁经营、谁受益"的原则，动员和鼓励厂矿企业、事业单位、社会团体和群众个人积极参与旅游开发，同时，改善投资环境，加大旅游招商引资力度，积极引进国外资金，以合作、合资、独资、股份制等多种形式对新建项目和现有景点进行改造和建设，解决红色旅游开发资金不足的难题，改善红色旅游景区的基础配套设施建设。

5. 积极培养和引进旅游人才，提高从业人员整体素质

随着旅游业竞争日趋激烈，应把培养和引进高素质的旅游人才作为改善旅游业资源配置状况、提高资源配置效率的重要工作来抓。主要途径有：一是培养内部人才。应对现有从业人员进行系统地、有针对性地培训或选派人员到旅游业发达地区学习先进经验，从而提高其综合素质。二是引进专业人才。首先应依托省内高校开设的旅游营销、旅游管理、导游、景观设计等专业，吸收优秀的旅游毕业生；其次，可以在全国甚至是全球范围内公开招聘优秀旅游营销人才、旅游高层管理人才。

6. 开发与保护并重，实现红色资源的永续利用

丰富的红色资源是发展红色旅游的基础，在开发利用红色旅游资源的同时，不能竭泽而渔，而应切实保护好这些珍贵的资源。树立长远观念，为子孙后代保留珍贵的革命历史文化遗址和遗物，准确把握红色和旅游的结合，坚持开发与保护并重的理念，力保红色资源不"褪色"，力求红色旅游不"冷场"，适时适度地开发利用好红色旅游资源。第一，严格按照旅游规律，找准旅游与红色资源的结合点，决不能乱点鸳鸯谱，切实做到依照规划，保护性开发。第二，加强红色旅游景点维护管理，使之保存久远，永续利用，真正成为开展爱国主义教育和革命传统教育的重要基地。第三，对游客和当地居民倡导绿色消费和红色旅游的观念，使游客和当地居民能自觉保护旅游资源，取得社会效益和经济效益、生态效益三丰收。

7. 整合旅游资源，共同促进旅游业的可持续发展

江西旅游资源主要以自然山水、历史古迹、红色文化为主。江西省要巧打"红""绿""古"三色旅游牌，全面整合江西的优势旅游资源，既要加强对红色旅游资源的开发利用，同时又要注重自然旅游资源、人文旅游资源的开发利用，把它们有机地结合起来，进行高起点、高品位、大手笔地加以综合开发和利用。充分利用"红色摇篮、绿色家园、古色文化"三色旅游文化概念，将"红色旅游"与"绿色旅游""古色旅游"结合起来，将红色文化与秀丽自然风光结合起来，科学合理地规划旅游景点，形成具有江西特色的精品旅游线路，这样既可以满足日益个性化、专业化的旅游市场需求，又可以提高旅游业的整体规模效益，共同促进江西旅游业的可持续发展。

8. 红色旅游线路规划建议

根据省政府颁布的《江西省红色旅游发展纲要》，江西省红色旅游发展总体布局是：按照"一个龙头、四个基本点、两个集散中心、六条精品线路"和红色、绿色、古色有机结合的原则，进行总体布局，即以井冈山红色旅游区为龙头，大力发展南昌、瑞金、萍乡、上饶四个红色旅游区基点；以南昌和赣州为主、次集散中心，全力打造六条精品线路。

中国红色旅游概念线路："上海—嘉兴—南昌—井冈山—瑞金—长汀—高州—遵义—延安—西柏坡—北京"。

江西红色文化旅游金牌线路："南昌—井冈山—赣州—瑞金"。

赣湘红色文化旅游精品线路："南昌或井冈山—萍乡—韶山—长沙"。

赣闽粤红色文化旅游精品线路："赣州—瑞金—长汀—龙岩—梅州—广州"。

赣浙沪红色文化旅游精品线路："南昌—龙虎山—上饶—三清山—杭州—嘉兴—上海"。

赣鄂红色文化旅游精品线路："武汉—黄冈—九江（庐山）—共青城—南昌—井冈山"。

二、生态文化与宗教文化资源融合技术

宗教文化是中华传统文化的精髓。宗教场所依托优美的自然环境，宗教文化宣传的对自然、对社会和对人生的感悟。几乎所有宗教文化都与生态文化体系中森林文化、湿地文化、树木文化、竹文化、茶文化、山水文化、花文化等有着千丝万缕的联系与融合。从某种意义上讲，生态文化是宗教文化的源泉，是人类的智慧与大自然融合的结晶。从原始宗教的自然崇拜和祖先崇拜，到道、释、儒（包括伊斯兰、天主、基督、东真等各种宗教）的千年传承，贯穿的正是"天人合一""道法自然"生态思想，"万物同宗、和谐共生"的发展理念和"行善积德、珍爱生命"的道德准则。

（一）宗教林业的发展丰富了生态文化的内涵

宗教林业是指宗教人士在寺庙道观所经营的山林从事植树造林、养护管理和开发利用等生产实践活动的总称。江西蕴藏着丰富的传统文化资源，作为道教发源地，有重要的道教胜地；作为佛教禅宗重要发祥地——禅宗五家七宗有三宗半出自江西，有众多的名寺高僧和寺庙禅林；江西作为著名的"江西学派"及"程朱理学"的发祥地，留下了极为丰富的人文资源和历史文化遗产。闻名遐迩的江西古代"四大书院"——白鹿洞书院、鹅湖书院、白鹭洲书院、豫章书院。

　　江西萍乡、丰城、安福、黎川、婺源等县市所保存或修复的孔庙（文庙、夫子庙）虽不能与山东曲阜的孔府、孔庙、孔林媲美，却反映了江西纪念孔子，推崇儒学的表征。江西古代书院开启了诗书传家的朴实民风。这些地方都与名山名胜相联系。儒、道、释文化，无论是儒教的仁、佛道的慈、道教的善，都倡导爱护森林树木。几乎所有寺庙、道观、文庙、祠堂四周不仅具有宁静优美的自然环境，而且多数还拥有林权归属于寺庙道观，由僧侣、道士直接经营管理的森林资源，形成了一种特殊林业行业——"宗教林业"。千百年来，中国的僧侣、道人总是在尽其所力植树护林。这是以护林植树为基础，僧侣、道士与森林和谐相处，实现良性运行的林业。宗教林业所具有的内在活力，对于城市森林文化与林业建设，也是一种有效的借鉴。

　　道教徒把风景秀丽的山岳幻想为仙栖息的神仙境界，追求神仙之道，对修道场所有环境要求，须满足"金木水火土"的条件：符合金的条件——丹药丰富且容易得到；符合木的条件——森林茂密，空气清新；符合水的条件——靠近河流、泉水、溪流、湖泊或大海；符合土的条件——可以种庄稼而人口稀少，喧嚣不生。修道要求清心、寡欲、无为、不争，只有空气清新、远离尘嚣、环境优美的山林才能满足这些要求。

　　道教十大洞天、三十六小洞天、七十二福地，都处于山清水秀、环境幽美之地。数千年来，道教徒们悉心呵护这些福地洞天的一草一木。

　　道教的宫观建筑考虑了顺应自然环境，巧妙地利用自然条件，依山就势，见水修桥，因高为殿，就洞为宫，布局灵活。

　　佛教不仅制定戒律，禁止乱伐树木、破坏森林和山水的行为，而且自觉选择名山大川周围最好的自然环境，建造寺庙，力求使庄严的宗教精神与优美的自然环境相和谐。"曲径通幽处，禅房花木深"（常剑《破山寺后禅院》）。佛教寺院多建在深山，或在依山临水处，或在深山幽谷间。在南宋宁宗年间，有"五山十刹"的规定。明代以后，佛教徒出现了参拜名山的风气。一些佛教寺院被称为"佛教丛林"，往往古树参天，云蒸雾绕，恍若人间仙境。

　　佛言"应经行处种树"（《大藏经》）。禅师为什么种树？"一与山门作境致，二与后人作榜样。""若比丘为三宝，种三种树：一者果树，二者华树，三者叶树。此但有福无过"（《毗尼经》）。佛教寺庙有山林田产。唐宋两代，不少禅师倡导亦农亦禅，从事农林，植松�茶，从未中断。

　　佛教崇尚清静，崇尚温馨、安宁的自然环境，客观上起到了保护生态环境的积极作用。佛教寺院内外古树参天，佛教徒广植林木花卉，对社会有示范作用。凡是信仰佛教的地区，自然生态环境都得到当地群众的自觉保护。

　　俗话说："天下名山僧占多。"自魏晋六朝以来，多选深山修建寺庙，并广为载花种树，营造良好的修行环境。佛教寺院与生态环境相得益彰，正所谓"寺因山而钟灵，山以寺而闻名"。

　　禅宗大师常以山水花草等自然景物作为禅境的方便入门。禅宗要求人们在优美的山水环境中陶冶性情，在与自然和谐相处中做到心境浑然一体。禅悟也往往在自然景物中触发。真正进入悟境的人对佛性的体验，完全融入了一山一水、一草一木之中。

　　在儒家看来，山川林木之所以会引起人们的美感，在于它们的形象能够表现出与人的高尚品德类似的特征。

　　仁者所以乐山，是由于山有生草木、育禽兽、殖财用、成万物、无私予人等品格。仁者之所以喜好山，关键是山在整个生态系统中的作用。一个仁者应该像山一样思考，要有包揽万物的胸怀。在总体上，知者是忘乎于山水之间的。这即是孔子所讲的"知者乐水"（《论语·雍也》）。这里，知者之所以钟情于水，不仅是在比德的意义上讲的，而且看到了人和自然的内在联系。

　　儒家的"君子比德"思想引导人们从伦理、功利的角度来认识大自然，把"高山流水"作为人品高洁的象征。

一边徜徉山林，一边领悟儒、道、佛的精义，感受天人合一、人与自然和谐的境界。

（二）江西道教文化资源与名山胜迹

江西具有丰富而独特的道教文化资源，龙虎山、三清山为道教名山，麻姑山、金精山、新建西山也是重要的道教胜地。

1. 龙虎山

龙虎山在贵溪，此山被列为"七十二福地"的第二十九福地。被五斗米道徒尊为"天师"的张道陵在汉章帝、和帝间，杖策云游，在余汗云锦山（今龙虎山）修道炼丹，据说"丹成而龙虎现"，此山改名龙虎山。在群山之中两峰对出，一似苍龙，一似猛虎，这也是山名的来历。张道陵的重孙张盛自汉中移居龙虎山，被尊为"正一天师"。龙虎山成为道教祖山，离作为南方道教祖庭的上清宫和天师府所在的上清镇约15华里。沿山麓下行数里，有"仙崖"24座，悬崖洞中有棺木，称为"悬棺"，据测定是战国时期的墓葬。

2. 三清山

三清山在玉山、德兴交界处，包括玉京、玉华、玉壶三峰，犹如道教所崇"三清"仙境，为道教名山。最高峰玉京峰海拔1819.9米，为怀玉山脉的主峰。玉京峰上有三清观、西华塔、风雷塔、飞仙台等。被列入"七十二福地"。

三清山兼具"泰山之雄伟、黄山之奇秀、华山之险峻、衡山之烟云、青城之清幽"，被誉为"世界精品、人类瑰宝、精神玉境"。玉京、玉虚、玉华摩天柱地，峻拔巍峨；蓬莱、方丈、瀛洲翠叠丹崖，葱郁流丽；瑶台、玉台、登真台松奇岩怪，空灵清虚。东晋葛洪"结庐练丹"于山，自古享有"清绝尘嚣天下无双福地，高凌云汉江南第一仙峰"的盛誉。宋尤其是明以来三清宫等道教建筑依山水走向，顺八卦方位，将自然景观与道家理念合一，方圆数十里，道风浓郁，道境昭然，玄谜隐奥，有天下第一"露天道教博物馆"之称。

3. 阁皂山

阁皂山位于樟树市东南隅，亦称葛岭，是武夷山西延的支脉，逶迤绵延二百余里，号称"清江碧嶂"，为天下第三十三福地。

阁皂山是一座寓道教文化和中药史文化为一体的名山。东汉建安七年（202），灵宝道派的始祖葛玄在此悟道修真。葛玄又是樟树医药业的奠基人，阁皂山也因此成为樟树药帮的"祖山"。他的弟子继续在阁皂山布道炼丹，种药行医，以葛洪贡献最大，在中国的道教史上将两葛并称"葛家道"，阁皂山亦因两葛而成为道徒的"圣地"。在宋代阁皂山进入鼎盛时期，与金陵（今南京）茅山、广信（今贵溪）龙虎山并称道家三大名山。

阁皂山不仅曾以道医著世，而且其山川风光，胜景天成。古往今来，阁皂山以山川之秀、景色之奇、古迹之异、传说之神而吸引了历代仁绅庶子、骚人墨客，如朱熹、文天祥、解缙、施润章、裴汝钦、黄介民等名家都曾登山览胜，大都留有题章。有大万寿崇真宫、紫阳书院、石门石、风门、丹井、照门松、引路松等。

4. 麻姑山

麻姑山为第二十八洞天。在南城县城西南。西部的丹霞峰被列为第十福地。一山而兼有洞天、福地之称。麻姑山山势秀丽，万木葱笼，不仅有奇特壮观的飞瀑"玉练双飞"，还有著名的"鲁公碑""半山亭""仙都观""神功泉""龙门桥""丹霞洞"，仙境依然，故《名山志》上说："中国有三十六洞天，七十二福地，分布在九州四海，唯独麻姑山，既有洞天，又有福地，秀出东南。"

麻姑山属武夷山系军峰山之余脉，海拔不到1公里。秦时，大学者华子岗来到麻沅著书，有他藏书的石室。晋时，大医学士葛洪炼丹登临麻姑山，在此留下丹井。麻姑山仙都观宇建在一片宽阔的高山平原上。相传麻姑在这里得道，唐玄宗开元二十七年（739），道士邓紫阳真人在麻姑山习道修练，葬于麻姑山，玄宗为麻姑仙立庙，庙内塑有麻姑神像。道士相争来此讲学，名流往来不绝，成为东南一带道教中心。在山顶筑了麻姑仙坛。唐代抚州刺史颜真卿游历麻姑山时，亲自撰文并书《麻姑仙坛记》，是仅次于王羲之《兰亭集序》的天下第二书。北宋思想家李觏在麻姑山"十贤堂"讲学时，前来听讲的各地学生达百十人。南宋诗人谢灵运曾慕名而来。悬崖上的碑额、摩崖造像和雕刻工艺达到了非常精妙的地步。麻姑以烟云横飞，峰峦翠峭为秀，以洞石秘奥，"玉练双飞"为奇。

古传麻姑山有三十六峰，十三佳泉，九十九座庙宇，五大潭洞，可谓"山灵果实，福地洞天"。

5. 金精山

金精山在宁都县城西北，主峰翠微峰。金精山属雩山山脉的一部分，形成了峭壁丹崖、石峰林立、瑰丽多姿的丹霞地貌，为与丹霞山、龙虎山齐名的赣南丹霞地貌的典型代表。

金精山的宗教文化、儒家文化底蕴异常丰厚。张丽英被宋徽宗赐封为"灵泉普应真人"，金精山列为道家第三十二福地，成为赣南惟一的道家名山。堪舆大师廖瑀在金精山著书立说，以"金精山人"自居。理学家朱熹偕同高足邑人曾兴宗授徒于"水竹幽居"。有"诗国"之称的曾原一于此结"江湖吟社"。以魏禧为首的"易堂九子"在翠微峰顶筑"易堂"办馆兴学，博得"易堂真气，天下罕二"赞誉。无数的文人学士、高僧名道到此隐居、云游，大量的文化遗存为金精山增添了绚丽的光环。

6. 南昌西山

南昌西山为第十二洞天，位于新建县西，绵亘三百里。洪井相传为黄帝之臣洪崖炼丹处，洪井北有风雨池，西有鸾岗，为洪崖乘鸾休憩之处。山后有采鸾岗，传说仙女吴采鸾与文箫相遇于此。汉代梅福弃官居此山修道，因而得名"梅岭"。葛洪来此山炼丹，而有"葛仙峰"。山上古迹众多，万寿宫为最著名，其前身为晋代为纪念许逊而建的许仙祠。许逊治水有方，被人们祀为"大仙""真君"，在其故居建立许仙祠。建于宋代的玉隆万寿宫成为全国几座大型道宫之一。正殿前一株古柏相传为许逊所植。

7. 庐山

庐山为三十六小洞天的第八洞天，有承天白鹤观、寻真观、昭德观、太平观等。又是第六十八福地。陆修静在庐山太虚观整理道藏，成为当时最大的道藏库，逝世后获谥"简寂"，太虚观改名简寂观。仙人洞和御碑亭也与仙道人物有关。

仙人洞位于庐山牯岭西北的悬崖绝壁之间，系天然岩洞，门上刻"仙人洞"三字，相传为八仙之一的吕洞宾修炼之地。此处原为佛教僧人所住持。清嘉庆年间(1796~1820年)，道士来此住持，于洞内辟纯阳殿供奉吕祖。光绪三十一年（1905）长安道士静阳子又在岩左创建老君殿，并重修纯阳殿，增建藏经阁，始称仙人洞道院。1951年，对老君殿进行了修葺。1988年，仙人洞交还道教界管理，重新作为道教活动场所开放。1998年，重建老君殿。如今的仙人洞道院殿宇典雅壮丽，香炉钟鼎焕然一新。

洞外有一岩石形如蟾蜍，伸展于陡壁上，石隙上生一古松，俗称石松。1961年，毛泽东主席游此处，题诗云："暮色苍茫看劲松，乱云飞渡仍从容。天生一个仙人洞，无限风光在险峰。"

（三）佛教名山文化资源开发

佛教进入江西境内，大约在东汉时期。彭泽县安禅寺创建于汉永平年间（58~75），浮梁县双峰寺建于汉元嘉元年（151），可以算全国最早的一批寺院。三国时期，江西境内新建佛寺7所。

两晋、南北朝时期，新建 87 所佛寺，分别以南昌、庐山、鄱阳和余干为中心。

禅宗六祖慧能门下分为南岳怀让、青原行思两系。南岳怀让系分为沩仰、临济两家。青原行思系分为曹洞、云门、法眼三家。世称五家七宗。在临济下又分为黄龙、杨岐两派，合称五家七宗。曹洞宗、临济宗祖庭在宜丰，杨岐宗祖庭在萍乡，沩仰宗发祥地为湖南宁乡沩山和江西宜春仰山。

1. 东林寺（庐山）

庐山自六朝以来便为佛教名山，影响深远，有大林寺、西林寺、归宗寺、东林寺等。建于公元 386 年的东林寺为我国佛教八大道场之一，处于庐山幽谷之中，因慧远开创净土宗而名扬天下。慧远是东晋时著名佛教学者，也是江西历史上第一个高僧。"白莲社"开儒释道互通的风气。慧远倡导弥陀净土法门，开创净土宗，后出现禅净兼修。庐山由此而成为南方佛教的中心。

2. 佑民寺（南昌）

佑民寺位于南昌市内，西临南湖，旁边是八一公园。始建于南朝天监年间（502~519 年），曾称上蓝寺、大佛寺、开元寺。大历四年（769 年）起，著名禅师马祖道一住持该寺，开创了最为兴旺的局面。后改称上蓝院、承天寺、能仁禅寺、佑清寺，1929 年改称"佑民寺"。

中唐时期，南宗有三派最有生气，即马祖的洪州禅、神会的荷泽禅、希迁的石头禅。马祖道一主张"即心是佛""人佛无异""平常心是道"，被尊为禅宗八祖。马祖道一根据禅宗六祖慧能的主张，提倡心性本静，佛性本有，觉悟不假求外，宣扬"自心是佛"，对中国的哲学思想、民族文化、道德观念等产生了深远的影响。马祖上承慧能佛教改革传统，下开临济、沩仰宗先河，他培养了一批禅宗的顶梁柱。马祖带着徒弟怀海一起垦荒种地，是农禅合一的开创者。佑民寺的大铜佛高 9.8 米，重三万六千斤。大殿前有 6 棵大樟树，枝繁叶茂。

3. 宝峰寺（靖安）

宝峰寺位于靖安县城以北 20 公里的宝珠峰下、泐潭之滨。初名为"泐潭寺"，又名"法林寺"，有"石门古刹"之称。为江南著名古刹，在东南亚、日本、朝鲜等地享有盛名。

唐大中四年（850 年）宣宗赐"宝峰"匾额，遂易名"宝峰寺"。宝峰寺周围层峦叠嶂，危崖壁立，树木葱茏，山川回合。寺后有七岭，左右两峰环抱，俗称"九龙聚会"之地，气势灵奇，环境清幽。宝峰寺是马祖道一的重要道场，自唐贞元元年（785）起，马祖曾多次率徒来此弘法。唐贞元四年（788 年）二月初一，马祖圆寂，世寿八十，弟子奉灵骨归寺于建昌石门山泐潭等。贞元七年（791 年），左仆射德尔奉德宗圣旨来为马祖建舍得塔。

宝峰寺建有高达 13 米的仿古牌坊，额枋正中有赵朴初手书的"马祖道场"四个大字。马祖塔始建于唐朝中期，宋代重建，为马祖舍利处，全称为"宝峰马祖一大寂禅师舍利之塔"，刻字为著名书法家启功先生所书。

寺内古柏参天，树木成荫，花圃星罗棋布，形成园林式寺庙。江西佛学院在此处办学，培养了不少佛门弟子，成为江西佛教文化的中心地之一。

宝峰寺方丈一诚法师为十一届全国政协常委、曾任中国佛教协会会长。

4. 奉新百丈山百丈寺

百丈山在奉新西部，百丈寺始建于唐代宗大历年间。怀海禅师是马祖道一最著名的入室弟子，住持百丈寺，他参考佛教大乘、小乘中的戒律，创立简易切要的新戒律，被称为"百丈清规"，提出"别立禅居"、僧人普请劳作（"一日不作，一日不食"）等要求，开辟了一条农禅结合的道路，为天下禅寺一律遵行，使禅宗得到更大发展。柳公权撰《百丈碑铭》。"天下清规"四字据说为柳公权的手笔。

5. 吉安青原山净居寺

青原山在吉安西南，净居寺始建于唐神龙元年（705年），是慧能弟子、禅宗七祖行思禅师的传法之地。山门牌坊上镌刻颜真卿手书"祖关"二字。据传唐代鉴真和尚曾于天宝八年来此瞻仰七祖真身。寺门横额"青原山"为文天祥手笔。寺内墙壁上嵌有黄庭坚和李纲所书诗碑。杜甫、苏东坡都曾留下墨迹。寺中还有王守仁手书的"曹溪宗派"刻石。方以智曾隐居青原山为僧9年，死后葬于山中。寺中有千年罗汉松。后由青原一系衍生出曹洞宗、云门宗和法眼宗三大宗派。净居寺1983年被国务院确定为佛教全国重点寺院。

6. 宜丰洞山普利寺

洞山在宜丰北部同安山区。唐咸通中期，行思禅师门下四传弟子、昙晟正传弟子良价来此山，涉水睹影而悟道，创建普利寺，归纳出"五位君臣""偏正回互"的说教方式。宜黄曹山本寂拜良价为师，师徒共创曹洞宗。咸通十年（869年）唐懿宗敕以良价"悟本禅师"法号，圆寂后敕建"慧觉宝塔"，建于洞山后山。

洞山，古树参天，藤蔓环绕，鸣泉飞瀑，美不胜收。山门"洞山禅林"四个金字为赵朴初亲题。有普利寺、价祖塔、苏辙诗石刻、木鱼石、七仙桥、千年罗汉松、石上楠、逢渠桥及夜合山、红米坞塔林、牛头山塔林、经坑塔林等多处佛塔林。

公元840年，日本瓦室能光、朝鲜利严等和尚在洞山长住，使曹洞佛法传入日本及朝鲜。

属曹洞宗信徒住持的寺院有嵩山少林寺、北京广济寺、西安大慈恩寺、紫金山灵谷寺、洛阳白马寺、天童山天童寺、普陀山洛迦寺、奉化雪窦寺、南昌开元寺、福建鼓山涌泉寺、曹溪南华寺等。

7. 临济宗：宜丰黄檗山

黄檗山坐落在宜丰县西北部的黄岗乡境内，层峦叠嶂，气势雄伟，山清水秀，古树参天。它是佛教五大禅宗之一临济宗的祖庭，始建于唐代。

黄檗寺，唐名灵鹫寺。希运（福建福清人），出家后云游四方，在奉新百丈山怀海门下学法，公元835年前后，希运到灵鹫寺，怀念家乡的黄檗山，把鹫峰一带的山改称黄檗山，寺随之改为黄檗寺。希运在此宣扬直指单传的心要，创立了新的禅宗之旨。他在弥留之际说自己"前际无去，今际无往，后际无来"。其弟子义玄，在黄檗习禅多年后，去河北正定的临济院，阐扬希运旨义，创立了临济宗。曾向希运学禅的唐宣宗李忱敕"断际禅师"。

希运是南宗第五世法孙，他继承了慧能的学说，主张"放舍身心，全令自在，心地若空，慧目自现，内无一物，外无所求"，发展出"当头棒喝"的方法来打破僧人的迷执。唐宣宗由宜丰深山中的黄檗古寺里的小沙弥一跃为大唐的皇帝之后，一改武宗灭佛的政策，大兴佛教，使黄檗希运临济义玄一系发展迅猛，宗风半天下。

宋代，日本僧人荣西和俊芿先后来华学佛，将临济宗旨传到日本，至今日本有门徒500万之众，朝鲜、越南及东南亚诸国皆不乏临济信徒。临济宗到北宋时期又演化为杨岐宗和黄龙宗。属临济宗信徒住持的寺院有杭州灵隐寺以及峨眉山的30多座寺院。

8. 沩仰宗：宜春仰山

沩仰宗的开创者灵祐和他的弟子慧寂先后在潭州的沩山（在今湖南省宁乡县西）、袁州的仰山（在今江西省宜春市南）举扬一家的宗风，后世称它为沩仰宗。沩山灵祐禅师（771~853年），23岁至江西参谒百丈怀海禅师，为上首弟子。宪宗元和末年，栖止潭州大沩山。仰山慧寂禅师（840~916年）入沩山灵祐之室，受其印可。唐僖宗时迁大仰山，大振沩山之法道，是为沩仰宗。有仰山小释迦之号。

在禅宗五家中，沩仰宗兴起最先，衰亡也较早，到北宋初就无声息了。此宗的法脉，大概历时 150 年。

9. 萍乡杨岐山普通寺

杨岐山在萍乡市北。传说战国时杨朱"哭歧路"发生在这里，而得杨岐之名。为唐代名僧乘广所建。南宋时，临济宗祖师义玄的七传弟子方会居杨岐山普通禅寺，创立杨岐宗。宋以下，杨岐宗作为临济宗的唯一宗派盛传不衰，并传入日本。寺内有唐朝刘禹锡撰文并书写的《乘广禅师铭塔》。寺后有唐柏一株，叫做"倒栽柏"，相传为乘广禅师手植。寺后还有清末学者文廷式墓。

临济宗传人石霜楚圆曾依住持洞山的云门宗传人晓聪学法，后游于宜春仰山，重振临济宗风。楚圆门下派生两宗，即方会始创的杨岐宗和慧南创于修水黄龙山的黄龙宗。由此确立禅宗"五家七宗"。

10. 永修云居山真如寺

云居山位于永修县西北部。寺始建于唐宪宗元和时，初名龙昌禅院。晚唐时曹洞宗祖师良价的弟子道膺住持此寺，也是曹洞宗的祖山之一。宋真宗大中祥符元年（1008 年）改名真如禅寺。苏轼被贬岭南时曾到过这里，高僧佛印禅师与苏轼、黄庭坚谈论佛法，佛印禅师在道膺禅师说法的石头上刻了"洪觉道场"几个字，真如寺名盛一时。

1953 年，中国佛教协会成立，虚云法师为四位名誉会长之一。同年 7 月，应住持性福法师邀请驻锡于云居山真如寺重修庙宇。1959 年在寺中圆寂，终年 120 岁。"真如寺"匾额是赵朴初题写的。真如寺僧侣经营了山林田地 3600 亩。

（四）古代江西书院旅游开发

我国古代从事教学活动的书院大约始于中唐时期，最早见于志书的有四川遂宁的张九宗书院、江西高安的桂岩书院、湖南衡阳的石鼓书院。桂岩书院地处今高安市华林乡，为唐代时幸南容（746~819 年）所办。这是江西最早的书院。江州陈氏东佳书堂在今德安县，是陈氏家族书院，有最早的规章，最早的学田。

1. 白鹿洞书院（庐山）

在江西古代四大书院中，最值得浓墨重彩的当属被称为"天下第一书院"的白鹿洞书院。它不仅位列江西四大书院之首，还是中国古代四大书院之一，"始于唐、盛于宋、沿于明清"。至今天，不管是对国学的推广还是旅游的推广，白鹿洞书院都是可圈可点。白鹿洞为唐代李渤（773~831 年）在庐山居住的山谷。李渤任江州刺史时，创建了两所书院，一为景星书院，一为李渤书堂。李渤修建白鹿洞和创办书院，在江西书院史上具有重要地位。

白鹿洞书院的前身为建于南唐的庐山国学（亦称白鹿洞国学）是官家创办。北宋的白鹿洞书院就是在此基础上改建的。朱熹制定《白鹿洞书院揭示》，兴复白鹿洞书院，意味着我国古代书院制度的成熟。朱熹曾与陆九龄议论过仿禅林规条教育后学一事。此后，《白鹿洞书院揭示》成为各类学校共同遵行的办学方针，并远播海外，在朝鲜、日本影响很大。

2. 白鹭洲书院（吉安）

白鹭洲书院位于吉安市内，在赣江中的一个洲上，以江万里、欧阳守道、文天祥等而享有盛名。江万里于淳佑元年（1241 年）建白鹭洲书院。首立六君子祠，祀周敦颐、程颢、程颐、张载、邵雍、朱熹。文天祥是欧阳守道的学生。

3. 鹅湖书院（铅山）

鹅湖位于铅山，因淳熙二年（1175 年）朱熹、陆九渊、陆九龄、吕祖谦鹅湖之会，及淳熙十五年（1188 年）陈亮、辛弃疾鹅湖之会，理学门徒为纪念他们的宗师，而建立鹅湖书院，始建于淳佑十年（1250年）。

4. 豫章书院（南昌）

豫章书院位于南昌进贤门内书院街，在清代非常突出，成为由巡抚直接掌管的省城书院。清光绪二十八年（1902年），豫章书院更名为江西大学堂，两年后又改称江西高等学堂，与"癸卯学制"相衔接。

古代书院原先皆依山林而建，设在中心城市的极个别，在嘉定以后，建在中心城市的才多起来，而成为士子游学活动集中的地方。清末，许多书院改为中学堂或小学堂，有的改为师范学堂、实业学堂。

（五）宗教文化旅游资源保护与开发

加强对宗教文化资源的保护与开发研究，尤其要正确处理好国家森林公园和自然保护区境内宗教文化旅游资源保护与开发的关系，防止过度开发而造成对宗教文化资源与自然环境的损害。把上清国家森林公园（大上清宫等）、三清森林公园、阁皂山国家森林公园、东方禅文化园（宜丰县洞山、黄檗山等）、三爪仑国家示范森林公园（宝峰寺）、庐山东林寺等国家及地方重点区域内的保护与开发列入当地国民经济与社会发展规划之中，严格保护，适度开发。

江西可重点开发四条宗教文化旅游线路：

1. 仙道文化之旅：南昌—云居山—庐山

包括南昌（西山万寿宫、青云谱、佑民寺、豫章书院）—永修云居山（真如寺）—九江庐山（东林寺、仙人洞、白鹿洞书院等）。

2. 儒道文化之旅：南昌—龙虎山—三清山—麻姑山

包括南昌（万寿宫、豫章书院）—鹰潭（龙虎山）—贵溪（龟峰）—铅山（鹅湖书院）—上饶（三清山）—南城麻姑山。

3. 佛教文化之旅：南昌—三爪仑—百丈山—洞山—黄檗山—仰山—杨岐山

包括南昌（佑民寺）—靖安三爪仑国家示范森林公园（宝峰寺）—奉新百丈山（百丈寺）—宜丰洞山（曹洞宗，普利寺）—宜丰黄檗山（临济宗，黄檗寺）—宜春仰山（沩仰宗）—萍乡杨岐山（杨岐宗）。

4. "青""红"文化之旅：南昌—阁皂山—青原山—井冈山—金精山

包括南昌—樟树阁皂山—吉安青原山、白鹭洲书院—井冈山—宁都金精山。

第三十五章　生态山水庄园与产业发展关键技术

依托江西丰富的乡村自然资源与人文景观，大力发展具有江西特色的生态山水庄园与产业，旨在"打造精品，提升品位，创出名牌，满足需求，惠及民生，关注三农。"即精心打造体现江西自然风光、传统民俗文化和古村名镇风貌的精品；提升森林（湿地）与乡村休闲旅游在环境、设施与服务的水准；创出中国最美丽乡村与回归自然、回归田园首选地的名牌；满足现代都市人群与城镇居民享受生态服务与休闲生活的需求；让民众在体验自然生态中增长知识、放松心情，让林农庄户人家在从业服务中增加收入；促进现代林业发展、山区经济繁荣和文明村镇建设。

一、"生态山水庄园"总体设计与构建技术

"生态山水庄园"是指依托森林、湿地自然资源，以林农庄户为主体，开发乡村森林、湿地生态休闲旅游精品名牌的总称。它以优美的森林、湿地自然环境与厚重的人文景观为依托，以林农庄户经营为主体，利用乡村美丽的自然景色、朴实的民俗风情、香甜的农家美味、丰富的林特产品和规范的特色服务，让游客在享受自然野趣、果品采摘、民居住宿、农家美食、林副特产等系列生态休闲服务的同时，热爱自然，增长知识，放松心情，陶冶情操。这种形式比较适合短线一日游，双休假日休闲游。同时，在距离城市较近的郊区或条件设施具备一定规模的林区，也适宜于老年人定期休闲居住。

（一）"生态山水庄园"建设目标设计

"生态山水庄园"建设目标是："十二五"期间，在全省99个县（市、区）实施"百县千点万户"计划，建成2000个星级"生态山水庄园"示范点，带动6万个林农庄户从事"森林山庄"标准化服务，常年专业从业人员60万人。即以在每个县（市、区）建成20个星级"生态山水庄园"示范点，带动600个林农庄户从事"森林山庄"标准化服务，常年专业从业人员6000人。

在确定发展目标的基础上，进一步完善基础设施，确定适度规模，规范行业标准，增加配套项目，提高服务质量。

（二）"生态山水庄园"建设类型设计

在江西打造"生态山水庄园"系列特色业态为平台，创造"森林文化庄园、渔家文化庄园、休闲文化农庄和民俗文化庄园"等四种不同生态类型的山乡水村特色休闲旅游，是建设生态文化体系的重要内容和主要推手。发展"生态山水庄园"系列特色业态的生态文化休闲产业，是江西现代林业推进三大体系建设中，创造的生态文化特色产业、主打产业和精品名牌。它以林农庄户为经营主体，以回归自然田园、感受乡土气息、弘扬生态文化，建设生态文明为主题，开展集旅游、观赏、餐饮、休闲、购物为一体的生态服务。其主要类型是：

（1）以森林生态沟域资源为依托的森林文化庄园——重点发展林区、竹乡生态沟带上的山村农庄，开展森林浴场、森林氧吧、登山探险、徒步旅行、科学考察、拓展训练、禅林谒祖、猎奇漂流等为特色的生态文化服务。

（2）以江河滨湖湿地资源为依托的渔家文化庄园——重点发展沿江、环湖和溪流两岸的水乡渔村，开展天然浴场、候鸟观赏、游艇追风、水上渔火、菱藕采摘、河岸垂钓、生态摄影等为特色的生态文化服务。

（3）以城市城镇周边森林、林带与湿地资源为依托的郊野休闲庄园——重点发展中心城市与城镇周边、近郊、远郊，以及环湖平原和交通干线两侧的田园乡村，开展郊外踏青、露营野炊、果品采摘、农耕体验等为特色的生态文化服务。

（4）以林区乡土风情资源为依托的民俗文化庄园——重点发展坐落在山区的古村名镇和畲族、客家村寨，开展历史追踪、文化寻根、民居建筑、民俗风情、乡土节庆等为特色的生态服务。

（三）"生态山水庄园"文化产业发展基础与展望

目前，江西已经成功举办了具有本土文化特色和地域风情的旅游节庆活动，在全国创出了鲜明的特色与品牌。尤其是打造了"中国（江西）红色旅游博览会、井冈山杜鹃花会、庐山世界文化景观节、龙虎山国际道教文化旅游节、中国景德镇国际陶瓷博览会、赣州客家文化节、婺源中国乡村文化旅游节、鄱阳湖湿地生态旅游节、三清山山岳峰林景观旅游节、樟树药交会和健身旅游节"等，并培育成为江西省10个重要的节庆活动品牌。同时，各地也有选择地定期举办"江西傩文化艺术节，滕王阁文化艺术节，南昌绳金塔庙会，吉安庐陵文化节，龟峰中华福寿文化节，临川中国戏剧节，南城麻姑山麻姑献寿节，南丰橘乡经贸旅游节，广昌莲乡荷莲文化旅游节，仙女湖中国情爱文化节，宜春禅宗文化节，靖安三爪仑漂流节，武功山登高探险节，赣州脐橙旅游节，大余梅关古驿道赏梅节，三百山东江源生态旅游节"等16个特色旅游节庆活动。

打造江西"生态山水庄园"系列特色业态的精品名牌，充分利用江西林区丰富的乡村旅游资源，积极开发乡村观光休闲游、乡村生活体验游、乡村民俗风情游、乡村文化互动游等系列产品，展示江西独具魅力的古村名镇和乡村风情，重点培育稻乡、渔乡、茶乡、酒乡、竹乡、橘乡、莲乡、橙乡、候鸟之乡、温泉之乡、傩舞之乡、毛笔之乡、夏布之乡、砚台之乡、羽绒之乡、烟花之乡、花卉之乡、客家风情之乡等特色旅游村镇。

无论是发展乡村生态休闲旅游，还是办好乡村观光民俗节庆活动，都连接着林区、湿地的林农庄户人家，带动着一个新兴产业——"生态山水庄园"文化产业的做大做强。其关键技术在于："保护原生态，发展近自然，主打文化牌，增强软实力。"在"十二五"和今后10年、15年的发展中，它将以"一江一带""一县一网""一镇一景""一村一品""一家一特"作为"生态山水庄园"的发展模式，带动江西林业在促进低碳经济、循环经济、生态经济的发展，带动流域经济、县域经济、沟域经济的发展，带动山区林农的脱贫致富奔小康。

二、"森林文化庄园"构建技术

"森林文化庄园"以良好的森林生态环境为背景的一种乡村旅游方式。其核心在于体现一个绿色。在创建"森林文化庄园"活动中，在外在形态上要体现绿色、生命、希望，而在内在蕴含上则要遵从生态原理、生态技术和文化要素。要以生态原理为指导，运用生态理论与实用技术，指导农村生态建设、林业生产和环境保护，增加森林文化展示的内容。创建"森林文化庄园"的目标：一是通过创建"森林文化庄园"活动，保护森林，绿化、美化环境，改善和提高农村生态环境水准；二是通过创建"森林文化庄园"活动，以生态学原则指导林业生产，兴办各种绿色产业，繁荣林区经济，增加林农收入；三是通过创建"森林文化庄园"活动，融入森林文化知识性、趣味性、科普性内容，潜移默化，寓教于乐，增强游客热爱自然，拥抱森林的情趣。

（一）整体性规划设计技术

整体性是生态学的重要思想和原则，表现在技术层面上是整体性技术，或称系统技术。以江西"一大四小"生态建设工程为例，重点考虑沿江、沿湖、平原、村庄绿化和"三纵四横"交通干线防护林带建设；考虑到基本农田保护区建设，县、乡、村三级农村公路网建设，以及新农村建设对村庄、道路、沟渠及其基础设施建设中长期规划与布局的衔接，确定流域、农田、城乡防护林主林带、副林带和林网的具体位置和走向。这样做既从实际出发，因地制宜，又能充分利用林网、水网、路网，完善城镇的绿化基础设施与配套工程。

（二）生物多样性技术

江西的森林资源生物多样性极其丰富。为适应创建"森林文化庄园"的需要，在进行次生常绿阔叶林低产林分改造的同时，一方面，逐步将过去营造的国外松、杉木、马尾松纯林，在进入成熟期后进行片状、块状、条状间伐，种植一些速生阔叶树，使之想成针阔混交林；新营造的商品用材林，在树种选择上，要因地制宜，适地适树，科学配置，合理混交。切忌"一刀切""一阵风"，单纯追求经济效益，而忽视生态与社会效益；切忌集中连片、大面积营造单一树种，影响森林健康，造成生态退化。要倡导多造针阔叶林，尤其培育当地和适宜引进的珍稀阔叶树，如香樟、楠树、檫木、木兰、栎类、银杏等树种，培育优质大径材。

（三）循环性复合利用技术

循环性技术指通过物质的多次循环、反复利用，自成系统，增加碳储备，提高林地生产力。循环性技术在构建通过创建"森林文化庄园"活动中体现为：

（1）建立农林复合生态系统和经营模式。尽可能推广林粮间作模式，林药间作模式，林果间作模式，林蔬间作模式等，利用林下空间，发展粮食、水果、药材、蔬菜、蘑菇等森林产品。

（2）大力发展林区生态经济和生物质能源。结合新农村建设和饮水、卫生等基础设施改造，缓解和治理农田面源污染，动员广大林农尽可能减少农药化肥施用量，充分利用加工剩余物、秸秆和人畜粪便，建小型农家沼气池，形成人畜粪便—沼气能源利用—肥料返田的良性循环，利用有机肥料，培育高质量、高品位、高附加值的林果、林药、蔬菜等绿色产品。

（3）促进林区木竹加工企业发展低碳经济和循环经济。江西林区大力发展林业绿色产业大有可为。要通过产学研结合和科技特派员参与，大力发展林业循环经济，促进林业企业之间结成产业技术战略联盟和利益共同体，主动进行工艺流程和设备技术改造，形成林业产业链的对接与延伸，使上游企业加工剩余物成为下游企业生产原料，大幅度提高森林资源的综合利用率，实现资源的多次利用、循环利用和高效利用，降低或实现零排放。

（四）近自然林培育技术

近自然林培育技术，广义的是针对包括对生态公益林、商品用材林、城市和乡村风景林的培育理念与技术的结合。它根据顶极群落理论，选择地带性树种，培育成健康、稳定、多样、复层、异龄、混交的森林。近自然林培育技术，保留自然的生态内在因子，遵循自然规律，以获得最大的生产力。而过多的人工和技术投入，往往适得其反。这些技术包括：

（1）在树种选择上，尽可能采用乡土树种，避免选择单一树种，合理配置混交方式与初植密度，慎用或少用外来树种，以保持树种的乡土适应性和生态适应性；在森林经理上，实行森林可持续经营，注重森林的全过程动态管理，科学确定生产经营周期，及时抚育间伐、施肥，合理选择采伐方式和更新造林方式。

（2）在新农村建设上，要尊重历史文化传承，保护好林区山村特色古民居、古建筑、古桥梁、石板路和古树名木等自然历史文化遗产，努力实现现代基础设施同农村传统建筑的融为一体。

（3）在乡村公园设计上，要科学规划，统筹兼顾，因地制宜，因形置景，尊重民俗，彰显特色。防止大挖大填、劳民伤财。在不破坏原生态与地貌特征的基础上，建园布景，美化环境，为林农庄户百姓创造宜居环境。

三、"渔家文化庄园"构建技术

"渔家文化庄园"是指在充分利用湿地资源，在环湖、沿江、沿溪河和库区开发乡村生态旅游。由于湿地尤其是鄱阳湖湿地既属于生态脆弱区和生态敏感区，又是江西独有的银色生态名片。整个鄱阳湖湿地生态区范围，涉及到包括湿地生态保护、水资源管理、农牧渔业发展、交通运输、候鸟栖息地保护、吸血虫病防治以及生态旅游观光等诸多方面。因此，在这一区域构建"渔家文化庄园"尤其要慎之又慎。

（一）"渔家文化庄园"规划设计技术

"渔家文化庄园"规划应首先符合国家级环鄱阳湖生态经济区和江西省生态功能区的统一规划与布局，在生态优先、保护为主、小型分散、适度开发的原则下，有限度地在允许范围内进行边缘性、补充性、适应性开发。

（1）"渔家文化庄园"规划应根据国家主体功能区划分和江西省的相关规定，在湿地生态类型核定繁荣范围内，将其划分为三个功能区：即禁止开发区——指鄱阳湖湿地自然保护区核心区；限制开发区——指鄱阳湖湿地自然保护区周边缓冲地带和赣、抚、信、饶、修五条河流沿线；优化开发区——以县域溪河两岸、中小型水库库区周边为单元。而"渔家文化庄园"规划旨在发展乡村生态旅游，重点以发展县域范围的林区自然村落为主，利用现有资源进行优化发展。

（2）对于新建的"渔家文化庄园"应本着"统一规划，重点保护，自然协调，小型为主"的原则进行设计，不断完善经营标准和配套技术。建筑风格以模拟传统为主，赋予时代内涵，尤其要与当地民俗、民风、民居相协调，保护好原有的自然风光和生态环境，防止过度开发造成环境污染和景观破坏。

（二）"渔家文化庄园"传统技术

"渔家文化庄园"的品牌优势，体现在以展示渔村、渔家民居特色，突出林中、水上、滩地、岸边和自然村落为背景的乡村生态旅游。"渔家文化庄园"建筑群的设计和取材应尽可能采用传统建筑材料、建筑技术和手工技艺：

（1）新建"渔家文化庄园"应在与湿地周边大环境协调的基础上，注重庄园自身小环境的绿化美化，合理配置桃红柳绿、丹桂飘香、香樟华盖、木兰花开和绿茵满地的水乡田园景色。

（2）建筑风格以中国传统文化与渔家民居风格相融合，要求简洁、明亮、纯朴、典雅。建筑物以平房为主，适当配置廊道和小型观景休闲凉亭以点缀其间。其建筑风格应与当地乡村民居相协调，体现一个"渔"字。

（3）在鄱阳湖湿地自然保护区附近建设"渔家文化庄园"，更应严格控制建筑风格和规模，与核心保护区保持相应的距离，避免影响候鸟栖息和野生动物保护。

（三）"渔家文化庄园"新技术

鉴于"渔家文化庄园"多处在湿地生态脆弱区、生态敏感区和重点血防区地带，尤其是环鄱阳湖生态经济区范围内，对自然生态和环境保护的要求更为严格。

（1）"兴林抑螺"林业血防工程技术。鄱阳湖流域是我国南方重点血防区。为保障游客在乡村度假旅游休闲期间的健康与安全，要求凡是坐落在鄱阳湖周边的"渔家文化庄园"，应切断人体与疫水的直接接触的机会，在水体水面区域架设廊桥或设置警示标牌。同时，增设血防科普知识的宣教专栏与温馨提示。

（2）河流、湖滨湿地恢复重建技术。湿地恢复是指根据生态学原理，通过一定的生物、生态工程的技术或方法，对退化或消失的湿地进行修复或重建，改变湿地生态系统退化的主导因子或过程，使生态系统的结构、功能和生态学过程恢复到受干扰前的水平或更高水平。湿地恢复技术包括：湿地水体恢复技术，如控制污染、去除富营养化、换水、补水等；湿地土壤恢复技术，如土壤改良、控制水土侵蚀、去除土壤污染物等；生物修复技术，如物种的引入及去除、植物搭配、植物种植以及微生物的引种与控制等；景观重建技术，如地形地貌重建技术等。在具体实践中，常常是多种技术联合应用才能起到更好的湿地恢复效果。在经营"渔家文化庄园"的过程中，要把环境保护列为重点，一方面告知游客减少对湿地植被、动物、鸟类和水体的影响与干扰，另一方面，对垃圾泔水集中统一回收与处理，防止和杜绝向湖区、河流、水库直接排污，而造成水体污染和富营养化。

四、"郊野休闲庄园"构建技术

"郊野休闲庄园"是以城市（城镇）森林、林带、湿地与绿地资源为依托的一种乡村休闲生态旅游。在城市化进程加快的今天，江西提出了"森林进城、园林下乡，城乡一体，共建共享"的总体构想。这给予发展"郊野休闲庄园"提供了难得的契机，也提出了新的发展要求。

（一）"郊野休闲庄园"的规划设计技术

"郊野休闲庄园"的发展是在不断完善城市建成区公园、湿地、绿地及园林设施的基础上，为提高城市居民生活质量和幸福指数，拓宽业余生活空间而应运而生的生态文化休闲产业。一般设置在公益性、开放式林带、绿地、湿地和河岸两旁，尤其要注重人性化、生态化、小型化的设计技术：

（1）"郊野休闲庄园"应尽可能利用在城市周边、近郊、远郊，以及环湖平原和交通干线两侧现有的田园乡村，适当进行改造翻新和增加安全、卫生、休闲设施。接待规模以中小型为主，因陋就简，不必刻意装饰。

（2）新建"郊野休闲庄园"应首选生态环境恬静优雅之地，显示不同自然背景下的庄园建筑风格。不求豪华奢侈、千篇一律，但求风格各异、景致和谐。可以是中国传统式的，也可以选择西洋式的，或许回归原始式的竹楼、草房、木屋等，同样吸引眼球，受人猎奇和青睐。

（二）"郊野休闲庄园"传统技术

"郊野休闲庄园"的品牌标志，是以为城郊公益性开放式森林（林带）、湿地环境和公共绿地为背景的郊野生态文化休闲旅游。其庄园建筑设计、选材、装饰等，要因地制宜，采用多样化选择的技术：

（1）"郊野休闲庄园"原则上不允许占用公共绿地（湿地），尽可能利用原有建筑或民居进行改造改建。必须占用少量林地、绿地的，必须严格经过当地林业与建筑主管部门审批，按专业设计进行施工，并达到消防、卫生和环保的要求。

（2）新建"郊野休闲庄园"在建材选择上不作强求，建筑风格要求简洁、明快、活泼、多样，充分体现郊外野趣，体现一个"野"字。

（3）"郊野休闲庄园"的经营者和游客应主动承担维护公共绿地（森林、树木、湿地、花草等）责任和义务，在重点区域和进行野炊、野营地设置提示标牌，避免人为进入造成对自然与人文景观损害。

（三）"郊野休闲庄园"适应性技术

鉴于"郊野休闲庄园"是近年来逐步发展起来的生态休闲美食文化产业。追求的是一种现代生活时尚、交流方式和生态需求。因此，首先突出其适应性技术：

（1）"郊野休闲庄园"的区位与环境选择的确定。一般是以即来即去、半日、一日或二日往返为半径的旅游休闲活动圈。其特征为：随意、随缘、方便、快捷和无目的性的自由选择。因此，适宜在城市近郊外环线防护林带、远郊卫星集镇、乡村交通沿线，湖泊、河流、库区附近设置为宜。

（2）"郊野休闲庄园"必须满足和适应不同人群的需求。根据不同人群的消费需求，开展有针对性的服务。如有的是为了放松心情、减压释负；有的是为了劳逸结合、强身健体；有的是为了亲和家庭、结交朋友；也有的是方便商讨工作和业务交流等等。要以优美的自然人文环境、品种多样的美食餐饮与热情周到的接待服务吸引人，营造自由轻松、宁静淡雅的文化氛围。

（3）"郊野休闲庄园"的受众群体一般以郊游踏青、林中徒步、野外猎奇、生活体验、果品采摘和野趣、野炊、野营为主要活动内容，机动性、灵活性较强，且突出自娱自乐、宽松自由。要适应游客多种多样的活动方式和服务内容，通过自助型、参与型、享受型、互动型的特色郊野生态休闲文化服务，吸引游客，汇聚人气，打出品牌，满足需求。

五、"民俗文化庄园"构建技术

"民俗文化庄园"是以林区丘岗地带原生态古村名镇为背景，以森林自然景观为依托的一种乡村生态旅游。近年来，随着人们生活水平的显著提高，向往自然、回归田园、温故怀旧、返璞归真的文化需求日益高涨。尤其是从全国、省级对"古村名镇"的评选活动，激发了各级地方政府与民众对中国、省内、乃至身边"古村名镇"的关注。

（一）"民俗文化庄园"规划设计技术

"民俗文化庄园"的总体布局应以保护森林资源，保持原生态乡土特色为前提，充分体现绿色规划技术：

（1）"民俗文化庄园"的规划，以原有古村名镇山寨自然生态和乡土风貌为基本架构，在保留原有的土木古建筑、古市井、石板路的基础上，进行整修复建和补充，进行交通、通讯、金融、信息、能源、卫生等现代基础设施的配套与完善。尤其是在整修复建时，必须做到修旧如旧，保持原貌，删繁就简，取其精华；

（2）新建的"民俗文化庄园"，建在临近森林公园的，要符合森林公园总体规划；建在近郊乡村的，要符合新农村建设总体规划。切忌一哄而上，盲目堆砌，造成对景区和环境的破坏。

（二）"民俗文化庄园"传统技术

"民俗文化庄园"的品牌标志，是以展示古村镇建筑风格和民族民俗乡土风情为背景的乡村生态旅游。其民居建筑群属于传统木竹框架结构的乡土建筑。因此，其建筑设计和取材应尽可能采用传统建筑材料、建筑技术和手工技艺：

（1）新建"民俗文化庄园"须履行审批手续和建筑设计部门设计，按图施工，切忌贪大求洋，切忌用钢筋混凝土堆砌。

（2）建筑材料以木、竹、土砖材料为主，建筑风格要求简洁、古朴、淡雅。要充分体现农家风貌，其建筑风格应与当地乡村民居或森林公园景区的自然风景相协调，体现一个"农"字。

（3）在森林公园和自然保护区附近建设"森林文化庄园"，其建筑更应从严掌握，禁止乱搭乱建，避免破坏自然人文景观。

（三）"民俗文化庄园"适应性技术

"民俗文化庄园"提供的是原生态的自然环境、古色古香的民居建筑、原汁原味的风土人情和活灵活现的文化艺术为特征的乡村生态旅游服务产品。即突出"美、古、土、活"四个字。

（1）在自然环境上突出一个"美"字。江西的古村名镇一般都坐落在群山环抱、绿水环绕的森林环境之中，保护好村镇旅游交通沿线，特别是村镇周边的生态环境，使之与纯朴归真的民俗文化和谐协调，是展示古村名镇生态美、山水美、村寨美、文化美的关键技术。村寨"四旁"绿化、美化、花化、净化，必须贴近生活、贴近自然。

（2）在建筑风格上突出一个"古"字。江西的古村名镇有的已有数百、甚至上千年的历史文化积淀。风格各异的古建筑群与优美的生态环境，与古朴纯真的民族民俗文化，构成了一幅历史文化的画卷。尤以婺源系列村镇、浮梁瑶里镇、龙虎山景区上清镇等为代表的一批在全国古村名镇最引人入胜。

（3）在乡土风情上突出一个"土"字。即充满乡土气息、风土人情和农家土味。让游客在感受山村农舍和田园风光的同时，品尝到富有乡村特色的农家饭菜和土特产品。在林产品及农副产品栽培、加工上，多采用适度技术，农家饲养，少用化肥，不用农药，不用添加剂。如竹笋、板栗、红菇、山野菜及家养猪、土鸡、土鸭等，保持山村农家"土味"的香甜。

（4）在民族民俗文化展示上突出一个"活"字。即灵巧鲜活、爽朗明快之意。江西山山水水到处都有丰富多彩、朴实欢腾的民族民俗文化展示。东有"千年瓷魂""龙灯庙会""婺源茶道"、"畲乡山歌"；西有"明月乡情""萍乡傩神""傩乡风采""烟火礼花"；北有"鄱湖渔歌""莲乡风韵""名楼灯谜""山人笔会"；南有"客家风情""香江寻根""采茶戏曲""兴国山歌"。再加上特有的民族民俗服饰、竹雕根雕艺术、文房四宝工艺、江南剪纸窗花等等，尽显江西民族民俗文化的魅力与亲和力。

（四）"民俗文化庄园"个性化技术

"民俗文化庄园"在接待与服务上，通过提高从业人员的基本技能和专业培训，一方面，实行专业化、标准化服务，增加服务项目，提高服务质量，另一方面，让从业人员与游客在互动与参与中增加切身体验，留下深刻印象，产生美好回忆。所有这些都体现其个性化技术。

（1）从业人员必须经过专业职业培训。考试合格后持证上岗。所有从业人员要遵规守法，规范经营，信守承诺，礼貌待客。坚持以人为本，微笑服务，以诚待人，以情感人，使游客有宾至如归和回家的感觉。通过人性化服务，体现一个"人"字。用承诺打造"民俗文化庄园"的旅游品牌。

（2）有选择地开设参与性、互动性强的服务项目。在接待服务中，针对不同人群、团体和个人的需求，开展一些有利于互动交流、共同参与的、民间喜闻乐见的竞技、跳舞、对歌、篝火等活动、通过从业人员的示范性表演，带动游客参与，引起反响与共鸣的效果。

六、生态山水庄园与产业攻关技术

依托江西的青山绿水、天地人和，精心打造具有鲜明地域特色的"生态山水庄园"，加快发展显示强烈生命力、吸引力和亲和力的生态文化产业，是历史与时代赋予江西现代林业在大力弘扬生态文化，积极发展低碳经济，促进林农增收致富，共同建设生态文明的重大使命和光荣责任。我们应当看到，当前经济、社会和民众对生态的需求日趋攀升，林业、林区和林农对发展生态文化产业的愿望十分迫切。在"十二五"和今后10年、15年，江西在构建"生态山水庄园"与生态文化产业的进程中，还存在还有许多科学技术上的难题和矛盾亟待我们深入研究，继续攻关。

（一）自然资源与生态环境保护技术

构建"生态山水庄园"，是加快城乡一体化进程，发展江西低碳经济和乡村生态文化产业，帮助林农增收致富的重要途径。一方面，江西的森林湿地资源与自然风光在全国首屈一指，"生态山水庄园"在业内堪称一绝；另一方面，林业主管部门和科研机构缺乏对这些自然资源与产业发展的技术指导与科学研究，造成资源与价值外化，职责与管理的缺失。今后，应主动介入，行使职权，在当地政府的支持下，加强同国土、旅游等相关部门协调与配合，积极组织和开展对"生态山水庄园"建设与规划的技术指导和科学研究，重点加强在森林、湿地、林带、溪水等自然资源与当地名胜古迹、古村名镇、古建筑群、梯田以及乡土风情等人文资源的景观优化配置技术、保护与修复技术、规划与布局技术等领域的研究，贯彻"天人合一"、循环共生的生态理念。

（二）重点"风水林"和原生湿地保护与营建技术

"生态山水庄园"所在的自然村落附近及周边尚存的风水林（包括祠堂林、寺庙林、道观林等）是发展乡村生态旅游业的节点、看点和亮点，也是反映人们对自然崇拜与敬重一种文化符号，同时也是当前林业科学研究的热点、弱点和重点之一。尤其在发展不断追求生活质量，拓展休闲空间的今天，人们体验的不仅是森林浴、湿地游、山村行的过程享受，而且十分关注生态因子、环境质量和保健要素的量化指标。要在充分尊重当地乡土民情与游客意愿的前提下，指导乡村掌握风水林与原生湿地保护与修复技术，提高相关生态指标，提升"生态山水庄园"的文化品位。

（三）古树名木保护技术

"生态山水庄园"附近的名木古树，是山乡村寨发展生态旅游的一道自然风景点，也是记载人类活动的文化名片和历史见证，是不可再生的活的珍贵文物。在江西许多林区的乡村寺庙祠堂，房前屋后都完好保存着生长了千百年的名木古树。有些千年古樟、古柏、古银杏被当地居民当作保佑一方平安的"神树"祭拜。这些古树名木的存在，既体现当地群众的生态道德水准和文化修养，也是创造绿色家园和建构社会主义新农村的重要内容。当前不应仅仅满足于建档挂牌式的保护，而且要研究让这些古树名木永葆青春活力的养护技术，并赋予古树名木以文化内涵，让它在真正在游客面前"活"起来。

（四）"生态山水庄园"标准化技术

目前，江西"生态山水庄园"建设尚处于发展的初级阶段，多数经营实体不仅规模小、档次低、卫生差，尤其缺乏专业化、规范化、标准化的管理与评价，一定程度上影响了"生态山水庄园"的发展、质量与效益。令人可喜的是，婺源县在全省率先出台了《农家乐管理办法及标准》；瑞金沙洲坝镇出台发展"农家乐"的多项扶持政策，加强对从业人员的专业培训。建议省林业厅将"生态山水庄园"列为发展山乡（水乡）村寨生态旅游的重点，组织科研人员专题研究制定相关技术标准，与省技术标准监督局联合发布《江西省"生态山水庄园"技术标准与评定办法》，使之成为江西生态文化旅游的精品名牌。

第三十六章　江西现代林业发展保障体系建设的基本概况

　　林业发展保障体系是江西现代林业发展的基础条件，加快林业发展保障体系建设是现代林业发展的重要任务之一。江西林业经历新中国成立后60多年的发展，其保障体系建设已经取得了较大成效，制度保障日趋完善，法制法规保障逐步健全，林业投入大幅增加，资金保障，林业科技创新能力提高，支持林业发展成效显著，林业信息化建设力度加大，信息化程度普遍提高，林业人才培养机制多样，人力资源素质有较大提升。但是仍然存在现有保障体系系统性不强，林权制度改革面临的新问题有待突破，林业政策体系有待进一步优化，林业资金投入缺乏长期稳定增长的保障机制，林业科技创新能力有待提高，林业信息化建设起步相对较晚，林业高层次科技人才相对不足。

一、主要成效

（一）林权制度改革取得重大成效，制度保障日趋完善

　　从2004年9月起，江西省在全国率先开展以"明晰产权、减轻税费、放活经营、规范流转"为主要内容的集体林权制度改革。经过先行试点、全面推开、配套改革三个阶段，集体林权制度主体改革全面完成，成效显著。全省集体林地已落实给农户，分山到户率达82.5%；1.51亿亩山林进行了确权发证，产权明晰率达98.5%；调处山林纠纷62068起，涉及面积582.37万亩，纠纷起数和面积调处率分别为97.2%和93.6%，木竹税费负担由林改前的56%下降到10%左右。在全省70个县（市）建立了林业产权交易中心，产生山林交易13557起，交易额达20.18亿元。有68个县开展了林权抵押贷款业务，共抵押林权面积137.8万亩，2010年全省林权抵押贷款超过43亿元。

　　林权制度改革的成功，为林业的发展提供了制度上的保障，加快了山地林木流转，各县市建立起了林业产权交易所。全省出现了入股合作、公司联营、大户租赁和龙头企业带动等多种经营形式，既实现了多种形式的山地承包权和林木所有权到户，又大大地推动了山地流转和规模经营。进一步理顺了林业产权关系，激活了林业发展机制，促进了森林资源增值，增加了农民群众收入，维护了农村和谐稳定，对社会主义新农村建设产生了积极的推动作用。

（二）林业政策持续稳定，林业法制法规逐步健全

　　改革开放以来，随着国家林业政策法规的不断完善，江西省林业政策持续稳定，林业法制法规逐步健全。近年来，林业产权改革逐步深入，在财政支持力度、林业税费减免，取消地区封锁、林农经营自主权，林地、林木的有序流转方面出台了有利于让利于民，还权于民的具体政策。为江西林业重点工程和灾后重建出台了苗木补贴、林权抵押贷款、森林火灾政策性保险等优惠政策。这些政策的实施极大地促进了江西林业的发展。

在林业政策持续稳定的过程中，江西省林业系统现已基本建立起了一个比较完备的林业法制机构体系。先后出台了《林业产权制度改革确权发证操作规范》《江西省森林资源转让条例》《江西省森林条例》《生态公益林保护管理办法》《江西省林业行政处罚案卷（木材运输类）》《江西省林业行政处罚自由裁量权适用规则（试行）》和《江西省林业行政处罚自由裁量权参照执行标准》等法规。省厅设立了政策法规处、林政资源管理处，并成立了独立的省森林公安局、木材流通监督管理局、林业工作总站、野生动植物保护管理局、林业有害生物防治检疫局、林木种苗和林场管理等林业执法机构；各市、县（区）也成立了相应的工作机构。基本上形成了严密的林业执法网络体系。建立林业法律援助中心，为基层群众提供林业法律咨询援助。完善林业政策法规体系，为加快林业发展提供重要的法律、法规和政策保障。2008年全省森林案件发生数与2004年相比下降了45%，森林火灾发生起数和受灾面积分别下降56%和74%，违章木材运输案件下降22%。

（三）林业财政投入大幅增加，资金来源渠道多元化

林业财政投入大幅增加，资金投入渠道趋于多元化，为切实破除林业生产资金"瓶颈"，金融业在加大林业信贷投放、推进林业投融资改革等方面作出了积极探索，并取得了阶段性成果。2008年，全省实际累计完成投资为16.513亿元，其中实际利用外资1.1872亿元，国家投资12.7243亿元，与2006年相比，分别增长83%、-25.1%和83.2%。2008年到位各类林业建设资金总量为269632万元。其中：国家预算内资金109923万元，以林业治沙贴息贷款为主体的国内贷款38691万元，利用外资8504万元，自筹资金7488万元，其他资金61881万元。2008年获得林业贷款中央财政贴息资金1503万元（其中林业小额贷款获贴息资金231.97万元），较上年获得的768万元增加95.7%，贴息贷款额达51750.5万元，较2007年33370万元增加55%，其中，当年新增贷款45810.5万元，比2007年增加49.5%，创历史新高。江西省有36家林业龙头企业、2家国有林场、49户林业造林大户以及1084户林农和林业职工享受到国家贴息政策的扶持。中央投入资金达77631万元，占资金总量的58.43%。其中：国家预算内基建资金346万元，国债资金9461万元，中央财政专项资金67824万元。结束了长期以来依靠规费供养的历史后，江西林业部门管理职能从审批收费转变到服务和执法上来。森林资源保护更加有力了，林区干群关系更加和谐了。

（四）林业科技创新能力提高，支持林业发展成效显著

全省有省、市林业科研院所10个，其中省林业科学研究院为省政府直属副厅级事业单位。现有在职职工1230人，其中专业技术人员约460人（高级职称75人，中级职称160人）。全省有林业技术推广站104个（即省林业科技推广总站1个，各设区市推广站11个，县（市、区）推广站92个）。现有职工1241人，其中专业技术人员737人（高级职称79人，中级职称256人）。另外，还有987个具有技术推广职能的乡镇林业工作站，拥有一批兼职科技推广技术人员。

林业科技工作围绕林业重点工程建设，针对全省林业产权制度改革后日益旺盛的科技需求，不断深化林业科技体制改革、加大科技攻关、发挥科技支撑作用、组织实施科技帮扶工程，取得了积极成效。

通过省级鉴定和评审的林业科技成果20多项，省级新产品1项，申报专利2项。获省科技进步奖励的成果共7项，获省农科教突出贡献奖13项。以优势学科为基础，建设了依托省林业科学研究院的"江西省植物生物技术重点实验室"和依托江西农业大学林学院建设的"江西省竹子种质资源与利用重点实验室"。现建有九连山亚热带森林生态定位观测站、大岗山森林生态定位观测站，正在建设的井冈山森林生态定位观测站和鄱阳湖湿地生态定位观测站。组织实施全国林业标准化示范区项目3个，建有省林木种子质量监督检验站。

经过多年的发展，江西林业科技创新与推广能力取得提高，极大地促进了林业的发展。

（五）林业信息化建设力度加大，信息化程度普遍提高

　　到目前为止，江西省着力打造了林业厅网站综合信息发布平台，发布江西省林业工作动态、政策法规、主要林产品价格信息、大宗林地、林木交易信息，设立了市场供求信息服务平台，免费为全国各地林农和客商发布各类供求信息。一定程度上解决了林农信息不对称问题。江西省还建立了全省行政许可网上审批系统，网上办证系统、并将网络和该系统的应用推广到了基层林业工作站，行政许可审批结果同步导入到互联网林业厅网站，接受社会监督和方便查询，将来，还将启用外网受理、内网审批，外网公示的审批流程，通过身份认证达到普通申办人在家便利办理行政许可事项的目的。产权交易中心联网信息发布系统、办公自动化系统及省林业规划院林业地理信息系统日益完善，林业产业基础数据库已经着手建设。通过多年来的建设，江西林业的信息化程度得到普遍提高。

（六）林业人才培养机制多样，人力资源素质有较大提升

　　通过合作办学、项目合作、聘用兼职、研讨交流，出国研修，攻读学位等多种形式，积极培养林业专业技术人才，使林业干部职工的整体素质有了很大提升。2010年末，全省在岗职工8.1万人，其中专业技术人才10782人。按层次分：中专学历5045名、占25.7%，大专学历9943名、占50.7%，本科学历4309名、占22%，研究生以上学历313名、占1.6%；按类别分：专业技术人才10782名、占55%，党政人才5870名、占30%，经营管理人才2958名、占15%。"十一五"期间，全省林业人才总量增长15.8%，其中：本科学历的增长了1倍，研究生以上学历的增长了6.1倍，具有副高以上职称的增长了94.8%。

二、问题和差距

（一）现有保障体系系统性不强

　　在市场经济的新体制下，适应林业快速发展的保障系统还没有完全建立。现有保障系统的整体建设、功能和运转效率不高。林业法律、政策法规和制度保障体系，科技创新与推广应用体系，金融、信息服务体系，人力资源、组织结构之间没有形成统一的协调机制，其系统性不强，难以形成合力支撑江西现代林业的快速发展。

（二）林权制度改革面临的新问题有待突破

　　江西林权制度改革的取得了初步成效，但有些问题正在凸显出来。一是林权制度改革后，林权流转管理、纠纷林权处理和合同仲裁制度建设，确保林权流转依法、规范、有序运行问题急需解决。二是林权交易市场平台建立，实现森林资源转变为资本，进行市场化运作，提高林业资源的配置效率问题亟待解决。三是林业产权明晰后，如何整合林业资源，搭建社会融资平台，吸纳社会资金投入林业，进而推动林业产业的做大和做强。四是如何在林权制度改革后建立一个有效的森林资源管理体系，统一管理全省的森林资源？这些问题都有待进一步深化林权制度改革，关键问题上取得突破。

（三）林业政策体系有待进一步优化

　　近年来，江西林业政策围绕创新林业发展制度，优化林业发展环境，建立健全加快林业发展，促进林农增收的长效机制为主要目标，加快三大体系建设。针对江西现代林业发展的新要求、新特点和新任务，要求政府尽快出台扶持现代林业发展的新政策、新举措。如生态经济区建设、生态文化旅游产业发展、重点经济林基地建设和泡桐产业发展等，应及时出台新政策，扶持现代林业发展，因此林业工作部门应结合本地区现代林业发展的实际需要，进一步优化现有的林业政策体系。

（四）林业资金投入缺乏长期稳定增长的保障机制

林权改革后，广大林农的积极性大增，一批林业大户和林业联合体应运而生，林业规模经营快速推进。发展林业的投资矛盾更显突出。投资林业具有周期长、回报慢、风险大、管护难等特点加上林业生产自身的弱质性，以及现有的一些法律及政策规章的限制，使得林业发展很难通过正常的融资渠道从市场获得必要的发展资金。政府的林业投入具有周期性、阶段性和重点性，在某一阶段可能获得较多的财政扶持，但很难保证长期获得稳定的财政投入，及时能获得长期的稳定投入，也很难获得长期稳定增长的投入，由于资本的逐利性，政府或社会资本均会较多地投入到见效快、收益高的工业等其他产业项目，对基础地位的林业投入增长的速度较为缓慢。长期以来，林业由于自身产业的特性，缺乏确保其投资稳定增长的机制。

（五）林业科技创新能力有待提高

近些年来，随着江西林业科技体制的改革，建立了较为完善的林业科技创新与推广应用体系，林业科技工作取得了一定的成绩，为江西林业发展作出较大的贡献，但是随着江西现代林业发展步伐的加快，原有的林业科技创新体系、创新人才、创新平台和重点试验基地等难以满足现代林业发展的技术创新要求。林业部门一方面要通过科学技术引进、消化、吸收并加以推广应用外，同时还应加大林业科技专项投入的力度，支持全省林业重大科技项目攻关和先进技术引进。争取财政加大对林业科技的投入，支持林业科技的原始创新和重大项目的攻关。针对林业科技源头创新较弱，科技成果储备不足；科技资源分散，缺乏成果共享机制；科技成果转化和推广机制不健全，科技成果推广网络功能不强，对基层和林农的技术服务不够，现有实用技术成果转化缓慢；缺乏科学研究的激励机制，科技管理工作还不适应市场经济体制的要求等问题，重点加强科技人才的引进和培养，加快林业重点创新基地、平台的建立，重视重大林业科技项目和关键技术的研究，提高林业科技创新能力。

（六）林业信息化建设起步相对较晚

江西林业信息化建设起步相对较晚，2009年3月全国林业信息化工作会议提出：全面加快林业信息化建设步伐，大力推进林业信息化与电子政务建设。江西建立了林业厅网站综合信息发布平台，整合各种信息发布手段。开发和启用全省行政许可网上审批系统。在规划、建设、管理和数据库平台的系统性；现有各类林业业务应用系统整合；林业信息化统一标准体系；林业信息化技术与林业业务应用无缝结合；内、外网络的应用；林业信息化技术人才队伍引进与培养等方面有待进一步加强。

（七）林业高层次科技人才相对不足

江西省虽然在人才引进、能力培养和使用等方面取得了一定成绩，人才总量增加，队伍职称结构与年龄结构明显改善，但近年来，由于就业困难等原因，原有的林业院校压缩或取消了林学专业的招生规模，林业生产建设一线的教育培训工作相对滞后；由于林业岗位地处山区、生活待遇差、工作环境艰苦，造成大量人才流失，林业科技人才队伍总量不足，结构不合理，整体素质不高，尤其是缺乏高层次、复合型人才；林业经营主体素质偏低，组织化程度低。在人才进不来又大量流失的情况下，林业系统人才队伍老化，青黄不接，难以为继，人才队伍整体素质亟待提高。其具体表现为：①高素质、高水平的人才总量不足；②人才布局不合理，结构性矛盾比较突出；③资金投入严重不足，人才资源的开发能力和吸引能力薄弱。

第三十七章　江西现代林业发展保障体系建设的目标和原则

林业发展保障体系构建的目标是今后江西林业保障体系构建所希望达到的目的，目标的提出是为江西现代林业保障体系构建提供一个方向性标的。构建适合江西林业发展要求的保障体系，应坚持实事求是与挖掘潜力相结合，体制改革与机制创新相结合，统一性与稳定性相结合，政府干预与市场调节相结合，体现公平与提高效率相结合的原则。

一、总体目标

建设江西现代林业发展保障体系的目标：是要构建一个能有效地保障实现江西现代林业发展战略目标的支撑和服务体系。即以实现江西现代林业战略目标为前提，建立一个符合江西省情、林情、适应现代林业发展要求，功能强大、结构稳定、健全，可持续的保障体系。构建这一保障体系，要有利于建立、完善基本法规制度和相应的体制机制，有利于发挥政策的引领功能，有利于充分发挥金融服务功能、增加林业投入，有利于强化组织管理与服务，有利于发挥科技、信息和人力等要素资源的作用。为此，要建立稳定的政策保障体系、健全的法规与制度保障体系、全方位的金融服务保障体系、强大的科技、信息服务体系、科学的人力资源保障体系和有效的组织保障体系。通过这些保障体系的建设，强化江西现代林业发展的领导和组织管理，实现资源科学配置，稳定增加林业的投入，建立规范有序的管理体制和经营机制，加快林业产业结构调整，保证、推动和促进江西林业的可持续发展，为建设江西"三个基地，一个后花园"和环鄱阳湖生态经济区建设提供强大的生态保障。

二、主要原则

构建江西现代林业发展保障体系的总体原则是：以科学发展观为指导；按照"绿色生态江西"建设要求，坚持生态文明与经济文明协调发展，兼顾三大效益，建设好三大体系，为积极实施以生态建设为主的林业发展战略，加速现代林业发展，着力构建完善的林业生态体系和发达的林业产业体系，建设一个强有力的现代林业发展保障体系。

（一）立足实际与着眼长远相结合

从江西的实际情况出发，构建产业保障体系是江西林业发展的基本要求。江西是我国南方的重点林区省份，江西20世纪80年代开始的"灭荒林"造工程的成功完成，树立了江西的青山绿水品牌，本世纪历经4年的林业产权改革，实现了"山定权、树定根、人定心"的目标。2008年开始启动实施的造林绿化"一大四小"工程进一步加快了江西省的生态文明建设步伐，林业建设取得了巨大的成就。但是同时也必须看到：江西地处我国中部经济欠发达地区，经济资源不足；林业基础设施建设投入不足；林业产业发展滞后；森林质量不高，综合效能低；林业产权改革深入存在较大难度等问题。因此，既要看到不足和差距，又要着眼长远，构建适合江西现代林业发展的保障体系必须从江西实际出发，充分挖掘江西林业发展的潜力，符合江西经济发展的财力、人力和物力要求，构建一个能最大限度利用现有资源，挖掘潜在资源，创造新资源，加速发展江西现代林业的保障体系。

（二）体制改革与机制创新相结合

江西现代林业要取得突破性的发展，必须对现有体制和机制进行改革与创新，构建创新型的生态和产业发展政策和调控体系。近年来，江西林业在改革中不断取得了重大成就，逐步完善了林业发展管理政策和法规体系，改变了过去一些传统林业发展的思路和与其相适应的旧体制。更新和解放了林业系统的观念、思想，逐步建立了适应市场经济发展的现代林业发展新体制和新机制。但是在林业体制与运行机制改革的深水区，如何建立一个符合科学发展观要求，适应江西林业发展实际需要的林业产权制度？如何建立一个科学、高效，同时又和江西新农村建设和构建和谐社会结合紧密的林业运行机制？仍然需要进一步创新。构建一个科学、合理的、适应江西现代林业发展的创新保障体系仍有大量工作。因此，我们在构建江西现代林业发展保障体系时，要坚持体制与机制创新相结合的原则。

（三）统一性与稳定性相结合

林业发展保障体系的构建是一项系统工程，包括资源、人力、投入、组织与政策法规等各个方面。当前江西省林业发展保障体系呈现分散，保障力度小，稳定性差等问题。要构建保障体系，必须坚持统一性与稳定性相结合的原则，统一性是指各项保障措施构建必须统一在为江西现代林业的发展服务这个大目标下，有一个统一的管理机构来协调各个保障职能机构之间的关系；稳定性是指保障体系的政策、组织、人力、资金投入等方面要在时间上保持连续性和稳定性。不因政府领导人员的变动而变动，这样才能保证江西林业的稳定发展，因此，在构建江西林业发展保障体系时必须坚持统一性和稳定性相结合的原则。

（四）政府干预与市场调节相结合

保障体系的构建应遵循市场经济体制的要求，坚持政府干预与市场调节相结合的原则。政府在构建保障体系中重点调节市场难以发挥作用和其市场调节效率低的领域，如政策法规保障体系的构建，组织保障体系的设置以及社会性资源的动员等都需要政府来发挥作用。但在资金的投入方面，除了纯粹生态型的公共产品投入外，属于产业型的商品性产品供给投入应该走市场化道路，在资金的投入上坚持市场为主，政府为辅的投入方式，解决资金不足的关键是构建一种有效的资金筹集机制，对于林业中的"俱乐部产品"应采取竞争性的机制来筹集。在人力、物力和财力的投入保障体系构建上，应该分类建立各自保障体系。因此，应坚持政府和市场调节相结合的原则，来构建适应市场经济要求的现代林业保障体系。

（五）体现公平与提高效率相结合

现代林业是以生态环境建设为主要目标的，生态环境是人类生存与发展的基础，环境的改善体现人们发展的起点公平的实现，发展现代林业是体现公平的一种有效途径。在发展过程中由于受到发展资源的约束，因而人们又不得不注意节约资源、提高资源的利用效率，尤其是在经济欠发达的中部省份江西，经济资源相对不足，因而效率的提高显得十分重要，只有在实现效率的基础上，才能够体现公平，实现公平，所以在构建江西现代林业保障体系中应坚持公平与效率相结合。同时应该明确保障体系中各主体的权利和义务，构建一个有效率的、有强大激励的保障体系，让权者有其责、责者有其利，充满活力的保障体系。

第三十八章　江西现代林业发展的制度保障
——林权制度创新

　　林权制度是市场经济条件下林业发展的最基本制度，林权制度改革与创新直接影响着现代林业的发展。因此，以林权制度改革与创新为突破口，通过制度创新来促进现代林业的发展是当前林业部门一项十分关键的任务之一。江西省从 2004 年开始进行林权制度改革的试点以来，林权制度改革取得初步成功，积累了宝贵的经验。

一、林权制度历史变迁、改革成效与经验

（一）历史变迁

　　新中国成立以来，我国南方集体林区林权制度不断完善，解放初期，随着土地改革的完成，南方集体林区的林地、林木权属划归集体所有。改革开放后，1981 年初，国务院在北京召开全国林业会议，讨论林业调整问题，并发布了《关于保护森林发展林业若干问题的决定》，明确规定保护森林发展林业的方针、政策，提出当时林业调整和林业发展的战略任务。随后林业部在北京召开 8 省、市林业"三定"（稳定山权林权、划定自留山、确定林业生产责任制）工作座谈会，研究林业"三定"有关政策问题。1981 年 7 月 21 日国务院办公厅转发林业部《关于稳定山权林权，落实林业生产责任制情况简报》，要求各地尽快作出部署，组织力量完成林业"三定"工作。江西省 1983 年完成林业"三定"工作，实现了林业所有权和经营权的分离，但是林业"三定"工作后，出现了乱砍滥伐现象，林业产权制度改革没有取得预期效果。随着社会主义市场经济体制的逐步建立，集体林产权虚置、农民经营主体地位不落实等问题日益突出，严重制约了农民发展林业的积极性和林业生产力的发展。2004 年 6 月，时任江西省委书记孟建柱在全省林业工作会议上提出了林业产权改革的任务，2004 年 8 月 27 日，江西省委、省政府下发了《关于深化林业产权制度改革的意见》，2004 年 9 月 13 日成立江西省林业产权制度改革领导小组。9 月 29 日印发了《江西省林业产权制度改革试点实施方案》，计划用 9 个月的时间在全省 7 个县先行林业产权制度改革试点。2005 年 5 月全省全面推开。2006 年江西启动配套改革，2007 年深化配套改革，历经几年的林业产权制度改革，极大地解放了林业生产力，提高了林农发展林业的积极性，林业产权制度改革取得了初步成功。

（二）改革成效

1. 林权制度主体改革任务全面完成

　　从 2004 年 9 月启动的江西省集体林权制度改革，以"明晰产权、减轻税费、放活经营、规范流转、综合配套"为主要内容的政策措施全面落实到位。林权制度主体改革已经全面完成，产权明晰率达 98.5%，分山到户率达 82.5%，群众满意率达 98.6%，纠纷起数和面积调处率分别达到 97.2% 和 93.6%，林农减负增收效果明显，如 2010 年农民人均林业纯收入比 2007 年增长 51.3%，显著地增

加了林农收入。

2. 林农收入水平大幅度提高

林权制度改革实现了"山定权、树定根、人定心",为广大山区农民增收致富开辟了有效途径,同时各地在林改中不折不扣地落实省委省政府文件精神,通过减免税费、政策性让利和发展林业产业,加上改革拉动木竹价格上涨和林地林木升值,使林农经营林业的负担大幅减轻,来自林业的收入显著增加。江西省统计局农调队调查显示,由于林改的拉动,2004年和2005年全省林改政策性让利分别为7.52亿元和11.27亿元,农民人均增收分别为23.5元和84.45元,2010年农民人均林业纯收入达900元,比2007年增长了51.3%。全省林业税费负担由林改前的56%下降到了现在的不足20%。同时,林改后的林地、林木流转价格普遍上涨,如荒山流转价格由林改前的平均每亩50元上升到120元。36个山林资源丰富的重点林业县,农民人均来自林业的收入普遍增长了500元以上。

3. 林业生产要素有效激活

林改前,"山是集体的,树是干部的",砍根竹子只得一两块钱,林农都懒得上山,那时候是"竹在山上烂,人在家里闲",还有些地方是只顾砍树不管种树、砍一年算一年的状况。林改后已经根本改变,分山到户后,农民对山林资源十分珍惜,看作是建在山上的"绿色银行",是增值潜力很大的"成长股",是"未到期的高息存折",保护的意识普遍增强,看管很严格、经营很精心、砍伐很慎重。由于林地吸引力的作用,28.1万外出打工农民返乡务林,全省新增林业从业人员40多万人,无工不富。企业建基地、公司带农户的经营形式大量涌现,仅2006年企业造林就达1812万公顷,占全省造林面积的八成以上,吸引社会投入造林资金5亿多元。2005年、2006年春季,全省人工造林分别达21193万公顷和22123万公顷,连续两年创历史最高水平,为进一步促进农民增收和解决木竹出路创造了重要条件,林业产业得到快速发展。江西省林业厅有关人士表示,2009年江西省的造林力度进一步扩大,造林面积达到560万亩,创历史新高。林权制度改革后,经营山林的利润空间明显加大,农民造林育林的积极性,通过产业引导社会办林业的氛围日趋浓厚,各种生产要素迅速向林业聚集。一方面,通过加大投入提高现有林分的质量,江西省每年完成造林都在320万亩以上,且社会造林比重达80%以上。铜鼓县造林大户谢忠仁2005年造林4400亩、抚育5000亩,2006年又购买山林1800亩,并全部完成了造林和抚育。德兴市2004年以来累计造林18.1万亩,相当于改革前10年造林面积的总和,其中造林50亩以上的农户有近千户;另一方面,通过改变传统的营造林只局限于材用的观念,大力推广种植红豆杉、厚朴等药用树种,建立中药材原料基地,发展生物制药产业。如版石镇办林场林改前受资金困扰,经营投入严重不足,林业效益逐年下滑,通过实施林改,明晰产权,引入外地客商投资50多万元,从信丰调入优质杉松苗木,实施迹地更新造林66.67公顷,有效推动了社会办林业进程。林业产业发展活力明显增强。集体林权制度改革加快了森林资源的资产化,为林业产业发展创造了良好条件。江西省毛竹产量丰富,但是过去由于产权不明晰,税费负担重等因素,农民收入很低。林改后,江西竹产业改变了过去以卖原竹、原材料和粗加工产品为主的格局,从竹蔸到竹梢,从竹根到竹叶,基本上实现了综合利用,提高了毛竹的附加值。竹产品加工产值近3年来以每年40%的速度增长。全省固定资产在5000万元到1亿元之间的竹产品加工企业已发展到40多家。

4. 林区秩序明显好转

由于历史的原因,长期以来集体林地四至界限不明、权属不清、关系错综复杂、民间纠纷不断。通过大力宣传林改法规政策,坚持依法决策、民主决策,认真踏查界限,认真排查纠纷,以群众满不满意为标准,大量的林权纠纷得到化解,有效解决部分历史遗留问题,林区秩序明显好转,促进了农村社会和谐稳定。例如甲江林场与镇岗乡高峰林场因界线不清,当事双方为此多年争执,甚至乱砍滥伐,矛盾十分尖锐。通过林改调处确权,已彻底平息了争议纠纷,有效制止了乱砍滥伐。在这次改革中,全省各地充分发挥民间调解机制的作用,对历史遗留的 6.66 万起山林权属纠纷进行了全面调处,目前,已完成 6.28 万起,涉及纠纷面积 507.9 万亩,纠纷调处率达 94.3%。许多情况复杂、持续时间很长的山林纠纷,也得到了妥善解决。特别是对集体山林的转让、租赁和承包行为,按照"公平、公开、公正"的原则,坚决杜绝暗箱操作、低价转让承包等损害集体经济利益的行为,让群众"看在眼里,记在心里,明白放心",有效避免了矛盾纠纷的发生。使这次林改得到了广大林农的真心拥护和热情支持,为改革创造了稳定的社会环境。

5. 民主法制建设长足发展

在改革的过程中,江西省委、省政府要求各级党委政府和广大干部都必须真心实意为农民群众着想,始终把维护好、发展好农民群众的利益放在第一位,作为处理改革中各种矛盾和问题的出发点和落脚点,各级组织都不得与民争利,从而使各级干部的宗旨意识和服务意识得到增强。改革期间,各级干部深入乡村农户,宣传改革政策,开展帮扶活动,扎实的工作作风受到群众的普遍赞誉。通过改革,各级政府及其相关部门的执政理念和服务方式发生了深刻变化,职责进一步廓清,履行职责的方法进一步优化,执法、管理、服务三大职能进一步加强。林业管理体制得到理顺,全省林业行政事业经费全部纳入了财政预算,彻底结束了林业部门长期靠规费供养的历史,各级林业部门开始把工作重点和履职方式转到加强管理和提供服务上来。

6. 配套改革成效显著

在主体改革任务完成后,按照"五统五放"的要求,及时跟进配套改革,全力推进"一个中心,六大体系"建设,取得明显成效。全省已建立林业产权交易中心 64 个,交易山林 3.99 万宗,面积 377.07 万亩,交易金额达 24.5 亿元,制定了全省统一的林业中介服务收费项目及标准。利用林权抵押贷款,缓解林业投入不足,林改后全省已有 86 个县(市、区)开展了林权抵押贷款业务,贷款余额达 23.98 亿元。2008 年组建了省级林业担保公司,注册资金 4350 万元,为林业企业提供担保贷款 12160 万元。森林保险取得重大进展,2007 年开始试点,2008 年全面铺开,全省已有 49 个县(市、区)开展了森林防火保险业务。2009 年 9 月 1 日起,全省 5100 万亩生态公益林森林火灾险,由中央和省财政出资 2550 万元实行全省统保。同时启动林木综合自然灾害保险,极大地提高了林农和企业抵御风险能力。2009 年 5 月 16 日,江西省政府常务会议通过了《江西省生态公益林管理办法》,生态公益林管理立法取得实质性突破。全省落实生态公益林 5100 万亩,获得省财政安排的补偿资金达到 3.8 亿元。2007 年以来,江西省采取"计划前置审批、管理双线运行、分配两榜公示,指标确保到户"的计划分配下达方式,对林木采伐管理进行了改革试点,试点工作已经全面启动。林业专业合作组织数量继续增加,林业生产组织化程度明显提高。全省共组建各类林业专业组织 14012 个,其中林业"三防"协会 11004 个,林业专业合作社 952 个,民营林场 1244 个,民营造林公司 305 个,各类木竹加工协会 507 个。林业行政事业单位体制改革,实现了全省林业行政事业单位经费全部纳入同级财政预算,结束了长以来靠规费供养的历史,解决了林业的老大难问题,林业部门的职能经一部得到加强。

(三)主要经验

江西省在开展林业产权制度改革中,从实际出发,探索和总结了许多好的经验和做法。主要有以下几方面:

1. 高位推动、一步到位

在江西省委、省政府的正确领导下,坚持"五级书记抓林改"是江西省林改工作最为重要的经验。省委、省政府主要领导亲自研究、亲自部署、亲自督查，每年的全省林权制度改革大会都到会讲话。改革期间，多次深入乡村进行专题调研，指导改革工作，解决工作中遇到的重大问题。省、市、县均成立了林改领导小组，特别是林业重点县均由一把手担任领导小组组长，乡村两级全部由乡镇党委书记、村支部书记担任组长，形成了县、乡、村三级书记抓林改，党政各有关部门齐抓共管的良好的局面。调研中我们发现，江西各级党政主要领导说起林权制度改革都如数家珍，情况很熟，这是领导重视的一个生动体现。

2. 规范操作、民主决策

农民是改革的受益者，更是改革的主人。充分依靠群众是江西在林权制度改革中坚持的一条基本方针，也是改革之所以成功的一大法宝。各地在林改过程中充分发扬民主，广泛听取群众意见，尊重群众意愿，切实保障广大林农的知情权、决策权、参与权、监督权。江西实行了"以村民小组为基本单元"的操作办法，把分不分山、怎么分山、分多少山等一切重大问题的决定权统统交给群众，让村民大会或村民代表会议反复讨论、充分酝酿、民主决策。严格执行"两个三分之二""四签两不准""两榜定案"等程序，做到群众自己的事自己做主、民主决策，保证了改革的内容和过程公开透明、公平公正。据调查，全省农民对林权制度改革的满意率达95%以上。一些地方群众感慨地说："党和政府把这么好的政策给了我们，把分山的权力也给了我们，如果再分不好，那就是我们无能。"

3. 分山到户，彻底还权

林改之初，省委、省政府下发的《关于深化林业产权制度改革的意见》提出了7种明晰集体林产权的形式。实践操作中最为重要的是分山到户，改革要求凡是能分到户的山林必须分到户，实行家庭承包经营。为了防止有些地方落实起来不到位，省里明确规定了"三个80%"的目标，其中以县为单位的分山到户率不得低于80%，具体到乡镇依据各自具体条件而定，山区乡镇不低于90%，平原乡镇不低于50%，丘陵乡镇不低于70%，到目前，全省的分山到户率已达82.5%，分户登记率93.8%。

4. 减免税费、还利于民

林权制度改革的实质是利益关系的重新调整，核心在于还利于民、让利于民。在林改过程中，全省各级各部门始终把林农是否得到实惠作为衡量改革成败的主要标准，积极转变职能，主动下放权力，全力支持改革。江西提出并实施了一系列"减、让、放、分"的政策措施。"减"就是实行"两取消，两调整，一规范"，最大限度地减轻林农税费负担。据统计，2006年全省共减免林业税费14.6亿元。"让"就是对改革前已经流转给林场、企业或承包大户的山林，采取补签合同、提高租金或分成比例等方式，将改革减免的税费70%以上让给林农，全省共落实政策性让利2亿多元。"放"就是通过打破木竹垄断经营，建立价格竞争机制，发布木材价格信息，设立木材交易市场，方便林农直接进入市场交易，使原来被严重扭曲的木竹价格恢复到正常水平。全省原木、原竹销售价格普遍比改革前上涨了50%以上，林木、林地流转价格普遍翻了一番多。分是指凡是没有分到户的山林都必须落实经营主体，并把股权按人口均分到户，经营收入70%以上按股分配，流转山林的收益70%以上按人口均分到户，极大地激发了林农参与改革的热情，为确保改革成功打下了扎实的群众基础。同时省财政拨出专款，加大转移支付力度，及时化解林改中出现的基层运转难题。省、市两级从育林基金分成比例中让出7个百分点补助给乡镇，激发了基层抓林改的积极性。县、乡两级在财力不宽裕的情况下，主动把林改中出现的困难留给自己，决不加重农民负担。不少乡村把本属于集体部分的山林分给农户经营，把原本集体可以得到的收益主动让给农民。

二、林权制度创新的着力点

（一）深化改革亟需解决的问题

1. 林权流转遗留问题的解决

在进一步巩固和完善家庭联产承包经营制度的基础上，按农民分山承包要求，坚决分山到户，进一步将林业产权落实到其主体。尽快解决跨地区"插花山"的勘界定权发证，调解跨省、跨地区的山林纠纷，进一步明晰林业产权。林业产权管理与合同纠纷仲裁制度的建立和完善，实现林业产权流转制度的规范化、法制化，为林权流转清除最后的障碍。

2. 林业发展融资平台的建设

林权制度改革解决了市场经济体制下林业发展的所有权归属问题，落实了林业产权的主体，为林业发展的市场化融资提供了基础。为了更好地从市场筹措资金，解决林业发展中的筹资难，投入少问题，必须搭建起林业发展的融资平台，比如采用建立省级林业投资公司和林业产业投资基金等形式，募集社会资金，投资林业建设。利用投融资平台实现林业资源资本化，推动林业资本的运营，做强和做大林业优势产业和龙头企业，推动林业产业的升级和发展。利用融资平台，可以开展林权证抵押贷款、森林保险等业务。

3. 林权交易平台的建设

林权制度主体改革完成后，确定了林权的所有权、收益权和经营权。为了更好地实现林业产权的市场化定价，必须搭建起能公平、公正、公开交易林业产权的交易平台，通过交易平台的有序、公平竞争交易，发现林权价格、实现林权的市场化定价。建立以林业产权交易中心（所）为核心的林业产权交易平台是当前林业产权深化改革亟需解决的关键性问题。通过林业产权交易平台，将能实现林业资源的有效配置，有序运作和规模经营。

4. 林业发展政策的完善

林业发展政策对林业发展起着十分关键的作用。过去，林业政策为林业发展指明了方向、进行了分区布局，确定了分类经营的方针。在具体发展中方面提供的政策支持比较欠缺，如怎样利用现代金融、保险工具服务林业发展；如何利用林业产权进行市场融资，使用林业产权组建林业股份公司，建立现代企业制度；以林业产权的评估价值为核心，通过期货市场发现价格的公益林生态补偿等方面缺乏政策支持。因此，在林权制度改革后，必须尽快出台和完善相关政策，明确林业金融服务、林业产权市场化融资的规范性、合法性。

5. 林业资源管理体系的建设

林业产权制度改革后，广大林农的诉求最多的问题之一是采伐指标的取得，出现的优势企业和强势个体能取得许可证，而小个体和一般农民难以取得采伐指标，改变这种局面的关键是建立完善的林业资源管理体系，使管理者能时刻清楚自己管辖区内林业资源的分布与变化动态，科学地安排采伐指标计划。林业资源管理体系建设重点是建立起一个与林权制度相适应的全面的林业资源信息管理系统。

6. 林业产权评估体系的建设

林业产权确定后，要实行市场化交易，需要对其价值进行评估，因此建立林业产权评估体系是林业产权改革后一项重要工作。现有的林业产权评估机构为林业部门所主管，依托林业调查规划设计单位和林业科研院所设立的专职林业产权评估机构。在现在市场条件下，这种评估机构出具的评估报告的公正性、合理性和有效性存在一定疑问。要保证林业产权评估的真实可靠，必须走市场化道路，由既懂林业专业知识又精通资产评估工作的专门人才，建立起民间的林业产权评估机构，独立于林业部门，保证其公正性。

（二）深化改革，创新制度

1. 深化国有林场改革

通过深化国有林场改革，建立符合社会主义市场经济体制和现代林业发展要求的国有林场管理体制和经营机制，做大做强国有林业，确保国土生态安全，促进经济社会可持续发展。按照"分类改革、定位定编，激活机制、减员增效，保障民生、加大扶持"的国有林场改革总体思路，进一步完善相关政策措施，加大政策支持力度，确保林场的稳定与发展，确保职工生活不断改善，确保林场森林资源的不断增长。一是各级政府要将国有林场建设纳入当地经济社会发展的总体规划，加大国有林场基础设施建设的投入，着力改善国有林场的生产生活条件。二是制定优惠政策，转换职工身份，妥善安置好富余职工，争取将国有林场全部纳入社会保障体系。三是整合重组现有国有林场，妥善处理林场债务，争取将林场已划为公益林的营造林贷款豁免、或全部转为国家资本金，或由相关银行核实后实行停息挂账处理。四是对国有林场实行轻税赋政策；对国家公益林，提高森林生态效益补偿标准。五是林场经营类型划分后，生态公益型林场的事业经费由中央财政和地方财政共同承担，以中央财政为主。

2. 完善林业产权法律法规，保障林业产权的确定性

目前有关林业产权的规定性文件大部分在林权改革过程中，政府部门出台的政策性文件居多，目前还没有上升为法律，而且在不同省区关于林业产权改革的实施方案有所差别，至今仍无统一的全国林业产权制度的法律性文件，林权的流转也只是停留在省一级或者更小的区域范围内。林业产权的确定性随政策的变动性大。各地区林业产权制度改革后，需要长期确保林业产权的确定性，就像房屋产权一样取得房产证后可以通过《物权法》的确认，可以实现林业产权拥有者长期取得收益的权利，因此必须健全和完善有关林业产权制度的法律法规，甚至可以考虑制定《林权法》来规定林业产权确认、收益和转让等问题。使广大林权拥有者能依法行使其林权的经营权和受益权。

3. 整合林业产权交易平台，建立规范、有序的林业产权交易体系

林业产权制度主体改革完成后，江西省各县市都不同程度建立了产权交易中心，很大一部分产权交易中心设立不规范，难以满足林业产权交易的要求，发挥的作用较少。目前林权制度的改革需要整合林业产权交易平台，将一些不规范、机构不全、不合理的产权交易平台给予合并。根据省政府《关于深化林业产权制度改革的若干意见》要求，组建省级林业产权交易所。在保留10个（6个试点县和4个林业重点县）林业产权交易中心的基础上，将其他县（市、区）林业产权交易中的招、挂、拍环节纳入当地公共资源交易中心进行，原有的产权交易机构以会员制形式进行整合，共同组成全省林业产权交易体系。与此同时，依托信息化手段加快林业有形市场和无形市场建设，组建全省统一、辐射周边省市的区域性林业产权交易所。建立起规范、有序的林业产权交易体系。

4. 完善林业产权交易制度，提高林业资源配置效率

林业产权市场交易的前提是林业产权的商品化，林权商品化的前提是具有价值和使用价值，而且能够在一定场所进行自由交换，由市场来定价，让林权的价值得到市场认可。林业产权市场交易的瓶颈是林业产权的价值评估和市场价格发现机制的缺失。在林业产权价值评估方面存在评估政策不完善、评估准则体系缺乏、评估机构的专业化水平较低，缺乏规范化操作规则，评估专业技术人员匮乏等问题。因而导致林业产权价值不能科学准确评定，难以考核林业资源是否保值增值。林业产权市场价格发现机制的缺失，使得林业产权市场价值无法实现。要实现林权市场交易，自由流转，必须健全林业产权价值评估体系，建立林业产权市场价格发现机制，让林业产权价值真正成为可以通过市场价换实现的价值财富，从而将林业资源资本化，便于会计核算和资产保值增值。因此，制定完善、规范和合法的交易制度是林业产权交易的基本前提。政府相关部门应以我国市场交易的法律法规为基础，制定专门统一的林业产权交易制度，实现林权像其他商品一样能够公平、公正、公开地在林业产权交易市场上进行有序、规范交易，使林权交易双方有法可依，保障他们的合法交易林业产权所得收益。林业产权交易市场应该作为一个专业性的交易市场纳入国家统一的市场管辖范围，统一管理，统一协调。真正实现按市场规律有效配置林业资源，提高其配置效率。

5. 建立健全林业产权市场交易机制，促进林业产权合理有序流转

按分类经营的标准，林权可以分为生态公益林权和商品林权，生态公益林权的收益权主要表现为生态效益补偿权，商品林权的收益权主要表现为经济效益受益权。按现行政策，生态效益补偿权由政府财政开支，商品林收益权价值按市场调节。在一定时间内，生态受益补偿权是固定的，而商品林权的收益权大小是随市场变化而变化的。因此，建立林业产权交易中心，实现林业产权的市场交易，必须建立健全林业产权市场交易的交易机制，如何实现公益林权市场定价？如何实现商品林权按其市场价值交换？这是林业产权市场交易必须解决的关键问题。解决这些难题，首先是要建立完善、规范、有序的林业产权市场交易机制，利用这套机制，可以借助现代金融创新工具，按照林业产权金融化，金融市场化，市场交易合理化的思路。通过市场交易，实现林权的市场价值，增强其市场融资的能力，增加林业投入，促进林业发展。

6. 加快林业资源产权管理体系建设，实现森林资源可持续增长

建立起以公益林资源产权和商品林资源管理为基础的两类资源产权管理体系。按国家与省林业规划，林业产权制度要求，确定生态公益林资源面积，确认公益林产权;按商品林的所有者确认其产权，按经营目的自主进行产权交易。为了保证林业资源产权的保值增值，建立林业"三防"专业队伍为主，林农"三防"组织为辅的双层林业资源保护体系，建立重点林区和出省边境检查站为框架的"两道防线"监控体系和统一规范的林木采伐管理制度。使林业资源通过对其产权的有效管理，既能满足市场经济发展的需要，又能满足生态环境建设的要求，在实现森林资源可持续增长的同时取得最佳的经济效益。

7. 加强林业专业合作组织建设，提高林农应对市场、抵御风险的能力

2009年6月中央林业工作会议提出，集体林权制度改革要引导农民建立林业专业合作组织，增强农民开展林业生产和抵御风险的能力，使农民的生活不断改善，收入不断提高。我国林业专业合作组织建设刚刚起步，农民林业合作组织的管理体制、发展模式、政策机制等还处在摸索前进的阶段。从目前实际情况看，我国农民林业专业合作组织仍然存在着组织体系不够健全、运营不够规范、凝聚力差、职能发挥不够理想、扶持政策落实不到位等问题。加强林业专业合作组织建设是江西深化林权制度改革的必然要求。发展林业专业合作组织有利于克服林区农民分散经营、规模效益差等问题，加强林业专业合作组织建设，首先是要加强理论研究，探索林业专业合作组织发展的特殊规律;其次是加强宣传培训力度，让林农认识合作组织建设对发展林业，促进林农增收的重要性;林农可以通过林业专业合作组织了解国家政策,落实国家和行业已经出台的优惠政策，从而林农能切实得到好处;通过标准示范社建设，实现示范效应，引导和推动农民林业专业合作组织的规范化建设。林业专业合作组织建设必将有利于推进林业可持续发展，对推动集体林权制度改革产生积极作用。

第三十九章　江西现代林业发展的政策法规保障

一、建立政策法规保障体系的重要意义

（一）鄱阳湖生态经济区建设的需要

鄱阳湖生态经济区建设上升为国家经济发展战略，给江西经济发展带来了极好的发展机遇。鄱阳湖生态经济区建设第一位的战略任务是生态建设和环境保护。改善生态状况，保障区域的生态安全成为江西经济发展的第一要务，生态需要已成为社会对林业的第一需求。林业正经历着由以木材生产为主向以生态建设为主的历史性转变。林业定位经历了由"产业型"向"公益型"的转变，国家对林业所采取的政策也由"重取轻予"转向了"重予轻取"。江西林业随着江西林权制度改革进一步深入，"六大体系、一个中心"建设目标的提出，林业发展面临鄱阳湖生态经济区建设新的重大机遇。已有的林业政策法规难以适应江西现代林业发展的实际需要。目前迫切需要构建一个有利于江西现代林业发展的政策法规保障体系，为江西现代林业的发展给予战略上新的指导，制定新的发展目标、重大方向上的指引、重点领域和重点项目的政策扶持，促进江西现代林业的快速发展。因此，构建一个健全、高效的江西现代林业政策法规保障体系是促进江西现代林业发展的实际需要。

（二）保证江西现代林业又快又好、持续稳定发展的需要

林业政策法规是指林业政策、法律制度的总和，它包括林业政策的制定、实施、评价和林业立法、执法、司法、守法、法律监督的合法性原则、制度、程序和过程。林业政策设计包括制定符合现代林业发展的基本要求，促进林业发展的相关政策总和。林业法制建设包括：建立科学合理的立法体系、高效廉洁的执法队伍、全社会自觉遵守的法律意识以及专门监督与社会监督有机统一的监督机制，使林业法制的建设达到"有法可依、有法必依、执法必严、违法必究"的基本要求。林业政策法规对林业发展中林业资源保护、利用和管理，林业的财政性投入，林业税费征收管理，林业科技创新与推广应用，林业重大工程的建设等林业发展的基础性问题进行了规定，为林业的生产的规范、有序提供了基础性政策性规范与法律保障。是保证江西现代林业既快又好，稳定持续发展的重要保障。

二、政策法规保障体系的现状

（一）国家林业政策法规现状

为保护、合理利用、培育森林资源，发展林业，国家先后颁布过多部林业政策法律法规，以此规范调整森林资源严重缺乏与社会需求之间的尖锐矛盾。主要的法律、法规或政策规章有《中华人民共和国森林法》《中华人民共和国森林法实施条例》《野生动物保护法》《陆生野生动物保护

实施条例》《中华人民共和国种子法》《自然保护区条例》《野生植物保护条例》《森林防火条例》《植物新品种保护条例》《林木林地权属争议处理办法》《林业行政处罚程序规定》《关于开展全民义务植树运动的决议》《关于开展全民义务植树运动的实施办法》、国家林业局2000年发布的《林木和林地权属登记管理办法》、2002年颁布的《退耕还林条例》、2003年颁布的《林业标准化管理办法》、2003年发布了《完善人工商品林采伐管理的意见》、2004年出台的《国家林业局关于合作（托管）造林有关问题的通知》、2005年颁布的《国家级森林公园设立、撤销、合并、改变经营范围或者变更隶属关系审批管理办法》，还有宪法和其他基本法律、司法解释中关于森林资源的相关规定等，国家也在天然林保护、西部开发、退耕还林、可持续发展等方面出台了一系列重大政策文件。

这些政策、法律、法规、规章的制定和贯彻实施，使森林资源保护管理的主要方向基本上做到了有法可依、有章可循，为促进林业事业的发展提供了有效的法律保障。随着社会经济的快速发展，林业政策法律法规也得以不断地发展和完善，建立了以宪法为指导，以实施条例、规章制度为补充完善的林业法律法规体系。林业政策法律法规颁布和贯彻实施，对保护、管理、利用森林资源，促进林业发展起到了很好的作用。

（二）江西林业政策法规现状

江西是南方集体林区的林业大省，省委、省政府始终把林业建设置于全省经济和社会发展的大局来研究和部署，把林业作为解决"三农"问题的一项重要工作来抓。江西省国民经济和社会发展"十一五"规划提出了建设"绿色生态江西"战略，赋予林业建设新的更高的要求。近年来，江西省委、省政府先后出台了《关于加快林业发展的决定》和《关于深化林业产权制度改革的若干意见》《江西省生态公益林管理办法》《关于深化林业产权制度改革的若干意见》等重要政策，为江西林业发展中的林业资源保护、利用和管理、林权制度改革，林业产业体系建设，森林生态文化旅游等一系列重大问题的有效解决提供了有力的政策保障。

在国家林业局及江西省委省政府的相关文件精神的推动下，江西省出台了《江西省鄱阳湖湿地保护条例》《江西省林权登记管理办法（试行）》《森林公园管理办法》《江西省国有贫困林场扶贫资金管理实施办法》等一系列法律法规，已经形成相对完善的林业法律法规体系。在机构设置方面，省厅设立了政策法规处、林政资源管理处，并成立了独立的省森林公安局、木材检查站、林业工作站、野生动植物保护管理局、森林病虫害防治检疫站、林木种苗管理总站等林业执法机构；各市、县（区）也成立了相应的工作机构。据统计，全省共建立森林公安机构411个，干警2800余人；木材检查站209个，检查人员2300余人，森林病虫害防治检疫机构108个，人员1700余人；各级林业工作站1000多个，工作人员5000余人。基本上形成了严密的林业执法网络体系，对于贯彻立法精神、执行法律规范、维护法律尊严、打击林业违法犯罪以及促进林业发展都发挥着重要的作用，有力地促进了江西省林业的健康高速发展。

近年来出台的具体林业政策为：

1. 财政扶持政策

加大了对林业的公共财政扶持力度。如随着退耕还林政策和公益林补偿政策的实施，林业经营的财政支持力度加大。林业行政事业单位的公益性职能所需经费全面纳入各级财政预算，森林防火、病虫害防治、森林资源监测管理等专项经费的财政支出逐年增加，对林区无田、少田贫困林农进行财政补助。公共财政为江西林业发展提供了有力的资金支持。"十一五"期间，中央和省级投入林业的资金达到110.9亿元，是"十五"的3倍，年均增速达到29%。其中2010年省级投入林业的资金，比2005年增长29.4倍，比林改前增长94.3倍。

实施了林业税费减免优惠政策。按照税收改革"公平税负、简化税制"的基本原则，全国实行了以"清费正税，实施林业轻税费政策"为思路的林业税费改革。江西省根据国家关于林业税费减免的相关政策，对企业从事农、林项目的所得免征、减征企业所得税。对以三剩物及次小薪材为原料生产加工的综合利用产品实行增值税即征即退。对进口种子（苗）、种畜（禽）、鱼种（苗）和种用野生动植物种源免征进口环节增值税。此外，通过实行"两取消、两调整、一规范"林业税费减免政策，江西省取消了木竹农业特产税和省以下出台的各种涉林收费项目，调整育林基金计费基价和省、市、县的分成比例，规范增值税、所得税征收范围，对从事木竹生产的单位和个人自产自销的原木，原竹依法免征增值税，暂免证收所得税。林业税费减免优惠政策实施后，林农负担得到了极大的减轻，仅 2006 年全省减轻林农税费负担就达 14.6 亿元。

建立了林业财政贴息贷款为基础的林业投融资体系。在新形势下，为有效破解林业投入难题，江西省在认真抓好中央林业贴息贷款工作的同时，进一步深化改革，创新机制，加大各级财政贴息扶持力度，建立省林业投资公司，积极开展政策性森林保险、林权抵押贷款、林农小额信用贷款和联保贷款业务和林业担保贷款工作，加快建立健全林业投融资体系，为林业发展提供资金保障。"十一五"期间，全省新增中央林业贴息贷款规模 35.5 亿元，争取中央财政贴息资金 1.28 亿元，分别比"十五"期间增长 3.5 倍和 4.6 倍。

建立了林业生态补偿机制。江西省林业产权制度改革后，根据《中华人民共和国森林法》和《中共中央 国务院关于加快林业发展的决定》中关于"建立森林生态效益补偿基金"的有关规定和"谁开发谁保护、谁受益谁补偿"的原则，建立森林生态效益补偿机制，加大对生态效益补偿的财政转移支付力度，逐步使省生态公益林补偿与国家生态公益林补偿同步到位。通过从水电、旅游、矿山、水利等生态效益的直接受益单位的经营收入中提取一定比例的资金筹集生态公益林补偿资金，用于生态公益林的保护、建设以及对生态公益林所有者的补偿。此外，江西省积极推动建立健全生态环境损害经济赔偿制度，不断提高林业生态补偿能力。

2. 产业发展政策

江西省林业产业发展的总体思路是：在坚持"三大体系"建设的前提下，着力培育林业产业化龙头企业，带动林业产业升级和产业集群建设。重点建设好造林绿化"一大四小"工程、长防林、珠防林、血防林等林业重点工程项目。为鄱阳湖生态经济区建设提供环境保障。按照"创造特色、打响品牌、支持林农、服务经济"的原则，大力发展毛竹、油茶、森林旅游、苗木花卉、木竹精深加工、森林食品和森林药材等绿色产业。将林区基础设施建设纳入当地经济和社会发展的总体规划，加快林区基础设施建设，切实改善林区群众生产生活条件。

林业分类经营政策。按照林业分类经营管理的思想，根据公益林和商品林的不同功能与属性，不同的培育目的和利用方式，以及不同的经营主体和运营机制的要求，实施生态公益林补偿机制政策，努力实现补偿到位。商品经营型林场则全面推行企业化管理，按市场运作，自主经营，自负盈亏，应该适应林业生产经营的需要，进一步简化手续、调整放宽商品林森林限额采伐管理政策，实现强化森林资源管理与放开搞活商品林双重目的。

做强做大林业龙头企业，加快产业集群建设。积极引进各类社会资本和先进技术，大力推进中心企业的兼并、重组，重点扶持一批辐射面广、带动力强的林业龙头企业。着力培育 2~3 家省级林业龙头企业上市，带动林业产业升级和产业集群建设。

放手发展非公有制林业。创造宽松的发展环境，在项目准入、资金扶持、税费和资源利用政策等方面，给予各种所有制林业经营主体平等待遇，充分发挥非公有制经济在资金、机制等方面的优势，积极鼓励、支持和引导非公有制林业的发展，促使国内外资本、技术和劳动力等要素在市场资源配置中流向林业。商品林建设对非公有制经济要完全开放，国有和集体所有的商品林，可以采取承包、拍卖、租赁等方式搞活经营，让多种经济成分平等竞争，进入商品林建设领域。公益林建设和管护，也可引入民营机制，实行公有民营，民办公助，提高经营效率。鼓励各种经济成分参与林业多种经营、林产加工以及林区非木质资源的开发利用。各类林业投资要向非公有制林业倾斜，积极扶持非公有制林业发展。

重点做强"六大产业"，共同推动林业产业发展。近年来，江西以商品林培植业、竹产业、油茶为主的名特优新经济林业、苗木花卉业、森林旅游业、木材精深加工业"六大产业"多元并举的发展格局，通过组建行业协会，成立担保公司，形成了自我壮大，提振绩效的发展模式，在实践中加大高产油茶、毛竹丰产林基地建设步伐，紧紧依靠科技进步，大力发展油茶、毛竹精深加工，不断提高加工增值能力，努力打造油茶产业大省、毛竹产业大省。围绕打响"红色摇篮、绿色家园，观光度假休闲旅游胜地"品牌，充分发挥江西省丰富的资源和良好的生态环境优势，大力发展森林旅游产业。全面加快山区综合开发步伐，因地制宜发展林下种植业、养殖业，大力发展苗木花卉、森林食品、森林药材等产业。

3. 对外招商引资政策

江西素有"六山两水一分田，一分道路和庄园"之称，其丰富的林业资源蕴藏着巨大的开发潜力。随着江西开放型经济的快速发展，投资环境也不断改善。

鼓励社会私有资本投资。江西省本着"谁造谁有，谁管护谁收益"的原则，结合林权体制改革，调动社会各界投资林业的积极性，鼓励私有资本进入非公有林业领域。迄今为止已有10多个国家和地区的工商企业到江西来投资办厂，初步形成了中（高）密度纤维板、细木工板、竹地板、竹胶板、茶油加工的规模企业，其中竹胶板的规模和质量在全国处于领先位置；中（高）密度纤维板生产工艺水平较高，在国际国内市场具有重要的影响。

积极引进国外政策性贷款。自1991年开始启动实施世行项目以来，江西省已连续实施了三个世界银行贷款项目："国家造林项目""森林资源发展和保护项目""贫困地区林业发展项目"，一个日本政府贷款"江西造林项目"。这些项目的实施，取得了巨大的经济和社会效益，为实现省委、省政府提出"山上再造一个江西"和"跨世纪绿色工程"战略目标起到了很好的示范作用。要继续加大招商引资力度，积极引进外国政府贷款、国际金融组织贷款、外商直接投资和无偿援助，将境外资金吸引到工业原料林基地建设、毛竹产业、森林景观利用以及人造板的精深加工上来；同时积极引进高科技成果、先进管理机制、优秀管理人员，做到引资与引智同步。

三、主要问题

（一）林业政策的时效性和有效性不足

林业政策的出台、实施大部分滞后于实际需要或者适用的时间较短，时效性长的林业政策相对缺乏。已有的林业政策在林业资源保护和利用基本上是有效的，但在促进林业发展和农民增收方面不较有力，尤其是在促进林业发展和农民增收的长效机制方面的政策较为缺乏。

（二）林业产权制度改革政策有待突破

林业产权改革落实了林业的经营权，而其收益权受到一定限制，集体所有权不十分明晰，完整的林业产权制度改革应该包括其所有权、经营权和受益权三个方面的改革，在政策上仍需重大突破，而且在所有权改革也存在一些疑虑。

（三）林业资源采伐管理政策有待完善

目前的林业资源采伐管理制度实行的是计划指标制度，实行的是政府调节，与市场经济按市场调节存在一定的差距，在市场经济条件下，林业大户和企业往往占有较大优势，林业个体户处于劣势地位，难于取得采伐指标，不利于激活林农的积极性。

（四）林业法规体系不完善

通过林业产权制度改革，旧的林业管理模式已经打破，新的体制尚未建立，整个林业管理工作处于一个转折期，各项林业管理体制和经营机制难以适应新形势发展的需要。特别是随着改革的不断深入，现有林业法规体系亟需进一步完善以符合改革实践的要求。

（五）林业执法机构结构不合理

林业内部执法机构较为分散，如木材检查站、森林公安、林政稽查大队等林业部门自管的机构，都依法或授权享有林业行政执法权，造成林业行政执法权的不适当分散，执法权限和范围界限不明，执法依据不统一，存在以罚代收，以罚代刑现象，常常造成相互之间的推诿和扯皮，部门之间执法冲突比较严重，不利于案件的及时处理，也不利于执法工作的监督。

（六）行政执法监管工作有待加强

随着我国法制建设的不断发展，尤其是新法的颁布实施，林业行政执法监督工作任务越来越重，肩负的责任越来越大。从过去的实践来看，主管部门内的执法机构在执法时，往往与执法监督机构的工作配合不好，使得执法监督机构缺乏更有效的手段开展工作，部门内的上下级林业行政主管部门之间是指导关系，使得层级监督更难以发挥有效的作用。

四、完善政策法规保障体系的对策

（一）加强地方性林业政策支撑体系建设

根据现代林业要求，加紧制定有利于促进现代林业长期发展、林农长期增收的政策支撑体系；研究制定林业产权进一步深化改革的具体政策措施；完善森林资源管理，激活林业生产要素的政策措施；抓紧研究制定森林资源资产评估、林权抵押贷款、融资担保、天然阔叶林禁伐、林业重点工程管理、公益林营造林补助等相关政策措施。形成以中央林业政策为总导向，地方林业政策为具体支撑体系的完善林业政策体系。

（二）加强林业行政执法及监管

首先，要全面推行林业综合行政执法改革。总结林业综合行政执法改革试点经验，稳步推进林业综合行政执法，努力实现执法由多头分散向综合集中拓展进一步理顺林业行政执法管理体制，切实解决林业执法体制不顺、职能交叉、各自为政的问题。一是要建立健全执法监督与制约机制，严格实行行政执法责任制、评议考核制和行政执法过错责任追究制度，实行重大林业行政案件逐级上报制度，对大案要案进行重点督查和督办，向社会公布。二是实行公开办事制度，增加行政执法透明度，按照《国务院关于进一步推进相对集中行政处罚权工作的决定》要求，根据"政策制定职能与监督处罚职能相对分开，监督处罚职能与技术检验职能相对分开"的原则，严格执行罚缴分离，实行收支"两条线"。三是要加强林业行政复议工作，切实履行法定的层级监督职能。要按照行政复议法的规定，认真履行复议职能，切实提高复议质量。四是要完善配套制度和工作程序，落实重大行政案件备案审查制度，努力建立一个统一、高效的林业行政综合执法体系。

其次，加强林业行政监管机制建设，行政监管机制建立要从提高效率出发，采取科学的监管手段、严格的监管措施，具体有效的实施办法，切实做好林业产权交易、林业资源管理与利用、林业重点工程建设的监管等重大林业市场经济活动的监管。

（三）普及林业法律并提供咨询服务

建立和完善内外结合、上下联动、运作有序的林业普法宣传体系，坚持以人为本，全面、协调、可持续的科学发展观，围绕构建社会主义和谐社会的总要求，大力宣传林业促进人与自然和谐的关键作用;大力宣传林业在国家建设中的战略地位,使全社会广泛认识到林业在经济社会可持续发展中的重要地位和在生态建设中的主体作用;大力宣传党和国家关于林业建设的方针政策,抓住林业建设中的重点、热点和难点问题,推动林业重要问题的解决;充分发挥各方面的优势和积极性,不断创新宣传的内容、形式和手段,使林业建设的新思路、新观念和新知识通过不懈的宣传,成为全社会的普遍认识和自觉实践;坚持"全社会办林业"的方针,不断增强全社会爱林、护林意识进一步加强林业宣传和生态道德教育工作,普及林业和生态知识,提高全社会的生态安全意识,为森林资源保护和发展创造良好的法制环境。

提供林业法律咨询服务,在定期组织宣传组到基层宣传林业法律知识,提供林业法律咨询服务的基础上,建立林业法律咨询服务中心,以县为单位,聘请或选调一批法律专业人员,为广大基层群众和林业投资者提供长期,稳定的林业法律咨询服务,并依法提供相关的林业法律援助。

第四十章 江西现代林业发展的投入保障

资金是林业经济增长的重要启动力，也是保障林业快速健康发展的物质基础。江西省一直很重视对林业建设的投入，使森林资源和林业产业保持良好的发展态势，但与着力推进江西林业跨越式发展相比，仍存在着投入总量不足、结构不合理、渠道单一等问题。因此，根据江西经济社会发展需求和林业的新定位，可以通过构建合理的投入体系来保障江西现代林业发展的投入。坚持多层次、多渠道、多形式筹集资金的原则，并且坚持政府和企业、社会并重的原则，采取财政补助、部门整合、吸引外资、企业投资、群众自筹及义务植树等多种形式筹集资金。

一、林业政策性投入保障

（一）林业政策性投入的现状

1. 投入总量不断增加

2008年，中央投入新增资金总额达到6000万元，而地方配套达到1500万元。江西省林业投资的特点为：

（1）资金总量保持增长态势。江西省2008年到位各类林业建设资金总量为269632万元。其中：国家预算内资金153068万元，以林业治沙贴息贷款为主体的国内贷款38691万元，利用外资8504万元，自筹资金7488万元，其他资金61881万元。结构如图40-1。

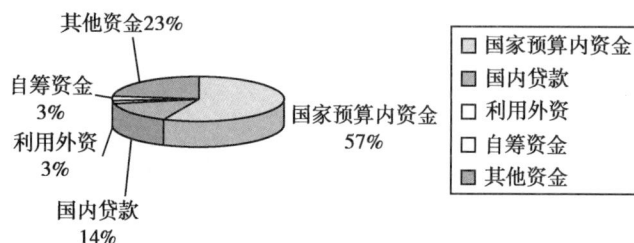

图 40-1 2008 年江西省到位资金结构图

（2）林业建设资金以中央投入资金为主体。中央投入资金达153068万元，占资金总量的56.77%。其中：国家预算内基建资金6360万元，国债资金15849万元，中央财政专项资金116735万元。

（3）林业建设资金使用投向以林业重点工程为主。江西省退耕还林工程、防护林工程和野生动植物保护和自然保护区建设工程投资为88615万元，占总投资的32.87%。

2009年，江西省委、省政府高度重视林业生态建设和国土绿化工作，省委、省政府决定在全省范围内实施造林绿化"一大四小"工程。提高国土绿化水平，构建功能完备的国土绿化体系。经测算,全省造林绿化"一大四小"工程建设总投资为196.98亿元。其中,山上造林绿化53.73亿元,占工程造林总投资的 27.3%；山下造林绿化 143.25 亿元，占 72.7%。争取国家林业重点工程投资 9.13 亿元，省财政安排"一大四小"造林苗木补助专项资金 11.4 亿元，每年安排 3.8 亿元，主要对村庄绿化、路沟渠及荒滩荒地绿化进行苗木补助。外国政府贷款造林投入 4.76 亿元。交通部门、建设部门、铁路部门、水利部门、国土部门、中小企业局、农业综合开发、以工代赈、新农村建设等相关建设部门分别筹资达到总和为 155.55 亿元。民营企业、各类林业投资主体投入 9 亿元。30 年来，江西省全民义务植树工作取得了显著成效。据统计，江西省累计参加义务植树的人数达 4.47 亿人次，栽植树木 21.83 亿株，建立各级领导干部绿化示范点 16436 个。

2. 投入力度逐渐加强

2009 年，为加大对公益林的保护，进一步发挥林业强农惠农资金效益，加快构建公益林补偿机制，江西投入 4.3 亿元用于补偿公益林。

江西省是全国 10 个森林生态效益补偿资金的试点省之一，从 2001 年开始，中央财政和省财政逐步对江西生态公益林禁（限）伐进行补偿。近年来江西省安排资金，逐步提高补偿标准并扩大公益林范围，补偿标准由 2001 年的 5 元/亩提高到现在的 8.5 元/亩；公益林面积最初为 1900 万亩，2007 年已扩大至 5100 万亩；财政投入数额也由 2001 年的 0.95 亿元增加到现在的 4.3 亿元。

江西省林业厅组织了 9 个督查组，深入到 11 个设区市和相关公益林落实重点县（区），就公益林管护责任落实、补偿资金发放、公益林档案建设等进行督促和检查，全面完成落实任务和资金的发放。

3. 财政投入机制逐步完善

江西省财政近年来积极发挥公共财政职能，着力构建稳定的林业生态建设财政投入"五大机制"，大力支持林业生态建设和保护，有效地促进了森林资源的持续增长，森林质量的稳步提高，生态环境的日益优化。2008 年，由中央财政和省级财政投入的林业专项资金 15.3068 亿元，与 2006 年 9.3786 亿元相比，增长 63.2%。

构建生态公益林补偿机制。2001 年该省作为全国 10 个森林生态效益补偿资金试点省之一，由中央财政支持 9500 万元，开始对 1900 万亩生态公益林禁伐进行补偿。补偿标准逐年提高，由 2001 年的每亩 5 元提高到 2010 年的每亩 10 元。补偿范围逐年扩大，由 2005 年的 1900 万亩扩大到 2010 年的 5100 万亩，占全省林地面积的 32.1%。财政投入数额逐年加大，每年投入量由 2001 年的 9500 万元增加到现在的 5.1 亿元。

构建林权制度改革经费保障机制。林权制度改革取消的木竹等特产税 1.64 亿元全部由省财政通过转移支付补给市、县。取消各地收费项目后，省财政每年安排 4185 万元转移支付补助给 70 个林业大县；每年安排 3.88 亿元对每个乡镇补助 10 万元，每个行政村补助 1 万元。省财政每年新增安排 1.27 亿元，对每个行政村省财政补助经费不到 4.5 万元的，由省财政补足到 4.5 万元。将各级林业主管部门及其事业单位的行政事业经费纳入同级财政预算管理，结束了林业部门长期靠林业规费供养的历史，稳定了基层林业队伍。

构建林业产业发展投入机制。按照"服务林农、注重保护、兼顾开发"的原则，省财政从 2007 年起，连续 5 年，每年安排 5000 万元设立林业发展专项资金，重点从"五个方面"，每方面各安排 1000 万元，大力支持林业产权制度配套改革阶段林业产业的发展。省财政还专项安排 1000 万元按照"政府引导、政策支持、市场运作、林农自愿、稳步推进"的原则，开展政策性森林火灾保险试点。

构建森林资源保护激励机制。江西省政府 2005 年出台了森林资源保护激励管理办法，省财政每年安排 1000 万元，对森林资源保护好的 10 个获奖县进行连续 3 年、每县每年 100 万元的奖励。

2008 年起奖励资金增加到每年 3000 万元。从 2009 年起，省财政还将每年安排 5000 万元对五大河流源头和东江源生态环境保护好的县进行奖励。

构建森林防火投入机制。为支持构建"预防为主，科学扑救"的森林防火体系，2009 年省财政将对重点林业村村级防火经费实行转移支付补助。支持专业森林消防队建设，对已达标的专业队但尚未享受到省财政补助的，将全部按每支 10 万元补助到位；对重点建设的 30 支机动专业扑火队再按每支补助 40 万元的标准进行高标准装备，对乡镇半专业防火队购置扑火机具也将给予补助。支持航空护林作业，在租机时间内发生的航空巡护、灭火作业全部由中央和省财政承担，地方财政不需承担。

4. 投资渠道多样化

林业投资渠道日益多样化，现已形成以财政投资、金融部门投资、利用外资、企业投资、个人投资为主要渠道的投资体系。改变了过去政府投入为主的投资形式，极大地缓解了林业建设资金困难的局面。

5. 融资制度日益完善

林业产权改革后，逐步建立了林权抵押贷款制度，组建了林业担保公司，建立起林业担保贷款融资制度，积极与省保监会及有关保险公司协调，与省保监会签订了《关于推进林业保险工作的备忘录》，开展森林政策性保险，融资制度日益完善。

（二）林业政策性投入的不足

1. 林业财政投入仍显不足

2010 年江西林业总产值 1053 亿元，占全省 GDP 的 11.16%，但从省级林业投入占全省财政收入来看，比重相对较低，2010 年仅为 1.97%。因此，与林业对全省 GDP 的贡献相比，全省各级财政对林业的投入仍然不足。林业不仅是一项基础性的产业，也是一项公益性事业，具有明显的外部性，除了有经济效益外，还有生态效益和社会效益，国家理应是林业投资的主体。2008 年，中央政府对林业投入占中央财政收入的比重为 1.1%，而江西省是林业大省，林业投入仅占全省财政收入的 0.46%，且近年来呈下降趋势，因此难以适应林业快速发展的需求，与林业社会公益事业的地位相悖，严重制约了江西现代林业发展目标的实现。

2. 林业财政投入绩效评价制度缺乏

随着林业发展定位的转变及林业社会公益性地位的增强，公共财政投入必然成为林业建设资金的主要来源。就江西而言，目前已经开始实施包括生态体系重点工程建设，建设投入资金规模不断扩大，对建设资金的使用效率和安全监管提出了更高的要求，但目前尚未建立有效的财政资金投入绩效评价制度，为适应江西现代林业建设要求，亟需建立一套完善的林业财政投入绩效评价制度。

（三）加大林业政策投入的建议

林业分为生态公益林建设和商品林经营。林业的生态公益林建设是以提供具有"公共物品"属性的生态效益为主导功能，属于公共财政应该确保和重点支持的领域。按照"公共财政投入为主，多渠道融资为辅"的投资原则，确立公共财政在林业生态建设中的主渠道地位和作用，重点完善林业生态建设投入机制，建立责权利相统一的生态公益林投资体制。

1. 建立和完善各级政府对林业生态建设的投入机制

一是建立以国家和地方财政投资为主的林业重点工程投入机制；二是制定激励措施，鼓励各级政府加大对林业生态建设的投入并使之制度化，增加财政对公益林的投入；三是规范林业事业性支出范围，将属于生态建设的林业事业性支出纳入公共财政支出范围。

2. 完善生态公益林补偿制度，加大各级财政对生态公益林建设的投入

生态公益林是指对国土生态安全、生物多样性保护和经济社会可持续发展具有重要作用，以提供生态效益为主要经营目的的森林，包括水源涵养林、水土保持林、防风固沙林和护岸林，自然保护区的森林和国防林等。目前，中央财政对公益林补偿标准偏低，随着经济发展，应逐年提高，不断增加生态公益林的补偿标准，满足广大生态公益林维护的投入需要。中央财政补偿公益林面积有限的条件下，各级政府财政应加大财政投入力度，增加地方公益林的补偿面积和补偿标准，满足公益林培育、保护的资金需求，提高公益林林农的积极性。

3. 多渠道增加社会投入，补充生态公益林建设资金

政府作为生态公益林建设资金的主要提供者，但毕竟财政投入的资金有限，由于生态公益林培育所需资金的数量极其巨大，而我国政府目前的财力还比较有限，仅仅依靠公共财政的资金投入无法满足生态公益林建设的需要，政府除了自身增加财政性投入外，应出台建设公益林的各种优惠政策，鼓励民间资本投入。因此，在生态公益林建设中，强调公共财政投入为主体的同时，还必须不断拓宽投融资渠道，积极争取国内外市场化资金的投入，采取多种渠道筹集资金，逐步形成多元化的资金投入机制，使政府投资和社会融资相互结合、互为补充，从而缓解我国目前生态公益林建设资金紧张，投入不足的问题。具体的社会资金来源形式，可以向不同程度地、直接或间接地受益于森林资源所提供的生态效益的特定主体，以附加税或征收生态税等形式征收，也可以通过财政举债、发行生态彩票等形式获得，或者对依托森林获得收益的单位，如水利、水电、旅游等部门，根据当地的社会经济情况、受益单位的性质和经济能力以及森林资源状况，征收生态补偿费等。

4. 政府出台政策，扶持林业龙头企业发展

林业企业，尤其是森林培育企业，大部分具有生产周期长，资金回收慢，经济效率低等产业的弱质性特点，很难从市场融入资金。为此政府应该在林业企业的发展中发挥一定的作用，出台政策，增加政府投入，扶持重点龙头企业的发展。2009年7月江西林业厅制定并发布了《江西省省级林业龙头企业扶持办法》，设立省级林业龙头企业扶持资金，扶持200家左右的省级林业龙头企业的发展。这一政策实施将增加江西林业政策性的投入，促进林业龙头企业的发展。但是更应该建立一种长期的有效机制保证政策的落实。

5. 建立林业财政投入绩效评价机制，提高财政投入的效益

在加大政府政策性投资同时，提高资金使用效率十分关键，因此，建立健全资金安全运行和绩效评价机制成为当务之急。只有这样，才能做到"慎用钱""用好钱"。只有合理有效地使用好资金才能真正确保森林资源保护和社会经济协调发展目标的实现。建立健全资金运行的绩效评价机制，应分不同层次确定绩效评价的主体和客体，制定绩效评价的具体方法、标准和指标体系，逐渐建立起政府组织与非政府组织相结合的评价机制，以确保绩效评价工作的公平、公正、透明，从而提高财政投入资金的使用效益。

二、林业市场性融资保障

（一）林业市场性融资现状

盛世兴林是世界各国经济发展的一般规律。林业发展肩负着经济发展和生态环境平衡的双重任务，是国民经济可持续发展的重要组成部分。改革开放以来，我国林业改革与建设取得了巨大成就。随着我国经济结构的调整和体制转型的深化，市场供求关系的变动以及加入WTO后国际竞争的加剧，林业的进一步发展面临着一系列新的挑战。市场融资困难，资金短缺是制约林业发展的瓶颈问题之一。林业由于生产周期长，受外部环境影响大，抗风险能力差，再加上融资过程中存在着融资结构不合理、信息不对称以及融资成本高等问题，使得林业市场融资渠道狭窄，建设资金短缺。林业融资方式分为债务性融资和权益性融资两类，前者包括银行贷款、发行债券和应付票据、应付账款等，后者主要指股票融资。

江西省林业融资方式较为单一，主要以吸收银行贷款为主。现有重大的国际贷款项目有：欧洲投资银行贷款生物质能源林示范基地建设项目、亚洲开发银行贷款江西林业发展项目、江西省世界银行贷款"国家造林项目"、江西省世界银行贷款"贫困地区林业发展项目"以及江西省世界银行贷款"森林资源发展和保护项目"。其中所涉及款项有：欧洲投资银行优惠贷款 265000.00 万元、亚行贷款 29750 万元、世界银行贷款总额达到 41924.29 万元。"十一五"期间年度江西省新增中央林业贴息贷款规模 35.5 亿元，争取中央财政贴息资金 1.28 亿元，分别比"十五"期间增长 3.5 倍和 4.6 倍。而在其他方面的融资，还需要进一步的开放林业市场。

（二）林业市场性融资的难点

由于林业生产自身的弱质性，加上现有的一些法律及政策规章的限制，使得林业经营者，特别是非公有制林业经营者，很难通过正常的融资渠道获得必要的生产经营资金。

首先，直接融资渠道对非公有制林业的开放度很低。目前，一般企业比较经常使用的直接融资方式是发行股票或发行公司债券，而国家对于发行股票或债券的企业在经营规模、盈利能力、企业的组织化程度、经营管理者的素质、发展前景等各个方面设置了诸多的限制性条件，因而其进入门槛较高，致使这两种直接融资方式对于绝大多数非公有制林业企业来说都显得可望而不可及。

其次，以银行贷款为主的间接融资渠道对非公有制林业也有较多的限制。以国有商业银行为主体的银行体系在向企业放贷时，对非公有制林业企业往往存在着所有制歧视、行业歧视和规模歧视。特别是那些从事营林生产的非公有制林业企业，一方面，因其所经营的森林具有生长的长周期性，而且受自然力的影响大，存在着较多的不确定性因素，经营风险较大，加上企业规模普遍偏小而税金费又十分沉重，而且企业对于森林资源的产权又受到诸多非正常限制，从而显示出较为明显的弱质性。另一方面，由于我国的活立木交易市场一直未能建立，银行一般不接受非公有制林业经营者提出的以活立木作为抵押资产的贷款申请，即使个别银行允许以活立木资产作抵押，但要求贷款人对作为抵押物的活立木首先进行保险，而保险公司又基于类似的原因不敢接受森林资源保险业务，从而限制了非公有制林业企业的贷款能力，致使其向银行申请贷款时面临着诸多的困难，往往难以如期获得必要的款项来发展生产。因此，融资困难已成为限制江西现代林业进一步发展的重要障碍。

（三）扩大林业市场性融资的建议

1. 积极推进林权抵押贷款

在信用融资中，抵押贷款作为一种借贷双方都比较容易接受的融资方式越来越受到资金提供者和需求者的青睐，以森林资源产权为主作为抵押，开展林权抵押贷款，开辟林业融资新渠道，为林业的可持续发展提供资金保障。实践证明，开展林权抵押贷款是破解林业融资难题的有效途径之一。林权抵押贷款不仅能盘活丰富的森林资源，使林木资产成为"流动的资本"，成为可以随时变现的"绿色银行"，而且也是促进金融部门加快业务创新、服务创新的一次有益的尝试。加上当前林农和林业企业对林权抵押贷款的迫切需要，积极推进林权抵押贷款，能有效缓解当前林业发展的资金困难局面。

2. 加大商品林建设招商引资力度

民间资本是未来商品林建设的最主要资金来源。由于森林资源经营具有高风险性和公益性、林业生产的弱质性和支出的难以完全补偿性，再加上商品林资源经营者的产权受到不同程度的限制，影响了森林资源所有者合法权益的正常使用，因此在商品林建设过程中，各级政府应该发挥其主导和宏观调控作用，通过出台一批鼓励商品林建设的优惠政策，优选招商项目，采取各种有效的方式，有目的、重点招商引资，吸引社会资金投资商品林建设。

3. 建立和完善省级林业投资公司或林业产业投资基金

充分利用资本市场，按照现代企业制度，建立省级林业投资公司，利用资本市场，激活林业生产要素流转，鼓励与引导社会资本向林业流动，鼓励多种经济成分参与森林培育、林产品加工和森林生态旅游开发，生物产业发展。林业产业投资基金是保护和发展现代林业的专项资金。在社会主义市场经济条件下，建立和完善林业投入和积累机制，加强林业产业投资基金管理，建立林业产业投资基金制度，可以改变单纯依靠国家投入的林业资金投入体制，充分调动社会各方面的力量，形成多渠道、多层次、多形式的林业资金投入体制，以满足林业建设资金的需要。

因此，结合江西省的实际情况，建立与完善江西省的林业产业投资基金制度，必须做好两方面的工作：①不仅从法律上明确林业产业投资基金制度，还要明确提出具有可操作性和能够落实的林业产业投资基金来源。②建立健全林业产业投资基金管理制度，严格界定林业产业投资基金适用范围。在广筹资金的前提下，林业产业投资基金的使用与管理，要做到规范化、科学化、法制化。

4. 建立森林资源保险制度，推行政策性森林保险，提高林业抗风险能力

林业是一个生产周期长、受不确定性因素影响较大的产业。为了降低林业生产中的风险，有必要利用金融市场的保险制度，合理规避风险，降低林业生产的风险。因此，结合江西省的实际情况，建立和完善中央和地方政府之间政策性林业保险保障体系，在森林保险制度的建立过程中，根据林业生产的实际情况，通过建立政策性森林保险机制，才能有效降低林业生产风险，减轻林农损失。建立起公益性、政策性补助的森林保险制度。增加保险的险种范围，将现有的保险责任由火灾扩大到所有自然灾害，包括雨雪、台风、干旱等。积极加强和保险公司联系，制定森林资源保险办法，全面推行林业保险制度，增强林业抗风险的能力。从而在一定程度上为市场性融资创造一个良好、稳定的投资环境。

第四十一章 江西现代林业发展的科技服务保障

一、现状与问题

（一）基本现状

目前，江西有江西农业大学园林与艺术学院，江西省林业科学研究院，江西林业调查规划研究院，中国林科院亚热带林业实验中心，庐山植物园，江西农业大学亚热带生物多样性实验室，江西财经大学资源与环境政策研究中心等重要的林业科研机构，同时还有 11 个地市级林业科学研究所及 88 个县级林科所。省级重点实验室 1 个，省级科技试验基地（或中心）2 个。林产工业企业和营林企业 11 家。省、市、县均设有林业科技推广机构，有林业科技推广人员 1241 人。铜鼓县、德兴市、靖安县和枫树山林场等 4 个县（场）被列为全国科技兴林示范县（场）。近年来，林业科技服务重点开展了江西林业科技抗灾救灾行动，组织省内外专家开展了 6 项救灾科研项目；组成科技专家服务体系，服务油茶产业示范县建设；"一大四小"工程的技术服务、技术监督与验收。近些年来，江西林业科技服务保障得到了加强，但与现代林业发展的要求相比，仍然存在一些问题。

（二）主要问题

1. 林业科技投入不足

林业科技投入不足是江西省长期而又普遍的问题，一是江西省用于林业科技本身的投入不足。二是林业科技投入的增长幅度远远低于其他科技投入的增长幅度。2008 年江西省科技投入比上年增长 31.1%，林业科技投入（扣除雪灾抗灾科技经费）大约增长 5%，重大工程项目的科技经费难以落实到位，如退耕还林的科技支撑经费到位不到 60%，四是多元化的投资渠道没有形成，林业科技投入主要来源于财政投资，企业委托科技项目很少。

2. 林业科技研究与生产实际结合程度不高

多年来，江西省在林业科技与生产结合方面尽管进行了多方努力和探索，但是目前仍然存在脱节的问题。一方面科技面向生产不足，二是林业生态工程建设和产业发展对科技需求缺乏自觉性和紧迫感。三是林业科研与其他产业相比，条件较差，手段落后，基础研究不足。

3. 林业科技资源配置和利用效率不高

一是科研机构分散，科技资源浪费严重。从事林业科研的省级机构有 3 家，归 2 个主管部门管理，造成科研力量分散，研究目标与方向不明确，科研项目、科技资源建设重复，浪费了大量的人力、物力和财力。二是科技管理体制不顺，新的运行机制还没有建立起来。受多方因素的影响，省林业厅多家管理科技项目和经费的现象比较突出，科研管理不较规范，监督检查不及时，造成科研监督不到位，课题的实验点、推广点起点低和创新点不突出。

4. 林业科技推广和质量技术监督体系不健全，先进、适用技术难以推广

一是基层科技推广人员工作艰苦、待遇低，又无推广项目和经费，或者经费很少，推广工作难以开展，造成大量先进、适用的技术难以推广。二是林业生产周期长，林业科技推广投资回报率低，企业和农民的积极性不高，加大了技术推广的难度，是大量的科技成果在中间形成"断层"。三是林业标准体系、质量技术监督体系不健全，导致质量技术监督对林业建设的约束力难以体现，导致重点工程的技术监管不力。

5. 科技人才队伍结构不合理，科技拔尖人才缺乏

一是江西省林业科技人员总量偏少。全省在岗林业科技人员不足在岗人员总数的1/3，高层次人才和基层技术人员严重不足，特别是缺乏了解世界林业科学前沿、科学造诣高，懂管理善经营的高层次人才和复合人才。二是林业科技人员结构不合理。本科以上科技人员占35%，特别是硕士及以上人员更少；高级、中级和初级及以下职称人员比例是2：3：5，初级及以下职称人员比例偏大。三是基层科技推广机构不稳定、不健全，推广人员知识更新缓慢，林农科技素质有待提高。四是人才流失也比较严重，科技队伍不稳。

二、加强林业科技创新的对策

（一）实施科技兴林、人才强林战略，构筑林业科技创新体系

按照江西林业发展规划要求，实施科教兴林，人才强林战略，强化科技在现代林业发展中的重要作用，大力培养和引进高水平的林业科技人才，建立林业科技创新平台，加强林业基础科学和应用技术研究，为江西现代林业发展提供强有力的科技支撑。

随着林业的快速发展，林业科技也进入了新的发展阶段。经过几十年的努力，江西林业科技创新体系建设已经具备一定基础，初步形成了具有一定规模和功能的林业科学研究与技术开发体系、林业科技推广与技术服务体系、林业技术标准与质量监督体系和林业科技管理体系。根据《国家林业科技创新体系建设规划纲要（2006~2020年）》的要求，构筑强有力的江西林业科技创新体系，重点建设好江西林业科学研究与技术开发体系、林业科技推广与技术服务体系、林业技术标准与质量监督体系和林业科技管理体系。为此：

1. 构建"三校三院一中心"为核心的江西林业科研与技术开发体系

构建以江西农业大学，江西财经大学环境与政策研究中心和江西环境工程职业学院三校，江西林业科学院，江西林业调查规划研究院二院和中国林科院亚热带林业实验中心为核心的江西林业科学研究和科技开发体系。在进一步深化科技体制改革的基础上，按照提高林业科技自主创新能力的要求，以知识创新和原始创新为目标，以"三校三院一中心"为核心，联合高等院校，以优势学科和重点领域为龙头，通过整合资源、集聚人才，逐步形成油茶科技创新与新品种开发，生物产品、生物质能源、森林防火、生态环境等若干个科学中心和一批高层次的省级林业科技创新基地与创新团队，重点开展区域内共性生态建设技术、产业发展技术的研发、集成与试验示范，直接服务于两大体系建设的主战场，为生态建设、产业发展和新农村建设提供强有力的科技支撑。

在现有基础上，建设完善若干个工程技术（研究）中心和工程实验室；基本建成以种质资源库、科学数据库、科技信息网络等为主体的林业科技资源共享平台。主要开展林业科学实验研究、野外试验研究、野外科学观测研究及相关科研基础性工作，为知识创新和技术创新提供研究平台和基础服务。

2. 加大林业科技教育投入，培养林业科技拔尖人才

林业科技创新关键是人才，目前江西林业发展中科技拔尖人才紧缺，林业科技创新的能力不足。

针对这种局面，应加大科技教育投入，特别是重大科研项目的投入，培养一批具有科技创新能力、解决重大科技难题的林业科技拔尖人才。林业科技教育投入增加一是通过政府政策的倾斜，吸引优秀人才从事林业科技研究，二是增加重大项目投入力度，让其有进行科技研究的平台；三是与国内外高校合作，联合培养拔尖人才。

3. 完善林业科技推广和技术服务体系

林业科技推广机构是科学技术转化为现实生产力的主要载体，是林业科技推广工作的重要保障。围绕推广先进、成熟、适用林业新成果、新技术，为林业生产和社会主义新农村建设服务的目标，加强省级林业科技推广机构建设，补充和完善市、县、乡四级林业科技推广机构，强化乡镇林业工作站的科技推广职能，加强推广机构基础设施建设和人员培训，整合地方技术推广资源，提高各级科技推广机构的技术推广条件和能力。

林业技术服务体系是依托科技中介机构、科技社团、林业合作组织、林业技术协会、信息服务网络、科普基地、培训基地等社会资源形成的技术服务集群。通过政府引导充分发挥社会资源优势，实现技术服务领域人才、技术、设施、基地等资源的优化配置。重点建立和完善林业科普基地、培训基地、林技信息服务网络，加强各类社会化技术服务机构的管理与指导，强化从业人员技能培训，提高技术服务水平和能力。

4. 强化林业企业科技创新体系

依托具有较强研究开发和技术辐射能力、具有良好技术基础的优势企业（集团），充分挖掘科研院所、高等院校的研究力量和成果储备，产、学、研相结合，建设若干个林业企业技术研发中心。以项目为依托，以产品为龙头，以政府投入为引导，以企业投入为主体，主要开展林业资源开发利用领域的新技术、新工艺、新设备等高新技术和相关产品的研究开发，提高林业企业的技术开发能力，增强林业企业的核心竞争力。

（二）以实施"六个一"工程为契机，培育林业科技创新产业

江西省政府决定，2009~2012 年实施科技创新"六个一"工程，着力培植符合低碳与生态经济发展要求的十大优势高新技术产业，使其成为江西省经济发展新的增长极。实施"六个一"工程，就是紧紧围绕江西崛起新跨越战略和鄱阳湖生态经济区建设，主攻 10 个优势高新技术产业，培育100 个创新型企业，实施 100 项重大高新技术成果产业化项目，建设 10 个国家级研发平台，办好 10个国家级高新技术产业特色基地，组建 100 个优势科技创新团队。实施"六个一"工程，要以主攻10 个优势高新技术产业为中心任务，以创新型企业为实施主体，以实施重大科技项目为主要抓手，以建设国家级创新平台、高新技术产业特色基地和优势创新团队为重要支撑，大力提升江西自主创新能力，带动产业结构优化升级，形成新的产业发展格局，增强经济发展后劲，从而加快江西在中部崛起及富民兴赣目标实现。因此，江西林业科技创新要以实施"六个一"工程为契机，加快发展林业高新技术产业，重点是"做大、做强和培新"。"做大"是要把林业产业做到星罗棋布、门类齐全、品种丰富、百花齐放；"做强"就是把要林业产业扩大规模、提高素质、优化结构、提高效益、增强市场竞争力。"培新"就是要抓住我国产业升级和更新换代的契机，培育出一批新兴林业产业，尤其是林业生物产业。林业产品的创造，林业规模的扩大，效率的提高和林业生物产业的培育，需要充分利用《江西省实施科技创新"六个一"工程若干配套政策》，集聚林业科研力量，组建 1~2 个省级优势林业科技创新团队，建立林业科技创新平台，培育 1~2 家创新型林业高科技企业。在林业科技创新上取得突破，为林业新产品，新兴生物产业的发展和林业规模的扩大提供技术支撑。

（三）进一步提升江西林业科技成果转化和推广应用能力

林业科技成果转化和推广应用是充分发挥科技第一生产力功能的关键，是促进林业生产发展

和提升林业生产力的重要手段。也是促进江西现代林业发展的关键。改革开放以来，江西林业科技在林业发展中的贡献率不断提高，科技成果的转化和推广应用给江西林业的发展带来极大的促进作用，但是和其他的行业相比，江西林业科技的生产率贡献率偏低，与发达地区相比，林业科技的贡献率也存在较大差距。造成这种现状的原因很多，有林业科技创新动力不足、转化与推广应用困难的因素，也有创新与推广力度不够的原因。面对当前各行业的激烈竞争，加强林业科技成果转化和推广应用工作显得十分紧迫。江西现代林业发展的科技要求更加需要大力推动林业科技成果转化和推广应用。为此必须：

1. 强化林业科技成果应用意识

长期以来，林业生产率提高速度慢的一个重要原因是对林业新技术、新产品、新工艺的转化、推广和应用的重视不够。林业科研机构重视申报课题，研究课题，轻实际应用推广。大部分存在等市场的现象。要加快林业科技成果的转化和推广，首先，通过宣传、教育和引导，以增强广大林业干部职工的科技意识，应特别注意增强其科技转化和推广意识，让他们真正地认识到科技对林业生产经营的重要作用，并推动林业生产、管理部门经营观念的转变，以增强他们吸收林业科技新技术、新成果的自觉性和紧迫性。其次，要通过深化改革，解决林业科研单位自身存在的"重科研、轻转化"的问题，要按照"科技—经济一体化"的要求，在深入研究和充分试验的基础上进行新工艺、新产品、新材料的系统开发，并注重这些研究成果研发之后的转化和推广工作，以及运用这些研究成果所生产出来的产品在进入市场之后的销售情况，并注意做好相关产品的售后科技服务工作，也就是说要从科技的研究、开发，到进入生产领域并形成最终的产品，作为一个完整的统一体来看待。最后，选择适当的科研成果转化与推广模式，变过去科研成果提供方的单向推动为供需双方"推拉互动模式"。努力促使科研单位的推动与科研成果应用单位的需求拉动二者有机配合，以达到推拉双方互动促转化的目标。

2. 按照分类管理的原则改革林业科技推广转化体系

"分类管理"原则的基本思路是：对于公益性科研项目的转化和推广，政府部门发挥其主导作用，并提供强有力的人、财、物方面的支撑；而对于经营性和一般性科研项目的转化和推广，则应该逐步推向市场，并按照市场经济规律办事，即由市场机制对各种科技资源予以配置，以提高其推广和转化的效率。按照这一改革思路，今后政府部门将主要承担公益性林业科技项目的研发、转化与推广工作，主要包括林业病虫害的防治技术，动物疫病及林业灾害的监测、预报、防治和处置技术，林产品生产过程中的质量安全检验、监测和强制性检验技术，林业资源的有效利用、林业生态环境保护和林业投入品使用监测技术，林业标准化技术，以及与林业科技转化和推广密切相关的林业公共信息服务和技术培训服务等。为此，政府的林业、科技、财政等相关部门应该通力合作，加快公益性林业科技的转化和推广速度；同时，各级政府财政应该在相应的经费投入上予以保证。而对于那些具有经营性特征的技术研发和推广、转化项目，由于它们已经初步具备了直接面向市场的能力，应促使这类研发主体逐步转变为科技型企业，并根据技术需求方的"订单"来组织相应的研究和转化活动，或通过与技术需求方企业的密切合作以逐步并入这些企业，从而成为这些企业的固定的研发机构，这样就可以很好地解决科技成果转化和推广难的问题。目前，那些主要从事种苗、化肥、农药、花卉和林产品加工等相关技术开发和转化工作的机构，应逐步转变为科技型企业或直接并入相关的企业；至于那些专门从事技术咨询、信息服务、专业培训、分析测试和技术中试等相关工作的机构，也可以转化为科技服务型企业或直接并入林业生产经营企业，以实现自主经营和自负盈亏。当然，对于这类科技型企业，政府部门并非完全放手不管，而应该适时地予以支撑、引导和监管，特别是在这类科技型企业发展的初期，政府应该给予必要的支持，如为这类科技型企业创造良好的发展环境，在基础设施购建、资金、税收等方面给予必要的支持。毫无疑问，根据不同情况，对林业科技的推广与转化工作实行"分类管理"的原则，不仅切合林业科技的实际，也有助于提高林业科技的转化率及其对林业生产的贡献率，并有助于推进各地的新农村建设。

3. 利用现代互联网络和通讯技术，开展林业科技服务

随着现代科技的发展和通讯技术的不断进步，林业科技服务的内容和方式也要相应地发生变化，特别是要适时地充分运用新式的电子通讯设备和网络技术等，开通林业科技服务，以促进林业科技的推广和转化。对于江西而言，目前应以林业服务热线、江西林业信息网、乡村林业技术广播电视网等科普平台为切入点，以各种手段扩散林业技术，为基层、林农及时提供林业生产经营活动的产前、产中和产后的有关技术、政策和信息服务，帮助解决林农生产生活中急需解决的难题。为此，要求各设区市林业主管部门在原有开通热线的基础上，应首先争取近期内在所有的重点林业县开通林业科技服务热线，并在两三年之内覆盖全面。同时，统一设置在各县（市）的林业服务中心，使之成为林业科技社会化服务的一个平台和窗口。

4. 加大林业科技培训力度，培养高素质的林业科技推广队伍

人是生产力诸要素中最为活跃的因素，在现代林业建设中，科技要先行，而科学技术的研发、转化、推广及实际运用，都需要一大批高素质的人才。因此，为了有效地推进林业科技成果的研发、转化和推广工作，并充分地发挥林业科技在现代林业建设中的支撑作用，就必须尽快地形成一支由科研项目研究、开发、转化、推广、经营、服务和管理等相关人员组成的庞大的林业科技队伍，并最大限度地发挥相关人员的主观能动性，促使其积极、主动地投身于林业科技的研发、转化和推广工作中，使林业科学技术由潜在的生产力转化为实实在在的生产力，以真正地发挥第一生产力的作用。然而，林业科技的进步离不开劳动者素质的提高，而劳动者素质的提高又有赖于林业新知识和新技术的培训。因此，在当前林农科学文化素质普遍不高，林业科技研发、转化和推广人才十分紧缺的情况下，如何尽快地培养和造就一大批林业科技研发、转化和推广方面的专门人才，以及为数众多具有一定科学文化素质和科技应用能力的新型林农，从而形成一支浩浩荡荡的林业科技大军，并在现代林业建设中发挥其应有的作用，就显得十分紧迫和必要。而要实现这一系列目标，目前最现实也是最可行的办法就是要不断地加大对林农技术员的科技培训力度，在培训之后经考核合格的，可发给林农技术员证书。这些林农技术员要充当好"播种机"的角色，即通过其进一步培训广大的村民，以期在较短的时间内迅速地提高其科技知识和能力，从而促进林业科技由知识形态转化为现实的生产力，并有力地推动各地的现代林业进程。为此，应根据各地的实际情况，因地制宜地开展多形式、多渠道的农民和农村人才培训，以培养有文化、懂技术、会经营的新型林农和留得住、用得上的实用型技术人才，从而大力提升林业劳动力的综合素质，造就一大批有文化、懂技术的林业建设带头人，并促使其在林业科技转化和推广中发挥主力军的作用。

在具体的培训方式上，主要有：一是针对广大的林农，因地制宜地开展新型林农的科技培训工程，以增强林农吸收和运用现代林业科学技术的能力。即各地围绕着各自的特色林业和支柱产业，按照"一村一品、整合资源、进村培训"的模式，对广大林农（尤其是青年林农）开展以产前、产中、产后的技术要领和经营管理知识为重点的示范性培训，以及必要的法律常识、农村生态环境保护等公共知识的培训，以不断地提高其务林技能，促使其科学地种田。各地还可以以"绿色证书工程"（这里的"绿色证书"即农民技术资格证书的习惯说法）为载体，按照不同的林业生产岗位的规范要求，通过邀请有关专家集中授课、发放技术手册和远程培训等手段，采取灵活多样的培训方式，对林区的生产骨干（尤其是青年农民）开展农业科技知识的系统培训，从而培养和造就一大批林

业生产技术骨干,并通过他们的示范作用,将林业科技知识和相关的科技成果辐射到林区的千家万户。二是以农业部实施的"百万中专生计划"为依托,大力开展农村实用人才的培训工作,以加快林区实用技术人才队伍的建设,并促使其在林业科技成果的转化和推广过程中发挥主力军的作用。各地要依托现有的大专院校,切实落实招生计划,认真组织相关教材的编写,加强培训基地的建设,加大培训经费的投入,并积极开展面向广大林农的职业技能鉴定工作,争取用10年左右的时间为林区培养一大批具有大专学历的种养能手和经营能人;同时,应通过这些实用技术人才推进林业科技成果的推广和应用,从而为现代林业建设提供坚强的人才支撑(农业部,2006)。三是依托全国农业科技入户示范工程,推进林业科技入户,以促进林业科技成果的转化和应用。应通过有针对性地选择那些具有典型意义的林业科技示范户,并采取科技培训入户、技术服务入户、林业信息入户、物化补贴入户、林业机械入户等有效方式,着力培养一批林业科技示范户,以提高其科学知识的学习接受能力、科学技术的应用能力和转化推广能力。

5. 深化林业科技管理体制改革

我国原有的林业科技管理体制是计划经济的产物,它使大多数的科研机构和科研人员独立于林业企业之外,使科技供给与现实经济对科技的需求成了互不相干的两张皮,二者各自为政,缺乏协调和合作,从而导致现实生活中经常出现这样的现象:一边是众多有研究能力的人缺少必要的研究经费,以及手上拥有现成技术成果的人找不到推广转化所需的资金;另一边却是大量正处在激烈的市场竞争中,急需适当的技术成果以提高自身竞争力的企业,但他们却苦于找不到好的技术成果。可见,这种体制已严重地阻碍了我国林业科技成果向现实生产力的转化,亟待于通过改革以改变当前的不利局面,从而促进林业科技进步和现代林业建设。当前,为深化林业科技管理体制改革,促进林业科技成果转化,主要应从以下几个方面入手:

(1)林业企业应成为林业科技进步和推广转化的主体。社会主义市场经济的基本规律和发展趋势从客观上决定了林业企业应成为经营性林业科技创新和推广转化的主体。建立以林业企业为主体的林业技术进步机制和技术转化机制是林业部门建立社会主义市场经济体制的一个重要目标,也是建立新型林业科技体制的主要内容。在过去的旧体制下,林业企业的科技成果主要是由其主管部门提供的,企业存在着等、靠、要等问题,没有进行科技创新和科技转化的动力和压力。这种情况带有明显的计划经济痕迹,已经不能适应当前我国林业经济增长的客观需要。可见,当前我国的林业科技管理体制改革首先应从制度入手,通过林业企业制度改革,切实将林业企业定位到科技创新主体和转化主体的位置上。林业企业要主动与科研机构、高等院校密切配合,共同研发各种先进适用的技术,并及时地运用这些技术生产出市场前景好的高、精、尖产品;林业企业应主动向农业科研单位提出所需的科研项目,或者以各种优惠条件,促使、吸引林业科研院所、高校的科研机构以各种形式进入企业,参与企业技术开发与技术改造,使各科研单位的技术优势得以真正发挥;林业企业,特别是大中型林业龙头企业,还应有自己精干的科技研发机构和研发队伍。同时,企业的广大干部职工应增强科技意识,要力争把企业设备和产品的更新换代、创名特优产品等建立在林业科技进步的基础上,并积极主动地促使现有的林业科研成果迅速地转化为现实的生产力,从而有效地提高林业科技对经济增长的贡献率,以促进各地的新农村建设。可见,林业企业成为林业科技进步和推广转化的主体,不仅有效地解决了林业科技供需之间"两张皮"的问题,而且将显著地降低科研成果转化过程中的交易费用,从而大大地节约了人财物力,有助于提高科技成果的转化效率。

(2)加快培育和发展林业技术市场,促进林业科技成果转化。经营性林业科技成果走向市场,这是形势所迫,大势所趋。我们强调林业企业应成为经营性林业科技成果创新与推广转化的主体,并不意味着企业所需要的技术都由自己加以研究,这对企业(尤其是中小型企业)来说既不可能,更不经济。因为,即使是研究和开发能力很强的企业,也无法做到任何技术都由自己研制,它也要借助于技术市场获取自己所需要的一些科技成果。更何况在林业科技成果的使用者中,还包括了为数巨大的广大林农,对于他们而言,更不可能自己研发和推广林业技术成果,技术市场对于他们更显得必不可少。而技术市场有利于企业之间、企业与研究机构之间的相互沟通,有利于促进新技术的尽快传播和扩散。因此,适应当前形势发展的需要,必须加快培育和发展林业技术市场,为科研成果供需双方提供交易的场所,从而促进科技成果的交流、交易和合作。

培育和发展林业技术市场,应特别注意做好以下几项工作:第一,必须充分调动林业企业、科研院所、林业高校、科技人员及广大林农的积极性、主动性和创造性,应鼓励和促使他们把一切有利于提高林业科技水平的技术成果以各种形式进入技术市场,开展技术开发、技术转让、技术咨询、技术入股、技术联营、技术承包等多样化的技术供需双方的互动活动,并建立技术市场信息服务网络,通过畅通渠道、放宽政策,让更多、更好的林业科技成果由知识形态转化为实实在在的商品,由潜在的生产力转化为现实的生产力。第二,应尽快地建立、健全符合林业科技发展规律和市场经济运行规律的技术市场竞争规则,以提高对科研成果等各种知识产权的保护水平,从而逐步完善技术市场体系。第三,要促使科研人员观念上的转变,使其研究成果与市场需求相结合、与企业的实际需求相吻合、与林业生产实践的需求相衔接,即以解决林业生产实践中遇到的实际技术难题为目标,并根据市场和企业的现实需求来组织林业技术的研发和转化活动,以解决项目研究和实际需求之间的"两张皮"问题。第四,要充分发挥作为林业新技术转移和扩散桥梁的农村经济合作组织的应有作用,使之成为林农与市场对接的中枢,这样不仅有助于多元参与主体节省各种交易费用,而且有助于分享互助合作而带来的收益。为此,有关各方应精心培植形式多样的农村经济合作组织,并加速其发展,使之成为林业科技成果推广转化和林业科技市场中最具活力的主体。第五,要加快建立健全工程技术中心、中试基地等林业技术市场中介机构,理顺科技成果商品化的中间环节,以提高林业技术创新和技术转化的速度和水平,并最终有助于推进各地的现代建设。

(3)政府应加强宏观调控力度,促进林业科技成果转化。科学技术进入市场,并通过技术市场促使供需双方进行技术贸易或项目对接,以促进林业科技成果转化,这应是我们今后的发展方向。但市场的调节并不是万能的,市场也有失灵的时候,特别是对林业科技成果这一具有鲜明特点的产品,更不能纯粹依靠市场的调节,各级政府应采取必要的调控手段对林业科技成果转化加以指导,以提高转化的速度和效率。国内外科技发展的实践已经证明,政府调控对科技成果转化具有重要作用,即使是市场经济占主导地位的国家也不例外,而在我国目前市场机制尚不健全的情况下,制约林业科技成果转化的因素会更多、更复杂。因此,在林业科技成果转化中,除了应充分利用市场机制外,政府还应适当地运用经济、法律和必要的行政手段来加以调控。如对那些具有公益性的基础研究与开发以及事关国家长期发展和国计民生的部分应用研究与开发,或者对于那些风险较大,企业不愿投资而社会又急需的技术创新和转化,政府应通过一系列的政策和科技发展计划来推动,并承担主要的出资责任,而且在项目经费的投入上应从过去的"撒胡椒面"向"重点与集中"转化,在科研立项上应从"散而全"向"精而准"转化。当然,为了更好地发挥政府宏观调控的作用,国家就应重视制定指导林业发展的科技政策,加快有关知识产权保护以及促进科技发展和科技成果转化等方面的立法步伐,进一步改善林业科技宏观管理,加快林业科技人才流动、结构调整和机制转换的步伐。同时,应把建立和健全技术创新和转化的运行机制作为建立现代企业制度的重要内容,把促进科技进步和技术转化作为组织部门考核领导干部的重要指标,以促使林业企业的决策者以及相关机构和部门的负责人兼顾眼前利益和长期利益，在科技进步和转化的问题上做出科学、理性的决策。只有这样，才有利于促进林业科技的研发和转化推广，才能使科技与经济更好地结合起来，让科技在当前的现代林业建设中大显身手。

近年来，我国政府在运用宏观调控手段促进林业科技成果转化方面已经积累了不少成功的经验，先后组织实施了科技特派员制度、林业专家大院模式、林业科技服务110模式、林业科技入户示范工程等各种有效的方式，极大地促进了林业科技成果的推广与转化。这其中较为典型，而且对江西林业科技成果转化影响较大的是"林业科技入户示范工程"和林区"科技特派员制度"，应通过进一步总结经验，从而更好地促进林业科技成果转化。

6. 加大资金支持力度

（1）根据林业科技成果的不同类别，加大多主体的资金投入。在明确了资金投入对于林业科技转化和推广的重要性之后，接下来就必须进一步明确这些资金的来源渠道。对于那些公益性的研究项目，如林业基础研究等，由于其具有公共物品的属性，所以这类研究项目从研发到转化推广所需的资金主要都应由政府承担；同时，有一部分的应用研究项目，特别是那些属于高新技术领域的应用研究，虽然其成果具有较强的商品属性，但因其研发和推广转化的成本较高，而且具有较高的风险，所以为鼓励有关机构及其人员积极参与这类项目的研发和推广工作，政府也应给予一定的资金支持。而对于大多数的应用研究、开发研究及其成果的推广与转化，其经费来源应主要依赖于市场来解决，但为鼓励和引导有关主体积极地参与这类项目的研发和转化工作，政府可以在项目的研究阶段给予适当的引导性资金扶持。可见，作为公共服务主要提供者的政府应承担起那些具有长期性、战略性和公共物品属性的公益性林业科技投资的重任；而那些具有私人物品属性的经营性研究项目的研发和推广转化资金则主要依赖于市场机制筹集，从而形成以政府必要的资金支持为先导，林业龙头企业、林业专业合作组织以及其他社会力量广泛参与的多元化资金投入机制。

（2）建立以政府为主导的公益型林业科技项目推广转化资金投入机制。在林业科技的资金投入上，政府不仅要承担公益性林业科研项目所需的各项资金需求任务，还要承担部分经营性科研项目的先导资金供给，这两个方面加起来需要大量的资金。我国经济目前正处于工业化中期阶段，并且在整体上已经成功地由低收入国家转变为中等收入国家，国家财力不断增强，国民收入逐步提升，整个社会经济发展呈现出一种喜人的态势。世界各国的经验已经证明，当一个国家开始进入工业化中期之后，城乡之间的资金流动方向将出现相反的变化，城市可以依靠自身的积累而获得发展，而农村和农业将不再向城市和工业输血，并开始进入接受城市和工业反哺的时期。可见，我国目前已经到了城市和工业反哺农村和农业的重要时期，而我国当前的国情和国力也决定了我们有能力且必须及时地实施这种性质的反哺。正是在这一背景下，党中央和国务院适时地做出了建设社会主义新农村的伟大决策，并将其作为统筹当前城乡社会经济发展的重要突破口，力求通过各地的新农村建设以切实地实现工业反哺农业和城市带动乡村。而科技进步是当前实现新农村建设各项目标的重要手段，所以其所需的各项资金各级政府有义务、也有能力予以承担。

作为大农业重要组成部分的林业，其林业科技投资属于应重点支持的领域。而江西省科技厅在多项关于促进社会主义新农村建设的政策措施中就明确规定：争取以政府资金为先导，建立多元化的科技投融资体制，以保障农业科技投入的稳步增长，从而加快对那些先进、适用农业（林业）科技成果的研究与推广转化。最后，为保证政府对林业科技投入的稳定性，结合江西省当前的社会经济现状和政府的财力，应争取使林业科技资金投入占当年全省林业总产值的1%以上，并保持每年有一定的增长速度。

（3）建立多元化的商品型林业科技项目推广转化资金投入机制。除了其研究资金可以申请政府给予必要的支持之外，对于数量更为巨大的推广和转化资金，应主要通过市场予以解决。为此，要尽快地建立多元化的经营性科技项目开发、推广和转化资金投入机制。首先，广大的林业企业，尤其是那些目前已经具有一定规模的大中型林业企业，应该逐渐成为林业科技开发研究和推广转化资金的主要投入主体。这是西方林业科技发达国家的经验总结，也是顺应林业科研工作规律的必然。目前，世界各国大都把科研开发经费投入强度作为衡量一个企业科技创新水平高低的重要指标，人们一般认为，如果一个企业的科研开发经费投入强度（即科研开发经费占销售收入的比重）小于3%，则说明该企业缺乏自主创新能力。因此，国外企业用于技术开发、推广的资金投入一般都占其产品销售收入的3%以上，高科技企业大多达到10%以上，有些企业甚至超过了50%。据有关资料显示，世界500强企业中，其研发投入占产品销售收入的比例平均超过了8%；欧盟各国企业的平均水平约为5%；而我国企业目前的平均水平仅为1.35%左右，远远低于发达国家同类企业的水平；但我国的林业企业由于整体规模偏小，加之不少企业地处偏僻的农村，受地方经济发展水平条件的制约，以及对林业科技的重视程度不够，因此其投入到科技开发研究和推广转化中的经费在其销售收入中所占的比重就更低。面对这一不利局面，为保障林业科技推广转化的资金来源以及有效地促进各地的现代林业建设进程，今后，应不断加大林业企业科技投入的力度。对于江西省而言，随着近年来全省林业经济的不断发展壮大，林业企业理应成为林业科技投入的主体，尽快地摆脱林业企业科技投入落后的局面，从而使林业企业真正地成为林业科技研发和推广转化资金的最主要提供者。其次，政府部门应根据林业科技研究、推广的特殊性及其重要意义，除了可以直接给予必要的先导资金支持之外，更重要的可以通过制定并实施各种有助于促进投资的优惠政策，以促使银行和其他非银行金融机构在贷款的额度和利率等方面给予林业科研、推广单位以优惠，从而保证林业科技开发和推广工作的顺利进行。同时，还可以通过制定和实施一系列相关的优惠政策，以促使社会有关各方甚至是外国的企业和个人不断地增加对林业科技创新和推广转化的资金投入，以增加林业科技研究和推广转化的资金来源。

（4）优化管理和结构调整，切实提高林业科技资金的使用效率。在明确了应该按照"分类管理"的原则来构建一个林业科技研发和推广转化资金投入体系的同时，有关各方还应该注意做好已有资金的使用规划和管理，并通过不断地调整优化林业科技研发和推广转化资金的使用结构，以最大限度地提高资金的使用效率。为此，首先，科研项目规划制定部门和管理部门要协调一致，充分认识并有效地解决过去所存在的那些各自为政、多方立项、重复研究、"重科研立项，轻监督管理"等问题，严格控制林业科研课题的规模和科技含量，并充分地利用现代网络技术，通过建立全省统一的科技项目管理平台，以杜绝同一课题多方重复立项问题，这样既可以防范个别研究单位及其研究人员有意的多方套取研究经费，也可以防止不同研究单位之间的重复研究问题，还可以腾出更多的资金用于现有科技成果的转化和推广应用。其次，要十分注重于提高投入资金的使用效率。开源和节流是增加林业科研和推广转化资金的两条主要途径，在目前经费来源有限的情况下，更应注意节流。我们应通过建立、健全科研课题立项审批制度和科研成果推广应用制度，切实改变过去到处撒盘立项上马、低水平重复建设的做法，要有所为有所不为，以确保那些对林业生产促进作用大的关键技术的研究和成果推广转化有足够的经费。再次，在林业科研经费总数已定的情况下，应注意安排好开发研究和推广转化的资金比例，要改变过去那种"重研究、轻推广"的思想和做法，有关各方应尽快优先安排经费用于那些已研制成功，并具有较高实用价值，而且林业生产实践也急需的科研成果的转化和推广，使这些科研成果能够尽快地转变为现实的生产力，从而有效地提高林业科技进步对经济增长的贡献率，以尽快地实现江西省现代林业建设的各项目标。

（四）加强对外林业科技交流与合作

对外林业科技交流与合作是引进和学习、创新林业科技的重要手段。加强对外林业科技交流与合作对于江西林业科技发展具有十分重要的意义。因为通过合作可以充分地利用省外和国外先进的林业科学技术、管理经验，并可以从国外引进优良的种质资源，从而有助于达到推进林业产业的升级、科技领先、市场扩大的目的。

近年来，江西林业科技交流与合作活跃。江西对于从国外引进的优良经济林、花卉等品种吸收、消化、创新少，尚未在引种的基础上建立起具有自主知识产权的新品种繁育体系。今后，对于江西省而言，江西林业科技合作与交流应在以下几个加以努力：

（1）应不断拓展林业科技合作与交流的范围和空间。江西林业合作，科技、教育、信息先行，江西省林业科技相关部门应该通过与国外同行的合作与交流，以缩小自身与世界林业科技先进水平之间的差距。具体而言，江西对外林业科技合作和交流的内容应包括：扩大林业科技、学术研讨交流的规模与领域；扩大科技合作与联合科研攻关规模与领域；扩大江西林业科技人员国外研修规模和范围；建立江西对外科技、教育、信息交流平台等。其中在江西对外林业科技交流与合作方面，应重点开展：①生物技术在林木育种中的应用研究；②重要濒危珍稀物种的保护与扩繁技术研究；③生态公益林可持续经营技术研究；④流域生态治理与修复技术研究；⑤动植物检疫性病虫害、外来入侵有害植物防治技术研究；⑥林业生物制剂研发技术研究；⑦竹木综合利用技术研究；⑧竹木复合板加工技术研究；⑨树木生物活性物质的提取利用技术研究等等。

（2）针对以往合作与交流中存在的只重引进，不注重吸收、消化和创新等方面的问题，今后不仅应注意引进，更应该注意消化、吸收和创新问题，应特别注意在引进的基础上加以吸收、消化和创新。如在各种优良种苗的引进上，应加快建立江西对外种苗研发与繁育中心，注意引进吸收国外在品种培育和种植方面的先进技术。应充分利用省级种苗示范基地的设施设备，在一些适当的地方建立江西对外种苗研发与繁育中心，收集两岸森林植物的优良种类、品种，通过种子保存、异地保存方式建立两岸林、果、竹、花卉优良种质资源基因库和示范基地，展示两岸植物的同源性、多样性，同时进行引种试验、驯化、扩繁和示范推广。

（3）要注意吸收国外在推进林业科技创新和推广运用方面的有益经验：一是建立比较完善的林业科研推广体系，为林业研究提供计划指导、经费及其他物质支持，对新品种、新技术的推广应用和林农培训注入了大量的补助资金。

（4）可主动与国外林业科技民间团体组织协商，确立两地林业科技界制度性合作交流的主要形式、具体项目和协调机制，鼓励江西对外林业科技合作研究、讲学进修、培养研究生、联合举办研讨会、组织专家互访等。

第四十二章 江西现代林业发展的信息服务保障

一、林业信息化建设的重大意义

（一）落实信息化战略部署

党中央、国务院把信息化作为一项国家战略任务，作出了以信息化带动工业化、走新型工业化道路的战略部署，将信息化列为推进行政管理体制改革、提高政府工作效率和公共服务水平的重要举措。党中央、国务院先后印发一系列重要文件，召开多次重要会议，作出一系列重要决策。2008 年 5 月 1 日实施的《政府信息公开条例》，更是以法规形式对信息化建设提出明确规定。加快林业信息化建设，已成为贯彻落实党中央、国务院重大战略决策的重大任务。

（二）全面推进现代林业建设

现代林业是充分利用先进科学技术和信息化手段的林业。高水平的信息化是现代林业的重要标志。国家森林资源清查、荒漠化监测、野生动植物调查、湿地调查和森林火灾监测等由传统依靠人力向利用空间数据信息化技术转变，以及推进无纸化办公、实现整个林业信息资源共享都迫切要求加快信息化建设。但由于林业信息化长期以来缺乏专门机构和总体规划，重复建设、重建设轻管理、标准不统一、信息共享困难、安全无保障等问题十分突出，已成为现代林业建设的重要制约因素。加快林业信息化建设，已经成为关系林业工作全局的战略举措和当务之急。

（三）提高林业社会服务水平

现代社会是信息化社会，通过信息化手段及时获取信息、了解情况、办理事务，已日益成为人们的生活习惯，也已成为转变政府职能、提高社会服务水平的迫切要求。由于目前林业信息化建设相对滞后，林业信息化服务比较薄弱，难以很好地满足人民群众的诸多需求。特别是随着行政许可、政务公开的深入开展，对林业信息化服务时效和质量的要求越来越高。加快推进林业信息化建设，已成为兴林富民、服务群众的重要任务。

（四）促进林业融入国家发展大局

党中央、国务院高度重视信息化建设。邓小平同志早在 20 多年前就深刻指出："开发信息资源，服务四化建设。"江泽民同志多次强调："四个现代化，哪一化也离不开信息化。"胡锦涛同志在许多重要讲话中都要求，要大力推进国民经济和社会信息化。党的十五届五中全会决定，"要把推进国民经济和社会信息化放在优先位置"，作为"覆盖现代化建设全局的战略举措"。党的十六大把大力推进信息化作为我国在新世纪前 20 年改革发展的一项主要任务，作出了"坚持以信息化带动工业化，以工业化促进信息化"的战略决策。党的十七大作出了推动工业化、信息化、城镇化、市场化、国际化的战略部署。近年来，在党中央、国务院的坚强领导下，我国信息技术不断得到应用，信息基础设施不断完善，信息服务水平不断提高，信息产业快速增长，信息网络规模已跃居世界首位。比较而言，林业信息化发展虽然已取得一定成效，但仍然相对滞后，不仅制约了林业自身发展，而且还成为国家信息化发展中的短板，影响林业融入国家发展大局。如果我们不深刻认识这一点，不迅速迎头赶上，势必会被滚滚前行的时代浪潮所遗弃，势必会被持续快速发展的经济社会边缘化，因此，我们必须加快林业信息化建设步伐，使林业发展跟上国家发展的步伐，融入国家发展大局。

（五）推动林业科学发展

现代林业是坚持以人为本，全面、协调、可持续发展的林业，是大力构建林业三大体系，充分挖掘林业多种功能，努力提升林业三大效益，不断满足社会多样化需求的林业。发展现代林业，建设好三大体系，必须要用现代科学技术提升林业，用现代物质条件装备林业，用现代信息手段管理林业，实现林业发展的科学化、机械化和信息化。这"三化"是支撑现代林业大厦的三大支柱，相辅相成，缺一不可。信息化是现代林业发展的重要突破口，对优化林业资源配置、提高经营管理水平、促进林产品流通和提升劳动力素质、推动林业科技进步都具有重要作用。只有加快林业信息化，才能将全国林地、湿地、沙地和生物多样性等基础林业资源数据落实到山头地块，解决好"资源分布在哪里""林子造在哪里""治沙治在哪里"等问题，形成对三个系统和一个多样性的全面有效监管，建设完善的生态体系，维护国土生态安全；只有加快林业信息化，才能构建四通八达的市场网络信息体系，及时了解企业和市场，掌握行业发展情况，为政府科学决策提供支持，为社会公众提供优质服务，促进林业产业又好又快发展，建设起发达的林业产业体系，实现兴林富民；只有加快林业信息化，才能建立强大的信息网络，把我们的声音更快更好地传达出去，构建全方位的宣传阵地，普及生态知识，培育生态意识，树立起牢固的生态文明观。林业工作点多面广，涉及千山万水，加快推进信息化对林业来说尤为迫切，已成为发展现代林业的当务之急。

（六）提高林业行政能力

当前，随着现代信息技术的快速发展，人类社会发展的各个领域正经历着前所未有的冲击，政府作为一个掌握最多信息资源和最大的信息发布公共组织，也迎来了一个全新的、以互联网在政府管理与服务中普遍应用为特征的电子政务时代。积极建设电子政务是转变政府职能、提高行政效率、推进政务公开、促进政府管理现代化、密切政府与企业、政府与公众关系的有效手段，是建设服务型、责任型、法治型、廉洁型政府的重要途径，也是世界各国政府行政管理改革的一个主要方向。20世纪90年代信息技术的迅速发展，特别是互联网技术的普及应用，使电子政务的发展成为当代信息化最重要的领域之一。越来越多的政府认识到只有接受全新的信息技术和管理理念，才能在全球经济一体化逐步形成的今天有所作为。据联合国教科文组织调查，1996年全球只有不到50个政府部门建立了自己的网站，到2008年全球政府网站已超过150万个，12年时间增长了3万倍。据联合国经社事务部《2008年度全球电子政务调查报告：从电子政务到整体治理》，欧洲电子政务整体发展水平居世界首位，以下依次为美洲、亚洲、大洋洲、非洲，从国家排名看，瑞典跃居世界第一，以下依次为丹麦、挪威、美国、加拿大、澳大利亚、新加坡和英国等国家也取得了显著成效，成为全球电子政务的领跑者和创新者。我国把电子政务作为政府管理体制改革的重要举措，提出了必须"紧紧围绕提高治国理政能力，推行电子政务"的要求，作出了一系列重要部署。党和国家领导人多次作出重要批示，要求加快电子政务建设，推进行政管理体制改革，提高政府工作效率和公共服务水平，为公众参与经济社会活动创造条件。特别是2008年胡锦涛总书记通过人民网与网民进行了亲切交流，"两会"前，温家宝总理通过中国政府网和新华网又与网民在线交流。这些都充分表明，中央领导同志已将电子网络作为与人民群众沟通交流的重要渠道，率先垂范推进电子政务建设。目前，电子政务发展速度日益加快，我国建立的各级政府网站已超过2万个。林业是事关人民群众生存环境和生活质量的公益事业，是事关亿万农民就业增收的基础产业，林业执政能力的高低直接影响着政府的形象和百姓的福祉，社会关注度很高。但林业的网上办事能力还不强，服务还很滞后，远远不能满足人民群众的需要。我们只有加强林业信息化建设，实现办公电子化、管理信息化、决策科学化，才能建立起行为规范、运转协调、公正透明、廉洁高效的行政管理体制；只有加强林业信息化建设，实现服务网络化、办事便捷化，才能为人民群众提供更加优质的服务，建立起执政为民的新型政府机关。实践表明，提高林业行政能力必须加强信息化建设，这是我们迫在眉睫的一项十分重要的任务。

（七）促进林农就业增收

我国城乡之所以形成较大差距，原因是多方面的，其中主要一条就是信息不对称。农民获取信息的手段落后、渠道不畅，严重影响了农民就业增收。信息贫穷导致物质贫穷，这既是城乡经济社会发展不协调的反映，又会进一步加剧城乡发展失衡，导致互为因果的恶性循环。改变农民贫穷落后的状态，最重要的一条就是要解决好农民获取信息的问题，这是提高农民就业增收能力的一条重要途径。从当前看，林业是劳动密集型产业，经营林业和我国农民的文化、技能、素质相适应，是农民最熟悉、最直接、最适宜的就业方式，特别是实行了集体林权制度改革的地区，农民经营林业的积极性空前高涨，他们迫切需要了解消费需求、供求走势、价格行情等市场信息，及时调整生产走向，准确把握市场商机，有效回避交易风险，充分实现对土地、人力、资金和物化投入的有效配置，同时他们也迫切需要先进实用的林业科学技术，提高生产经营水平。尤其是随着国际金融危机的加深，大量农民工返乡，返乡农民获取林业就业信息，参与林业的意愿日益强烈，迫切要求我们提供大量及时准确的信息服务。大力推进林业信息化，能够很好地解决这些问题，满足农民群众的要求。从长远看，林业具有地处边远、小而分散、生产力水平低、经营粗放等特点，加快林业信息化可以彻底改变传统的林业生产方式，有效降低生产成本，促进农村劳动力结构的调整，从而大幅度提高林业生产效益和农民收入水平。同时，推进林业信息化，还可以利用计算机网络进行多媒体教育、现代远程教育和虚拟现实教育，使先进的科学方法和实验条件等优质教育资源在广大农村地区实现共享，极大地促进农村教育事业的发展，提高农民素质和技能，促进新农村建设。从这方面讲，促进农民就业增收，缩小城乡差距，要求我们必须加快林业信息化建设步伐。

二、现状与问题
（一）建设现状

近几年来，江西省林业部门各级领导高度重视林业信息化服务体系建设，成立了领导小组，组建了信息化机构，有力地推动了江西林业信息化建设，取得了一定的成效。具体表现在：一是江西省着力打造了林业厅网站综合信息发布平台，整合各种信息发布手段。除了在网站进行日常的工作动态、政策法规、办事事项的发布外，江西省重点打造了全省林业产权交易联网信息发布系统，实现大宗林地、林木挂牌、成交信息的全省同步发布，并定期采集和发布省内外合计400多种主要林产品价格行情，一定程度解决了林农信息不对称等问题；设立了市场供求信息服务平台，免费为全国各地林农和客商发布各类供求信息。二是开发和启用全省行政许可网上审批系统，并将网络和该系统的应用推广到了基层林业工作站，基本实现了服务下移的目的，得到了林农的好评；为更好地接受社会监督和方便查询，省林业厅将全省所有的行政许可审批结果同步导入到互联网林业厅网站，普通老百姓足不出户可以通过互联网方便查询全省任何一个办证的具体信息。三是积极探索林业资源监管与保护信息系统建设。推动林业资源利用科学化、提高配置效率，及时了解资源的变化和利用情况，有效控制资源的使用量、再生量。四是有效利用网络，方便快捷实施林业行政服务，接受社会监督。

（二）存在的问题

一是信息化组织机构不健全。大部分地方林业行政部门缺乏专门的信息化机构，存在职能定位不清、专职人才队伍薄弱和建设机制尚不健全等问题。二是缺乏总体规划布局。大部分林业业务应用系统自行建设，自成体系，形成信息孤岛，无法实现信息资源共享，资源浪费严重。区域发展不平衡。资金投入严重不足，建设投资和运维资金得不到保证。三是信息化基础设施建设落后。普遍存在网络建设滞后、设备陈旧、信息安全设备设施缺乏和信息交换手段落后等问题。特别是目前还没有建立起相互物理隔离的内网和外网，安全隐患严重。四是标准化体系建设滞后。现有的林业信息化标准缺乏全面性、系统性和一致性。五是解决统一规划、统一建设、统一管理和统一数据库平台问题。六是解决整合现有各类林业业务应用系统问题。七是解决林业信息化统一标准体系问题。八是解决林业信息化技术与林业业务应用无缝结合的问题；九是解决林业信息化技术人才队伍缺乏的问题。

三、加快林业信息服务保障的对策

（一）健全林业信息化组织机构

各级林业部门要成立信息化工作领导小组，由主要负责同志任组长，成员由所属相关单位主要负责人组成，形成省、市、县三级林业信息化组织体系。组建各级林业信息化建设管理机构，明确职能、编制，落实人员、经费，充分发挥其在林业信息化建设管理工作中的重要作用，林业信息化建设工作纳入各级部门领导的考核范围。

明确省和地市县林业信息化建设的关系，建立上下联动的林业信息化工作机制。全省林业信息化建设分省、市、县三级，有条件的地方可根据实际工作需要扩展到乡级。省和地市在统筹规划、分工合作的原则下进行联动共建。各级信息化建设具体工作由本级信息化主管部门负责。

理顺信息化部门与业务部门的关系。公共基础、跨部门和综合性的信息化建设工作，由信息化建设管理部门负责，如林业信息化基础平台、公共资源数据库和基础设施、通用基础软件、内外网门户网站和跨部门业务协同系统的建设，以及综合管理和运行维护等，防止出现部门各自为政、重复投资和低水平应用问题。业务部门负责业务应用系统的需求分析和建设，负责与本部门业务相关的信息化建设工作。

（二）加大林业信息化建设资金投入力度

各级林业管理部门设立信息化专项资金，争取将林业信息化建设工作纳入江西省信息化总体规划，争取政府的政策和资金扶持。

加大各级林业部门电子政务建设资金投入，着重做好四个方面的工作：一是投入相应资金，更换、维修设备，继续保持电子政务系统稳定运行；二是开展一到两次职工计算机技术培训活动，特别是各下属基层单位至少要有一到两名基本熟悉电子化办公系统；三是健全电子政务相关各项制度，规范本单位电子政务的使用与监督；四是准备构建一套局域网办公系统，强化局机关网络建设，进一步加强机关效能建设。林业系统把电子化办公与机关效能建设相结合，提高整个系统办事效率，把电子政务建设推向一个新的高峰。

积极开辟各种资金渠道，鼓励林业科研教育部门、企事业单位积极申请国家、地方相关科研课题和信息化建设项目，扩大各级各类建设经费支持。同时，在市场化效益明显的领域，积极吸收社会投资，加快林业信息化建设步伐。

资金投入要"建设和运行"并重，在加大信息化建设投资的同时，加强系统运行维护、基础设施、应用系统升级换代以及培训等年度专项投资，为信息化建设提供长效资金保障。

（三）建立健全林业信息化建设考核评价机制

要始终坚持"建、管、用"并重，在建设、管理、应用推广和运行维护等方面建立一套健全的机制，为林业信息化的可持续发展提供保障。在立项阶段，要把好项目建议书、可行性研究报告、初步设计和投资概算等审批关。在建设阶段，应建立健全项目管理制度，明确项目责任人，严格执行国家招标投标、政府采购、工程监理和合同管理等制度。项目建设后期要做好项目验收和后评价工作，对未实现项目目标和未达到预期效果的要提出整改要求。

建立健全各级林业信息化系统建设与运行考核评估机制，根据全国统一的考评标准，对各级林业信息化系统（包括林业信息化基础平台、基础设施、数据库、应用系统、门户网站等），在建设和运行中的标准规范性、格式统一性、系统稳定性、服务多样性、资源共享性等方面进行考核评比。

（四）强化运行和维护管理机制

建立省级运行维护中心，鼓励第三方专业服务机构参与运行和维护，实行服务外包。运行维护实行流程化管理，制定并推行故障处理、变更管理、投产项目交接管理等流程，使管理工作步入科学化、规范化的轨道。搞好基础设施的修、管、用工作，使其处于良好状态。强化运行维护保障，形成激励约束有效管理机制，推进运行维护工作的规范化、自动化、集中化管理。各级林业部门要建立一套科学的市场机制，建立准入制度和监督管理、软件质量、工程质量验收制度，对参与林业信息化建设单位的综合实力进行严格把关，保障林业信息化建设质量。

（五）加强林业信息化人才队伍建设

林业信息化人才队伍建设要本着"科学编制、整合资源、严格筛选、用管一致"的原则进行。下大力气普及信息技术知识，提高工作人员素质。林业信息化建设单位要注重技术队伍的建设，加大人才培养力度，采取切实有效措施，促进高技术人才的合理有序流动，吸引高素质的信息技术和管理人才。建立有利于吸引人才、留住人才的激励机制和用人机制，造就一支规模和结构能够适应林业管理现代化需要的信息技术队伍。

（六）加强国内外信息化交流与合作

实现行业内部信息化工作定期交流和互动。重点加强省级林业信息化部门之间、各地市林业信息化部门之间工作交流，形成良性交流机制。充分借助林业信息化科研、教育、企业的技术力量，在合作交流过程中提高林业信息化管理水平。

加强与其他相关行业、国外相关同行的交流与合作。结合自身业务需求和信息技术特点，积极创造条件，加强同世界林业信息技术先进国家的战略合作，提高对关键技术、先进管理经验等方面的消化吸收能力，不断提高江西省林业信息化水平。

（七）抓好三大平台建设

落实《全国林业信息化建设纲要》，重点抓好以下三大平台建设：

（1）建设好林业政务网络平台。在省林业厅部署办公自动化系统，实现无纸化办公，建立省、市、县三级的公文传输系统，实现林业系统各级部门文件的网络传输。继续构建省、市、县、基层林业工作站四级联网的林业政务内网体系，为各项林业业务应用系统延伸到基层林业工作站，提高基层站所现代化奠定基础。进一步完善全省林业网上办证系统，逐步将野生动植物保护、育林基金征收、木材加工许可等所有行政许可的网上办证在全省推广使用。

（2）建设好林业电子商务平台。建设江西省林业资源、林产品、林权交易市场网站，搭建江西林业市场信息发布、交易的电子商务平台。

（3）建设好林业资源管理、监控平台。建设全省边境木材检查站和林火监控系统全球眼平台，覆盖所有边境、省内木材检查站和重点林业防火区域，全面启动全省森林资源地理信息系统建设，建设江西数字林业。

第四十三章　江西现代林业发展的
人力资源保障

全面推进现代林业建设，构建完善的生态体系，发达的林业产业体系和繁荣的生态文化体系，关键在人才。林业人力资源是林业生产力要素中最能动，最积极，最活跃的因素，是林业建设的第一资源，在建设现代林业中起着全局性、基础性和先导性的作用。建设现代林业，充分发挥人才的支撑和保障作用至关重要。

一、林业人力资源开发的重要意义

（一）提高林业科技创新能力

改革开放以来，我国林业科技创新进步显著，先后取得了一大批科技成果，有效解决了林业生产建设中的一些关键技术问题。加强林业人才工作，是全面提高林业科技水平、加快建设现代林业的前提。在林业现代化进程中，20 世纪 80 年代末我国提出了科教兴林战略。这一战略的提出和实施，极大地调动了林业科技人员的积极性和创造性，提高了林业科技、教育工作在我国林业现代化建设中的地位和作用。我国林业发展的经验表明，林业生产水平的提高在很大程度上有赖于林业科技进步和创新，有赖于林业人才作用的充分发挥。"用现代工业装备林业，用现代科技支撑林业，用现代信息管理林业，用现代市场引导林业，用现代制度保障林业"，必须建立在强大的人力资源基础之上。

（二）提升现代林业发展核心竞争力

人力资源属于广义的无形资产，是指掌握现代知识并具有知识创新和知识运用能力的人。在无形资产中，只有人具有主观能动性，能够创造出其他有形和无形资产。当代市场竞争说到底是人才的竞争。在知识与资本对等，甚至是知识雇佣资本的时代，人力资本对企业竞争力的作用已越来越大。市场竞争的核心在人才，林业的发展要在激烈的市场竞争中占有一席之地，就必须建设一支高素质的人才队伍。谁拥有的人才越多，人力资源越丰富，谁的创新意识和创新能力就越强，因而谁的竞争力就越强。它能够创造出核心技术，提升林业部门的声誉，造就林业的营销技术网络，决定林业的管理和组织能力，决定林业部门的研发能力，影响林业文化。人力资源的建设可以提高林业部门的生产率，推动现代林业可持续发展。在知识经济时代，物质资本已经不再是经济发展决定性的资源，取而代之的是人力，智力以及知识资源，尤其是以高素质的人才和智力资源为代表的人力资源成为林业生产力系统的核心。并且，人力资源对各种经济要素起着优化配置和增加效率的作用，激发创新意识，推动林业变革，保持部门的活力，吸引和培育创新人才，成为推动现代林业可持续发展的保障和支撑体系。

（三）调整林业产业结构，做大做强林业产业

实施以生态建设为主的林业发展战略，必须在加强生态建设的同时，毫不放松林业产业的发

展，在建设和保护生态的前提下，充分挖掘我国土地资源、树种资源和劳动力资源的潜力，充分发挥森林产品品种丰富、可再生、绿色无污染的优势，充分运用林产品市场广阔的强大引导作用，把国家利益与个人利益、长远利益与当前利益紧密结合起来，运用利益机制来真正调动广大务林人经营林业的积极性。当前，林业产业的发展相对滞后，产业规模小，整体素质差，资源利用率低，相对生态建设是一条"短腿"。我们要把"短腿"加长来适应"长腿"，就必须大力培养能够促进产业发展的创新型人才，以人才成长推动科技创新、管理创新，以技术跨越带动产业升级，要充分认识到加强林业人才工作，是调整林业产业结构、做大做强林业产业的迫切需要。

二、林业人力资源的现状与问题

（一）现状

1. 江西省林业人力资源的总量情况

江西省林业人力资源的主体由林业机关公务人员，林业专业技术人员，林业企业经营管理者和林业工人四部分组成。据统计，2010年底，江西省林业系统拥有职工达8.1万人，其中专业技术人才10782名、占55%，党政人才5870名、占30%，经营管理人才2958名、占15%。各种类型单位人员结构比例如图43-1。

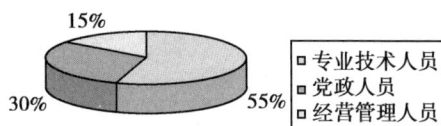

图43-1　2008年江西省林业系统从业人员结构情况

2. 江西省林业人力资源的结构情况

（1）职称结构。2003年底，全省林业专业技术人员10184名，其中具有高级职称的348人（其中，正高职称15人），占专业技术人员总数的3.4%，而中级职称2083人，初级职称及以下7753人，分别占专业技术人员总数的20.5%和76.1%。在这些专业技术人员中，具有本科及以上学历高层次人才1178人、大专及以上学历高层次人才4308人，分别占专业技术人员总数的11.6%和42.3%。2008年底，江西省直林业单位从业人员1559人，其中中级职称231人，高级职称199人，分别占14.8%和12.76%，初级及以下职称占72.4%。如图43-2所示，从总体来看，中高级专业技术人才偏低，初级专业技术人才规模较大。

（2）学历结构。从学历构成来看，2010年底，全省林业系统职工总数8.1万人，其中研究生以上学历313人，占职工总数的0.386%左右，本科学历4309人，占职工总数的5.31%，大专学历9943人，占职工总数的12.28%，中专学历5045人，占职工总数的6.23%（图43-3）。其中行政机关大专以上学历2245人，占机关人员数的57.6%，事业单位大专以上学历5859人，占事业人员数的13.6%，企业单位大专以上学历2172人，占企业人员数的4.8%。高学历人才偏少，中专及以下学历人员偏大。

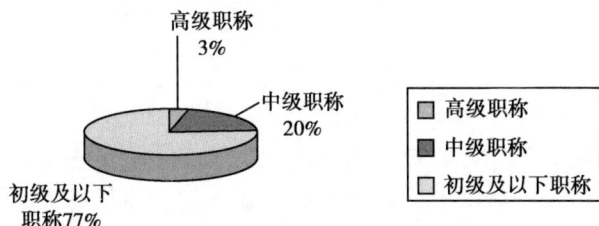

图43-2　江西省2003年林业系统专业技术人员职称结构

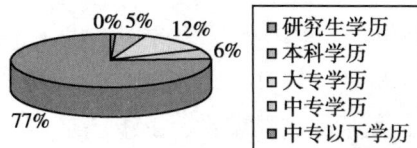

图43-3　2010年底江西省林业系统人员学历结构

3. 人才素质不断提高

从 2008 年调查的景德镇、宜春、上饶、吉安四个设区市来看，该四个设区市林业系统具有大专以上的高学历人才 597 人，占人才总量的 72.3%，与 2004 年全省 30.1% 平均水平相比高了 22 个百分点。在高层次专业技术人员中具有大学体科以上学历的占 16.5%，比 2004 年全省林业系统统计高了约 4 个百分点，远远高于全省 10.3 平均水平。

（二）问题

目前江西省林业人才资源与林业快速发展的需求相比相对不足，主要存在以下几方面的问题：

1. 林业拔尖人才，高技能实用人才、复合型市场开发人才偏少

随着国家对生态建设的高度重视，一系列林业产业政策陆续出台，外资，民间资本开始投入到林业行业中，产业发展速度加快，对高端林业科技人才需求激增。同时，高素质的经营管理，专业技术，尤其是一些金融的，包括市场营销等专业的复合型人才需求量是增加较大。现有的人才储备，不能够满足林业产业发展的需要。林业拔尖人才，高技能实用人才、复合型市场开发人才紧缺。

2. 林业人才分布不合理，结构性矛盾突出

江西省林业人才分布不合理主要表现在：专业技术人员主要集中在省、市、县级林业行政主管部门和事业单位，林业基层单位普遍缺乏专业技术人才。而在广大的林业基层集中了 84% 左右的职工，专业技术人员占职工人数的比例却很低。据 2008 年统计，江西省直林业部门大专以上学历的人才占职工人数的 78.5%。按类型分布，事业单位人员中，管理人员 5237 人，占事业人员总数的 12.2%，专业技术人员 7045 人，占事业人员总数的 16.4%，工人 30755 人，占事业人员总数的 71.4%；企业单位人员中，管理人员 3149 人，占企业人员总数的 7.0%，专业技术人员 3139 人，占企业人员总数的 7.0%，工人 38777 人，占企业人员总数的 86.0%。工勤人员在事、企业单位所占比重过大；企业经营管理者队伍十分弱小，整体素质偏低，优秀企业家没有，已经成为全省人才分布中最为薄弱的环节。结构性矛盾突出表现为人员知识结构单一、知识老化。如省林业厅专业技术人才主要集中在林业工程、会计、教师和经济 4 个系列，其专业技术人员占 85.6%。林业工程系列的专业技术人才绝大部分集中在林学、森林经营等 3~4 个专业，而与林业相关的园林设计、生态学、植物分类学、动物管理学、林业资源资产评估等专业的人才极少，知识结构单一现象比较普遍。同时，人才知识老化现象突出。全省特别在县、乡两级许多专业技术人员多是 70 年代和 80 年代毕业生，他们专业知识多为原来在学校所学、知识已经老化。加上许多基层林业单位经费紧张，对这些专业技术人员业务培训和继续教育开展较少，使得他们的专业技术和业务知识水平没有明显提高，难以适应当前及今后林业事业发展的需要。同时，高级林业人才紧缺的局面没有改变。全省高层次林业人才虽然有所增加，但总量依然不足。从全省林业行业来看，高级专家主要分布在省一级的少数几个单位，所从事的领域又相对集中在林业调查规划设计、森林病虫害等 1~2 个专业。

3. 人才经费投入不足，基层人才流失较为严重

多年来，由于林业人才资金投入比较少，使得林业急需人才、高素质人才的培养和引进困难；在职人员学历提升，知识更新、专业培训机会相对减少，现有林业人才的规模和素质满足不了现代林业生产的实际需要。由于基层林业工作环境艰苦、待遇差，缺乏吸引人才，特别是优秀人才的条件，形成了紧缺人才进不来，优秀人才留不住的局面。主要表现在：一是人才引进难。由于人才选拔机制框框多，门槛高和编制少等方面的原因，市、县林业系统人才缺乏活力，新进人员少。很多县市林业局 10 多年没有新进大中专毕业生，如吉安市林科所，近 20 年没进过本科以上毕业生。

该单位几次要求招收大学生来，却迟迟得不到市人事部门和领导的批准。与此相反，每年都要接收军转干部和照顾人员。樟树市林业局从1993年后的15年间，就没有新进人员。由于极少输入新鲜血液，干部队伍年龄老化，人才脱档现象已经显现。宜春市市直林业系统干部职工的平均年龄达到了45.8岁。吉安市林科所原有9名副高以上人员，近两年就有3人退休，使高级人才大幅下降。高安市林业局从1996年以来有10名专业技术人员退休，而从1996年至今，没有新进一名林业专业人员，造成林业专业技术人员青黄不接。二是人才流失严重。近年来一些单位人才流失现象比较普遍。特别是林业基层单位，由于工作辛苦，工作环境差，待遇偏低，晋升困难，往往难以留住人才。如丰城市林业系统，原有的大中专毕业生，大都外出自谋职业，仅有40岁以上的少数人留在单位上。安福县北华山林场，林业专业技术人才奇缺。仅有17人，占职工人数的4%，近几年还有9人停薪留职，外出谋生。

三、建立人力资源开发体系的对策

落实科学发展观，树立人才资源为第一资源的思想，加大资金投入，改革人事制度，创造"事业留人、感情留人、待遇留人"的良好人才环境，引进和培养林业专门人才,为江西现代林业的健康、协调、快速发展提供强大的人力资源保障。为此，我们必须：

（一）全面提升林业从业人员的综合素质

1. 通过干部培训，全面提升林业行政管理人员的综合素质

林业行政管理人员肩负现代林业建设的重要领导管理职责。其素质高低，能力大小直接影响林业工作的成效，在林业的发展过程中起着关键性的作用。通过干部培训，一可以全面提升其思想道德素质、执政能力和执政水平，可以更好地贯彻落实各项林业政策和法律法规，实现林业的全面协调、快速健康的可持续发展，可以积极地推动物质文明，政治文明和精神文明的协调发展。二是干部培训可以通过开展科学、历史、法律、社会和市场经济知识的学习，全面提升林业行政管理人员的科学素质和专业知识水平，对建设一支高素质的林业信息化行政管理干部队伍具有重大意义。干部培训首先要积极营造鼓励干部参加学习培训的氛围，调动干部学习的积极性和主观能动性，鼓励干部参加在职学习。其次要围绕江西现代林业发展为中心,为实施林业重点工程项目、推进江西现代林业的大发展服务。通过开展执政能力和科学素质培训使林业行政管理人员熟悉林业发展的宏观形势，准确把握工作思路，清醒的认识到其所承担的工作任务。可以召开林业专业工作会议、举办形势报告会、专题班等对林业行政管理人员进行形式多样的干部培训。

2. 通过专业学习培训，全面提升林业专业技术人员的专业素质

林业科技是促进现代林业发展的第一生产力。具体体现在:林业科技创新、实践应用和推广，林业生产的科学管理等方面。林业专业技术人员是林业科技创新的主体，通过专业学习培训，全面提升林业专业技术人员的专业素质对于实现科技强林战略具有举足轻重的作用。为此必须采取积极有效的措施，采取多种方式，通过多种渠道，加大人才投入和人才培养的力度，加大对林业专业技术人员的高等教育和业务知识培训学习的投资，加强与国内外大学和科研机构联合培养，通过承担国家、省级重大科技攻关项目研究，培养和造就一支在林业学科领域具有较高学术造诣和技术水平、有较强创新能力的林业专业技术人才队伍。

通过对林业科教人员进行高等教育与业务知识的培训，使其努力学习，不断提高认识世界和改造世界的能力，更善于在林业生产劳动和工作中应用科学技术，为林业现代化建设做出新的贡献。特别对林业科学来说，它研究的是生长周期长的林木和林分，它是一种创造性的实践活动。因此，更要虚心学习科学理论和林业相关实践知识，在此基础上才能有所前进和创新。

对于林业教育工作者来说，其所承担的任务也非常重要并且艰巨，要为加快林业发展、建设江西现代林业培养大批的优秀高素质科技人才队伍作出新贡献。要办好现代林业教育，培养多种林业专业科技人才，贵在教育队伍，重在教育创新。坚持教育为林业现代化建设服务，坚持教育与社会实践相结合。

3. 通过职业技能培训，全面提升林业技能与实用型人才的综合素质

职业技能培训是培养林业技能型和实用型人才的教育形式。建设好发达的江西林业产业体系，离不开技术熟练的技能型和实用型技术工人。通过职业技能培训，全面提升林业技能和实用型人才的综合素质，对全面提高林业生产力水平，促进林业发展，实现林业现代化建设具有重要作用。为此必须根据江西现代林业发展的需要，对林业工人开展职业技能培训，培养造就一支知识结构合理的林业工人队伍，积极推动林业由劳动密集型产业向技术密集型产业转化。应结合林业重点工程建设和实用技术推广项目，大力开展基层林业工人的职业技能培训，包括劳动力转移培训和林业工人岗位技能培训等，以不断地提高林业工人的综合素质，培养技能型和适用型人才。努力建设一支技能过硬、业务熟练、作风优良的林业工人队伍。

4. 通过林业基础知识培训，全面提升林农的整体素质

林农是林业的直接生产者和林业资源的保护者，处于林业生产的一线，是集体林区林业的主要经营者。大部分林农的文化知识水平较低，对林业专业知识掌握较少，主要是靠经验经营林业。加强林农的基础教育培训，提高其整体文化素质，充分调动林农的生产积极性，对保护、培育和利用森林资源，发展林业具有重要的意义。林业行政管理部门应广开渠道，积极筹集林农教育和培训经费，鼓励社会力量和个人举办各类林业技术讲座、专业技术培训、开展函授、夜校教育，向林农传授林业实用技术，普及林业科技知识，鼓励林农边做边学。通过基础教育培训，全面提升林农的科学文化素质和林业科技水平，提高林农的整体素质，促使林业一线人力资源得到有效的开发和利用，促进江西现代林业科学经营的水平提升。

（二）充分发挥林业人才潜能

人才活力是人才资源有效利用的前提，有活力，人才才能产生创造力，才能在困难与问题面前有积极性、主动性，才能克服和解决各种生产过程中碰到的问题。因此为了更好地利用好现有的林业人力资源，必须增强林业人才的活力，充分发挥其潜能。

1. 创新激励机制，增强林业人才活力

创新激励机制，增强林业人才活力。首先要建立和完善"按劳分配、按绩取酬"的分配制度，鼓励要素参与分配，形成较好物质激励机制。分配制度改革要真正实现"按劳分配，按绩取酬"的原则，彻底打破平均主义分配方式，把按劳分配和绩效、技术、管理等各生产要素参与分配结合起来。特别是要允许科技生产要素参与分配，鼓励林业人员发挥专长，从事林业创新技术的研究和推广。建立具有强吸引力的高层次的人才津贴制度和拔尖人才年薪制度、奖励制度来吸引人才，增强林业人才活力。其次是搭建和拓宽事业平台，使林业人才在事业上具有广阔的发展空间，构建有吸引力的事业激励机制。林业是一项伟大的事业，功在当代，利在千秋的大事。人才的吸引、培养和使用均与其事业的成长密切相关。要增强人才的活力，发挥其潜能，关键在于事业平台建设。为此林业行政管理部门要搭建和拓宽事业平台，使林业人才在事业上具有广阔的发展空间，构建有吸引力的事业激励机制。构建事业激励机制，要结合林业行业特点，通过建立各式各样、内容丰富的多层次的精神激励机制。从精神层面提高员工的荣誉感、成就感。要完善人才考核奖惩制度和专业技术人员的职称评聘与考核办法，促进人才脱颖而出，是林业人才得到社会的认可。

要采取政府拨款、单位资助形式，也可以采用广泛吸引和接纳企业、社会资金、个人捐赠等

形式建立人才培养基金和奖励基金，设立人才培训专项经费和奖励基金，资助人才综合素质提升，促进人才迅速成长。要创造一个公开、平等、择优、公平的竞争环境，充分发挥各类林业人才的潜能。

2. 改革人事体制，实现人才资源的优化配置

要实现人才强林，就必须有能调动人才的积极性和创造性的体制。人才工作的活力生机，首先应当表现在人才资源配置的合理、协调上。为此，我们要改革现有人事体制，实行聘用制，建立柔性管理机制。推行聘用制和岗位管理制，改变人才能进不能出，职务能上不能下，待遇能高不能低的状况。立足江西林业自身的特点，特别是针对条件艰苦，收入水平低的实际，建立和完善"人才柔性流动"工作机制。本着"不求所有，但求所用"的原则，引进高层次人才，开展咨询、教学、兼职、技术、配合研究开发等多种用人形式；要建立和完善林业人才评价体系。以行业的技术职称、职业技能鉴定标准为主要内涵，以科学发展观和正确的政绩观为原则，客观公正地发现人才、评价人才，要把德、能、勤、绩作为衡量标准，使人才评价体系科学化；坚持公开、公正、平等原则，在聘任、晋升、奖励、重点培养和带薪学习、休假、挂职锻练等方面，在综合考虑贡献和能力的基础上，通过提供均等竞争的机会，激励各类人才充分发挥潜力。

（三）引进与培养急需与紧缺的优秀人才

1. 设置"人才绿色通道"，引进急需与紧缺的高层次人才

按"不求所有，但求所用"的原则，实行"定向引进"与"柔性流动"两条腿走路的方针，努力做好紧缺人才的引进工作。加快现代林业发展急需的生物质能源、生物多样性保护、森林认证、森林资源价值评估、森林资源资产会计核算、绿色食品、森林旅游等新兴技术、支柱产业、前沿产业等方面的高层次人才。设置人才引进的"绿色通道"，通过运用良好的机制、运用优惠的政策待遇，吸引和引进急需与紧缺的高层次林业人才。同时也可以通过公开选拔，公开招聘、广纳贤才。选拔年轻人才、高层次人才及有基层工作经验的人才充实到林业行政管理和专业技术队伍，优化人员结构。

2. 出台倾斜政策，培养林业科技人才

由国家出台政策，对于林业相关专业等艰苦行业的在校大学生，毕业后从事林业等艰苦行业工作的减免学费，吸引优秀人才从事林业工作；或者对于林业行业紧缺专业、特殊专业实行定向培养，定向分配，以就业保证来吸引大学生从事林业相关艰苦专业的学习，为林业培养科技人才，解决人才资源紧缺问题。

3. 加大投入，强化对林业技能型人才的培养

林业部门的一线生产工人占林业职工很大比例，这部门人员大量属于的技能型的人才。其素质的高低直接影响林业产业的生产。加大投入，强化林业技能型人才的培养对建立发达的林业产业体系具有十分重大的意义。作好技能型人才队伍建设，要制定好林业职业技能培训规划，着眼于林业人才队伍长远建设，实施林业职业技能培训工程。加强对技术工人的林业技能培训、岗位培训和林业职业技能鉴定，不断提高林业技能型人才的技术水平。在培训形式上，建立分层次、分类别、多渠道、多形式培训的格局，充分发挥江西环境工程职业学院和省林业厅培训中心的主阵地和示范带动作用，加强对现有培训项目的整合，积极开发新的培训项目加大投资力度，改善林业技能培训条件。

4. 以项目为纽带，充分调动各类社会人才为林业发展服务

以项目为纽带，采取兼职、技术合作和技术入股聘请省内外专家来进行技术合作，以工作交流、咨询活动、讲学培训等方式为全省林业发展提供智力服务。坚持以项目为核心，重点工程为载体，加强林业企业与科研院校的合作，充分利用好各类社会人才为林业发展服务，促进林业人才的培养和利用成长;以重点实验室、重点学科建设和重大项目的实施为依托,利用社会人才力量,加强林业领军人才和尖子人才的培养,在科研项目安排与经费投入方面向他们倾斜,为他们成长提供支撑条件与发展平台;加强江西省林业厅、江西林科院、江西农业大学等单位在人才培养与科研项目等方面的合作。利用社会力量,加快培养学科带头人、中青年学术技术骨干和复合型、创新型的林业人才。

第四十四章　江西现代林业发展的组织保障

　　现代林业发展是一项以人类生态环境建设为中心的系统性工程，构建强有力的林业组织保障体系是完成此项工程的关键。在这过程中，林业行政管理部门在政策制定、执法监管、公共服务、宏观调控等方面将发挥主要作用;林业经营主体的多元化、林业生产要素流动以及林业资源资本化的需要，迫切需要构建林业社会服务组织为之提供各种各样的社会化服务。建立适应江西现代林业发展需求的林业行政管理体系和社会化服务组织体系，是构建江西现代林业发展保障体系的重要组成部分。

一、林业组织体系在现代林业发展中的重要作用

　　现代林业发展除了必须具备基本的资本、劳动和土地等基本生产要素外，还必须有一个完整的组织将这些要素组合在一起，进行生产、交换，最终实现林业产品的价值，不断地循环林业的扩大再生产，促进林业的发展，使林业在社会经济发展过程中发挥其应有贡献。林业生产需要一个完整的、强有力的林业组织体系来实施。林业相关的各类组织主要包括政府及其职能部门，服务部门和经营主体。林业组织体系框架如图 44-1 所示。

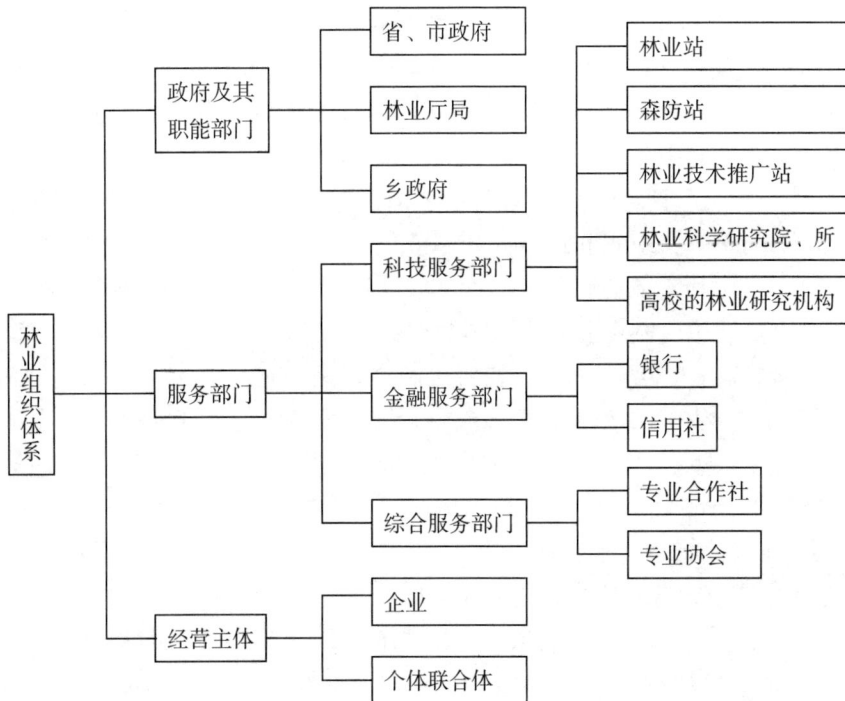

图 44-1　林业组织体系框架

同时随着当前我国林业建设的指导思想已由以木材生产为主转向以生态建设为主，因此，林业行政管理部门也要随之由专业经济管理部门转为执法监管、公共服务、宏观调控的部门。但是，随着现代林业产权制度的改革，林业经营权更加分散，林农的积极性也得到极大的提高。鉴于这些实际情况，江西省建立了一系列的林业社会化服务组织，为千家万户的林农提供各种各样的科技和生产服务。在林业行政管理部门的职能转变之后，政府行政组织主要在政策制定、资源配置、营造环境等方面发挥主体作用，从而林业社会化服务组织是千家万户小生产与千变万化大市场之间有效对接的载体，在为林农生产服务方面发挥重要作用。从以往的资料可以看出这些组织机构的设立对江西的林业发展起到的作用。特别是进入新世纪以来，促进了江西林业的加速发展。

二、林业组织机构现状和存在的问题

（一）林业行政组织体系比较完善，林业服务组织体系相对薄弱

江西省林业行政管理体制从纵向上看，已经形成了省、市、县（区）、镇（乡）四级较为完整的垂直管理体制，林业厅是江西省最高的林业行政主管部门，林业局是各县市相应的林业管理和执行部门，乡镇一级政府部门中则设有林业工作站。已经形成较为完善的，包括林业发展规划、政策制定与执行、森林资源监测与管理、林业技术推广与应用、林政执法等多部门协调分工、相互配合的林业行政管理组织体系。

但是随着林业发展战略的转变，林权制度改革的完成，现有的组织结构难以适应现代林业发展的要求。特别是社会服务组织体系比较薄弱。江西现有的正式登记的省级林业协会（包括林学会）有14家专业组织。从目前运行的实际情况来看，大多协会没有专职的人员编制，其功能与作用效率较为不乐观，各县市成立了大量的专业合作社，但专业合作社大多属于较为传统的林业经营方式和经营模式，与现代林业发展要求相比，显得较为弱小与不适应。如林权制度改革后，林主协会、林农协会、现代林业服务中介组织（如林业资产评估组织等）的力量很薄弱。

（二）社会服务组织定位不明确，利益分享机制不健全

在体制上，目前林业中介服务机构仍未与林业主管部门脱钩；在管理上，大部分林业中介服务机构与林业主管部门存在着依附关系。这一方面使中介机构难以做到真正意义上的独立、客观、公正，规范和统一执业，对中介机构今后的发展带来较大影响，给中介机构的规范管理带来许多弊端；另一方面易导致林业主管部门的"寻租"行为，对这些中介服务组织的服务范围进行人为划分，形成区域性垄断，不利于中介组织间进行公开、公正、公平的竞争，不利于提高其服务质量。许多林业专业合作组织，尤其是林业专业合作社，内部组织机构不健全，无理事会、监事会等，即使有了也形同虚设。如选举机制不完善，大多数协会的人事权、业务权控制在主管部门手中，提名权大于公选权，选举制度形同虚设；内部监督机制不完善，绝大多数协会未设监督会，年审也会过关，存在漏洞；人才选拔机制不完善，大多数协会领导都是由行政部门领导兼任，工作人员中在职的干部兼职多，退休人员多，年富力强专职人员极少，更谈不上高级人才参与；财务管理混乱，缺少财务内部控制制度，收支审批存在着较大的个人随意性。在利益分配方面，尚未建立起"风险共担、利益共享"的机制。

（三）林业专业合作组织规模较小，服务功能单一

每个林业专业合作组织入社社员数量少，大部分在50人以下，有的甚至只有10多个人。同时林业专业合作组织运行存在资金困难，这与林业专业合作组织的资金融通渠道不畅，难以从银行得到贷款。在服务功能方面，主要以提供低层次的技术、信息服务为主，而提供高层次的加工、销售服务的较少。

三、加快林业组织保障体系建设的重点

林权改革以后,如何规范、扶持、培养、壮大广大林业生产者自发组织的各类合作社、专业协会,以及各种林业中介服务机构,构建完善的社会化服务体系,提高林业经营的组织化程度与市场竞争力,是适应江西现代林业发展的必然要求。

(一)完善相关职能,提高服务效率

目前林业行政与事业单位行使林业发展规划、政策制定与执行、森林资源培育、监测、保护与管理,林业技术推广与应用、林政执法等职能。随着林业发展战略的转变,根据以生态建设为中心、建设三大体系为目标的现代林业发展要求,基本完成了林权制度改革。林权制度改革后,林业资源评估、林业产权交易和林权保护,采伐管理成为现代林业发展中十分重要的工作。林业行政管理部门、事业单位应根据林业发展的需要转变自身的服务职能,为现代林业发展中出现的新任务、新要求提供政策、法律法规、实施的措施和中介服务规范,确保新业务、新领域经营活动的有序运行和合理监管,促进现代林业的发展。在原有的行政、科技服务基础上,同时应重点做好以下一些服务:林业资产评估服务;林业产权交易服务;林业产权保护服务;林业资源采伐管理;林业资源产权金融化服务。

(二)优化林业产业组织结构,提高产业竞争能力

在林业生产经营过程中,存在众多的经营主体,在以分散农户经营为主的江西集体林区,更是如此。由于经营主体众多、分散、规模小,不能适应日趋激烈的市场竞争需要,这些分散的经营主体尚不成熟,缺乏对市场的理性思考和选择,难以对市场作出较为长远的分析和预测;分散的经营主体往往只按照自己的条件进行生产经营活动,难以按照统一的标准进行生产,导致林业产业整体市场竞争能力不强;分散的经营主体由于组织化程度较低,市场力量不强,在市场运作和政府对话中谈判地位和谈判能力较弱;同时,政府要面对众多单个的生产经营者,增加了政府工作的复杂性和具体性,给政策制定带来了一定的困难。所有这些都会给林业产业的发展带来不利影响。因此,为了提高林业产业的市场竞争力,应提高林业的组织化程度、优化组织结构,实行集约经营,规模化生产,建立起符合市场竞争需要的组织体系,以提升江西林业产业发展水平。

(三)健全社会化服务组织体系

作为南方重点集体林区的江西省,目前,全省林业用地面积达林业用地面积 1062.7 万公顷,其中集体 926.6 万公顷,占 87.19%。随着林权制度主体改革的完成和配套改革的推进,集体林地经营权比较分散,小规模生产抵御市场风险的能力较弱,市场竞争力不强,与江西实施的"绿色生态江西",建设鄱阳湖生态经济区发展战略对江西现代林业发展的要求不相适应。因此,必须尽快下大力气,大力扶持、培养林农组织各类农民合作社和专业协会,以及其他中介服务机构,构建完善的社会化服务体系,为林农提供科技、信息、法律、金融等各项服务,促进林业规模化生产,集约化经营,增加林业的市场竞争力。为此必须根据江西省现代林业发展的实际需要和借鉴国外专业合作组织的成功经验,建立纵横交错、功能齐全的多层次组织结构的林业专业合作组织体系。

1. 营造良好的外部环境,明确政府定位,坚持民办性质

在当前国家有关合作组织的立法还没有出台之前,应根据各地情况,尽快出台有关林业专业合作经济组织发展扶持政策的暂行条例,为合作组织的发展创造宽松的外部环境,明确林业专业合作经济组织的登记、审批、注册和管理的部门。在推动其产生、发展过程中,政府必须对自身角色正确定位,在发展初期政府要推动但不能强迫,因为合作思想本身就需要推动;而在发展过程中更多的是需要政府的指导、扶持而不是干预或包办。政府不要任命组织的负责人,更不能由政

府领导兼职。政府应更多地运用经济手段和优惠政策为专业合作组织服务，对其进行推动、扶持、引导。

2. 完善林业专业经济合作组织

林业产权制度改革完成后，为了解决林业生产经营过程中所面临的共同问题和困难，在自愿参加的基础上所形成的各种不同的林业专业合作组织要随着现代林业发展的需要而不断完善。对于已经建立了的各种类型的林业专业合作社和行业协会，针对其普遍存在运作规范性弱等实际情况，选择相对较好的现有合作组织或新建规范的合作经济组织作为示范，但在目前法律地位尚不明确的前提下，必须通过政策扶持，帮助这些组织向着规范性发展，正常运行。同时，政府要逐步促使其走向规范化，通过规范促进发展。比如出台一部示范性的《合作章程》，根据章程来引导专业合作组织走向规范化。健全专业合作组织内部管理的基本手段，保证其健康运行。

根据林权制度改革后的实际情况，建立林主协会，使分散经营的林主以林权为纽带，按照一定的模式构成一个统一的经营联合体，共同解决其面临的共同问题和困难。同时建立林农协会，为分散的林农提供林业生产经营活动所需要的科技、信息、法律、金融等各项服务。

3. 健全林业中介服务组织

随着林业产权制度改革的深入，林业产权流转交易发展迅速，江西省已经初步建立了为林业产权交易服务的森林资源资产评估、森林资源保险、林业担保公司和林业产权交易所（中心）等各类中介服务组织，但是目前此类中介服务组织很不完善，为了满足促进林权流转，优化配置林业生产要素，实现林业资源的资本化、金融化，加快江西现代林业发展提供社会化服务的需要，必须进一步健全、规范现有的林业中介服务组织。

（1）健全森林资源资产评估中介服务组织。森林资源资产评估是根据特定的目的，遵循社会客观经济规律和公允原则，按照国家法定的标准和程序，运用科学可行的方法，以货币作为统一的计量单位，对具有资产属性的森林资源实体以至预期收益进行的评定估算。随着南方集体林业产权制度改革的初步完成，非公有制林业的加速发展，以森林资源资产的出租、出让或转让、合资或合作、抵押或拍卖、股份经营或联营等方式为主的森林资源资产产权交易发展迅速，对森林资源资产进行评定和估算的需求日益增多。特别是在南方集体林区林权制度改革后，出现了林权证抵押贷款，林业担保和森林保险等新的林业融资模式，更加需要对拟抵押的森林资源资产进行评定和估算。因此，为了满足拓宽林业融资渠道，建立多元化林业投融资体系，实现林业资源资本化、林业资本金融化，加速林业资本的流转的需要，必须尽快健全已有的森林资源资产评估中介服务机构。为此政府部门必须尽快制定和完善森林资源资产评估的法规和评估准则；完善评估机构的资质认证；培养和引进专业森林资源资产评估人员，执行持证上岗规定；规范评估机构的管理，使之更好地为林业产权流转交易，林业生产要素的优化配置服务。

（2）健全森林资源保险中介服务组织。森林资源是一种高风险性的资产。在较长周期的森林资源培育过程中，容易受到病虫害、火灾、偷盗等偶然因素的侵害，从而引起森林资源资产的贬值。因而利用森林资源进行信贷融资较为困难。为了规避和转移林业资源的高风险，提高林业资源的融资能力，必须健全林业资源保险中介服务组织，开展森林资源保险，降低林业资源的自然性风险。同时也可以利用担保公司的信用担保，促进林权证抵押贷款的顺利实施，采取了政府财政和民间资本出资两种方式注册担保公司，为林权证抵押贷款提供担保。政府应该及时出台和完善林业担保公司的相关制度和政策法规，鼓励各类担保机构开办林业融资担保业务，对以林权抵押为主要反担保措施的担保公司，担保倍数可放大到10倍。做强做大省级林业担保公司，力争到2012年省级林业担保公司注册资本金达到2亿元。使之更好地为森林资源保险和林权抵押融资服务，并带动民间资本参与，激活森林资源保险市场，为构建完善的森林资源保险体系创造良好的条件。

（3）健全森林资源产权交易服务组织。林业产权制度改革后，江西省各县、市相继成立了提供林地、林木所有权和使用权、林业企业股权、林业科技成果、大宗林产品等的转让交易服务的林业产权交易市场。但是由于缺乏统一规范的交易制度和规则，出现了私下交易、内幕交易、低价交易、欺行霸市等不规范交易行为的出现，产权交易双方的正当权益得不到保障，导致了新的产权纠纷出现，严重影响了通过产权交易为林业发展融资。为此，江西省 2009 年 11 月 8 日成立了南方产权交易所。负责江西省林业产权交易市场的整合、建设、运营、管理、规范和指导，形成全省统一的林业产权交易体系，提供林地、林木所有权和使用权、林业企业股权、林业科技成果、大宗林产品等的转让交易服务，以及为林权抵押、贷款、森林保险、林业资产评估、咨询等中介服务。今后应着力于整合各县级林业产权交易所，形成统一交易规则、统一交易凭证、统一交易平台、统一信息披露和统一监管平台的交易体系，建立会员制度，引进经纪会员和中介会员，组建林业产权交易网站和远程网上拍卖大厅，最终建成统一规范、公平公开的交易平台。同时还应将产权交易和金融对接，不仅仅是物流交易的平台，而应建成集物流、资金流、信息流于一体的林业产权交易平台，应利用金融工具创新、实现林业资源资本化、林业资本金融化，加速林业生产要素的流转，真正实现将林业资源优势变为经济优势，促进江西林业的大发展。

第四十五章　加快江西现代林业发展的对策建议

按照"一湖清水、生态家园、绿色崛起"的发展理念和"一湖一区二带四片多点"的规划布局要求，建设"完备的林业生态体系、发达的林业产业体系和繁荣的生态文化体系"的总体目标的需要，在上述保障体系研究的基础上，提出八点对策建议：

一、将生态建设指标列为国民经济和社会发展的重要指标

实现"绿色崛起"的目标，必须建立"可量化、可监督、可考核"的"三可"指标体系。建议将林业和生态建设指标纳入"体现科学发展观"的地方党政领导班子实绩考核的内容，分别制定既公平科学，又能体现不同区域特点的生态建设指标，将其列为国民经济社会发展指标。根据指标研究结果，制定和细化分解为干部政绩考核指标，形成对地方各级政府和林业部门的科学考核体系。省委、省政府在制定国民经济发展规划中，将生态建设指标列为江西经济社会发展的重要指标，对森林覆盖率、森林蓄积量、林业总产值等纳入长任期考核内容，强化各级政府领导的林业发展任期目标责任制，并建立离任评价机制，作为领导干部政绩考核、选拔任用和奖惩的重要依据。

二、以鄱阳湖生态经济区建设为龙头辐射带动全省现代林业

2009 年 12 月 12 日，《鄱阳湖生态经济区规划》获国务院批准，建设鄱阳湖生态经济区上升为国家发展战略。这为江西现代林业的大发展提供了千载难逢的历史机遇。林业要在鄱阳湖生态经济区建设的战略之中定好位、有所为，在鄱阳湖生态经济区建设中发挥主角作用，探索以生态为特色，以发展为核心，以转变发展方式为关键的模式，走出一条科学发展、绿色崛起之路。一是构建保障有力的生态安全体系。要将生态建设放在首要位置，将"坚持生态优先,促进绿色发展"作为首要原则，将"森林覆盖率和森林质量不断提高，水土流失面积持续减少""城镇公共绿地面积不断扩大""创建生态城镇、绿色乡村取得明显成效，生态文明建设处于全国领先水平"作为主要目标，大力实施"绿色屏障建设"工程，加强林、草业生态体系建设，形成密布城乡、点线面结合的绿色屏障，进一步增强森林的生态系统功能。二是创新林业建设体制机制，将林业与经济区建设紧密融为一体，形成生态与经济协调发展新模式，形成先进高效的生态产业集群，建设生态宜居的新型城市群，建设好鄱阳湖生态旅游圈，强力推进生态与旅游的融合，积极提升生态功能，优化生态环境，科学合理挖掘和整合圈域多样化的生态资源，充分利用圈域现有生态资源，通过生态保护、生态补偿、打造生态景观、建立生态标识等途径,有效实现生态与旅游的协调和融合发展。在全国大湖流域综合开发示范区、长江中下游水生态安全保障区、加快中部崛起重要带动区和国际生态经济合作重要平台的建设上提升林业的作用和功能。

三、继续发挥集体林改先导和示范作用

江西是率先实施集体林改的省份，为全国集体林改探索了经验、做出了示范。下一步，江西林改要打好配套改革这场攻坚战，要在深化综合配套改革上求创新、求突破，继续发挥先导和示范作用。一是对明晰产权、减轻税费、放活经营，规范流转等基础改革坚持巩固提高。严格执行国家规定的木竹税费征收标准，取缔所有违法违规的木竹收费项目；规范育林基金的征收、使用和管理；实行采伐指标公示制，加强木材生产计划的阳光管理和社会监督。二是制定森林资源转让、抵押贷款、资产评估等管理制度，完善促进各种要素的优化组合，实现资源的优化组合和配置。三是完善市场交易机制，建立林业产权交易平台，南方林业产权交易所，要具成为区域性的林地、林木所有权和使用权、林业企业股权、林业科技成果、大宗林产品转让交易服务的重要场所。在重点林业县市区要建设好县级林业产权交易中心。四是加大林业合作经济组织建设力度。开展林业合作经济组织示范建设，安排专项资金，重点扶持一批示范典型，引导林业合作经济组织发展。鼓励林农相互之间的联合，进一步支持和鼓励建立跨县、市的林业合作组织，率先在全国建立省级林业合作组织，五是加快建立政策性森林保险制度，将森林火灾、冻灾、风灾、病虫等灾害纳入政策性保险范畴，提高林农抵御自然灾害的能力。

四、公共财政对林业的投入应加大到不低于 3.0%

加大财政对林业的支持力度，省级林业支出占财政支出的比例应不低于3.0%（据研究，2001~2005年，国家林业投入占中央财政支出5年平均为2.64%）。建立林业管理部门全额拨款制度，全面推进育林基金改革。争取中央和省级公益林补偿全部到位，加快建立市、县（市、区）公益林补偿制度，提高补偿标准。构建多元化林业投融资体系。建立以政府政策为引导、市场融资为主渠道、非公有制投资为主体的多元化投入体系。加大各级财政对林业的支持力度，重点支持生态公益林的培育、保护和管理。完善公益林生态补偿制度，逐年提高补偿标准，实现公益林补偿全部纳入各级政府财政支出。完善林权抵押贷款制度，安排专项资金，主要用于林农小额信贷的贴息。

五、启动以提高森林质量为核心的森林经营工程

江西森林覆盖率居全国第二，但单位面积森林蓄积量低于全国平均水平，必须大力加强森林经营，提升森林质量。要科学编制全省森林经营工程规划，制订森林经营系列标准，针对不同林种树种，实行标准化、优质化、科学化经营。坚持因地制宜、适地适树，大力推广多树种混交造林，将作业设计作为造林经营的基础环节。大力推进中幼林抚育间伐，改善林分质量。积极探索分地区、分林种、分所有制类型管理资源，改善采伐指标使用管理，赋予森林经营者以更大自主权。加快低产低效林改造，搞好封山育林。积极面对全球应对气候变化的形势和要求，加强森林管理，减少森林非法采伐，加强森林经营，恢复和修复退化了的森林景观，营造人工林，注重抓良种培育，制定科学的抚育方案，严格按森林经营方案定向培育，积极引进高新技术用于营造林。在森林管理上要不断提高森林可持续经营水平，促进城市森林的健康，减少城市的总的碳排放，树立低碳城市典型。对于枯死木要及时清理再造，定期检查树木健康状况，提高森林的碳汇功能。

六、大力推进城乡一体化的城市森林建设

将城市森林纳入林业与城市建设统一规划，强化城市林业行政管理职能，明确由林业部门统

筹指导,有条件的可以设置专门机构。制定城市林业发展相关法规和技术标准,促进城市林业发展。实施长株潭三市生态同建规划。开展"创绿色家园、建富裕新村"行动,通过以评促建,评建结合,推进生态江西和社会主义新农村建设。加大中央和省级公益林建设,启动国道等干线公路的绿色通道建设,做到城市、乡村、道路、绿化统筹规划,整体推进。

七、加强油茶、竹林等江西特色生物资源培育和开发

加强江西特色生物资源的培育,大力扶持农民发展油茶、竹林、珍贵阔叶树等木本粮食、干鲜果品、花卉产业、野生动物驯养繁殖、森林旅游业等,政府对油茶等具有地方特色,又有带动农民增收致富能力强的特色生物资源培育和开发,给予政府补贴,并在贷款融资等方面给予优惠;大力扶持农民开展竹林栽培、利用和开发,以竹代木、做大做强竹子产业;扶持珍贵树种营造等周期长但生态社会经济效益良好的,探索开展按照公益林政策给予补助。对制定特色资源培育开发的优惠政策,如将林业贴息贷款政策作为一项政策性贷款,给予扶持。扶持特色资源开发的龙头企业。苗木花卉业,和以木材精深加工为主的林产工业等六大林业支柱产业。

八、加大"五河一湖"湿地保护力度

江西是我国湿地资源丰富的省份之一,全省各类湿地总面积达到365.17万公顷,占全省国土面积的21.87%,而全国湿地总面积仅占国土总面积的6%。鄱阳湖是中国面积最大的淡水湿地,江西境内赣、抚、信、饶、修五河(两江三河)汇集于鄱阳湖,形成了鄱阳湖完整的流域大系统。目前,围绕鄱阳湖区域有1个国家级自然保护区、3个省级自然保护区和14个县级自然保护区,是以行政界限划分的,由于湿地保护涉及面广,职权交叉,不利于统一协调保护行动,不利于开展国际合作和交流。鄱阳湖流域湿地及其生物多样性是一完整的生态系统,其保护和建设也应视为一个整体,建议江西省尽快成立"鄱阳湖湿地保护管理局"。同时,要进一步加大"五河一湖"湿地保护力度,将全省湿地的保护、开发、利用列入国民经济发展的重要议程,并建立湿地保护的政府领导责任制。

参考文献
REFERENCE

1. 胡锦涛. 坚定不移沿着中国特色社会主义道路前进 为全面建成小康社会而奋斗——在中国共产党第十八次全国代表大会上的报告. 北京：人民出版社，2012.

2. 中国可持续发展林业战略研究项目组. 中国可持续发展林业战略研究. 北京：中国林业出版社，2003.

3. 中共中央 国务院关于加快林业发展的决定. 2003.

4. 江泽慧. 世界竹藤. 沈阳：辽宁科学技术出版社，2000.

5. 江泽慧，等. 中国现代林业. 北京：中国林业出版社，1995.

6. 江泽慧. 加快城市森林建设，走生态化城市发展道路. 中国城市林业，2003，1（1）：4~11.

7. 彭镇华. 中国城市森林. 北京：中国林业出版社，2003.

8. 彭镇华. 中国城乡乔木. 北京：中国林业出版社，2003.

9. 彭镇华. 林网化与水网化——中国城市森林建设的核心理念，中国城市林业，2003，1（2）：4~12.

10. 彭镇华. 乔木在城市森林建设中的空间效益. 中国城市林业，2004，2（3）：1~7.

11. 彭镇华. 中国森林生态网络系统工程. 应用生态学报，1999（10）.

12. 彭镇华. 上海现代城市森林发展研究. 北京：中国林业出版社，2003.

13. 彭镇华，王成. 论城市森林的评价指标. 中国城市林业，2003，1（3）：4~9.

14. 王成，彭镇华，陶康华. 中国城市森林的特点及发展思考. 生态学杂志，2004，23（3）.

15. 王成. 城镇不同类型绿地生态功能的对比分析. 东北林业大学学报，2002，3：111~114.

16. 沈国舫. 对世界造林发展新趋势的几点看法. 世界林业研究，1988，1（1）：21~27.

17. 黄鹤羽. 我国林业科技的发展趋势与对策. 世界林业研究，1997，（1）：43~51.

18. 黄鹤羽，等. 我国人工林地力衰退现状与对策. 中国林业，1994（8）：35~36.

19. 沈照仁. 人工造林与持续经营. 世界林业研究，1994，7（4）：8~13.

20. 中华人民共和国林业部林业区划办公室. 中国林业区划. 北京：中国林业出版社. 1987.

21. 张建国，等. 现代林业论. 北京：中国林业出版社，1996.

22. 顾朝林，柴彦威，蔡建明，等. 中国城市地理. 北京：商务印书馆. 2002.

23. 冯贤亮. 明清江南地区的环境变动与社会控制. 上海：上海人民出版社，2002.

24. 李文治，江太新. 清代漕运. 北京：中华书局. 1995.

25. 陈廉. 揭开林业税费过重神秘面纱. 中国林业，1999，5.

26. 陈晓倩. 林业可持续发展中的资金运行机制. 北京：中国林业出版社，2002.

27. 陈幸良. 国家机构改革的基本取向与林业行政体系的建立. 林业经济, 2003, 2, 49~51.

28. 张颖. 循环经济与绿色核算. 北京: 中国林业出版社, 2006.

29. 郝燕湘. 中国林业产业发展方向及政策要点. 中国林业产业, 2005.

30. 杜彦坤. 我国农林业企业管理创新的战略构想. 调研世界, 2001, 21-24.

31. 国家林业局. 林业经济统计资料汇编. 北京: 中国林业出版社, 2003.

32. 洪菊生, 王豁然. 世界林木遗传、育种和改良的研究进展和动向. 世界林业研究, 1991, 4 (3): 7~11.

33. 侯元兆. 国外林业行政机构现状及演变趋势. 世界林业研究, 1998, 1: 1~6.

34. 黄枢. 城市绿化的主要目标应是改善生态环境. 中国花卉园艺. 2002, (15): 14~16.

35. 黄晓驾, 张国强, 王书耕, 等. 城市生存环境绿色量值群的研究. 中国园林, 1998, (1~6).

36. 姜东涛. 城市森林与绿地面积的研究. 东北林业大学学报. 2001, 29 (1): 69~73.

37. 兰思仁. 试论森林旅游业与社会林业的发展. 林业经济问题, 2000, 3.

38. 李育才. 面向21世纪的林业发展战略. 北京: 中国林业出版社, 1996.

39. 刘君良, 江泽慧. 酚醛树脂处理杨树木材物理力学性能测试. 林业科学, 2002, 38 (4).

40. 吕士行, 方升佐, 等. 杨树定向培育技术. 北京: 中国林业出版社, 1997.

41. 桂来庭. 从我国的城市化看我国城市森林的发展. 中南林业调查规划. 1995, (4): 24~31.

42. 肖正泽. 林业科技推广的保障机制与激励机制初探. 湖南林业科技, 2001, 23 (3): 83~84.

43. 杨一波. 加入WTO后林业行政行为的思考. 湖南林业, 2000, 9: 13~14.

44. 张守攻, 等. 森林可持续经营导论. 北京: 中国林业出版社, 2001.

45. 张金池, 胡海波. 水土保持及防护林. 北京: 中国林业出版社, 1996.

46. 翟丽红, 杨艺. 关于促进我国第三产业发展的战略思考. 长春师范学院学报, 2002, 6.

47. 祝列克. 解放思想, 开拓创新, 扎实有效地推进速丰林建设工程. 林业经济, 2002, 8: 11~15.

48. Hornsten L. Outdoor recreation in Swedish forests. Doctoral dissertation. Department of Forest Management and Products, Swedish University of Agricultural Sciences. Forest resource trends in Illinois, 2000.13: 4~23.

附录 1

在 "江西现代林业发展战略研究与规划" 项目评审会上的讲话

江西省政协副主席　胡幼桃

（2011 年 5 月 14 日）

　　尊敬江泽慧副主任，尊敬的张永利副局长，各位领导，各位院士，各位专家，各位来宾，同志们：

　　在这百花竟艳、生机盎然的初夏，我们怀着十分喜悦的心情，出席 "江西现代林业发展战略与规划" 专家评审会。这是江西林业发展史上的又一件大喜事。首先，我谨代表江西省人民政府向出席会议的各位领导和专家表示热烈的欢迎！向长期以来关心支持江西林业建设的江泽慧副主任、张永利副局长、各位院士，各位领导、各位专家表示衷心的感谢和崇高的敬意！

　　2006 年 9 月，江西省林业厅与中国林业科学研究院签署了 "江西现代林业发展战略研究与规划项目合作协议"。2007 年 4 月，项目 "启动仪式" 在南昌举行。这一项目的启动，是江西省委、省政府站在全局和战略的高度，全面落实科学发展观，全力推进江西现代林业建设的重大举措，是落实江西省人民政府与中国林科院全面科技合作，促进科技与经济结合的重要内容，它标志着江西在实施 "生态立省、绿色发展" 战略、发展现代林业的进程中迈出了坚实的步伐。4 年来，在项目领导小组组长江泽慧教授的领导下，在项目专家组组长彭镇华先生的带领下，中国林科院项目组的专家们不辞辛劳，多次深入江西，踏遍千山万水，广泛听取江西各有关方面的意见与建议，收集了大量的第一手资料，开展了多层次、全方位的深入调查研究，召开了跨专业、多领域专家参加的专家会议，与江西有关专家一道，认真研究，精心谋划，协作攻关。去年底，在项目研究与规划报告基本形成后，彭镇华先生又亲自带领项目组专家来到江西，再次听取了江西方面的意见与建议，使这一研究成果的理念更加领先，定位更加准确，指标更切实际，布局更加完善，重点更加突出内容更加丰富，措施更加有力。可以说，项目研究取得了圆满成功！今天，项目成果迎来了各位领导和专家的评审，在此，我要向中国林科院项目专家组和所有参与这一项目研究的同志们表示热烈的祝贺！我相信，这一成果的取得必将为江西现代林业建设、为促进江西经济社会全面协调可持续发展产生重大而深远的影响！

　　刚刚过去的 "十一五"，是江西林业改革发展高潮迭起、成绩辉煌的 5 年。五年来，党中央、国务院和江西省委、省政府对林业高度重视，召开了首次中央林业工作会议，明确了林业的 "四个地位" "四大使命" 和 "五项功能"。省委书记、省长先后 20 多次视察林业工作，作出了 30 多次重要批示。全省林业系统广大干部职工锐意改革，团结拼搏，扎实工作，成功地战胜了低温雨雪灾害，积极应对国际金融危机的冲击，有效破解了长期以来制约林业发展的体制机制障碍，林业在全省生态经济社会发展中的地位日益显现，全省林业面貌发生了重大而深刻的变化。一是集体林权制度改革不断深化，实现了"山定权、树定根、人定心"，促进了基层民主政治建设和林区社会和谐稳定，林农造林积极性空前高涨。二是以"生态立省、绿色发展"战略和鄱阳湖生态经济区建设为统领，造林绿化"一大四小"工程全面推进。两年来，完成造林面积960多万亩，其中高速公路和国省道通道绿化里程9730多公里，基本形成了以高速公路和国省道为骨架的城乡绿化大格局。三是以保护江西青山绿水品牌为目标，森林资源保护成效显著。5年来，全省森林资源实现了"五增长一提高"，全省森林覆盖率达到63.01%，比"十一五"提高了3.05个百分点。四是以促进林农增收为出发点，林业经济跨上新台阶。2010年，全省林业总产值突破千亿元大关，达到1053亿元，比2005年增长1.7倍。毛竹、油茶等主要林产品产量居全国前例。农民人均来自林业的纯收入达到900元，比2005年增长了1.4倍。

"十二五"是国家实现林业"双增"目标的重要时期，是我国转变经济发展方式的攻坚时期，也是江西省加速推进鄱阳湖生态经济区建设的关键时期。江西省林业工作的总体思路是：高举中国特色社会主义伟大旗帜，以邓小平理念和"三个代表"重要思想为指导，深入贯彻落实科学发展观，紧紧围绕"生态立省"和鄱阳湖生态经济区建设，认真落实"五个确保"的总体要求，大力推进林业改革和造林绿化"一大四小"工程建设，狠抓重大项目建设，强化资金投入保障，加强森林资源保护，提高森林经营水平，做大做强林业产业，加强繁荣林业生态文化，推进人才队伍建设，着力提高林业在国民经济中的份额，着力提高林业收入在农民收入中的比重，着力提高林业龙头企业的整体竞争力，着力提高森林资源的质量，为建设林业强省而奋斗。力争到2015年，全省森林覆盖率达到64%，活立木蓄积量达到5.5亿立方米，林地保有量达到1.61亿亩，林业总产值突破2000亿元，林业上市公司达到2~3家。按照这一总体思路，我们将在全面完成各项林业任务的基础上，重点实施造绿化"一大四小"、生态公益林及天然阔叶林保护、重点防护林建设、退耕还林、野生动植物保护与自然保护区建设、湿地恢复与保育等"六大生态工程"，加快发展速丰林、油茶与生物质能源、苗木花卉和森林食品、木竹精深加工及林产化工、生态旅游和野生动植物繁育与利用等"六大林业产业"，着力构建财政支持、金融服务、林权交易流转、林木采伐、产业扶持和社会化服务等"六大支撑体系"。我相信，"十二五"江西林业将在新的起点上实现新的跨越！

中国林科院是我国林业科学研究的最高平台，集中了一大批最负盛名、最具权威的林业科学家和研究人才，是国家林业科技战略研究的重要智囊。江西现代林业建设迫切需要中国林科院这样的高层林业科技力量的全力支持。我们要研究具体措施，认真抓好"江西现代林业战略研究与规划"成果的应用与贯彻实施。同时，我也衷心希望，中国林科院与江西省的科技合作能够不断深化，不断取得新的成果，为江西生态经济社会发展作出更大的贡献！

谢谢大家！

附录 2

在"江西现代林业发展战略研究与规划"
项目评审会上的讲话

全国政协人环资委副主任、国际竹藤组织董事会联合主席、
国家林业局科技委常务副主任、国际木材科学院院士
江泽慧 教授
（2011 年 5 月 14 日）

尊敬的胡幼桃副主席，各位院士、专家，同志们：

由江西省人民政府和中国林业科学研究院共同组织开展的"江西现代林业发展战略研究与规划"项目，在国家林业局的直接关心和悉心指导下，在江西省人民政府的高度重视和全力支持下，经过来自北京和江西的项目组专家近 3 年的攻关研究，已完成各项预期研究任务，取得了重要进展。今天，很高兴邀请到各位院士专家和主管部门领导参加项目成果审定会，听取各位专家和领导的宝贵意见。

江西自古"山清水秀、物华天宝、人杰地灵"，素有"吴头楚尾、粤户闽庭"之称，同时得到长江三角洲、珠江三角洲与海峡西岸经济圈等三大经济区直接辐射，在国家中部地区崛起战略中具有重要的地位。2009 年，《鄱阳湖生态经济区规划》获国务院批准，上升为国家发展战略，鄱阳湖生态经济区成了促进和支撑中部崛起的战略高地。鄱阳湖生态经济区将生态建设和环境保护放在首要位置，将"坚持生态优先，促进绿色发展"作为首要原则，将"森林覆盖率和森林质量不断提高，水土流失面积持续减少""城镇公共绿地面积不断扩大""创建生态城镇、绿色乡村取得明显成效，生态文明建设处于全国领先水平"作为主要目标。因此，建设鄱阳湖生态经济区，为江西林业发展提供了千载难逢的历史机遇；实施生态立省、绿色崛起的发展战略，给江西林业发展赋予了新的历史使命，发展现代林业正是抓住历史机遇、承担历史使命的必然选择。

多年来，江西省委、省政府高度重视林业建设，始终把林业作为生态建设的主体。全省全面推进造林绿化"一大四小"工程建设，3 年造林 960 多万亩，成为全国生态建设的一大亮点。江西森林覆盖率高达 63.1%，居全国第二位。2004 年江西在全国率先推开集体林权制度改革，实现了"山定权、树定根、人定心"，改革取得了显著成效，得到中央领导的高度肯定和社会各界的普遍赞誉，为全国创造了经验、树立了样板。油茶、毛竹、速丰林等产业快速发展。2010 年，全省林业产业总产值达 1050 亿元，首次突破千亿元大关，居全国第六位，林业在全省经济社会发展中的作用越来越明显。

江西省在实施以生态建设为主的林业发展战略中，尤其重视林业科技发展，省政府与中国林科院签订了全面科技合作协议，并正式启动了"江西现代林业发展战略研究与规划"项目，全面规划江西现代林业建设。项目在深入研究的基础上，提出了"一湖清水、生态家园、绿色崛起"的江西现代林业发展核心理念，规划了"一湖一区二带四片多点"的江西现代林业建设的空间格局，特别提出了推进鄱阳湖生态经济区建设、集体林权制度改革、森林经营工程建设、特色生物资源

培育开发、城市森林建设和湿地保护等工作，将为江西现代林业提供重要的决策依据。

当前，我国现代化建设已经进入了加快推进的重要时期。党中央、国务院高度重视林业和生态建设。2009年9月，胡锦涛主席在联合国气候变化峰会上作出了"大力增加森林碳汇，争取到2020年森林面积比2005年增加4000万公顷，森林蓄积量比2005年增加13亿立方米"的"双增"承诺。2009年，温家宝总理在中央林业工作会议上明确指出：林业在贯彻可持续发展战略中具有重要地位，在生态建设中具有首要地位，在西部大开发中具有基础地位，在应对气候变化中具有特殊地位。回良玉副总理明确指出：实现科学发展必须把发展林业作为重大举措，建设生态文明必须把发展林业作为首要任务，应对气候变化必须把发展林业作为战略选择，解决"三农"问题必须把发展林业作为重要途径。确立林业"四个地位"、履行林业"四大使命"，实现林业"双增"目标，林业建设任重而道远。

在今年初召开的全国林业厅局长会议上，国家林业局提出了全面实施以生态建设为主的林业发展战略，以推动林业科学发展为主题，以加快转变林业发展方式为主线，以确保如期实现"双增"目标为核心，以兴林富民为宗旨，坚持依靠人民群众，坚持依靠科学技术，坚持依靠深化改革，加大生态建设保护力度，加强森林抚育经营，加速培育主导产业，加快繁荣生态文化的总体思路。并指出在"十二五"时期，要重点建设"十大生态屏障"，加快发展"十大主导产业"，其中建设长江流域生态屏障，就是要以防护林体系建设和流域湿地保护为重点，切实维护三峡库区和长江中下游的生态安全。我很高兴的看到，江西现代林业发展战略研究与规划，按照国家林业局的总体部署，提出了江西现代林业发展理念、总体布局、关键技术和若干重大对策，强调要通过江西现代林业建设，落实《鄱阳湖生态经济区规划》，使江西的山更青、水更秀、森林资源更丰富、湿地资源更优质、山川更秀美、生态环境更良好，构筑起坚实的森林和湿地生态屏障，切实保护好鄱阳湖"一湖清水"，维护全省及长江中下游的生态安全，为实现江西经济社会可持续发展奠定牢固的生态基础，为中部地区绿色崛起构建坚实的生态屏障。

《江西现代林业发展战略研究与规划》作为一个把理论与实践紧密结合的探索性研究和重要规划，涉及的内容丰富，专业领域广，政策性强，通过这次项目研究成果的评审，广泛听取各位专家和相关部门领导的意见，继续修改完善，力争使项目研究取得更大的成果。我相信，有国家发改委、财政部、科技部等部门的关心和支持，有国家林业局对江西现代林业建设的全面指导，有江西省委、省政府的高度重视，"江西现代林业发展战略研究与规划"项目一定能够为新时期的江西现代林业建设发挥更大作用，作出更大的贡献！

谢谢大家！

附录3

江西现代林业发展战略研究与规划

中国林业科学研究院首席科学家　彭镇华

尊敬的各位领导、各位专家：

上午好！

当今世界，森林问题已经成为国际社会共同关注的热点。作为最大的发展中国家，我国在保护森林和发展林业上取得了举世瞩目的成绩，为全球生态保护和应对气候变化作出了积极贡献。2009年，中央提出了到2020年实现森林面积和蓄积的量"双增"目标，对我国现代林业建设提出了新的更高的要求。江西作为我国的林业大省，在实现这一目标中肩负着重要的责任和使命。在新形势下，加快江西省现代林业建设，对于推进区域社会经济可持续发展，促进人与自然和谐，建设生态文明社会具有重大的战略意义。改革开放以来，江西省委、省政府高度重视林业工作，采取了一系列重大举措，林业建设取得了巨大成就，林业在促进江西经济社会可持续发展中的作用日益提高，为江西现代林业发展奠定了坚实的基础。

为了充分利用江西得天独厚的优势，全面推进江西现代林业建设，2007年4月，受项目领导小组委托，由中国林科院牵头，组织有关专家开展了江西现代林业发展战略研究与规划。这是江西省人民政府按照科学发展观进行科学决策的具体体现，也是中国林科院与江西省人民政府开展省院合作的一项重要内容。本项目分列发展理念、发展指标、发展布局与工程、关键技术和保障体系等5个专题开展了研究。由于时间关系，在这里我代表项目组主要介绍十个方面的内容：

一、江西现代林业发展现状与形势

（一）林业建设成就

改革开放以来，江西省委、省政府高度重视林业工作，采取了一系列重大举措，林业建设取得了巨大成就。截至2009年年底，江西省已累计完成退耕还林540万亩，完成长防林造林面积1674万亩，珠防林造林面积15万亩，完成血防林40万亩，全省已建林业自然保护区184个，"一大四小"工程完成造林102万公顷，全省森林覆盖率达到63.1%，位居全国第二位。特别是江西省率先在全国开展集体林权制度改革，为全国集体林权制度改革树立了一面旗帜；同时，大力发展资源培育、林产加工、生态旅游等林业产业，使森林资源持续增长，生态环境明显改善，林业产业实力不断增强，林业在促进江西经济社会可持续发展中的作用日益提高，为江西现代林业发展奠定了坚实的基础。

（二）必要性

（1）推进科学发展和生态文明建设的需要。

（2）实施鄱阳湖生态经济区战略的需要。

（3）建设社会主义新农村的需要。

（4）提升人民生活品质的需要。

（5）深化集体林权制度改革的需要。

二、江西现代林业战略定位、发展理念、指导思想、建设原则和战略目标

（一）战略定位

江西在全国林业生产力布局中，被划定为南方重点速生丰产林区。在国家林业定位的基础上，结合省情林情、绿色崛起的宏伟目标，对江西林业进行以下四点定位：

（1）江西生态建设之首位。

（2）鄱阳湖生态经济区建设之关键。

（3）破解"三农"问题之基础。

（4）全国林业改革发展之先行。

（二）发展理念

按照党和国家在新时期的社会主义现代化发展战略和我国新时期的林业发展战略，在充分借鉴国际林业发展经验的基础上，结合江西省经济社会和林业发展的实际以及经济社会发展对林业的需求，提出"一湖清水、生态家园、绿色崛起"的江西现代林业发展核心理念。

"一湖清水"是指通过江西现代林业建设，落实好《鄱阳湖生态经济区规划》，使江西的山更青、水更秀、森林资源更丰富、湿地资源更优质、山川更秀美、生态环境更良好，构筑起坚实的森林和湿地生态屏障，切实保护好鄱阳湖"一湖清水"，维护全省的生态安全，为实现江西省经济社会的可持续发展奠定牢固的基础。其基本内涵为：

（1）茂林修竹，青山常在。

（2）碧波荡漾，绿水常流。

"生态家园"就是按照科学发展观的要求，通过江西现代林业建设，精心打造"红色摇篮、绿色园野、金色福地、银色水乡、蓝色生境"的精品产业，结合"一大四小"工程打造"森林城乡"和"生态山水庄园"示范名牌。从根本上改善人与自然的关系，促进人与自然、人与人、人与社会、人身与心的和谐发展，建设和谐美好家园。其基本内涵为：

（1）建设绿色园野。

（2）提升银色水乡。

（3）丰富生态文化。

"绿色崛起"就是通过江西现代林业建设，使江西的经济发展方式得到优化转型，绿色GDP得到显著增长，低碳经济、循环经济、生态经济不断地得到壮大，可持续发展能力急剧提升，生态兴省、绿色发展不再是梦想，真正走上生产发展、生活富裕、生态良好的文明发展道路，通过现代林业建设让广大人民享受更多的实惠，生活得更美好。其基本内涵为：

（1）低碳发展，节能减排。

（2）环境友好，循环利用。

（3）资源节约，变废为宝。

（4）以人为本，普惠民生。

实现"一湖清水、生态家园、绿色崛起"的核心理念，在发展途径上要建设功能齐备的林业生态体系、优质高效的林业产业体系和独特多样的森林文化体系。

（三）指导思想

以邓小平理论和"三个代表"重要思想为指导，全面落实科学发展观，深入贯彻党中央、国务院、

国家林业局和江西省委、省政府对于江西省林业建设的指导精神，以"一湖清水、生态家园、绿色崛起"为核心理念，以森林总效益最优为主旨，以坚持以人为本为核心，以建设多功能森林为基本要求，以提高人民群众生活环境与质量为根本出发点，以改革创新为根本方法，实施林业标准化，确立林业在江西省生态建设中处于首要地位，在江西省经济和社会可持续发展中处于基础地位，在全国林业改革发展中处于先行地位，着力建设功能完备的林业生态体系、发达的林业产业体系、繁荣的森林文化体系，力争在全国率先实现林业现代化，为全面建设物质文明、精神文明、政治文明和生态文明的江西省小康社会作出贡献。

（四）战略目标

到2015年，江西林业实现林业大省向林业强省转变。全省生态环境整体步入良性发展状态，林产品供需矛盾得到缓解，林业产业实力显著增强，实现森林资源的快速增长和林业产业的壮大。

到2020年，建成资源丰富、布局合理、功能完备、优质高效、管理先进、文化繁荣、科技进步现代林业体系，实现增强森林生态功能，提升林业经济实力，提高林业管理水平，繁荣森林文化氛围的总体目标，基本满足江西省建设林茂山清水秀、人与自然和谐、经济社会可持续发展的生态经济区的需求，率先迈入林业现代化。

到本世纪中叶，建成完备的森林生态体系、发达的林业产业体系和繁荣的生态文化体系，实现山川秀美，生态优良，资源增长，产业发达，文化繁荣，林农增收的发展目标。进入林业可持续发展阶段，实现林业现代化，达到林业发达国家的发展水平。

三、江西现代林业发展指标

（一）指标体系构建

根据系统层次性、前瞻性、科学性、可行性、综合性和针对性等原则，在深入分析江西省林业发展的现状、潜力基础上，围绕社会经济发展总体目标，参照国内外林业建设实践与建设标准，构建江西省现代林业发展指标体系框架。

这是现代林业发展指标体系框架图。

通过对江西省现代林业发展指标单项分析、系统动力学模拟等手段对各项主要指标进行了综合分析，在此理论分析结果基础上，综合考虑江西省社会经济环境发展态势，提出了江西现代林业发展分阶段指标结果表见表1。

四、江西现代林业发展战略总体布局

（一）布局依据和原则

根据生态安全需求、产业发展需求、社会发展需求，确定了现代林业发展战略布局的4项原则：

（1）立足省域范围，突出区位优势。

（2）统筹城乡规划，健全生态网络。

（3）结合资源特色，发展富民林业。

（4）弘扬生态文化，建设绿色家园。

（二）空间布局框架

从江西的地形地貌、森林资源分布格局、未来林业建设重点与趋势来看，赣江等骨干水系沿线的山地森林应该成为江西省生态公益林建设的核心，也是速生丰产林发展的重要基地，而与京九线城市带（南昌、九江、吉安、赣州）、浙赣线城市带（萍乡、宜春、新余、鹰潭、上饶）二个城市

表 1　江西林业发展指标汇总表

指标体系	序号	核　心　指　标	现状	2015 年	2020 年
生态指标	1	森林覆盖率（％）	63	64	65
	2	生态公益林面积（万公顷）	340	352	358
	3	公益林定向改造面积（万公顷）	5.05	49.52	67.17
	4	绿色通道率（％）	21.05	27.53	29.32
	5	城市人均绿地面积（平方米）	7.82	12.45	14.29
	6	自然保护区面积比例（％）	6.7	12	15
	7	乡村绿化达标率（％）	95	98	100
	8	森林灾害程度（‰）	4.01	2.82	1.98
	9	水土流失率（％）	20	13.67	10.52
	10	森林碳密度（吨／公顷）	22.83	28.31	33.79
	11	线状林水结合度（％）	55.32	57.91	59.21
		面状林水结合度（％）	61.67	64.82	65.37
产业指标	12	蓄积量（亿立方米）	4.5	5.0	7.0
	13	林产业总产值（亿元）	918	2000	3200
	14	生态旅游收入（亿元）	150	380	540
文化指标	15	森林公园个数与面积（个／万公顷）	152/49.4	180/53.3	200/66.7
		湿地公园个数与面积（个／万公顷）	29/12	71/20.1	102/25.4
		自然保护区个数与面积（个／万公顷）	184/111.5	213/200	253/250
	16	生态文化教育示范基地数量（含湿地博物馆）（个）	3	10	18
	17	古树名木保护率（％）	80	85	95
保障指标	18	林业产权制度适用程度（分）	80	85	90
	19	林业科技贡献率（％）	35	46	50
	20	科技成果转化率（％）	52	60	75

带交错分布的城市周边地区森林（包括山地、丘陵岗地、平原），是这些地区生态安全的保护屏障，也是支撑各类经济林等林业产业发展的重要基地，传播森林生态文化的重要载体。根据这种自然格局和建设构想，规划提出"一湖一区二带四片多点"为一体的江西林业发展空间格局（见图4-1）。

1. 一湖：湖区林业

鄱阳湖区包括南昌市、九江市、上饶市所辖的部分滨湖区县。该地区水网发达，是国家重要湿地，生态区位重要，同时又是江西主要粮食产区，也是江西经济建设最具有活力的地带之一，还是我国洪涝灾害和血吸虫病发生比较严重的地区，同时也是江西省生态较为脆弱的地区。林业生态建设主要是保护湿地生态系统，增强湿地的安全保障作用，采取科学有效的综合措施，恢复湿地生态系统；加大抑螺防病的力度，积极开展林业血防工程建设，促进湖区生态安全与国民经济同步发展；大力营造农田防护林、防风固沙林，有计划、有步骤地开展退耕还林，积极开展"四旁"绿化，大力发展平原林业，大力推进以杨树、泡桐为主的速生丰产林建设，改善农业生产条件，促进木浆造纸业和装饰型材加工业的发展。

2. 一区：丘岗林业

赣中南丘陵区位于江西省中南部，地貌以丘陵、岗地为主，处于山地与河谷平原的过渡地带，由于人口密度大、开发历史长，造成森林资源过度消耗，致使该区水土流失面积大、强度高，且相对集中，水土流失面积约占江西省水土流失面积的50%，占总侵蚀量的60%。但同时也应看到，这些地区由于地势平缓，土壤条件比较好，水热资源丰富，又是发展经济林的理想地带。因此，林业建设的主攻方向是积极培育以针阔混交林为主的水土保持林，合理调整林种、树种结构，提高林分质量，控制水土流失；适度营造薪炭林，减少农户烧柴对森林植被的破坏；大力开展退耕还林，积极发展以油茶、森林药材为主的经济林，在立地条件好的区域积极发展工业原料林；继续搞好松香、松节油、香料等林化产品精深加工，适度发展以纤维材为原料的人造板；积极发展油茶和毛竹的精深加工，做大做强油茶产业和竹产业。

3. 二带：城市林业

两带江西省最具经济价值和发展潜力的地区，对促进整个江西的全面崛起至关重要。因此，林业建设要前瞻性的进行规划建设，在这些地带大力发展城市林业，重点是加强城市之间绿化隔离带、森林公园、城郊观光林业（农家乐）、城区公共游憩地等建设，改善人居环境，保障城市协调发展。

（1）京九线城市带：该地区由以南昌、九江、吉安、赣州为中心的京九铁路沿线城市构成。目前该城市带还处于融合发展阶段，但从潜力和趋势来看，对江西省未来经济社会的整体腾飞和区域协调发展有着十分重要的意义。该城市带的城市林业建设要结合城市之间相对疏散的特点，加强城市之间的绿色通道建设；加强森林公园和城市周边地区的生态风景林建设，发展森林旅游产业。该城市带林业发展要充分发挥地缘优势，依托湿地资源优势大力发展湿地公园，积极开展湿地生态观光旅游；建设林水结合的城市生态走廊。

（2）浙赣线城市带：该地区由以萍乡、宜春、新余、鹰潭、上饶为中心的浙赣铁路沿线城市构成。该地区林业发展要在新余开展创建国家森林城市的基础上，加速实现城乡林业生态一体化建设，着力建设好城市绿化隔离带，提高城市森林建设的质量和品味；加强森林公园、湿地公园、风景名胜区、生态教育基地等生态文化载体建设，丰富森林文化内涵；建设城市周边地区的生态风景林，促进森林旅游产业发展。

4. 四片：山地林业

江西省东、南、西部的边缘山区，地貌以低山、高丘为主，区内集中了江西省绝大部分天然林资源，承担着主要的木、竹材生产任务。同时，该区又是"五河"及其主要支流和珠江一级支流东江的发源地，对江西省水资源调节及防止水旱灾害起着至关重要的作用。四片既是生态敏感而需要重点保护的公益林建设区域，又是商品林建设的重点区域。

（1）赣东北片——以三清山为主构成的森林培育区：该区域包括浮梁、彭泽、昌江、婺源、德兴、玉山、弋阳、横峰、上饶、信州、广丰北部等县（市、区），占省域国土面积的9.2%。发展方向：北部山地，应积极保育水源涵养林，水土保持，培育大径材商品林，发展以茶叶为代表的名特优经济林，积极发展森林旅游业，建立自然科普教育基地，繁荣和发展生态文化；南部丘岗区，重点发展以油茶为主的木本粮油林，大力发展以杉木、湿地松、枫香为主的一般用材林，积极发展果树经济林。

（2）赣西北片——以幕阜山、九岭山为主构成的森林培育区：该区域包括铜鼓县、修水县、武宁县、瑞昌县、湾里县、安义县、靖安县、奉新县、宜丰县、万载西北等县（市、区），占省域国土面积的10.4%。发展方向：重点发展水源涵养林；大力发展毛竹、杉木为主的用材林，北大林产加工业；积极发展以猕猴桃、柑橘为主的果木林；优化森林景观和旅游线路，重点发展森林旅游业，加强生态文化建设。

（3）赣东南片——以武夷山为主构成的森林培育区：该区域包括铅山、广丰、贵溪、资溪、广昌、南丰、黎川、南城、宜黄、乐安、瑞金、石城、会昌、龙南、全南、定南等县（市、区），占省域国土面积的 11.4%。发展方向:大力发展水源涵养林为主的生态公益林,大力发展商品林,北部宜发展毛竹、速生丰产林、大径木林;中部发展以南丰蜜橘为主的果树经济林,发展以杉木、毛竹等一般用材林;南部发展生物质能源林,速生丰产林和经济林。

(4)赣西南片——以武功山、罗霄山为主构成的森林培育区:该区域包括安福、永新北部,莲花、芦溪、井冈山、遂川西北、泰和西部、永新南部、崇义、大余和上犹等县(市),占省域国土面积的8.2%。发展方向:重点保育以水源涵养林为主的生态公益林;北部发展果树经济林,生物质能源林,木本油料林和工业原料林;中部发展生物质能源林,一般用材林,速生丰产林;南部应大力培育大径木荷、大径竹,以花卉、竹笋为主的非木材林产业,积极发展森林旅游业。

5. 多点:乡村林业

江西省现有乡场 763 个,行政村 17145 个,自然村 146556 个。乡场村庄绿化缺乏统一规划,绿化水平低,区域绿化不平衡。在新时期社会主义新农村建设中,要按照建设"乡风文明、村容整洁"新农村的要求,探索血吸虫疫区环境治理与滩区农民致富、林区森林保护与综合开发、村庄绿化美化与风水林建设相结合的新农村林业建设模式,探索集体林权制度改革过程中如何加强乡村人居环境建设的机制与模式,并注重保护和挖掘具有江西地域特色的生态文化,通过科学的规划、保护和建设繁荣乡村生态文化,发展具有生态、经济、文化多种功能的乡村林业。

与此同时,我们针对三大体系进行了分体系布局。

五、林业生态体系建设

(一)江西省林业生态建设布局:

(1)一大环鄱阳湖生态防护区

(2)二大城市生态经济景观林带:即浙赣线城市带和京九线城市带

(3)三大重点水土流失治理区:包括:①宜春西北部重点水土流失区;②吉泰盆地水土治理区;③以兴国为中心的赣南中部水土治理区。

(4)六大河流源头森林资源保育区:包括:①赣江源水源涵养林建设;②抚河源头水源涵养林建设;③信江源水源涵养林建设;④饶河源水源涵养林建设;⑤修河源水源涵养林建设;⑥东江源水源涵养林建设

(二)针对上述建设布局,我们整合规划了三项林业生态重点建设工程

这是森林质量提升工程建设规划示意图。

这是林业血防工程建设规划示意图。

这是湿地与野生动植物保育工程建设规划示意图。

(三)同时,我们提出了五项林业生态建设重点支撑技术

一是生态公益林保育关键技术。

二是湿地保护工程关键技术。

三是林业血防工程建设关键技术。

四是道路防护林建设关键技术。

五是林业灾害防控关键技术。

六、林业产业体系建设

(一)建设布局

(1)森林资源二大培育基地:即木竹质资源基地和非木质资源基地

（2）林产工业发展七大聚集板块：包括：①赣南人造板、木竹浆造纸产业板块；②赣中人造板精深加工和林产化工以及茶油加工产业板块；③赣西竹材加工系列产品、人造板精深加工、茶油加工产业板块；④赣东竹木加工产业板块；⑤赣北杨树造纸产业板块；⑥赣东北活性炭系列和人造板产品加工板块；⑦南昌市为中心的木浆造纸、家具、装饰型材、森林药材加工板块。

（二）针对上述建设布局，我们整合规划了六项林业产业重点建设工程

商品林培育工程建设规划示意图，我们将商品林培育分为用材林培育、森林食品、森林药材、茶叶、经济林果五部分，分别进行了规划布局

花卉与林木种苗工程建设规划示意图

油茶丰产林工程建设规划示意图

毛竹产业工程建设规划示意图

林产品加工利用工程建设规划示意图。

林业生物质能源植物培育与加工工程建设规划示意图。

（三）同时，我们提出了五项林业产业建设重点支撑技术

一是工业人工林培育关键技术

二是种苗花卉培育关键技术

三是木材加工利用关键技术

四是竹材加工利用关键技术

五是非木质林产品加工利用关键技术

七、生态文化体系建设

（一）建设布局

根据江西省自然条件、社会经济等方面的差异，将其生态文化建设分为：赣北山水文化区、赣南红色与客家文化区、赣东道教与瓷文化区、赣西禅宗文化区、南昌城市生态文化区，以及浙赣线城乡生态文化带和京九线城乡生态文化带等七部分。

（二）针对上述布局，我们整合规划了三项生态文化重点建设工程

城市森林工程建设规划示意图

乡村绿色家园工程建设规划示意图

生态旅游休闲工程建设规划示意图

（三）同时，我们提出了六项林业产业建设重点支撑技术

一是城市森林建设关键技术

二是自然景观文化与产业发展关键技术

三是森林文化与产业发展关键技术

四是人文资源保护与开发关键技术

五是乡村人居林建设关键技术

六是生态山水庄园与产业发展关键技术

八、现代林业科技平台与能力建设

（一）创新平台建设

（1）实施科技兴林和人才强林战略。

（2）完善林业科技推广和科技服务体系。

（3）强化林业企业科技创新体系。

（4）完善林业标准体系

（二）成果转化平台建设

（1）主要经济林木遗传育种技术的研究。

（2）生态林业工程和生态系统恢复、重建与可持续经营技术。

（3）经济林、果、药、花、竹类良种的栽培与加工利用研究与开发。

（4）重点实验室和工程技术中心建设。

（5）林业科技成果推广体系及示范体系建设。

另外，也对人才支撑保障体系建设，林业信息化建设，森林防火能力建设，森林公安建设，林业有害生物灾害防控能力建设，野生动物疫源疫病防控能力建设，以及基层林业两站、基层野保站建设等进行了规划。

九、投资估算、资源预测与效益分析

江西省林业需要大量的投资以确保生态环境的恢复和林业的快速发展。到 2020 年，江西省林业重点工程与基础设施建设总投资 1654 元，其中到 2011~2015 年投资 719 亿元，2016~2020 年投资 934 亿元。工程投资中，三个森林生态工程投资 497 亿元，六个林业产业工程投资 835 亿元，三个生态文化休闲工程投资 219 亿元，科技创新平台与成果转化基地、数字林业、森林防护、林业有害生物灾害防控等科技支撑与基础设施能力建设投资 83 亿元（详见表 9-1）。

现代林业工程建设将产生良好的生态、经济和社会效益。

这是我们对 2006~2020 年间江西省森林面积、森林覆盖率、林木绿化率、森林蓄积量、SO_2 吸收量、氟化物吸收量、固碳量进行的仿真模拟变化趋势。

这是我们对森林固碳量、吸收氧化硫、滞尘、蓄水、减少土壤侵蚀等效益进行的仿真模拟。

另外，项目实施后还将产生很大的社会效益，这里就不在赘述了。

十、加快江西现代林业发展的八条建议

为推进江西现代林业建设的顺利实施，特提出如下八条建议：

（一）将生态建设指标列为国民经济和社会发展的重要指标

建议将林业和生态建设指标纳入"体现科学发展观"的地方党政领导班子实绩考核的内容，分别制定既公平科学，又能体现不同区域特点的生态建设指标，将其列为国民经济社会发展指标。

（二）以鄱阳湖生态经济区建设为龙头辐射带动全省现代林业

林业要在鄱阳湖生态经济区建设的战略之中定好位、有所为，在鄱阳湖生态经济区建设中发挥主角作用，探索以生态为特色，以发展为核心，以转变发展方式为关键的模式，走出一条科学发展、绿色崛起之路。一是构建保障有力的生态安全体系。二是创新林业建设体制机制，将林业与经济区建设紧密融为一体，形成生态与经济协调发展新模式，建设生态宜居的新型城市群，建设好鄱阳湖生态旅游圈，有效实现生态与旅游的协调和融合发展。

（三）继续发挥集体林改先导和示范作用

江西林改要打好配套改革这场攻坚战，要在深化综合配套改革上求创新、求突破，继续发挥先导和示范作用。一是对明晰产权、减轻税费、放活经营，规范流转等基础改革坚持巩固提高。二是制定森林资源转让、抵押贷款、资产评估等管理制度，完善促进各种要素的优化组合，实现资源的优化组合和配置。三是完善市场交易机制，建立林业产权交易平台，南方林业产权交易所。

四是加大林业合作经济组织建设力度。五是加快建立政策性森林保险制度，提高林农抵御自然灾害的能力。

（四）公共财政对林业的投入应加大到不低于3.0%

加大财政对林业的支持力度，省级林业支出占财政支出的比例应不低于3.0%。建立林业管理部门全额拨款制度，全面推进育林基金改革。争取中央和省级公益林补偿全部到位，加快建立市州、县市区级公益林补偿制度，提高补偿标准。建立以政府政策为引导、市场融资为主渠道、非公有制投资为主体的多元化投入体系。

（五）启动以提高森林质量为核心的森林经营工程

江西森林覆盖率居全国第二，但单位面积森林蓄积量低于全国平均水平，必须大力加强森林经营，提升森林质量。要科学编制全省森林经营工程规划，制订森林经营系列标准，针对不同林种树种，实行标准化、优质化、科学化经营。

（六）大力推进城乡一体化的城市森林建设

将城市森林纳入林业与城市建设统一规划，强化城市林业行政管理职能，明确由林业部门统筹指导，有条件的可以设置专门机构。制定城市林业发展相关法规和技术标准，促进城市林业发展，做到城市、乡村、道路、绿化统筹规划，整体推进。

（七）加强油茶、竹林等江西特色生物资源培育和开发

加强江西特色生物资源的培育，大力扶持农民发展油茶、竹林、珍贵阔叶树等木本粮食、干鲜果品、花卉产业、野生动物驯养繁殖、森林旅游业等产业，探索制定特色资源培育开发的优惠政策，扶持特色资源开发的龙头企业。

（八）加大"五河一湖"湿地保护力度

江西境内赣、抚、信、饶、修五河（两江三河）汇集于鄱阳湖，形成了鄱阳湖完整的流域大系统。建议江西省尽快成立"鄱阳湖湿地保护管理局"。同时，要进一步加大"五河一湖"湿地保护力度，将全省湿地的保护、开发、利用列入国民经济发展的重要议程，并建立湿地保护的政府领导责任制。

各位领导、各位专家：

江西作为我国林业资源大省，要在全国现代林业建设中走在前列。我们相信，江西现代林业发展战略与规划建设的大力实施，必将在改善江西省生态环境的同时，也会为江西的经济社会发展注入新的生机，为全国的现代林业建设作出表率。

谢谢大家！

附录4　　《江西现代林业发展战略研究与规划》

专家评审意见

　　20011年5月14日，江西省人民政府、中国林业科学研究院邀请中国科学院、中国工程院、国务院研究室、国务院参事室、国家发改委、国家林业局、中国林业科学研究院、北京林业大学、南京林业大学、国际竹藤网络中心、江西省有关部门和单位的院士、专家组成评审委员会（名单附后），对《江西现代林业发展战略研究与规划》进行了评审。评审委员会听取了汇报并审阅了规划文本，经讨论，评审意见如下：

　　一、《规划》以科学发展观为指导，以实现国家森林面积和蓄积的"双增"为目标，运用中国现代林业研究成果，结合江西经济社会发展对林业的需求，开展了江西现代林业理念、发展目标、总体布局、工程规划、关键技术、保障体系等方面的战略研究，形成了规划，这对江西现代林业建设具有重要的指导作用。

　　二、《规划》提出了"一湖清水、生态家园、绿色崛起"的发展理念，明确了江西现代林业发展的战略定位，突出强调了林业在促进江西环境经济社会协调发展方面的特殊意义。这一理念具有创新性，对加快江西现代林业发展，建设社会主义新农村和和谐社会具有重要意义。

　　三、《规划》在构建评价与发展指标体系框架的基础上，筛选了包括生态、产业、文化、保障四项内容的20个核心指标。采取多种方法对指标进行了研究，并提出了具有江西特色的发展指标，确定了不同时期的阶段发展目标，具有创新性。

　　四、根据江西自然地理特征、森林资源分布现状、城市群发展趋势，《规划》提出了"一湖一区带四片多点"为一体的林业发展空间格局，对今后江西林业实施资源配置、优化布局具有重要意义。特别是把城市群发展与人居环境改善作为江西现代林业发展的重要内容，充分体现了以人为本、和谐发展的思想。

　　五、《规划》紧密结合实际，提出生态、产业、文化三大体系布局，确定了12项重点林业工程，提出了16项集成配套工程建设关键技术。《规划》科学合理，可操作性强。

　　六、《规划》针对现代林业建设和林权制度改革的新要求，从政策、法制、投入、科技、人力资源、组织等六个方面进行了系统研究。提出将生态指标列为国民经济和社会发展的重要指标，继续发挥集体林改先导和示范作用；提出建立健全支持现代林业发展的公共财政制度、拓宽林业建设融资渠道、促进林业规模经济发展等具体政策和配套措施；明确了以鄱阳湖生态经济区建设为龙头辐射带动全省现代林业途径，具有较强的针对性、前瞻性和可操作性。

　　评审委员会认为，《规划》是一项理论与实践、宏观与微观结合的多学科交叉、涉及面广的系统性、综合性的研究成果，在理论和实践上有创新、有发展，是我国林业科学研究支撑现代林业发展规划的创新成果。

　　评审委员会建议江西省委、省政府在推进江西经济区发展和现代化建设进程中充分吸纳项目研究成果；建议根据专家意见，将《规划》修改完善后，提请江西省人大常委会审议通过，从政策、机构、资金等方面保障《规划》的实施。同时建议国家相关部门加强对江西现代林业建设工作的指导和支持。

主任委员

2011年5月14日

附录 5

《江西现代林业发展战略研究与规划》
评审专家名单

李文华	中国科学院	中国工程院院士、中国生态学会名誉理事长
蒋有绪	中国林业科学研究院	中国科学院院士、中国林业科学研究院首席科学家
杨雍哲	国务院研究室	原国务院研究室副主任、国家林业局专家咨询委员会委员
吴　斌	北京林业大学	党委书记、教授
曹福亮	南京林业大学	校长、教授
盛炜彤	中国林业科学研究院	原国务院参事、中国林业科学研究院首席科学家
吴晓松	国家发改委农业司	副司长、高级工程师
王祝雄	国家林业局植树造林司	司长、教授级高级工程师
汪　绚	国家林业局森林资源管理司	司长、教授级高级工程程
张希武	国家林业局野生动植保护与自然保护区管理司	司长、高级工程师
郝燕湘	国家林业局发展规划与资金管理司	副司长（正司局级）、高级工程师
彭有冬	国家林业局科技司	司长、高级工程师
孙　健	国家林业局全国木材行业管理办公室	主任、研究员
刘世荣	中国林业科学研究院	副院长、研究员
岳永德	国际竹藤网络中心	常务副主任、研究员
陈建武	中国花卉协会	副秘书长、高级工程师
黄晓春	江西省林业厅	党组成员、江西省林业科学研究院院长、研究员
杨杰芳	江西省林业厅发展改革处	处长、高级工程师

附件 6

《江西现代林业发展战略研究与规划》项目
成 员 名 单

项目领导小组

组　　长：江泽慧

副 组 长：陈达恒

成　　员：刘礼祖　张守攻　肖　河　陈幸良　罗　勤

领导小组办公室

负 责 人：刘礼祖　张守攻

主要成员：陈幸良　罗　勤　王　成　胡加林　林　群

项目专家组

组　　长：彭镇华

副 组 长：罗　勤　陈幸良

课题主要成员

课 题 一：江西现代林业发展理念研究

负 责 人：李智勇　李江南

主要成员：樊宝敏　孔凡斌　包英爽　张德成　龚洪恩

课 题 二：江西现代林业发展指标研究

负 责 人：张志强　徐林初

主要成员：谢宝元　唐丽霞　郭　婷　刘光正　戴文辉

课 题 三：江西现代林业发展布局与工程规划

负 责 人：王　成　陈　能　陶康华

主要成员：郄光发　詹晓红　贾宝全　韩玉林　王延波　王旭军

　　　　　施蓓琦　仇宽彪　周国琪　赵九州　张莉霞　严　斌

　　　　　宋法生　刘积红

课 题 四：江西现代林业发展关键技术研究

负 责 人：蔡登谷　江香梅　刘君良　邱尔发

主要成员：孙启祥　刘国华　樊宝敏　肖复明　黄晓凤　彭九生

　　　　　熊彩云　吴英豪　王宗德　林　坚　曾卫明　钟先丽

　　　　　孙柏玲　许　飞　汪　瑛　王荣芬

课 题 五：江西现代林业发展保障体系研究

负 责 人：陈幸良　刘伦武　林　群

主要成员：魏远竹　司武飞　黄安胜　王盼红　詹　青　余江帆

　　　　　陈根平　王秋丽

附 图
APPENDED FIGURE

附图1 江西省森林资源分布

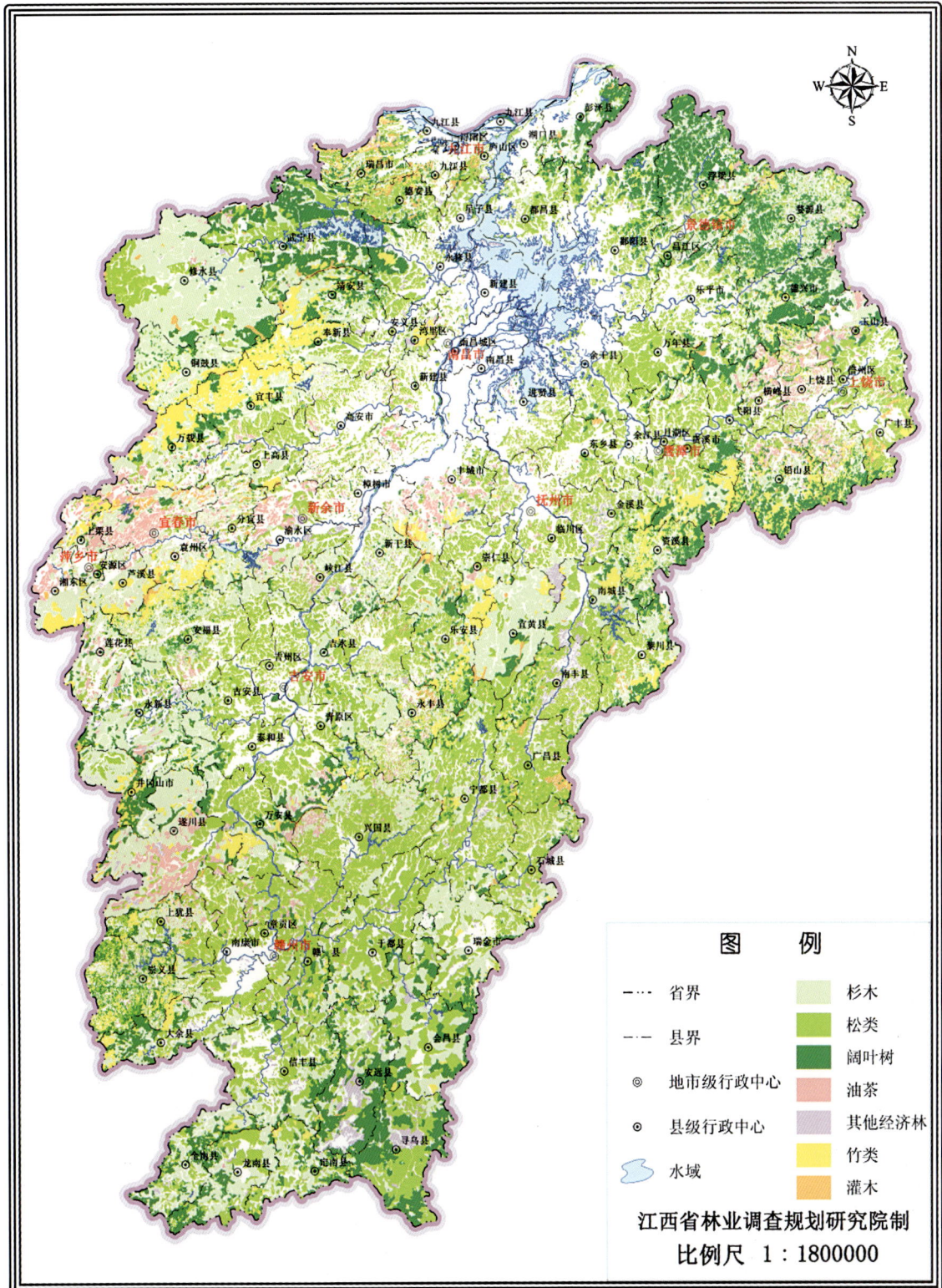

图　例

省界
县界
地市级行政中心
县级行政中心
水域

杉木
松类
阔叶树
油茶
其他经济林
竹类
灌木

江西省林业调查规划研究院制
比例尺 1：1800000

附图2　我国中部地区城市群发展态势图

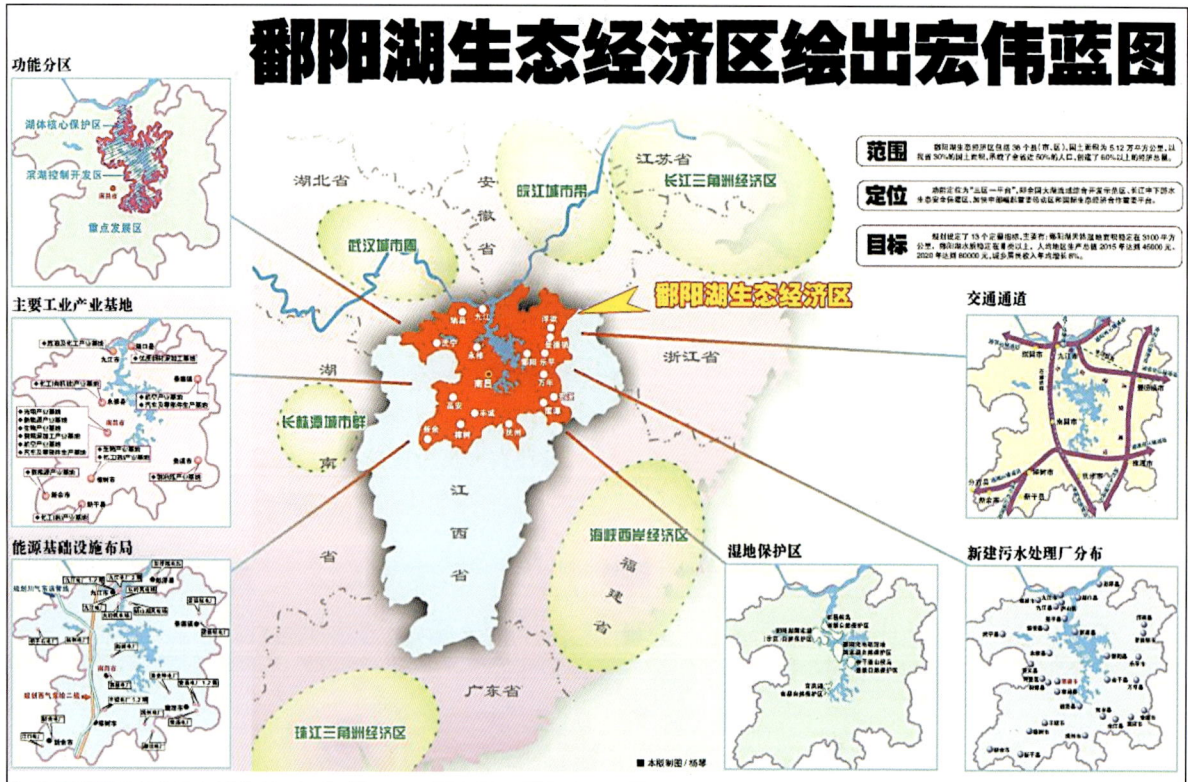
鄱阳湖生态经济区绘出宏伟蓝图

附图3

江西省卫星影像图

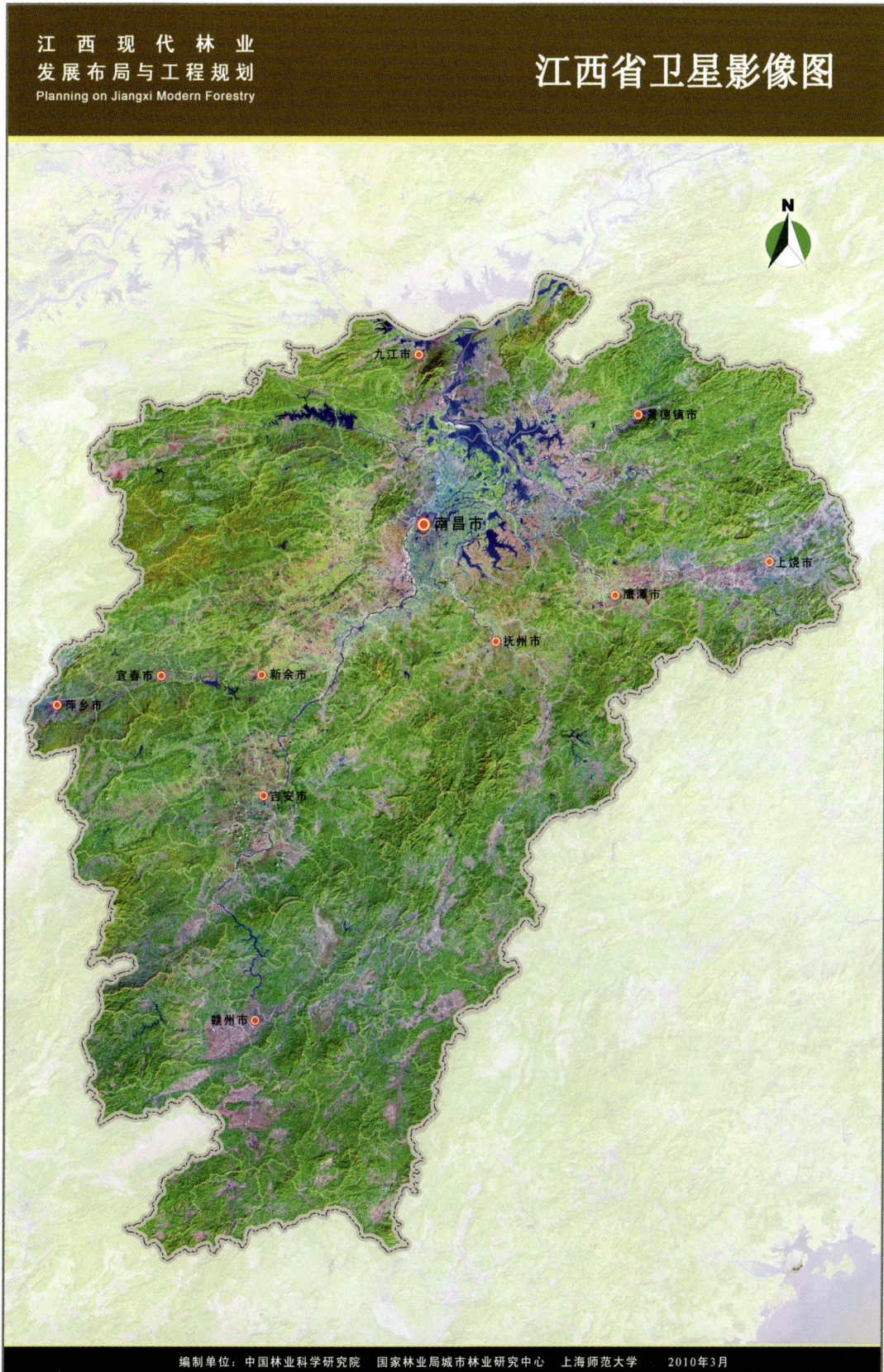

九江市

景德镇市

南昌市

上饶市

鹰潭市

抚州市

宜春市　新余市

萍乡市

吉安市

赣州市

编制单位：中国林业科学研究院　国家林业局城市林业研究中心　上海师范大学　2010年3月

附图4

江西现代林业
发展布局与工程规划
Planning on Jiangxi Modern Forestry

江西省自然背景图

江西省地形图

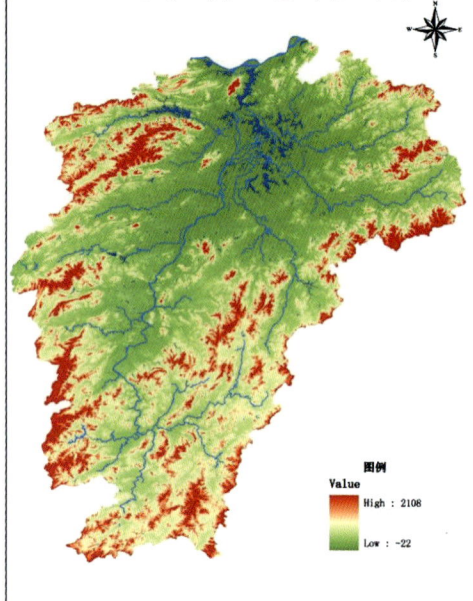

江西省地质图

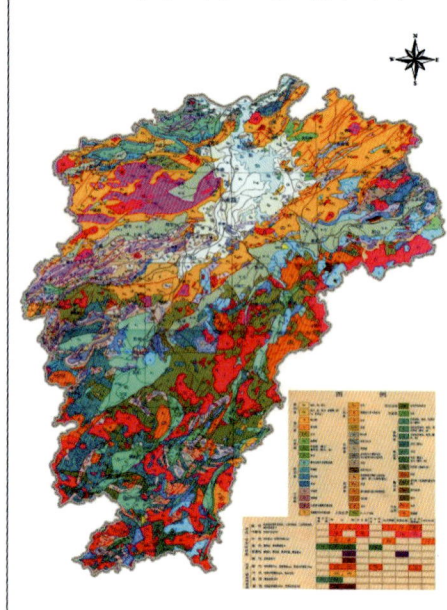

江西省岩层图

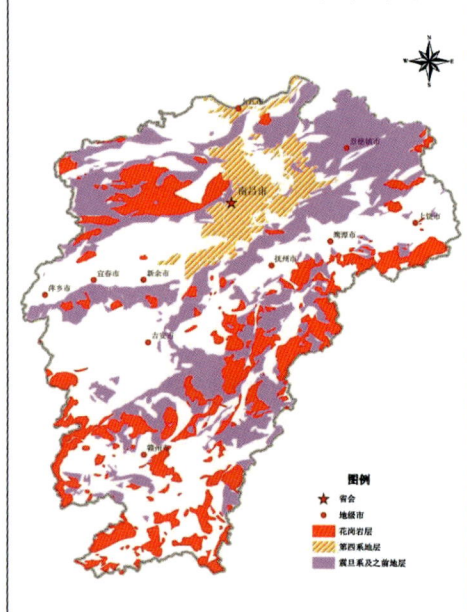

江西省植被图

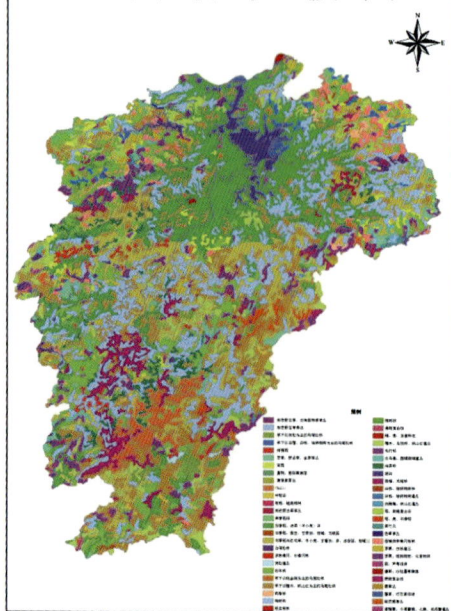

编制单位：中国林业科学研究院　国家林业局城市林业研究中心　上海师范大学　2010年3月

附图5

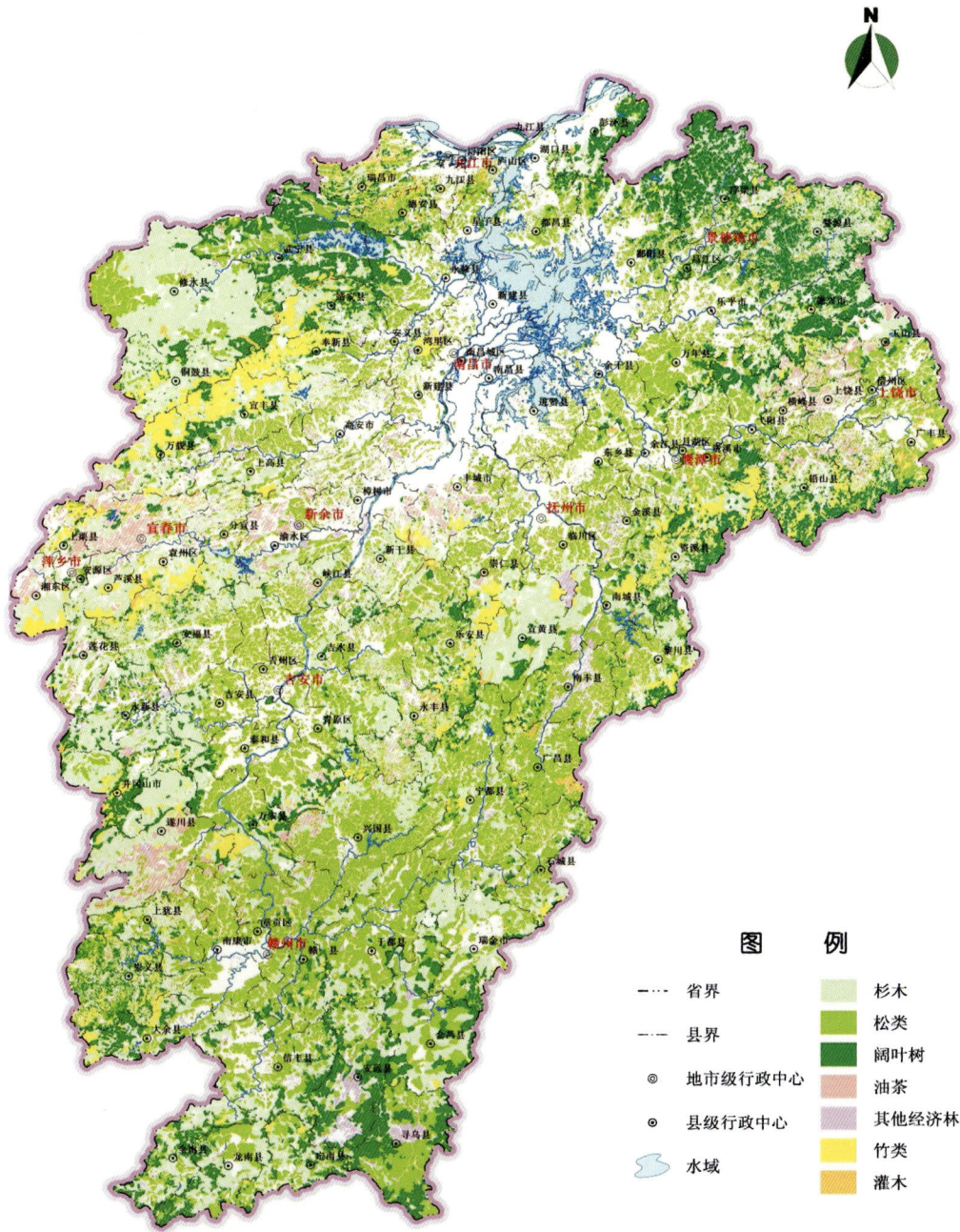

编制单位：中国林业科学研究院　国家林业局城市林业研究中心　上海师范大学　2010年3月

附图6

江西现代林业发展布局与工程规划
Planning on Jiangxi Modern Forestry

林业生产力分布图

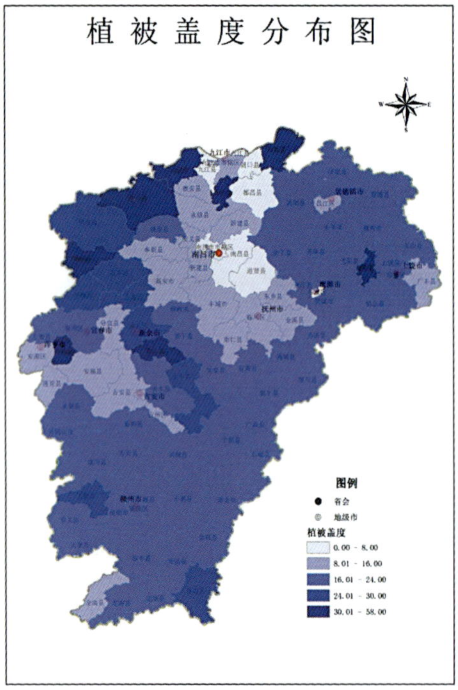

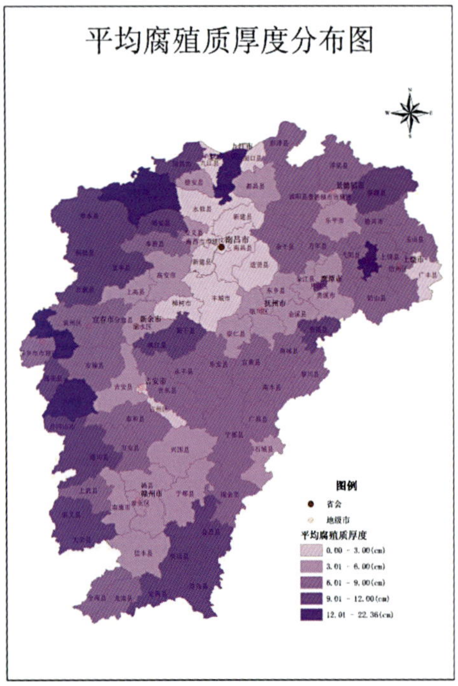

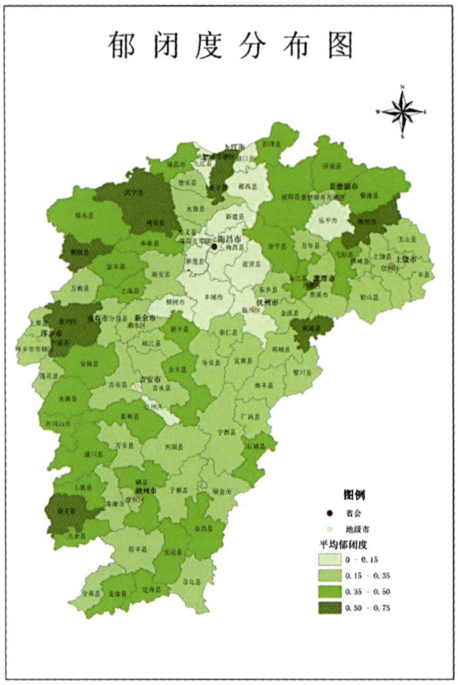

生态公益林区域分布图

植被盖度分布图

平均腐殖质厚度分布图

郁闭度分布图

编制单位：中国林业科学研究院　国家林业局城市林业研究中心　上海师范大学　2010年3月

附图7

江西省现代林业区划图

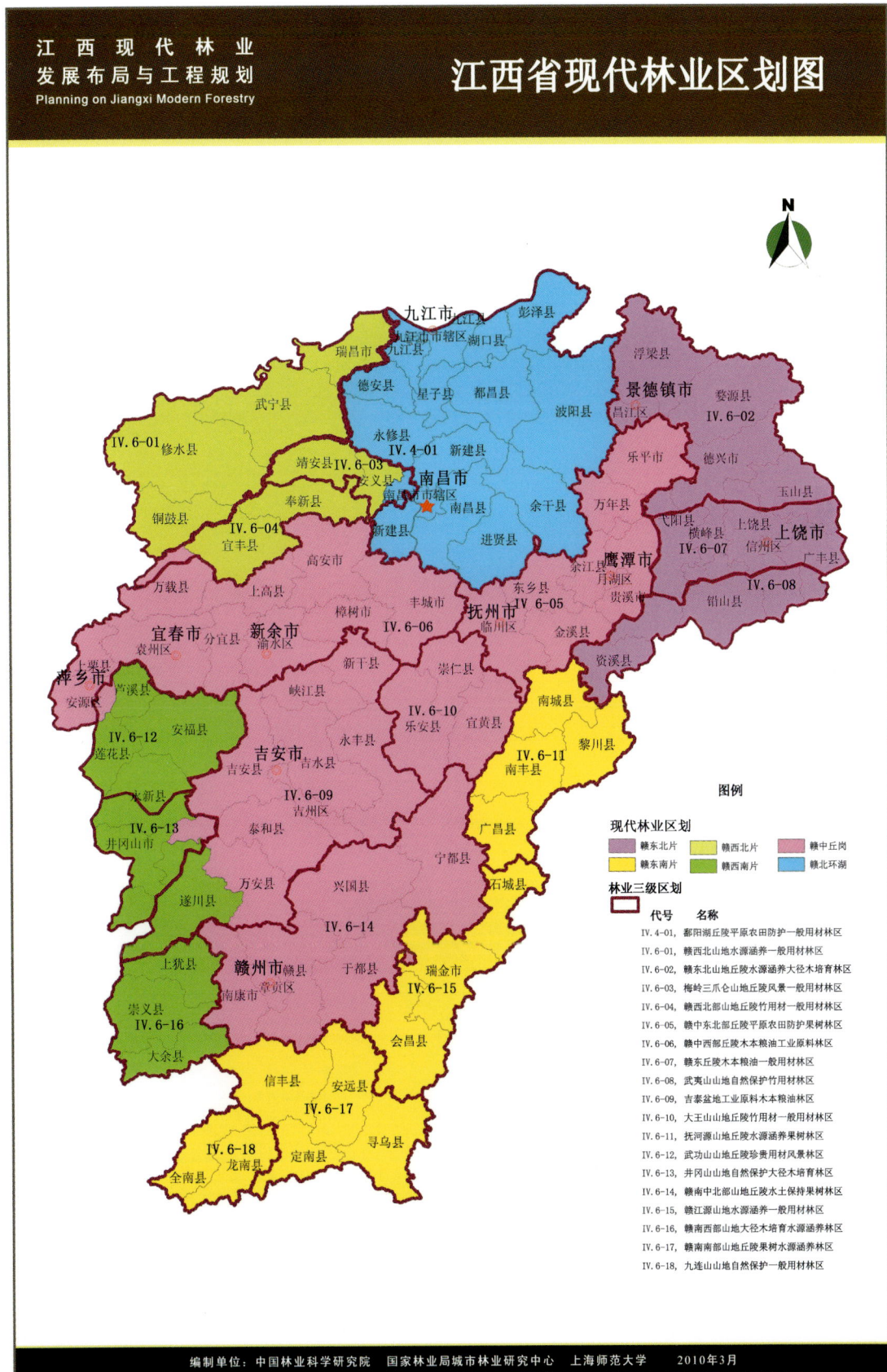

图例

现代林业区划

- 赣东北片
- 赣西北片
- 赣中丘岗
- 赣东南片
- 赣西南片
- 赣北环湖

林业三级区划

代号　名称

- IV.4-01，鄱阳湖丘陵平原农田防护一般用材林区
- IV.6-01，赣西北山地水源涵养一般用材林区
- IV.6-02，赣东北山地丘陵水源涵养大径木培育林区
- IV.6-03，梅岭三爪仑山地丘陵风景一般用材林区
- IV.6-04，赣西北部山地丘陵竹用材一般用材林区
- IV.6-05，赣中东北部丘陵平原农田防护果树林区
- IV.6-06，赣中西部丘陵木本粮油工业原料林区
- IV.6-07，赣东丘陵木本粮油一般用材林区
- IV.6-08，武夷山山地自然保护竹用材林区
- IV.6-09，吉泰盆地工业原料木本粮油用材林区
- IV.6-10，大王山山地丘陵竹用材一般用材林区
- IV.6-11，抚河源山地丘陵水源涵养果树林区
- IV.6-12，武功山山地丘陵珍贵用材风景林区
- IV.6-13，井冈山山地自然保护大径木培育林区
- IV.6-14，赣南中北部山地丘陵水土保持果树林区
- IV.6-15，赣江源山地水源涵养一般用材林区
- IV.6-16，赣南西部山地大径木培育水源涵养林区
- IV.6-17，赣南南部山地丘陵果树水源涵养林区
- IV.6-18，九连山山地自然保护一般用材林区

附图8

江西现代林业
发展布局与工程规划
Planning on Jiangxi Modern Forestry

林业发展总体布局示意图

布局框架：

一湖一区二带四片多点

N

带1
环鄱阳湖城市带

九江市

景德镇市

片2
赣西北

湖
滩地林业

片1
赣东北

南昌市

上饶市

鹰潭市

抚州市

宜春市

新余市

萍乡市

区
丘岗林业

带2
浙赣线城市带

吉安市

片3
赣东南

片4
赣西南

赣州市

带3
京九线城市带

（1）一湖：湖区林业
——抑螺防病致富，促进湿地保护利用。该区域包括南昌市、九江市、上饶市所辖的部分滨湖区县。

（2）一区：丘岗林业
——调整林种结构，提高生态经济效益。该区域位于江西省中南部，地貌以丘陵、岗地为主，处于山地与河谷平原的过渡地带。

（3）二带：城市林业
——改善人居环境，保障城市协调发展。
◆京九线城市带——以南昌、九江、吉安、赣州为中心的京九铁路、赣江沿线城市构成。
◆浙赣线城市带——以萍乡、宜春、新余、鹰潭、上饶为中心的浙赣铁路沿线城市构成。

中心城市
城市林业

（4）四片：山地林业
——保障生态安全，打造特色产业基地。
◆赣东北片——以三清山为主构成的森林培育区：包括浮梁、昌江、婺源、彭泽、德兴、玉山、弋阳、横峰、上饶、信州、广丰北部等县（市、区）。◆赣西北片——以幕阜山、九岭山为主构成的森林培育区：包括铜鼓、修水、武宁、瑞昌、湾里、安义、靖安、奉新、宜丰、万载西北等县（市、区）。◆赣东南片——以武夷山为主构成的森林培育区：包括铅山、广丰、贵溪、资溪、广昌、南丰、黎川、南城、宜黄、乐安、瑞金、石城、会昌、安远、寻乌、定南、龙南、全南等县（市、区）。◆赣西南片——以武功山、罗霄山为主构成的森林培育区：包括芦溪、安福、莲花、永新、井冈山、遂川、泰和西部、崇义、大余和上犹等县（市）。

（5）多点：乡村林业

编制单位：中国林业科学研究院　国家林业局城市林业研究中心　上海师范大学　2010年3月

附图9

江西现代林业发展布局与工程规划
Planning on Jiangxi Modern Forestry

林业生态体系布局示意图

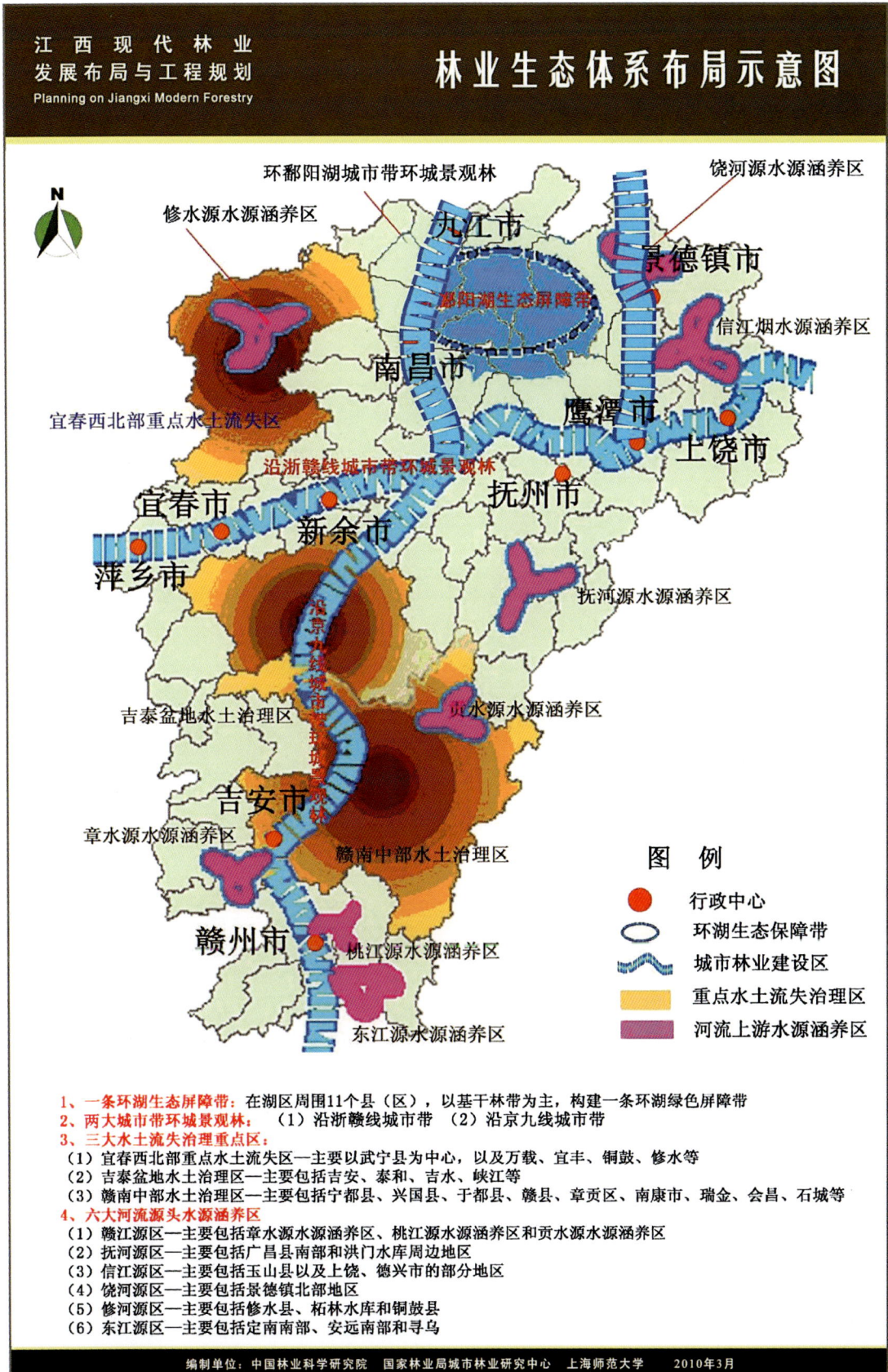

环鄱阳湖城市带环城景观林
饶河源水源涵养区
修水源水源涵养区
九江市
景德镇市
信江烟水源涵养区
鄱阳湖生态屏障带
南昌市
宜春西北部重点水土流失区
鹰潭市
上饶市
沿浙赣线城市带环城景观林
抚州市
宜春市
新余市
萍乡市
抚河源水源涵养区
吉泰盆地水土治理区
贡水源水源涵养区
吉安市
章水源水源涵养区
赣南中部水土治理区
赣州市
桃江源水源涵养区
东江源水源涵养区

图 例
- 行政中心
- 环湖生态保障带
- 城市林业建设区
- 重点水土流失治理区
- 河流上游水源涵养区

1、一条环湖生态屏障带：在湖区周围11个县（区），以基干林带为主，构建一条环湖绿色屏障带
2、两大城市带环城景观林：（1）沿浙赣线城市带 （2）沿京九线城市带
3、三大水土流失治理重点区：
（1）宜春西北部重点水土流失区—主要以武宁县为中心，以及万载、宜丰、铜鼓、修水等
（2）吉泰盆地水土治理区—主要包括吉安、泰和、吉水、峡江等
（3）赣南中部水土治理区—主要包括宁都县、兴国县、于都县、赣县、章贡区、南康市、瑞金、会昌、石城等
4、六大河流源头水源涵养区：
（1）赣江源区—主要包括章水源水源涵养区、桃江源水源涵养区和贡水源水源涵养区
（2）抚河源区—主要包括广昌县南部和洪门水库周边地区
（3）信江源区—主要包括玉山县以及上饶、德兴市的部分地区
（4）饶河源区—主要包括景德镇北部地区
（5）修河源区—主要包括修水县、柘林水库和铜鼓县
（6）东江源区—主要包括定南南部、安远南部和寻乌

编制单位：中国林业科学研究院 国家林业局城市林业研究中心 上海师范大学 2010年3月

附图10

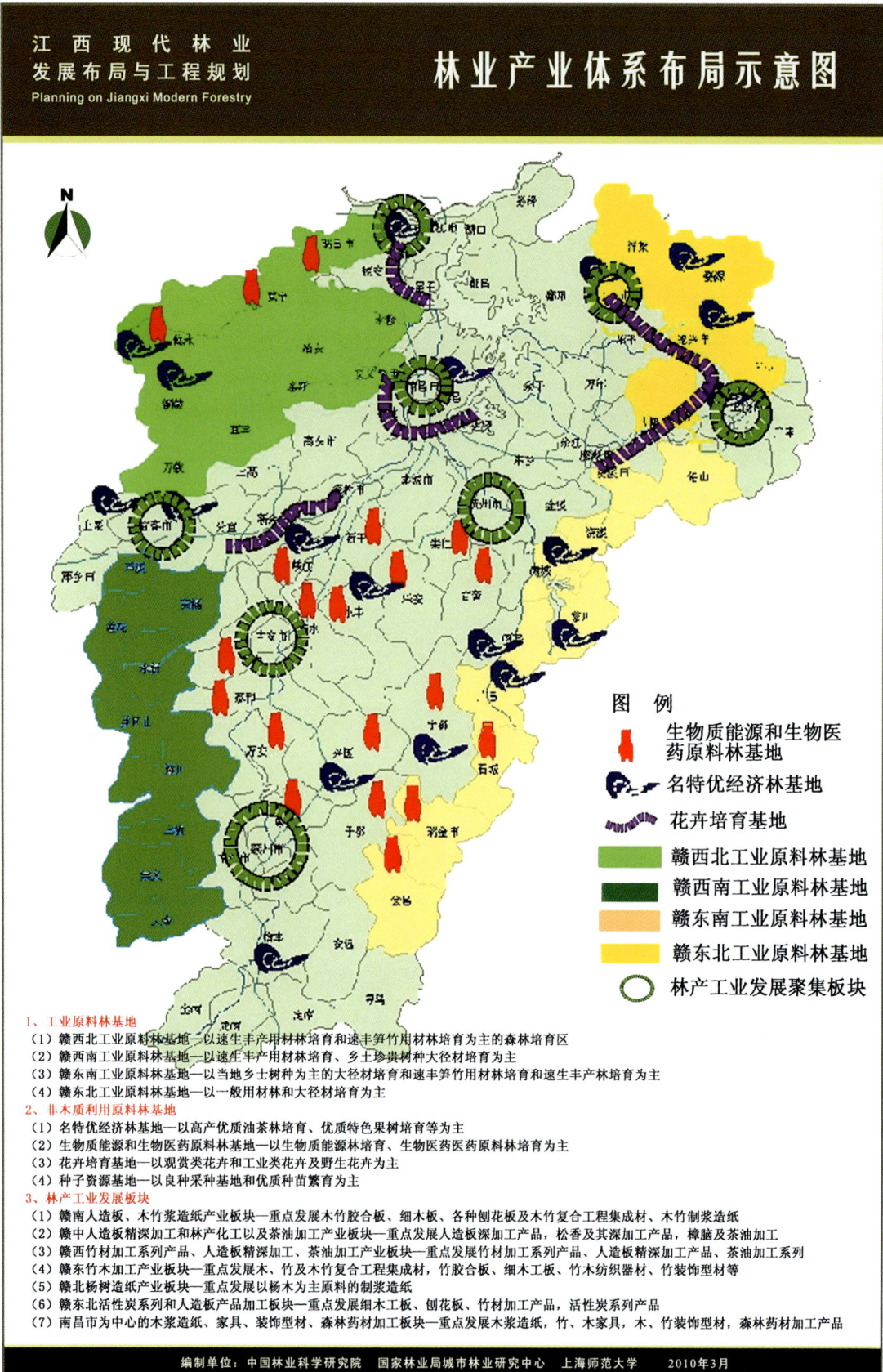

江西现代林业
发展布局与工程规划
Planning on Jiangxi Modern Forestry

林业产业体系布局示意图

图 例

- 生物质能源和生物医药原料林基地
- 名特优经济林基地
- 花卉培育基地
- 赣西北工业原料林基地
- 赣西南工业原料林基地
- 赣东南工业原料林基地
- 赣东北工业原料林基地
- 林产工业发展聚集板块

1、工业原料林基地
(1) 赣西北工业原料林基地—以速生丰产用材林培育和速丰笋竹用材林培育为主的森林培育区
(2) 赣西南工业原料林基地—以速生丰产用材林培育、乡土珍贵树种大径材培育为主
(3) 赣东南工业原料林基地—以当地乡土树种为主的大径材培育和速丰笋竹用材林培育和速生丰产林培育为主
(4) 赣东北工业原料林基地—以一般用材林和大径材培育为主

2、非木质利用原料林基地
(1) 名特优经济林基地—以高产优质油茶林培育、优质特色果树培育等为主
(2) 生物质能源和生物医药原料林基地—以生物质能源林培育、生物医药医药原料林培育为主
(3) 花卉培育基地—以观赏类花卉和工业类花卉及野生花卉为主
(4) 种子资源基地—以良种采种基地和优质种苗繁育为主

3、林产工业发展板块
(1) 赣南人造板、木竹浆造纸产业板块—重点发展木竹胶合板、细木板、各种刨花板及木竹复合工程集成材、木竹制浆造纸
(2) 赣中人造板精深加工和林产化工以及茶油加工产业板块—重点发展人造板深加工产品，松香及其深加工产品，樟脑及茶油加工
(3) 赣西竹材加工系列产品、人造板精深加工、茶油加工产业板块—重点发展竹材加工系列产品、人造板精深加工产品、茶油加工系列
(4) 赣东竹木加工产业板块—重点发展木、竹及木竹复合工程集成材，竹胶合板、细木工板、竹木纺织器材、竹装饰型材等
(5) 赣北杨树造纸产业板块—重点发展以杨木为主原料的制浆造纸
(6) 赣东北活性炭系列和人造板产品加工板块—重点发展细木工板、刨花板、竹材加工产品，活性炭系列产品
(7) 南昌市为中心的木浆造纸、家具、装饰型材、森林药材加工板块—重点发展木浆造纸，竹、木家具，木、竹装饰型材，森林药材加工产品

编制单位: 中国林业科学研究院　国家林业局城市林业研究中心　上海师范大学　2010年3月

附图11

江西现代林业
发展布局与工程规划
Planning on Jiangxi Modern Forestry

生态文化体系布局示意图

赣北生态文化区
--湿地文化

赣北生态文化区
--名山文化

南昌生态文化区南昌生态文化
--滕王阁　　　--绳金塔

赣东生态文化区
--道教文化

赣东生态文化区
--道教文化

赣西生态文化区
--禅宗文化

赣北生态文化区
（山水文化）

南昌城市
生态文化区

赣西生态文化区
（禅宗文化）

互动生态文化区

赣东生态文化区
（道教与瓷）

赣东生态文化区
--道教文化

赣南生态文化区
--客家文化

赣南生态文化区
（红色文化与客家文化）

赣南生态文化区
--红色文化

赣南生态文化区
--红色文化

图　例

◎　省会城市
⊙　地级市
──　水系
　　城乡生态文化带
　　湖泊、水库
　　南昌生态文化区
　　赣东生态文化区
　　赣北生态文化区
　　赣南生态文化区
　　赣西生态文化区

1.南昌城市生态文化区：（1）风景名胜区生态文化建设；（2）红色生态文化建设
2.赣北生态文化区（山水文化）：（1）名山生态文化区；（2）湿地生态文化区
3.赣东生态文化区（道教与瓷）：（1）道教生态文化区；（2）景德镇瓷器生态文化区
4.赣南生态文化区（红色文化与客家文化）：（1）红色生态文化区；（2）客家文化生态文化区
5.赣西生态文化区（禅宗文化）：赣西禅宗生态文化
6.浙赣线城乡生态文化区建设：（1）萍乡—红色生态文化建设；（2）上饶、鹰潭—森林生态文化及生态农业文化建设；
（3）新余、宜春—广泛开展乡村建设，巩固城乡生态文化建设成果
7.京九线城乡生态文化带：（1）九江、南昌、景德镇—依托鄱阳湖生态经济区，加快城乡林业一体化建设；（2）吉安、赣州—结合河流
源地自然保护区、森林公园以及名特优产品优势开展城乡生态文化建设

编制单位：中国林业科学研究院　国家林业局城市林业研究中心　上海师范大学　　　2010年3月

附图12

江西现代林业
发展布局与工程规划
Planning on Jiangxi Modern Forestry

森林质量提升工程

马尾松　湿地松　杉木　针叶林　阔叶林

水土流失区建设

工矿废弃地

宜林荒地

杉木林

迹地

水源涵养林

通过植树造林、封山育林、退耕还林，乔灌草及藤本植物相结合，增加森林植被覆盖率。

重点建设范围：在赣中盆地丘陵区、赣东南丘陵低山区。

建设内容

1、针叶纯林改造
2、迹地与宜林荒地造林
3、水源涵养林建设
4、工矿废弃地植被恢复
5、水土流失区植被建设
6、交通干线两旁、重要城镇周围森林提质
7、平原农业防护林培育

图例

0.5

马尾松密度
杉木密度
湿地松密度

阔叶林密度

0.00% ~ 3.00%
3.01% ~ 9.00%
9.01% ~ 18.0%
18.1% ~ 41.6%

编制单位：中国林业科学研究院　国家林业局城市林业研究中心　上海师范大学　　2010年3月

附图13

江西现代林业发展布局与工程规划
Planning on Jiangxi Modern Forestry

林业血防工程

枫杨

建设范围

血防林建设地点主要为湖洲、滩地，以及沟渠路旁，涉及南昌、九江、上饶、宜春、鹰潭、景德镇、吉安、赣州等8个设区市的40个县（市、区）。

柳树

鄱阳湖滩地

重阳木

鄱阳湖血防林防治林路

池杉

工程目标

2011~2015年的建设总规模为7.26万公顷。2016~2020年的建设总规模为2.50万公顷。

杨树

赣南血防林防治林带

落羽杉

乌桕

图例
水域密度

	0.00% ~ 3.00%
	3.01% ~ 6.00%
	6.01% ~ 12.00%
	12.01% ~ 24.00%
	24.01% ~ 37.31%

编制单位：中国林业科学研究院　国家林业局城市林业研究中心　上海师范大学　　2010年3月

附图14

江西现代林业
发展布局与工程规划
Planning on Jiangxi Modern Forestry

湿地与野生动植物保育工程

桃花岭梅花鹿自然保护区

庐山自然保护区

鄱阳湖自然保护区

鸳鸯湖自然保护区

修河源湿地公园

东鄱阳湖国家湿地公园

九岭山自然保护区

南矶山自然保护区

官山自然保护区

青岚湖自然保护区

二十把自然保护区

药湖国家湿地公园

马头山自然保护区

武夷山自然保护区

休闲江国家湿地公园

老虎脑自然保护区

华南虎自然保护区

岩泉自然保护区

建设内容

1、 湿 地 保 护
2、 湿 地 恢 复
3、 野生动植物保护

雌湖国家湿地公园

木浆自然保护区

井冈山自然保护区

赣江源自然保护区

2011-2015年，在对现有自然保护区和湿地资源的保护和管理外，新建自然保护区10个。
2016-2020年，在对已有自然保护区和湿地资源的保护和管理外，加强对野生自然资源的保护，新建自然保护区15个。

齐云山自然保护区

阳岭自然保护区

图例

⬤ 重点保育区

⬠ 湿地公园

🟩 自然保护区

🟥 国家级自然保护区

赣江湖国家湿地公园

九连山自然保护区

编制单位：中国林业科学研究院　国家林业局城市林业研究中心　上海师范大学　　2010年3月

附图15

商品林培育工程——用材林

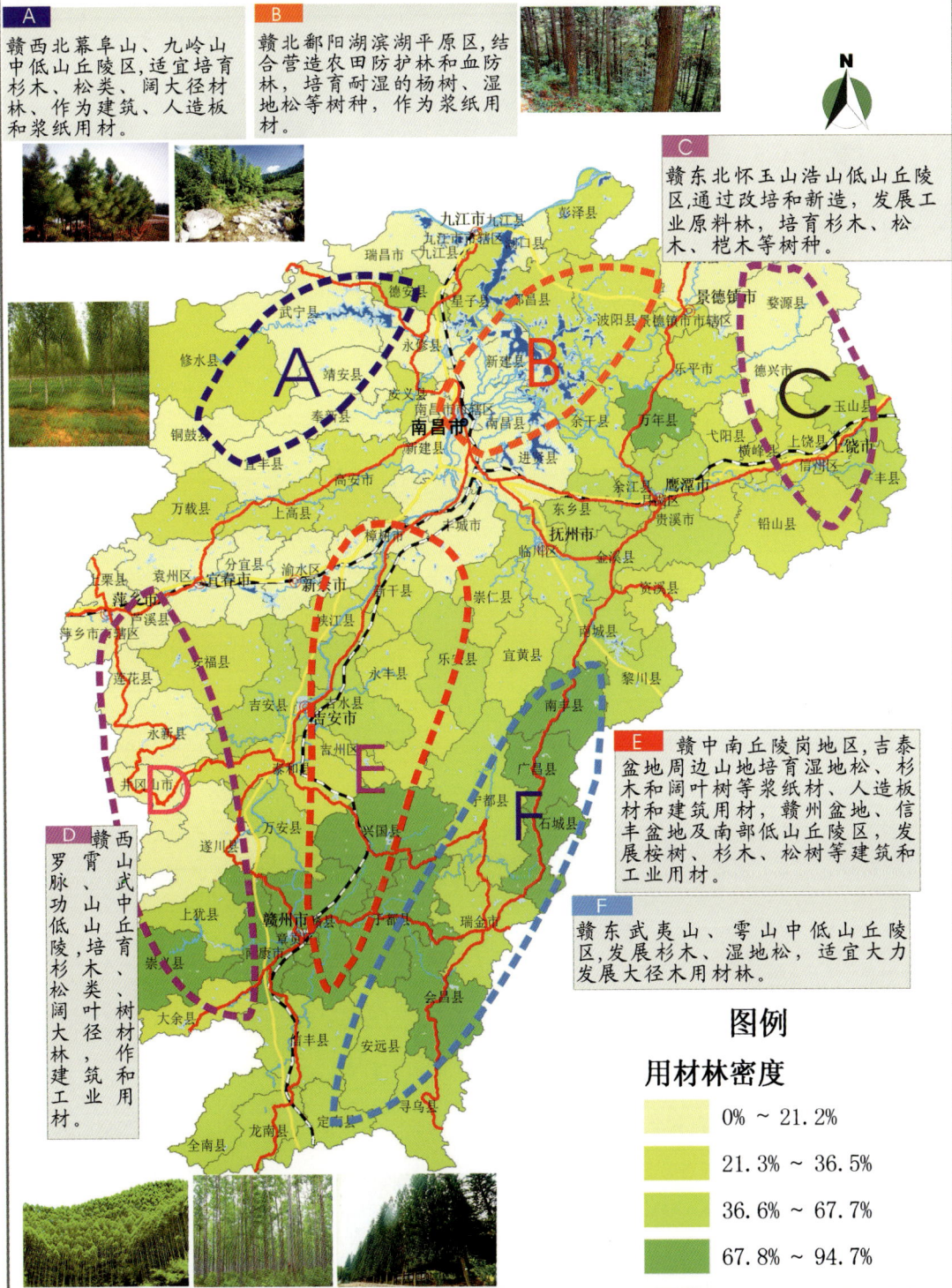

江西现代林业
发展布局与工程规划
Planning on Jiangxi Modern Forestry

A 赣西北幕阜山、九岭山中低山丘陵区,适宜培育杉木、松类、阔大径材林,作为建筑、人造板和浆纸用材。

B 赣北鄱阳湖滨湖平原区,结合营造农田防护林和血防林,培育耐湿的杨树、湿地松等树种,作为浆纸用材。

C 赣东北怀玉山浩山低山丘陵区,通过改培和新造,发展工业原料林,培育杉木、松木、桤木等树种。

D 赣西山武中丘育、树材作和用罗脉功低陵杉松阔大林建工材。赣霄、山山培木类叶径,筑业

E 赣中南丘陵岗地区,吉泰盆地周边山地培育湿地松、杉木和阔叶树等浆纸材、人造板材和建筑用材,赣州盆地、信丰盆地及南部低山丘陵区,发展桉树、杉木、松树等建筑和工业用材。

F 赣东武夷山、雩山中低山丘陵区,发展杉木、湿地松,适宜大力发展大径木用材林。

南昌市

九江市九工县 彭泽县
九江市瑞昌市 湖口县
瑞昌市 德安县 星子县 都昌县 波阳县景德镇市市辖区 景德镇市 婺源县
武宁县 永修县 乐平市 德兴市
修水县 靖安县 安义县 南昌市市辖区 南昌县 余干县 万年县 玉山县
奉新县 新建县 进贤县 弋阳县 横峰县 上饶县上饶市 信州区
铜鼓县 高安市 东乡县 鹰潭市 贵溪市 铅山县
宜丰县 万载县 上高县 丰城市 抚州市 金溪县 资溪县
分宜县 渝水区 临川市
上栗县 袁州区 宜春市 新余市 樟树市 新干县 崇仁县 南城县
萍乡市湘东区 芦溪县 峡江县 乐安县 宜黄县 黎川县
莲花县 永福县 永丰县 南丰县
吉安市 吉水县 广昌县
永新县 吉安县 井冈山 泰和县 于都县 石城县
遂川县 万安县 兴国县 瑞金市
上犹县 赣州市 会昌县
崇义县 于都县 安远县
大余县 信丰县 寻乌县
全南县 龙南县 定南县

图例

用材林密度

	0% ~ 21.2%
	21.3% ~ 36.5%
	36.6% ~ 67.7%
	67.8% ~ 94.7%

编制单位:中国林业科学研究院 国家林业局城市林业研究中心 上海师范大学 2010年3月

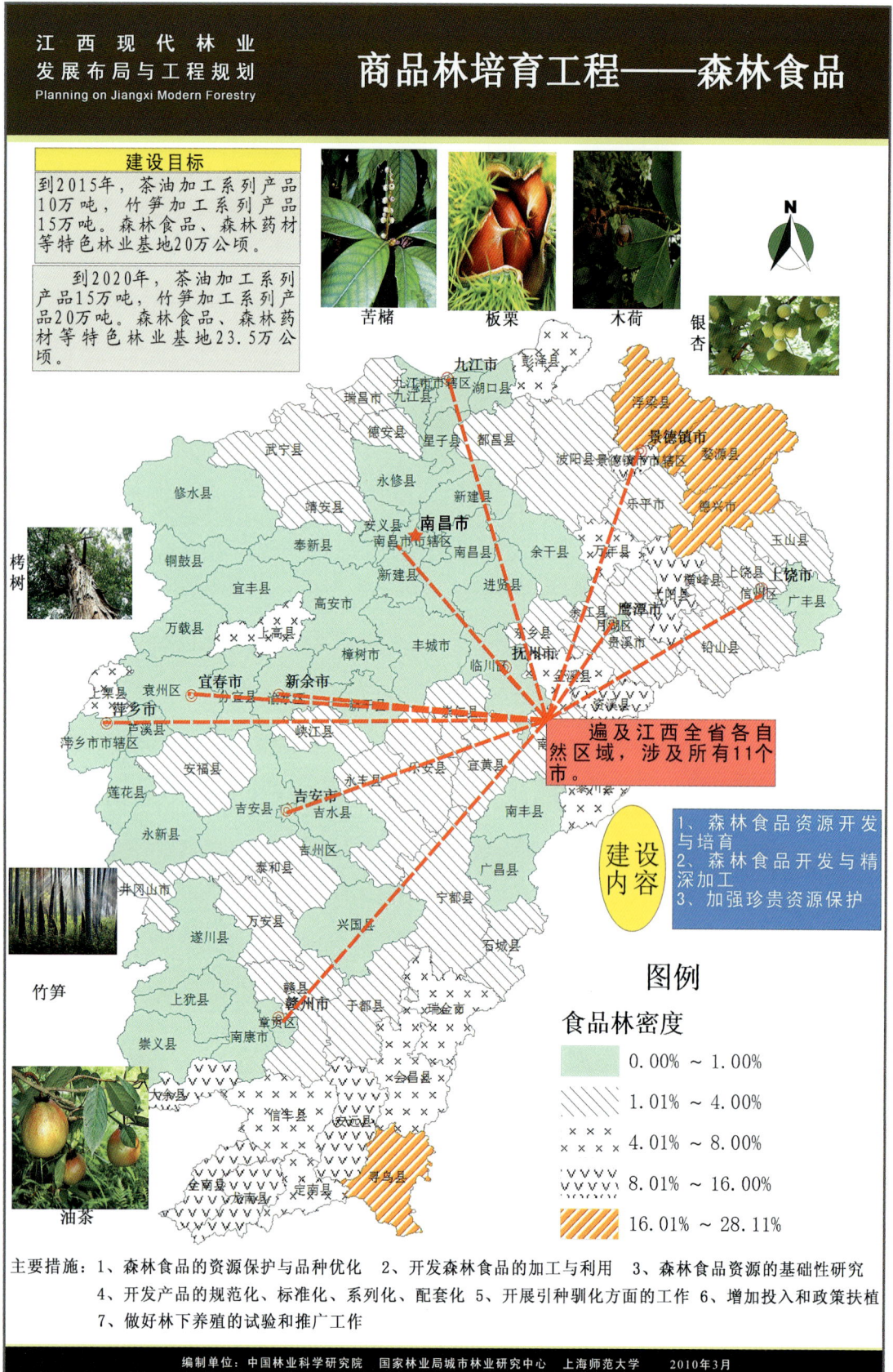

附图16

江 西 现 代 林 业
发 展 布 局 与 工 程 规 划
Planning on Jiangxi Modern Forestry

商品林培育工程——森林食品

建设目标

到2015年，茶油加工系列产品10万吨，竹笋加工系列产品15万吨。森林食品、森林药材等特色林业基地20万公顷。

到2020年，茶油加工系列产品15万吨，竹笋加工系列产品20万吨。森林食品、森林药材等特色林业基地23.5万公顷。

苦槠　板栗　木荷　银杏

栲树

竹笋

油茶

遍及江西全省各自然区域，涉及所有11个市。

建设内容

1、森林食品资源开发与培育
2、森林食品开发与精深加工
3、加强珍贵资源保护

图例

食品林密度

0.00% ～ 1.00%

1.01% ～ 4.00%

4.01% ～ 8.00%

8.01% ～ 16.00%

16.01% ～ 28.11%

主要措施：1、森林食品的资源保护与品种优化　2、开发森林食品的加工与利用　3、森林食品资源的基础性研究
4、开发产品的规范化、标准化、系列化、配套化　5、开展引种驯化方面的工作　6、增加投入和政策扶植
7、做好林下养殖的试验和推广工作

编制单位：中国林业科学研究院　国家林业局城市林业研究中心　上海师范大学　2010年3月

附图17

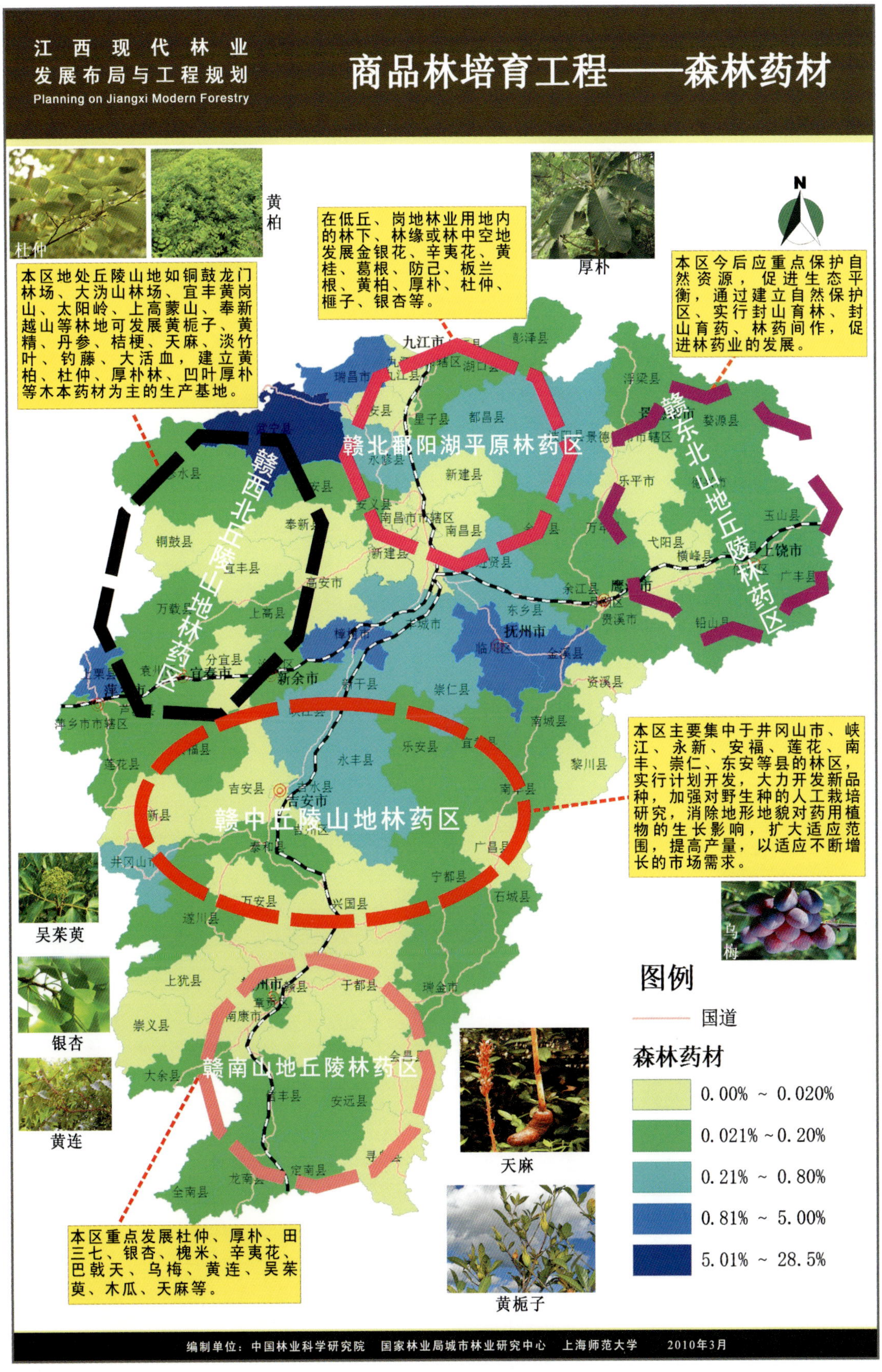
江西现代林业
发展布局与工程规划
Planning on Jiangxi Modern Forestry
商品林培育工程——森林药材
杜仲
黄柏
本区地处丘陵山地如铜鼓龙门林场、大沩山林场、宜丰黄岗山、太阳岭、上高蒙山、奉新越山等林地可发展黄栀子、黄精、丹参、桔梗、天麻、淡竹叶、钓藤、大活血，建立黄柏、杜仲、厚朴林、凹叶厚朴等木本药材为主的生产基地。
在低丘、岗地林业用地内的林下、林缘或林中空地发展金银花、辛夷花、黄桂、葛根、防己、板兰根、黄柏、厚朴、杜仲、榧子、银杏等。
厚朴
N
本区今后应重点保护自然资源，促进生态平衡，通过建立自然保护区、实行封山育林、封山育药、林药间作，促进林药业的发展。
赣西北丘陵山地林药区
赣北鄱阳湖平原林药区
赣东北山地丘陵林药区
赣中丘陵山地林药区
赣南山地丘陵林药区
本区主要集中于井冈山市、峡江、永新、安福、莲花、南丰、崇仁、东安等县的林区，实行计划开发，大力开发新品种，加强对野生种的人工栽培研究，消除地形地貌对药用植物的生长影响，扩大适应范围，提高产量，以适应不断增长的市场需求。
吴茱萸
银杏
黄连
乌梅
天麻
黄栀子
本区重点发展杜仲、厚朴、田三七、银杏、槐米、辛夷花、巴戟天、乌梅、黄连、吴茱萸、木瓜、天麻等。
图例
国道
森林药材
0.00% ~ 0.020%
0.021% ~ 0.20%
0.21% ~ 0.80%
0.81% ~ 5.00%
5.01% ~ 28.5%
编制单位：中国林业科学研究院　国家林业局城市林业研究中心　上海师范大学　　2010年3月

附图18

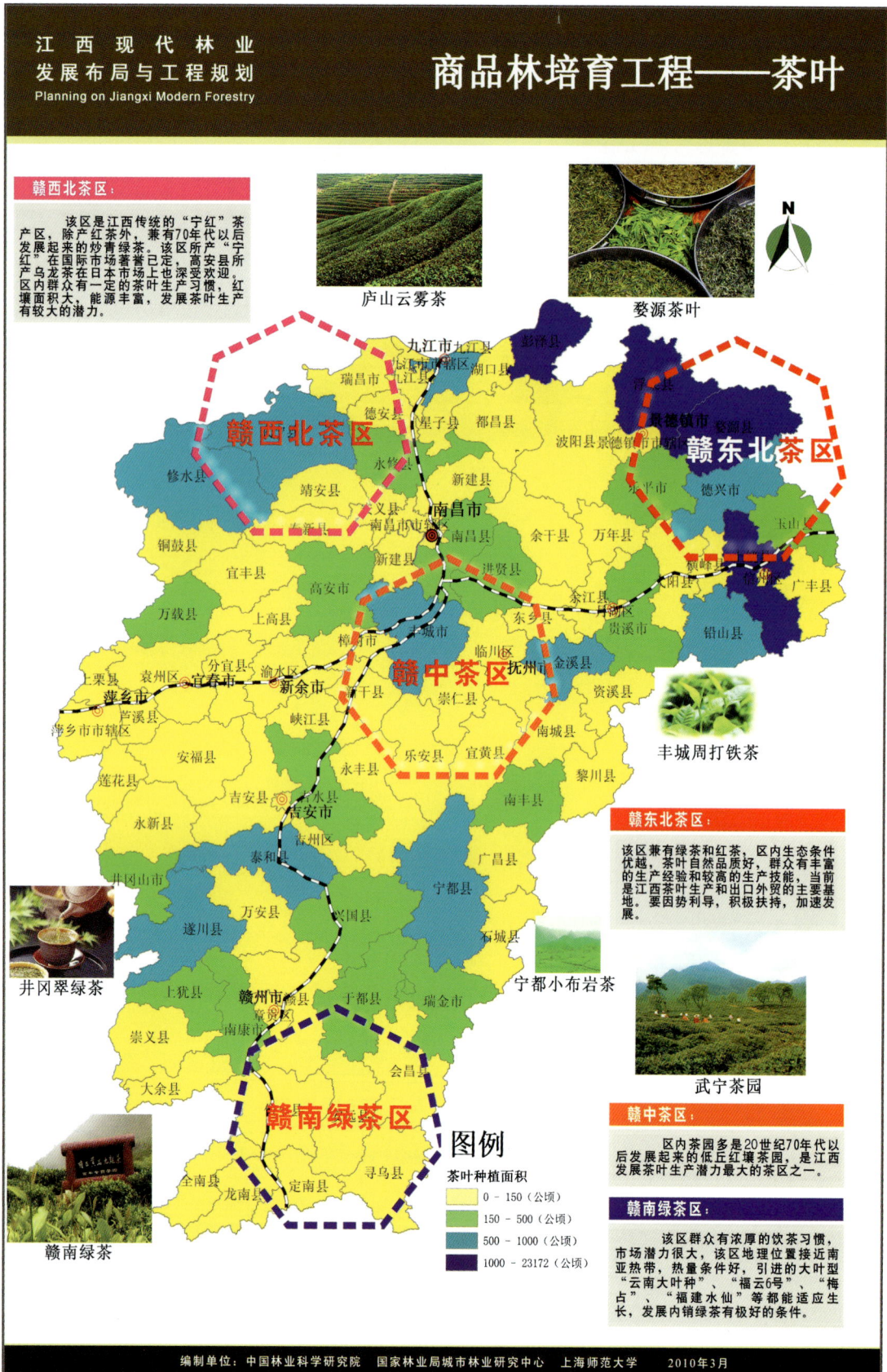

江西现代林业
发展布局与工程规划
Planning on Jiangxi Modern Forestry

商品林培育工程——茶叶

赣西北茶区：

该区是江西传统的"宁红"茶产区，除产红青茶外，兼有70年代以后发展起来的炒青绿茶。该区所产"宁红"在国际市场著名，已定上也高安县所产乌龙茶在日本市场深受欢迎，区内群众有一定的产茶叶生产习惯，红壤面积大，能源丰富，发展茶叶生产有较大的潜力。

庐山云雾茶

婺源茶叶

赣东北茶区：

该区兼有绿茶和红茶，区内生态条件优越，茶叶自然品质好，群众有丰富的生产经验和较高的生产技能，当前是江西茶叶生产和出口外贸的主要基地。要因势利导，积极扶持，加速发展。

丰城周打铁茶

赣中茶区：

区内茶园多是20世纪70年代以后发展起来的低丘红壤茶园，是江西发展茶叶生产潜力最大的茶区之一。

赣南绿茶区：

该区群众有浓厚的饮茶习惯，市场潜力很大，该区地理位置接近南亚热带，热量条件好，引进的大叶型"云南大叶种"、"福云6号"、"梅占"、"福建水仙"等都能适应生长，发展内销绿茶有极好的条件。

井冈翠绿茶

宁都小布岩茶

武宁茶园

赣南绿茶

图例

茶叶种植面积
- 0 - 150（公顷）
- 150 - 500（公顷）
- 500 - 1000（公顷）
- 1000 - 23172（公顷）

编制单位：中国林业科学研究院　国家林业局城市林业研究中心　上海师范大学　　2010年3月

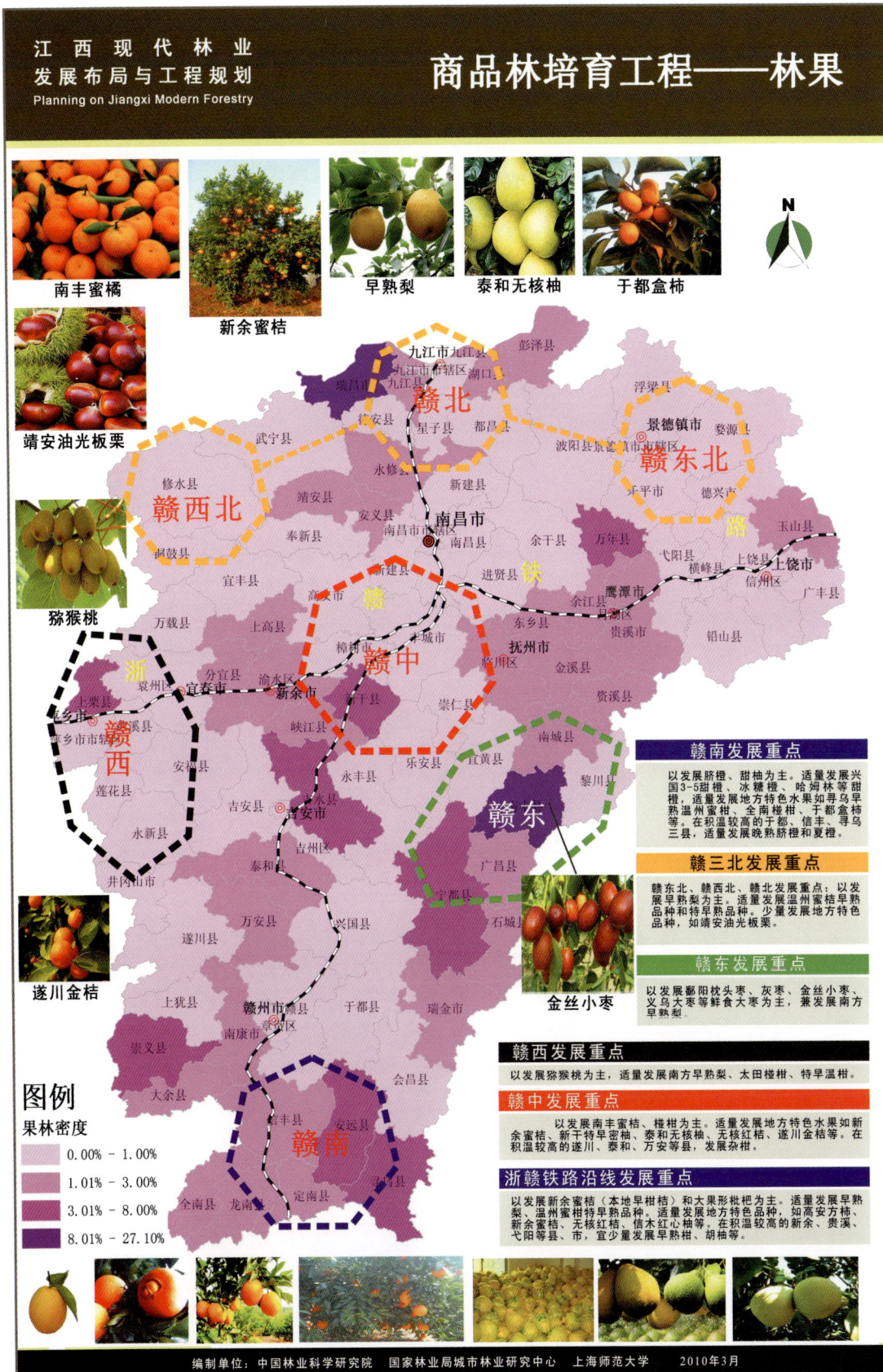

附图19

江西现代林业
发展布局与工程规划
Planning on Jiangxi Modern Forestry

商品林培育工程——林果

N

南丰蜜橘

新余蜜桔

早熟梨

泰和无核柚

于都盒柿

靖安油光板栗

猕猴桃

遂川金桔

赣北

赣西北

赣东北

赣

赣中

赣西

浙

赣东

赣南

铁

路

九江市九江县
九江市市辖区
瑞昌市　湖口县　彭泽县
　　　　都昌县
星子县　　　　浮梁县
德安县
武宁县
永修县　波阳县景德镇市　景德镇市　婺源县
修水县　靖安县　新建县　乐平市　德兴市
奉新县　安义县　　　　　　　　玉山县
铜鼓县　　　南昌市　余干县　万年县　弋阳县　上饶县　上饶市
　　　　南昌市市辖区　　　　　横峰县　信州区
宜丰县　南昌县　进贤县　　　　鹰潭市　铅山县　广丰县
万载县　高安市　　　　　东乡县　余江县　贵溪市
　　上高县　丰城市　临川区　抚州市　金溪县
上栗区　分宜县　渝水区　樟树市　崇仁县　资溪县
萍乡市　袁州区　宜春市　新余市　　　南城县
萍乡市市辖区　清溪县　　新干县　　宜黄县　黎川县
安福县　　　峡江县　永丰县　乐安县
莲花县　　　　　　永　　　　　广昌县
永新县　吉安县　吉安市　水县
井冈山市　　　吉州区
　　泰和县
遂川县　万安县　兴国县　宁都县　石城县
　　　上犹县　赣州市赣县　于都县　瑞金市
崇义县　南康市章贡区
大余县　　　　会昌县
　　信丰县　安远县
全南县　龙南县　定南县　寻乌县

赣南发展重点
以发展脐橙、甜柚为主。适量发展兴国3-5甜橙、冰糖橙、哈姆林等甜橙，适量发展地方特色水果如寻乌早熟温州蜜柑、全南椪柑、于都盒柿等。在积温较高的于都、信丰、寻乌三县，适量发展晚熟脐橙和夏橙。

赣三北发展重点
赣东北、赣西北、赣北发展重点：以发展早熟梨为主。适量发展温州蜜柑早熟品种和特早熟品种。少量发展地方特色品种，如靖安油光板栗。

赣东发展重点
以发展鄱阳枕头枣、灰枣、金丝小枣、义乌大枣等鲜食大枣为主，兼发展南方早熟梨。

金丝小枣

赣西发展重点
以发展猕猴桃为主，适量发展南方早熟梨、太田椪柑、特早温柑。

赣中发展重点
以发展南丰蜜桔、椪柑为主。适量发展地方特色水果如新余蜜桔、新干特早蜜柚、泰和无核柚、遂川金桔等。在积温较高的遂川、泰和、万安等县，适量发展杂柑。

浙赣铁路沿线发展重点
以发展新余蜜桔（本地早柑桔）和大果形枇杷为主。适量发展早熟梨、温州蜜柑特早熟品种，适量发展地方特色品种，如高安方柿、新余蜜桔、无核红桔、信丰红心柚。在积温较高的新余、贵溪、弋阳等县、市，宜少量发展早熟柑、胡柚等。

图例
果林密度

0.00% – 1.00%
1.01% – 3.00%
3.01% – 8.00%
8.01% – 27.10%

编制单位：中国林业科学研究院　国家林业局城市林业研究中心　上海师范大学　　2010年3月

附图20

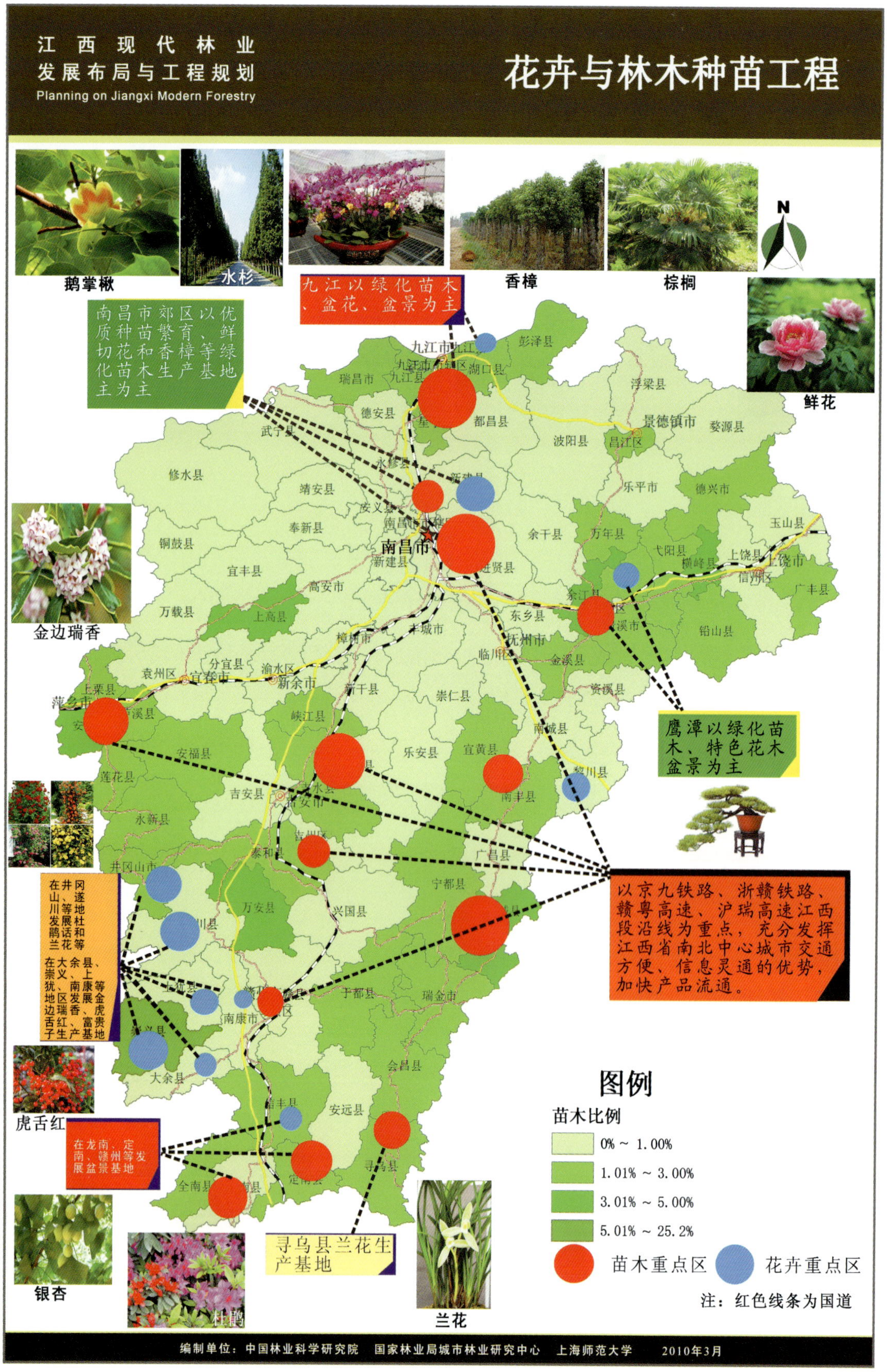

江 西 现 代 林 业
发展布局与工程规划
Planning on Jiangxi Modern Forestry
花卉与林木种苗工程
鹅掌楸
水杉
香樟
棕榈
鲜花
金边瑞香
虎舌红
银杏
杜鹃
兰花
N
九江以绿化苗木、盆花、盆景为主
南昌市郊区以优质种苗繁育、鲜切花和香樟等绿化苗木生产基地主为主
鹰潭以绿化苗木、特色花木盆景为主
以京九铁路、浙赣铁路、赣粤高速、沪瑞高速江西段沿线为重点，充分发挥江西省南北中心城市交通方便、信息灵通的优势，加快产品流通。
在井冈山、遂川等地发展杜鹃花和兰花等
在大余县、崇义、上犹、南康等地区发展金边瑞香、虎舌红、富贵子生产基地
在龙南、定南、赣州等发展盆景基地
寻乌县兰花生产基地
九江市
彭泽县
瑞昌市
湖口县
德安县
都昌县
浮梁县
景德镇市
婺源县
武宁县
波阳县
昌江区
修水县
靖安县
永修县
乐平市
德兴市
奉新县
安义县
南昌市
余干县
万年县
玉山县
铜鼓县
新建县
宜丰县
进贤县
弋阳县
横峰县
上饶县
上饶市
信州区
广丰县
高安市
万载县
上高县
东乡县
铅山县
樟树市
丰城市
抚州市
临川区
金溪县
袁州区
宜春市
分宜县
渝水区
新余市
新干县
崇仁县
资溪县
萍乡市
上栗县
芦溪县
峡江县
南城县
安福县
乐安县
宜黄县
黎川县
莲花县
吉安县
吉安市
南丰县
永新县
泰和县
广昌县
井冈山市
宁都县
万安县
兴国县
于都县
瑞金市
南康市
崇义县
大余县
会昌县
安远县
全南县
定南县
寻乌县
图例
苗木比例
0% ~ 1.00%
1.01% ~ 3.00%
3.01% ~ 5.00%
5.01% ~ 25.2%
苗木重点区
花卉重点区
注：红色线条为国道
编制单位：中国林业科学研究院 国家林业局城市林业研究中心 上海师范大学 2010年3月

附图21

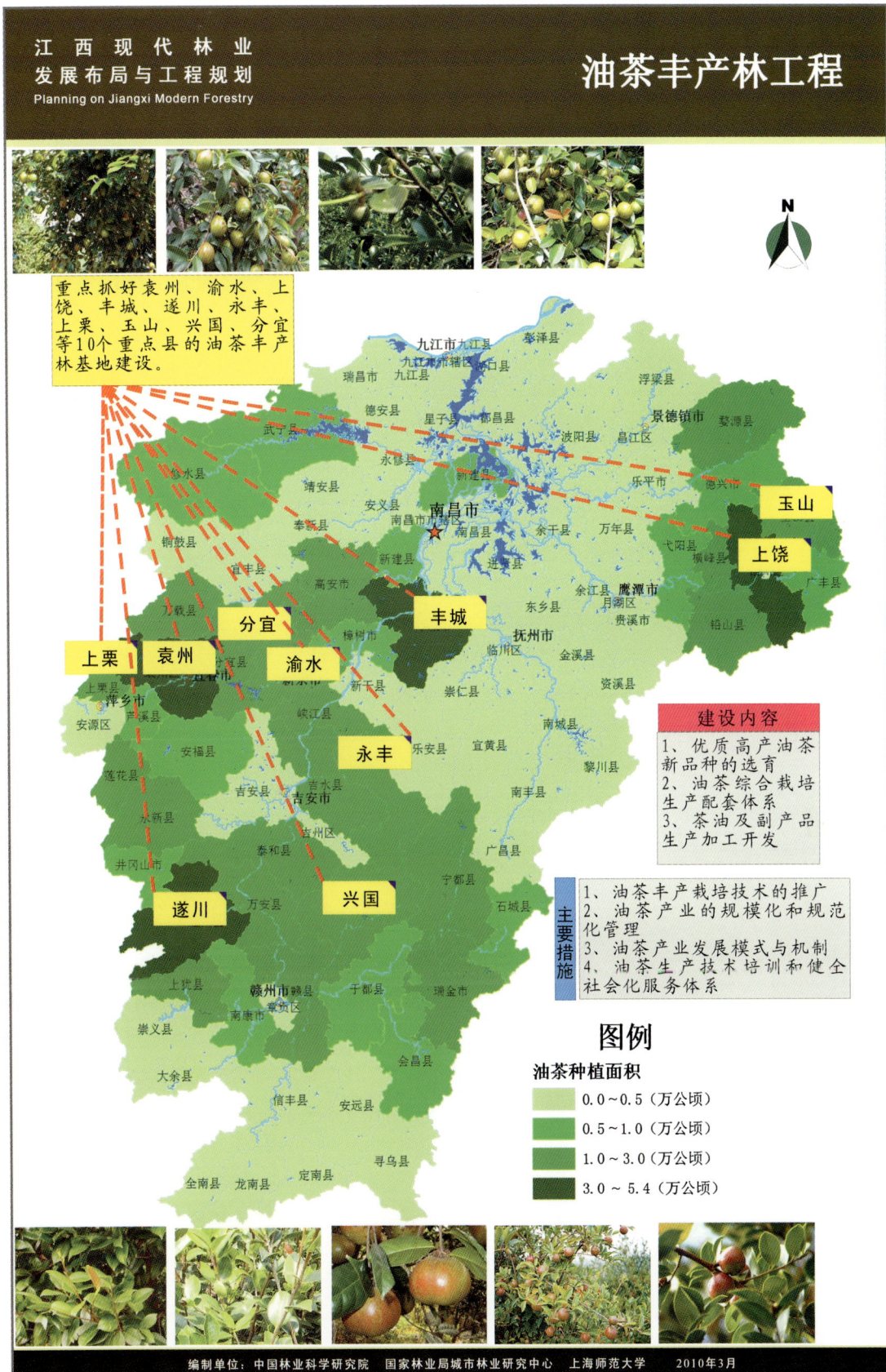

江 西 现 代 林 业
发展布局与工程规划
Planning on Jiangxi Modern Forestry

油茶丰产林工程

重点抓好袁州、渝水、上饶、丰城、遂川、永丰、上栗、玉山、兴国、分宜等10个重点县的油茶丰产林基地建设。

建设内容
1、优质高产油茶新品种的选育
2、油茶综合栽培生产配套体系
3、茶油及副产品生产加工开发

主要措施
1、油茶丰产栽培技术的推广
2、油茶产业的规模化和规范化管理
3、油茶产业发展模式与机制
4、油茶生产技术培训和健全社会化服务体系

图例
油茶种植面积
0.0~0.5（万公顷）
0.5~1.0（万公顷）
1.0~3.0（万公顷）
3.0~5.4（万公顷）

编制单位：中国林业科学研究院　国家林业局城市林业研究中心　上海师范大学　2010年3月

附图22

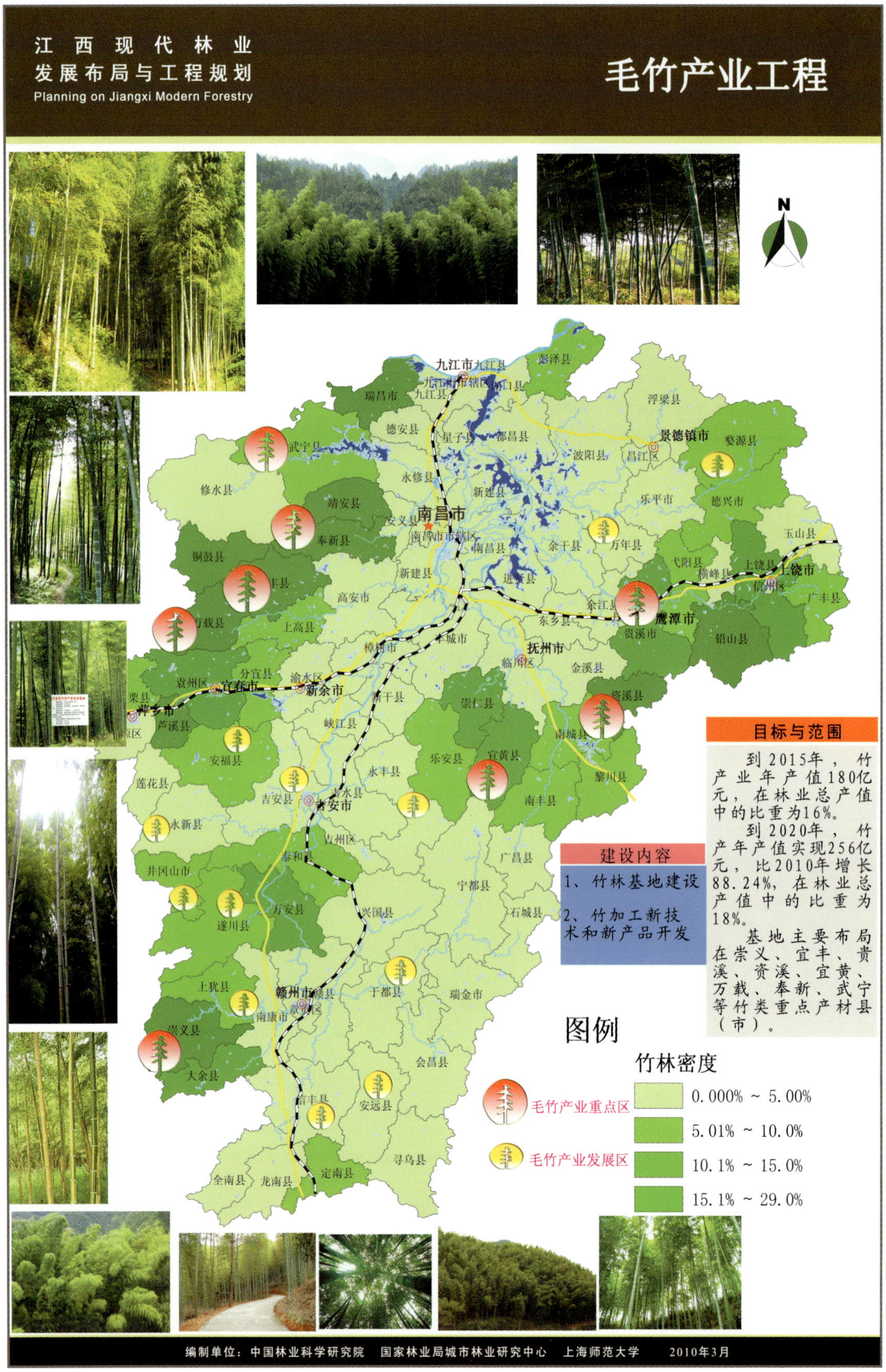
江 西 现 代 林 业
发展布局与工程规划
Planning on Jiangxi Modern Forestry
毛竹产业工程
九江市
景德镇市
南昌市
上饶市
鹰潭市
抚州市
新余市
吉安市
赣州市
目标与范围
到2015年，竹产业年产值180亿元，在林业总产值中的比重为16%。
到2020年，竹产年产值实现256亿元，比2010年增长88.24%，在林业总产值中的比重为18%。
基地主要布局在崇义、宜丰、贵溪、资溪、宜黄、万载、奉新、武宁等竹类重点产材县（市）。
建设内容
1、竹林基地建设
2、竹加工新技术和新产品开发
图例
竹林密度
毛竹产业重点区
毛竹产业发展区
0.000% ~ 5.00%
5.01% ~ 10.0%
10.1% ~ 15.0%
15.1% ~ 29.0%
编制单位：中国林业科学研究院 国家林业局城市林业研究中心 上海师范大学 2010年3月

附图23

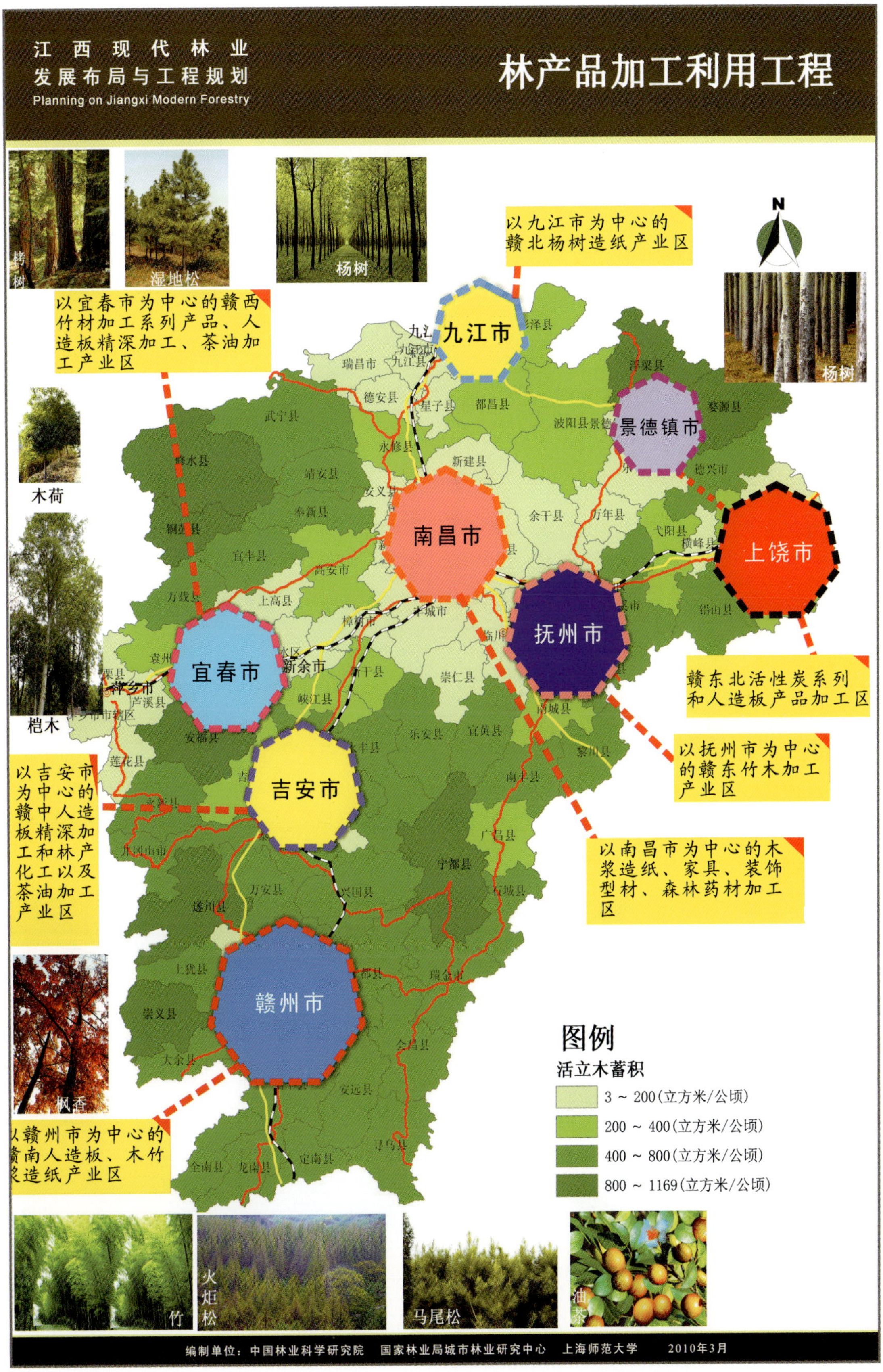

江西现代林业
发展布局与工程规划
Planning on Jiangxi Modern Forestry

林产品加工利用工程

以九江市为中心的
赣北杨树造纸产业区

以宜春市为中心的赣西
竹材加工系列产品、人
造板精深加工、茶油加
工产业区

九江市

景德镇市

上饶市

南昌市

抚州市

赣东北活性炭系列
和人造板产品加工区

宜春市

以抚州市为中心
的赣东竹木加工
产业区

以吉安市
为中心的
赣中人造
板精深加
工和林化
工以及茶
油加工产
业区

吉安市

以南昌市为中心的木
浆造纸、家具、装饰
型材、森林药材加工
区

赣州市

图例

活立木蓄积

3～200(立方米/公顷)

200～400(立方米/公顷)

400～800(立方米/公顷)

800～1169(立方米/公顷)

以赣州市为中心的
赣南人造板、木竹
及造纸产业区

杉木　湿地松　杨树　杨树　木荷　枫香　柏木　竹　火炬松　马尾松　油茶

编制单位：中国林业科学研究院　国家林业局城市林业研究中心　上海师范大学　2010年3月

附图24

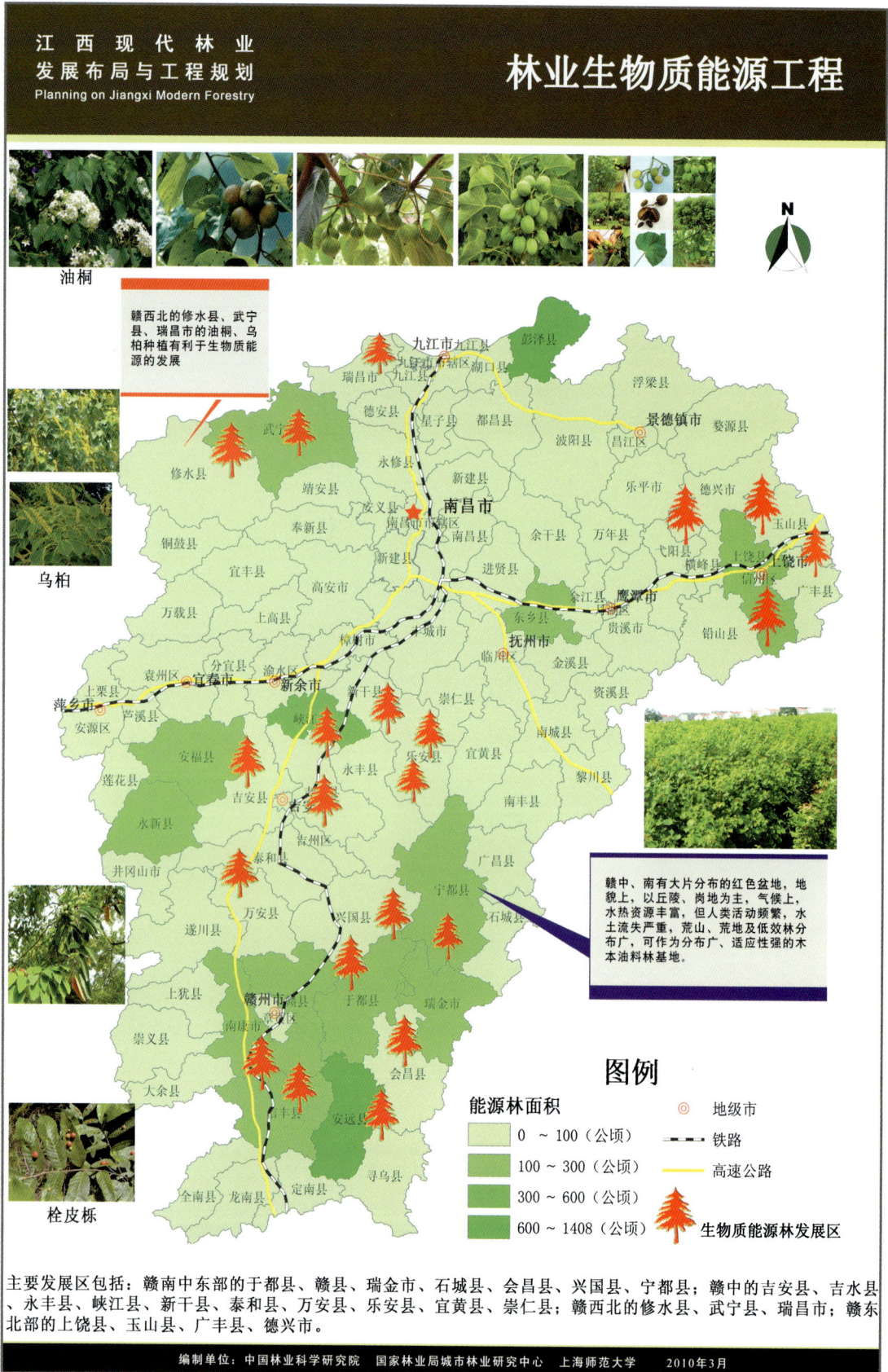

江 西 现 代 林 业
发展布局与工程规划
Planning on Jiangxi Modern Forestry

林业生物质能源工程

油桐

乌桕

栓皮栎

赣西北的修水县、武宁县、瑞昌市的油桐、乌桕种植有利于生物质能源的发展

赣中、南有大片分布的红色盆地，地貌上，以丘陵、岗地为主，气候上，水热资源丰富，但人类活动频繁，水土流失严重，荒山、荒地及低效林分布广，可作为分布广、适应性强的木本油料林基地。

图例

能源林面积

0 ～ 100（公顷）
100 ～ 300（公顷）
300 ～ 600（公顷）
600 ～ 1408（公顷）

◎ 地级市
铁路
高速公路
生物质能源林发展区

主要发展区包括：赣南中东部的于都县、赣县、瑞金市、石城县、会昌县、兴国县、宁都县；赣中的吉安县、吉水县、永丰县、峡江县、新干县、泰和县、万安县、乐安县、宜黄县、崇仁县；赣西北的修水县、武宁县、瑞昌市；赣东北部的上饶县、玉山县、广丰县、德兴市。

编制单位：中国林业科学研究院　国家林业局城市林业研究中心　上海师范大学　　2010年3月

附图25

江 西 现 代 林 业
发展布局与工程规划
Planning on Jiangxi Modern Forestry

城市森林工程

平原城市森林建设

1.环鄱阳湖森林城市圈，包括南昌、九江、景德镇三个设区市；
2.浙赣线森林城市走廊，包括萍乡、宜春、新余、樟树、丰城、抚州、鹰潭和上饶等八大城市。

N

环鄱阳湖森林城市圈

浙赣线森林城市走廊

城乡一体的森林城市网络

山区城市森林建设

主要构建山水城市森林网络，包括养生林、野猪林、鸟巢林、花果林、竹子林、药王林、茶王林、杜鹃林、蘑菇林、风水林、水土林等。

编制单位：中国林业科学研究院　国家林业局城市林业研究中心　上海师范大学　　2010年3月

附图26

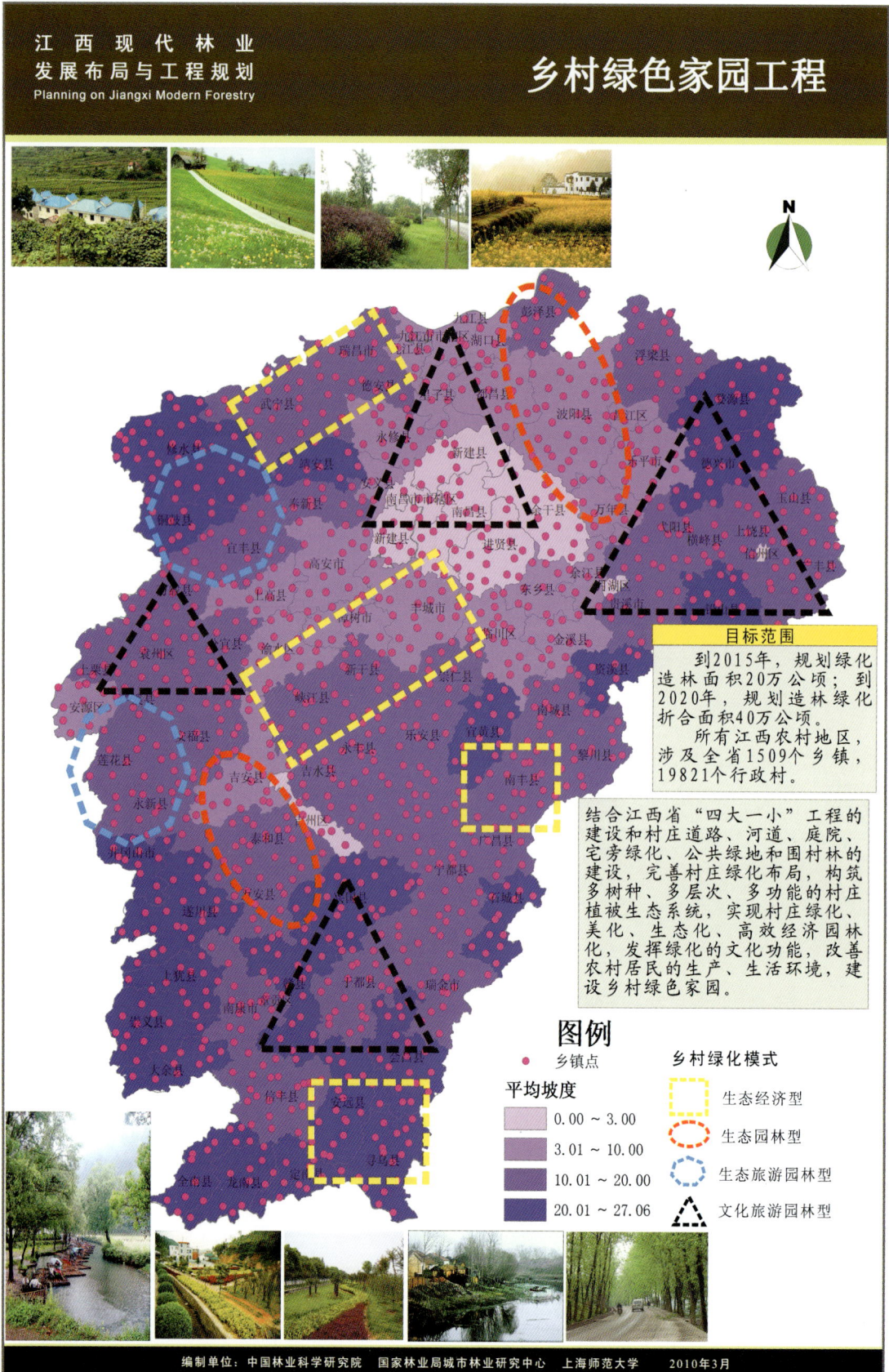

附图27

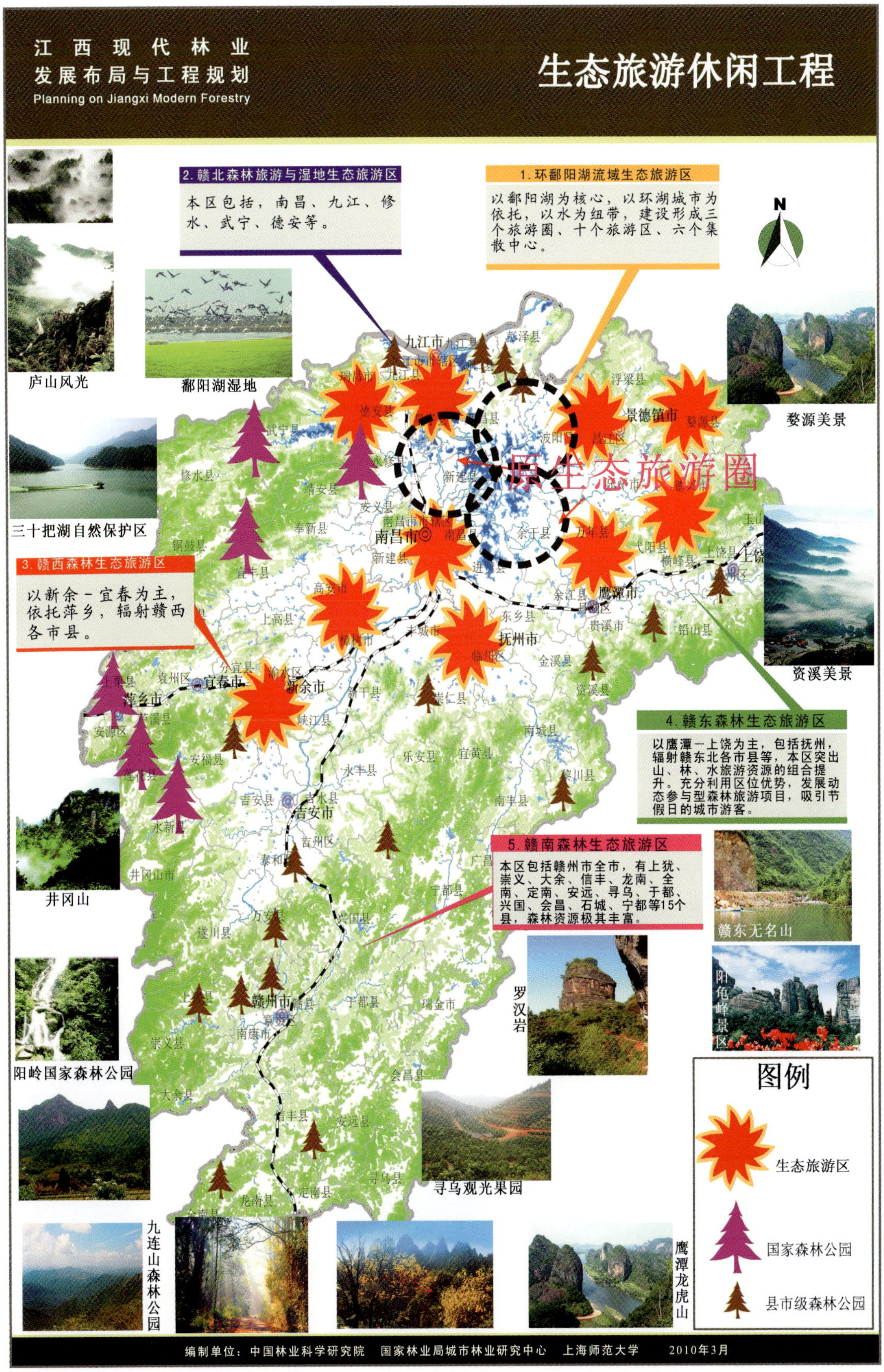

江西现代林业
发展布局与工程规划
Planning on Jiangxi Modern Forestry

生态旅游休闲工程

2. 赣北森林旅游与湿地生态旅游区
本区包括，南昌、九江、修水、武宁、德安等。

1. 环鄱阳湖流域生态旅游区
以鄱阳湖为核心，以环湖城市为依托，以水为纽带，建设形成三个旅游圈、十个旅游区、六个集散中心。

庐山风光

鄱阳湖湿地

婺源美景

三十把湖自然保护区

3. 赣西森林生态旅游区
以新余－宜春为主，依托萍乡，辐射赣西各市县。

资溪美景

4. 赣东森林生态旅游区
以鹰潭－上饶为主，包括抚州，辐射赣东北各市县等，本区突出山、林、水旅游资源的组合提升，充分利用区位优势，发展动态参与型森林旅游项目，吸引节假日的城市游客。

井冈山

5. 赣南森林生态旅游区
本区包括赣州市全市，有上犹、崇义、大余、信丰、龙南、全南、定南、安远、寻乌、于都、兴国、会昌、石城、宁都等15个县，森林资源极其丰富。

赣东无名山

罗汉岩

阳岭国家森林公园

阳角峰景区

九连山森林公园

寻乌观光果园

鹰潭龙虎山

图例

生态旅游区

国家森林公园

县市级森林公园

编制单位：中国林业科学研究院　国家林业局城市林业研究中心　上海师范大学　　2010年3月

国家林业局重点出版工程　国家出版基金资助项目
"十二五"国家重点图书出版规划项目——中国森林生态网络体系建设出版工程

■ 内容简介

　　党的十八大把生态文明建设放在突出地位，将生态文明建设提高到一个前所未有的高度，并提出建设美丽中国的目标，通过大力加强生态建设，实现中华疆域山川秀美，让我们的家园林荫气爽、鸟语花香，清水常流、鱼跃草茂。

　　2002年，在中央和国务院领导亲自指导下，中国林业科学研究院院长江泽慧教授主持《中国可持续发展林业战略研究》，从国家整体的角度和发展要求提出生态安全、生态建设、生态文明的"三生态"指导思想，成为制定国家林业发展战略的重要内容。国家科技部、国家林业局等部委组织以彭镇华教授为首的专家们开展了"中国森林生态网络体系工程建设"研究工作，并先后在全国选择25个省（自治区、直辖市）的46个试验点开展了试验示范研究，按照"点"（北京、上海、广州、成都、南京、扬州、唐山、合肥等）"线"（青藏铁路沿线，长江、黄河中下游沿线，林业血防工程及蝗虫防治等）"面"（江苏、浙江、安徽、湖南、福建、江西等地区）理论大框架，面对整个国土合理布局，针对我国林业发展存在的问题，直接面向与群众生产、生活，乃至生命密切相关的问题；将开发与治理相结合，及科研与生产相结合，摸索出一套科学的技术支撑体系和健全的管理服务体系，为有效解决"林业惠农""既治病又扶贫"等民生问题，优化城乡人居环境，提升国土资源的整治与利用水平，促进我国社会、经济与生态的持续健康协调发展提供了有力的科技支撑和决策支持。

　　"中国森林生态网络体系建设出版工程"是"中国森林生态网络体系工程建设"等系列研究的成果集成。按国家精品图书出版的要求，以打造国家精品图书，为生态文明建设提供科学的理论与实践。其内容包括系列研究中的中国森林生态网络体系理论，我国森林生态网络体系科学布局的框架、建设技术和综合评价体系，新的经验，重要的研究成果等。包含各研究区域森林生态网络体系建设实践，森林生态网络体系建设的理念、环境变迁、林业发展历程、森林生态网络建设的意义、可持续发展的重要思想、森林生态网络建设的目标、森林生态网络分区建设；森林生态网络体系建设的背景、经济社会条件与评价、气候、土壤、植被条件、森林资源评价、生态安全问题；森林生态网络体系建设总体规划、林业主体工程规划等内容。这些内容紧密联系我国实际，是国内首次以全国国土区域为单位，按照点、线、面的框架，从理论探索和实验研究两个方面，对区域森林生态网络体系建设的规划布局、支撑技术、评价标准、保障措施等进行深入的系统研究；同时立足国情林情，从可持续发展的角度，对我国林业生产力布局进行科学规划，是我国森林生态网络体系建设的重要理论和技术支撑，为圆几代林业人"黄河流碧水，赤地变青山"梦想，实现中华民族的大复兴。

作者简介

　　彭镇华教授，1964年7月获苏联列宁格勒林业技术大学生物学副博士学位。现任中国林业科学研究院首席科学家、博士生导师。国家林业血防专家指导组主任，《湿地科学与管理》《中国城市林业》主编，《应用生态学报》《林业科学研究》副主编等。主要研究方向为林业生态工程、林业血防、城市森林、林木遗传育种等。主持完成"长江中下游低丘滩地综合治理与开发研究"、"中国森林生态网络体系建设研究"、"上海现代城市森林发展研究"等国家和地方的重大及各类科研项目30余项，现主持"十二五"国家科技支持项目"林业血防安全屏障体系建设示范"。获国家科技进步一等奖1项，国家科技进步二等奖2项，省部级科技进步奖5项等。出版专著30多部，在《Nature genetics》、《BMC Plant Biology》等杂志发表学术论文100余篇。曾荣获首届梁希科技一等奖，2001年被授予九五国家重点攻关计划突出贡献者称号，2002年被授予"全国杰出专业人才"称号。2004年被授予"全国十大科技英才"称号。